2011-2012
中国生产力发展研究报告

中国生产力学会
Chinese Association of Productivity Science

中国统计出版社
China Statistics Press

图书在版编目（CIP）数据

2011～2012 中国生产力发展研究报告 / 中国生产力学会编. — 北京 ：中国统计出版社，2013.12
ISBN 978—7—5037—7026—5

Ⅰ. ①2… Ⅱ. ①中… Ⅲ. ①生产力—发展—研究报告—中国—2011～2012 Ⅳ. ①F120.2

中国版本图书馆 CIP 数据核字（2013）第 280566 号

2011—2012 中国生产力发展研究报告

作　　者/中国生产力学会
责任编辑/赵淑焕
装帧设计/黄　晨
出版发行/中国统计出版社
通信地址/北京市西城区月坛南街 57 号　邮政编码/100826
办公地址/北京市丰台区西三环南路甲 6 号　邮政编码/100073
网　　址/http://csp.stats.gov.cn
电　　话/邮购（010）63376907　书店（010）68783172
印　　刷/河北天普润印刷厂
经　　销/新华书店
开　　本/880×1230mm　1/16
字　　数/560 千字
印　　张/19
版　　别/2013 年 12 月第 1 版
版　　次/2013 年 12 月第 1 次印刷
定　　价/108.00 元

《中国生产力发展研究报告 2011－2012》

课题指导委员会

总 顾 问　蒋正华　十届全国人大常务委员会副委员长、中国生产力学会名誉会长

顾　　问　（按姓氏笔划排列）

马建堂　国家统计局局长、中国生产力学会顾问

王梦奎　国务院发展研究中心原主任、中国生产力学会名誉会长

张　塞　国家统计局原局长、中国生产力学会名誉会长

张维庆　国家人口与计划生育委员会原主任

李荣融　国务院国有资产监督管理委员会主任

李毅中　国家工业与信息化部原部长、中国生产力学会顾问

程安东　十届全国政协常委、山西省原副省长、中国生产力学会顾问

主　　任　王茂林　十届全国人大常委、法律委员会副主任、中国生产力学会会长

副 主 任　李京文　中国工程院院士、中国生产力学会副会长

郑新立　中共中央政策研究室原副主任、中国生产力学会副会长

翟立功　国务院国有资产监督管理委员会监事会原主席、中国生产力学会副会长

委　　员　（按姓氏笔划排列）

王　昕　陕西省人大常委会副主任、中国生产力学会副会长

冯　并　经济日报原总编辑、中国生产力学会副会长

许宪春　国家统计局副局长

李　强　国家统计局副局长

李泊溪　国务院发展研究中心研究员、中国生产力学会副会长

杨　慎　国家建设部原副部长、中国生产力学会副会长

陈胜昌　中国生产力学会副会长兼秘书长

陈锡文　中共农村工作领导小组办公室主任

苗复春　中国人寿保险公司原副总经理、中国生产力学会副会长

季晓南　国务院国有资产监督管理委员会监事会主席

徐一帆　国家统计局副局长

高铁生　国家粮食储备局原局长、中国生产力学会副会长

彭致圭　陕西省人大常委会原副主任、中国生产力学会副会长

秘 书 长　陈胜昌　中国生产力学会副会长兼秘书长

副秘书长　张佐友　中国生产力学会副秘书长、世界生产力科学院院士

韩建军　中国生产力学会副秘书长

2011—2012 中国生产力发展研究报告

编　辑　部

总 编 辑　陈胜昌

副总编辑　张佐友　韩建军

编　　辑　李　娜　曹去霞　赵　霞　成　莉　臧春静　周　娟　张明芳　郭威宏

2011—2012 中国生产力发展研究课题

主持人及课题组成员名单

中国（海南）旅游产权交易中心研究报告

组　　长：陈胜昌

执行组长：陆志远　周久才

副 组 长：邓小刚　李佳林　韩　克

成　　员：叶自成　韩建军　邓玉珠　马　重　郭嘉玮　吴　锦

陈启菲　陈昌煦　肖建荣　欧阳辉艳　曹云霞　李春香

海南文昌—中国非物质文化遗产旅游国家主题公园研究报告

组　　长：陈胜昌

执行组长：周久才

副 组 长：李佳林　韩　克

成　　员：杨维富　石培华　黄鹏章　蔡　杰　肖建荣　李德江

王成仁　欧阳辉艳　陈启菲　陈秀玲　杨兹努　陈建萍

我国煤炭企业建设和谐矿区模式探索

——河南超越集团“矿业农庄”模式案例研究

组　长：陈胜昌

副组长：高庆林

成　员：刘作舟　韩建军　陈　明　梁　改

我国黄金资源开发、利用和管理研究

负责人：李泊溪

成　员：周飞跃　孙　兵　章　远　吴　永

上海国际石油期货交易中心（所）研究

负责人：李泊溪

成　员：周飞跃　孙　兵　吴　永

参加人：胡　伟　饶彩霞　吴　敏

关于广东顺德建立国家产业与社会转型升级示范区研究

负责人：胡　克

成　员：沈一愚　钟三辉　黄　诚　叶　浩　包映庭　伍玉华　廖靓怡

贵州建设国家（南方）能源基地研究课题组名单

组　长：陈胜昌　付　京

副组长：范开忠　胡世延　韩　克　李佳林

成　员：安银基　陈豫黔　兰海平　王家平　徐光伟　徐　钰　杨正东　卓　军　梁云风
张志强　李春香　陈启菲　欧阳辉艳

我国粮食安全形势变化与政策建议

组　　长：高铁生

副 组 长：常　义

成　　员：安　毅　张　青

灾后重建的“中国模式”研究

负责人：谢永刚

成　员：李岳琴　高建国

前　言

中国生产力学会以繁荣生产力科学促进生产力发展为己任，建会33年来始终不渝地为实现自己的宗旨和任务而不懈努力，全体会员和理事做出大量被社会公认的研究成果。

2001年，在学会30多年的发展历程中是关键的一年，具有里程碑意义。这一年中国生产力学会与世界生产力科学联盟合作在北京和香港分两个阶段成功举办了第十二届世界生产力大会。这次大会是李鹏同志任总理时以亲笔信邀请的，朱镕基同志任总理时支持并批准召开的，时任副总理的温家宝同志代表中华人民共和国政府向世界各国热心于生产力理论的研究者和实践者发邀请信，有来自28个国家和地区的700多位高层人士参加了北京阶段的大会，大会收到论文88篇，论文的内容涵盖了发展生产力的基本战略、经济全球化、中国加入WTO、中国西部大开发、产业升级、绿色生产力、可持续发展、虚拟经济与金融危机、成功企业典范等方方面面的重大理论、战略与实践问题。

家宝同志莅临大会向代表们表示欢迎，并在大会上作了题为“共同促进世界生产力的新发展”的重要讲话。他在讲话中特别强调了发展生产力的极端重要性，指出了现代生产力的显著标志，阐述了只有实现人与自然的和谐、社会和谐、世界和平，生产力才能实现可持续发展。他还特别叮嘱“中国生产力学会和世界生产力科学联盟以及各个生产力科学组织，应继续深入研究生产力发展的问题，开展广泛的国际交流与合作，为在新世纪实现世界生产力的更大发展，创造人类更加美好的明天而共同努力”。

中国生产力学会深感家宝同志的信任与重托，很快拟定了中国生产力发展研究课题的计划，并呈报家宝总理，获家宝总理肯定批示后，立即组织队伍投身于生产力理论和生产力发展战略与对策的研究，成果累累。从那时到2012年的十年中，中国生产力学会将研究成果汇集成册，出版8种共10册，其中包括：

1.《透过互联经济体系创造财富》2002年8月，经济科学出版社出版；

2.《2004年中国生产力发展研究报告》2005年8月，中国统计出版社出版；

3.《2005—2006中国生产力发展研究报告》（上）2006年12月，中国统计出版社出版；

4.《追求科学持续地发展生产力》2007年5月，中国统计出版社出版；

5.《2005—2006中国生产力发展研究报告》（下）2007年10月，中国统计出版社出版；

6.《科学持续地发展生产力》2009年7月，经济科学出版社出版；

7.《2007—2008中国生产力发展研究报告》2009年3月，中国统计出版社出版；

8.《生产力理论创新与社会实践》2010年8月，经济科学出版社出版；

9.《2009—2010中国生产力发展研究报告》2011年7月，中国统计出版社出版；

10.《民生经济：转变经济发展方式的目标》2012年5月，经济科学出版社出版。

这10册研究成果汇编，共收入学术论文319篇，课题研究成果62项，合计632万字。加上本文集中的10项研究报告，研究课题成果报告已达72项。

这些研究课题及成果报告中有近40项呈报国务院，获家宝总理、克强总理等国务院领导的重要批示，为政府各部门制定战略、规划、方针、政策提供了理论支持。有的已经发挥出重要作用，如《21世纪初中国生产力发展南向互利合作战略——云南面向东南亚、南亚生产力发展研究报告》、《山西新型能源基地发展研究报告》、《关于加强我国出生缺陷干预工作的建议》等。有的刚开始实施，就已初见成效，如《关于在上海浦东新区建立自由贸易区的建议》、《后金融危机时期我国金融安全若干问题的研究报告》、《关于广东顺德建立国家产业转型示范区的建议》等。

研究成果汇编是对过去的记录，未来的天地更广阔、更美丽，全中国人民正在用智慧和勤奋劳动托起属于我们自己的中国梦，中国生产力学会将一如既往，不遗余力，为圆梦发挥智囊作用，提供有力的智力支持。

本集研究报告，是2011—2012年中国生产力发展课题研究的最新成果汇编，结集出版，供国家和企业发展生产力决策时提供决策参考。本会将一如既往继续在中国生产力发展的理论和事件中展开探索，为中国生产力的发展而勤奋努力。

中国生产力学会秘书处

2013年8月18日

目　录

第一部分　中国（海南）旅游产权交易中心研究报告

第二部分　海南文昌——中国非物质文化遗产旅游国家主题公园研究报告

第三部分　我国煤炭企业建设和谐矿区模式探索

第四部分　我国黄金资源开发、利用和管理研究

第五部分　上海国际石油期货交易中心研究

第六部分　关于广东顺德建立国家产业与社会转型升级示范区研究

第七部分　贵州建设国家能源基地研究报告

第八部分　我国粮食安全形势变化与政策建议

第九部分　灾后重建的“中国模式”研究

第一部分

中国(海南)旅游产权交易中心研究报告

中国(海南)旅游产权交易中心研究报告

前　言

2009年12月31日,《国务院关于推进海南国际旅游岛建设发展的若干意见》正式下发,标志着建设海南国际旅游岛正式上升为国家战略。中央把海南纳入总体发展战略,不仅明确了建设国际旅游岛的发展目标定位,也进一步规划了海南在未来中国经济发展格局中的特殊地位,为海南经济在更高层次上更快发展,提供了优越的制度环境、政策条件和发展空间。

随着建设海南国际旅游岛目标的确立,海南经济发展已经成为我国经济整体发展的一个重要部分和战略环节。海南经济发展必须站在全球经济发展和中国现代化进程的高度上,以带动中国旅游业发展和引领中国旅游业发展战略升级为目标,在世界经济范围内寻求发展机遇并构筑竞争优势。因此,创新和探索一条能够推动海南更快、更好发展的道路,是当前海南面临的一项最为紧迫的任务。如何找到一条能够推动海南制度创新和经济结构调整,探索形成新的产业、技术、市场优势的路径,不仅是海南实现经济振兴的重大课题,也是推进海南国际旅游岛建设发展和中国旅游业转型升级的重大课题。

通过分析和研究海南旅游产权市场的发展,审视其在海南经济整体发展战略中的作用。我们认为,海南旅游产权市场发展与创新,不仅是构成海南经济总体发展战略的特殊重要环节,而建立一个全新的中国旅游产权市场,也是中国多层次资本体系的重要一环,必将为海南国际旅游岛建设担当重要角色。

产权交易市场是中国多层次金融市场体系的重要一环,是金融创新的重要载体和平台。《国务院关于加快旅游业发展的意见》和《国务院关于推进海南国际旅游岛建设的若干意见》都明确提出了金融创新探索的任务,很多方面的交易需要产权交易市场来承担。中国(海南)旅游产权交易中心落户海南,不仅可以为海南经济的发展提供强有力的金融支撑,也可以为加强海南与国内外的经济联系提供更加畅通的金融渠道,更会为海南国际旅游岛建设注入强劲动力。同时,对深化中国旅游业改革开放、推动旅游经济发展方式转变、促进中国旅游业的科学发展具有重要的战略意义。

一、建立中国(海南)旅游产权交易中心问题的提出

我国旅游业面临重大的发展机遇,巨大的旅游市场将吸引更多的旅游产品和项目投资,需要进入市场寻求资本,形成产业化发展,这样就需要产权交易机构为之提供专业服务。目前,在我国旅游产权交易信息不集中、服务不专业的情况下,不仅使我国有限的自然旅游资源面临着旅游市场迅速扩张的巨大压力,而重复建设和盲目粗放式开发更加重了资源供需失衡。这已成为我国旅游业优化升级的重大瓶颈制约。旅游经济高速增长与传统管理体制并存,又使旅游资源开发机制有待转变,管理水平有待提高,专业的旅游产权交易模式和平台更成为旅游产业界和社会各界的热切期待,而与之相配套的专门的旅游产权交易中心(所)的建立和发展也成为必然。

(一)我国旅游市场发育运行的现实基础

我国作为世界旅游资源第一国,拥有着世界最大的国内旅游市场,并到2020年将成为世界最大目

的地国。在这种供需双向互动下，促进了我国旅游业市场的消费需求量不断增加，国民出境旅游将有很大的发展空间，尤其是带薪假期的延长使人们拥有更多闲暇时间，以及人均收入的增长将使我国居民有更多的"可自由支配的收入"，这些都为我国国民创造更多出游的条件和机会。同时，随着我国旅游业的逐步发展，人们外出旅游次数的增加，人们在旅游方面的消费需求将变得理性化、个性化、多样化。然而，在可预知蓬勃发展的旅游市场前景下，我国的旅游市场在发展、营销和管理等方面，却存在着一些不和谐。诸如：在旅游供需、相关产业发展和政府部门管理上的不和谐，以及营销中盲目进行削价竞争，营销策略科技含量不高，不注重售后服务、不能形成良好客户关系，以及法制意识淡薄等问题。为此，我国的旅游产业要形成强有力的国际市场竞争力，科学地推进我国旅游业健康、快速、可持续的发展，我们必须深入分析我国旅游市场发育运行的现实基础。

1. 我国旅游市场的发展态势分析

近年来，我国旅游市场保持了良好的增长势头，无论是接待旅游者规模，还是旅游收入，入境旅游、国内旅游和出境旅游都保持了较快的增长速度，其中，旅游收入的增速远高于接待旅游者人数的增长速度，国内旅游和出境旅游的增长速度远高于入境旅游的增长速度，外国入境旅游者人数的增长速度高于港澳台地区入境旅游者人数的增长速度。尽管2008年的国际金融危机带来了全球总需求的疲软，对我国旅游业发展带来不利影响，但是，我国旅游业面临的重大机遇和基本环境没有改变，尤其是改革开放30多年奠定的坚实基础，有力支撑着我国旅游业发展，加之我国经济社会发展的基本面没有改变，我国旅游业的发展依然保持了强劲动力，旅游市场在总体上保持了平稳发展。各种统计分析表明，我国的入境旅游市场进入成熟期，国内旅游市场和出境旅游市场进入了高速增长期，旅游业在我国城市经济发展中的产业地位、经济作用逐步增强，旅游业对城市经济的拉动性、社会就业的带动力、以及对文化与环境的促进作用日益显现，成为我国经济发展的支柱性产业之一。

(1)入境、国内和出境三大旅游市场数据统计(来源国家旅游公报)。2006年，我国旅游业依旧保持了较快增长，三大市场全面增长。全年共接待入境游客12494.21万人次，实现国际旅游外汇收入339.49亿美元，分别比上年增长3.9%和15.9%；国内旅游人数13.94亿人次，收入6230亿元人民币，分别比上年增长15.0%和17.9%；中国公民出境人数达到3452.36万人次，比上年增长11.3%；旅游业总收入8935亿元人民币，比上年增长16.3%，相当于国内生产总值比重的4.27%。

2007年，我国旅游业发展势头良好，三大市场保持稳定增长。全年共接待入境游客13187.33万人次，实现国际旅游外汇收入419.19亿美元，分别比上年增长5.5%和23.5%；国内旅游人数16.10亿人次，收入7770.62亿元人民币，分别比上年增长15.5%和24.7%；中国公民出境人数达到4095.40万人次，比上年增长18.6%；旅游业总收入1.0957万亿元人民币，比上年增长22.6%。中国继续保持全球第四大入境旅游接待国、亚洲最大出境旅游客源国的地位。

2008年，我国旅游业虽连续遭受金融危机和各种突发事件、不利因素冲击，经受了前所未有的考验，但是全国旅游行业克服困难，总体上保持了平稳发展。全年共接待入境游客1.30亿人次，实现国际旅游外汇收入408.43亿美元，分别比上年下降1.4%和2.6%；国内旅游人数17.12亿人次，收入8749.30亿元人民币，分别比上年增长6.3%和12.6%；中国公民出境人数达到4584.44万人次，比上年增长11.9%；旅游业总收入1.16万亿元人民币，比上年增长5.8%。

2009年，是我国旅游业特别是入境旅游经受严峻考验和挑战的一年，全国旅游行业化挑战为机遇，保持了旅游业总体平稳较快增长。全年共接待入境游客1.26亿人次，实现国际旅游(外汇)收入396.75亿美元，分别比上年下降2.7%和2.9%；国内旅游人数19.02亿人次，收入10183.69亿元人民币，分别比上年增长11.1%和16.4%；中国公民出境人数达到4765.63万人次，比上年增长4.0%；旅游业总收入1.29万亿元人民币，比上年增长11.3%。

(2)入境、国内和出境三大旅游市场的总体发展态势。从上面数据可以看出，我国入境、国内和出境三大旅游市场的总体发展态势呈现以下特点：

一是我国居民的消费需求成为我国旅游业发展的主要推动力。从这四年的统计数据可以看出，三大旅游市场保持了相对较高的增长速度，最严峻的2009年也保持了平稳较快增长。但是，三大市场的增长速度差别还是很大的，入境旅游无论是接待人数方面还是旅游收入方面，都远低于国内旅游和出境旅游。这其中原因虽然有近年来周边国家加大旅游开发发展力度,分流了部分客源,以及人民币升值导致了我国旅游产品的实际价格上涨,对入境旅游需求产生了抑制作用,但其重要原因还是我国多年来经济保持快速增长,使我国居民的消费能力得到逐步提升,积累到现在,越来越多的人有能力外出旅游消费。国内旅游和出境旅游都是我国居民消费的一部分,由此可见,我国居民消费水平的提高成为我国旅游业发展的一个重要推动力。同时,随着我国经济率先企稳向好、经济继续保持增长,以及闲暇时间的增加和带薪休假制度的推行,将会有更多的人有能力和有时间加入到旅游者大军中。

二是我国旅游产业效率提高,转型发展取得一定成效。这四年来,我国国内旅游和入境旅游收入的增长速度明显高于接待人数的增长速度,这表明我国旅游业的发展不再单纯依赖于规模扩张,增长方式逐渐由数量增长转变为数量和质量的同步增长,产业效率有了明显提高。产业效率的提高在很大程度上来源于旅游产品品质的提升以及产业运行模式的转变,随着我国居民闲暇时间增多、财富增加、交通便利程度提高、对休闲期望的改变以及消费选择的增多,我国休闲、度假旅游将逐步进入快速发展阶段,从而带动国内旅游消费水平的提高,为旅游产业升级提供了良好的市场条件,也为我国旅游业的进一步转型发展奠定了基础。

三是国内旅游在我国整个旅游市场中的地位不断提升。这四年来,从国内旅游总人数和收入的增长幅度远高于入境的人数和收入,可见,尽管受国际金融危机的影响,但是国内旅游总花费增长速度不减,这充分说明国内旅游市场在我国旅游业发展中的影响力和市场地位正在不断提升。同时,另据相关数据统计显示,近年来我国国内旅游在很大程度上是由城镇居民的旅游消费所拉动的,农村旅游市场基本还处于未开发状态。随着我国统筹城乡一体化发展战略的进一步落实,以及农村社保制度的进一步推行,这一发展潜力巨大的农村旅游市场得到了开发,国内旅游在我国整个旅游市场中的地位也必将得到进一步巩固和提升。

四是我国入境旅游市场步入成熟期。从这四年的我国入境旅游人数和外汇收入看,尽管有国际金融危机的影响,但其变化幅度不大,这说明我国入境旅游市场已进入相对低速的平稳增长期。同时,观光度假和商务旅游成为入境旅游的主要目的,尤其是商务旅游表现出巨大的发展潜力,这为我国高端旅游市场的发展提供了很好的契机。在旅游行为方面大多数入境旅游者到中国旅游,都是“仅到中国的一国游”,这说明将中国作为一个独立的旅游目的地。在入境旅游者中,首次到华旅游者的比重远低于多次入境旅游者,而且他们的足迹已从东部经济发达地区逐步深入到我国各个省市。从主要客源国(地区)来看,港澳台同胞和周边国家旅游者构成了我国入境旅游市场的主力,远途外国游客市场所占比重较低,但增长速度较快,旅游花费也比较高,这同世界发展状况基本一致。由此可见,中国内地已成为一个重要的国际旅游目的地,我国入境旅游市场也步入了成熟期。

五是我国出境旅游市场依然保持较快增长。近些年来,我国始终保持亚洲第一客源输出国的地位,并成为全球出境旅游市场增幅最快、潜力最大、影响力最广泛的国家之一。快递增长的出境旅游市场使得越来越多的目的地国家,愿意通过相互协议等形式开放本国作为中国的旅游目的地国家。同时,我国游客在境外已形成一个巨大的消费市场,并将是一个不断持续增长的市场。

(3)我国旅游市场供给态势分析。从供给角度看,我国旅游产业经过30多年的持续发展,已完成了从旅游资源大国向世界旅游大国的转变,现正朝着建设旅游强国的目标迈进。在这一过程中,旅游市场需求转型为旅游供给的转型提供了内部动力,而旅游供给水平的提高又进一步刺激了旅游需求增长。旅游产业的发展正是旅游供给与需求在相互作用共同推动的结果,旅游市场规模的扩大又为旅游产业规模的扩大提供了条件,目前我国旅游产业在持续高涨的市场需求推动下,依然保持着较快的扩张速度。同时,旅游需求特性的变化又刺激了旅游新业态的产生和繁荣,而传统旅游供给部门和企业在继续保持规模增长的同时,素质也得到提高,所以这些都在逐步改变着旅游产业的竞争态势、整体素质及产业结构,最终使得整个旅游产业运行方式发生了质的变化,旅游产业由初级形态向高级形态发展,旅游结构由单一结构向多元复合结构转化,组织结构进一步优化合理,最终完成旅游产业的转型升级。所有这些变化最直接地表现在旅游产品的结构调整和质量的提高上,旅游产品质量的提高和结构的变化在旅游产业的转型发展过程中发挥着极其重要的作用。而旅游产品结构的变化,又产生着强烈的促进作用,使得旅游目的地的运行模式发生了巨大变化，政府管理部门在公共产品和服务供给方面的方式和内容也将发生了巨大变化。当前，我国旅游市场供给呈现的态势特点，表现为如下五方面：

一是产业规模不断扩张，投资热情高涨。旺盛的旅游需求必然推动旅游产业规模的不断扩张。前面四年我国的旅游统计数据足以说明我国旅游需求的旺盛程度，而旺盛的旅游需求态势和良好的产业发展潜力也进一步刺激了投资热情。旅游市场供给的如火如荼，从旅游统计公报中也可见一斑。2009 年，全国星级饭店的总体规模继续稳步增长，全国共有星级饭店 14237 家，比上年末增加 138 家，增长 1.0%；拥有客房 167.35 万间，比上年末增加 8.21 万间，增长 5.2%；拥有床位 306.47 万张，比上年末增加 12.99 万张，增长 4.4%。到 2009 年末，全国星级饭店共拥有固定资产原值 4442.98 亿元，比上年末增加 89.73 亿元，增长 2.1%；营业收入总额为 1818.18 亿元，比上年末增加 56.17 亿元，增长 3.2%；上缴营业税 122.16 亿元，比上年末增加 3.82 亿元，增长 3.2%。全国纳入统计范围的旅行社共有 20399 家，比上年末增加 289 家；全国旅行社资产总额 585.96 亿元，比上年增长 12.3%；各类旅行社共实现营业收入 1806.53 亿元，比上年增长 8.6%；实际缴纳税金 12.69 亿元，比上年增长 12.4%。同时，经济发达地区和旅游资源丰富地区近年来依然是旅游投资的热点地区，但在重点旅游招商项目中，西部投资项目却位居全国首位。

二是旅游新型业态层出不穷，产业结构不断优化。旅游新业态不仅成为目前我国旅游投资的热点，而且因为其在满足市场需求、新技术的采用以及新的管理模式应用方面的优势成为我国旅游产业素质不断提高的主力军。新业态的出现是经济活跃、社会繁荣、科技进步和时代发展共同作用的结果，我国旅游新型业态的出现则是在新的旅游需求的刺激下，不断创新的结果。在旅游需求刺激下旅游产业内部分化与业态融合是旅游新型业态出现的主要表现形式。前者主要表现为新的旅游需求和新的旅游产品的出现带来了新业态的产生。如：自由行和自驾游、家庭游大量增加，不但刺激了经济型酒店和汽车旅馆、自驾车营地、露营营地、民居客栈的出现及快速发展，而且进一步推动了自驾车俱乐部和散户服务中心等与传统旅行社产品的功能相似，但产品形态又不同的旅游新型业态。后者如，会展与旅游业的融合而成的会展旅游业、工农业与旅游业的融合而成的工农观光业、信息产业与旅游业融合而成的电子商务业，房地产业和旅游业融合而成的旅游地产业。这些新业态的出现既是我国旅游产业发展到一定阶段的必然结果，又是其逐步走向成熟的一个重要表现，它使现代旅游业对高智力人才、高信息科技、高知识资本等要素的吸收能力增强，也使我国整个旅游产业的产业素质得以提高、产业结构得以优化。

三是旅游产品由单一结构向复合结构转化，并日趋多样化。旺盛的市场需求、高涨的投资热情，必然带来多样化的旅游产品体系，我国的旅游产品结构也逐步由单一观光旅游向以观光旅游产品为主，休闲度假旅游、商务旅游以及各种类型主题旅游共同发展的复合结构转化。旅游产品日趋多样化的突出表现为：观光旅游产品开发方兴未艾，依然占据主导地位；休闲度假旅游产品的发展初具规模，并分化为长线和短线两种旅游度假产品，以满足双休日需求的环城市旅游度假为主的短线度假产品的发展势头，优于长线旅游度假产品；商务旅游的内涵和外延在不断扩展，旅游产品开发向专业化发展。但从整体上看，在商务旅游服务领域还处于“结构性供给不足”状态；高端旅游产品开发初露头角，如度假、商务、高尔夫、游艇等典型高端旅游产品的开发已初具规模。

四是我国的旅游运行模式发生了重大变化。随着人们对旅游体验要求的日益提高以及自主性的增强，越来越多的旅游者不再跟随旅游团走马观花，到知名景点一游了之，而是驻扎到某地，随意安排行程，或者在城市大街小巷闲逛，或者到乡郊野外体验民风民俗。“无景点旅游”成为旅游市场的一种新趋势，也成为休闲游的一种，如今尤其受到白领一族与老年人的追捧。这样，围绕旅游景点建设形成的旅游目的地接待系统已经无法满足旅游者的需求，必需扩张到一个更加广泛的范围，使旅游目的地的整体供给能力成为决定旅游目的地竞争力的核心。而旅游目的地的整体景观设计、文化氛围、当地居民友好程度、旅游信息提供的便利性等宏观背景要素，也成为旅游业发展的重要组成部分。同时，在旅游中间服务方面，互联网的问世与迅速普及带来了电子商务时代，对传统的旅游产供销链条产生了巨大挑战，以旅行社为主的旅游产品销售渠道逐渐被网上直销或电子商务类旅游中间商分去了半壁江山，使整个旅游产业的运行模式发生了很大变化。

五是旅游管理部门角色也正在发生着变化。旅游产业发展所发生的诸多变化必然使得政府对旅游产业的管理也发生诸多变化。旅游业涉及包括交通、住宿、餐饮、娱乐等诸多行业，其竞争力体现在这些行业的综合实力上，综合实力的提升不仅涉及单体企业的实力提升，更需要不同旅游供给企业之间的协作。而旅游企业之间的协作并不单靠市场机制的作用就能达到目的，还需要政府发挥“有形的手”的作用。同时，当这种产业整体竞争力较量放在地域空间上，便是旅游目的地整体实力的竞争，在这一层面上，不仅需要企业提供竞争性产品和服务，还需政府提供旅游基础设施、旅游信息系统、旅游目的地形象维护及旅游目的地营销等公共产品。为此，各地的旅游产业管理部门或中心必然从单纯的市场监管向提供旅游公共产品培养目的地的综合实力转变。

2. 我国旅游市场建设发展的瓶颈及制约因素

随着社会的发展，旅游业已成为全球经济中发展势头最强劲和规模最大的产业之一。旅游业在城市经济发展中的产业地位、经济作用逐步增强，旅游业对城市经济的拉动性、社会就业的带动力、以及对文化与环境的促进作用日益显现。然而，我国旅游业发展目前正处于一个转型期，这也是一个新旧矛盾交替出现的时期，旅游业发展过程中一些旧的矛盾还没有完全解决，一些新的问题也正随着新事物的出现而不断地显现出来。在这一时期，认清这些不和谐因素对我国旅游产业的转型升级和进一步发展有着重要意义。存在的问题可以概括为：“发展方式粗放、产品供给不足、产业结构失调、管理体制不顺、保障体系欠缺”。从产业发展层面上看，影响我国旅游市场和谐发展的因素，主要有以下五个方面：

(1)旅游供需的不均衡。旅游供需不均衡是推动旅游产业发展的内在动力，但是如果旅游供给与需求之间的差距超过一定限度，就会影响到旅游产业的健康发展。由于旅游供给的不可累加性及环境容量的限制，旅游供给在一定时间、一定空间条件下必然受到一定的制约，因而旅游供给弹性小、具有相对稳定性。在大多数情况下，旅游供需之间多存在不均衡状态。我国旅游业正处在旅游需求变化比较频繁的转型期，旅游供需之间的不平衡不可避免的存在，并在某些环节甚至还有加大的趋势。目前，我国旅游供需不和谐主要表现在空间和时间供需上的不均衡。从近年来入境旅客接待人数的统计数据看，我国旅游需求和旅游产品供给存在明显的区域不平衡，我国旅游业的供给区域集中在东部沿海地区，入境旅游接待游客人数占据总人数的 73.84%，而广大西部内陆地区接待人数不到 8%。广东省接待外国旅游者 608.82 万人次，一直居全国之首，而在西部省份中，入境旅客接待数量又以省会城市为核心向全省的其他城市逐步递减。因此，我国旅游业空间供给不均衡既表现为东西部区域上的不平衡，也表现为本省内部点与点之间的不平衡。另外，由于我国目前带薪休假制度还不完善，大众出游的欲望被压制，加之旅游产品的季节性，导致了我国旅游业出现时间上的供给不和谐，比较明显是例子就是“黄金周”长假期间导致交通拥挤、景点过热和酒店满员等等。

(2)旅游相关产业发展不和谐。经过 30 多年的发展，我国既拥有全球最大的国内旅游市场，也成为全球第四大入境旅游接待国，亚洲最大出境旅游客源国。我国旅游业也取得了巨大的成就，景区景点、饭店、交通、娱乐设施建设，旅游商品市场等供给部门都取得长足进步，旅游企业的数量和种类都有了大幅度的增加，出现了一大批在国内有影响的、具有一定规模的旅游企业。但是，在重新审视我国旅游业的发展和面临的问题时，我们不得不承认在旅游业发展的 30 多年中，旅行社、酒店、景区等产业的发展并不和谐。由于历史原因，我国的旅行社走的是一条以入境旅游为主的发展模式，没有依托国内市场进行实力的累积，加之早期为了满足国外游客的需求而引入了国外旅游企业提供的旅游服务，使我国的旅行社实力大打折扣。虽然我国已培育了像锦江、国旅、中旅等知名旅游企业，但这些旅游企业在整个旅游产业中所占比重还相对较小，在整个旅游市场上所起的作用也非常有限。从市场占有率来说，整个旅行社行业所接待的旅游者人数仅占我国旅游者总人数的 20－30%，而对日益增加的国内外旅游需求，我国的旅行社企业将面临严峻考验。

关于酒店行业的发展，从档次结构来说，我国的星级饭店发展投资有重高挡、轻低档倾向。据有关调查机构研究表明，高星级酒店在我国某些地方已经呈现出过剩的供需状况。高档饭店的投资较大，投资回收期较长，而今高档饭店的利润率正逐渐下降，目前部分项目的投资回报率已经很难让开发商满意。在高档酒店的过多兴建使我国酒店行业供需结构失衡的同时，经济型酒店发展也迅猛，增长速度平均超过74%，而非理性发展必然导致竞争加剧及市场利润率的降低。目前，平均入住率已从最高时的95%左右降至80%左右，加上人力、能源特别是房地产相关成本的增加，使其健康发展也面临巨大挑战。

(3)旅游供应链还不完整。随着旅游市场多样化、新业态的不断产生和旅游产品的多样化，我国旅游产业供应链已不再是单一链式结构，已逐步分化成一个多链式结构，除包括传统观光旅游产品供应链之外，还包括度假、商务和自助旅游产品的供应链。这几类供应链在单项产品供给的某些点上相互重合，进而形成一个网状的供应链。但是，目前这个网状供应链是不完整的，最突出的表现在新型旅游产品供应链的断开，以及整个度假旅游产品供应链在销售渠道上的断开和商务旅游产品还处于起步发展阶段，导致供应链的长度不够，影响着整体效果。自助旅游的供应链更是残缺不全，大到旅游目的地信息提供不完善，小到旅游景区标志不明确，虽然我国的旅游市场已经转变为以散客旅游者为主，但是整个旅游供给体系仍停留在团队旅游者为主的时代，整个自助旅游供应链还未建立起来。

(4)政府部门对旅游业的管理相对滞后。面对转型期我国旅游市场和旅游产业发展所出现的一些新情况、新问题，政府部门对旅游产业的管理"转型"明显滞后。从管理手段来看，目前对旅游业的管理更多的是依赖于行政手段，旅游法尚未出台，有些管理条例都是出了问题之后临时制定的，具有临时性，甚至有些条例之间还相互牵制；在经济手段中，虽然很多地方政府都将旅游产业作为"支柱产业"进行扶植，但多数地区并没有出台具体的旅游产业扶植政策，税收与金融手段的使用也相对不充分。从管理实施过程看，目前政府对旅游产业的管理还受到原有的政治分工体系的深刻影响。由各个职能部门及各级政府对旅游产业的领域进行分条块、划地区式的管理，使得旅游产业各部门之间的相关性被人为地割裂，各个环节缺乏相互制约机制，对旅游产业企业之间的协作没有起到很好的作用。

(5)其他制约因素。我国旅游市场除以上4个主要不和谐因素外，人民群众日益增长且不断变化的旅游休闲需求与相对滞后的旅游供给结构和商业模式之间的矛盾，也成为当前我国旅游经济运行的主要矛盾。具体表现为：旅游法制环境不健全，市场秩序不规范，服务质量亟待提高，人民群众还不满意；发展方式粗放，普遍存在重建设、轻管理，重硬件、轻软件，重规模、轻品质，发展的协调性不够好；体制机制建设滞后，管理体制不相适应，行业协会不健全，市场在资源配置中的基础性作用没有充分发挥，旅游市场主体普遍弱小，产业发展的后劲不足；人才队伍建设与产业发展不相适应，从业人员整体素质不高，高素质人才不足和人才流失重并存。如今国际金融危机仍然在持续蔓延，贸易保护主义抬头，国际旅游市场竞争更加激烈。国内经济环境依然严峻，旅游投资降低，人民币升值预期及出境旅游需求增加等因素，将使我国旅游业面临旅游服务贸易逆差的潜在风险。

这些矛盾是社会综合转型过程中各种矛盾在旅游业中的综合体现，严重制约了旅游业综合功能的发挥，需要在新的发展阶段通过产业转型升级来加以解决。为此，我国旅游业应在发展战略上更加注重统筹国内国际两种资源；在发展目标上，更加注重发挥旅游产业的综合功能；在发展方式上，更加注重走内涵式的发展道路；在发展机制上，更加注重发挥市场在资源配置中的基础性作用；在要素投入上，更多地依靠资本和技术推进产业发展；在发展格局上，更加注重城乡统筹和区域协调的发展，从而推动我国旅游业又好又快发展。

3. 我国旅游市场培育建设的意义

结合我国旅游市场发展与供给态势的分析，对比影响我国旅游市场和谐发展的主要因素，我们可以发现，我国旅游需求和旅游供给，以及旅游供给各要素之间远未达到和谐发展的要求，追求和谐发展成为转型期我国旅游业发展的必然要求，只有努力实现和谐发展才能为我国旅游业发展提供经久不衰的动力。同时，在我国当前国民经济和社会发展受到国内需求不足、就业形势严峻、环境污染加剧等因素制约下，我们需要充分认识发展旅游产业、培育旅游市场建设的经济效应、社会效应和外交效应等方面的战略意义。

传统观点认为"旅游就是吃喝玩乐"，"旅游业不过是低端服务产业、发展潜力不大"。其实不然，旅游业已成为当今世界最具发展活力和潜力的第一大产业。一些国家纷纷提出实施旅游发展国家战略，引领和带动国民经济和社会发展。如：日本政府2003年确立"观光立国"战略，举全国之力，促观光立国。美国总统奥巴马2010年3月签署《2009年旅游促进法》，大力发展旅游业。继2009年12月1日国务院《关于加快发展旅游业的意见》颁布实施后,2010 年 7 月 23 日国务院办公厅又印发了《贯彻落实国务院关于加快发展旅游业意见重点工作分工方案的通知》,足见我国政府对发展旅游业的高度重视。

进一步加快我国旅游产业发展,并积极培育和建设我国的旅游市场,具有以下多重效应的战略意义:

(1)大力发展旅游业,可以带动我国经济发展和扩大社会就业。旅游业是当今世界最大和发展最快的产业之一。20 世纪 90 年代初,旅游业就已超过汽车和石油等传统产业,成为世界经济中的第一大产业。现代旅游业综合性强、关联度高、产业链长,已经明显地突破了传统旅游业的范围,广泛涉及并交叉渗透到 29 个相关经济部门,直接和间接影响 109 个细分行业,旅游业的发展可以显著地带动相关产业的发展。联合国世界旅游组织(UNWTO)研究表明,旅游从业者每增加 1 个就业岗位,可带动相关行业增加 4.2 个就业机会。与此同时,旅游业就业不仅具有容量大、门槛低、劳动密集等特征,能够在酒店、旅馆、娱乐场所、自然景区和文化遗址等地为非熟练或半熟练工人提供诸多就业岗位,而且具有较强的就业带动效应。当前旅游业和观光产业已经成为我国吸纳就业量最大的产业之一,特别是在解决少数民族地区居民、妇女、农民工、下岗职工、大学毕业生就业者等,特定人群的就业问题上发挥了重要作用,在未来十年内将会为我国带来更多就业机会。因此,加快发展旅游业,不仅可以带动一大批相关产业发展,有效拉动我国经济增长,而且能为相关产业创造更多的就业机会,对于缓解我国未来几年就业高峰期的就业压力将起到非常重要的作用。

(2)大力发展旅游业,可以培育我国新的消费商机和拉动内需增长。旅游消费是集衣、食、住、行、游、购和娱乐于一体的综合性消费活动,能够带动国民收入成倍扩大。经合组织分析家发现,旅游消费涉及和渗透到几乎所有行业和领域,不仅涉及到运输、餐饮、住宿、通信和商业等传统行业,也渗透到国际金融、仓储物流、信息咨询、文化创意、会展博览、甚至航空航天等新型和现代服务业领域,具有无穷无尽的发展空间。从某种意义上说,旅游消费是可以创造出来的。2010 年的上海世博会就创造出了无限消费商机,据相关研究,世博会对区域经济发展和全国的各行业的综合拉动效应乘数大概是 4 倍到 5 倍(总投资约 3000 亿,将产生 12000 亿到 15000 亿的经济效益)。随着我国经济快速发展、城乡居民收入不断提高和闲暇时间大量增加,旅游消费进入一个快速发展的新阶段,所释放出来的旅游消费需求潜力巨大,将极大地拉动国内需求的增长。因此,重视旅游消费在整个消费中的重要地位和作用,应像重视住房消费和汽车消费一样,把促进旅游消费作为培育新的消费商机和拉动内需增长的重要举措之一,通过大力发展旅游消费带动整个社会消费和国内需求的快速发展。

(3)大力发展旅游业,可促进我国发展方式转变和推动低碳社会发展。随着我国二氧化碳排放量和货物贸易出口的快速增长、以及国际社会对气候变化和二氧化碳排放等问题的日益重视,低碳经济和低碳社会对我国经济和对外贸易的可持续性发展提出了严峻挑战,加快发展方式转变和推动低碳社会发展的任务更加紧迫。与制造业和货物贸易相比较,服务业和服务贸易显然消耗资源和能源较少、环境污染也较少,如 2009 年我国旅游业的单位 GDP 能耗仅为制造业的 9.1%。因此,旅游业无疑是一个“无烟产业”和“绿色产业”,是应对气候变化、节能环保的优势产业。由于资源消耗低、环境成本小、投资见效快,而且在现代服务业中具有明显的引导和带动作用,大力发展旅游产业,不仅可以替代资源消耗大、污染重的产业,转变主要依靠增加物质资源消耗促进经济增长的传统模式,达到减少污染排放、减轻生态破坏,实现自然文化资源和生态环境的可持续发展。同时,通过加快发展旅游业,还可引领和带动其他相关服务业和服务贸易的快速发展,转变我国对外贸易出口的能源密集型和污染密集型的传统模式,成功实现外贸发展方式转型,推进我国低碳经济发展和低碳社会构建。

(4)大力发展旅游业,有助于扩大国际文化交流和推进公众外交,提升我国的国家文化软实力。在现代国际交往和国际关系中,国际旅游素有“和平的使者、友谊的桥梁、亲善的动力”等美誉,可以使旅游者加深对不同国家和地区、不同民族和种族、不同意识形态和宗教信仰、不同文化生活方式的了解与理解,消除固有偏见,促进对社会多元化的认同,实现不同文明之间的交流和依存,进而把文化要素转化为国家的软实力。当今西方国家的部分民众对我国一些重大问题的曲解或误识,尽管其中的原因很多,但与其缺乏对我国历史和文化的正确了解也有较大关系。为此,一方面通过打开国门积极接待入境旅游,广纳世界各国朋友,让其全面了解我国悠久历史、灿烂文化和秀丽河山，以及我国经济发展和社会进步等方面所发生的显著变化等，借此逐步改变和消除西方国家部分民众对我国现有的一些偏见和误识；另一方面，通过大力组织出境旅游，让我国民众走出国门，走向世界，广泛接触全球的各界人士，宣传华夏文化、扩大中华文化在世界各国的知名度和影响力，塑造开放、文明而友善的国家品牌和形象。这对扩大国际文化交流和推进公众外交，提升我国的国家文化软实力都具有重要的现实意义。

据联合国世界旅游组织预测，到2010年底，我国将取代西班牙成为全球第二大受欢迎的旅游目的地国；到2015年或2020年，我国可能超过法国成为世界上最受欢迎的旅游目的地国。可见，未来十年我国旅游业发展潜力巨大、发展空间广阔，我们只有充分认识发展旅游业的这些战略意义，又好又快地大力发展旅游业，才能尽早实现《国务院关于加快发展旅游业的意见》所提出的“把旅游业培育成为国民经济战略性支柱产业和人民群众更加满意的现代服务业的战略性目标。

4. 我国旅游业深入发展需要把握的新变革

在我国经济社会大发展、大变革的背景下，旅游业发展也面临重大变革，必须以新的理念来统筹全局，在发展方式、发展机制上重新规划，以适应社会发展大变革的要求。概括起来我国旅游业深入发展需要把握以下变革：一应关注全球化和区域化给旅游业发展空间格局带来的变化，注重旅游区域合作和加快培育新的战略性旅游目的地。二应关注高铁时代带来的同城化效应，以及由此将带来的旅游产业布局变革。三应关注产业融合的发展趋势，加快培育产业融合所形成的新兴优势产业，加快培育旅游大产业格局。旅游业与不同领域产业交叉形成新业态，混合型业态将成为主流。传统产业格局受到挑战，需要重新规划引导新业态发展。四应关注新需求变化和新技术变革将催生新商业模式和新旅游产品，推动旅游电子服务商等新商业模式发展；促进旅游公共服务产品的升级，推动新旅游产品及旅游装备业发展。五应关注低碳经济带来的旅游消费和旅游经济发展模式变革。低碳经济发展模式所带来的产业分工方式、产业技术的变化，将使旅游业发生深刻变革。六应关注经济社会整体转型给旅游业发展带来的整体变革。社会发展方式、产业结构的重大变革，必将直接引导旅游产业在增长方式、发展模式上的转型。

（二）我国旅游产权交易的现状及问题

目前，我国人均GDP已达到3000美元，这是世界旅游界公认的旅游业爆发性增长的阶段。我们刚刚实现每年人均出游一次的目标，可世界上美、日、韩等发达国家人均出游均在七次以上，可见我国旅游市场成长的潜力巨大。近年来，随着我国高速公路、高速铁路、民航等基础建设速度加快和社会公共服务体系的不断完善，我国旅游业必将迎来新一轮的发展，并在未来5－10年内处于快速发展的上升期。为解决我国旅游产品体系结构性失衡的矛盾，引导旅游投资以大众需求为导向，扩大供给总量、增加产品种类、丰富产品层次已成为必然选择。旅游业是一个竞争性行业，吸纳大量投资需要建立适合旅游业发展的投资机制，必须遵从市场法则，充分发挥市场在资源配置中的基础性作用。然而，当前社会资金进入旅游业比较困难，在直接投资和间接融资等方面存在诸多限制，要改善这一投资状况，首先要打破社会资金进入旅游行业的政策壁垒，并创造有利于公平竞争、有利于创新的政策环境。其次，要运用现代资本理念，建立旅游产权交易平台，使社会资金能够在旅游产业中自由流动。同时，推动旅游融资机制创新，大力发展旅游资产评估、旅游担保等旅游金融服务组织，针对乡村旅游和中小旅游经营者，建设资金融通的可靠渠道，用市场集合的资金推动旅游业的市场化发展，成为我国旅游市场建设发展的一个重要内容。

1. 我国旅游产权交易呈现活跃态势

随着近年来我国旅游业的蓬勃发展，全国各地旅游项目建设和旅游产品开发步伐加快，一大批旅游产品和旅游招商项目已在各地产权交易所公开挂牌，寻找社会投资者，同时催生了我国旅游招商项目中的产权流转和交易，在产权交易市场上频频出现了几千万元甚至数亿元的景区开发项目，相关项目的成交也表现不俗。如：在上海联合产权交易所挂牌的“滁州市琅琊山风景区旅游基础设施项目”。该项目建设内容为：风景区核心景区拆迁，河道清淤、生态恢复、丰山湖建设、污水处理、供水系统，景区道路、游步道建设，停车场、风景区展览、陈列馆、管理用房、旅游公厕，森林防火、防护。其投资概算：风景区核心景区拆迁项目5400万元，河道清淤、生态恢复、丰山湖建设、污水处理、供水系统项目8000万元，景区道路、游步道建设项目6248万元，停车场、风景区展览、陈列馆、管理用房、旅游公厕项目4200万元，森林防火、防护项目2000万元，项目总投资近2.6亿元。

广西联合产权交易所项目——阳朔丽景假日宾馆房地产及企业产权转让,挂牌价格人民币4300万元。转让标的情况:阳朔丽景假日宾馆位于桂林阳朔西街与蟠桃路交叉口处,地段繁华,交通便利,人流量、车流量大,商业氛围浓。该宾馆的房地产(第一层的商铺除外)为转让方从开发商处合法购得,占地约1600平方米,地上建筑五层,无地下层,其中第一层为停车场,第二层为宾馆大堂、餐厅和咖啡廊,第三层为客房,第四层为客房和会议室,第五层为宾馆办公室。该房地产已办理房屋所有权证,建筑面积为4334.91平方米,框架结构,土地使用权证正在办理中。该房产部分已作抵押,转让方保证不影响本次转让。此外,转让方以房产成立合伙企业,该企业产权均列入本次转让范围。

另外,在贵州省产权交易中心,挂牌截止日期为2009年年底的旅游开发类项目,从某镇农业综合开发旅游观光农业示范区项目,到某县省级森林公园项目,再到某县温泉疗养度假区等项目,从挂牌价最低1000万人民币到2.5亿元人民币的产权交易项目就多达20余个。诸如此类的景区产权叫卖及旅游项目招商,挂牌价过亿的项目在国内各地产权交易所中已是屡见不鲜,而且不少旅游资源甚至"一鸡多吃",挂牌于多个产权交易平台。同时,去年以来,伴着国家在房地产开发领域一系列新政的出台,随着欢乐谷等超大主题公园社区将在上海开业的期待,旅游地产也成为了许多房地产开发商关注的焦点。目前,我国旅游房地产开发的形态主要有休闲度假住宅、产权酒店、时权酒店、高尔夫别墅、主题旅游度假社区等。其中,休闲度假住宅是指依托旅游度假区或城郊风景区开发的住宅式房屋,产权酒店是指将酒店的客房按房地产的模式进行出售,购买者获得客房产权后再委托给酒店的管理方进行统一经营获利的一种投资性房产;时权酒店是一种从国际上引入的创新模式,是将旅游房产按使用权进行分拆销售的模式;高尔夫别墅则是建设在高尔夫球场周边的高档度假房屋。类似这样的产权交易项目也成为各地产权交易所的重点挂牌项目,挂牌价格也相当惊人。

2. 我国旅游产权交易的现状

一掷亿元的景区产权交易和旅游项目投资,可能收到怎样的回报?是我们大家普遍关心的问题。经过了解发现,比如:挂牌上海联合产权交易所的"中华回乡(纳家户)文化园二期扩建"项目标价高达3.5亿元。这样的"天价"背后,"卖点"是什么?据上海联交所的挂牌信息显示,中华回乡文化园被宁夏回族自治区列入"十五"期间优先发展的旅游项目之一,是自治区发改委批准立项开发建设的回族民俗旅游项目。该项目将中华回乡风格与世界伊斯兰建筑风格实现有机结合,形成独具地方特色的建筑群,使中华回乡文化园更增添一份独特的魅力,发展前景广阔。该项目区位于古老的纳家户清真大寺北侧,紧靠石中高速公路永宁段出口,距离永宁县城不到一公里,交通十分便利,基础设施完善,为项目建设提供了便利条件。

从经济效益预测上看,这样的投资看似回报颇丰,但公开信息也告知投资人该项目回收期同样不短。项目建成后,预计年接待游客可达60万人次,每年可实现营业收入2.8亿元,利税达3000万元,投资回收期为8年。据悉,目前该项目投资1亿元的一期已启动,共占地300亩,已完成了二期扩建规划及二期扩建可行性研究报告。据了解,2009年以来在上海联合产权交易所的挂牌信息中,来自西北地区此类几千万元甚至数亿元的景区开发项目及旅游开发项目不仅集中挂牌,而且标价不菲。同时,旅游产业相关项目成交也表现不俗。但据业内分析认为,买卖双方的"醉翁之意"却不仅仅是在好风光的景区。

早在2005年,武汉丰台集团投资1.7亿元,在湖北应城成功打造汤池温泉,由此直接引发了省内泡温泉热潮及温泉投资热。业内人士透露,景区投入相当大,仅靠门票和住宿,回收成本的周期很长。相反,依托景区建成的大型商业区、居民区,一旦景区人气起来了,必将给相关旅游地产带来巨大盈利空间。放眼国内,旅游地产的最大手笔出自深圳华侨城集团,华侨城在世界之窗、欢乐谷等四大主题公园的周边开发一系列房地产项目,获得巨大成功。此后,珠海、三亚等地的产权式度假酒店等也日益兴盛。如今,在巨大的利益驱动下,国内地产商和旅游开发者都纷纷介入旅游地产的开发,但在发展过程中,有些不可避免的问题也频频出现,主要有以下几方面:一是开发商为了追求回报,只注重概念炒作,没有真正地将旅游植入地产;二是"跑马圈地",旅游资源良好的地方往往是旅游项目的首选地,地方政府为吸引投资会给出许多优惠的条件,使开发商获得大面积的土地;三是存在着"泡沫问题",在旅游景点上的过热地投资,将会引发供求关系的改变。客观地说,国内旅游地产失败的案例仍大于成功案例。

我国旅游景区名义上归国家统一管理，实际上中央、省、市、县和乡镇各级政府及其部门都有一定的管理权利，往往一个景区内建设、文物、林业、水利、旅游等分别由多个部门管理，不同部门管理的方式、理念等都不相同，直接导致了很多景区宏观管理规划与微观发展呈现无序状态。同时，随着我国旅游市场的不断扩大和旅游产业快速发展，自然旅游资源的旅游或休闲功能及其伴随的巨大经济价值日益凸显出来。各利益集团都看到了自然旅游资源的巨大经济价值，投资开发自然旅游资源所能获得收益的低风险性，甚至无风险性，纷纷通过各种努力争夺对自然旅游资源的相关权利。其中，资本所有者、地方政府和其所在地社区居民这三类群体，成为了推动自然旅游资源产权制度变革和交易的最主要力量。

资本所有者清楚地看到，具有稀缺性和垄断性的自然旅游资源作为旅游产业发展的核心要素之一，其经济价值将随着时间推移而不断上涨，投资于自然旅游资源开发比投资于其他市场化程度较高的产业领域，可获得更高的利润回报，但这必须以能够获得自然旅游资源的占用和收益等相关权利为前提。地方政府及其官员在目前以GDP为核心的政绩考核体制下，也具有利用自然旅游资源大力发展旅游产业从而推动地方经济发展的内在冲动，希望加强自身对自然旅游资源的占用控制和开发经营。但在财政资源严重约束的条件下，必须依靠吸引社会资本加盟才能完成，使其具有了强烈的变革产权制度和推动旅游产权交易的动机。另外，自然旅游资源所在地的社区居民也具有通过自然旅游资源产权制度变革和产权交易，发展旅游产业，增加自身就业机会，从而提高经济生活条件的内在愿望，也成为产权制度变革和交易的支持者。

由于大多数旅游景区的管理政企不分、产权不清，多头管理现象严重，尤其是在地方、部门、单位和个人利益驱动下，使得不少旅游项目开发过程“貌似建设、实为破坏；名为保护、实为垄断；有法不依、执法不严”等现象极为常见，有的自然旅游资源与环境破坏情况严重，有的在旅游景区搞起了房地产开发，有的破坏文物兴建不伦不类的人为景观；有的各方利益纠纷不断，并在开发中爆发群体事件等等。这些在如火如荼的旅游产权交易和旅游项目招商中暴露出的问题，不仅直接影响着我国旅游业的和谐发展，也间接影响到我国社会主义和谐社会的顺利构建与科学发展。

3. 我国旅游产权交易中存在的缺陷

旅游项目投资和产权交易尽管在国内蓬勃兴起，但是依然属于起步阶段，所有的旅游产权交易项目都是在各地方的产权交易中心(所)挂牌。而纵览当前在各地产权交易市场上挂牌的各类旅游产权交易项目，不难发现，大多数项目介绍如出一辙，简单的规划面积描述加上预计的游客量，剩下来最多的就是加强了生态环境的保护和合理的利用，提高市民生活质量，增加社会就业，促进了旅游事业繁荣和服务产业联动发展，其社会效益和经济效益都必将有显著提高。其项目建设内容都局限在风景区核心景区拆迁，河道清淤、生态恢复、丰山湖建设、污水处理、供水系统，景区道路、游步道建设，停车场、风景区展览、陈列馆、管理用房、旅游公厕，森林防火、防护等。关于其投资概算也仅局限于以上基础设施建设的初步预算。而这些自然旅游资源作为一种待开发的旅游产品，其特有的文化价值、品牌价值和推广成本却不在其中。

许多专家分析认为，目前我国的旅游资源项目处于投资与投机并存阶段，旅游产权交易方式主要沿袭城市地产的运作模式，在房地产炒作边缘化、城郊化、普遍化的情况下，不少产权交易中心(所)依然按照城市地产的盈利模式操作旅游产权交易，在产权市场上频现几千万元甚至数亿元的景区开发项目，尽管旅游产业相关项目成交表现不俗，但是买卖双方的“醉翁之意”不仅仅是在好风光的景区，而大多重在旅游地产上，给我国旅游业的科学发展留下诸多隐患。

其实，一个旅游产品或项目的开发成败的关键因素包括很多方面，比如对旅游资源的整合，主题的发掘，以及宏观战略定位的把握，绝不是简单的基础设施建设。总结以往旅游项目开发失败的经验教训，大多由于缺乏专业人才的支持、缺乏主题产品的支撑、缺乏新的营销理念、缺乏完善的规划与科学的运作策略，造成了不少旅游开发项目半途而废或者胎死腹中。因此，搞旅游产品开发，主题挖掘是项目成功的关键，很多东西没有主题的时候是没有魂的，也就是大家都在坐一列列车厢的时候，你要做的应是把火车头建起来。同时，你的营销战略在哪里，如果你的产品没有特性和主题，消费者就不会有消费渴求。

如今旅游行业的发展瞬息万变，已由过去静态的资源依赖逐渐转为对敏感性的依赖。唯有将主题融入理念,再将理念拓展为故事,这样才能够吸引更多的人关注你。同时,必须要注重人文关怀和服务,当产品还没走向消费者的时候,你的软服务已让消费者感受到这个产品和其他的不同。完善的规划与科学的运作策略就是要求旅游项目开发和产品营销及运作相互匹配,互相促进,互为保障。而这些目标的实现,必须在开发自然资源的同时,进行专业人才资源的开发。再具体到旅游产权交易的促成,不仅需要具有旅游产品开发、营销、规划和运作这些能力的人才或专业团队,还需要懂旅游开发政策法规和产权交易规则的专业服务模式与信息沟通体系。可是,旅游项目开发和产权交易的这些需求,不仅拥有旅游资源的地方政府无法满足,就是在现有的文化产权和其他产权交易中心(所)也无法实现。同时,我国现有的旅游企业从总体上看规模偏小、组织化程度低,竞争力也很弱,相对于其它产业,其市场化的程度远远不足,也很难担此重任。为此,尽快建立中国旅游产权交易平台,是当下我国旅游行业组织和社会各界的主要呼声。

4. 建立中国旅游产权交易平台成为可能

2009 年 11 月 25 日,国务院常务会议讨论并通过了《关于加快发展旅游业的意见》,并于 2009 年 12 月 1 日正式颁布实施。该《意见》在总结我国旅游业发展成就和经验的基础上,从全局高度提出了推动我国旅游业发展的总体思路、基本原则和主要任务,成为我国旅游业发展史上具有里程碑意义的一份纲领性文件。它既为我国旅游业的新一轮腾飞确定了发展方向,也明确了发展旅游业是我国当前扩大内需、调整经济结构的必然选择,而把旅游业培育成国民经济的战略性支柱产业和人民群众更加满意的现代服务业成为一个重要目标。同时,为认真贯彻落实该《意见》,促进新时期我国旅游业又好又快发展,国家旅游局于 2009 年 12 月 3 日向各省、自治区、直辖市旅游局(委)下发了"关于贯彻落实《国务院关于加快发展旅游业的意见》的通知"。该通知明确要求:一是要全面准确把握《意见》的基本内容;二是要着力解决旅游业发展中的突出问题;三是要努力开创旅游业发展的新局面;四是要切实做好贯彻落实《意见》的各项工作。

国务院《关于加快发展旅游业的意见》中明确指出:要从改革、开放、服务、管理入手着力提升旅游业的发展质量,放宽旅游市场准入,鼓励社会资本和各种所有制企业公平参与,推进国有旅游业企业改组改制,支持民营和中小旅游企业发展,积极引进外资旅游企业。国家旅游局有关负责人在解读该《意见》时,也明确指出:旅游业是一个竞争性行业,旅游投资必须遵从市场法则,充分发挥市场在资源配置中的基础性作用。目前,社会资金进入旅游业比较困难,在直接投资和间接融资方面存在诸多限制。旅游产品的结构性短缺,需要大量资金;而吸纳大量投资,需要建立适合旅游业发展的投资机制。要改善目前的状况,首先要打破社会资金进入旅游行业的政策壁垒,创造有利于公平竞争、有利于创新的政策环境。要运用现代资本理念,建立旅游产权交易平台,使社会资金能够在旅游产业中自由流动。其次是推动旅游融资机制创新,大力发展旅游资产评估、旅游担保等旅游金融服务组织,针对乡村旅游和中小旅游经营者,建设资金融通的可靠渠道,用市场集合的资金推动旅游业的市场化发展。

由此可见,从改革、开放、服务、管理入手着力提升旅游业的发展质量,放宽旅游市场准入,鼓励社会资本和各种所有制企业公平参与,运用现代资本理念,建立旅游产权交易平台,使社会资金在旅游产业中自由流动,已成为国家加快旅游产业发展的重要战略部署。这样,当前我们推进中国(海南)旅游产权交易中心建设,建立专业的旅游产权交易平台,不仅有了重要的依据,也有了实现的可能。

二、产权交易内涵及旅游产权界定

我国产权交易市场是我国资本市场的一个重要组成部分,产生于上世纪 80 年代末期,源自我国国有资产战略结构调整,是我国改革开放的重要产物,其设计初衷是通过"公开"与"竞争",防止国有资产流失,促进资源流动和优化配置。党的十六届三中全会明确指出:"建立归属清晰、权责明确、保护严格、流转顺畅的现代产权制度,有利于维护公有财产权,巩固公有制经济的主体地位"。2003 年国务院国资委和财政部联合出台了《企业国有产权转让管理暂行办法》,要求国有产权的有偿转让行为必须在国有资产监督管理机构选择确定的产权交易机构公开进行,使得产权交易市场事实上成为国有产权转让的法定场所,在我国建设社会主义市场经济,国有资产战略结构调整进程中发挥了重要作用。

我国产权交易市场不同于任何资本主义国家

的资本市场体系，具有着鲜明的中国特色。一是以公开、竞争的市场机制割断特定的利益输送通道、形成合理的价格，确保国有产权在转让中保值增值。二是以公平、规范的运作模式，保证国有企业转制中职工和社会的稳定与公正。三是以市场化原则，为企业开辟新的直接融资渠道，推进各类非证券化资本交易与流动，加速经济发展的一体化进程。我国的产权交易市场在整合区域经济资源，促进区域经济融合，推进一体化建设进程中发挥着重要作用。目前，我国有200多家产权交易机构，初步形成了三级市场框架。即：以上海、天津、北京三家产权交易机构为主的中央企业国家级产权转让市场；以上海、天津、青岛、陕西四家产权机构牵头，区域产权交易所联盟的区域性产权转让市场；以各省市产权交易所为基础的地方级产权转让市场。

构建中国（海南）旅游产权交易中心，必须对产权交易的内涵和旅游产权的界定予以充分认识，并要以产权和产权交易理论为实践的基础。

（一）产权的概念、要素及形态

1. 产权的概念及基本属性

目前，经济学界对产权的定义还没有形成完全统一的看法。较有代表性的说法是A. Alchain提出的，“产权是一种通过社会强制而实现的对某种经济物品的多种用途进行选择的权利”。一般认为，产权是财产所有权和与之相关的其他诸种经济权利的总称。包括所有权及其衍生的占有权、使用权、收益权和处置权等权利。中共十六届三中全会通过的《关于完善社会主义市场经济体制若干问题的决定》中提出：“产权是所有制的核心和主要内容，包括物权、债权、股权和知识产权等各类财产权”。

按照拥有权利的经济行为主体的不同，产权可以分为公共产权、国有产权和私人产权三类。当产权权利界定给一个共同体，在共同体内的每一个成员便都有权利分享这些权利，并且排出了共同体内以外的成员对共同体内的任何成员行使这些权利的干扰，那么产权就表现为公共产权，集体产权就是公共产权的一种；当把产权所包含的各种权利界定给国家，然后再按照可接受的政治程序来决定谁可以使用或不能使用这些权利，产权就表现为国有产权；当产权归属的主体是私人，并且对所有产权权利的行使完全由私人决策，产权就表现为私人产权。

作为所有制的核心和主要内容，产权具有以下几个方面的基本属性：一是独立性，产权主体拥有自主运用产权的权利；二是排他性，产权受法律保护不可侵犯；三是收益性，产权能给权利所有者带来净收益；四是可分性，产权所包含的一组权利可以分割组合使用；五是流动性，产权主体可以通过产权流动、重组，获取产权收益最大化。对产权的排他性占有和对产权的自由转让权是衡量所有者是否拥有完全产权的重要标志，流动性是产权最本质的特征之一。

2. 产权的要素

产权有三个基本要素，即产权主体、产权客体和产权权利。

（1）产权主体。产权主体，是指享有或拥有财产所有权或具体享有所有权某一项权能，以及享有与所有权有关的财产权利的自然人、法人。在古代，当财产所有权各项权能还未发生分解时，产权主体是运用财产各项权能的人，该主体拥有完全的财产所有权。在现代，财产所有权各项权能发生了分解，不同的人享有了同一财产上的不同权能，产权的主体不在拥有完全的财产所有权，它可能是财产支配权的主体，也可能是使用权的主体，还有可能是享有收益权的主体等，或者成为财产所有权某两项或三项权能的支配者和享有者。此外，享有与财产所有权有关的财产权利，如：承包经营权、租赁经营权和自然资源开采权等。国家是产权的特殊主体。

（2）产权客体。产权客体，指产权权能所指向的标的，是产权主体可以控制和支配或享用的具有文化、科学和经济价值的物质资料以及各类无形资产，一切供人类使用或实际已成为人类享用对象的物质，都可以成为产权客体。成为产权客体必须具备两个因素：

一是要能够实际为人们支配和享用。如：月亮上拥有各种矿产物质，但目前人们尚不能支配和使用它，因此它不能成为产权客体。

二是资源的稀缺性，人们为了占有、支配和使用某物，彼此之间划清界限、而不是无条件地供一切人享用，这种物才能成为产权客体。例如：空气，在过去是取之不尽、用之不竭的，它不会成为人们争夺享有的对象，但随着现代工业发展，污染日趋严重，人们为享有洁净空气的权利而争斗。这时，空气也可成为产权客体。

（3）产权权利。产权权利，指产权主体依法对产权客体行使的一组权利和享受的相应利益，是主体对客体的权益关系。产权包括四项基本权利：所有权、使用权、处分权和收益权,其中所有权是核心。

所有权,也称财产所有权或资产所有权,指所有人依法对自己的财产享有占有、使用、收益和处分的权利,它是一定时期的所有制形式在法律上的表现。所有权主体是财产所有人,所有权客体是财产,所有权的内容是财产所有人对其财产所享有的权利和非财产所有人负有不得侵犯的义务。所有权拥有四项权能:占有权、使用权、收益权和处分权。

占有权,是人对物在事实或法律上的控制,是所有人对财产的占有、控制权利。在法律上是指所有人或其他有一定权利的人,为了使用与收益而保管和支配某物。在通常情况下,资产为所有人占有,即占有权与所有权合一;在特定的条件下,占有权也可与所有权分离,形成为非所有人享有的独立的权利。占有可分为所有人的占有和非所有人占有,非所有人的占有又可分为合法占有与不法占有,不法占有又可分善意占有和恶意占有。

使用权,即利用财产的权利,从法律上讲是按照物的性能和用途加以利用,以满足生产和生活需要的权利,是所有权的一项基本权能。使用与占有有密切的关系,占有是基础和前提,使用是目的。没有占有就无从使用;而占有本身并不是目的,占有的目的是为了实现物的使用价值,即使用该物。

收益权,是指所有人占有、使用自己的财产获得经济利益的权利,是所有权的一项基本权能。收益权使所有人通过财产的占有、使用、经营、转让,而取得经济效益。收益一般包括以盈利为目的取得的经营性效益和不以盈利为目的而取得的非经营性收益。所有人之所以拥有资产或财产,是因为该资产或财产通过合理使用能为其带来更大的资产增值或为其带来物质上的享受。只有当这种经济利益得到实现以后,所有权才能实现。

处分权,是财产所有人对其财产在法律规定的范围内最终处理的权利,即决定财产在事实上或法律上命运的权利,包括资产转让、消费、出售、封存处理等方面的权利。处分权是所有权权能的核心,是财产所有人最基本的权利。在多数情况下,由所有人享有;在某些情况下,也可以使所有权与处分权分离,形成非所有权依法享有的处分权。

从企业资产的角度来看,处分权可分为整体资产处分权与部分资产处分仅。整体资产处分权指某一企业整体资产的处分权,包括:决定资产整体在中央与地方、地方与地方不同管理主体之间转让的权利;企业资产经营形式和企业组织制度的变更的权利,如企业实行兼并、分立、联营、股份经营等;决定企业资产产权命运的重大变动,如企业破产、清算、歇业、关、停、并、转等。部分资产处分权主要指企业内部的生产经营活动中占有、使用资产的处置和变动的权利,包括:企业的厂房、设备、生产工具、原材料、燃料及成品、半成品等有形资产的处分权,企业的技术、工艺、专利权、商标权等无形资产的处分权,企业的债券、股票等有价证券的处分权利,以及其他归企业拥有的部分资产的处分权利等。

3. 产权的分类及形态

(1)产权分类。按产权历史发展形态的不同,可以分为物权、债权和股权。按产权归属和占有主体的不同,可以分为原始产权和法人产权。按照不同的产权主体,可以将产权分为法人产权、国家产权、集体产权、私有产权和社团产权。按产权客体流动方式的不同,可以分为固定资产产权和流动资产产权。按产权客体的形态的不同,可以分为有形资产产权和无形资产产权(或知识产权)。按产权个体实现形态的不同,可以分为所有权、占有权和处置权等。

法人产权,以法人企业形成为前提,指法人企业对其运营资产的占有权和使用权,它区别于企业投资者对资产拥有的所有权。现代股份公司和中外合资、合作企业是法人企业的典型形式。法人产权是19世纪末20世纪初随着股份公司产生与发展而产生的一种财产权利,是设定在原始投资人财产上的权利。在我国,法人产权这个概念是经济体制改革深化的产物。

随着产权制度改革,产权关系逐步趋向多元化、社会化。为保证企业具有相对独立自主经营的权利,国家以法律的形式规定了企业相对独立性。企业在取得法人资格以后,就在形式上成为不依赖于其他资产终极所有者而独立承担经营风险的民事主体,具有相对的占有、使用、买卖、抵押本企业资产的权利。企业股东作为企业所有者虽然可以任意处置作为资产所有权凭证的股票(或股权),但无权随意处置企业的资产。

国有产权,是指国家对全民所有的财产所享有的占有、使用、收益和处分的权利,是一项确认和保护全民财产的法律制度,是全民所有制在法律上的表现。国有产权作为一项法律制度,对保障社会主义公有制经济的巩固和发展,对保护国家财产不受侵犯,对促进社会主义经济建设的顺利进行等,都具有重要意义。国有产权的特征是:

一是国有产权主体具有唯一性和统一性。国家财产属于全国人民所有，代表全国人民的中华人民共和国是国家财产所有权的唯一和统一的主体。除国家外，其他任何机关、企事业单位等都不能成为国家财产所有权的主体。国家机关、企事业等单位只是受国家的委托对国有财产行使经营权。

二是国有产权客体具有无限的广泛性和专属性。任何财产都可能成为国家财产所有权的客体，而国家专有财产只能成为国家财产所有权的主体，不能为集体组织或公民个人所有。国有产权客体主要包括：国家所有的资源，如：矿藏、水流、土地、森林、草原、荒地等；国家专营的企事业的设施，如：铁路、公路、港口、海洋、邮电通讯、广播电视设施等；国家所有的固定资产和流动资产；国家所有的文物、古遗址、自然保护区等；国家在境外的财产；无主财产；国家所有的其他财产。

三是国有产权与国有企业经营权的分离性。国家是全民财产的唯一和统一主体，但国家并不能通过国家机关直接经营企业财产，而必须实行所有权与经营权分离，把经营权交给企业，由企业行使法人所有权，国家只拥有资产的终极所有权，即根据宏观经济发展的需要，对国家财产行使最终处分权，或者把资产投入企业后，拥有这部分资本股权，从而利用股权来控制和影响企业。这实现了所有权与经营权的相互分离，以及不干涉企业的正常生产经营活动。

集体产权，与社团产权不同，对于社团产权来讲，每个人对如何行使权利的决定是无须事先与他人协商的。集体产权是集体的，如何行使对资源的各种权利的决定，则必须由集体作出，由集体的决策机构以民主程序对权利的行使作出规则和约束。对集体产权来说，凡是对集体表决的决策不能同意或自己的意见不能得到反映时，按照民主表决程序，他可以采取“弃权”手段，转让他的权利。

私有产权，完备的私有产权包括关于资源利用的全部权利，但任何权利都不是无限的，都要受到约束和限制。尽管谁拥有私有产权，谁就可以排斥他人、以同样权利处置资源，但私有产权并不意味着与资源有关的权利都掌握在一个人手里，私有产权可以由两个或多个人拥有。

社团产权，其特点是某个人对一种资源行使某权利时，并不排斥他人对该资源行使同样的权利，或者说这种产权是共同享有的。与私有产权相比，社团产权的特点在于社团产权在个人之间是完全不可分的，即完全重合的。即使每个人都可使用某一资源来为自己服务，但每个人都无权声明这个资源是属于他的财产，即每个人都对此拥有全部的产权，但这个资源或财产实际上并不属于每个人。

(2)产权形态。产权形态，通常指的产权的实物形态、股权形态、债权形态。产权的实物形态，即对资产直接的实物占有。以实物占有形态存在的产权关系一旦发生变化极易导致公司财产的分裂，从而可能使公司的生产经营活动难以正常进行。产权的股权形态指通过购买股权的形式来占有资产，以股权形态存在的产权具有相对独立性。股东作为公司的所有者虽然可以任意处置他拥有的作为公司产权凭证的股票，但是却无权自作主张地处置公司的财产。因此，股权关系的变动往往并不影响公司财产的完整性。这是商品经济发展到较高阶段所出现的一种较高级的产权形态。产权的债权形态指是经济主体将资产贷放出去之后对这部分资产形成的债权占有。

物权，是指对物的直接管理和支配，并排除他人干涉的民事权利，属于财产权，可分为自物权和他物权。自物权是权利主体对自己的所有物享有的权利，他物权是在他人所有权上设立的权利。产权中的所有权(包括管理权、监督权、营运权)相当于自物权，而与所有权相关的财产权则相当于他物权。经营权、使用权相当于他物权。传统的法学理论认为自物权是一种“完全物权”，而他物权都是“限制物权”。但事实上，当一种物在同时设置自物权和他物权的时候，自物权和他物权都是“限制物权”，即不完全的所有权。

债权，是财产权的一种，与物权并列构成财产权的两大部分，指特定的人(债权人)要求另一特定的人(债务人)作出一定的行为：对负有义务的人(债务人)来说就是债务，债主有要求债务人归还借款的权利，买主有要求卖主交还其物品的权利，雇主有要求其受雇人劳动的权利等，都是债权。

股权，是股东由于认购股票而拥有的各种权利和义务的总称。股份认购人一旦交清应缴股款，就取得股东资格，享有相应的权利和承担相应的义务。根据多数国家公司法的规定，政府、法人和自然人都可以成为股份公司的股东并依照所持有的股份数额享有相应的权利和义务。股权是多种民事权利的有机统一体，但不是各种权利的简单相加。它具有物权的性质，也有人身权的性质。

知识产权，是指人们就其智力劳动成果所依法享有的专有权利,通常是国家赋予创造者对其智力成果在一定时期内享有的专有权或独占权。知识产权从本质上说是一种无形财产权,他的客体是智力成果或者知识产品,是一种无形财产或者一种没有形体的精神财富,是创造性的智力劳动所创造的劳动成果。它与房屋、汽车等有形财产一样,都受到国家法律的保护,都具有价值和使用价值。有些重大专利、驰名商标或作品的价值也远远高于房屋、汽车等有形财产。根据 1967 年 7 月 14 日在斯德哥尔摩签订的建立世界知识产权组织公约的规定,知识产权包括:1)文学、艺术和科学作品;2)艺术家的表演以及唱片和广播节目;3)人类一切活动的发明;4)科学发现;5)工业产品外观设计;6)商标、服务标志以及商业名称和标志;7)制止不正当竞争;8)在工业科学、文学或艺术领域内,由于智力活动而产生的其他一切权利。知识产权还具有专有性、地域性、时间性、法律确认性等特征。

工业产权,是知识产权的重要部分,指公民或法人对于商标、专利、服务标志、厂商名称等享有的专用权。工业产权有时被误认为与工业生产有关的动产或不动产,其实工业产权与人的智力创造有关、通常指发明和工业品外观设计。此外,工业产权还包括商标、服务标记、商业名称和标志,包括货源标记和原产地名称以及制止不正当竞争。工业产权的主体可以是国内公民或法人,也可以是外国公民和法人。工业产权不仅适用于工业,也适用于商业、农业、采掘业的制造品或天然产品。工业产权具有独占性、时间性和地域性,专利人自己享有上述权利,自己利用或准许他人利用这些权利,并可以作为投资的一部分。

(二)产权交易概念及内涵

1. 产权交易概念

产权交易,是指在市场经济条件下,各经济主体之间发生的生产要素以及附着在生产要素上的财产权利的有偿转让行为。在现代市场经济和现代产权制度下,经济主体不仅将作为产权载体的产品和生产要素作为交易对象,而且可将各种形式的产权直接作为交易对象。在实际经济活动中,产权多表现为实物形态的物权和证券形态的股权,产权交易也多表现为物权交易和股权交易。产权交易是一定的产权主体对作为商品的产权客体的买卖活动,产权交易取决于两个条件:一是要有明晰的产权界定;二是要有进行交易的场所——产权交易市场。

目前,我国实物形态的产权交易与证券形态的股权交易并存,实物形态的产权交易市场与证券形态的产权交易市场并存,场内交易与场外交易并存,而非标准化的、实物形态的产权交易还占有相当的比重。从发展趋势看,随着我国企业改革深化和现代企业制度发展,标准化的、证券形态的产权交易将成为主流,实物形态的产权交易将降至辅助、从属的地位,作为一种补充形式而存在。

2. 产权交易的的原则

产权交易涉及企业法人、全体职工和资产所有者权益。对国有企业而言,产权交易应采取积极谨慎的态度,并遵循以下原则:

(1)符合国家法律、法规和有关的政策规定。产权交易是市场经济的产物,市场经济本质上是法制经济,因此产权交易必须依法进行,并全力使国家经济发展战略和产业政策得以实现。

(2)平等互利、等价交换的原则。产权交易应在竞争过程中进行,实现优胜劣汰,不能用行政命令强制或阻挠优势企业兼并劣势企业。同时,产权交易应是等价有偿的,并遵循价值规律的。这是保证企业产仅交易顺利、有效进行的关键,也是社会主义市场经济的要求。

(3)促进规模经济效益,防止形成垄断。竞争是市场经济的重要持征,这一原则贯穿于整个产权交易之中。只有通过竞争,才能实现优胜劣汰。同时打破和避免垄断,反对不正当竞争行为,使产权交易有利于技术进步和产品开发,有利于建立社会主义市场经济的新体制和新秩序。

(4)公开、公平、公正的原则。为防止国有资产在产权交易过程中流失,维护国有资产所有者权益,必须严格规范产权交易程序,坚持产权交易公开、公平、公正地进行。为此,产权交易应在公开、统一的交易市场进行,通过资产评估确定底价,采取招标、投标方式成交,杜绝私下交易和人情交易,维护交易双方的合法权益。

3. 产权交易的功能

产权交易是社会生产力进入较高阶段出现的整体生产要素流动的商业行为,是社会化大生产作用的必然结果,是市场经济的一个重要组成部分,也是市场经济的高级表现形式。建立产权交易市场,推动产权交易工作开展,无论是搞活微观经济,还是改进宏观管理;无论从经济效应,还是从社会效应上看,都具有重要的意义。

产权交易市场体现着国民经济的重要比例关

系，反映产业结构和资产存量的调整演变，有形的产权交易市场是我国现阶段产权交易市场的主要特征。建立有形的产权交易市场，目的在于使产权交易“集中、公开、公正、规范”地进行。产权交易市场除了能保证产权交易集中、公开、公正、规范地进行外，还具有以下功能。

(1)信息积聚功能。所谓信息积聚功能，是指产权交易市场能提供所有产权交易的信息，沟通买卖双方。市场可以公开价格和其他相关信息，使交易者通过市场建立固定的联络渠道，使具有交易意愿的买卖双方或潜在的买卖双方通过恰当的形式相遇。

(2)价格发掘功能。所谓价格发掘功能，是指产权交易市场可以形成价格规范。通过市场的建立而进行有组织的交易，发现相关价格的成本大大降低。同时，交易市场也减少了“议价成本”。市场为交易的达成建立了程序和惯例，使当事人更容易发现什么样的买卖可以成交。一旦交易信息公开后，可以约束交易双方的议价幅度并使价格趋于平均水平。所以，产权交易市场能为潜在的交易者对交易价格做出合理的预期，以减少交易费用、促进交易双方顺利达成双方满意的交易价格。

(3)制度规范功能。所谓制度规范功能，是指产权交易市场对产权交易过程中发生的各种行为提供规范。包括产权交易信息的形成与传递，创立公开交易行为制度，杜绝暗箱操作，形成价格规范，公平竞争等等。

(4)中介服务功能。所谓中介服务功能，是指产权交易市场通过实行进场交易委托代理制，简化了产权交易手续，缩短了产权交易过程，提高了产权交易效率，培育了中介服务机构，提高了经纪人员的业务素质。

4. 产权交易方式

产权交易方式是指两个以上的产权法定主体在财产所有权、法人财产权等产权体系内进行的全部或部分有偿让渡的方式。这里的“产权法定主体”是指法律上承认的产权主体，包括出资者所有权和法人财产权这样对等的法律主体；“全部”既可以指财产所有权及其相关体系在一起的全部，也可以指财产所有权不变条件下其他几种权力的一起转移；“部分”指财产所有权及其相关权力的部分转移，也可指财产所有权不变条件下其他几种权力的部分转移。

产权交易方式从产权交易范围划分，可分为产权的整体交易和产权的部分交易；从产权交易偿付方式划分为出资购买式、吸收股份式和承担债务式；从产权交易流动的轨迹划分，可分为纵向型、横向型和混合型。从产权交易价格的成交方式上看，可分为拍卖、招标、协商议价等形式。现阶段我国国有企业产权交易呈现出多样化的特点。

(三)旅游产权的界定

随着改革深化和时代的发展，继资本、土地、技术等要素产权确定后，环境、资源、劳动力产权和管理产权也将纳入产权范畴，从而使要素产权体系完整化。旅游产权内涵不仅包括了旅游企业的产权，也包括了旅游公共资源产权、旅游环境产权、民族文化旅游资源产权等。目前，旅游资源的产权界定不够清晰，旅游产权交易的比例最然不大，但在可预见的未来，其市场潜力巨大。

1. 旅游企业产权

从产权形态来讲，旅游产权主要体现为旅游企业的物权、债权、股权和知识产权等。物权，主要是指企业拥有占有权和使用权的实物资产，包括宾馆、饭店，各种交通工具、配套设备，景区设施及各种旅游实物产品等。股权指各类非上市公司的股权交易，包括有限责任公司、股份有限公司、股份合作制企业所有者拥有的股权，相关的公益权和收益权。知识产权在旅游企业产权中，体现为旅游工艺品、景区、旅游线路相关的商标、专利、服务标志、名称等享有的专有权。

2. 城市公共旅游产权

产权概念的延伸是支持产权交易市场发展壮大的根本，这是由市场经济发展规律所决定的。产权概念可以扩展至更多领域，首先是公共资源领域。城市旅游公共资源是公共资源的重要组成部分，包括国有经营性开发的自然资源(海洋、河流、湖泊、森林等)的开发权、经营权、使用权及其他权利；市政公用事业项目(如体育运动场馆、文化设施等)的特许经营权、专营权及其他权利，以及其他任何具有公共属性、并存在市场价值的资源，均应进入公共产权市场平台。

3. 民族文化旅游资源的产权

开展民族文化旅游资源产权交易，能有效解决民族文化旅游资源的所有权、使用权、收益权关系不清晰、虚假开发、空壳开发的问题，克服资源开发和保护的不协调，协调开发商、投资商与投资主体的利益关系；有效解决旅游业界相互争夺资源，经济效益不理想等问题。要从根本上加快民族文化资源保护与开发进程,必须要将民族文化资源纳入市场化运作之中,按照市场运行的模式和理论来度量其价值。

4. 旅游产权及其交易的特点

(1)旅游产权的广泛性。旅游产业是具有综合性强、关联度高的战略性支柱产业。旅游业包含“食、宿、行、游、购、娱”六大要素,其产业链涉及经济生活方方面面。与此相伴的是,旅游产权也具有相当的广泛性。

(2)旅游产权的特殊性。旅游产权的特殊性体现出与一般产权不同的特点:旅游产权大多表现为公共资源产权,即国有产权,如大型风景区、城市公共旅游设施等,其产权交易往往表现为经营权、开发权的让渡或租赁,不涉及所有权转让,通过产权市场阳光操作、发现价值,可以促进国有资产保值增值;旅游产权交易以实物产权交易为主,与文化产权、技术产权交易中以知识产权(无形产权)交易为主不同,旅游产权不易分割,难以实现虚拟化、证券化,便于国家有关部门监管;旅游业的市场化程度高,旅游产权交易频率快、效率高,这也是旅游产权交易的突出特点。

(四)我国产权交易市场发展趋势

我国产权交易市场经过20多年的发展,已经成为我国多层次资本市场的重要组成部分,与证券市场一样属于资本市场范畴,但产权交易市场比证券市场品种更为丰富,更能满足广大投融资者的需求。当前,我国产权交易市场的发展方兴未艾,其发展呈现出以下几点趋势。

1. 产权交易市场整合趋势愈发明显

国务院国资委不断推动全国产权交易机构重组联合,各地产权交易市场已经自发地开展整合。区域性的产权交易市场整合已经成为大趋势,产权交易市场数量必然大幅缩减。整合后的产权交易市场包括:北方产权交易共同市场、长江流域产权交易共同市场、海西联合产权交易市场、珠三角产权交易共同市场。在这个基础上,最终可能形成全国统一的产权交易大市场。

2. 强化公开市场作用,继续推进社会化和市场化运作

产权交易市场源于中国特色经济体制改革的过渡性制度安排,其发展壮大既丰富了市场形态,也为经济发展做出了重要贡献。部分产权交易机构已开始摆脱对企业国有产权进场交易的依赖,社会化和市场化业务得到蓬勃发展,应鼓励此类产权交易机构继续做大做强,并积极进行创新业务探索。同时,应该始终坚持市场化方向,强化公开市场的作用,强化和提高各级政府部门对产权交易公开市场平台的认识。市场化改革仍将是中国经济发展的方向,只有坚持市场化运作,中国产权交易市场才能更好地服务于中国经济改革和发展,产权交易市场也才能在市场中找到自己的位置。

3. 将公共资源处置纳入产权交易市场,实现政府与产权市场发展双赢

产权概念的延伸是支撑产权交易市场发展壮大的根本,产权概念可以继续延伸扩展至更多领域,首要的是公共资源领域。据了解,目前地方政府层面对产权交易的认同和支持还存在较大差异,业界应共同努力促进行业协会尽快建立并推动政府主管部门对产权交易的定位,促成统一的制度规范和政策支持措施,以法律规范的形式明确纳入产权市场交易的公共资源范畴。

4. 产权交易市场将成为区域性的资本市场

随着我国新公司法的颁布,企业转变为股份公司的成本大大降低,必将促进区域性股票市场的大力发展。随着金融改革步伐的加快,必将涌现出更多的区域性股票市场。产权交易市场演变为区域性股票市场是最低成本的交易。

5. 产权交易市场继续向“纵”、“深”发展

产权交易市场的内涵和外延的丰富和扩大,决定了它的发展空间和领域,将更为广泛。产权交易市场交易品种越来越丰富,不仅包括企业资产交易和资本交易,也包括了不局限于企业的资产和某些特殊商品的交易。产权交易呈现交易品种多样化,交易主体多元化(政府、事业单位、企业、个人等),交易业务多样化等特点。一些专业化、市场化程度较高的产权交易市场,在已有的企业产权交易品种的基础上,着重围绕企业权益资本的交易,按照权益资本市场的特征、要求和运行规则,深化发展成为具有资本市场全部特征的基础性权益资本市场,即私募股权交易市场。其融资与再融资功能上升为市场的主要功能,而交易功能只是市场的辅助功能,所从事的资本交易,更多的是资本的增量交易。

6. 产权交易市场与机构投资结合是大势所趋

机构投资基金具有资金量大、风险承受能力强、投资分析能力强、善于发现企业价值等特点。将机构投资基金与中国产权交易市场充分结合,有利于双方更快更准地捕捉更多更大的市场机遇。机构投资基金通过产权交易市场平台可以有效提

高投资效率，并在上市不利的情形下实现退出。可以预见，未来产权交易市场将是机构投资基金一片待开垦的沃土，产权交易市场也将逐步成为一个重要的投资并购平台。

三、建立中国(海南)旅游产权交易中心的必要性

建立中国(海南)旅游产权交易中心，是中国对外开放进入新阶段的现实需要，也是提升中国旅游国际竞争力，把旅游业培育成现代服务业、国民经济战略性支柱产业，推动中国旅游投融资机制创新的需要，更是其适应全球经济一体化、提升资源配置率的需要。通过提高我国旅游企业的经营能力，降低生产成本，改进技术和管理，扩大我国旅游产品和旅游服务在国际市场份额，进而提高我国旅游产业参与国际分工的能力。同时，通过提高我国旅游投资开放度，在直接投资和间接投资领域开展广泛交流，促进与我国旅游业发展相关的资本、技术、人才、市场等资源实现在全球或区域内有效配置，着力提高我国旅游经济的对外依存度，使其进入国际市场实现国际化，已成为当前我国旅游产业转型发展的关键选择。在旅游业的国际化过程中，旅游产权交易已是不可或缺的内容。

(一)中国对外开放进入新阶段的需要

2009年，受国际金融危机的影响，全球旅游业出现自2003年以来的首次下降，国际过夜游客人数8.8亿人次，下降4.2%，比上年减少0.39亿人次；国际旅游收入8520亿美元，下降5.7%，比上年减少900亿美元。2010年，随着世界经济逐步走出低谷，国际旅游业开始出现明显复苏势头。根据联合国世界旅游组织统计，上半年全球国际旅游者人数为4.21亿人次，同比增长了7%，其中亚太地区增速高达14%。在我国，随着中央应对金融危机一揽子计划成效的显现，我国经济发展快速回升。在党中央、国务院一系列重要措施的推动下，我国的旅游业呈现全面快速恢复发展的态势。1—7月，我国入境过夜旅游人数3199万人次，同比增长10.7%；旅游外汇收入258亿美元，同比增长16%；出境旅游人数3198万人次，同比增长20.7%。上半年国内旅游人数11亿人次，国内旅游收入6055亿元，分别同比增长8.6%和20.6%，国内旅游收入增长幅度明显高于国内旅游人数。星级饭店营业收入增长20%；重点监测的旅游景区综合营业收入增长超过10%；旅行社接待游客人数增长20%左右。总体看，我国旅游业正在进入新一轮“黄金发展期”，并在我国对外开放中扮演着重要角色，为我国创汇做出了很大贡献。

随着我国深化改革、扩大开放和推进经济转型迈入新的阶段，我国的旅游业发展也面临着诸多机遇。国家经济社会的快速发展和对外开放进一步扩大，为我国旅游业发展提供了更加广阔的市场前景。为此，要适应经济全球化深入发展的形势，不断推动我国旅游业的对外开放成为必然。而在旅游市场的对内开放中，消除旅游产业发展中存在的行政分割和地区壁垒，建立公开、平等、规范的旅游市场准入制度，对从事旅游经营的各类企业公平对待，不区别歧视成为必需。凡法律法规没有明令禁入的旅游领域，都要向国内外社会资本开放；凡向外资开放的领域，也要向内资开放；凡对本地企业开放的旅游业领域，也要向外地企业开放。在这些开放中，尽快建立我国规范的、系统的、专业的旅游产权交易平台，即：中国(海南)旅游产权交易中心，成为我国对外开放进入新阶段的新需要。

(二)提升中国旅游国际竞争力的需要

我国旅游业现有的大多数产品是建立在资源粗放型和劳动力密集型基础上的，在利用高级生产要素上却比较薄弱，缺少科技含量高、具有较高知名度的旅游产品，也缺少具有创新精神的专业旅游人才队伍等等。这一切都成为中国旅游业竞争优势可持续的制约因素，这也是导致我国旅游业在产业规模不断扩大的同时，却出现企业经济效益逐年下降状况的主要原因。新技术、高级专业人才、著名品牌等高级生产要素和专门生产要素的欠缺，使我国旅游业发展难以形成后发优势。要提升我国旅游国际竞争力，在需要大量投入和经验积累的专门生产要素的同时，通过积极引进旅游发达国家和地区先进的管理经验、经营机制和服务模式，提升中国旅游业的整体素质和国际竞争力也成为必然。

然而，我国旅游产业国际竞争力的最终形成需依靠旅游企业来完成。因为旅游企业的国际竞争力决定着产业的国际竞争力，旅游企业的规模、发展战略、组织结构、目标、经营策略、企业品牌和管理经验，以及合理的旅游产业组织结构都是国际竞争力形成的关键，同时企业的创新能力也是产业形成国际竞争力不可忽视的重要因素。我国旅游企业目前数量虽然多，基本能满足旅游者的需求，但是，整个旅游产业组织结构不够合理，主要表现为

大企业、大集团较少,大多为"小、散、弱、差"企业。如:全国6000多家旅行社的业务量不及美国运通公司的1/3,没有形成有效竞争的市场结构,更无法与世界同类大企业相抗衡,整个旅游产业出现了企业数量逐年上升而利润却逐年下降的背离态势。现代竞争的发展趋势,就是大集团、大公司以其强大的资本、技术和人才在国际市场上占据竞争优势。因此,打造世界一流的旅游企业,形成具有有效竞争的旅游产业组织结构已是提升我国旅游产业竞争力的当务之急。

事实上目前国内旅游市场已经国际化,只有培育和创建一定数量的具有世界一流水平的旅游企业,以资本为纽带,进行市场化运作、规模化经营,才能在国际化的竞争中取得一席之地,改变目前不利局面。随着中国的入世,我国旅游产业终将完全与世界市场相融合,市场准入的放宽也将使中国旅游企业在本土与国外旅游企业在同一标准上公平竞争,中国旅游企业必须在经营、管理、核心竞争能力、品牌、战略上有所创新,根据旅游业异地流动的特点,成立跨区域的企业集团,在经营方式上采取一体化、连锁化、标准化、网络化等多种形式,才能增强竞争力。除了培育旅游企业的"航空母舰"外,也必须重视和扶持中小旅游企业发展,其灵活的体制、不断创新的经营方式可以给旅游产业的发展注入活力。当前,我国旅游产品大都是建立在以资源为基础之上的观光类产品,要在国际市场中争得一席之地,延长现有旅游产品的生命周期,持续保持市场份额,必须加大产品创新的力度和步伐,在旅游开发、管理、经营、服务、技术和营销等环节全面实施创新,创出像迪斯尼那样的世界著名旅游品牌,这样才能把我国旅游资源优势转化为产品优势和产业优势,提高国际竞争力。而在旅游资源优势转化为产品优势和产业优势的过程中,加快建立专业的旅游产权交易中心,也就成为提升我国旅游国际竞争力的又一需要。

(三)把旅游业培育成现代服务业的需要

随着我国社会经济深入发展,产业结构调整和产业能级提升势在必行。近几年来,我国政府不失时机地提出大力发展现代服务业,其政策导向不断强化,建设步伐日益加快,正在对产业经济的诸多部门产生持续而深刻的影响,旅游业同样面临着这一不可回避的形势。2009年底,国务院颁布实施的《关于加快发展旅游业的意见》中明确要求把旅游业培育成人民群众更加满意的现代服务业,已成为当前我国旅游业发展的一个重要目标。为此,我们有必要分析一下现代服务业与旅游业的关系。

首先,旅游业从属于服务业,一直都是服务业的重要组成部分,这是众所周知的。如同服务业的产生与发展是有历史阶段一样,旅游业在形成期就是一个集吃、住、行、游、购、娱等要素于一体的相互关联的传统产业集群。旅游产业的部门(行业)结构中最基本的构成形式,包括旅游交通、旅游游览、旅游住宿、旅游餐饮、旅游购物、旅行社和休闲娱乐等部门,显然应该归之于服务业中比较初级的生活服务业。随着半个世纪以来旅游业的迅猛发展,旅游业进入到成长期,一方面,旅游业的原有基础部门需要得到现代化的改造和提升,以适应现代社会经济发展的需要。如:传统的酒店、旅行社等旅游企业面临着现代管理理念和运营方式以及高科技和信息化的洗礼,有一个逐步转型的过程。另一方面,随着工业化后期的产业延伸和扩展,现代企业制度的普及和生产职能外包,旅游业的服务对象也扩大到了生产者,出现了许多会展旅游、奖励旅游、商务旅游、公务旅游、节事旅游、拓展培训旅游和旅游咨询、旅游规划与策划、旅游信息服务等新型业态。因此,旅游业不能简单和笼统地划归为传统服务业或现代服务业。旅游业是依附着服务业的发展而发展的,同样有一个由低级向高级发展的过程,应进行动态分析。

其次,旅游业是综合性极强的产业,除了传统的核心业态之外,旅游业是众多相关产业交叉重叠的行业部门,与其他产业部门关联度很高,如:需要通讯、电力、金融、保险、物流、中介、设备、环卫、地产等产业部门为其提供生产资料和要素服务。尤其在现代服务业加速发展的阶段,旅游业更是受到生产服务业、专业服务业、信息服务业、技术服务业、创意服务业的明显影响,出现了产业融合的趋势。产业融合是在工业经济时代高度产业分工的基础上发展起来的,是对原来形成的产业固定化边界进行一定程度调整的结果。现代服务业迅速崛起,导致产业之间更多的相互渗透与融合。产业融合必然引致旅游业内部结构向更高层次升级,优先发展生产者服务,从而真正纳入到现代服务业体系。

我国旅游业目前正处在由传统服务业向现代服务业转化的过程中,但我国旅游业总体上依然包含了传统服务业内容和现代服务业的元素,有着显著的二元结构特征,即:传统的产业部门还在发展的时候,现代的产业部门已出现和发展。以发展的眼光看，旅游业的现代服务业特征会愈益凸显，旅游业转型升级为现代服务业的趋势将进一步显现。为此，我们应明确旅游业从面向大众的生活服务业向新型的生产服务业转变，是社会化分工的必然产物。只有生产社会化程度的提高，企业才会将其运营活动的一部分职能外化，从而导致诸如会展旅游、奖励旅游的兴起。我们应以积极的态度，精心培育和加快发展现代旅游服务业。发展现代旅游服务业，应明确其具有的高增值性、高层次性、高功能性、高技术性和高知识性。

现代旅游服务业在很大程度上是为了满足企业和其他社会组织商务活动（公务活动）的功能强化与职能外化的需要而发展起来的，是“服务内部化”向“服务外部化”转变的结果。企业或社会组织利用现代旅游服务业来完成这些职能，目的是要在效益和成本上能优于企业或社会组织自身来完成。随着某种经济或社会活动中某项局部功能的需求不断扩大，使得专业化运作的成本优势和规模效应得以体现时，该功能就会从营运主体中分离出来，形成专业的服务机构，为需要该功能的营运主体提供服务，体现为生产者服务提高劳动生产率，使企业或社会组织越来越对其产生一定的专业依赖性。在这一过程中，相关产权的交易与融资发展的需求，就必将依赖旅游产权交易平台来完成，这样也使建立旅游产权交易中心成为把旅游业培育成现代服务业的需要。

（四）把旅游业培育成国民经济战略性支柱产业的需要

随着改革开放30多年来我国旅游业持续快速发展，旅游业在经济社会发展中的功能和作用更加显现，不仅使我国旅游业成为国民经济的战略性产业，而且已具备了培育成我国国民经济战略性支柱产业的基本内涵和战略特征，主要表现在以下几方面。

1. 旅游业具有广阔的市场需求

随着我国旅游业的快速发展，尽管目前我国接待国际入境过夜游客人数达到5300万人次，国内旅游人数达到17亿人次，出境旅游人数增加到4600万人次，旅游外汇收入达到400多亿美元，旅游总收入达11400亿元。但与世界旅游市场需求和国内日益增长的旅游需求相比，我国旅游业所占GDP的比重还不高。同时，随着2020年全面建成小康社会后，国内居民年人均出游率将达到两次以上，将使我国旅游业发展具有稳定的市场需求和广阔的发展前景。

2. 旅游业具较强的产业带动力

旅游业既包括了食、住、行、游、购、娱等产业要素，涉及到29个经济部门和109个细分行业，也直接和间接拉动了交通运输、商业贸易、金融保险、食品加工、商品购物、信息咨询、影视娱乐和会展商务等现代服务业发展，并促进了科学研究、教育培训、城乡建设、环境保护、生态建设等，已成为带动现代服务业及相关产业和社会事业发展的优势产业。

3. 旅游业具有扩大和引导消费的重要作用

旅游业具有的行业涵盖面广、消费内容和层次多等突出特征，使其在引导基础设施建设，带动城乡建设发展，扩大生产生活消费，培育新的消费需求，提高居民生活质量，满足人们日益增长的物质文化需求等方面都发挥着重要作用，已成为扩大内需、引导消费和促进经济发展的朝阳产业。

4. 旅游业具有资源消耗低、环境污染小等特点

随着人们对经济社会发展与生态环境关系的认识不断深化，加强资源环境保护，走可持续发展之路已成为人们普遍的共识，旅游业具有的资源消耗低、环境污染小等特点，使其成为推动资源节约型、环境友好型社会建设的先导产业。随着各种自然旅游、生态旅游、绿色旅游的发展，以及人们对绿色经营、环境责任意识的加强，必将有力地促进生态文明建设和可持续发展。

5. 旅游业具有统筹城乡协调发展的功能

旅游业在促进新农村建设和城镇化进程，带动贫困地区脱贫致富，扩大城乡就业和增加居民收入，推动对内对外开放和交流，增进人们之间相互理解和信任，提升整个社会的文明素养，促进人的全面发展等方面都发挥着重要作用，使旅游业成为统筹城乡协调发展，推动社会进步的和谐产业。

由以上基本内涵和战略特征，我们可以看出，把我国旅游业培育成国民经济战略性支柱产业具有十分重要的意义。然而，推进我国旅游行业转变发展方式，加快旅游业与一、二、三产业的融合发展，以实现把旅游业培育成国民经济战略性支柱产业的目标；通过发展乡村旅游等方式，推动旅游业与第一产业融合发展；通过推动邮轮游艇、旅游房车、旅游索道等大型旅游装备制造的发展等方式推动旅游业与第二产业融合发展；通过推动旅游业与金融业等方面的融合，推动旅游业与第三产业的融合发展。在这其中，旅游产权交易是必不可少的。为此，尽快建立我国规范的、系统的、专业的旅游产

权交易中心,自然也就成为把我国旅游业培育成国民经济战略性支柱产业的主要需求。

(五)推动中国旅游投资机制创新的需要

我国经济增长长期以来主要依靠投资和外贸拉动,消费不足、服务业比重过低,第三产业占经济总量比重仅为40%多,不仅低于发达国家70%左右的水平,低于64%的世界平均水平,还低于印度50%左右的水平。旅游业作为现代服务业的龙头,将成为拉动第三产业快速发展的战略性支柱产业,获得充裕的发展空间。可是,旅游产品供给总量不足、结构性短缺,在今后相当长的时期内是我国旅游业发展的客观存在。解决我国旅游产品体系结构性失衡的矛盾,就是要坚持把开发大众旅游产品摆在优先位置,以大众需求为导向,扩大供给总量、增加产品种类、丰富产品层次。同时,进一步优化旅游投资机制,加大旅游投资就成为促进我国旅游业发展的必需。

《国务院关于加快发展旅游业的意见》中明确指出:从改革、开放、服务、管理入手着力提升旅游业的发展质量,放宽旅游市场准入,鼓励社会资本和各种所有制企业公平参与,推进国有旅游业企业改组改制,支持民营和中小旅游企业发展,积极引进外资旅游企业。这既为我国旅游投资机制的创新指明了发展方向,也使合理构筑我国旅游投资的新格局成为必然。旅游投资离不开社会经济的支持,离不开基础环境的支持,今后旅游投资应更加注意与国家的区域发展战略相契合,与市场环境相适合,借力发力,实现更快更好的发展。一是要结合国家主体功能区的划分标准,处理好资源开发与环境保护的关系,在合适的地点投资建设合适的项目。二是要根据国家重大交通等基础设施建设规划,合理规划旅游项目。三是要根据市场分工和市场环境的变化,根据不同区域的资源特色,扬长避短,寻找适宜的投资方向。东部地区最大的优势在市场,要立足于发达的市场经济、雄厚的经济实力和发达的旅游业基础,在开发休闲度假产品、开拓旅游消费新领域、提高产品开发水平方面继续发挥引领作用,走创新升级之路。西部地区的优势在资源,要进一步挖掘资源优势,集中力量打造观光精品,重点推出一批在国内国际有影响的拳头产品、名牌产品,形成旅游产业发展的经济规模,走突破发展之路。中部地区的优势在区位,要深入挖掘资源优势,充分发挥客源集散和便利的特点,接续东部市场,拓展西部资源,在完善传统精品景区的基础上,构建观光、休闲度假、专项产品三足鼎立的格局,走加快发展之路。

当前,旅游项目提升的一个重要方向是提升信息化水平。席卷全球的信息化浪潮,特别是网络化浪潮,改变了人们的生活方式和消费方式,对旅游投资经营模式产生了深远的影响。我们的旅游项目要做大做强,就要抓住信息化这个关键环节,运用现代信息技术等高科技手段改造和提升素质,由满足旅游基本需求向为市场提供高质量的旅游服务转变,由粗放型向集约化转变,推动旅游项目不断创新发展。

由此可以看出,对于旅游投资而言,不仅仅在投资时要关注需求动态,在投资建设的过程中也要紧密关注需求动态,不断调整完善产品内容,注意用新理念、新技术、新材料开发旅游产品。为此,构建起我国规范的、系统的、专业的旅游产权交易平台,即中国(海南)旅游产权交易中心,以满足我国旅游投资机制创新的需要,为开创我国旅游投资新格局做出应有贡献,应成为中国(海南)旅游产权交易中心的重要责任。

(六)适应全球经济一体化提升资源配置率的需要

经济一体化是当前世界经济发展的基本趋势,它的本质是以投资、金融、技术、人才自由活动与合理配置,推动生产力的快速发展。经济一体化体现在两个方面:一是经济全球化,一是经济区域化。经济全球化与区域化以其各自独特的方式成为经济一体化进程的两个轮子,推动着世界经济和各国经济的发展。同时,生产力的发展和不断深化的国际分工,在客观上要求打破国家对资源配置的地域限制,要求对生产要素进行跨国家或地区集中生产自己具有或可以实现较大利益的商品,从而使生产要素配置更加合理,最终将增加产品总量和生产规模,进而使各国都受益。如今,经济全球化和区域化在相关领域引起了革命性变化,实现了产业的重组,并购企业跨越国界、洲界和产业界限。我国的旅游产业作为一个对外依存度高的重要产业,当前既要面对全球经济一体化深入发展所带来的机遇,也要随时应对随之而来的挑战,应努力为我国旅游产业的持续发展寻找有利机会和条件。

在这样的形势下,旅游业国际化成为全球旅游经济竞争的必然趋势,各国旅游业只有迎合这一历史发展趋势,才能在世界旅游经济的不断变化和激烈竞争中立于不败之地。我国作为发展中的大国和活跃在国际经济舞台上的重要国家,也同样面临旅游经济国际化的机遇与挑战。只有有效的抓住机遇和冷静的面对挑战，才会使我国旅游经济获得突飞猛进的发展。一方面，旅游国际化可使我国的旅游产业拓展更加广阔的经济合作领域和空间，使我们有机会更广泛的参与国际分工和合作，更快的融入世界旅游经济体系，同世界各国共同分享国际分工合作、国际生产、贸易和资本流动带来的经济利益，以占有更多的市场分额，并充分利用世界市场的各种要素和资源。另一方面，全球旅游跨国公司的迅速发展和扩张对我国旅游业发展产生了积极影响：跨国公司的直接投资在一定程度上可以弥补我国旅游项目开发的资金不足，缓解我们建设资金不足的矛盾。伴随跨国公司的发展，高新技术的加速传播，也将使我国旅游业内部结构发生有效的调整。同时，外资旅游企业和跨国公司全新的管理模式、周到的服务、雄厚的实力和网络营销优势等，也将给我国旅游企业发展和相关产业的发展造成极大的竞争威胁。

为此，积极参与经济全球化和区域化，努力通过提高我国旅游企业的经营能力，降低生产成本，改进技术和管理，扩大我国旅游产品和旅游服务在国际市场份额，进一步而提高我国旅游产业参与国际分工的能力。同时，在这一旅游业的国际化过程中，旅游产权交易是不可或缺的内容，

（七）有效整合旅游资源、提升旅游业发展质量的需要

近几年来，旅游资源所有权与开发经营权分离是我国社会各界意见分歧非常大的问题，也是对我国旅游资源开发利用、保护和旅游景区管理产生重大影响的问题。地方政府从加快开发利用和促进地区经济与旅游业发展的需要出发，投资商则看到了旅游资源的市场价值和开发利用的效益前景，因而顶着压力、冒着风险进行两权分离、开发经营权整体转让的实践探索。但由于目前我国尚没有关于自然旅游资源的完整系统的法律法规，在实施过程中，一些地方政府在没有任何法律依据的情况下，通过签订非常不完整的合同文件，将自然旅游资源的经营权长期交给了一些由行政命令捆绑而成的国有集团公司或民营性质的股份集团公司。这些公司的高层管理人员通常或者来自于地方政府部门，或者与地方政府官员有着密切的关系，使其经营权几乎不受任何约束，并扩展到处置权（规划权）领域。这样由于自然旅游资源的利益相关者在博弈过程中的力量与地位的不一致，也导致在产权变革过程中其利益的获得也相当不均等，资本所有者和地方政府成为最大的利益获得者，而国家利益和社区居民利益体现得较弱。

为此，加快我国自然旅游资源产权制度改革步伐，建立健全我国自然旅游资源保护法律体系，并坚持效率和公平，尽快建立起公平的利益分配机制。同时，积极通过对旅游资源的有效整合，充分发挥市场合理配置资源的优势，实现市场主体优势的聚集、叠加，从而提高旅游资源的利用率和我国旅游产业竞争力。在这一过程中，公平合理的、高效的旅游产权交易，自然是必需的，专业的旅游产权交易中心必将是有效整合旅游资源、提升旅游业发展质量的重要平台。

（八）优化中国旅游市场、完善旅游产权交易的需要

进入新世纪以来，我国旅游业发展逐步由资源时代进入一个财智新时代。传统旅游时代对旅游业的投入是以资源、资金、设备为主，有形资产起决定性作用；而新经济时代的现代旅游业，营销、知识、智力、管理、创新等无形资产的投入起着越来越重要的作用，甚至决定着市场竞争的胜负。因此，旅游业也被形象地称为“点子”产业、“注意力”产业和“创新”产业，旅游资源深层次的开发、旅游市场的有效推广和旅游产业高效率的运营都离不开市场营销。旅游市场营销，在未来的我国旅游事业发展进程当中，将会起到越来越重要的作用。

未来我国旅游市场营销发展趋势，主要包括以下几方面：

一是我国旅游业的市场营销问题需要全面整合。整合营销传播，是一个营销传播计划的概念，其基本含义是“要求充分认识用来制定综合传播计划时所使用的各种带来的附加值的传播手段——如普通广告、直效广告、销售促进和公共关系，并将之结合，提供具有良好清晰度、连贯性的信息，使传播影响力最大化。”消费者对一个企业及其各个品牌的了解，来自他们接触到的各类信息的综合（包括媒体广告、价格、包装、售点布置、促销活动、售后服务等），整合营销传播的目的在于使企业所有的营销活动在市场上针对不同的消费者进行“一对一”传播，形成一个总体、综合的印象和情感认同。这种消费者建立相对稳定、统一的印象过程，就是塑造品牌，即建立品牌影响力和提高品牌忠诚度的过程。为此，将这一超前的全新理念与中国旅游业的实际状况相结合，研究出一套系统而又切实可行

的方法来解决中国旅游业的市场营销问题,必将成为我们旅游组织与企业制胜市场的法宝。

二是大力发展网络营销。凡利用互联网进行的营销工作,就可称其为互联网营销,营销中的诸多要素,如:品牌、渠道、促销等要素都会在互联网营销中体现,而互联网营销更为营销各要素带来新的形式与内容。互联网营销源于上世纪 90 年代末期,欧美的一些企业率先利用全球网络(互联网)为平台展开营销活动。90 年代末兴起的互联网技术对传统营销形成了巨大的冲击,并构成“21 世纪营销领域的创新焦点”。我们可以看到,利用互联网,企业可以有效地降低产品成本:企业可以廉价的成本寻得最好的供应商和最低的供货价格,以价格最低的原料制造产品,降低了产品成本;同时互联网还能有效节约顾客成本:网络商城的空间可以无限扩张,里面可以陈列无限多的商品,消费者在网上可以很低的成本搜寻产品信息,并订货;网上销售,顾客只是下订单,商品的送交由卖方或物流公司承担,节约了顾客的精力和体力、时间成本。现代市场营销的焦点是顾客,为顾客节约成本就是为企业赢得竞争优势。

三是互联网营销和传统营销需要紧密结合。从发展趋势来看,互联网营销的实施是必然的,但互联网营销和传统营销只有紧密结合,扬长避短,才能更好,更快,更有效率地满足顾客需要。但现实中,企业在实施互联网营销时应该根据企业当时的外部环境和内部情况,比较互联网营销实施的投入成本和收益,以决定是否采用互联网营销,多大程度上采用互联网营销,如何将互联网营销与传统营销结合起来,扬长避短。互联网营销还存在着很多弊病,比如付款方式、邮件浏览率低等问题,所以说互联网营销和传统营销需要紧密结合。只有这样,才能更好地发展旅游市场营销,从而促进旅游市场的繁荣兴旺。

综上所述,我国旅游事业蓬勃发展,现在进入到营销主导时代的中国旅游业必须用科学、先进的旅游市场营销来武装自己,从而促进中国旅游业迅速朝健康有序的轨道高速发展。中国加入 WTO 使中国的旅游市场融入世界旅游市场竞争当中,这就要求我们更要积极研究旅游市场营销,把现代先进的旅游市场营销理念引进中国旅游事业,整合营销传播理论已经被认为是 21 世纪致胜市场的关键,我们一定要将这个先进的理念与中国旅游业的实际情况紧密结合起来,运用整合营销传播理论,大力发展网络营销。同时,要加强网络营销与传统营销方式的结合,促使中国的旅游市场尽快走向成熟。为此,尽快建立完整、系统、专业的中国旅游产权交易平台,也是所必需的。

四、在海南建立中国(海南)旅游产权交易中心的可行性

当前,在海南乃至全国已经形成一个很明确的市场——一个庞大的旅游业市场正在发展,在国内各省市产权交易中心(所)的产权交易中,旅游板块呈现活跃态势,涉及旅游产权交易的项目已经占据了很大比重,来自国内外的大、小型资本投资也把旅游投资项目作为首选。海南国际旅游岛建设发展上升为国家战略后,海南更成为了各类资本投资关注的焦点。可是,在旅游业这个巨大的市场发展中,旅游项目投资和产权交易尽管在国内蓬勃兴起,但依然属于起步阶段,至今还没有建立起完整、系统、专业的中国旅游产权交易平台,对于我国旅游产业的转型发展和可持续发展将是一个不小的制约。为此,创新我国旅游产权交易理念,建立专业、科学的旅游产权交易业务流程成为当务之急,设立中国旅游产权专项交易中心成为加快我国旅游业发展的必需。本课题综合分析了全国的旅游资源和旅游业发展情况,考虑到当前创建中国(海南)旅游产权交易中心所需要的条件和探索性后认为:发挥国家建设海南国际旅游岛、打造具有国际竞争力的旅游胜地等优势,在海南创建中国(海南)旅游产权交易中心,不仅有利于海南国际旅游岛的建设与发展,也有助于海南发展成为一个多产业经济区,提高海南对国民经济的贡献,更有利于促进我国旅游业腾飞发展。其可行性有以下几方面:

(一)海南经济特区是我国最大的改革开放“试验场”

海南岛全境解放 60 余年来,海南人民在中国共产党的领导下,坚持以毛泽东思想、邓小平理论、“三个代表”重要思想和科学发展观为指导,团结一致,同心同德,艰苦奋斗,锐意进取,坚持以经济建设为中心,不断解放和发展生产力,着力推进改革开放。特别是 1988 年建省办经济特区以来,海南立足实际,积极探索,大胆实践,实施了“一省两地”产业发展战略,大力发展热带特色现代农业;坚持不破坏资源、不污染环境、不搞低水平重复建设,坚持大企业进入、大项目带动、高科技支撑,坚持集中布

局、集约发展，不断发展壮大园区新型工业；加快发展以旅游业为龙头的现代服务业，使有海南特色的优势产业不断发展壮大。坚持“生态立省、开放强省、产业富省、实干兴省”的发展方针，着力推进改革开放，努力构建具有海南特色的经济结构和更具活力的体制机制，走出了一条符合海南实际的加快发展、科学发展的道路，使海南经济特区沿着正确方向破浪前进。

当今海南已经实现了从计划经济体制到社会主义市场经济体制的转变，实现了从封闭、半封闭经济到全方位开放的转折，实现了人民生活从贫困、温饱到总体小康的转变，实现了从一个贫穷落后的边陲岛屿到初步繁荣昌盛的经济特区的转变，经济体制、政治体制、社会体制、文化体制等方面的改革取得重要进展，改革开放和社会主义现代化建设取得了举世瞩目的成就，使海南一穷二白的落后面貌得到了彻底改变，并发生了翻天覆地的历史性巨变。60年，在数千年的民族发展史上，只不过是长河的短暂瞬间，然而，海南人民却用智慧和汗水谱写了光彩夺目的新篇章。海南大规模投资是建省办经济特区以后，随着投资体制改革的不断深化，单一的投资体制被打破，全社会投资积极性得到空前的释放，投资规模呈加速扩张的态势，新增一大批生产能力，投资对经济增长的贡献明显上升。1952年至2009年累计全社会固定资产投资额为59219亿元，其中建省以来的1988年至2009年累计投资额为5804.38亿元，是建省前35年投资总额的49.4倍，增强了经济发展的后劲。

海南经济特区的改革开放取得重大突破，并走上最前沿。同时，多项重大改革走在全国前列。改革开放以来，特别是建省后，海南率先在全国提出建立社会主义市场经济体制，比党的十四大提出这一改革目标整整早了五年。通过确立市场经济改革取向，出台了多项重大改革举措，已初步建立起充满活力的社会主义市场经济体制。率先在洋浦试行土地成片承包开发模式。率先在全国进行“小政府、大社会”的行政管理体制改革，实行省直管市县体制。通过实施“小政府、大社会”新体制，转变了政府职能，强化了政府的服务功能。率先在全国实行由省直接管辖市、县的行政体制。在全国第一个明确提出要在一切经济成份的企业中实现平等竞争，非公有制经济已占海南的“半壁江山”。率先实行粮食购销同价改革。率先推行全民所有制企业股份制试点，全面推进企业股份制改革。率先在全国实行“四费合一”、取消一切收费站的燃油附加费改革，实现“一脚油门踩到底”。率先实行省级统筹的社会养老、失业、工伤、医疗保险制度，初步建立起多层次的新型社会保障体系。农村综合改革不断深化，集体林权制度改革全面推进，农业税、特产税全部取消，支农惠农政策不断加强。海南农垦下放海南省统一管理。国有资产管理体制、国有企业和财政、金融等领域改革取得重大进展，推动了一批国企改制、关闭、破产、重组。

海南经济特区创建22年来，海南发挥特区人敢闯、敢试、永不言退的精神，坚持以邓小平理论、“三个代表”重要思想和科学发展观为指导，坚定不移地推进改革开放，一心一意谋划发展，由一个边陲海岛变成了改革开放的最前沿，变成了社会主义市场经济体制的实践地，变成了探索发展中国旅游新模式的试验区。22年的实践充分说明，改革开放是实现社会主义现代化建设伟大转折的关键抉择，“兴办经济特区是中国共产党人和中国人民在探索中国特色社会主义道路上进行的一个伟大创举。”站在新的伟大历史起点上，海南经济特区在落实科学发展，推动国际旅游岛建设中肩负着先行先试的重大使命，按照胡锦涛总书记“勇于变革、勇于创新，永不僵化、永不停滞”的要求，努力实现创新体制机制、转变经济发展方式的新突破。而搭建中国旅游产权交易平台，构建中国(海南)旅游产权交易中心应成为海南深化科学发展的一个新突破点。

(二)国家赋予海南建设国际旅游岛的战略机遇

为了扎实推进海南国际旅游岛的建设发展，国务院于2009年12月31日出台了《关于推进海南国际旅游岛建设发展的若干意见》，就海南国际旅游岛的建设发展提出了总体要求，即：高举中国特色社会主义伟大旗帜，坚持以邓小平理论和“三个代表”重要思想为指导，深入贯彻落实科学发展观，进一步解放思想，深化改革，扩大开放，构建更具活力的体制机制，走生产发展、生活富裕、生态良好的科学发展之路；积极发展服务型经济、开放型经济、生态型经济，形成以旅游业为龙头、现代服务业为主导的特色经济结构；着力提高旅游业发展质量，打造具有海南特色、达到国际先进水平的旅游产业体系；注重保障和改善民生，大力发展社会事业，加快推进城乡和区域协调发展，逐步将海南建设成为生态环境优美、文化魅力独特、社会文明祥和的开放之岛、绿色之岛、文明之岛、和谐之岛。

2010年6月8日，国家发展改革委正式批复了

《海南国际旅游岛建设发展规划纲要》,从空间布局、基础建设、产业发展、保障措施、近期行动计划等方面对国际旅游岛建设进行了具体的部署,为海南的国际旅游岛建设描绘出了清晰发展蓝图。通过解读《国务院关于推进海南国际旅游岛建设发展的若干意见》和国家发展改革委正式批复的《海南国际旅游岛建设发展规划纲要》,都让我们明确海南国际旅游岛的建设发展已上升为国家战略,其战略定位是在未来10年要求把海南建成我国旅游业改革创新的试验区、世界一流的海岛休闲度假旅游目的地、国际经济合作和文化交流的重要平台等,实现海南旅游管理、营销、服务和产品开发的市场化、国际化,促使海南旅游服务设施、经营管理和服务水平与国际通行的旅游服务标准全面接轨。

同时,《国务院推进意见》和《海南国际旅游岛建设发展规划纲要》确定的海南国际旅游岛建设的发展目标是:1)到2012年,用3年左右时间打牢基础,优化环境,落实国际旅游岛建设的各项工作部署,谋划并开工建设一批重大旅游基础设施和特色旅游项目,实现旅游市场秩序明显好转,旅游服务质量大幅提高,海南旅游的国际吸引力、社会影响力进一步增强。2)到2015年,旅游管理、营销、服务和产品开发的市场化、国际化水平显著提升,旅游产业的规模、质量、效益明显提高,旅游对经济增长和社会发展的拉动作用进一步增强。3)到2020年,旅游服务设施、经营管理和服务水平与国际通行的旅游服务标准全面接轨,海南旅游的国际知名度、美誉度大大提高,旅游产业的规模、质量、效益达到国际先进水平,初步建成世界一流的海岛休闲度假旅游胜地。

另外,还规划了海南全境17处重点旅游景区和度假区的开发建设,它们分别是:1)海口国家地质公园。依托海口国家地质公园,建设融知识性、娱乐性、参与性、互动性于一体的旅游观光游乐景区。2)海口国家湿地公园。规划建设集红树林沼泽、滨海湿地和湖泊湿地于一体的国家级湿地公园。3)文昌航天科技主题公园。4)文昌木兰头国际体育休闲园。5)定安南丽湖/白玉蟾风景区。建设以湖泊为主题、生态为基础、以文化为核心、以休闲为载体的融合居住、旅游、商务、养老、疗养多功能的休闲度假区。6)琼海博鳌国际会展及文化产业园。依托博鳌亚洲论坛品牌优势,大力发展国际会展和文化创意产业,打造国际会展和文化产业品牌。7)万宁石梅湾/神州半岛休闲度假区。建设集旅游度假、休闲疗养、现代服务于一体的国际旅游度假区。8)万宁兴隆旅游度假区。进一步提升改造,打造成集温泉疗养、归侨文化、农业科普、演艺娱乐于一体的旅游综合度假区。9)陵水黎安港旅游区。突出资源和区位优势,开发建设以体育、动漫、演艺等产业为主题的特色旅游项目群。10)三亚海棠湾"国家海岸"休闲度假区。建设成为世界级的集滨海度假、休闲娱乐、疗养休闲等为一体的滨海度假区。11)三亚亚龙湾国家旅游度假区。完善配套度假设施,提高配套服务水平。12)乐东莺歌海度假旅游区。打造成为集滨海度假、国际会议、运动休闲、购物美食、高档地产、旅游小镇、低碳经济示范、信息产业于一体的旅游城镇。13)昌江棋子湾度假养生区。发挥资源优势,把棋子湾建设成为国家级滨海旅游度假养生区。14)昌江霸王岭旅游区。把霸王岭建设成为集生态旅游、休闲度假和科普教育为一体的旅游区。15)儋州东坡文化园。依托东坡书院,深入挖掘、保护和提升东坡文化。16)五指山民族风情园。深入挖掘、保护、提升黎族苗族文化,打造具有民族特色的旅游文化景区。17)保亭七仙岭温泉旅游度假区。继续完善服务设施,建成以温泉疗养、森林旅游为特色的旅游度假区。

所有这些未来十年发展目标和规划建设开发的重点旅游项目,其中都离不开旅游投资和产权交易,特别是发展目标中要求到2015年,海南旅游管理、营销、服务和产品开发的市场化、国际化水平要显著提升,以及到2020年,旅游服务设施、经营管理和服务水平与国际通行的旅游服务标准全面接轨。要实现这些目标,海南必须坚持改革创新,先行先试,打破体制障碍,破解当前我国旅游业发展难题,有效整合资源;在旅游业管理体制、运行机制和建设开发模式等方面必须积极探索。那么,在海南创建中国旅游产权交易平台将是一个最好的突破口。

(三)海南已具备建立中国(海南)旅游产权交易中心的条件

结合以往设立地区性产权交易中心的经验,立足旅游产权交易的特有属性,在分析了其在一般交易中心交易的利弊后,本课题组认为,建立中国(海南)旅游产权交易中心需要具备如下条件:优越的地理位置、广阔的经济腹地、完善的基础设施、丰富的人力资源、优秀的对外经验、向国际化迈进的新型市场体系、相关政策的支持和旅游特色产业的支撑。从下述的8个条件来看,在海南省海口市,建立中国(海南)旅游产权交易中心的条件已具备。

1. 优越的地理位置

在地理区位上，海南省是中国疆域的最南端，紧邻港澳台和珠三角经济发达地区，处于泛珠三角“9＋2”与东盟自由贸易区“10＋1”的结合部，3小时航程范围内包括港澳台、珠三角、长三角、东南亚等地区。既有广大的内陆腹地，又能受到华南经济圈的辐射。北以琼州海峡与广东省划界，西临北部湾与越南相对，东濒南海与台湾相望，东南和南边在南海中与菲律宾、文莱和马来西亚为邻。

海南岛与广东省雷州半岛相隔的琼州海峡宽约18海里，是海南岛与大陆之间的“海上走廊”，也是北部湾与南海之间的海上通道。从岛北的海口市至越南的海防市约220海里，从岛南的榆林港至菲律宾的马尼拉航程约650海里。海南岛背靠中国大陆，面向东南亚诸国，地处南海国际海运要道，是连接两洲（亚洲和大洋洲）与两洋（太平洋和印度洋）的交通要道，控制着中国南部沿海的交通，扼两广的咽喉，是我国南疆的要塞，区位优势明显。同时，海南建立经济特区22年来，已成为我国实施“走出去”战略，从内陆大国向海洋大国发展的前沿阵地，是全国改革开放的示范窗口。

2. 广阔的经济腹地

腹地经济是发挥旅游产权交易功能，推动海南国际旅游岛建设的重要条件。从国内的腹地来看，由于依靠港澳台、珠三角和北部湾地区，依托两广可以广泛联系我国东部沿海、中部和西南等广阔的经济地带。特别是近几年来，广东从整合“小珠三角”向包括香港、澳门的“大珠三角”，到辐射华南、西南乃至东南亚的“泛珠三角”，这“三级跳”已大大拓展珠三角核心区的发展后劲和辐射空间。据了解，粤港澳将通过10年至20年时间的努力，把珠三角战略核心区的大珠三角建设成为世界上最繁荣、最具活力的经济中心之一，广东要发展成为世界上最重要的制造业基地之一，香港要发展成为世界上最重要的以现代物流业和金融业为主的服务业中心之一。最新资料显示，目前跨国公司在香港设立亚洲或亚太总部的数目，是上海的10倍以上，香港的这种优势将最直接地传递到珠三角地区乃至海南岛。广东的制造业优势、海南岛的旅游优势和香港的服务业优势结合起来，将可实现经济资源量和质的新扩张，有望打造成为亚洲区域经济核心，成为世界经济体系的重要增长极之一。

海南面向东南亚地区，从东南亚的区域腹地来看，东南亚地区共有10个国家：越南、老挝、柬埔寨、泰国、缅甸、马来西亚、新加坡、印度尼西亚、文莱和菲律宾。各国都有自己悠久的历史，且都是新兴的国家，除新加坡外，均属发展中国家。东南亚地区又是世界上华侨、华人最多的地区，全区约有华侨、华人2000多万。东南亚是当今世界经济发展最有活力和潜力的地区之一，在未来新的世界政治、经济格局中，东南亚的作用和战略地位将更加重要。东南亚是中国的南邻，自古以来就是中国通向世界的必经之地．在历史上，绝大多数国家就与中国有友好往来，在政治、经济、文化上关系密切。在悠久的历史交往中，中国人民和东南亚各国人民就结下了深厚的友情，在未来的历史进程中，随着中国和东南亚国家经济建设的飞速发展和社会进步，双边和多边的友好，合作关系也将进入一个不断发展，更加密切的历史时期！尽管这几年来，东南亚国家的旅游业发展，分流了部分客源，但是东南亚经济的发展必将对海南国际旅游岛的建设发展起到非常重要的辐射带动作用。

3. 完善的基础设施

海南建省办经济特区22年来，大规模的固定资产投资，大大加强了基础产业和基础设施建设，有力地支撑了经济增长。先后建设了大广坝、大隆、毛拉洞等多个大型水库，为海南的可持续发展提供了水资源保障。电力建设超常规发展，基本适应了经济社会发展对电力的需求。港口建设成效显著，万吨级泊位从1987年的3个增加到2009年的33个，港口货物吞吐量达8345万吨，港口吞吐能力大大增强。按国际4E级建成了三亚凤凰和海口美兰两个国际机场。民航运输事业经历了从无到有、从小到大、逐步从民航运输事业落后的省份成长为国内民航运输强省。海南省通往外地民用航空航线由1987年的5条增加至638条。公路建设有新的突破，“三纵四横”的公路网络贯穿全岛，高速公路从无到有，建设了环岛高速公路。全省各市县、乡（镇）政府所在地公路通达率为100%，建制村公路通达率为99.7%。铁路建设通过改造和延伸西环铁路，实现了海口与三亚两个主要城市的铁路连接；建设开通了粤海铁路通道，“天堑变通途”；正在建设的东环城际快速铁路，将大大改善海南岛内的铁路交通。邮政业快速发展，尤其是邮务、金融、快递物流三大业务发展齐头并进，大大方便了人民群众生活。电信业迅速发展，已形成了以光缆通信为主、数字微波和卫星通信为辅、覆盖全省的大容量、高速率、安全可靠的立体通信传输网络和相应的业务网、支持网,国内外通话、视频会议和数据传输便利。建成了全省统一的电子政务网络平台和省政府数据中心,“数字海南”框架基本建立。全省固定电话及移动电话普及率达到79部/百人,所有行政村已通电话。

4. 丰富的人才资源

人才资源优先开发,人才结构优先调整、人才资本优先积累,人才投入优先保证……海南对人才的呼唤,从来没有今天这么迫切;海南加快人才队伍建设的措施,从来没有这么坚决。近年来,海南省坚持党管人才原则,坚持不懈地实施人才强省战略,采取了加强人才队伍建设的一系列重要举措,人才工作和人才发展出现了前所未有的新局面。截至2009年底,全省人才总量约79.8万人,年均增长约6%,人才占总人口比重由1987年的1.2%增加到2009年的9.3%,高于8.6%的全国平均水平。强化人才工作统筹规划,按照“支撑发展、人才优先,使用为本、创新机制,重点突破、整体开发”的要求,全面实施具有海南特色的人才强省战略,是海南省的人才发展指导思想。2010年7月,《海南省中长期人才发展规划纲要(2010—2020年)》由省委、省政府颁布,吹响了海南人才工作的“集结号”。它的颁布实施,必将对海南的人才队伍建设产生新的重大影响,也将成为国际旅游岛建设的重要推手。同时,优化高层次人才成长环境、推动区域人才协调发展和加强农村实用人才培养也是海南发展的重要举措。

近年来,海南省坚持以改革的思路、创新的精神,加大高层次创新创业人才的工作力度,取得了明显成效。2009年5月,海南省引才引智代表团远赴美国“寻才”,先后在旧金山、盐湖城等6个城市以多种形式开展引才引智活动。美国犹他大学博士贾彩伦当时曾参加引才引智团的推介会,“感到海南引进高层次人才的决心很大”。此后,海南向贾彩伦伸出了“橄榄枝”,如今贾彩伦已是省旅游学校的副校长。2009年6月以来,全省引进海外高层次人才51人,其中有3人入选国家“千人计划”。6个涉及新能源、新材料、现代农业、生物医药等领域海外高层次创业人才重点项目落地。目前,海南省已建立高层次人才需求目录定期发布机制,每年两次在海内外媒体集中发布《海南省高层次人才需求目录》。省委组织部、省教育厅、省外事办、团省委、省科协和天涯在线等6个单位设立海外高层次人才联系窗口,为海外高层次人才来琼创业提供咨询和接洽服务,逐步建立起海外高层次人才引进的常态机制。

为优化高层次人才创新创业的政策环境,海南制定了《海南省引进高层次创新创业人才办法(试行)》,提出对引进的高层次创新创业人才及团队给予“6项优惠政策”、“6项重点支持”和“6项优先服务”。出台了《海南省促进高新技术产业发展的若干规定》,鼓励和引导人才进入市场创新创业、引导科技人员向一线集聚、促进技术转移和成果转化。还设立了省人才资源开发专项资金,加大了对人才资源开发的资金投入,仅拨付海南大学引进长江学者专项经费就达1000万元。而为激励广大优秀人才努力创新创业,海南坚持学术技术领先、带动作用突出、突出重点、统筹兼顾的四项评选原则,开展“海南省高层次创新创业人才”和“省委省政府直接联系重点专家”人选遴选活动。2010年8月,海南省授予海南大学何朝族等3人“海南省高层次创新创业人才”称号,授予144名专家“海南省委省政府直接联系重点专家”称号。3名创新创业人才分别获创新创业启动经费100万元,其中两人还每人获50万元安家费。

同时,海南省针对党政干部队伍中现代服务业、国际金融、国际贸易等专业人才匮乏的现状,科学安排流动编制,在今后5年的公务员招录计划中,每年招录50名紧缺专业的博士、硕士研究生,为我省储备一批专业型党政领导干部人才。2010年9月招录的首批50名紧缺性人才已全部到岗,其中博士2人、硕士48人,有国外留学经历的有4人,涉及城市规划,建筑技术,港口、海岸及近海工程,交通运输规划与管理,土地资源管理和旅游管理等6个专业,进一步优化了党政干部队伍结构。为解决区域人才严重失衡、少数民族和贫困地区人才严重短缺等问题,海南省近年来组织实施了“双五百”人才工程、“三支一扶”计划、教育人才智力扶持项目、卫生人才智力扶持项目、“周末流动师资培训学院”项目等一系列人才智力扶持项目。2006年开展顶岗支教与师资培训的“双五百”人才工程以来,共派出顶岗支教人员1552名,受训教师1381名,派出挂职服务医疗卫生人员267名,教育工作者213名。开展支教、支医、支农、扶贫“三支一扶”计划以来,已有1300多名高校毕业生到基层教育、卫生、农技等岗位进行志愿服务,服务地区覆盖全省12个市县,88个乡镇,222个服务单位。另外,随着近些年来国内居民生活水平的提高,不仅不少人选择在海南购房以准备养老,而且也有许多优秀人才开始到海南投资兴业,这样又将给海南带来丰富的人才资源。

5. 优秀的对外开放经验

改革开放以来,特别是建省办经济特区以后,海南积极参与经济全球化,着力提高对外开放水平,基本形成了全方位对外开放格局,实现了从封闭半封闭经济到开放型经济的重大转变。尤其是近几年来,顺应经济全球化和区域一体化发展潮流,对外开放步伐明显加快。率先实行游客落地签证政策,对日本、新加坡、马来西亚、泰国、韩国、德国、英国等26个国家免办入境签证。从开放第三、四、五航权到实现"南面开口,北面开放"的航路调整目标,海南航权开放取得重大突破。融入泛珠三角区域合作步伐加快,积极参与"珠洽会"和举办"海洽会"等一系列招商活动。摩根士丹利、中信泰富、华润集团、香港新世界等一批境外大财团、大企业纷纷来海南投资,大企业数量日益增多。与台湾、香港、澳门在农业、旅游及商贸等方面合作取得可喜进展,与世界各国、各地区的经济、贸易、科技、教育、文化等领域的交流日益加强。2007年海南洋浦保税港区获准设立,成为全国第四个、华南地区唯一的保税港区。海口保税区升级为海口综合保税港区。2009年国际旅游岛建设上升为国家战略,标志着海南建设开放型经济进入新阶段。随着对外开放水平不断提高,利用外资规模不断扩大。1980年至2009年累计实际利用外商直接投资达182.47亿美元,其中,1980年至建省前1987年累计2.38亿美元,1988年建省至2009年累计180.09亿美元。实施市场多元化战略,从以传统的香港转口贸易为主,逐步拓展到与中东、东盟、欧盟、美国及大洋洲、非洲等国家和地区开展远洋贸易,化工产品、水海产品、轻纺服装、家具、机电产品等产品出口不断增多,对外贸易保持了较快增长势头,经济外向度进一步提高。海南对外贸易伙伴从1987年21个国家和地区,发展到2009年遍布六大洲143个国家和地区。全省进出口总额从1987年的2.92亿美元增加到2009年的82.54亿美元,增长26.9倍。其中,出口从1.15亿美元增加到16.37亿美元,增长13.2倍;进口从1.77亿美元增加到66.17亿美元,增长36.4倍。

6. 国家相关政策的支持

海南建省办特区22年来,各项工作取得快速发展,都离不开党中央的决策和相关政策的大力支持。如今,海南国际旅游岛的建设与发展又上升为国家战略,国务院颁布实施了《关于推进海南国际旅游岛建设发展的若干意见》和国家发改委批复了《海南国际旅游岛建设发展规划纲要》,给予巨大的政策支持,国家相关部委局也在落实党中央、国务院这一重大战略决策中,从我国改革开放和现代化建设全局出发,对海南国际旅游岛建设发展给予了鼎力支持。如:国家工商总局制定重大政策大力支持海南国际旅游岛建设与发展,2010年7月30日出台了《国家工商行政管理总局关于支持海南国际旅游岛建设的若干意见》。

该《意见》分为6个部分共21条。一是大力支持海南省发展以旅游业为龙头的现代服务业,促进经济结构和产业结构调整。支持海南省大力发展特色旅游产品,支持现代服务业企业以品牌经营、连锁经营、特许经营、集团化经营和新型物流经营等现代流通方式开展经营活动,支持海南省投资发展生物制药、新能源汽车制造、旅游装备制造、旅游产品加工和信息网络业,鼓励发展融资性担保公司。二是大力支持海南省推进农业发展方式转变,促进城乡经济一体化发展。鼓励海南省农民在具有地方民俗文化特色的农庄、村落从事"农家乐"等旅游服务业,支持海南省农民专业合作社发展,支持农村个体私营经济发展。三是大力支持海南省创新机制,进一步提升企业登记服务水平。对海南省工商局开放国家工商总局企业名称数据库,授予海南省工商局行使不含行政区划企业名称变更的受理权。放宽企业名称中不使用国民经济行业类别用语表述企业所从事行业的条件,放宽企业集团登记条件。四是大力支持海南省实施商标战略,提升经济发展的竞争力。将海南作为国家工商总局商标工作重点支持地区,支持海南省开展对出口型企业商标国际注册的培训,设立商标争议处理快捷通道,支持培育农产品商标和地理标志及驰名商标,支持商标无形资产资本化运作,保护商标权利人合法权益。五是大力支持海南省加强市场监管,维护良好市场秩序。支持海南省工商系统12315行政执法体系"四个平台"建设。支持海南省加强旅游市场监管,加强企业信用建设,加大流通环节食品安全监管力度,开展打击传销和规范直销工作,加强农村市场监管,维护农民消费、农业生产安全。六是支持海南省工商系统队伍建设。在总局举办的有关培训班中,适当增加海南省工商干部的参训名额。将海南省工商系统干部纳入总局接受安排系统干部到总局机关挂职锻炼工作整体规划中,予以统筹考虑。

诸如此类的扶持政策，还有海南便利的签证政策和最为开放的航权政策，以及国家旅游局对其发展旅游项目的支持政策等。

7. 海南旅游特色产业的支撑

海南建省办特区以来，历届政府都十分重视发展旅游业，通过确立和实施“一省两地”的产业发展战略，将旅游业作为海南优先发展的支柱产业之一，努力把旅游资源的潜在优势转变为现实的产业优势。经过多年的培育和发展，海南省旅游行业已拥有国内许多地方所不具备的资源、环境、政策和法律优势，形成了具有相当规模的“吃、住、行、游、购、娱”六大要素功能齐全、协调配套的产业体系，以观光为主，度假、会议为辅的海南旅游产业发展格局已初具规模。

2007年海南接待旅游过夜人数1845.51万人次，其比上年增长15.0%。其中，接待海外旅游者75.31万人次，增长22.1%；接待国内旅游者1770.20万人次，增长14.7%。旅游总收入171.37亿元，增长21.2%。旅游总收入占全省第三产业收入的44.7%；占全省GDP的13.94%，远远高于全国4.42%的平均水平，旅游业在未来产业格局中的强势地位日益凸现。

2008年海南旅游业克服四川汶川特大地震、免签证和落地签证暂停等因素的影响，实现平稳增长，全年2008年接待旅游过夜人数2060万人次，比上年增长10.0%。其中，接待国内旅游者1962.07万人次，增长10.8%；接待入境旅游者97.93万人次，下降5.5%。旅游总收入192.33亿元，增长9.1%。旅游饭店客房开房率59.18%，提高1.9个百分点。

2009年海南省旅游业加快发展。在大力推进国际旅游岛建设进程，以及在加强旅游宣传促销与区域合作力度的作用下，旅游业克服国际金融危机、甲型H1N1流感等不利因素的影响，呈现不断加快发展趋势。全年共接待旅游过夜人数2250.33万人次，比上年增长9.2%。其中，接待国内旅游者2195.18万人次，增长11.9%；接待入境旅游者55.15万人次，下降43.7%。旅游总收入211.72亿元，增长10.1%。

2009年12月31日，国务院颁布《关于推进海南国际旅游岛建设发展的若干意见》，计划在未来10年，将海南打造成我国旅游业改革创新的试验区、世界一流的海岛休闲度假旅游目的地。这标志着国家对海南的“国际旅游岛”战略定位的身份进行了确认。

按照“国际旅游岛”战略规划，海南省将在2018年，基本建成国际旅游岛。到时旅游业的管理体制、运行机制与国际基本接轨，旅游服务基本达到国际水准，实现海南旅游在国际上的知名度和美誉度大幅提高，而到2028年，海南将建成世界一流的国际旅游岛。旅游产品达到国际水准，城市建设、公共服务设施、现代服务业等适应世界发展潮流，综合环境能满足中外游客的各种需求，成为国际热带海岛度假休闲胜地。

(四)海南应当为全国建立旅游产权交易平台先行先试

建立我国的旅游产权交易平台，是目前国家和社会各界的共同认识，但是，创新我国旅游产权交易理念，建立专业、科学、系统的旅游产权交易业务流程，推进我国旅游产业转型发展，除了需要具备上面分析的8个条件外，许多方面还需要经过先行先试。海南作为经济特区本身就具有国家批准的在改革开放上的先行先试优势，如今国务院又批准海南进行国际旅游岛建设，并要求把海南建成我国旅游业改革创新的试验区、世界一流的海岛休闲度假旅游目的地、国际经济合作和文化交流的重要平台等，实现海南旅游管理、营销、服务和产品开发的市场化、国际化，促使海南旅游服务设施、经营管理和服务水平与国际通行的旅游服务标准全面接轨。国内的其他城市或地区与海南相比，尽管有些条件也具备，但国内任何一个城市或地区都没有在海南建立中国(海南)旅游产权交易中心所具备的条件完善。为此，在海南建立中国(海南)旅游产权交易中心，就是我国旅游产业改革创新先行先试的一个突破口。海南完成创建中国(海南)旅游产权交易中心的试点工作，不仅可以为全国其他地区构建旅游产权交易平台提供经验，而且可为整合我国旅游资源，创新旅游投资机制，推进我国旅游产业和谐发展产生重大的影响。同时，多年来海南产权市场在内部规范和市场平台搭建上积累了丰富的经验，在形成自身特色的同时，也备足了向前发展的实力和底蕴，如今他们正在从发挥产权市场投融资平台角度，开始着积极参与着海南国际旅游岛建设这一国家战略的实施。海南产权交易所在2009年全年成交项目110宗，成交额10个亿，竞价率72%，增值率54%，其中旅游产权交易占据了相当比重，他们在旅游产权交易方面已积累一定经验。这些都将有利于海南建立中国(海南)旅游产权交易中心的试点工作。

(五)海南建立中国(海南)旅游产权交易中心的意义深远

作为全球性的朝阳产业,旅游业必将是现在和未来长期的投资热点。当前,依托国家推进海南国际旅游岛建设发展战略的实施优势,在海南先行先试建立中国(海南)旅游产权交易中心,正确引导旅游投资方向,优化我国旅游投资结构,促进我国旅游产业与资本市场有效结合,推动我国旅游行业形成自身资本运用和外部资金投入产出的良性循环,对于实现我国旅游业的可持续发展和纠正我国旅游投资中存在的误区有着重要的现实意义。同时,依托海南的独特区位优势、广阔的经济腹地,以及现代完善的交通和信息体系,协调和连接港澳台、珠三角、北部湾、东南亚等地区的经济发展,通过海南的中国旅游交易平台,将全国各地的旅游经济与世界旅游产业发展紧密联系起来,参与全球旅游相关资本、技术、人才、市场等资源的有效配置,提高我国旅游经济的对外依存度,对于我国旅游经济国际化,带动全国相关产业发展和各地区经济转型发展也有着积极的引领作用。

五、中国(海南)旅游产权交易中心的战略构想

立足21世纪中国旅游经济发展的需求,建立中国(海南)旅游产权交易中心,不仅是中国旅游业发展的重要组成部分,而且也必然成为海南建设国际旅游岛战略过程的一个极为重要的战略环节。由此谋划中国(海南)旅游产权交易中心的发展,其总体战略应该是:把海南——中国(海南)旅游产权交易中心建设成中国产权交易的中心市场和中国资本市场的基础性交易平台,以及海南金融业发展的重要战略平台。中国旅游市场发展的巨大潜力和未来中国产权交易市场的发展趋势完全可以支撑这一战略定位。

(一)中国(海南)旅游产权交易中心的战略定位

进入21世纪之后,一方面,随着海南国际旅游岛建设被纳入国家经济发展总体战略和海南建设国际旅游岛发展目标的确立,海南在未来中国经济发展格局中的地位和承担的责任被极大提升。海南在全国经济发展中作用的提升,当然要求产权市场也应该承担起相应的责任;另一方面,党的十七大之后,建设多层次资本市场体系的进程逐步加快,产权市场与证券市场的统一化趋势,也为中国(海南)旅游产权交易中心实现在更高层次上的发展目标提供了可能。从而使对中国(海南)旅游产权交易中心的发展目标在更高的层面上进行定位,成为海南乃至中国在新的历史条件下旅游发展的内在要求。

对中国(海南)旅游产权交易中心发展目标进行合理定位的关键,在于对中国经济发展总体态势,特别是资本市场发展趋势的准确把握。从进入21世纪以来,中国经济增长方式的转变和区域经济格局调整、海南经济发展的战略要求、资本市场发展的总体态势看,中国(海南)旅游产权交易中心的战略定位应该是:中国多层次资本市场基础性交易平台、中国旅游产权交易市场的中心平台、海南金融业发展的重要战略平台。其基本含义是:

1. 中国多层次资本市场的基础平台和中国旅游产权交易市场的中心平台

产权市场的资本市场本质决定了中国现有的产权市场不可以长期独立存在于国家正式资本市场制度安排之外,而必须在不断的发展和创新中,通过改造、整合走向统一,并与证券市场相融合,成为中国多层次资本市场体系的有机组成部分。如果我们把成熟状态的中国资本市场,看作是由多层次市场组成的,各市场层次之间既有明确分工,又相互融通和支持,能够满足不同企业资本融通和产权流转要求,并保证各种资本形式顺畅流动的,开放性的统一资本市场体系。通过对中国现有旅游产权市场的整合,形成中国旅游产权交易的中心市场平台,既是中国资本市场的一个特殊市场板块,也将是中国资本市场多层次体系构架中的初级资本市场层次。

从中国资本市场体系的发展现状和趋势来看,从总体上应该由三个分工明确、相互融通和支持的市场层次或交易板块构成:高级资本市场(主板市场)。无论从中国目前的资本市场现状还是从上海作为全国经济中心的地位看,中国资本市场的高级市场都应该以上海为中心,即以上海证券交易所作为中国资本市场主板市场的中心交易平台。作为证券交易和中国资本市场体系的核心市场,上海证交所的基本职能应该定位于中国大型和成熟企业公司的上市市场,主要任务是为中国大型和发展成熟企业公司提供融资,股票、债券交易和其它金融产品交易和流转的市场平台和各种服务;中级资本

市场(二板市场)。适应现代科技发展和满足企业成长,特别是高新技术企业成长的需要,“二板市场”或“创业板市场”必定构成中国资本市场的一个重要层次。从中国资本市场体系的总体构架和区域分布要求看,我们认为,“二板市场”应该是介于主板市场与“产权板”市场之间的中级资本市场。其主要应在对现有上海、深圳证券市场进行整合的基础上,以深圳证券交易所为中心交易平台。基本职能是为高、新技术企业和成长性好的中、小企业提供资本融通、股票发行、交易和企业债券及其它金融产品的交易和流转等服务。同时,二板市场也承担为主板市场推荐上市公司的责任;初级资本市场(“产权板”市场)。中国业已存在的产权市场是中国资本市场建设的重要资源,我们认为,设立中国(海南)旅游产权交易中心,将其融入资本市场体系,形成的中国旅游产权交易中心市场,是我国建设完善的多层次资本市场体系的可行选择。从中国资本市场体系建设的要求看,中国(海南)旅游产权交易中心应该是中国资本市场体系构成中的基础性平台。由于其交易的标的是具有多种形式的企业产权,因此,基本职能应该是为私募设立公司提供资本私募、股权托管和股权柜台交易,为国有企业的有形资产和其它形式的资产产权转让提供市场交易平台和各种市场服务。同时,中国(海南)旅游产权交易中心作为中国资本市场体系的一个有机组成部分,还应该承担承接主板和二板市场退市公司的股权托管、转让和为主板、二板市场推介上市公司的职能。其发展的目标,就是通过大胆的改革与创新,引领中国旅游产权市场创新和融入多层次资本市场体系的进程,使中国(海南)旅游产权交易中心成为中国多层次资本市场的基础性平台和中国旅游产权交易的中心平台。

2. 资本市场中介组织

要使中国(海南)旅游产权交易中心成为中国资本市场体系中资本市场的基础性交易平台,必须对其进行创新设计。我们认为,从中国社会主义市场经济的具体国情和资本市场发展的一般规律出发,符合中国资本市场要求的各种产权市场组织,从本质上应该是国家证监委统一监管下的一种特殊资本市场中介组织。其组织形式大体可以分为两种类型:一是全国产权交易中心或产权交易所。中国的产权市场不仅必然要走向统一并同证券市场相融合,而且也必须要在统一过程中形成一个类似于证券交易所的全国产权交易中心或产权交易所。中国(海南)旅游产权交易中心作为全国性旅游产权交易市场,就其组织性质而言,应同证券交易所一样,是一种资本市场中介组织。其基本职能是作为全国旅游产权市场各种交易活动中的信息聚合与发布、价格形成、交易和资金结算中心,为各种旅游产权交易活动提供平台和规范化的市场服务。同时,也是旅游产权市场运作的组织者和管理者;二是旅游产权交易经纪商。中国(海南)旅游产权交易中心发展的目标定位,应是与其作为旅游产权中心市场相适应的资本市场中介组织。

3.“三位一体”的公共资本市场职能体系

作为中国资本市场基础性平台的旅游产权中心市场,中国(海南)旅游产权交易中心的职能体系必须创新和整合。根据市场经济发达国家资本市场建设的经验和我国企业和资本市场发展的实际情况,我们认为,由中国社会主义初级阶段的具体国情决定,作为中国多层次资本市场体系初级资本市场基础性平台的中国(海南)旅游产权交易中心应该主要承担三个方面的职能:其一,作为有形资产的产权转让市场,为企业,特别是国有企业和行政事业单位的国有资产提供产权转让的市场平台和规范服务;其二,作为非上市股份公司的股权私募、股权交易市场,为其提供融资、股权托管、股权交易的市场平台和各种服务,同时承接主板、二板市场退市公司的股权托管与转让业务;其三,作为技术、土地、品牌等特殊或无形资产的产权交易市场,为这些资产转让提供市场平台和各种服务。从而形成中国(海南)旅游产权交易中心三位一体的职能体系,并以其交易对象的广泛性和交易方式的简易性,成为多层次中国资本市场体系的基础市场层极。因此,中国(海南)旅游产权交易中心必须在不断创新的基础上,不断整合自己的市场职能结构,逐步形成“三位一体”的产权市场职能体系。

4. 规范化、多元化的市场交易模式

虽然,资产交易证券化是资本市场发展的客观要求,但从中国社会主义市场经济发展的实际考虑,我们认为,中国(海南)旅游产权交易中心的交易对象应该仍然以企业股权和有形资产为主。因此,与主板市场和二板市场完全证券化的交易对象不同,中国(海南)旅游产权交易中心的交易对象的初级性、异质性和多样化特征决定了其不可能实行单一,或统一的产权交易方式,而必须根据交易对象的不同特点实行各具特色的多元化的交易模式。但我们认为,在坚持统一的交易程序、主体资格认定、交易对象评价、交易消息披露等条件的前提下，可以根据交易对象的不同特点采取不同的市场交易方式。比如，对有形资产的转让，可以在提高信息披露质量和统一投资主体条件认定和程序的基础上，探索和采取"N+H"的市场竞价和交易模式；对非上市公司的股票私募和股票交易，可参照美国私募市场管理的做法，建立类似于PORTAL系统的交易模式并实行网上集中竞价与挂牌销售相结合的交易方式；而对于如技术、品牌等特殊资产的产权转让，则可能采取市场竞价与协商交易相结合的方法更为有效。并随着中国市场经济发展和资本市场制度的不断完善，使中国(海南)旅游产权交易中心的交易方式在创新中逐步走向完善和规范。

5. 统一的市场监管体制

中国(海南)旅游产权交易中心作为中国多层次资本市场体系的组成部分或市场板块，其市场运作当然也要被置于国家统一的资本市场监管体制之下。由于国有产权的特殊性及行业特性，在实施与证券市场统一资产监管规则的同时，国资监管部门和行业主管部门也应介入对交易过程的监管。从上述意义上说，中国(海南)旅游产权交易中心实际上是一个具有中国特色的资本市场板块。

(二)战略目标和战略任务

1. 战略目标

中国(海南)旅游产权交易中心的战略目标是：按照旅游产业综合性强、关联度高的特点，建立全要素的产权市场，不仅仅包括资本和产权，形成资源、资本、土地、技术、文化、管理、人才、品牌等涉及各方面的旅游全要素产权市场架构，借助国际旅游岛的政策优势和环境优势，以及中国旅游市场优势和发展格局，通过产权交易平台，吸引全国、乃至全世界旅游高端要素在海南聚集，推动海南国际旅游岛建设。

中国(海南)旅游产权交易中心立足构建新型运营模式，不同要素对应不同市场，采用不同方式经营，面向全社会，在发展中不断创新产品，形成全产业链模式。总括起来讲，即构建全方面平台，建立全层次组织，拓展全要素市场，整合全世界资源，形成全产业链模式。中国(海南)旅游产权交易中心的最终目标是探索建立旅游产业多层次资本市场和金融服务体系，成为中国产权交易的中心市场和中国资本市场的基础性平台，成为立足海南，对接港澳台，服务全国，面向世界的综合性国际化产权交易中心。

2. 战略任务

(1)在2015年前，在不断健全产权交易规则和监管制度，提高交易服务质量和水平，构建功能健全的信息平台，积极稳妥地开展交易业务创新，完善市场体制建设和法规建设的基础上，把中国(海南)旅游产权交易中心建设成为立足海南、服务全国、面向全世界的涉及旅游产业的物权、股权、债权、知识产权交易大市场和中国专业化的旅游产权交易平台。

(2)在2020年前，全面建立资源、环境、土地、技术、文化、管理、人才、品牌等旅游全要素产权交易市场，基本建成中国产权交易中心市场、中国资本市场的基础性市场，国内知名、国际有影响力的服务全国、面向世界的综合性国际化的旅游产权交易市场。

(三)中国(海南)旅游产权交易中心功能定位

中国(海南)旅游产权交易中心主要开展产权交易类业务、企业产权托管类业务和企业投、融资咨询服务类业务，构建产权交易、产权托管、投融资服务、公共旅游资源、招商引资、无形资产交易等六大功能平台。同时，构建后台支持的"五大中心"，分别为数据处理中心、资金结算中心、会员管理中心、战略研发中心和培训中心，为"六大平台"提供技术、理论支持，形成集交易、信息、技术、融资为一体、面向国内外市场的网络体系和相关产业链，放大市场平台效应。

1. 产权交易平台

该平台以企业股权、实物资产、债权等权益性资产为交易对象，运用成熟的市场网络，以专业的服务水平，发挥撮合交易功能，促进产权合理流动。提供信息网络和交易场所，为企业购并活动寻找交易对象，进行可行性分析，制定行之有效和规范的市场交易方式，协助企业确定交易价格和财务策略，并提供相应的鉴证服务。交易方式主要有：拍卖转让、招投标转让、竞价转让和协议转让等。交易对象主要包括：非公司制企业的整体产权或者部分产权、有限责任公司和非上市股份有限公司的股权以及物权、债权、知识产权、工业产权、其他无形资产产权及政府公共旅游资源、特许经营权交易等。通过高效的信息发布平台，广泛征集买家和卖家，提高产权交易效率。

2. 企业产权托管平台

该平台通过契约的形式接受企业或资产所有者、债权人的委托，对企业所有权或企业资产的经营管理权、债权依法实施有偿经营，最终以市场运作方式实现托管企业所有制结构和资源结构调整、转换企业经营机制的目标。承担产权登记职能，办理各类旅游产权托管，提供交易见证、过户、质押登记等服务。

3. 招商引资平台

该平台借助产权交易市场网络，运用专家评审机制，为企业招募战略合作者，促进产业结构的调整升级，为企业提供财务及资本运营策划咨询、投融资服务、产权交易相关增值服务和各类资源整合及招商引资业务，为企业和地区经济服务。

4. 公共旅游资源产品转让服务平台

城市公共旅游资源、产品涉及的领域较广，更多的表现为特许经营权、使用权、冠名权、租赁权等。为配合政府行政、事业单位资产及政府特许经营权的市场化交易工作，通过产权市场交易，优化旅游资源配置。

5. 无形资产交易平台

通过整合并挖掘企业的商标权、专利权、合作权益、商誉等有效的无形资产，利用产权交易市场平台，为委托方寻找合适的战略投资者。

6. 旅游产权投融资平台

面向投资者，设计开发符合旅游产权交易特性的融资产品和投资工具，为各类旅游企业和项目提供融资支持。

(四)中国(海南)旅游产权交易中心的运行模式

1. 中国(海南)旅游产权交易中心管理体制

中国(海南)旅游产权交易中心的管理体制设计，是打造中国旅游产权交易中心市场的重要战略环节。因此，中国(海南)旅游产权交易中心的体制创新，不仅应该设计明确的目标模式，而且其最终体制模式的形成也必须服从于中国资本市场发展整体进程的要求。从这个意义上说，中国(海南)旅游产权交易中心管理体制创新及其对新的体制模式的设计，应遵循三个基本原则：

(1)服从从中国旅游产权市场发展的战略目标要求。管理体制创新，是中国(海南)旅游产权交易中心的有机组成部分和重要战略环节，因此，中国(海南)旅游产权交易中心管理体制模式设计，必须服从于中国产权市场创新、发展总体战略目标实现的要求。通过管理体制创新，对中国旅游产权市场的发展应该产生三个方面的作用：第一，促进中国旅游产权市场的创新活力和组织效率的提高，形成在产权市场竞争中的综合竞争优势；第二，促进中国旅游产权市场管理体制与中国多层次资本市场体系建设进程的接轨，以率先融入国家资本市场正式制度安排的优势，引领中国产权市场的统一和制度演变进程；第三，推动中国旅游产权市场全方位创新实践的展开，为中国产权市场提供制度创新基础。

(2)适应中国资本市场发展规律和趋势。中国(海南)旅游产权交易中心管理体制创新的最终目的，是使中国旅游产权市场融入中国资本市场主流，成为多层次资本市场体系的基础性平台。中国(海南)旅游产权交易中心体制创新的目标导向，决定了其创新实践过程以及对新的管理体制模式设计，必须遵循中国资本市场的发展规律和适应及其演变趋势。我们认为，从中国社会主义市场经济的本质要求和资本市场发展的一般规律看，中国资本市场的发展趋势将呈现出三大基本特征：

第一，多元化趋势。由资本市场欠发达而导致的市场层次和交易方式、交易品种单一与中国具体国情所决定的企业融资方式多样性要求之间的矛盾，是中国资本市扬与社会经济发展需要不协调的基本表现，也是当前中国资本市场发展需要解决的主要问题。而从市场经济发达国家资本市场发展的经验看，解决这一矛盾，使资本市场能够更好地支持整个社会经济的发展，其基本路径是加快建设与我国国情和经济发展阶段相适应的多层次资本市场体系。党的十六大报告从中国经济社会发展对资本市场的要求出发，提出加快建设多层次资本市场体系的方针和中国资本市场近年来发展的实践特征，都表明“多元化”已经成为中国资本市场发展的重要趋势。

第二，规范化趋势。规范化是资本市场建设的基本要求。从中国资本市场发展的实践看，由中国经济社会转型期的特殊国情和市场经济的发展程度决定，资本市场规模的高速扩张与由于制度建设滞后而导致的市场运行不规范，不仅构成了中国资本市场现阶段发展的重要特征，而且也已经成为影响中国资本市场长期、持续、健康发展的制度隐患。从这个意义上说，加强资本市场的制度建设和有效监管，提高资本市场运作的规范性，使其更好地发挥对社会资源配置的调节作用，必定成为当前中国资本市场制度建设的主题和发展的重要特征。

第三，统一化趋势。中国社会主义市场经济的属性和经济转型期的特殊国情，决定了通过多层次资本市场体系建设，建立全国统一、开放的资本市场的必然性。因此,中国多层次资本市场体系必定是一个各个市场板块具有内在联系的,处于统一市场监管下,按照统一规则运行的全国统一资本市场。主要包括:通过多层次资本市场体系的构架,有计划整合现有的产权市场与证券市场,将现有的产权市场与证券市场统一为一个资本市场整体;将各个资本市场板块置于统一的市场监管之下,使其既有明确分工,又相互联系和融通,构成中国多层次资本市场的有机统一体;打破区域分割的产权市场体制,建立全国统一产权市场。从上述意义上讲,中国(海南)旅游产权交易中心也必须将自身管理体制创新实践自觉地融入中国资本市场建设的进程之中。

(3)遵循制度创新的基本规律。中国(海南)旅游产权交易中心管理体制创新的本质是产权市场的制度创新。而制度创新从理论上讲,既是一种极其复杂的社会实践活动,也有其自身的规律性,这决定了中国(海南)旅游产权交易中心体制创新要能够真正取得实效,推进其发展战略目标的实现进程,就必须按照制度创新的规律来安排其创新实践。主要包括:第一,着力培育制度创新主体。中国(海南)旅游产权交易中心的制度创新主体是其市场组织,因此,推动中国(海南)旅游产权交易中心的体制创新,必须将形成中国(海南)旅游产权交易中心的制度创新主体身份和提高其制度创新能力作为整个管理体制创新工程的重心;第二,注重管理体制创新的绩效。制度创新与其他社会制度创新一样,也必须注重效益,在成本既定的前提下,追求收益最大化。因此管理体制创新设计必须围绕着如何增强中国(海南)旅游产权交易中心的市场竞争能力,有利于交易规模的扩大和质量的提高来展开;第三,注意化解管理体制创新风险。制度创新不仅有收益,也有风险。其收益与风险的结构不仅是制度创新行为能否发生的前提,也是影响制度创新实践过程的重要条件。从中国(海南)旅游产权交易中心管理体制创新的条件分析,主要是如何处理好体制创新与现行政策之间的关系,特别是如何将中国(海南)旅游产权交易中心管理体制创新纳入海南国际旅游岛的金融配套改革试验中。

2. 管理体制模式的基本构架

从上述原则出发来设计中国(海南)旅游产权交易中心的管理体制模式,必须具备四个基本特征:其一,实现政、市分开,形成政府与产权市场机构之间规范化的权力界定;其二,塑造产权市场组织形式,使其成为真正的资本市场中介组织;其三,形成有效监管体制,保证产权市场交易的公开、公平和公正;其四,适应中国资本市场发展趋势,有利于与多层次资本市场体系的衔接。而具备上述特征的新的中国(海南)旅游产权交易中心的管理体制,应该包括如下规定性。

(1)资本市场中介服务组织。无论从市场经济的运动规律还是市场经济发达国家资本市场发展的经验看,作为产权市场机构的产权交易中心都是一种资本市场中介组织,而非政府行政部门。因此,实行政、市分开,还产权市场机构以本来面目,使其成为真正意义上的独立资本市场中介服务组织,是中国(海南)旅游产权交易中心的管理体制创新必须解决的首要问题。

从世界各国资本市场发展的实践经验看,作为资本市场的中介组织形式主要有两种:一种是非营利性市场中介组织。这种市场中介组织一般由政府出资组建或由资本市场行业协会出资组建。其以组织、管理资本市场的交易活动和为客户或投资者提供市场公共服务产品为基本职能定位,在社会经济运行中的地位大体处于政府与企业之间。如我国的上海证券交易所、深圳证券交易所等,其实际上就是一种非营利性的资本市场中介组织;一种是“营利性市场中介组织”。这类资本市场中介组织与一般竞争性企业一样,以营利为目的,向资本市场投资者提供投资咨询、交易代理等市场服务,收取佣金作为投资回报,并追求营利最大化的经营目标。如:资本市场的各种证券公司,投资公司以及各种代理经纪商等大多属于这类市场组织。许多国家的证券交易所也采取营利性市场组织的形式。我们认为,从世界各国资本市场服务机构制度演变的趋势和我国产权市场的运作实践来看,中国(海南)旅游产权交易中心的组织形式和最终目标定位应是一种营利性资本市场中介组织。

(2)公司制市场组织形式。选择中国(海南)旅游产权交易中心的合理组织形式,既是关系中国(海南)旅游产权交易中心发展的重大问题,也是其管理体制创新的重要内容。从世界范围来看,各国资本市场的交易组织主要采取两种制度形式:一种是会员制。即不以营利为目的,而是由会员自治自律、互相约束,参与经营的会员可以参加市场交易活动的一种资本市场中介组织形式;一种是公司制。即以营利为目的,为产权交易提供交易场所和服务人员和各种服务,并收取发行公司的上市费与证券成交的佣金作为收入来源，且经营这种交易所的人员不能参与市场交易活动的一种资本市场中介组织形式。从世界各国资本市场中介组织制度演变的趋势和中国产权市场发展中两种市场组织的绩效比较进行分析不难看出，不仅公司制已经成为资本市场中介组织制度演变的一种普遍趋势，其效率优于会员制已经为经济理论和资本市场业界所共识。而且从我国产权市场的实践看，随着产权市场竞争的加剧、技术的进步和会员利益差异的扩大已经威胁到会员制交易方式的生存空间，预示着公司制市场组织形式成为产权市场组织演变的基本趋势。沪、深两地的产权交易机构一直采取公司制的形式。2004 年，北京产权交易所也成功进行了公司制改造并且表现出了远高于会员制机构的发展效率和创新活力。因此，我们认为顺应这一趋势，服从于中国(海南)旅游产权交易中心战略目标的需要，实施公司制形式，以更有效率地促进中国旅游产权交易中心的发展与创新。在现阶段，可采取政府出资控股、民间资本共同参与的多元化出资结构，和实行有限责任公司的企业组织形式。

(3)企业化的内部管理体制。按照中国(海南)旅游产权交易中心组织形式的设计，其内部管理体制也必须做相应的变革设计。其变革的基本趋势，应该是按照公司制要求构架中国(海南)旅游产权交易中心机构内部管理的制度结构。其中，完善用人机制和奖惩机制，实行新的人事制度，打破铁饭碗、终身制，实行全员合同制和根据需要定岗定责，并在此基础上进行严格的业务考评和实行考评结果与利益奖惩挂钩，真正做到多劳多得、优胜劣汰，应该是中国(海南)旅游产权交易中心组织内部管理体制改革的重点内容。同时，从产权市场发展的长远利益出发，应该建立长效的员工培训制度，定期对员工进行专业能力培训和企业文化素质培养，不断提高整个员工队伍的业务和道德水平，为产权市场的发展提供智力和人才支持。

3. 中国(海南)旅游产权交易中心产权交易模式

(1)中国(海南)旅游产权交易中心产权交易模式构架的基本原则。交易模式创新设计，既是产权交易中心自身发展的内在要求，也是海南争取全国资本市场中心地位，建设完善的海南现代金融服务体系的重要战略环节。交易模式创新在中国(海南)旅游产权交易中心总体发展战略中的重要地位，决定了其目标模式构架必须遵循的基本原则。

适应产权交易模式演变趋势。中国(海南)旅游产权交易中心是中国产权市场的一个组成部分，或一个专业化的产权市场组织。中国(海南)旅游产权交易中心交易模式创新及其新的目标模式构架，首先必须遵循产权市场发展的一般规律，反映随着市场经济发展而导致的产权交易模式演变的基本趋势。从世界范围内产权市场发展的实践看，产权交易模式的演变主要呈现出三大基本趋势。

第一，交易对象社会化。广义产权市场，既是市场经济条件下社会资源配置的基本形式，也是市场经济发展到一定阶段的产物。因此，其交易模式必然随市场经济的发展而变化。从市场经济发展的实践过程看，产权市场的深化及其引起的产权交易对象的社会化构成了产权交易模式演变的重要特征。这种特征主要表现在两个方面：一是产权交易对象的范围不断扩大。不仅各种实物财产成为产权交易的对象，而且技术、专利、品牌等无形资产也进入市场成为产权交易的对象；二是交易对象的证券化。在随着信用关系的发展，资产所有权、占有权、支配权和使用权不断分离和重新组合的基础上，越来越多的财产权利表现为与其物质财产形式相对分离的形式，如公司股票、债券、股权、基金等。产权交易对象的证券化，不仅扩大了产权交易对象的范围，使交易品种更加多样，而且也从根本上改变了传统的产权交易方式，使产权交易方式有了新的特点。

第二，交易方式虚拟化。从世界各国经济发展的实践看，市场经济发展达到一定的程度之后，产权交易方式就必然从实物型交易逐步向价值型和证券型交易转化，并使产权市场的运动逐步与其实体资产运动分离，而表现出产权交易方式虚拟化的特征和趋势。产权交易方式的虚拟化，一方面由于其能够将企业产权虚拟为均质的、可细分和可流动的资本单元，即各种证券资本，从而不仅最大限度地降低了产权市场的进入门槛和实现了产权交易的连续性，而且也使产权的交易和流动超越了时间和空间的约束，极大提高了产权交易的效率和资源配置功能；另一方面，这种脱离了实体资产的虚拟交易方式，也增加了产权交易的风险和市场运行的不稳定，从而使加强对产权市场的监管成为保证现代产权市场健康运行和发展的重要条件。从这个意义上说，中国产权市场交易模式，在可以预见的时期内，虽然仍然将保持必要的实物资产的产权交易方式，产权市场的证券化交易运作也还会受到中国市场经济，特别是资本市场深化程度的制约，但不断提高产权市场运行的虚拟化程度，则必定成为中国产权市场交易模式创新和演变的重要特征。

第三，交易范围的国际化。现代科学技术，特别是信息技术的发展，使20世纪之后的世界经济呈现出了全球化的特征和趋势。而由此产生的对产权市场的影响，就是随着世界市场的形成和资源在全球范围内的配置和流动，各国产权市场的不断开放和一个国家不同形式的产权市场之间相互融通和合作程度不断加深，成为产权市场发展的重要趋势。在这种趋势下，交易对象和交易主体的国际化以及产权在国际范围内的流动，构成现代产权市场运动的基本特征。从这个意义上说，中国（海南）旅游产权交易中心的交易模式设计，不仅要具备与证券市场衔接的条件，而且也必须符合国际产权交易的普遍规律和通用惯例，具备与国外产权市场，特别是资本市场衔接相连通的条件。

与中国资本市场发展的进程相适应。中国（海南）旅游产权交易中心的交易模式创新的目标与资本市场发展的总体目标相一致，而且也要求其创新的实践进程与中国资本市场发展和系统整体改进的阶段相适应。因此，中国（海南）旅游产权交易中心交易模式创新不可能一步到位，而必然表现为随着中国资本市场的发展，特别是中国（海南）旅游产权交易中心制度模式的演变而逐步推进的过程。

（2）中国（海南）旅游产权交易中心交易模式的基本构架。从上述原则出发来设计中国（海南）旅游产权交易中心交易模式的基本构架，应该是一个以未上市公司、私募公司和退市公司股权交易为基本交易对象，包括企业实物资产、债权、技术、专利、品牌及各种产业基金产品交易在内的，主要采取机构做市商制度和网上集中竞价，同时辅以拍卖、协议等交易方式，实行较低入市门槛和有效保荐人制度，由国家证监会统一监管下的，多元化的产权市场交易系统。其主要涵义是：

以股权为主的多元化交易对象。从中国市场经济发展现阶段的国情条件、企业融资和产权流动的多样性要求看，一方面，作为现阶段中国（海南）旅游产权交易中心的交易对象不可能也不能是单一的证券产权形式，而必须是包括股票、股权、债券、基金等证券产权和企业实物资产、技术、专利、品牌等初级产权形式在内的，多样化交易对象体系；另一方面，作为多层次资本市场体系的初级资本市场，其交易模式不仅必须与较高级的资本市场的交易模式相衔接，承担起为主板、二板市场培育上市公司和承接其退市公司股权交易的职能，而且，也必须按照其与主板、二板市场的分工相对应，形成以各种股权和基金为主体的交易对象格局。从而，使中国（海南）旅游产权交易中心的交易对象必然具有以股权为主体的多元化结构特征。

多元化交易方式。选择恰当的交易方式，是提高产权交易效率的有效途径，也是中国（海南）旅游产权交易中心交易模式构架的重要内容。从世界各国产权市场交易方式的现状看可供选择的交易方式主要有：

第一，政府参与的撮合交易。其主要特点，是通过政府干预下的受、让协议实现产权的转让。这种交易方式是市场化程度最低、且带有较强政府行政干预特征的一种交易方式。具体来说，就是由政府及其代理人出面对某些特殊国有企业产权的出让方和受让方进行资质审查，按照政府意愿协调交易条件，监督交易过程，并同时兼顾国有资产保值增值、国家产业安全等目标要求的一种产权交易方式。从世界范围内看，这种交易方式在大多数国家都不同程度的存在。在我国，由于国有产权制度安排的特殊性及产权市场组织自身的特点，政府参与的撮合交易便构成了中国产权市场的重要交易方式之一。

第二，经纪商参与的撮合交易。与政府参与的撮合交易相比较，经纪商参与的撮合交易，由于引入了市场中介机构——经纪商的介入，而成为现代产权交易的一种重要形式。在这种交易方式中，经纪商的介入主要是为了解决某些挂牌资产由于缺乏交易对手、信息披露不完整和不对称而对交易效率的影响。在交易过程中，经纪商作为产权市场上专业的市场化中介机构，充当联络人的角色，负责以专业手段收集产权出让方和受让方的相关信息，与双方进行信息沟通，促进交易协议的达成，能够有效地提高产权交易的效率。

第三，做市商报价驱动交易。在做市商报价驱动交易制度中，产权交易通过作为交易中介的做市商来进行证券的买卖，实现产权转让。需要强调的是，做市商不同于经纪商。做市商不是联络人，而是直接参与买卖产权或股权的交易商。因此，做市商制度应用于股权化的产权交易，是市场经济发展到一定阶段上的产物，也是一种市场化程度较高的产权交易形式。从一般意义上说，做市商制度的优势在于：有利于活跃市场交易，保持较好的市场流动性；通过双向报价能够有效维持市场价格的合理性,减小市场波动幅度;能够较方便地处理大额买卖指令。

第四,指令驱动交易,又称集合竞价交易。现在世界上有影响的证券交易所大多采用这种交易方式。其基本特点是,开市前的集合竞价(确定开盘价)和开市后的连续的双向拍卖方式竞价,即通过买方群体和卖方群体之间直接竞争形成价格相结合。在这种交易方式中,交易者一般并不直接参与交易过程,须委托经纪人和证券交易商代理证券买卖。这些专业参与者作为代理商,有义务按照委托人规定的条件,代理买方或卖方在交易所内进行直接竞争,并以尽可能有利的价格进行交易。指令驱动交易方式,是市场化程度最高的产权交易方式之一。其优势是产权出让和受让方相互信息透明,交易对手众多,竞争充分,成交率最高。

3)上市资格管理与保荐人制度

对交易主体的资格管理是防范市场风险、保持市场健康发展的必要条件,也是产权交易模式的重要内容。因此,中国(海南)旅游产权交易中心应与其初级资本市场层极的定位相适应,按照既要满足企业融资多样化的需要,又能有效防范交易风险的要求,同时实行低门槛上市资格和有效保荐人相结合的管理模式。

(五)中国(海南)旅游产权交易中心的配套建设

1. 中国旅游投融资中心

中国旅游投融资中心依托中国(海南)旅游产权交易中心组建,旨在为中国旅游产业的投融资提供专业化公共服务、不以盈利为目的专业机构。中国旅游投融资中心以提高旅游业投融资服务水平,优化旅游业投融资环境,聚集各类投融资资源为职能;着力缓解中国旅游业投融资信息不对称问题、打通企业的融资"瓶颈",形成旅游业投融资品牌;通过协助企业获得股权融资、债权融资和政府项目融资,健全旅游业投融资服务体系,从而促进旅游产业的发展。中国旅游投融资中心全力打造"投资旅游"专业公共服务平台,为政府、企业、专业服务机构、投资机构提供信息、资源和增值服务。

(1)专业化信息服务。中国旅游投融资中心通过构建基础信息服务平台,努力缓解旅游业主管部门、企业、专业服务机构与投资机构间信息不对称现状,提高中国旅游业投融资效率。通过以下渠道为企业融资提供专业信息服务:

专业网站。专业投融资信息服务网站

创办刊物。专业投融资刊物——《投资旅游》。

主流媒体。国内主流财经媒体的信息披露。

海外渠道。快速、高效的海外信息披露网络。

基础数据。旅游企业、海内外投资机构、专业服务机构、政府专项政策等各类资源基础数据库。

专项研究。针对旅游企业投融资相关问题开展专项研究,为政府相关决策提供依据。

(2)企业投融资服务。中国旅游投融资中心以企业为核心,通过组织专业服务机构,为企业债权融资、私募融资和上市融资、产业重组与并购等方面提供增值服务,实现"企业价值发现、企业价值实现、企业价值创造"的核心目标和最终追求。

债权融资服务,包括:联合担保公司、信用促进机构、银行等机构为企业提供债权融资完整解决方案;根据企业需求,联合银行、担保、信托等机构设计债权融资产品。

私募融资服务,包括:为企业量身制定融资方案,企业交易估值,为企业寻找资金来源并协助企业谈判,确定和介绍策略投资者,企业改制咨询,企业私募融资培训,实施旅游企业股份制改制资助计划等。

上市融资服务,包括:企业上市咨询;企业上市实务培训;实施旅游企业上市资助计划等。

短期融资服务,包括:企业短期融资需求信息平台,提供企业短期融资解决方案,组织投资实现企业短期融资等。

(3)政府专项政策服务。中国旅游投融资中心依托政府政策服务平台,为企业提供政策咨询、培训,以及申请政府专项政策资助的高效、快捷服务。内容包括:针对旅游企业的政府政策培训活动,针对旅游企业、各相关机构的政策咨询,相关政府项目的申报等。另外,投融资中心负责专项计划的代理实施、旅游企业改制和上市资助计划、旅游企业海外融资计划。

(4)交流活动平台。中国旅游投融资中心围绕旅游企业融资、政府政策以及投融资领域热点问题,广泛开展各项交流活动、会议,推动政府、企业、专业服务机构和投资机构之间的直接交流与信息分享。主要活动形式有投资沙龙、投融资峰会、投资俱乐部等。

中国旅游投融资中心拟邀的合作伙伴包括:

境内外著名投资机构:高盛基金、波士顿金融集团、摩根斯坦利、美商中经合集团、星美国际集团、新加坡泰辰投资、中国投资公司。

专业服务机构:德勤中国、法国巴黎百富勤、银河证券、西部证券、星展银行、中国国际金融有限公司,以及律师事务所、会计师事务所等。

海外资本市场:香港联合交易所/创业板、美国纽约证券交易所、美国纳斯达克市场、新加坡证券交易所/新加坡股票自动报价市场、芝加哥证券交易所。

2. 中国跨境旅游产权融资电子平台

我国国有资本战略调整的巨大商机,使越来越多的境外资本开始高度关注中国产权市场,通过并购方式快速进入中国,已成为越来越多的国际投资者的明智选择。我国加入世界贸易组织后的开放承诺,使得更多行业逐步降低了进入壁垒,大量的境外资本进入,国有资本在这一进程中将尽快完成战略调整,同时自身也会走出国门,进行境外融资,形成新的增长动力。

目前,国内企业缺乏有效的境外推介途径。企业或者依赖传统的融资途径,费时费力而且效率较低;或者寻找某些专业机构,但是融资成本过高。另外在制作融资文件的过程中,语言障碍增加了境外融资的难度。企业在海外投融资过程中难以完成前期推介以及后续谈判工作,主要表现在企业信息披露不专业,沟通不顺畅等方面。

正是由于企业存在着境外投融资需求,现状又不能令人满意,中国(海南)旅游产权交易中心将适应实际需要,推出产权融资信息海外发布平台——中国跨境旅游产权融资电子平台,联合国际著名资讯提供商专为内地企业海外融资度身设立。运用先进的网络技术,为企业实现项目信息的高效上载与发布、传送信息,最大限度地降低单个交易的前期成本。中国(海南)旅游产权交易中心通过中国跨境旅游产权融资电子平台为旅游企业产权交易领域内的跨境融资的各类企业提供集约化、专业化、一条龙的综合服务。

3. 中国旅游股权登记管理中心

由中国(海南)旅游产权交易中心投资设立,中心采用公司制管理,其功能是为中国旅游行业的非上市股份公司提供股权的集中登记管理、信息披露、查询和分红等专业化服务。

股权登记管理中心的设立宗旨,是为规范市场经济秩序、维护股东合法权益、促进企业股权合理规范流动提供服务。根据《公司法》,我国公司制企业包括有限责任公司和股份有限公司两种公司形式。其中,股份公司依据其所发行的股票是否在证券市场上市交易,又可分为上市公司和非上市股份有限公司两类。在股东名册管理方面,这三类公司具有较大差异。有限责任公司的股东名册由工商行政管理部门进行管理;上市公司的股东名册由中国证券登记公司进行统一管理;而非上市股份有限公司的股东名册在制度上则存在托管的缺位。

因此,有必要以创新的思路为非上市股份有限公司的股权托管探索一条新路。中国旅游股权登记管理中心所开展的股权托管业务,就是为降低股份公司管理股东名册运营成本而提供的一种社会化服务,其本质在于弥补非上市股份有限公司股东名册的管理缺位,从而有效规避非上市股份有限公司股权交易的权属风险。

4. 中国旅游产权研究院

中国旅游产权研究目前非常薄弱,而旅游产权市场是未来最大的产权市场之一,加强旅游产权研究是当务之急。中国旅游产权研究院由中国(海南)旅游产权交易中心设立,专门从事产权市场、资本市场及相关内容的理论与实践研究的、具有社团法人资格的科研机构,依托高等院校的智力资源和中国(海南)旅游产权交易中心的信息资源及其雄厚的中介服务实力,在广泛开展理论与实践研究的基础上,面向全国,为旅游业各界提供各类企业改制策划、管理咨询、政策咨询、组织国内外学术交流及相关培训等专门服务。除有针对性地开展横向联合的理论研究外,还将积极开展各种形式的培训、交流、讲座等活动。研究院聘请著名经济学家为名誉院长,聘请各大专院校、产权交易机构的教授专家为特聘研究员。

(六)保障措施

1. 体制与制度保障

(1)体制保障。建立完善的公司法人治理结构,建立科学合理的公司运营管理机制。以保障中国(海南)旅游产权交易中心的规范运行,并在适当的时机,稳步推行股份制改造。

(2)制度保障。建立完整的信息披露制度、自律监管制度、规范的市场交易程序、严谨的挂牌摘牌程序、完整的交割与结标程序、完整的登记与托管程序、严格的招投标程序等。

2. 政策与法规保障

(1)国务院及其有关部门的政策法规体系:主要是国务院明确中国(海南)旅游产权交易中心的战略定位、主要任务、政策措施;国务院有关部门指导旅游产权交易发展的政策法规体系;有关部门的特许经营权、专营权,产权市场创新产品的先行先试政策;监管部门的监管政策等。

(2)海南省有关方面支持产权交易中心的政策法规体系。

3. 人才保障

产权交易机构自身的素质和服务质量是影响产权交易活动发展的重要因素。人才问题是交易机构的首要问题,建立一流的产权交易机构,必须有一流的人才作保障。要建立"人才"引进"绿色通道",将中国旅游产权交易中心引进的高端人才列入海南省重大人才专项,广泛吸引海内外产权交易专业人才共同参与中国(海南)旅游产权交易中心建设。

(七)相关政策建议

1. 国家层面的政策建议

(1)全力推动中国旅游产权交易中心规范发展,加快中国旅游产权交易中心建设,促其成为全国性产权交易市场,成为中国旅游业改革创新探索的重要平台,建立形成科学合理的产权交易定价机制,建立健全和完善各种产权交易制度;

(2)为国家及海南国有旅游产权交易做好服务,努力吸引非国有旅游产权进场交易,大力支持中国旅游产权交易中心所属市场导向下的产权交易制度创新,丰富投资品种,发展产权交易增值服务;

(3)积极探索金融支持方式,鼓励中国(海南)旅游产权交易中心与各类金融机构、担保机构、风险投资机构、投资基金等建立战略合作伙伴关系,引导社会资本投资旅游业,吸引各类产业投资基金进场参与旅游产权项目,探索建立旅游部门与证券监管部门项目信息合作机制,支持中国(海南)旅游产权交易中心推荐符合条件的企业上市融资。

(4)积极开展业务创新,鼓励和支持产权交易中心改革探索,先行试验,并纳入相关改革试点。

2. 海南省方面的政策建议

(1)加强组织保障。建立中国(海南)旅游产权交易中心建设工作领导小组。领导小组主要负责协调和解决中国(海南)旅游产权交易中心建设中出现的重大问题,推动组建中国(海南)旅游产权交易中心指导委员会,成员由国务院有关部门、有关省(市)、海南省、海口市有关部门领导和全国业界专家组成,进一步整合、利用好全国和海南旅游产权交易资源,为中国(海南)旅游产权交易中心提供决策咨询意见。

(2)加大财政扶持力度,在力所能及的范围内,提供一定的政策支持,支持中国(海南)旅游产权交易中心的建设和发展。

(3)推动国有旅游产权进场交易。海南国有旅游产权(资产)转让和租赁,市政公共旅游资源、大型风景名胜区经营权有偿转让或租赁,通过旅游产权交易中心进行交易。

(4)鼓励民营旅游产权进场交易。海南省旅游委制定相应的政策,鼓励在海南投资旅游的民营旅游产权进场交易。

(5)加强人才引进和团队建设。大力支持产权交易中心高级管理人才面向海内外公开招聘,实行"人才绿色通道",引进聘用海内外高层次管理人才、创意人才、营销经纪人才,纳入高层次人才引进相关优惠政策。

六、建立中国(海南)旅游产权交易中心的推进建议

本课题组在综合分析了全国的旅游资源和旅游业发展情况后,考虑了当前创建中国(海南)旅游产权交易中心所需要的条件和探索性后,认为充分发挥国家战略建设海南国际旅游岛、打造具有国际竞争力旅游胜地优势,在海南创建中国(海南)旅游产权交易中心,不仅有利于海南国际旅游岛的建设与发展,建成具有国际竞争力的旅游胜地,也有助于海南发展成为一个多产业经济区,提高海南对国家经济的贡献,更有利于促进我国旅游业的腾飞发展。为此,提出如下推进建议:

(一)海南国际旅游岛建设迫切需要建立中国(海南)旅游产权交易中心

从国家发展改革委正式批复的《海南国际旅游岛建设发展规划纲要》,到海南省的推进建设计划,再到海南各地市的行动方案中我们可以看出,按照"整体设计、系统推进、滚动开发"的空间发展模式,科学确定了国际旅游岛建设的功能组团、海岸带功能分区和重点旅游景区(度假区)的布局,其中诸多的旅游景区、度假区的开发建设、旅游产品的开发、节庆会展品牌的培育、娱乐演艺业的发展,以及配套基础设施的建设、相关旅游服务等产业的发展,都将依赖金融服务创新和旅游投融资平台的支撑,这样自然也离不开相关旅游产权的交易。如果能在创新旅游投融资机制的基础上,通过财政扶持、资金整合、社会投入相结合的模式,在海南海口市建立专业的中国(海南)旅游产权交易中心,在宽松

的环境中让其充分发挥其功能,必将在海南的国际旅游岛建设发展中发挥重要作用。

(二)按国际标准创建中国(海南)旅游产权交易中心

《国务院关于推进海南国际旅游岛建设发展的若干意见》和国家发展改革委正式批复的《海南国际旅游岛建设发展规划纲要》,都让我们明确海南国际旅游岛的建设发展已上升为国家战略,其战略定位是在未来10年要求把海南建成我国旅游业改革创新的试验区、世界一流的海岛休闲度假旅游目的地、国际经济合作和文化交流的重要平台等,实现海南旅游管理、营销、服务和产品开发的市场化、国际化,促使海南旅游服务设施、经营管理和服务水平与国际通行的旅游服务标准全面接轨。其发展目标是到2020年,要求海南的旅游服务设施、经营管理和服务水平与国际通行的旅游服务标准全面接轨,旅游产业的规模、质量、效益达到国际先进水平。海南省要实现这些发展定位和目标,积极引进国内外的旅游产业发展的先进理念、经验和投融资管理技术,坚持按照国际标准创建中国(海南)旅游产权交易中心也是十分必须的,这也是我国旅游产业实现转型发展的客观要求,在创建中必须给予足够重视。

(三)大力发展旅游资产评估、旅游担保等旅游金融服务组织

在国家发改委正式批复的《海南国际旅游岛建设发展规划纲要》中,不仅在财税政策和土地政策等方面给海南建设国际旅游岛提供了诸多的政策保障措施,而且在投融资政策方面也给出了诸多便利。如:按资金来源和用途分工,将分别设立海南国际旅游岛开发基金、海南旅游发展专项资金、海南文化产业发展专项资金、海南生态旅游建设专项资金、海南旅游产业投资基金、海南房地产投资信托基金。推进一批有竞争力的企业在境内外上市,鼓励符合条件的企业在中小企业板和创业板上市融资。并支持符合条件的企业发行企业债券等。这些都为海南建立中国(海南)旅游产权交易中心提供了便利和保障,但是在涉及旅游产权交易方面的旅游资产评估、旅游担保等旅游金融服务组织,还需要大力发展,否则将会影响到中国(海南)旅游产权交易中心的建设与发展。这一点相关管理部门和筹建中国(海南)旅游产权交易中心的单位也要给予足够的重视。

(四)用国际通行的标准要求设计中国旅游产权交易政策

过去多少年来,我国对旅游产业积极开发形成了以政府投资为引导,社会投资为主体,外资为重要成分的投资结构。但在快速发展的过程中,我国旅游投资出现了许多误区,已对我国旅游业的可持续发展构成极大威胁。其中招商引资的观念误区主要表现在单纯倚重地方政府的优惠,忽略投资环境的综合改善。不可否认,优惠政策对经济发展有着特殊作用,但在改革开放新阶段的今天,单纯依靠优惠政策来谋求发展,实在是陷入了一个观念误区。投资促进的根本,在于根据地区经济比较优势和外国投资的需要,通过多种手段减少投资者的成本和风险。旅游投资结构的误区,主要表现在旅游投资投向的四重四轻:一是重旅游服务业投入,轻旅游资源的开发和保护;二是重旅游接待服务设施建设,轻旅游基础设施建设;三是重住宿设施建设,轻其他接待服务设施投入;四是重短期经济效益,轻资源的深层次开发。投资决策的误区则主要表现在许多地方、部门、企业出于自身利益的考虑,盲目争投资上项目,造成了旅游项目的低水平重复建设。筹融资渠道的误区主要表现在过分倚重信贷资金市场,而对日益发达的资本市场重视不够。我国旅游业在较长的时期内,主要依靠财政性资金;在社会资金方面,较多地依靠信贷资金市场,较少地利用资本市场。为此,我们相关政府部门应加快职能转变,尽快建立健全我国旅游投资的引导机制,从直接的投资管理向间接的宏观指导和引导发展。海南在创建中国(海南)旅游产权交易中心过程中,首先要带头纠正这些旅游投资误区和观念,其次要积极引用国际通行的标准要求设计中国旅游产权交易政策,以完善我国的旅游投融资机制。

(五)建议国务院和相关部委支持并授权建立中国(海南)旅游产权交易中心

鉴于国家级旅游产权交易涉及的方面众多,要实现中国(海南)旅游产权交易中心的创建和运行,不仅需要有整套的政策体系和完善的管理机制做保障,还需要国务院多个职能部门的创新政策支持。为此,课题组建议由国务院批准中国(海南)旅游产权交易中心在海南创建事宜,明确中国(海南)旅游产权交易中心的战略定位、主要任务和政策措施,其他政策由国务院责成国家旅游局及相关部委协助海南省负责制定与组织实施,由海南省政府全权负全责。

第二部分

海南文昌

——中国非物质文化遗产旅游国家主题公园研究报告

海南文昌——中国非物质文化遗产旅游国家主题公园研究报告

课题说明

为了更好地贯彻党中央、国务院推进海南国际旅游岛建设的重大战略部署，应海南有关方面的要求，中国生产力学会承担了海南文昌建设中国非物质文化遗产旅游国家主题公园课题，组织专家开展了较为全面深入的战略研究。

鉴于中国非物质文化遗产旅游国家主题公园项目的系统性、综合性、复杂性，在研究方法上，我们主要采取了概念规划的性质。概念规划主要是就方向性、战略性、全局性的问题进行深入探讨。课题组认为，就此项目而言，首先需要厘清中国非物质文化遗产旅游国家主题公园的概念内涵、战略定位、发展思路、发展目标、发展模式等基本问题，为实体规划提供前期研究。

本项研究在对中国非物质文化遗产旅游国家主题公园建设的战略背景分析的基础上，对中国非物质文化遗产旅游国家主题公园的战略意义、必要性及可行性进行了深入分析，进而再对国内外主题公园进行了比较分析、案例分析。在此基础上，提出了中国非物质文化遗产旅游国家主题公园建设的目标战略定位、发展思路、业态选择、功能定位和保障措施。

中国非物质文化遗产旅游国家主题公园研究是一项十分复杂的系统工程。由于涉及因素较多，因此，这一课题的研究不可避免的存在着许多方面的困难和不足。为完成此项课题研究，课题组先后多次到海南文昌进行了实地调研，先后与国家有关部委进行了多次交流，认真听取了国家发改委、文化部、国家旅游局有关方面领导的指导意见。课题研究还参考了国内外有关专家、学者的论著、论文和内部研究报告等，限于篇幅，未能一一列出，在此，谨向对本课题研究给予大力支持与帮助的领导和专家表示衷心的感谢和诚挚的歉意。

中国生产力学会
海南国际旅游产业政策课题组
2010 年 11 月

一、建立中国非物质文化遗产旅游国家主题公园的战略背景

从世界旅游业发展趋势来看，旅游业的国际化，使之成为世界经济中发展最快的行业之一。休闲时代的到来，推动了世界旅游加速转型升级，旅游业和文化产业的加速融合，更加推动了旅游业快速发展。文化已成为旅游业转型升级的关键因素。当前，国务院明确了旅游业作为国民经济的战略性支柱产业的战略定位，为中国旅游业的加速发展提供了政策保障。与此同时，海南推进国际旅游岛建设，为海南旅游业的发展注入了强劲动力。上述战略背景，为文昌——中国非物质文化遗产旅游国家主题公园的建立提供了难得的历史机遇，创造了良好的发展环境。

（一）世界旅游业发展趋势分析

1. 旅游业成为世界经济发展最快的行业

旅游业已经发展成为世界最大的新兴产业之一，世界主要国家都把发展旅游业放在重要战略地位。近 20 年来，旅游业持续以高于世界经济增长的速度快速发展，成为全球最大的产业之一。据世界旅游组织公布的数据，目前旅游经济总量占全球

GDP的10%以上;旅游就业人数占就业总数的8%以上,成为吸纳就业最多的行业之一;旅游投资占投资总额的12%以上;新世纪以来国际旅游总收入年均增长6%至7%,远高于世界经济年均3%的增长率。世界各国日益从战略上重视旅游业。美国制定了面向21世纪的旅游发展战略。日本实施观光立国战略,制定了《推进观光立国基本计划》。法国采取旅游战略管理模式,成立"旅游战略委员会",巩固旅游优势。西班牙提出旅游业全面质量管理战略。韩国公布《观光旅游业先进化战略》。全球旅游业进入了新一轮发展周期。

世界旅游组织预测,未来几年国际旅游业将保持良好的发展势头。2010年全球旅游人数达到10亿人次,2015年为12亿人次,2020年为16亿人次。2020年全球国际旅游消费收入将达到2万亿美元,全球旅游收入年均增长率为6.7%,远高于世界财富年均3%的增长率。旅游业将在全球经济的重构中发挥重要作用。

2. 世界旅游业正加速转型升级

休闲时代,旅游业加速转型升级。目前发达国家已进入休闲经济时代。休闲经济的重要内容是度假旅游,休闲度假旅游是实现旅游转型升级的重要途径。度假休闲旅游几乎集结了旅游的全部要素。休闲度假既顺应了时代发展的要求,又符合旅游业自身发展的趋势。我国正逐步进入以休闲度假为主要特征的旅游发展新阶段。目前,在旅游发达国家,"吃、住、行"占旅游消费的30%,游占10%,"购、娱"占60%。亚洲旅游业发达国家和地区如新加坡和中国香港,旅游消费中"游、购、娱"支出占60%,"吃、住、行"占40%。而当前我国国内旅游消费结构中"吃、住、行"比重较大,达75%-85%,"游、购、娱"占15%-25%。由此可见,随着休闲经济时代的到来,将为中国旅游业发展提供强大的发展动力和广阔的发展空间。

3. 旅游业和文化产业加速融合、快速发展

从世界范围来看,旅游业和文化产业正在加速融合,快速发展。以中国为例,在应对国际金融危机冲击过程中,中国旅游业和文化产业都表现不凡。2009年国内旅游收入突破1万亿元人民币,国内出游人数达19亿人次,分别比上年增长16.4%和11.1%;文化消费十分旺盛,文化产业逆势上扬,增速超过GDP增速6个百分点。现代经济史发展表明,每当物质生产衰退、经济增长下滑时,以资源消耗低、就业机会多为特征的旅游业往往能展现优势,以创意、知识为特征的文化产业往往能呈现生机。现代国际旅游发展趋势表明,旅游业和文化产业的关联度越来越高、协同性越来越强,旅游中的文化因素日益凸显,文化与旅游一体化发展趋势成为拉动需求、实现经济复苏的内在要求,成为转变经济发展方式、推动可持续发展的重要选择。

(二)中国旅游业发展面临的新机遇

2009年年底,《国务院关于加快发展旅游业的意见》正式下发,首次明确提出把我国旅游业培育成为国民经济的战略性支柱产业和人民群众更加满意的现代服务业。为我国旅游业发展指明了方向。按旅游业发展的一般规律,一个国家人均GDP达到3000至5000美元,就将进入旅游休闲消费的爆发性增长期。我国人均GDP已超过3000美元,人口、就业、社会结构尤其是居民消费结构发生重大变化,消费升级、城乡消费互动催生新的消费热点。从世界旅游业发展趋势和规律及我国经济社会发展阶段特征来看,我国旅游业已经站在新的历史起点上,将迎来新一轮更好更快的发展。

(三)国家推进海南国际旅游岛建设的重大机遇

海南是我国最大的经济特区和唯一的热带岛屿。为了推进海南经济社会发展,国务院于2009年12月31日出台了《推进国际旅游岛建设发展的若干意见》,提出了海南国际旅游岛建设的指导思想、战略定位和发展目标,明确了国际旅游岛的战略定位:即把海南国际旅游岛建成我国旅游业改革创新的试验区,世界一流的海岛休闲度假目的地,全国生态文明建设示范区,国际经济合作和文化交流的重要平台,南海资源开发和服务基地,国家热带现代农业基地的总体战略定位,以及把海南建设成为生态环境优美,文化魅力独特,社会文明祥和的开放之岛、绿色之岛、文明之岛、和谐之岛的总体目标。文件要求海南发挥特色优势,全面提升旅游业水平,并赋予海南省在旅游业方面先行先试,大胆探索,为海南省的加快发展、科学发展提供了重大发展机遇。

随着《国务院关于推进海南国际旅游岛建设发展的若干意见》正式颁布,标志着海南国际旅游岛建设上升为国家战略,海南发展面临新的历史机遇。为了体现国家的战略意图,海南省确定了国际旅游岛建设的战略框架,明确了发展目标:1. 到2012年,用3年左右时间打牢基础,优化环境,落实国际旅游岛建设的各项工作部署,谋划并开工建设一批重大旅游基础设施和特色旅游项目,实现旅游

市场秩序明显好转，旅游服务质量大幅提高，海南旅游的国际吸引力、社会影响力进一步增强。2. 到2015年，旅游管理、营销、服务和产品开发的市场化、国际化水平显著提升，旅游产业的规模、质量、效益明显提高，旅游对经济增长和社会发展的拉动作用进一步增强。3. 到2020年，旅游服务设施、经营管理和服务水平与国际通行的旅游服务标准全面接轨，海南旅游的国际知名度、美誉度大大提高，旅游产业的规模、质量、效益达到国际先进水平，初步建成世界一流的海岛休闲度假旅游胜地。

围绕上述战略定位和发展目标，海南省确定了六大功能"组团"，明确了未来发展的重点领域和战略布局。并规划了海南全境17处重点旅游景区和度假区的建设，推进国际旅游岛先导区建设。目前来自国内外的大小资本纷纷驻足海南。自海南国际旅游岛上升为国家战略后，海南已成为各类资本投资关注的热点。

二、建立"海南文昌——中国非物质文化遗产旅游国家主题公园"的战略意义和重要作用

党的十七大做出了推动文化大发展大繁荣的重大战略部署。2010年七月，胡锦涛总书记在中央政治局第二十二次集体学习时强调，促进文化事业全面繁荣和文化产业的快速发展，关系到全面建设小康社会奋斗目标的实现，关系到中华民族的伟大复兴。建立中国非物质文化遗产旅游国家主题公园，是落实胡锦涛总书记的重要指示精神、践行科学发展观的重大举措，对弘扬中华民族优秀文化、推动中华民族文化的整体保护和创新、增强中华民族的凝聚力、打造海南国际文化交流平台、促进文化旅游产业发展、提升海南旅游国际竞争力，都具有重要的战略意义。

(一)适应国家文化发展战略的新要求，增强中华文化的创造力、凝聚力、影响力

党的十七大明确做出推动文化大发展大繁荣的重大战略部署。文化是民族凝聚力和创造力的重要源泉，是综合国力竞争的重要因素，是经济社会发展的重要支撑。胡锦涛总书记在中央政治局第二十二次集体学习时，提出了国家文化发展新任务，新要求。要求加快文化体制改革创新，加快构建公共文化服务体系，加快发展文化产业，精心实施重大文化产业项目带动战略，推进文化产业结构调整，培育新的文化业态，提高文化产品的规模化、集约化、专业化水平，精心打造中华民族的文化品牌，提高我国文化产业的国际竞争力，推动中华文化走向世界。为我国的文化建设指明了方向。

我国是一个历史悠久的文明古国。博大精深的民族文化是中华民族的宝贵财富；是我们建设社会主义先进文化的宝贵资源。中华民族优秀文化是中华民族的骄傲；是中华民族在国际综合实力竞争中的优势所在，是中华民族实现伟大复兴、自立于世界民族之林的精神法宝。综观当前国际国内形势，我国文化建设既有许多有利条件，也面临严峻挑战。首先是全球化大趋势和我国社会现代化进程的挑战，特别是中国目前正处于向市场经济以及现代化工业社会转变的关键时期，西方文化对中华民族的文化传统、中国传统道德的吸引力和民族文化的凝聚力造成了强大冲击，国家文化安全面临严重威胁。其次是中国文化的产业化程度低。例如，中国人口占世界的22%，而中文信息仅占世界的4%。这种情势在一定程度上削弱了中国文化的国际竞争力。历史经验证明，一个民族失去了文化特征，民族独立性也就失去依托。一个国家的现代化不可能脱离传统文化而生存。没有中华文化的复兴，就不可能实现中华民族的伟大复兴。因此，大力弘扬中华民族传统文化已是刻不容缓。

建立中国非物质文化遗产旅游国家主题公园，集中展示中华民族优秀的文化遗产，是落实十七大精神和胡锦涛总书记重要讲话精神的重大举措。通过建立中国非物质文化遗产旅游国家主题公园，推动中华民族文化的整体性保护、传承和创新，打造中华文化品牌和世界级旅游产品，带动文化旅游产业发展，对弘扬中华文化、增强中华民族的凝聚力、维护民族团结、促进祖国统一、推动文化大发展大繁荣、提高中国文化软实力和国际竞争力都具有十分重要的现实意义和深远的历史意义。

(二)构建文化旅游结合发展的重要载体

文化旅游，是指旅游者作为旅游主体，借助旅游中介和旅游目的地等外部条件，通过对信仰、精神、知识、艺术、语言、风俗、习惯、历史、传说，以及自然遗产、人文遗产等旅游客体的某一类或几类资源的观察、鉴赏、体验和感悟，从而得到一种文化享受和收获的旅游活动。

文化资源是旅游的核心资源，旅游的潜力很大程度上取决于文化的魅力和吸引力。文化需求是旅游的根本动因，旅游过程实际上是文化的体验和

享受。出行旅游有物质需求，但更深层的则是精神文化需求。旅游作为一种综合性、高品位的文化活动，其文化意义不言而喻。旅游资源多种多样，但决定其品质的是文化。有了文化的内涵和底蕴，旅游就会凭添无限魅力。从旅游业的发展看，文化资源已经成为现代旅游的第一资源，凡是旅游吸引力、竞争力强的地方，都是有独特文化品格和文化魅力的地方。

当今世界，经济结构正在经历深刻变化，旅游业也进入一个大调整大发展的时期，旅游与文化呈现出深度融合、共生共进的发展趋势。旅游品牌与文化品牌有机融合，越来越成为吸引人们旅游的动力；旅游消费与文化消费有机融合，越来越成为拓宽旅游市场的重要引擎；旅游创新与文化创新有机融合，越来越成为推动产业升级、提升竞争力的战略支点；旅游产业与文化产业有机融合，越来越成为提升经济效益、创造社会价值的重要源泉。可以说，建立中国非物质文化遗产旅游国家主题公园，打造文化旅游发展的载体平台，推进旅游与文化深度融合，是转变旅游发展方式的必然要求。

2010年3月，中共中央政治局委员、中宣部长刘云山在博鳌国际旅游论坛上指出，海南国际旅游岛建设为海南探索旅游和文化融合发展提供了良好的机遇和条件。他要求海南发挥好中国旅游业创新发展试验区的作用，以世界的眼光和战略思维来谋划和推动文化旅游的发展。这充分显示出文化旅游的重要性和战略地位。

2009年，为落实中共中央关于扩大内需的战略部署，推动文化旅游协调发展，文化部、国家旅游局出台了《关于促进文化与旅游结合发展的指导意见》着重指出，"加强文化旅游的深度结合，有利于推进文化体制改革，加快文化产业发展，促进旅游转型升级，满足人民群众的消费需求；有利于推动中华文化遗产的保护，扩大中华文化的影响，提升国家软实力"，并要求"利用非物质文化遗产资源优势，开发文化旅游产品。坚持保护为主、合理利用的原则，既要保留非物质文化遗产的原生态和本真性，又要通过旅游开发向外界宣传推广。对传统技艺类非物质文化遗产，通过生产性保护方式，加以合理利用，为旅游业和文化产业发展注入新鲜元素。对传统表演艺术类非物质文化遗产，一方面注重原真形态的展示，另一方面通过编排，成为具有地方民族特色和市场效益的文化旅游节目。依托文化生态保护实验区中独具特色的文化生态资源，积极发展文化观光游、文化体验游、文化休闲游等多种形式的旅游活动"。

推动旅游文化产业融合发展，需要培育各具特色的旅游文化品牌。不同民族、不同国家、不同地区的文化传统和文化样式，各具特色、丰富多彩，体现了世界文明的多样性，为发展各自的旅游文化提供了独特资源。越是民族的，越是世界的；越具特色的，越有吸引力。中国几千年的灿烂文明为我们留下了丰富的文化资源，是发展文化旅游、繁荣旅游文化的深厚基础。弘扬民族优秀文化传统，展示中华文化鲜明特色，培育更多旅游文化品牌，必将不断扩大旅游业的发展空间。

建立中国非物质文化遗产旅游国家主题公园，是落实中央领导指示精神的重大举措，是推动国家文化资源和旅游资源深度融合的重要载体，可以在更高层次、更大范围，推进文化旅游结合发展，具有典型性、创新性、开创性价值，因而是十分必要的。

(三)提升海南国际旅游岛的战略地位，丰富国际旅游岛发展内涵，打造海南旅游国际竞争力的重要途径。

文化是加速海南旅游转型升级的关键因素，是提升旅游国际竞争力的重要途径。提升旅游文化内涵是国际旅游岛建设的重要内容。旅游是一种具有经济意义和文化意义的活动，它的产生和发展，紧随社会的步伐，人文旅游以其多样的形式、深刻的内涵表现出强大的魅力和旺盛的生命力。非物质文化遗产资源，十分适应现代旅游业对发展度假旅游、生态旅游、高品位文化旅游的要求。建立中国非物质文化遗产旅游国家主题公园，构建国家文化旅游集聚区，打造中华文化品牌和世界级旅游产品，可以极大地提升海南国际旅游岛的战略地位，同时就海南旅游而言，面临东南亚旅游的同质竞争。新加坡、泰国、马来西亚、印尼等国家的旅游业均比较发达，是我国发展国际旅游的主要竞争对手。中国非物质文化遗产旅游国家主题公园的建立，使海南聚集了全国高端的文化资源，形成独特的人文环境魅力，将使海南从国际同质竞争中赢得竞争优势，从而极大地提升海南国际旅游岛的战略地位和国际竞争力。

(四)打造国际文化交流的重要平台

建设国际旅游岛，打造国际经济与文化交流平台是国家赋予海南的重大战略任务和重要使命。文化交流是旅游的重要功能，旅游的发展必然促进不同文明、不同文化的沟通和交流。旅游是跨时空的交往，是跨文化的交流。自古以来，旅游就与文化的传播相生相伴。每一个旅游者，实际上是文化的传播者，是促进沟通交流的文化使者。随着现代交通条件的改善，旅游在更大规模、更广范围展开，必然促使各种文化的互相融通，展示人类文明的多姿多彩，为世界文化发展带来新的营养、增添新的活力，为各国人民加深了解、增进共识提供广阔的平台、架起友谊的桥梁。海南推进国际旅游岛的建设，处于国际文化交流的前沿。中国非物质文化遗产旅游国家主题公园的建设，将集中展示中华文化的博大精深和无穷魅力，扩大国际文化交流和推进公众外交，广泛开展各种国际文化交流活动，为中华文化走向世界，为国际文化交流搭建了沟通的桥梁和平台。

三、建立"海南文昌——中国非物质文化遗产旅游国家主题公园"的必要性

建立中国非物质文化遗产旅游国家主题公园是国家推动文化产业大发展大繁荣的必然要求。从国家战略层面来看，我国非物质文化遗产保护正面临严峻挑战，建立非遗国家主题公园，对中国非物质文化遗产进行整体保护、传承和创新，已是迫在眉睫、刻不容缓；对中国旅游业而言，非遗国家主题公园的建立为文化旅游的深度融合，转变旅游业发展方式的探索提供了现实的载体和平台，对海南省而言，非遗国家主题公园的建立，将极大拓展国际旅游岛的资源发展空间，推动文化产业和旅游产业共同发展，打造海南旅游竞争的新优势。因此，建立中国非物质文化遗产旅游国家主题公园是十分紧迫和必要的。

(一)推动中国非物质文化遗产的保护、利用、研究、交流的迫切需要

非物质文化遗产包括民间美术，传统手工技术，传统医药，原生态民间音乐、舞蹈、戏剧、曲艺、杂技、竞技等。非物质文化遗产作为传统文化的重要载体，是世界各国各民族智慧的结晶和杰出创造力的体现，是一个国家、一个民族兴旺发达的文明标志与精神支柱。中国非物质文化遗产蕴含着中华民族特有的精神价值、思维方式和文化意识，体现着中华民族的强大生命力和创造力。

1. 我国非物质文化遗产保护现状

从2003年我国启动中国民族民间文化保护工程，到2005年开展非物质文化遗产保护工作，国家非物质文化遗产保护项目不断增多，保护领域不断扩大，保护的内容不断丰富。据第一次全国非物质文化遗产普查工作初步统计，目前我国非物质文化遗产资源共有87万项，国务院先后公布了两批共1028项国家级非物质文化遗产名录，国家级非物质文化遗产项目代表性传承人1488人，闽南文化、徽州文化、热贡文化、羌族文化等6个国家级文化生态保护实验区正在建设。

但是随着势不可挡的全球化大趋势，特别是我国现代化、城镇化进程的加快，人口的大流动、媒体的普及带来全面信息化水平的提高，再加上我国文化遗产保护立法滞后，非遗文化教育宣传的力度不够，保护经费不足，非遗文化博物馆等一流的文化设施缺失，我国非物质文化遗产即民间文化正面临被遗忘、遭损坏、消失和破坏的严重威胁。这无疑已成为我们民族不能承受之重。

2. 国外一些国家文化遗产保护状况

(1)美国模式。美国从建国起虽只有200多年历史，文化底蕴还不太深厚，但美国政府及人民却不因历史短而忽视对历史文化遗产的保护，而是以非常虔诚的态度和相对完备的措施，促进历史文化的保护和传承。在立法上，美国分别于1906年和1966年公布了《国家文物保护法案》和《国家历史保护法案》，就凭这两套法案，对历史留下的遗迹、遗址、场馆、各类主题建筑及文化娱乐表演、象征性纪念碑、艺术成果、手工制品等进行依法保护。因而在市政建筑中，美国各级政府都很恰当地处理如历史与文明的协调关系，使历史文化成为国民生活的重要精神食粮。大凡在50年以上有雕刻、装饰等文化内涵的建筑物，都列入了保护范围并纳入法制化管理，美国政府把文化遗产纳入中小学教育的重要课堂，当书本中涉及到文化遗产内容，就组织学生到相应的文博馆室和遗产地去进行现场教学。

(2)法国模式。法国是世界上第一个制订历史文化遗产保护法的国家，迄今已有200多年的历史，而且也是一个文化遗产保护法制比较完善的国家。因此，法国民众自觉保护文化遗产的意识特别浓。目前法国有1.8万多个文化协会保护和展示文化遗产。法国政府采取划定历史文化遗产保护区，保护区内的历史文化遗产多达4万多处。法国的文化遗产除重要宫殿、历史教堂等，更广泛的历史遗址和遗物也受到法国民众的认可，如百年老厂、矿井等。第五共和国以来，每位总统都有一项或多项"文化

工程”,如蓬皮杜国家文化艺术中心、密特朗国家图书馆、法国原始艺术博物馆等,为国民提供了高质量的文化设施。

法国中央政府直接管理着巴黎凯旋门、卢浮宫等112处“民族古迹”和4万余处“纪念建筑”,此外,未列入保护行列的全国各地40余万处“地方宝藏”均妥善得到相关部门和民间协会、民间人士的有效保护。这种对遗产的保护和对文化的崇尚行动彰显了法国民众的文化品位,提升了国家文化的品牌效应,特别是对促进法国旅游经济的发展起到了积极作用。拥有6000多万人口的法国,2009年接待了7800万外国游客,当年的旅游收入达350亿欧元。文化遗产给法国带来了巨大的社会效益和经济效益。

(3)日本模式。在制度保护非物质文化遗产的法律制度方面,日本一直走在世界的前头。早在明治4年(1871)时就已开始,自1871年后日本出台了多部保护文化遗产的法律,其中《文化财产保护法》自1950年通过至1996年10月已与时俱进地进行了四次修订。法律规定政府拨出专款进行物质与非物质文化遗产登记和维护工作,还规定中小学在学期间必须观看一次戏剧等传统文化艺术。同时不断举行全国性民俗艺能大赛等,以促使形成国人对其有形和无形文化遗产的研究、保护和教育的浓厚气氛。

(4)韩国模式。20世纪60年代初,随着经济的兴起和西方思潮的涌入给韩国民族民间文化带来严重的冲击,促使韩国出台了《文化财产保护法》,并于1964年开始启动“人间国宝”工程政策,以政府补助和给有特定技艺者发薪水等方式促进传统文化技艺的传承保护和发展。韩国还通过由政府举办一些大型文化活动、广播电视、报纸杂志、网络等媒体大规模宣传,使许多民族、民间艺术及民间艺人得以脱颖而出。韩国的文化遗产保护还得益于旅游业参与政策,物质和非物质文化如面具、戏剧,表演等民俗文化成为吸引游客的重要因素。

(5)意大利模式。意大利是一个文化遗产大国,其立法保护遗产已历史悠久,制度也比较完备,但它的非物质文化遗产部分却纳入其《知识产权法》保护。意大利人对文化遗产保护除了立法外,还主要通过文化遗产地的旅游开发,举行“文化遗产周”大规模活动来推动遗产保护意识和行为。在意大利全国8000多个市镇中,类似罗马这样的“法定历史中心区”,共有900个。其中,罗马、佛罗伦萨、那不勒斯、锡耶纳、维罗纳、斯普莱托等等城市的“历史中心区”,已被列入世界文化遗产名录。这些具有不同历史风貌的“中心区”,成功地使“传统”与“现代”在全球化的滚滚红尘中和谐共存,为人类文明的延续和发展作出了不可磨灭的贡献。

(6)埃及模式。长期以来,埃及众多风格迥异的各类博物馆把埃及丰富的人文和历史古迹展现给世界。完善和扩大博物馆建设是埃及近年来加强保护文化与文物遗产的重要措施。埃及先后在全国实施20项国家与地区博物馆的新建、扩建、改造工程。其中新建项目有中东与非洲乃至全世界规模最宏伟和最现代化的“大埃及博物馆”以及“亚历山大皇家珍宝馆新展馆”、“西奈沙姆沙伊赫博物馆”、“苏伊士博物馆”、“塞得港博物馆”、“卢克索博物馆新馆”等。

3. 国外文化遗产保护的经验启示

国外保护文化遗产的实践给我国带来许多启示:一是要加快文化遗产立法保护,建立完善的法律法规,对文化遗产实行严格的司法保护,采取强有力的行政措施,推动文化遗产保护工作的广泛开展。二是要加大对文化遗产宣传教育工作力度,提高全社会对文化遗产的保护意识。三是要加大财政对文化遗产保护的投入力度。我国自2003年开始非遗文化保护以来,共投入17亿元资金,而法国2008年一年投入的经费就高达11.89亿欧元(约17.25亿美元)。四是借鉴法国保护模式。鉴于我国目前还没有非遗博物馆和非遗文化展示中心的现状,建设一批非遗文化博物馆、展览中心等公共文化设施,推动非遗文化的展览展示、宣传教育,十分必要。五是借鉴法国、意大利、韩国模式,把非遗文化保护与发展文化旅游产业结合起来,推动我国由旅游大国向旅游强国跨越。六是借鉴日本模式,弘扬民族传统文化。日本在工业化、现代化进程中,并没有摒弃自身的传统文化,而是在坚持民族文化本位的基础上,对外来文化兼收并蓄。

目前,我国非物质文化遗产保护正从项目保护走向全国保护的新阶段。坚持保护为主、合理利用的原则,利用我国非物质文化遗产元素,发展文化旅游业,是促进文化产业大发展的应有之义,也是推动中国非物质文化遗产保护、利用、传承的客观需要。中国作为文化大国,建立中国非物质文化遗产旅游国家主题公园,填补此项空白,集中展示全国各地非物质文化遗产,打造国家非物质文化遗产的展示、交流、研究、教育平台,显得十分重要和紧迫。

(二)推进中国旅游产业改革创新试验的需要

文化是转变旅游发展方式、实现产业优化升级、提升中国旅游业整体水平、促进旅游业科学发展的关键因素。国务院在《关于加快旅游业发展的意见》中明确提出,要把提升文化内涵贯穿到吃、住、行、游、购、娱各个环节和旅游业发展全过程。建立中国非物质文化遗产旅游国家主题公园,就是要发挥中国优秀民族文化遗产资源优势,推出具有地方特色和民族特色的演艺、节庆、文化创意、文化体验等文化旅游产品,开展多种形式的国家级文化旅游活动,集中力量塑造中国国家旅游整体形象,展示中华五千年的灿烂文明。中国非物质文化遗产旅游国家主题公园的建立,为中国旅游业的改革创新探索提供"试验田",在产品、业态、模式等方面进行大胆探索和创新,为提升我国旅游产业的整体水平、推动旅游发展方式转变积累经验,因而是十分必要的。

(三)拓展国际旅游岛资源发展空间,发展文化产业和文化经济,推动产业升级和可持续发展的需要

西方著名经济学界 M. Porter 提出,经济发展一般要经过要素驱动阶段、投资驱动阶段、创新驱动阶段和财富驱动阶段四个阶段。要素驱动阶段,经济发展的主要驱动力来自于廉价的劳动力、土地、矿产等资源;投资驱动阶段,以大规模投资和大规模生产来驱动经济发展;创新驱动阶段,以技术创新为经济发展的主要驱动力;财富驱动阶段,追求人的个性的全面发展,追求文学艺术、体育保健、休闲旅游等生活享受,成为经济发展的新的驱动力。当前,国际国内经济发展的形势表明,世界经济发展正处在技术创新阶段和财富驱动阶段的临界点上,意味着第三产业将进一步分化,文化产业大发展大繁荣时代已经到来。

1. 中国非物质文化遗产旅游国家主题公园的建立,为海南突破资源发展瓶颈提供资源利用新空间

展望全球和国内,一个国家或区域发展的竞争,已经从农业资源与产品的竞争,转到工业资源与产品的竞争,再到文化资源与产品的竞争。这是经济发展中资源利用、生产成本、效率和效益的必然选择,也是当今时代世界经济发展的重要特征。

中国非遗文化资源丰富多彩,类型多样,资源品位高、密集度高,特别是非遗文化资源历史积淀深厚,具有可重复开发利用、增值性强、低耗无污染的特点。以产业为手段,充分发展文化经济,培育新的产业发展优势,实现新一轮的结构性增长和可持续发展目标,已经成为海南未来经济发展的必然趋势。

在新的历史发展时期,非遗文化资源为海南国际旅游岛的发展开拓了新的资源利用空间,不仅对海南旅游业发展,而且更对海南文化产业的发展都将起到积极的推动作用,为海南推进国际旅游岛建设,实现科学发展、又好又快发展奠定了坚实的基础。

2. 中国非物质文化遗产旅游国家主题公园的建立,是推进文化产业和文化经济发展,推动产业升级和可持续发展的要求

(1)非物质文化遗产资源开发具有不可比拟的优势。传统的经济增长方式主要依靠大量的土地、工业资源消耗和资本的投入来实现产值与利润增长,深受资源的刚性制约,更带来一系列的环境问题,如空气污染、水系污染、臭氧层破坏、物种减少等。未来经济的可持续发展必须依赖开发可以再生、不会造成污染的生产资源,从而转变经济增长方式,优化产业结构,发展壮大内源性经济。

文化资源是一种活(动)的资源,不但可以反复使用,而且会在使用过程中不断积累和增值,是更为宝贵而且可以反复利用而不枯竭的资源。人类精神文化需求的无限弹性与文化资源的无限弹性,使得文化经济可以突破传统经济的资源、环境压力所带来的发展极限,使经济的可持续发展变为可能。对非物质文化遗产资源的开发和利用,减轻了经济发展对自然资源的利用和掠夺,减少了污染排放对环境构成的压力,在一定程度上解除了资源、环境对经济发展的制约。

(2)文化产业是更具可持续发展能力的经济类型。文化经济因其本身的创新性、文化性而具有较高的附加值、较高的投入产出比和经济效益。文化要素以其文化内涵、文化构思、文化形象、文化象征、文化创意的方式渗透融入文化产品之中,极大地提高了文化产品的附加值。

文化含量已成为物质产品价值的重要构成要素。文化经济不仅打破了人类的资源依赖和经济的物化形态,还创造出文化资源无限利用、循环利用的经济形态,具有非损耗性和高增值性特点,保证了文化经济持续发展的可能。

(3)文化是构成现代产业升级发展的重要因素。文化经济是以无形、智能化的知识、艺术和精

神服务活动为主要特征的软产业。在现代商品生产中，文化因素在经济发展中通过提高知识、文化、艺术等无形的软投入，增加现代商品中的文化附加值，降低资源、能源、资金等有形的硬投入，从而软化经济基础，优化经济结构，增强经济的可持续发展能力。

(四)推动国际旅游岛建设，打造海南旅游竞争新优势

目前，海南旅游以房地产、酒店、高尔夫为主，旅游项目单一和类同，特别缺乏大型旅游主题公园，缺乏有文化内涵的旅游项目来支撑国际旅游岛战略性目标。海南尽管有不少的民族和传统文化资源，如三千多年的历史被誉为中国纺织史“活化石”的黎锦民俗文化，2009 年被联合国教科文组织列入“急需保护的非物质文化遗产名录”；流传三百多年的琼剧戏曲文化；以海上丝绸之路为代表的蓝色海洋文化；以热带雨林为代表的绿色生态文化；琼崖革命武装 23 年红旗不倒的红色革命文化。但总体看来文化资源总量不足。建立中国非物质文化遗产旅游国家主题公园，将汇集国内外优秀的文化资源，深入挖掘优秀的中国非物质文化遗产资源，创新中国文化元素的表现形式，借鉴国外优秀的文化创意，运用高新技术，努力培育一个在全国乃至世界具有影响力和竞争力的文化旅游主题公园品牌和标志性产品，带动海南文化旅游的强劲增长。

中国非物质文化遗产旅游国家主题公园落户文昌，使国家的文化资源转化为海南的经济发展资源，形成文化与旅游两大产业的有机结合，成为海南现代旅游发展的动力引擎和转型升级的重要突破口。它的意义在于，这不是一个单纯的旅游项目，而是一个庞大的产业链。涉及旅游、文化、创意、娱乐、休闲、教育、健康、保健等各个方面。这个龙头，将提振相关领域、相关产业的发展，发挥引擎功能带动的就是以文化娱乐为主的现代服务业。即建设以“低碳、消费、民生”为导向的服务型经济体，推动海南特别是海南东部地区的旅游目的地建设，为文昌打造成区域增长极提供强劲动力，进而打造海南旅游竞争的新优势。

四、文昌建立中国非物质文化遗产旅游国家主题公园的可行性

国家主题公园发展的经验表明，主题公园的发展有赖于政策环境、市场潜力、区域经济发展的实力和增长后劲、自然资源、历史文化底蕴，交通状况、生态环境、区域形象、空间聚集与环境容量、政府支持等多方面的条件要求。

一般来说，建立大型主题公园，要具备以下要素：一是拥有良好的政策环境，包括独特的政策优势和良好的开放环境。二是巨大的市场潜力。主题公园应该位于能够吸引大量游客聚集的区域。三是所在区域经济发展的后劲和持续发展的潜力。四是要求自然地理环境优越。五是历史文化底蕴深厚，有独特的人文资源和文化资源。六是交通便利。公园所在地到周边城市的交通非常便捷，在一小时交通圈内有大中城市聚集。七是生态良好。主题公园产品要求文化和生态化，一方面它需要良好的生态环境；另一方面，它对生态环境改善又有促进作用。八是区域旅游形象，要求有较高的知名度和美誉度。九是空间聚集与竞争状况。主题公园的建设必须避免同质竞争。十是政府支持，主题公园是大型系统工程，因此需要当地政府的全力支持；同时，它也带动当地经济全面发展以及社会全面进步。

参照国家主题公园应具备的要素，通过综合比较，我们认为，海南文昌在历史人文、自然资源、生态状况、发展后劲、市场潜力、政府支持等方面具备了建设国家大型主题公园的基础条件和优势。

(一)良好的政策环境和开放环境

海南位于中国最南端，是仅次于中国台湾的第二大岛，与东南亚毗邻，处于亚洲的中心。海南优越的生态环境、宜人的海岛气候、优越的历史人文条件，是发展文化旅游业的独特优势。海南省办特区的实践证明，旅游业是海南最具特色、最具优势、最具潜力和竞争力的产业。

国家推进海南国际旅游岛建设，给海南发展带来重大机遇和国内无可比拟的政策优势。海南目前享有我国最优惠的出入境政策；目前已对 26 个国家入境免签证待遇；海南历史上有开放的传统，200 多万琼籍华侨分布在世界各地，对推进国际旅游岛的建设具有一定的促进作用。博鳌亚洲论坛极大地提升了海南的知名度和国际形象，推进了海南旅游的国际化进程。

(二)广阔的市场前景

目前，我国旅游综合实力，位居亚洲第一，迈入世界旅游大国的行列。据业内人士分析，世界旅游业的发展总趋势是，欧美发达国家在全球出入境旅

游市场中仍将保持传统优势，但增速放缓，以中国为代表的东亚国际和地区将保持较快增长。世界旅游组织预测，到2020年中国将成为世界第一大旅游目的地国家和最大客源市场之一。

从海南旅游市场分析，2008年海南接待游客2250万人。海南目前已成为中国港澳台、日韩、东南亚、中亚以及俄罗斯等国家和地区游客度假休闲旅游目的地。近几年来，年接待入境游客和外国游客的增幅在全国各省市中位居前列。根据《海南国际旅游岛发展规划纲要》的要求，2012年年接待游客3160万人次，2015年达4760万人次，2020年达到7680万人次。庞大的客流量成为海南主题公园发展的巨大优势。由此可见，海南旅游主题公园市场前景广阔。

（三）历史人文优势

文昌市历史悠久，从公元前110年，即汉武帝元封年，至今已有2100多年的历史。古称紫贝县，尔后三易其名。在公元627年，才改为文昌县，意为［偃武修文］。1995年，撤县设市，改为文昌市。文昌市华侨众多，风情淳朴。120多万海外侨胞侨居世界50多个国家和地区，被称为“华侨之乡”；文昌市文化发达，人才济济，崇尚教育。“一里三进士”是历史的写照。被称为“文化之乡”；文昌市人杰地灵，名流辈出。涌现出我军大将张云逸等205位将军，被称为“将军之乡”；出现了对中国乃至世界近现代史影响长达半个世纪的宋氏家族，是宋庆龄故居所在地，被誉为“名人之乡”。文昌市椰林如海，山清水秀。“海南椰子冠全国，文昌椰子半海南”是真实的概括。文昌椰子种植面积和产量均占海南省的45%左右，被称为“椰子之乡”。文昌市民爱好排球，排球运动普及全市，逢年过节各乡镇、各乡村都要举办排球赛，排球运动已成为文昌的一种文化。文昌中学男子排球队曾获全国中学生“振兴中华杯”三连冠，被称为“排球之乡”。文昌市在新一代运载火箭发射场落户后，发展潜力巨大，后发优势突出，一个未来的“航天之乡”即将产生，标志着文昌进入了一个崭新的发展阶段。文昌市社会和谐，民风淳厚。公民诚信守法，社会环境良好，素有中华民族文明之风尚，彰显人文社会和谐之特色。

（四）经济发展潜力优势

文昌市委坚持以科学发展观统领全局，谋划好、实现好未来的发展方略。以省会海口为依托，以航天城项目为龙头，以环东海岸“两桥一路”为轴线，以木兰滨海新城、铜鼓岭旅游城、八门湾休闲水城、文城商贸城、冯家湾度假休闲城以及文明生态片区、永青现代农业观光园区为支撑，在航天城主题公园项目的效应带动下，大项目纷纷进入，加速了人流、物流和资金流，极大地推动了以旅游、物流为重点的产业发展，形成“城乡互动、和谐发展”的新布局，一个具有中等规模的文化、航天、椰林特色鲜明的滨海旅游城市将展现在美丽的东海岸，将变成海南最美的海岸线。

（五）独特的资源优势

1. 土地资源

文昌市属于低丘台平原地带。地势由西南向东北倾斜，东北部地势平坦，多属于平原阶地，海拔在50米以下，只有坐落在东北海岸上的七星岭，抱虎岭和铜鼓岭地势较高，在海拔100—300米以上。西南部地势起伏不平，属于低丘台地，海拔在50米以上，全市陆地面积2403平方公里，占全岛陆地面积的7%，其中宜农地162万亩，宜热作地60万亩，宜牧地56万亩，现有耕地64万亩，淡水水面4万亩，乡镇尚在可开垦的荒地41万亩。

2. 旅游资源

文昌市的旅游资源十分丰富，集阳光、海水、沙滩、植被、空气、海岛、风情、田园八大旅游资源融于一体，是海南省旅游重地之一。有“琼东第一峰”、“奇峰秀天下”之称的铜鼓岭，那里十八峰层峦叠嶂，连绵不断，群峰竞秀，风光旖旎，景色清幽，还有被誉为“中国大堡礁”的云龙湾海底自然公园（珊瑚礁），千姿百态的石头公园；有滨海椰林风光独特的椰林湾；有风光旖旎的高隆湾；有神奇迷人的冯家湾，浪平沙白，水质好、水温高的官新温泉；有“稀世海上森林公园”的八门湾红树林；有举世瞩目的宋氏祖居；有“亚洲第一塔”的木兰灯塔；有古色古香的孔庙；还有胜似仙境的七洲列岛。

3. 海洋资源

文昌市海洋资源丰富。全市海岸线长达206.7公里，拥有潮间带滩涂8963公顷。全市可供开发的滩涂面积6382公顷，具有开发潜力的滩涂面积为4000公顷。文昌市管辖的海域面积约4600平方公里，10米等深线内的浅海水面面积为15400公顷，是发展水产养殖和海洋牧场的良好场所。沿海天然港湾众多，大小港湾36个，港口资源颇丰富。近海海域拥有丰富的海洋水产资源，渔场广阔，面临七洲洋、铜鼓、清澜三个渔场，渔汛期长，水产品种类繁多。沿海水产品有800多种，其中有价值的石斑鱼、马鲛鱼、龙虾、对虾、鲍鱼、鱿鱼、海参等40多种。此外还有浅海珊瑚礁和麒麟菜分布区。

(六)便捷的交通优势

文昌市地处海南东北部,距海口市60公里,距离海口美兰机场45公里,距离著名的博鳌亚洲论坛70公里,乘东环城际快速火车到达文昌市只用十五分钟,处于海口市"半小时经济圈范围内",随着"两桥一路"的建成,海口文昌将两城一体,是海南未来旅游业发展的第三极。

(七)生态环境优势

中国非物质文化遗产旅游国家主题公园项目拟选地位于"琼东第一峰""奇峰秀天下"之称铜鼓岭国际生态旅游区,有滨海椰林风光独特的东郊椰林湾,有被誉有"中国大堡礁"之称的龙湾海底自然公园(珊瑚礁自然公园)等。

项目拟建设地点八门湾是文昌河流入清澜港的内海湾,水面积40平方公里,周围海岸线64公里,海湾内为2.8万亩的红树林自然保护区。这里风景优美、环境宜人,婀娜多姿的红树林沿岸可见,且与清澜开发区相临,是一块尚待开发的宝地。文昌市城市总体规划已把八门湾列入规划建设范围,将建设成具有热带特色的现代滨海水城。文昌又是海南省海岸线最长的地区,206.7公里长的海岸有十多处天然海湾,阳光、海水、沙滩、植被、气候、海岛、风情、田园八大旅游资源齐备,集热带风光、文化古迹、民俗风情、珍稀动植物、传统艺术于一体。尤其是拥有椰风海韵、铜鼓岭、乡村游、八门湾红树林和官新温泉等众多具备开发条件,开发以后能成为带动全市旅游业发展的优势资源。

(八)文昌市大力发展文化旅游产业的政策优势

文昌市政府十分重视旅游业的发展,正在加快编制《文昌市旅游发展总体规划》,打造文昌东海岸滨海旅游产业带。加快铜鼓岭国际化生态旅游区、航天主题公园建设,明确了打造海南旅游第三极的目标,即是在业已形成的海口作为一极,三亚作为一极的旅游链条上,再打造文昌这一极,形成分工各异、功能互补的海南旅游产业"金三角"。制定了通过5—10年的时间,打造海南旅游第三极的战略目标,借助浓厚的文化底蕴和丰富的旅游资源,以文化引领旅游,进行高品质定位、高起点规划、高标准建设、高门槛招商、高质量服务,按照国际旅游岛建设的要求发展旅游产业,打造旅游精品,让游客在文昌有区别于海口、三亚的高品位特殊感受。

综上所述,在海南文昌建立融休闲、旅游、娱乐为一体,集生态、水景、园林和文化景观之大成,充分体现中国元素、中国原创、中国风格、中国气派的中国非物质文化遗产旅游国家主题公园,既能充分发挥文昌历史悠久、人文积淀厚重、自然地理优越、生态环境优美、交通便利的有利条件,又具有海南国际旅游岛建设和国家推动文化旅游结合发展的政策优势和体制优势,因此中国非物质文化遗产旅游国家主题公园项目落地文昌是完全可行的。该项目的建立将对文昌充分发挥后发优势、比较优势和特色优势,通过大项目带动,打造区域增长极,实现跨越式发展发挥重要作用。同时它将极大地丰富海南国际旅游岛建设的内涵,对海南推进国际经济和文化交流平台建设和中国文化旅游产业发展具有重要的战略意义。将与航天主题公园一体通过景区之间的合作,产生良好的主题公园积聚效益,形成海南文化旅游的制高点。

五、国家主题公园的比较研究

现代主题公园以1995年美国加州迪斯尼的出现为标志,已经发展了50多年。中国主题公园也已经走过了十个年头。以华侨城为代表,涌现了一批具有中国特色、符合中国市场需求的主题公园。中外主题公园发展的事实表明,主题公园生命力是旺盛的,它已经成为现代旅游的动力引擎,对旅游业乃至对区域经济、环境、文化和社会文明建设都将产生积极而深远的影响。

据普华永道的预测,亚太区休闲娱乐和景点业的收益平均增速预期可达5.9%,总收益在2010年将达到656亿美元。而中国是亚太区第二大主题公园市场,国内主题公园的收益为18亿美元,年平均复合增长率达7.1%,研究表明,美国、日本与欧洲的人均主题公园到访次数分别为0.8、0.5、0.25,按照欧洲的水平,中国主题公园的客流量将能够达到1亿人次.以上表明,中国主题公园的市场潜力是巨大的。

从全球范围来看,20世纪80年代的东京、90年代的巴黎、21世纪的香港,都不约而同地走上了建造主题公园的旅游发展道路,其原因就在于看中了主题公园对于丰富城市旅游目的地的形象内涵,提升市场核心竞争力所起的驱动作用。

主题公园除了自身的盈利收入外,其1∶8的乘数拉动效应,能够带动地方交通、住宿、娱乐、餐饮等多方面的发展。对地方经济而言,一个成功的主题公园如同一个巨大的经济引擎,因此,不少地方政府把大力发展旅游的时候，首先想到的是把兴建主题公园作为优先发展方向。

（一）主题公园概述

1. 主题公园的缘起

自从1955年7月迪斯尼乐园在美国加利福尼亚州诞生以来，主题公园作为一种概念化的旅游形态很快获得了人们的认同和接受，并逐步渗透到了全球。中国是一个高速成长的市场，1989年9月建成开园的深圳锦绣中华是中国主题公园的里程碑。1990年，全球已经建成225个大型主题公园，吸引着3亿多的游客，创造了70亿美元的纯收入。主题公园的迅速兴起使得各个国家和地区大力建造主题公园，截止到2000年，全球主题公园的数量增加了50%，游客数量增加了80%，收入更是几乎翻了一番。全球主题公园经过40多年的发展，形成了多样性、特色化的局面，成为现代旅游业的重要内容。

2. 主题公园的定义

关于主题公园的定义，诸多旅游专家学者从不同的角度发表了各自的看法，董观志教授认为“主题公园是指为了满足旅游者多样化休闲娱乐需求与选择而建造的一种具有创意性游园线索和策划性活动方式的现代旅游目的地形态”。保继刚教授认为“主题公园是具有特定的主题，由人创造而成的舞台化的休闲娱乐活动空间，是一种休闲娱乐产业”。美国国家娱乐公园历史协会给主题公园下的定义是“乘骑设施、吸引物、表演和建筑围绕一个或一组主题而建的娱乐公园”。从定义中我们不难看出主题公园是以满足旅游者的休闲娱乐需求与选择为目的，以主题以及新颖的策划为方向的一种具有现代气息的旅游产品。

（二）主题公园产生的背景

1. 社会经济背景

主题公园的产生和发展是紧密依托在现代经济的发展基础之上的。随着科学技术的日新月异和各个民族文化的逐步挖掘，主题公园的表现手段和文化内涵越来越丰富，在此基础上，各种各样的社会资源集中到主题公园，并通过主题公园这种方式得到了最佳的表现。科技的发展与社会经济并行，科技的发展推动了社会的进步、经济的繁荣，也推动了主题公园主题表现方式、建筑水准和市场的创新。科技含量成为主题公园魅力大小的体现之一。

2. 旅游业背景

主题公园是旅游业的一个重要领域，是旅游业未来发展的一个重要趋势。主题公园的产生建立在近、现代旅游业发展的基础上，是旅游业发展到一定阶段的产物。主题公园的发展与旅游业的发展存在着一种互动的关系。

旅游服务的改善和政府对旅游业的支持，使得旅游逐步社会化、生活化和大众化，成为人们的一种生活方式。在这种背景下，开发一批融自然、人文、社会资源于一体的旅游资源，建造一批集娱乐、休闲与度假于一体的旅游景区，加上形成有个性的主题，赢得一定规模的旅游市场，主题公园应运而生。

（三）主题公园的价值

主题公园自诞生后，在近半个世纪时间里得到飞速发展，其创造的巨大经济效益、环境效益和社会效益，成为现代经济和文明进步的奇迹。城市研究专家认为，大规模、大生态、大区域的主题公园具备治愈城市综合症的强辐射能量，是特大城市将经济发展与生态环境、文化艺术结合成板块，跃上高速发展阶段的里程碑；集现代都市回归自然、缅怀历史、向往未来、旅游娱乐于一体的主题公园，是城市从工业社会的污染走向服务性的优美的后工业社会的标志性产品。

主题公园的产生，是旅游业发展到一定阶段的产物，它反过来又促进了旅游业的发展，使旅游业形成了新的资源，开拓了新的手段，创造了新的途径，提高了旅游产品的附加值，促进了旅游产业化发展。

主题公园的价值在于：

1. 获得规模经济收入

作为大型旅游企业，主题公园具有很强的创汇能力和拉动内需、促进消费、回笼资金的能力。据测算，香港的海洋公园和新加坡圣淘沙主题公园每年分别为所在城市赢得50亿美元的外汇收入。美国加州的迪斯尼乐园在建园当日游客人数达25万，至1982年其收益为其建园总投资的200倍。新加坡旅游业约占国民生产总值的15%，其秘诀就是不断开发建设大规模的主题公园。

2. 带动各相关行业发展

主题公园引来了大量游客，人流又带来了物流、商品流、信息流，带来了对豪华宾馆和服务业的需求，刺激了房地产业、建筑业、金融业等城市支柱产业的高速发展。主题公园这种筑巢引凤的波及效应带动了一系列经济部门和行业的发展。如深圳华侨城四大主题公园的开发，改变了当地的居住环境和投资环境，使华侨城地价比邻近地区高出近

30%,极大地提升了区域价值。

3. 造就一流的生态环境

主题公园属于绿色事业,它拥有包容大面积绿地和造就高质量生态环境的能力。为了成为游客的旅游、休闲、娱乐中心,主题公园十分重视环保工作,为营造更美好的生态环境投入巨资,大量种植植物,引进动物,甚至直接把生态作为其主题。如加州迪斯尼乐园精心培育了30平方公里拥有众多熊、飞禽、水族的森林和沼泽。新加坡人口密度虽大,人均绿化面积却高达12平方米,被誉为花园城市。早在20世纪70年代,新加坡就在寸土寸金的土地上开辟出267公顷建起了圣淘沙主题公园,继而又辟出100多公顷土地建造鳄鱼公园和世界最大的飞禽公园。

4. 提供较多的就业机会

主题公园的开发为当地居民提供了大量就业机会,增加了经济收入,维护了社会环境的稳定。例如,主题公园在美国为主要娱乐业,这一行业在1993年就创造了20万个新的就业岗位,是拉动就业的火车头。据香港迪斯尼主题公园统计,在建成后的第一年就提供了就业岗位达18000个,仅在主题公园的建设期,就提供了6000个就业岗位。由此可见,主题公园的开发对缓解就业压力能够发挥巨大的作用。

5. 凝聚深厚精神文化

主题公园的生命力来自于文化主题,来自于现代文化和自身主题文化的高度凝聚,主题公园感染和吸引亿万游客的核心气势是其无可争辩的文化浪潮。不管迪斯尼乐园投资者的初衷如何,迪斯尼对世界而言,就是美国文化的价值取向,就是致力于人性与童话完美结合、自然与建筑和谐融洽、现实与科幻不懈追求的美国精神文化的象征。在人均公园面积12平方米的世界音乐之都维也纳,主题公园是城市与自然、与理性拥抱的作品,编造了最绚丽、最富感染力、最有生命力的城市文化,从而成为其城市文化的制高点。

6. 满足市场多样化需求,创新旅游产品

传统的旅游目的地,尤其是以文化资源为主的景区,始终偏重运用原始资源形态和静态的表现手段,能够满足游客求知、求美的心理,对游客求新、求乐的满足却远远不够,主题公园的建设则满足了这部分市场的内在需求。在一些自然风景和名胜古迹都先天不足而社会资源丰富的地方,主题公园更是开发旅游产品的主要途径。一个大规模主题公园的建设,往往会形成一个旅游目的地的拳头产品。这种拳头产品的形成,是以大投入为基础,形成大产出的格局。在经营中,形成了大规模和大客流。例如,美国迪斯尼,一期工程投资就达30亿美元,每年接待游客几百万人次,从而形成了一个世界性的旅游拳头产品。

正是由于主题公园的发展产生了良好的效益,因而主题公园的开发越来越受到关注。随着世界经济的发展和人民生活水平的提高,主题公园的发展必将日益壮大。

(四)国内主题公园的成功开发模式

在国内成功的主题公园中,华侨城主题公园和宋城主题公园是其中的佼佼者。华侨城主题公园被誉为中国主题公园的里程碑、中国创意文化的领跑者、生态度假旅游的新模式。它们把主题公园做成了最有创意的文化产业,做成了最有价值的优势品牌。它们敢为人先,在深圳孵化了中国规模最大、效益最好、关联最强的文化产业集群,其"理念超前、规划先行、文化奠基、产业配套、和谐共享、持续发展"的区域整体开发模式,开创了中国主题公园发展的新时代。宋城主题公园是中国先进休闲理念的倡导者和大型休闲社区的实践者。通过近十年的发展,宋城已形成了旅游休闲、文化创意和休闲房产三大主业,打造了中国旅游休闲行业的第一品牌。通过对这两个案例剖析,我们可以发现,主题公园在我国大有可为。

1. 深圳华侨城系列主题公园开发模式

深圳华侨城集团在国内被誉为是旅游景点开发与经营类公司的杰出代表。华侨城系列主题公园开发建设,是整个华侨城区域成片开发战略的一个有机组成部分,因此,华侨城系列主题公园的成功开发模式,须从华侨城总体的角度来研讨,我们认为华侨城系列主题公园成功模式的特征是:

(1)规模效应。华侨城旅游事业的起步和快速发展,借鉴了一些发达国家的成功经验。前些年,曾有人担心一个地方建多处大型公园会分散了人流而互相制约。但华侨城集团的决策者们在考察了美国迪斯尼乐园等地后认为,只要项目常变常新,景区各具特色,就有可能形成规模效应而保持持久的吸引力。集团采用大投入、大制作的方式,不断建造新项目、改造老景区和完善配套设施。使各旅游景区的游乐活动和参与性项目也日趋丰富。使华侨城系列主题公园成为各地来深圳的客人必游之地。其中四大公园接待香港游客逾600万人次，相当于平均每个香港人都来作客一次。当然，规模效应还体现在华侨城的酒店、保龄球馆、会议中心、喷泉雕塑走廊等旅游配套设施上面。

（2）投资组合。以华侨城及其中系列主题公园这样投资额巨大的项目，多元化的筹资方式与投资组合是其发展中的必由之路，在华侨城系列主题公园及其配套旅游设施项目中，应存在多种投资形式。如“锦绣中华”与“民俗文化村”主题公园是华侨城集团的独资项目；而“世界之窗”主题公园则由华侨城集团与香港中旅集团共同投资建设，华侨城集团只占“世界之窗”主题公园项目25％的股权；华侨城保龄馆则由华侨城集团与（香港）浩达置业有限公司合资兴建；在实施“欢乐谷”主题公园项目时，则利用了公司上市募股筹资，再与另一机构合资建设的项目投资方式，华侨城集团在“欢乐谷”主题公园项目中占60％的股份。

（3）综合开发。实施综合开发谋求整体效益是华侨城成功的重要模式与经验，华侨城系列主题公园不仅自身产生了良好的经济效益，更重要的带动了整个区域的发展。四个主题公园，总占地面积不过120公顷左右（1.2平方公里），而带动了华侨城全部4.8平方公里的开发区域，华侨城控制的其余土地取得了巨大的升值利益，也得到了房地产及其它项目的广阔发展空间。

专栏一　华侨城集团

华侨城集团成立于1985年11月11日，是隶属于国务院国资委管理的华侨城集团大型中央企业之一。经过20多年的开发建设，华侨城5平方公里城区已由昔日的一片荒滩变成为今天的一座环境优美、配套完善的现代化海滨城区。华侨城集团总资产近300亿人民币，并培育出康佳集团、华侨城控股、华侨城地产以及锦绣中华、民俗文化村、世界之窗、欢乐谷、深圳湾大酒店和威尼斯酒店等知名企业品牌。华侨城集团拥有的旅游、房地产、通讯电子等三项核心业务分别位居行业前列，华侨城集团的文化产业正以其独特的魅力成为行业的典范。

20年来，华侨城集团坚持市场导向，科技领先，做强房地产业、旅游、电子通讯等三项核心业务。华侨城旅游业从兴建中国第一个主题公园——锦绣中华微缩景区起步，相继成功建设了中国民俗文化村、世界之窗、欢乐谷等四大主题公园，并以此形成了一个集旅游、文化、购物、娱乐、体育、休闲于一体的文化旅游度假区，截止目前，华侨城旅游度假区累计接待游客超过8500万人次。1999年以来，华侨城先后被评为全国文明示范旅游景区、“中国文化产业示范基地”。坚定 Determined 华侨城城区建设与房地产开发一开始就秉承“在花园中建城市”的开发理念，走出了一条“以文化营造环境，以环境创造效益”的综合社区开发的新路子，华侨城成为全国瞩目的最适宜人们居住的“绿色家园”。华侨城集团创造的“旅游与地产”互动发展模式，成为深圳和全国的城市规划建设以及房地产业成功的典范。

香港华侨城通过华力纸包装境外红筹上市，搭建了华侨城集团国际化发展融资平台人本 People—oriented。进入新世纪以来，华侨城依托雄厚的文化旅游资源优势，加大了对文化产业战略投资，成立了华侨城国际传媒公司，主营影视投资制作发行，并涉及广告、传媒和演艺业务。华侨城国际传媒以其雄厚的实力及专业化运作，逐渐成为业内佼佼者。

着眼于未来发展的历史使命和远景目标，华侨城集团致力于企业文化理念和制度变革创新，并前瞻性地实施了区外布局和优质资源战略储备。先后投资建设了北京华侨城、上海华侨城、成都华侨城、深圳东部华侨城等大型旅游综合项目，华侨城集团以更加创新和开放的姿态，并以强大的生机活力和崭新的形象走向未来，谱写更加辉煌的乐章。

（4）配套经营。随着华侨城旅游景区的成功开发，华侨城旅游服务业也迅速成长。深圳湾大酒店、海景酒店、艺苑宾馆等，形成了华侨城旅游度假综合配套能力。旅游配套设施服务与主题公园形成互相促进，提高日常经营的综合经济效益。

华侨城海景酒店就是华侨城集团所属的配套旅游服务设施，是一间拥有449间客房和600多个中西餐位的三星级酒店，位于华侨城旅游度假区中心，毗邻“锦绣中华”、“世界之窗”、“欢乐谷”等著名旅游景区。“锦绣中华”等主题公园开发成功后，华侨城宾馆的开房率从原有40%左右急剧上升到90%左右。同时,主题公园周边还相继开发了华侨城保龄馆等休闲娱乐项目,保龄球中心建有48条球道,按照国际标准设计,还配有桑拿等其它娱乐设施,成为华侨城旅游娱乐业的重要组成部分。

(5)整体推广。有了好的理念和产品,华侨城各景点并不是坐等旅游者上门,华侨城系列主题公园在市场推广上通力合作,以形成华侨城旅游城的概念,争取更大的市场,各主题公园之间互为补充和共生共荣。据了解,华侨城各景点的游客主要来自珠三角及内地,香港及境外游客只占总数的20%—30%。因此,各景点立足深圳及珠三角地区大力拓展国内市场。

(6)项目创新。主题公园除了在硬件投入方面下大力气之外,还必须不断推出全新的节目和主题活动,才能令游客"回头"。如果一个景点长期只有一个面孔,即使当初如何光彩照人,日久也会让人生厌,特别是以人造景观为主要内容的主题公园,一般游客来一次就很难再"回头",如果他第二次来你没有新的东西让他感受,就很难再吸引他了。基于这样的认识,"世界之窗"、"民俗村"、"欢乐谷"等景点都强烈地意识到,一定要不遗余力地经常性推出精品节目,以大型的演出及丰富多彩的节日主题活动,令游客每次入园都会有新的感受。据了解,华侨城各大景点每年都会投入巨资,在一个个相对"死板"的景点之中注入文化味十足的各类演出,令景点时时充满生机与活力,取得了极好的经济效益。

2. 杭州宋城集团主题公园开发模式

杭州宋城集团主题公园开发模式是我国文化旅游融合发展的典型模式,开创了大型主题公园发展的新时代。我们从景观设计、产品开发、消费者分析、市场营销和投资决策等方面分析,得出以下六点重要特征。

(1)建筑为形,文化为魂。杭州宋城的景观建造以建筑为形,文化为魂,游园观景与文娱演展相结合。城墙是用了上千万块特制的青砖砌成的,城门口的九龙柱是在山东曲阜用整块的大理石雕琢出来的,景区高大的城门楼、泛着青光的石板街、"巨木虚架桥无柱"的虹桥以及财神殿、观音堂、月老祠、仿宋的小吃一条街,都是对宋古文化的诠释。但是,仅有这些是不够的。虽然它们是对1000年前中国都市建筑文化、婚俗文化、饮食文化、神灵信仰文化的再现,但它们只是文化的物化,而不是一种鲜活的东西。作为一个以反映两宋文化为主题的公园,它需要有一种更为直观和亲切的表达方式,需要提炼和升华。只有这样,它的主题才能突出,内涵才能丰满而气韵生动,从而达到"给我一天,还你千年"的境界。所以,宋城拥有开封盘鼓、舞中蟠、皮影戏等民间杂艺表演,蜡染、制锡、活字印刷等作坊表演,杨志卖刀、梁红玉击鼓抗金、汴河大战、水浒好汉劫法场等大型影视表演以及水幕电影和大型歌舞《宋城千古情》等多达40多种娱乐性、参与性节目。这些节目从不同角度、以不同手法烘托了共同的主题,有力地再现了张择端《清明上河图》中宋代都市的繁荣景象。

(2)形象叠加,效益互动。杭州以西湖为美,可是随着城市化进程的加快,西湖显得越来越狭小,靠一个西湖已无法支撑起杭州旅游业。宋城集团充分挖掘西湖强势的品牌内涵,延伸西湖品牌,建造宋城风景区,动态地再现宋代风情。"宋城"是两宋文化在西子湖畔的自然融合,西湖是两宋文化的自然载体。因此,"宋城"和西湖是历史与现实的天然融合,游玩西湖观赏的是一种自然风光,游玩"宋城"则体验的是一种旧时文化,当两者结合于一起则是历史的动静结合,两者形成"形象"叠加效应,产生互补效果,而不会发生客源竞争。

(3)追求个性、注重创新。有"文化特质"就有了竞争力,而品质是生命力,创新又提供了可持续发展的动力。

宋城集团主题公园拥有鲜明的主题个性。宋城集团根据每个景区人文资源的不同,为每个景区确定一个明确的主题,使之具有独特的个性。如宋城的"怀古寻根"、杭州乐园的"度假休闲"、山里人家的"耕读渔樵"、中国渔村的"渔村文化"。此景区蕴含的文化个性,成为景区文化品格的保证。宋城景区的主题极具特色,它向所有的游客定下"给我一天,还你千年"的美好承诺,让游客在宋城景区游玩一天便能得到一个立体的千年之前宋代形态。正是这种科学的主题定位使这些主题公园能够在不景气的中国主题旅游市场中占领一席之地。相反,那些在全国遍地开花的"封神演义宫"、"西游记宫"等,却因为相互模仿、生搬硬套,从而丧失了主题个性。

专栏二　宋城集团

宋城集团是中国最大的民营旅游投资集团，是中国先进休闲理念的倡导者和大型休闲社区开发的实践者，形成了旅游演艺、休闲房产、酒店与文化创意产业群三大主营业务。宋城集团下属30家控股、参股公司，现在已经成为总资产超过60亿元的大企业集团。开发项目已经从单一景区向多元化大型休闲社区发展，从单一领域向跨区域延伸，仅在浙江就构建了浙江旅游休闲业的主流产品“山、海、城”和“西湖观光，宋城怀古，休博园度假游”的杭州主流旅游线路。“山”指龙泉山，为江浙第一高峰，是集森林旅游与山地会议中心功能于一体的休闲度假胜地；“海”指中国渔村，是中国最大的原生态海洋文化旅游项目；“城”指以杭州为中心的城市休闲旅游，包括休博园、宋城和山里人家。

宋城旅游发展股份有限公司是宋城集团的核心，以主题公园和文化演艺开发经营为两大主营业务，成功打造了以《宋城千古情》为核心的中国最成功的宋文化主题公园——宋城景区和华东地区最受欢迎的游乐主题公园——杭州乐园，构建了“西湖观光，宋城怀古，杭州乐园度假游”的杭州主流旅游线路。宋城集团是国际游乐与主题公园协会(IAAPA)首席会员、世界休闲组织(WLO)成员，如今已成为中国最大的民营旅游开发集团，接待游客数千万人，成为中国旅游休闲业的主力军。仅在杭州就投资了宋城、美国城、杭州乐园、山里人家四大景区。宋城景区投入四年便接待游客700万人，二年内收回全部投资。2000年“五一黄金周”宋城集团所属景区接待游客42万人次，门票收入220万元，首次超过西湖景区，占杭州旅游总收入的40%，开创了杭州及浙江旅游的新格局。

宋城集团斥资五千万元打造的大型歌舞《宋城千古情》，以杭州的历史典故、神话传说为基点，融合世界歌舞、杂技艺术于一体，运用现代高科技手段营造如梦似幻的意境，给人以强烈的视觉震撼，先后获得国家“五个一工程奖”和荷花奖特别奖。《宋城千古情》每年观众逾一百万人次，已成为杭州标志性演出。2006年春节黄金周期间共接待游客14.55万人次。宋城景区自开业以来经济效益稳居杭州景区之首。

宋城集团发展目标是“创建中国旅游休闲第一品牌”，打造大型城市休闲社区，形成以旅游休闲和房地产为两大主业，以文化教育为新的增长点的产业格局。多年来宋城集团运用自身优势形成了一揽子解决城市休闲旅游和文化娱乐配套功能开发的全新模式，特别是2006杭州世界休闲博览会的主会场休博园，融合了目前世界先进的大型商务休憩社区(RBD)的开发设计理念，全力打造一个集“休闲王国、游乐世界、购物天堂、创意天地、会展中心、人居乐园”为一体的杭州首个RBD休闲商务中心。

宋城集团主题公园不断追寻品质和创新点。宋城集团建造杭州乐园时使用了8个月，但论证规划用了三年，开园后一年内，又投入2000万元进行整改。精心施工、精心管理体现在对细节的重视，集团要求，景区的每一棵树的位置、每一盏灯的摆放都要再三推究。宋城集团不断刷新景点，搞好后续开发使产品常变常新，增强主题公园的新鲜感和吸引力。8年来《宋城千古情》不断进行改版，力争寻回杭州这座古城的记忆，将杭州这座城市的文化精髓艺术化地表现出来。

权威旅游专家分析认为衡量一个主题公园是否健康优秀，真正关键的数字是其重游率。经有关部门对游客问卷调查计算，宋城的重游率达到36%，“宋城千古情”表演重游率也达到了22%。在观看了“宋城千古情”表演的游客中，其中有44%的游客表明若有机会，仍然会观看该演出。

(4)准确定位、适应需求。宋城牢牢抓住旅游者的心理需要，准确定位。宋城景区是具有浓厚宋文化气息的主题公园，更重要的是，宋城运用丰富多彩的表演将枯燥的文化形象逼真地表现出来，寓教于乐，使游客在观看表演和参加活动中不知不觉地学习宋代历史文化，这也是体验服务的精髓所在。学者B·约瑟夫·派思这样描述体验经济与服务经济：“当顾客要购买一种服务时，他购买的是一组按自己的要求实施非物质形态的活动。但是当他购买一种体验时，他是在花费时间享受某一企业所提供的一系列值得记忆的事件——就像在戏剧演出中那样——使他身临其境。”现代社会已经从商品经济逐渐向服务经济过渡，体验经济则更具有超前性(也有人称其为是人性经济)，是一种新的价值源泉。据调查，60%的游客希望主题公园能够将文化与娱乐相结合，让游客在愉快游玩的同时又能获得知识。

在游客主观经历中游客满意和行为目的是被突出的两个因素。在产品开发和市场营销中，应紧紧抓住游客心理，提供满足游客需求的产品或服务。新时代的旅游者不再满足于单纯的观光游览，他们越来越对体验型旅游、度假型旅游和娱乐型旅游感兴趣。图 2—1 很清楚地表明了旅游者对主题公园类型的偏好：将近一半(46%)的游客偏爱体验型的主题公园，仅 10%的游客喜爱观光型的公园特色。这说明随着生活水平的提高及旅游者的逐渐成熟，对旅游的质量、效果、目的等要求也不断提高和清晰。

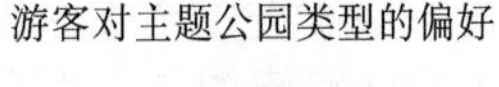

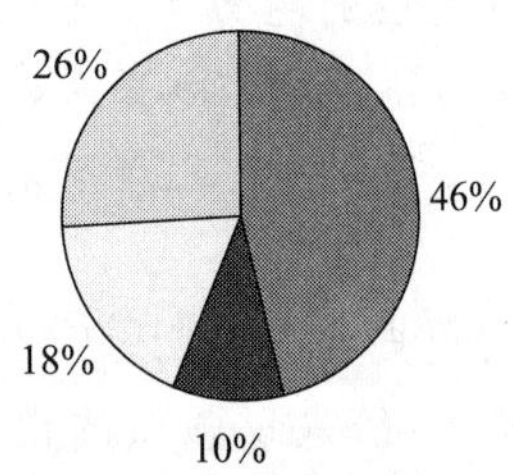

■体验型 ■观光游览型 □度假型 □娱乐型

图 2—1 游客对主题公园的偏好

宋城多角度满足旅游者要求，体验、教育和娱乐三者相结合

经向旅游者调查对宋城景区类型评价上，从图 2—2 中可看出，宋城虽没能完全脱离观光游览旅游的特性，但 64%的游客认为宋城已经体现出了体验性、教育性或娱乐性的特点。

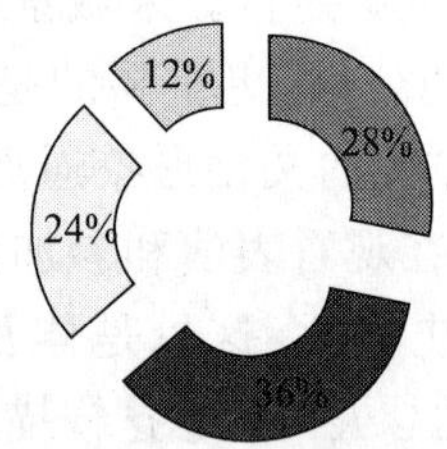

■体验性 ■观光游览性 □教育性 □娱乐性

图 2—2 游客对宋城景区类型的评价

"宋城千古情"表演的科技渲染力、娱乐性和教育性大大提高了游客的心理感受。据有关专家对观看了"宋城千古情"表演的游客调查中发现，80%的游客对该表演表示满意，其中 46%的游客对该表演表示非常满意，52%的游客认为宋城门票价格合理。而在对未观看过"宋城千古情"表演的游客 84%认为宋城门票价格偏高。"宋城千古情"表演带给旅游者不仅仅是一场精彩的演出，更是杭州城深厚历史的立体再现：宋宫艳舞、金戈铁马、美丽的西子、美丽的传说，世界在这里相聚。这四场演出是杭州最具标志性的，正如它的广告所言"给我一天，还你千年"。很多游客表明观看过该演出后，更加喜欢杭州了。

(5)主题多样、循环投资。多角化发展。宋城集团就是运用该发展模式，其意不在于主业的转移，而是要在跨行业的两个行业领域同时经营，利用相互的影响作用取得综合经济效益。宋城集团是中国最大的民营旅游开发投资集团之一，其投资方向以旅游休闲业为主，同时涉及房地产开发、高等教育、电子商务等领域。宋城集团 1995 年起步，先在杭州动工兴建浙江省第一个主题公园宋城，相继又在萧山等地投资开发了杭州乐园、美国城、山里人家等景区，总共开发的旅游景区面积达 26 万亩，年接待游客达到数千万人次。整个集团形成多角化经营模式，各产业互相渗透、互相支撑。

多主题开发。杭州乐园打造"5 道防线"。杭州乐园占地 1000 多亩，土地改造成本很高。该项目一期投资就达 4 亿，每年还投入 2000 多万用于景区整改。因此，如何在确保景区品质的前提下规避投资风险成为极为重要的课题。经过深入的研究和探讨，宋城为它确定了全新的开发模式：从单一主题走向多主题或无主题。遵循这一理念，杭州乐园建立 5 道防线，其一：荷兰村、生态公园、马可·波罗之旅主题公园的旅游观光收入；其二：氧温泉度假村、商务酒店等餐饮、住宿收入；其三：水上会议中心、高尔夫俱乐部、网球俱乐部等休闲会所收入；其四：地中海别墅、水街私人酒店等旅游房产收入；其五计划与美国休斯顿市的德克萨斯医疗中心合作建设一座以亚健康群体为主要目标市场的、亚洲一流的华美国际健康中心。这五者相互交织，互为依托和补充，使杭州乐园既是华东最大的综合性主题公园，又是高档度假村；既是豪华的会展休闲中心，又有景观房产；同时还是中国最先进的亚健康疗养中心。而只要其中一项成功，即可确保整个项目的成功。

循环投资。由于主题公园的初期投入大，维护成本很高，投资的回收周期长，保持足够的客流量是维持公园运营的基础。因此，宋城集团的主题公园普遍采取一种循环更新的模式，即在运营期间也要不断进行投资，将收益的 10%用于对现有项目进行改造。为了做到常变常新,他们每年投入大量资金用于景区的整改,仅用于一座宋城大舞台的整改和大型歌舞《锦绣天城》的改编就达几千万元。

(6)产业配套、集群发展。宋城集团在开发旅游景区的时候,围绕景区建成一批宾馆、温泉度假村、高尔夫俱乐部、网球俱乐部等度假休闲配套项目,形成地产、休闲娱乐和公园于一体的集群产业链模式。2006 杭州世界休闲博览会的主会场休博园,是中国首个中国景观房产、大型休闲社区、休憩商业区(RBD)理念,被称为一个休闲王国、游乐世界、购物天堂、人居乐园。

5. 国内主题公园开发中存在的主要问题

(1)投资者缺乏对我国旅游发展阶段的正确认识。主题公园是旅游发展到一定阶段的产物,与人民的收入水平、休闲时间、行为偏好、审美情趣、旅游频度和强度等因素密切相关。主题公园是高投入和高产出的旅游部门,尤其对游客的人均消费能力有一定的要求。根据国际经验,一般来说,国民收入在 3000 美元以上时,将进入休闲经济时代,正是大力发展主题公园的黄金时期。

(2)主题选取重复,创意缺乏个性。整体的设计构思是一个主题公园的灵魂所在。主题的确定及其创意的新颖性是主题公园成功的一半。考察世界上成功的主题公园,个性鲜明,各有千秋。如迪斯尼乐园、好莱坞环球影城、海洋世界……每一个主题公园都给游客留下难忘的印象。反观中国的主题公园,主题重复,缺乏个性者众多。现在除了锦绣中华申请了专利,不能模仿建造外,大量的主题公园都是重复建设、缺乏鲜明个性。

(3)选址不当。主题公园选址区域经济发展水平较低、交通不便;主题公园选址与当地城市规划、发展方向的冲突;与当地文化背景、人文环境不和谐;与当地资源条件不匹配;与附近旅游景点形成竞争,等等。

(4)主题与文化的挖掘深度不够。文化内涵是主题的精髓,是吸引旅游者前来的主要原因。一些主题公园对于其主题的挖掘不够,给人们呈现出来的只是文化最表面的东西,仅是模仿和移植,文化内涵贫瘠。由于开发者对题材的特点缺乏深入细致的研究,使得主题公园的主题是徒有其名而无休闲游乐特质,不能形成核心竞争力。

(5)产品和收入单一。在主题公园的收入结构中,各个景点设施的门票收入占据主要地位。世界上成功的主题公园主要盈利点是娱乐、餐饮、住宿等设施项目,门票收入只作为日常维护费用的弥补,而国内一些主题公园将门票收入作为主要的收入来源。单一的产品很难让游客有深刻的印象,反而容易让主题公园逐渐失去对游客的吸引力,最终失去客源市场。

(六)结论与建议

1. 结论

(1)据国际旅游界权威人士预测,主题公园旅游将和生态旅游、文化旅游并列成为 21 世纪的三大新兴旅游消费增长点,发展大型主题公园,是中国旅游业转型升级、进入大旅游时代的客观需要。中国大型主题公园发展的实践证明,综合型、复合型、原创型大型主题公园具有广阔的发展空间和良好的发展前景。

(2)大型主题公园必须坚持市场导向原则和特色原则。一是以市场为导向,做好主题公园的市场调查论证,分析客源市场潜力;二是突出特色,做到人无我有、为我独有。要充分挖掘历史文化资源,展现历史文化精神,最大限度运用现代科技成果,让游客充分参与体验游乐、消费,变观光旅游为参与性游乐。唯有如此,才能从众多主题公园市场竞争中脱颖而出,打造自身品牌,成为具有强烈文化内涵的有特色的主题公园精品。

(3)主题公园在项目设计和开发应注重体验性和科教性要求。主题公园应注重主题公园的参与性和体验性功能,满足游客在游园的参与和体验需要,从而提升游客的生理和心理满足感。根除主题公园等同于“人造景观”的落后观念。“景观”是以观光功能为依托的,而“主题公园”的目标是在为游客创造一种体验,一种感觉。引进先进的科技产品来制作场景、渲染气氛和装备保障,如科技含量高的游乐设备、声光电设备及立体电影、思维电影、水幕电影设备,通过技术手段营造良好的体验环境。

(4)主题公园在地域、区位选择上需要考虑空间聚集、区域竞争及客源市场的要素影响。建设主题公园是各地区都可考虑的投资方向,在旅游资源丰富的地区是对资源和产品的一个重要补充,在旅游资源不太丰富的地区则是突破发展“瓶颈”的重要举措。但要规避项目的区域替代、恶性竞争。主题雷同、活动类似、演出相同是造成主题公园恶性竞争的隐患。

(5)主题公园应该选择产业集群化的盈利模式。主题公园是一项高投资、高风险、慢回报的旅游投资项目,因此如何规避投资风险成为重要课题。主题公园应该走多样性路线，寻找多主题开发模式，构建产业链和产业群，走产业集团化发展之路，形成产业聚集带来的多产业增长动力，分散风险，提高利润点，促进主题公园的可持续发展。

2. 建议

综上所述，中国主题公园目前存在着规模小、主题单一、收入结构单一、绩效差等突出问题。国内大型主题公园的投资额一般为 4 亿元—5 亿元人民币，而国外的大型主题公园大多在 10 亿美元左右。据国家旅游局的调查表明，全国 2500 个主题公园的总投资额逾 1000 亿元，单体公园平均投资额只有 4000 多万元。主题公园具有高投入、高成本的特征，中国主题公园“短命”，恰恰是因为“小”。因此，建议国家有关部门大力扶持文化层次高、发展潜力大的主题公园。应当集中财力、技术力量建设具有国家（国际）水平，体现中国特色、中国原创的主题公园。这种主题公园，一定要突出寓教于乐的功能，充分利用现代先进的科学技术，突出科教、科普、科幻的内容，走出目前难以摆脱的以“仿古”、“复古”、“微缩”的怪圈，以满足消费者求知、娱乐等旅游需求，打造无愧于时代的精品之作、传世之作。

六、“海南文昌——中国非物质文化遗产旅游国家主题公园”项目研究

（一）项目总体设计

1. 项目的提出

当今时代，文化越来越成为民族凝聚力和创造力的重要源泉，越来越成为综合国力竞争的重要因素，丰富精神文化生活越来越成为我国人民的热切愿望。文化产业在全球范围的迅速崛起，是文化在人类发展历史进程中战略地位日益上升的突出表现。文化是旅游的灵魂，旅游是文化的载体，文化因旅游而广为传播，旅游因文化而富有魅力。非物质文化遗产是人类征服自然和自我发展中所创造的精神文明的财富，是人类文明的结晶，是人类发展文化命脉，具有五千年历史的中华民族，以其灿烂的文化屹立于世界民族之林，为世人留下了丰富的宝贵遗产。

我国是一个历史悠久的文明古国。博大精深的民族文化遗产是中华民族的宝贵财富，非物质文化遗产更是我们建设社会主义先进文化的珍贵资源。“非物质文化遗产”指被各群体、团体、有时为个人所视为其文化遗产的各种实践、表演、表现形式、知识体系和技能及其有关的工具、实物、工艺品和文化场所。非物质文化遗产包括民间美术，传统手工技术，传统医药，原生态民间音乐、舞蹈、戏剧、曲艺、杂技、竞技，中国老字号等。目前，国务院已公布两批国家级非物质文化遗产名录项目 1028 项。非物质文化遗产作为传统文化的重要载体，是世界各国各民族智慧的结晶和杰出创造力的体现，是一个国家、一个民族兴旺发达的文明标志与精神支柱。中国非物质文化遗产蕴含着中华民族特有的精神价值、思维方式和文化意识，体现着中华民族的强大生命力和创造力。加强非物质文化遗产保护，丰富非物质文化遗产的表现形式和传播形式，有益于增强我国非物质文化遗产的吸引力和国际竞争力，提高中华文化软实力。

坚持保护为主、合理利用的原则，利用非物质文化遗产资源优势，开发文化旅游产品。既能保留非物质文化遗产的原生态和本真性，又能通过旅游开发向外界宣传推广。对传统技艺类非物质文化遗产，通过生产性保护方式，加以合理利用，可以为旅游业和文化产业发展注入新鲜元素。对传统表演艺术类非物质文化遗产，一方面可以进行原真形态的展示，另一方面通过编排，成为具有地方民族特色和市场效益的文化旅游节目。依托文化生态保护实验区中独具特色的文化生态资源，积极发展文化观光游、文化体验游、文化休闲游等多种形式的旅游活动。

海南建设国际旅游岛上升为国家战略，代表国家意志，体现国家要求，是一项庞大而复杂的系统工程，必须对得天独厚的区位优势、无与伦比的资源优势、无法比拟的度假设施、方便快捷的交通网络、特殊优惠的政策优势重新认识；必须以大视野、大思路、大变革在国际旅游岛模式定位上进行思路创新、模式创新、建设创新和管理创新；必须把大文化概念和多元和谐文化内涵融入其中，突出文化是旅游的灵魂而超越当今世界上既有的旅游岛模式；必须以大文化、大旅游、大发展来拉动内需主导消费，应对世界金融危机从而实现经济社会可持续发展；必须实施重大项目带动战略，选择具有导向性、牵引性和辐射性的超大型旅游文化产业工程——非遗文化旅游国家主题公园项目为突破口，建设高端精品景区景点，打造世界级旅游产品，带动海南国际旅游岛全方位系统开发是最佳选择和当务之急。

主题公园是典型的综合性旅游产品。主题公

园建设有利于合理配置区域资源，有利于提升区域核心竞争力，有利于形成全新的区域产业链条，有利于优化区域产业结构，有利于全面驱动区域经济社会综合发展等，为本地区发展带来巨大的推动作用。海南省委、省政府把主题公园建设作为国际旅游岛建设2010年起步开局之年的重点工作全力推进，海南的主题公园建设必将进入一个全新的时代，从而加快国际旅游岛建设的步伐。

2. 项目的主题理念、运营模式

(1)国家主题公园的概念和定位。主题公园在17世纪就萌芽于欧洲节庆聚会场所的娱乐公园(Amusement Park)。第一个有现代娱乐园概念的娱乐公园是美国芝加哥南部的保罗·波顿水滑道公园(Paul Boyton，waterchutes)，世界上第一个主题公园是1946年荷兰的马都罗丹夫妇为纪念他们在二战中死去的爱子，将荷兰的120多个名胜古迹与现代建筑按1∶25的比例缩建于海牙市郊的“小人国”，1955年美国人沃尔特·迪斯尼(walt Disney)以其出色的创造力和想象力，在美国洛杉矶创造了一个理想而愉悦的世界——迪斯尼乐园(Disney land)。迪斯尼乐园的出现，标志着世界上第一个具有现代概念的主题公园诞生。迪斯尼乐园所获得的巨大成功使主题公园这一游乐形式在世界各地普及推广，如今主题公园遍及世界各地。主题公园虽然已走过近60年的历程，随着时代的前进和不断变化，主题公园的内容和形式也在不断更新，大致经历了“街头娱乐场”—“城市花园”—“机械游乐园”—“主题公园”的发展过程。在欧美国家，主题公园的定义大致包括以下内容：为旅游者的消遣、娱乐而设计和经营的场所；围绕一个或几个主题有多种吸引物；包括餐饮、购物等服务设施；开展多种主题活动，实行商业性的经营等。国内学者普遍认同的一些主题公园共有特性：一种人工创造物；主题公园必须有一个或几个特定主题；建造的目的是为了满足游客的休闲娱乐需要；具有综合功能。综上所述，主题公园是为了旅游者消遣、娱乐而设计和经营的游乐场所，它赋予游乐以某种主题，围绕既定主题来营造游乐的内容和形式，是一个由人创造而成的舞台化的休闲娱乐活动中心。近几年来，海南旅游产业发展形势一片大好，发展主题公园已经成为海南省发展现代旅游产业的一种必然选择，也是建设国际旅游岛的一大突破口，能有效地带动国际旅游岛全方位系统开发。海南国际旅游岛建设正式上升为国家发展战略，确定了把海南建设成为“国际经济合作文化交流的重要平台”的战略定位，为海南探索旅游和文化融合发展建设中国非物质文化遗产旅游国家主题公园提供了良好机遇和条件。非遗旅游国家主题公园是以非遗文化为主题的迪斯尼式游乐园，以游乐方式介绍非遗文化。它以现代最先进的科技手段作为表达手段，以源远流长、丰富多彩的民族文化为内涵，建成集非遗文化及民族文化和本地文化为内容的迪斯尼式旅游主题公园。它以体验旅游为特征，集知识性、教育性、趣味性、娱乐性、参与性、刺激性于一身，具有游乐、休闲、度假、居家、医疗、养生、美食、修学、科研、教育、培训、影视、开发、购物、会展、收藏、中外文化艺术交流等综合功能。

中国非物质文化遗产旅游主题公园作为国家级的项目承担着传播中华传统文化，实施国家“走出去”文化战略的重大使命，为中国非物质文化遗产传播搭建一个舞台，成为文化传播的品牌，成为海南国际旅游岛建设的一张名片，成为国际文化交流的平台、国家非物质文化遗产教育和创新基地、国家AAAAA级文化旅游景区，使之成为一个具立意高远、规模宏大、文化深厚的文化旅游城，一个以休闲、旅游、度假为一体的综合性的旅游目的地。

(2)项目主题与策划理念。主题。中国非物质文化遗产旅游国家主题公园以“多彩民族文化，人类精神家园”为主题。总体构思：为了满足人们日益增长的精神文化需求，适应新人类群体的消费特征，拟建的中国非物质文化遗产主题公园是一个融休闲、旅游、娱乐为一体，集生态、水景、园林和文化景观之大成，充分体现中国元素、中国原创、中国风格、中国气派的以中国非物质文化遗产旅游为主题的文化旅游复合景区和旅游城。

理念。在策划的理念上，主题公园的主题突破了“锦绣中华”模式的“仿景观”概念和“民俗村”模式的“仿文化”概念，体现了“真景观和真文化”的概念，以及“仿”与“真”相结合的二元复合概念。在注重自然遗产和历史文化遗产的基础上，开始对现代文明成果和高科技的转化应用，乃至对未来文明的探索。在建园原理上突破传统园林的景观造园理念，形成以“主题”为线索、以满足游乐需求为目标的新造园概念，使人们走出了“小桥流水”、“曲径通幽”、“亭台楼阁”的写意山水，走进了求新、求奇、求知、求趣的“主题娱乐”环境；在休闲娱乐活动方式上，突破了“景静人静”模式，形成了“景动人静”的模式，并慢慢向“景动人动”的模式发展，主题公园致力于追求景区与游客之间的“互动”,“体验即是生活,生活即是体验”的全新理念充分体现了主题公园的发展理念向体验型迈进。这三方面的探索与创新,不断强化着旅游主题公园作为现代休闲娱乐选择方向的核心吸引力。

为了突出文化主题,展示非凡的特点,按照“大生态、大文化、大教育、大旅游”四大理念,对项目的建设和发展进行了崭新的诠释。

大生态 :即通过自身的表率作用向游人倡导一种新的消费模式,创造一个环境优美、生态和谐、美丽舒适的家园。基于这一理念,非遗主题公园的开发和建设要始终坚持“环境优先”的原则。

大文化:旅游是文化和产业的高度融合。历史为非遗主题公园奠定了丰富的文化内涵,因此,“大文化”便成为项目发展的灵魂。要始终奉行“文化精品”原则:其一是“文化意识”。其二是“精品意识”。为了精益求精,园区的规划要完美。聘请国内外在建筑、历史、园艺、美术工艺方面著名的专家共同参与规划设计工作。体现出这种高标准、高质量、高格调的“精品意识”。

大教育 :生态的和谐,文化的熏陶,使人们在游历山水之时受到潜移默化的教育,丰富了人们的精神世界,激励着人们不断追求进步——这就是非遗主题公园对“大教育”的诠释。

大旅游 :项目致力于创造一个闻名世界的文化旅游景区,使中国传统文化精髓汇集于此,成为中外游人关注的焦点之一。

项目围绕这“四大理念”,不断借鉴、创新与发展。

在设计理念上,以科学、文明、时尚、实用等现代理论为主旨,以古朴、纯真、和谐、典雅等传统美学为风格,把非遗文化传统的工艺技术和现代科技的表现手段结合起来,在整体布局、建筑设计、展示内容上既宏大广博、博采众长,又浑然一体、天人合一,以展现民族文化深厚的底蕴及永恒的魅力。

4. 项目规划选址

(1)选址。该项目初步方案选址在文昌市八门湾地区,在此选址建设主题公园具有如下优势:①该区风光秀丽,有漫长连绵的海岸线;海湾内为2.8万亩的红树林自然保护区。这里风景优美、环境宜人,婀娜多姿的红树林沿岸可见,拥有半岛、海湾、湖泊、河流、山地、沙坝、平原等多种地貌特征。②该区域区位极佳,距海口美兰机场不到30分钟车程,随着文昌两桥一路建成,该地段的区位优势将进一步突显。③现状土地利用中约60%左右的土地曾被用作渔业用地或经济作物用地,未用作开发建设,土地供给充足。④该区临近文昌铜鼓岭风景名胜区,且靠近已规划选址的文昌发射场和航天主题公园,可以通过景区之间的合作,产生良好的主题公园集聚效益。

(2)重点建设内容。项目规划控制占地范围8000亩,其建筑群布局和功能,依据中国传统理论及实际需要,分为“六区二园”,共二十六个项目。着重从以下几方面入手,一是在非物质文化遗产上,采用创新的表现形式,借鉴国外优秀的文化创意,运用高新技术,形成非物质文化遗产的大聚会,打造中国文化的“迪斯尼”,集游、赏、看、玩、吃为一体。二是民族文化与本土文化相结合的办法,利用海南文昌的国家非物质文化遗产“南海航道更路径”为主线,体现沿海居民下南洋的壮举,打造“下南洋”华侨文化园区。三是龙文化和福文化为主题的东海龙宫祈福殿和中华百姓园。四是在生态文化上,运用异地或历史生态系统模拟再造技术,用中国传统民族文化及非物质文化遗产项目点缀整个园区,树木及绿化覆盖率达60%以上,每座建筑都是艺术品,处处都是人文景观,打造美好、和谐、休闲的文化园区,实现项目建设与优美环境的有机结合。五是利用当地优美的自然环境和良好的生态,创意的开展非遗文化嘉年华,利用八门湾具有水面积40平方公里,周围海岸线64公里,海湾内为2.8万亩的红树林自然保护区的特点打造海上游钓中心,体现海南蓝色海洋文化。六利用文昌市是著名的“文化之乡”的金字招牌,创建教育园区包括为了更好地保护及传承中国非物质文化遗产满足人们创业的需要,创办中国非物质文化遗产职业技术学院及中华礼乐文化研究院等。整体打造以中国非物质文化遗产为特色,以会展、演艺、体验、休闲、度假、娱乐、教育培训、旅游地产为功能定位,集文化交流、展示,文化创意产业于一体的旅游文化城,人们能观赏、休闲、娱乐和度假,又能参与教育、学习、展览和文化交流活动,满足旅游者求知、求新、求奇、求美、求趣等个性化需求,形成一种人生最为珍惜的经历及体验,形成极强的感召力、识别力和吸引力。

(3)投资规模。项目总投资规模约达100亿元人民币,采取分期投资建设的办法,计划用5年时间完成全部项目建设。

5. 项目主管部门、项目业主

项目实施单位:海南东霖文化旅游投资管理有限公司。

海南东霖旅游文化投资管理有限公司是由北京双龙创世科贸有限责任公司、美国贯中咨询有限公司、香港投资合伙人、海南投资合伙人共同组建成立。公司在中国非物质文化遗产的保护与发展方面做过深入研究,曾参与成都非物质文化遗产主题公园的策划。

公司对项目的战略发展及投资运营有十分丰富的经验,团队成员在美国、亚洲等地参与过重大项目投资。因有海南合作伙伴,公司对海南的发展更具了解,运营理念更具突破与创新,结合公司有一个非常具有综合实力的团队。

6. 项目规划思路、运营模式和商业模式

(1)发展模式和保障措施。从主题模仿到主题原创的发展。在非遗主题公园对文化的挖掘和把握上,放眼于挖掘项目的创意所蕴涵的文化内涵上,坚持主题要"经得起历史检验、经得起市场检验、经得起文化检验"的原则,千锤百炼,精益求精。主题公园的主题创意,就是把中国文明史上对世界发展最具影响力的科学技术的精华提炼出来,用现代主题公园的形式加以表现,展现其独特的魅力。

从强调娱乐功能到突出教育功能的转换。主题公园从强调娱乐功能到突出教育功能的转换是跟随着现代人的求知欲望的高涨而产生的。纯粹的娱乐已经不能满足游客的需求,游客希望能在娱乐和实践中增长见识,非遗主题公园能使游客的这种需求成为可能。

与衍生产业结合发展。由于主题公园的商业性特征,为了追求更多的利益,产业融合是其发展的趋势,主题公园不仅仅属于旅游业,它还涉及到文化、体育、教育、会展、餐饮、酒店、商务、零售、房地产、高科技等多个行业。也只有实行多产业联动,多产业开发,企业才能实现利益最大化。

注重市场、培育可持续发展的空间。主题公园的发展具有周期性,不断发掘主题更新产品使之能长期吸引游客是主题公园成功经营的关键。因此必须适时根据市场的变化需求调整主题公园的活动项目和经营策略,使主题公园能长期保持活力和竞争力,培育可持续的发展空间。

内涵需不断丰富。随着国内游客旅游经验的不断积累,出游行为选择的多元化和旅游消费支出的日趋理性化,推动主题公园发展逐步走向成熟,并驱使主题公园内涵的体现由单一性走向复合性,由浅层性走向深层性,由区域性走向国际性。在这一发展趋势导向下,非遗主题公园活动项目的内涵除了要求具有比较直观的文化含量和娱乐含量的同时,还需要大幅度增强高层次的知识含量、科技含量和精神含量。

技术配置向高、精、尖递进。近年来,主题公园设施建设的等级、项目配置的标准都发生了相应的变化,科技含量逐年提高。20 世纪 90 年代初以来,主题公园以声、光、电为标志的第一代技术手段,逐步退出历史舞台,让位于一些富有较高技术含量的第二代娱乐活动项目,如欢乐谷二期活动项目在严格意义上讲是这些技术手段的延伸。随着上海世博会的建成并产生了极大的市场轰动效应,以高、精、尖技术为特征的第三代技术手段,被广泛应用于主题性的科普娱乐活动中。顺应世界文化发展潮流的业态创新,运用现代高新科技手段的文化产业创新,是未来非遗主题公园发展的模式。

(2)运营思路和理念。非遗项目是一个超大型的国际化旅游项目,计划投资总规模近 100 亿元人民币。为此,建议国家有关部门将项目确定为"中国旅游业优先发展项目"。因其高起点、高水准、高格调的定位,具有立意高、文化厚的特点,对硬件和软件的要求都十分严格。所以,搞好非遗主题公园的品牌建设,外需"借鉴",内要"创新"。

借鉴,是站在巨人肩膀上寻找品牌"高度"的必由之路。项目立项伊始到项目的建设运营都应融入到国际化运作的构架之中,旅游区的景区规划、设计、项目内容策划都由国内外专业机构参与完成。为了充分"借鉴"各种理念和经验,开发建设过程中实行动态"借鉴"方式,应聘请国内外学者和旅游业界人士为项目献计献策。

项目的运作必须坚持"分期建设、滚动发展"的方针,力求在项目建设的全过程中不断创出亮点,把主题公园做成最具创意的文化产业。迪斯尼乐园作为全世界旅游主题公园的典范,就是一座"永远建不完"的乐园。至今,它的经营者们仍在殚精竭虑地研究现代人不断变化的情感需求,并以此为依据,每年补充更新园内的娱乐内容和设施。迪斯尼乐园多年来一直坚持"三三制"的经营原则,即每年淘汰 1/3 的硬件设备,新建 1/3 的新概念项目。此外,迪斯尼世界周围还建设了一座巨大的体育中心、26 个主题酒店、6 个高尔夫球俱乐部以及网球场、游泳池、餐厅和购物中心等场所,甚至还包括一个政府特许的结婚场所，形成一个整体，大大强化了迪斯尼世界作为旅游目的地的吸引力。借鉴只是提供“高度”，创新才能形成特色，跨越这种“高度”，旅游主题公园才具生命力。

(3)商业模式与运营机制。大型旅游主题公园投入很大，资金回收是长期的，如果没有一种商业模式来支撑它，是很难做下去的。本项目应以主题公园作为其主要特色产业，并制定滚动发展模式，但是，主题公园一次性投入越来越大，而其市场半径和游客人数则变化较小，自身成长性并不高，完全靠自身滚动发展不切实际，必需寻求新的商业开发模式，这种模式就是“文化奠基、产业配套、多角经营、集群发展”；将发展主题旅游地产和大型主题公园的融合，结合成片开发建设一个旅游休闲城的商业模式；以及大型主题公园和休闲度假产业的融合，将房地产及休闲度假产业融入文化旅游的产业链当中，通过滚动发展，完成项目开发。以下是非遗主题公园主要的一些盈利模式：

提供初级体验（经历）的机会出让，比如：出售门票。

提供有助于丰富体验(经历)的相关服务以及相应的服务体验本身，比如：提供餐饮，住宿服务、中华医药保健服务等。

出让围绕旅游者(潜在旅游者)的消费能力所带来的可能的收益机会，比如：旅游区内的招商、景区节庆活动、非遗文化节的商业赞助。

获取资本投入后在旅游项目所在地溢价收益的其它商业开发，比如景区，旅游目的地的房地产开发。

出让、出售具备知识产权特点的商品，比如：玩具，旅游工艺品，纪念品等。

提供保证旅游景点景区内居民可以市场化的公共服务等。

提供培训教育如非遗项目传承的培训为人们提供创业机会。

在运行机制上可以采取引进国内外战略投资者，共同开发，市场运作的机制。

(4)投资、开发与建设。本项目的开发必须坚持“分期建设、滚动发展”的方针，拟分三期用5年时间完成整个项目的建设。第一期主要开发项目有非遗文化宫、非遗文化会展中心、非遗文化交流中心、非遗文化嘉年华、主题公园文化中心广场、中华美食一条街、东海龙宫殿、文昌文化历史长廊、华侨博物馆、公益殿堂、博彩娱乐园及其它的旅游休闲设施等，用三年时间完成第一期项目建设，建设资金20亿元。通过滚动发展，用五年时间完成其它项目的开发。项目资金有坚实保障，建设单位海南东霖文化旅游投资管理有限公司运营团队，有广泛的央企、国际财团和国内上市公司资源，可以通过市场化方式筹措资金。

(二)概念内涵

中国非物质文化遗产旅游国家主题公园以文化旅游为显著特征，以保护、传承、合理利用中国非物质文化遗产资源为基础，以旅游产业为主导，推动相关产业协调发展，以增强旅游国际竞争力为特色的新型国家主题公园。

具体表述为：

1.“文化之城”

中国非物质文化遗产旅游国家主题公园的核心理念是中国非物质文化遗产的保护、整合、利用。中国的非物质文化遗产分布于全国各个地区、各个不同领域，系统地研究、保护、展示、利用作为中华文化重要组成部分的中国非物质文化遗产，是弘扬中华民族文化的内在要求，是推动社会主义文化大发展、大繁荣的应有之义。建立中国非物质文化遗产旅游国家主题公园，开展中华文化的寻根体验之旅，必然会引起海外华人华侨，以及海内外游客的广泛认同。

2.“精神之城”

中国非物质文化遗产旅游国家主题公园，应该是一个温馨的精神家园。文化旅游的核心在于构建精神家园。现在的主题公园大多偏离了真正的文化内涵，体现不出精神价值。中国非物质文化遗产旅游国家主题公园要真正体现出“精神家园”的文化内涵，能够让人有根的感觉、家的情怀；能够让人在思想上得到升华、心灵上得到净化、情感上得到抚慰；能够让人真正感受到中华文化的博大精深、源远流长，以及伟大的民族精神。实质上，弘扬中华民族优秀的传统文化就是在弘扬并传承民族精神。

3.“快乐之城”

在上海世博会上，全世界各种精巧的创意、奇妙的发明、珍贵的展品、多元的文化荟萃于此，世界各地的参观者纷至沓来，走进世博，就是走进了“天下一家”的“嘉年华”，在世博会这个交流和对话平台上，实现文化的多元共享和文明对话，促进世界的和平发展。中国非物质文化遗产旅游国家主题公园，将以公园的形式打造一个“永不落幕”的文博会和中华文化的“嘉年华”。通过这个中外文化的交流平台，开展各种形式的中外文化的交流与展示活动，促进中华文化对外交流与弘扬，提升中华文化在世界的辐射力、影响力。

（三）战略定位

1. 国家文化发展战略高地；

2. 海南国际旅游岛建设的战略支点；

3. 中华文化教育基地；

4. 中国非遗文化会展交流中心和研究、教育基地；

5. 中国文化旅游示范基地；

6. 中国一流、国际知名的度假休闲旅游目的地。

● 国家文化发展战略高地

依托中国非物质文化遗产旅游国家主题公园，大力开展以中国非物质文化遗产为载体的中华文化研究，在文化研究方面，通过建立国家级的研究中心，系统开展中国非物质文化遗产的研究；通过举办高规格的国际学术会议，推动对非物质文化遗产研究的国际交流；与全国妇联、北京大学联合创办中华礼仪学院；与中国人民大学、北京大学、清华大学以及海外华人联合组建中国国学院等，同时争取举办国家级大型文化展会、峰会，推动全国高端文化聚集，大力发展文化创意产业，全方位打造国家主题公园在文化发展方面的影响力和软实力，总体目标是把海南文昌建成国家文化发展的战略高地。

● 海南国际旅游岛建设的战略支点

中国非物质文化遗产旅游国家主题公园，不应是一个一般的主题公园项目，而是要成为海南探索一种新的旅游发展模式的载体，探索海南旅游产业升级方向的一条途径。作为国家公园的主体定位，中国非物质文化遗产旅游国家主题公园的建立，使海南可以汇聚全国各地优秀的文化资源，以丰富海南旅游的文化内涵和增强海南的文化优势，使海南在激烈的国际旅游竞争中赢得有利地位，从这个意义上说，建设中国非物质文化遗产旅游国家主题公园具有战略支点作用。

● 中华文化的教育基地

中国非物质文化遗产是中华文化的重要组成部分，是中华民族的根，是中华文明的文脉传承。利用这些宝贵的文化资源，向人们展示中华民族的博大精深、源远流长和多元一体的优秀文化，使人在参观、游览的同时，接受到文化的熏陶和启迪，对于所有参观者，特别是青少年，具有很强的教育意义。

● 中国非遗文化会展交流中心、研究教育基地、文化创意产业基地

作为国家主题公园，理应承担中国非遗文化的会展、交流、研究、培训任务。同时，文化产业是新兴的朝阳产业，世界文化的交流融合是大势所趋。海南要成为文化魅力独特的文明之岛，成为国际经济合作和文化交流的重要平台，必须找准定位，大力发展文化产业。建立中国非物质文化遗产旅游国家主题公园，可以以此为载体，以非物质文化遗产为特色，汇集全国各地的文化精英，以大型实景演出、特色舞蹈、民乐民俗、影视作品等形式向世界展示悠久灿烂的中华文化，同时邀请世界各地的文艺团体来此交流和演出，从而推动海南文化产业的发展，为海南增添又一独特的文化风景线，成为海南旅游的新名片。

● 中国文化旅游示范基地

文化是旅游发展的灵魂，旅游是文化发展的依托。旅游产品的竞争力最终体现的是文化的竞争。把旅游与文化紧密结合起来的旅游产品才更具有生命力。建立中国非物质文化遗产旅游国家主题公园，就是要以此作为创新实验基地，充分发挥海南作为国际旅游岛的政策优势，在旅游产品、业态、模式方面大胆创新，打造国家文化旅游集聚区，为我国推进文化与旅游结合发展探索出一条新路。

● 中国一流、国际知名的度假休闲旅游目的地

提高主题公园在国际及国内的市场竞争力和吸引力，把主题公园建设成中国最具特色的精品旅游区之一，建设成连接东南亚、港澳台地区的国际旅游枢纽及国内区域旅游集散地、旅游目的地、现代化国际社区，完成海南旅游热点互补的战略构想。

（四）发展目标

1. 发展目标

争取用10年或更长一段时间，把中国非物质文化遗产旅游国家主题公园建成以非遗文化和文化旅游为显著特征的世界级旅游产品、中国文化旅游示范区、中国文化创意产业发展高地，中国一流的度假、休闲旅游目的地，成为国际旅游岛区域增长极和战略支点。

2. 分阶段建设目标

中国非物质文化遗产旅游国家主题公园的建设基本时间跨度为5年，可分为三个阶段：

第一阶段（2010年—2011年）

在这一阶段，高起点、高标准完成中国非物质文化遗产旅游国家主题公园的总体建设规划，并依据这一规划编列各个专业部门规划，使中国非物质文化遗产旅游国家主题公园建设规划成为各个部门、版块、园区发展的纲领性文件。建设公园水、电、交通、电讯等基础设施及办公居住区，为后来建设国家主题公园奠定基础。

第二阶段(2011年—2013年)

重点建设国家主题公园的主体工程，包括国家文化博览中心、中华文化大观园、中华养生堂、中华国学堂等若干重大工程建设，基本形成园区空间布局。

第三阶段(2014年—2015年)

重点建设园区各版块间的景观工程，完成园区总体布局，完善园区功能，基本建成世界一流、中国特色的具有国际吸引力的现代旅游文化城。

(五)基本思路

鉴于国家主题公园的定位，着眼于国内外大型主题公园的成功实践，中国非物质文化遗产旅游国家主题公园要在发展思路上有重大创新，空间布局上有重大突破。中国非物质文化遗产旅游国家主题公园采取的是“功能组团、特色发展、产业配套、优势互补”的规划思路。其内涵是：

“功能组团”，按照国家主题公园的设计功能定位，必须采取功能组团的方式。项目颠覆了传统大型主题公园人造景观的传统模式，采取大统一、小分散、版块式、开放式的公园结合，各自承担独自功能。主体建筑只有博览中心，承担会议会展任务。

“特色发展”，非遗文化是中国非物质文化遗产旅游国家主题公园的最大特色，所以，旅游产品创新、业态选择、功能布局都要以此展开，实现特色发展。

“产业配套”，中国非物质文化遗产旅游国家主题公园承担一大批公益职能，要实现可持续发展，必须在产业上做文章，来实现盈利。因此，做好产业配套、产业链的延伸拓展至关重要。

“优势互补”，园区各功能组团式协作配套、优势互补。如非遗文化核心区的演艺，是吸引人气的主要亮点，人气聚集后就会往各功能区扩散。同理其他区域的特色产品吸引顾客后，又可引导顾客向非遗文化区聚集。

根据以上思路，园区要协调处理好资源配套、功能分布等各种关系，以实现既定的发展目标。

(六)业态选择

现代大型主题公园产品业态呈现出多元化的复合趋势。以华侨城为例：业态多达十几种。这也是华侨城成功的主要原因。综合国内外主题公园的业态分析，结合中国非物质文化遗产旅游国家主题公园的特殊优势，中国非物质文化遗产旅游国家主题公园的主要业态是：文化演艺、文化旅游、节庆会展、文化创意、购物、餐饮、酒店、旅游文化地产等产品业态，实现集群、集聚式发展。

文化演艺：近几年，我国文化演艺事业蓬勃发展，一批原生态著名旅游节目表现不俗。如《印象刘三姐》一年演出三百多场，年收入达6000多万元，国家主题公园集非遗文化之大成，为文化演艺提供了源源不断的节目创意源泉。国家主题公园的文化演艺，力争做到两天之内不重复，而且可以做到节目创新常态化，以丰富多彩的节目集聚人气，吸引顾客来园并在此休闲度假，打造旅游目的地。

文化旅游：利用园中丰富的非遗文化资源，开展文化观光游、体验、休闲度假游，打造独特的旅游风景线。

节庆会展：公园建成开业后，集聚各种高端文化、旅游资源，争取承办各种国家级乃至世界级的节庆会展活动，打造海南国际旅游岛各种会展节庆活动的高地。

购物：打造大型购物中心和世界奢侈品品牌专卖店，集中发展零售购物。

餐饮、娱乐：随着顾客的增多，旅游目的地的建成，为园区的酒店、餐饮业开辟了无限广阔的市场。

文化创意：文化创意产业是文化产业发展的重点。丰富的非遗文化资源，为园区的文化创意产业提供了源源不断的创意源泉。利用非遗文化元素和现代科技，可以源源不断地创意出文化旅游产品，为打造我国世界级的文化旅游品牌奠定坚实的基础。

旅游文化地产：适度发展旅游文化地产，利用文昌良好的生态环境优势，打造中国文化名人、艺术名家的第二居所。

(七)功能布局

根据中国非物质文化遗产旅游国家主题公园的战略定位，中国非物质文化遗产旅游国家主题公园承担国家级非物质文化遗产展览展示、演艺节庆、教育培训、文化交流、体验休闲、文化创意等功能，主要的功能区如下：

非遗文化核心区、中华文化大观园、海洋文化区、国际文化区、琼岛(华侨)文化区、文化教育区、文化创意产业园、生活服务区。

1. 非遗文化核心区

功能:国家主题公园的核心功能区。是非遗会展中心;是举办各种文化交流、大型文化活动、会议,以及大型演艺活动场所;

2. 中华文化大观园

功能:国家主题公园的主体功能区。是全面系统展示中华文化的主要场所,以观光、体验、休闲的方式为顾客提供各种服务。

分若干个主题:如中华美食、中华茶道、中华养生、中华服饰、中华书画、中华姓氏、中华武术等功能展示区,打造各具特色的主题展示区域,吸引游客前往。

3. 海洋文化区

功能:以中国"龙"文化、"福"文化为主轴,展示中国绚丽优美的海洋文化,举办会议、赛事,促进海洋文化交流。

4. 国际文化区

功能:展示异域文化风情,融合世界五大洲最具代表性的非遗文化精粹,打造各具特色的主题建设项目,使游客"一小时"博览、体验世界文化。

5. 琼岛(华侨)文化区

功能:展示海南,特别是文昌文化独具特色的古风新韵,以及海南文昌作为著名的侨乡的侨乡文化,借助科技手段,再现海外华人的创业史、奋斗史,展示海外华侨对祖国的赤子情怀。

6. 文化教育区

功能:开展非物质文化遗产的系统研究;开展中华国学、中华礼乐文化的教学、研究、推广、传播,引进国际一流的教育培训机构,打造一流的集旅游、文化于一体的高端人才培训基地。

7. 文化创意产业园

功能:立足非物质文化遗产要素,以其文化内涵、文化构思、文化形象、文化象征、文化创意的方式融入到新的文化产品之中,极大提升文化产品的附加值,打造世界民族手工艺品(文化创意产品)设计、制作、集散中心。同时在创新文化业态方面进行大胆探索,把海南文昌建成我国高端文化产业的聚集区,以及创意文化产业的高地。

8. 生活服务区

功能:为国家主题公园提供各种配套服务。

主要工程:购物中心、度假酒店、适度的旅游观光文化地产、办公区、娱乐总汇等。

七、中国非物质文化遗产旅游国家主题公园综合效益战略评价

(一)经济效益战略评价

从项目所在地海南旅游市场发展趋势、大型主题公园的发展趋势,以及项目的设计思路、运营模式和盈利模式综合来看,该项目具有良好的经济效益。项目全部完工后,每年按接待能力可达到300万人次以上,项目全部完工后,预计总收入将到30亿元—50亿元,带动地方劳动就业5000人以上,年上缴各种税收可达10亿元以上,年实际利润总额10亿元以上,预计2—3年可收回第一期投资成本,实现滚动发展,可持续发展的目标。

(1)从市场前景来看,海南推进国际旅游岛建设,在政策方面,在全国具有独特优势。随着"落地签证"和"零关税"的政策逐步实施,海南游客将大幅上升,按照海南国际旅游岛规划要求,2015年海南省接待游客将达4800万人次,中国非物质文化遗产旅游国家主题公园游客预计接待量300万人次,仅占游客总数的6%。依照海南南山文化旅游景区的实践来看,游客"凡到海南,必到南山"。只要景区做到海南最优、最有特色,这个目标对于具有规模优势和综合性优势的中国非物质文化遗产旅游国家主题公园来说是完全可以实现的。

(2)从国内主题公园的实践和发展趋势来看,综合性、复合型的大型主题公园的游客接待能力是在稳步上升的(华侨城主要景区的接待能力超过700万)。从国际经验来看,大型主题公园的发展是旅游发展阶段的产物。中国正在进入休闲时代,正是大型主题公园发展的黄金时代。

(3)从发展和运营模式来看,中国非物质文化遗产旅游国家主题公园的设计理念、开发运营模式具有开创性、独特性、复合性,因此经济效益是有保障的,完全可以支撑公园的可持续发展。

(二)生态效益的战略评价

中国非物质文化遗产旅游国家主题公园涉及的文化旅游业本身就是资源低消耗产业,本身对生态建设有积极作用,倡导人们回归自然,促使人们养成保护生态环境的良好习惯,提高人们的文明素质。中国非物质文化遗产旅游国家主题公园在建设和实施中将倡导生态理念,按照生态文明的基本要求,遵循生态社会、生态经济、生态环境的运行规律,构成人与自然和谐、生态良好的园区环境,实现

人与自然和谐的发展目标。国内外旅游业发展的实践证明，开展旅游活动是发展经济和保护自然的有效途径，因此，本项目完全可以做到资源开发与环境保护并重。

(三)社会效益的战略评价

中国非物质文化遗产旅游国家主题公园不仅对海南经济发展有积极意义，而且具有重大的社会意义。中国非物质文化遗产旅游国家主题公园既是旅游项目、文化项目，又是具有重要意义的社会项目、涉外项目，更是富民工程。它对于推动我国文化大发展大繁荣，推进我国文化对外开放，推进中国旅游业转型升级的探索，都具有重大的战略意义和典型意义，是践行科学发展观的重要举措和国家文化发展的迫切需要，对推动我国非物质文化遗产保护和利用、弘扬中华民族优秀文化，促进中华文化走向世界、开展国际文化交流、推动文化旅游发展、发展区域经济、提升就业水平、推动社会文明进步和均衡发展，都将起到积极的作用。

八、结论与建议

(一)结论

总体来看，“海南文昌——中国非物质文化遗产旅游国家主题公园”是顺应旅游业发展趋势的标志性工程，是推动海南国际旅游岛建设的重要支撑型项目，是弘扬中华优秀传统文化的重要战略举措。同时也是一项颇具创新性和挑战性的重大理论课题，是理论探索与指导实践相互结合的又一新的尝试。

一是顺应潮流、正当其时。无论国际还是国内，旅游业都处于蓬勃发展时期，特别是海南国际旅游岛的建设为海南的旅游业发展提供了历史性机遇。与此同时，旅游消费的不断升级和国际竞争的日趋激烈，要求我们在发展旅游业的同时更要保持清醒的认识。必须认识到旅游需求的文化属性，持之以恒地推进旅游和文化的融合发展；必须认识到充分挖掘文化内涵是我们的最大优势，而中国五千年的灿烂文化为我们提供了无尽的宝贵资源；必须认识到要站在国家的高度推动海南国际旅游岛建设，以实现其战略目标。因此，可以说“海南文昌——中国非物质文化遗产旅游国家主题公园”是应运而生，并肩负着促进海南旅游业和海南国际旅游岛建设的历史责任。

二是多重功能、影响深远。“海南文昌——中国非物质文化遗产旅游国家主题公园”既是旅游项目，也是文化项目，更是具有重要意义的社会项目和涉外项目。从旅游项目来看，他可以丰富国际旅游岛发展内涵，增强海南旅游国际竞争力，提升海南国际旅游岛的战略地位；作为文化项目，它可以构建文化旅游结合发展的重要途径，并成为探索文化繁荣发展的新领域；作为社会项目，它可以弘扬中华民族的优秀文化，增强中华民族的凝聚力，促进社会的进步与和谐；作为涉外项目，他可以打造国际文化交流的重要平台。因此，这是一项具有重要经济效益和广泛社会效益的项目，具有深远影响和强大生命力。

三是抢占先机、占领高地。海南建设国际旅游岛，有其良好的生态条件和自然环境为依托，但其产品单一、内涵不足、档次偏低等也是不容忽视的问题。建立中国非物质文化遗产旅游国家主题公园，将集中国内外优秀的文化资源，深入挖掘优秀的中国非物质文化遗产资源，创新中国元素的表现形式，借鉴国外优秀的文化创意，运用高新技术，努力培育一个在全国具有影响力和竞争力的文化旅游主题公园品牌，带动海南文化旅游的强劲增长，从而为海南国际旅游岛建设增添新的高地。

四是广为借鉴、大有可为。主题公园产生于20世纪50年代，国内外主题公园的发展既有诸多成功的经验可以利用，也有不少失败的教训可资借鉴。如以往我国主题公园发展中文化挖掘不深、特色创新不足、缺乏市场导向、盲目照搬照抄等弊端已经为今天发展中国非物质文化遗产主题公园提供了许多参照。与此同时，当前我国市场经济发育不断成熟、大型项目运作日臻完善、高新科技运用日趋普及、文化创意能力不断提高、经营管理水平不断提升，可以说目前我国文化主题公园发展的条件已经具备，文化主题公园发展的春天真正到来了。

五是高度契合、花落文昌。从文昌的经济社会发展来看，文昌自然人文条件优越，具备建立中国非物质文化遗产旅游国家主题公园所必需的自然和社会环境。同时文昌地处海口半小时经济圈，优越的地理位置使其拥有便捷的内外部交通网络和庞大的客源市场。更为重要的是文昌依托着国际旅游岛的创新发展和良好体制，又有其自身发展的各项政策支持。因此，落户文昌是中国非物质文化遗产旅游国家主题公园项目的最佳选择。

六是前途光明、效益可期。从项目所在地海南旅游市场的发展趋势、大型主题公园的发展趋势，以及项目的设计思路、运营模式和盈利模式综合来看，该项目具有良好的经济效益、生态效益和社会效益。

（二）建议

1. 鉴于项目的综合性、系统性、复杂性，涉及到各个部门、各个层级、各个方面，建议成立高层次的战略咨询委员会，作为项目规划、项目建设、项目运营的高层次战略咨询机构，吸收各个领域的专家，广泛征求意见，以国际一流为规划目标，精心编制、科学规划各种方案设计，参与咨询论证，为项目决策提供科学依据。

2. 鉴于“海南文昌——中国非物质文化遗产旅游国家主题公园”项目对于海南、甚至全国的旅游和文化产业发展的重大影响和项目本身具有的战略意义，希望有关部门协调早日立项。

附件　中国非物质文化遗产旅游国家主题公园概念性规划

一、项目背景

海南建设国际旅游岛上升为国家战略，代表国家意志，体现国家利益，是一项庞大而复杂的系统工程，必须对得天独厚的区位优势、无与伦比的资源优势、无法比拟的度假设施、方便快捷的交通网络、特殊优惠的政策优势重新认识；必须以大视野、大思路、大变革在国际旅游岛模式定位上进行思路创新、模式创新、建设创新和管理创新；必须把大文化概念和多元和谐文化内涵融入其中，突出文化是旅游的灵魂而超越当今世界上既有的旅游岛模式；必须以大文化、大旅游、大发展来拉动内需主导消费，应对世界金融危机从而实现经济社会可持续发展；必须实施重大项目带动战略，选择具有导向性、牵引性、辐射性的超大型旅游文化产业工程——主题公园项目为突破口，建设高端精品景区景点带动海南国际旅游岛全方位系统开发是最佳选择和当务之急。

主题公园是典型的主题旅游产品，能创造出一批新的旅游产品。主题公园建设有利于合理配置区域资源，有利于提升区域核心竞争力，有利于形成全新的区域产业链条，有利于优化区域产业结构，有利于全面驱动区域经济社会综合发展等为本地区发展带来巨大的推动作用。省委、省政府把主题公园建设作为海南国际旅游岛建设 2010 年起步开局之年的重点工作全力推进，海南的主题公园建设必将进入一个全新的时代，从而加快国际旅游岛建设的步伐。

中国非物质文化遗产旅游国家主题公园的建设顺应历史潮流，符合实现海南建设国际旅游岛的战略目标。中国非物质文化遗产旅游国家主题公园以“多彩民族文化，人类精神家园”为主题。为了满足人们日益增长的精神文化需求，适应新人类群体的消费特征，拟建的中国非物质文化遗产主题公园是一个融休闲、旅游、娱乐为一体，集生态、水景、园林、文化景观之大成，充分体现中国元素、中国原创、中国风格、中国气派的以中国非物质文化遗产旅游为主题的文化旅游复合景区和旅游目的地。体现文化、社会与政治的多重责任，也是文化产业的实践基地，是非遗传承人的培训基地，将体现出较大的社会效益和经济效益，主题公园建设将坚持“与生态保护相结合、与产业化相结合、与市场化相结合”，着力打造成文化内涵丰富、生态环境优美、人文与自然交相辉映的主题公园。

二、规划指导思想

（一）指导思想

按照“大生态、大文化、大教育、大旅游”四大规划理念，对项目的建设和发展进行崭新的诠释。大生态：即通过自身的表率作用向游人倡导一种新的消费模式，创造一个环境优美、生态和谐、美丽舒适的家园。基于这一理念，非遗主题公园的开发和建设要始终坚持“环境优先”的原则。大文化：旅游是文化和产业的高度融合。历史为非遗主题公园奠定了丰富的文化内涵，因此，“大文化”便成为项目发展的灵魂。要始终奉行“文化精品”原则：其一是“文化意识”。其二是“精品意识”。为了精益求精，园区的规划要完美。聘请国内外在建筑、历史、园艺、美术工艺方面著名的专家共同参与规划设计工作。体现出这种高标准、高质量、高格调的“精品意识”。大教育：生态的和谐，文化的熏陶，使人们在游历山水之时受到潜移默化的教育，丰富了人们的精神世界，激励着人们不断追求进步——这就是非遗主题公园对“大教育”的诠释。大旅游：项目致力于创造一个闻名世界的文化旅游景区，使中国传统文化精髓汇集于此，成为中外游人关注的焦点之一。

鉴于国家主题公园的定位，着眼于国内外大型主题公园的成功实践，中国非物质文化遗产旅游国家主题公园要在发展思路上有重大创新，空间布局上有重大突破。中国非物质文化遗产旅游国家主题公园采取“功能组团、特色发展、产业配套、优势互补”的规划思路。其内涵是：

“功能组团”，按照国家主题公园的设计功能定位，必须采取功能组团的方式。项目颠覆了传统的大型主题公园人造景观的传统模式，采取大统一、小分散、版块式、开放式的公园结合，各自独自功能。主体建筑只有博览中心，承担会议会展任务。

“特色发展”，非遗文化是中国非物质文化遗产旅游国家主题公园的最大特色，所以，旅游产品创新、产态选择、功能布局都要以此展开，实现特色发展。

“产业配套”，中国非物质文化遗产旅游国家主题公园承担一大批公益职能，要实现可持续性发展，必须在产业上做文章，来实现盈利。因此，做好产业配套，产业链的延伸拓展至关重要。

“优势互补”，园区各功能组团式协作配套、功能互补。做到前园区，后社区，实现园区与社区的一体化，突出现代主题公园的新理念。

(二)规划原则

1. 坚持生态优先，合理利用土地，考虑经济效益，使之与生态环境建设相互促进，形成健康而富有生机的景观。

2. 园区和社区一体化，从本质上进行主题公园的创新。

3. 以人为本，营造和谐环境，构筑供人们交流、体验的空间。

4. 因地制宜，利用八门湾的优势，谋求与城市的共生与协调发展，将水嵌入城市，城市溶于水，自在灵动。

5. 弘扬特色—大力挖掘和体现配套区依托主题公园、拥有较长海岸线、以及主题公园互动题材的特色，创造具有鲜明的科技特色、文化展示、休闲体验的生态型服务功能区。

6. 灵活配套—应对大型会展期间人流规模的不确定性，在规划中灵活设置一定量的临时设施，并兼顾不同时期与广场、绿地、停车场其他公共设施的结合利用。

7. 市场导向原则，从分析市场出发针对市场需求，对旅游资源进行筛选、加工、设计、制作、规划、开发成适销对路的旅游产品。

8. 可持续发展原则，规划要带来最佳的经济效益，也要考虑到良好的社会效益和生态效益，体显经济、社会发展和生态保护相协调。做到开发与保护相一致，现状与未来的一致，实现资源的永续利用。

三、发展目标

(一)旅游发展目标

1. 总体目标

(1)国家文化发展战略高地。依托中国非物质文化遗产旅游国家主题公园，大力开展以中国非物质文化遗产为载体的中华文化研究，建立国家非物质文化交流基地，开展国际学术交流，同时争取举办国家级大型文化展会、峰会，推动全国高端文化聚集，大力发展文化创意产业，全方位打造国家主题公园在文化发展方面的影响力和软实力。

(2) 海南国际旅游岛建设的战略支点。把中国非物质文化遗产旅游国家主题公园打造成集非物质文化遗产展示与互动、生态观光、休闲度假、娱乐参与、旅游与一体的国家级 AAAAA 级旅游景区。汇聚全国各地优秀文化资源，以丰富海南旅游的文化内涵和增强海南文化优势，使海南在激烈的国际旅游竞争中取得有利地位。

(3)中华文化的教育基地。中国非物质文化遗产是中华文化的重要组成部份，是中华民族的根，是中华文明的文脉传承。利用这些宝贵的文化资源，向人们展示中华民族的博大精深、源远流长和多元一体的优秀文化，打造中华文化的教育基地。

(4) 中国非遗文化会展交流中心和研究、文化创意产业基地。以国家主题公园为载体，以非物质文化遗产为特色，汇聚全国各地的文化精英，大力发展文化创意产业，以大型实景演出、民乐民俗、影视作品等形式向世界展示悠久灿烂的中华文化，开展国际文化交流，从而推动海南文化产业的发展。

(5) 提高主题公园在国际及国内的市场竞争力和吸引力，把主题公园建成中国最具特色的精品旅游区之一，建成连接东南亚、港澳台地区的国际旅游枢纽及国内的区域性旅游集散地和旅游目的地。

2. 分阶段目标

中国非物质文化遗产旅游国家主题公园的建

设基本时间跨度为5年,可分三个阶段:

第一阶段(2010年—2011年)

功能强化,树立名牌

在这阶段,高起点、高标准完成中国非物质文化遗产旅游国家主题公园的总体建设规划,并依据这一规划编制各个专业部门规划,使中国非物质文化遗产旅游国家主题公园的建设规划成为各个部门、板块、园区发展的纲领性文件。建设公园水、电、交通、电讯等基础设施及办公居住区,为建设国家主题公园奠定基础。

第二阶段(2011年—2013年)

配套开发,打造品牌

重点建设国家主题公园的主体工程,包括国家文化博览中心、中华文华大观园、中华养生堂、中华国学堂等若干重大项目建设,基本形成园区空间布局。

第三阶段(2014年—2015年)

建设完善,创新拓展

重点建设园区各板块间的景观工程,完成园区总体布局,完善园区功能,基本建成世界一流、中国特色的具有国际吸引力的现代旅游文化城。

(二)战略发展规划

1. 可持续性发展战略

区域旅游业的可持续发展是维持文化完整、保护生态环境的同时,满足人民对经济、社会和审美的需求,旅游与国家在生态、社会文化、经济三方面实现可持续性发展有密切关系,在国家可持续性发展战略中占重要的地位,旅游业所需资源相对较少,环境代价相对较小,是天然具有可持续性发展的优势产业和实施可持续性发展战略的先导产业,也是各个国家和地区实现资源环境与社会经济协调发展的最佳切合点。

2. 错位竞争战略

从文昌的周围,省内、省外、国外已经形成了许多著名的旅游区,非遗主题公园如果想在激烈的竞争中脱颖而出,争得一席之地,就必须创造出与周边地区不同的旅游产品。

3. 立体开发战略

在现有资源基础上,精心筛选,多维立体开发,多层次多侧面地展示文化资源魅力,力推多维复合式旅游产品,以适应不同目标市场需求。

4. 区域合作战略

在非遗主题公园的建设过程中,要放眼向外,置身于大的区域环境中,加强与周边旅游区的合作,实现"优势互补,共同发展",旅游区的合作有利于资源的合理配置和市场的拓展。

5. 适度越前战略

在非遗主题公园的建设过程中,在规划中要有越前的战略,其发展速度要快于GDP和工农业的发展。

四、规划布局

(一)形体结构

规划建议中国非物质文化遗产旅游国家主题公园采用"一核、一带、一环、二翼、三园、六区 、多节点"的形体布局,通过规划的实施,形成特色鲜明,重点突出,面向全国和东南亚及欧美的旅游发展新格局的国家主题公园。

一核

以中国非物质文化遗产旅游为核心功能区,形成主题公园的中心区。

一带

八门湾作为文昌市的生态核心,也是主题公园的精神中心及文化活动核心带。

一环

指围绕八门湾的绿化环道,是主题公园的景观大道,区内的公共共享景观走廊。环状交通通行道路,串联了各个功能分区。

一轴

指东环快速铁路把项目不同地点的发展中心串连起来,形成功能组团的"特色发展,优势互补"。

二翼

指项目不同地点的发展中心,中间通过非遗乡村嘉年华田园风情体验带,连接渗透各个功能中心片区,通过一中心二翼的发展,形成泛主题公园。

三园

中国非物质文化遗产旅游国家主题公园的三个园区,包括国家红树林自然保护区公园、中华大观园、文化创意产业园。

六区

指中国非物质文化遗产旅游国家主题公园六个功能区。

如下图:■■■部份为国家主题公园拟建设地点

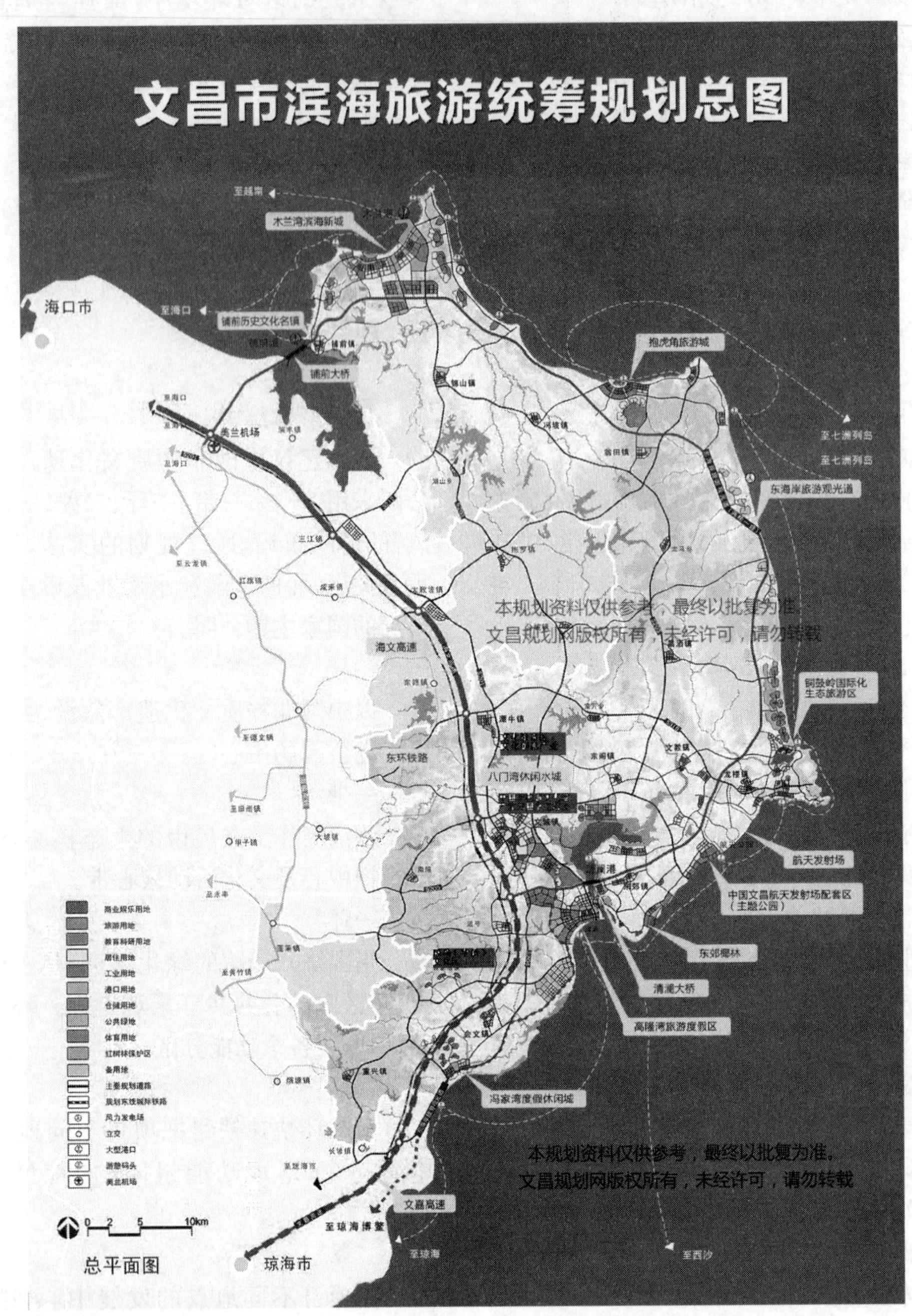

(二)功能分区

根据现有地貌、开发条件、设计原则，区域内的空间布局及为了进一步形成独特的文化感观和景区吸引力，主题公园通过功能分区和特色项目立体展示非物质文化遗产，主要分为非遗文化核心区、中华大观园、海洋文化区、国际文化区、琼岛(华侨)文化区、文化教育区、文化创意产业区、生活服务区、生态公园区等。

1. 非遗文化核心区

位于文昌市八门湾内，占地面积约500亩，该区项目包括国家主题公园入口区、国家文化博览中心、文化广场、中华演艺大道等。

功能：国家主题公园的核心功能区，是非遗会议中心，是举办各种文化交流、大型文化活动、会议、大型演艺活动场所。

2. 中华大观园区

位于文昌市八门湾内，总面积2000亩，该区项目包括中华美食文化街、中华茶文化街、中华服饰文化街、中华养生堂、中华百姓园、中华武术馆。

功能：国家主题公园的主体功能区，是全面系统展示中华文化的主要场所，以观光、体验、休闲的方式为游客提供各种服务。侧重于动态的展示，可参与性和体验性强，区内将会从非物质文化遗产的十大类别中选取有代表性的项目进行体验。让老百姓亲身感受传统文化的无穷魅力，也将实现互动体验效果的文化产业项目。

3. 海洋文化区

位于文昌市八门湾内，总水面面积含红树林保护区 18 平方公里，该区项目包括国家红树林自然保护区公园、东海龙宫祈福殿、大型水上乐园。

功能：以中国"龙"文化为主轴，展示中国绚丽多彩的海洋文化，举办会议、赛事、促进文化交流。

4. 国际文化区

位于文昌市八门湾内，占地面积 500 亩，主要项目包括万国文化城、异域风情一条街、世界舞蹈艺术中心，国际旅游购物中心。

功能：展示异域文化风情，融合世界五大洲最具代表的非遗文化，打造各具特色的主题建设项目，融汇世界各国非遗文化的精粹，使游客"一小时"博览、体验世界文化。

5. 国家级城市生态湿地公园

位于文昌市八门湾内，与林业部门合作将红树林自然生态保护区打造成以东南亚热带湖泊红树林湿地为风景特征，以生态保护为主、观光休闲和科普科教为辅的专类生态湿地公园，红森林公园不仅是"非物"展示的载体，同时也是在探寻文化与产业完美结合的路径。八门湾红树林位于文昌河，文教河和横山河等八条大小河流入清澜港北侧汇合处。八门湾红树林以该湾四面滩涂为中心，辐射文昌河、文教河等河流上游数公里，其范围包括文城、清澜、土宛、东阁、东郊、文教等六个镇接连八门湾之区域，公园总面积达 3 万亩。八门湾红树林与东寨港红树林是海南省两处著名的红树林景观，有"海上森林公园"之美称。八门湾红树林现有十八个科三十余类，占目前全世界红树品种 81 种的 40%，是我国红树品种最多的地方。八门湾红树林风光旖旎，千姿百态，可给观光旅游者大饱眼福。

红树林公园代表了八门湾地区乡土山地群落、河口潮汐带红树林群落的生态特色。作为城市湿地公园这一特殊专类公园，红树林公园具有湿地生态功能的典型特征，将建设成为以生态保护、科普教育、自然野趣和休闲游览为主要内容的公园，突出湿地所特有的科普教育内容和自然文化属性，充分利用湿地的景观价值和文化属性，丰富居民休闲娱乐活动，建成后将成为丰富文昌市现代生态产业新城内涵、塑造体现滨海城区的城市形象特色的重要体现。结合场地的各种因素，通过规划确定公园内湿地保育、生态功能展示、体验和服务管理等功能区域。配套建设生态化的服务设施、观景、观鸟及游憩设施、解说牌等，形成自然、生态的海上心灵家园。红树林公园共分为 4 个功能区：入口管理区、红树体验区、生态保护区与亲水活动区。

6. 琼岛(华侨)文化区

位于文昌市会文镇境内，靠近官新温泉，占地面积 1000 亩，主要项目包括文昌文化长廊、华侨博物馆、公益祈福殿、中国华侨名人碑、博彩娱乐园等。

功能：展示海南，特别是文昌文化的独具特色的古风新韵，以及海南文昌作为著名侨乡的侨乡文化，借助科技手段，再现海外华人的创业史，展示海外华侨对祖国的赤子情怀。

7. 文化教育区

位于文昌市华侨农场境内，靠近八门湾，占地面积 2000 亩，主要项目包括中国非物质文化遗产研究中心、中华国学堂、中华礼仪学院、中国非物质文化遗产培训学院、中国旅游高级人才培训中心。

功能：开展非物质文化遗产的系统研究，开展中华国学、中国礼乐文化的教学、研究、推广、传播，引进国际一流的教育培训机构，打造一流的集旅游、文化于一体的高端人才培训基地。

8. 生活服务区

占地面积 1500 亩，包括购物中心、度假酒店、旅游观光文化地产、办公区、娱乐总汇。

9. 文化创意产业园

位于文昌市华侨农场境内，占地面积 500 亩，主要项目包括文化创意街。

功能：立足于非物质文化遗产要素，以其文化内涵、文化构思、文化形象、文化特征、文化创意的方式融入到新的文化产品中，极大提高文化产品的附加值，打造世界民族手工艺品设计、制作、集散中心。

(三)旅游产品开发

现代主题公园产品开发业态呈现出多元化的复合趋势，以华侨城为例：业态多达几十种，这也是华侨城成功的主要原因。中国非物质文化遗产旅游国家主题公园的主要旅游产品开发业态是：文化演艺、文化旅游、节庆会展、文化创意、购物、餐饮、酒店、中华养生中医理疗、旅游文化地产等。根据海南人的消费习惯，还将把主题公园及红森林湿地公园打造成为文昌的不夜城。规划园区内涉及与非遗文化有关的商业、餐饮、娱乐等方面，将布置水幕电影、文化演艺等夜间展演。

文化演艺：近几年，我国文化演艺事业蓬勃发展，一批原生态著名旅游节目表现不俗。中国非物质文化遗产旅游国家主题公园集非遗文化之大成，为文化演艺提供了源源不断的节目源泉，国家主题公园的文化演艺，力争做到两天之内不重复，而且可以做到节目创新常态化，以丰富多彩的节目集聚人气，吸引游客来园并在此休闲度假，打造旅游目的地。

文化旅游：利用园中丰富的非遗文化资源，开展文化观光游、体验、休闲度假游，打造独特的旅游风景线。

节庆会展：公园建成开业后，集聚各种高端文化、旅游资源，争取承办各种国家级乃至世界级的节庆会展活动、竞技比赛活动，打造海南国际旅游岛各种会展节庆活动的高地。

购物：打造大型中心和世界奢侈品品牌专卖店、非遗产品专卖店，利用海南“免关税”的政策，集中发展零售购物。

餐饮、娱乐：中华老字号是中华文明灿烂的非物质文化遗产，随着旅游目的的建成，为园区的酒店、餐饮、娱乐开辟了无限广阔的市场，在这里可以充分享受到中国独特魅力的餐饮文化、茶文化、酒文化。

中华养生中医理疗：中医养生是中国传统文化的瑰宝，是我国著名非物质文化遗产。养生是以培养生机、预防疾病、争取健康长寿为目的。中医养生有食养、药养、针灸、按摩、气功等丰富多样的养生技术。古人认为养生之法莫如养性，养性之法莫如养精；精充可以化气，气盛可以全神；神全则阴阳平和，脏腑协调，气血畅达，从而保证身体的健康和强壮。所以精、气、神的保养是最重要的内容，为人体养生之根本。中国人素有养生传统，长命百岁是中国一贯的传统追求，可以创造一所示范性的养生休闲居住小区，将居住、游艺、医疗、保健、再教育等结合为一，让有养生愿望和养生实力的人群在这里得到自在快乐。项目有：

中医养生、饮食养生、环境养生、房室养生、针灸养生、太极养生、气功养生等，可以吸引更多的华侨回来休闲度假，更多的外国人来进行各种中医理疗。

旅游文化地产：适度发展旅游文化地产，利用文昌良好的生态环境优势，打造中国文化名人、艺术大师的第二居住地。

主要规划旅游产品：

1. 国家文化博览中心：位于非遗文化核心区。收藏反映华夏民族五千年悠久历史和文化底蕴的实物、文献、图片、资料、著作、录音、录像等，平时也可搞些专题性展出。展示古今书画名家的书法、篆刻、美术作品及纸、笔、墨、砚等文房诸宝。宫内设千福壁和万寿壁，在壁上镌刻上千个风格各殊、构图异趣的“福”字和上万个各具特色、玄妙无比的“寿”字；宫内还可展示非遗文化产品的生产流程。馆外可设描绘古今华夏风光的名人名家诗词碑林。不仅供游人参观、品味书画艺术，同时可作为书画艺术研修、创作的场所。

2. 文化广场：位于非遗文化核心区。文化广场将作为游客休息、交流、游乐、集会的中心地区。文化广场将定期举办各地、各民族的节日庆典、大型实景演出、民俗体验等文化活动，让游客亲身体验我国各地的民风民俗、特色文化景观。

3. 中华演艺大道：汇集我国各地的曲艺、杂技、戏剧、民乐等具有浓郁地方特色文艺表演，让游客领略我国丰富多彩的文化艺术成果。

4. 中华美食文化街：位于中华文化大观园。游人在美食文化街吃遍中华老字号美食：天津狗不理包子、上海南翔包子、广东凉茶、北京烤鸭、四川赖汤圆等…，体验中国独特的餐饮文化、酒文化。

5. 中华茶文化街：位于中华文化大观园。汇集中国各地优质名茶，展示中国悠久的茶文化，游客不但可以品尝到各地的名茶，而且还可欣赏到中国传统的茶艺表演。

6. 中华服饰文化一条街：位于中华文化大观园。展示中国不同民族、不同朝代的服饰文化，同时也展示中国服饰文化的新时尚品牌。

7. 中华养生堂：位于中华文化大观园。包括养身文化展示区及中医药文化展示区，非遗文化中尤以中医药、养生文化显特色。中医药、养生文化展示区应建养生堂、药王殿、杏林坊；中医药文化展示区展示名医及中草药的文献、资料、图片、实物，并邀民间老中医切脉、针灸、推拿、按摩、理疗；展示藏医、彝医、苗医等少数民族医学；介绍佛家、道家的各种功法和养生秘诀，为练功修真者提供研究、切磋、习练、交流的最佳场所。

8. 中华百姓园：位于中华文化大观园。中国是世界上人口最多的国家。中国在今天世界上仍然是最有秩序的国家之一，这得益于我们祖先最原始最科学的设计，中国正是由“百家姓”联姻构成的。

姓中有姓，血脉相连，都是真正的骨肉之亲。中华百姓园可设立所有姓氏的神位，并介绍诸姓氏的历史、渊源、重要人物及其杰出贡献，陈列有关的族谱、文献、图片、人物。这为海内外同胞提供了寻根认宗、访圣拜祖的场所，以增进全世界华人的认同与交流。每年清明节，“百姓园”举办盛大纪念先祖的活动，追溯各姓氏先人们的辉煌历史。

9. 中华武术馆：位于中华文化大观园。中国武术在国际上具有很高的知名度，是中国宝贵的非物质文化遗产，设立中华武术馆，一方面展示中华武术的精湛技艺，另一方面推动中华武学的国际交流。

10. 东海龙宫祈福殿：位于海洋文化区。本项目位于海南最东部，中国人常说，福如东海长流水，寿比南山不老松。本着这种理念东海龙宫祈福殿通过采用提炼、夸张、抽象等手法，运用传统艺术、工艺等与现代科技相结合的方法，展现人类对追求幸福的美好愿望。

11. 国际游钓中心：位于海洋文化区。利用八门湾环境优美，水面面积大，海洋生物丰富的特点，建设中国最大的国际游钓中心，作为主题公园的辅助休闲项目，吸引国内外爱好者，还可以定期举办国际大赛。

12. 海洋馆：位于海洋文化区。展示各种海洋生物，并开展海豚、海狮等海洋生物表演，增强人们对海洋的认识。

13. 大型水上乐园：位于海洋文化区。可以进行游泳、冲浪、帆船、沙滩排球等休闲娱乐活动。

14. 万国文化城：位于国际文化区。融合世界文化精华，“一小时”博览世界文化。将以全世界各国民族的非遗文化为主题，建设项目。融合世界文化之精华，体现中华民族文化的博大精深。举办世界非遗文化盛会，建设非遗文化论坛。

15. 异域风情酒吧一条街：位于国际文化区。汇集世界各国的酒吧文化，打造风格各异的酒吧，让游客同时体验到不同的异域风情、美酒佳酿。

16. 世界舞蹈艺术交流中心：位于国际文化区。交流展示世界各地的舞蹈艺术，如探戈、伦巴、恰恰、西班牙斗牛舞、踢踏舞等等。

17. 文昌文化长廊：位于琼岛(华侨)文化区。文昌市文化发达，人才济济，崇尚教育。“一里三进士”是历史的写照，被称为“文化之乡”。文昌市人杰地灵，名流辈出。涌现出我军大将张云逸等 205 位将军，被称为“将军之乡”；出现了对中国乃至世界近现代史影响长达半个世纪的宋氏家族，孙中山夫人宋庆龄、蒋介石夫人宋美龄都出生于此，被誉为“名人之乡”。通过文昌文化历史长廓勾画文昌的历史，增加人们对文昌的了解。

18. 华侨博物馆：位于琼岛(华侨)文化区。文昌市华侨众多，风情淳朴。120 多万海外侨胞侨居世界 50 多个国家和地区，被称为“华侨之乡”。“下南洋”是中国人走向世界，海外创业非常恢弘壮观的历史大戏。虽然已经时隔多年，中国移民史上绝不亚于“闯关东”、“走西口”的重大历史事项，她的历史价值和现实意义仍然光辉难掩。园内系统展示华侨华人历史，借助新的展示手段，形象、系统地向人们回顾了华侨华人走出国门、走向世界的足迹；再现了他们在居住国的生存状况和杰出表现，介绍了他们从侨民到公民认同转变的过程；讴歌了他们为人类进步事业创下的不可磨灭的功绩；展示了华侨对祖国的拳拳赤子心和殷殷报国情。

19. 公益祈福殿：位于琼岛(华侨)文化区。公益代表公众的公共利益；祈福代表中华文化个人行为的价值取向与愿景。公众利益与个人的价值取向将形成人们对社会的需求。公益祈福殿堂基于游客的需求设立中国非物质文化遗产传创公益基金(简称传创基金)与祈福彩票结合，满足游客对文化的追求，激发游客的文化情操。

20. 博彩娱乐园：位于琼岛(华侨)文化区。包括经国家有关部门批准的福利彩票及体育彩票和电玩中心等娱乐项目。至于博而偶于乐：博为向上、追求激情、满足欲望，乐于思、追求幸福、融于和谐。设立中国非物质文化遗产祈福彩票，将公益文化与博彩文化有机结合，满足游客的文化需求，激发旅游激情，发行祈福彩票，合理公民财富二次分配，追益公民社会和谐发展。

21. 中国非遗文化会展交流中心：位于文化教育区。展示在全国乃至世界都具有独特性的非物质文化遗产，展示经过古今能工巧匠、艺术家创作而形成的艺术精品。会展中心集展出、制作、加工、销售为一体，游客不但可以在现场了解其传统工艺的全过程，而且可以在能工巧匠的指导下学习，同时每天都可以观赏到不同的非遗节目表演。今后还可以以非遗旅游国家主题公园名义和政府合作，举办“国际非遗文化艺术节”。同时，也是进行有关学术交流、研讨、对话的场所，平时可放映反映非遗文化题材的影视作品，使人们对非遗文化有一个全面的认识和了解。成为国内研究非遗文化的基地和对外学术交流的窗口。

22. 中华国学堂:位于文化教育区。随着中国经济的崛起,世界对中国越来越关注,对中国悠久的历史、灿烂的文化产生了浓厚的兴趣。设立中华国学堂,可以传播中国传统文化,促进中国与世界的沟通。

23. 中华礼仪文化研究院:位于文化教育区。中国自古为"礼乐之邦",也称"礼仪之邦","礼"在中国古代政治社会生活中举足轻重,中华文化就是礼乐文明的文化。设立中华礼乐文化研究院,定期举办中华礼乐文化论坛,扩大影响力。

24. 中国非遗文化培训学院:位于文化教育区。非物质文化遗产是中华五千年文化遗留下来的瑰宝,有些项目频临失传,创办非遗文化职业技术学院是非常必要的,单一的学一种项目目前就业困难,如果在大学里能学多种技艺,就业就相对容易。为了更好地对我国非物质文化遗产保护及传承以及满足人们学知识和创业的需要,创立本学校。

25. 中国旅游高级人才培训中心:位于文化教育区。吸引国内外旅游高端人士,在学习知识的同时,体验中国文化。

26. 购物中心(包括免税店):位于生活服务区。游客们休闲购物场所,争取设立免税店。本项目将建设文昌最高层的购物中心,使游客能有一全方位的购物场所同时,浏览文昌市生态全景,使购物亦形成一景点,打造购物文化。

五、规划技术指标

该项目核心区初步方案选址在文昌市八门湾地区,在此选址建设主题公园具有如下优势:①该区风光秀丽,有漫长连绵的海岸线;海湾内为2.8万亩的红树林自然保护区。这里风景优美、环境宜人,婀娜多姿的红树林沿岸可见,拥有半岛、海湾、湖泊、河流、山地、沙坝、平原等多种地貌特征。②该区域区位极佳,距海口美兰机场不到30分钟车程,随着文昌两桥一路建成,该地段的区位优势将进一步突显。③现状土地利用中约60%左右的土地曾被用作渔业用地或经济作物用地,未用作开发建设,土地供给充足。④该区临近文昌铜鼓岭风景名胜区,且靠近已规划选址的文昌发射场和航天主题公园,可以通过景区之间的合作,产生良好的主题公园积聚效益。

初步规划技术指标

总用地面积333万平方米,

建筑占地面积113万平方米

建筑总面积86万平方米

道路占地面积16万平方米

绿化占地面积200万平方米

其他占地面积4万平方米

容积率0.2

绿化覆盖率60%

六、道路交通规划

(一)道路规划

主题公园区内道路分为园区主路、支路及游步道,主路宽度11米,支路宽度7米,度假区游步道一般宽度在2米左右,局部人流密集处设置4-5米宽。围绕八门湾的绿化环道,是主题公园的景观大道宽度为24米 。

(二)道路开放性控制

为使主题公园区优良景观资源能够服务社会各个阶层人群,实现主题公园区内交通的贯通,凡是规划度假区主路、支路及游步道均须保证对公众的全面开放性。各类型地块内部道路由开发主体决定其开放性。

(三)景区入口

在景区内部布局有两个主要的出入口,两入口作为主要人流及车流的集散中心,结合旅游综合用地设置。

(四)交通设施分布

社会公共停车场兼交通换乘点共设两处,一处设于主入口处,为大型公共停车场,以满足节庆活动期间大规模停车需求,用地面积66500平方米;另一处结合入口设置,满足区块日常公共停车需求,用地面积6900平方米。

(五)交通方式

主题公园区内机动车交通以环保观光电瓶车为主,通过旅游小镇交通换乘点实现外部机动车与内部电瓶车换乘。

七、通讯、电力规划

电信部门编制统一规划,建立通讯基站,扩大电话覆盖面和入户率;电力部门提出配电方案,对现有电网适度改造,以满足中国非物质文化遗产旅游国家主题公园的需要。

八、其他设施配套

治安管理机构，金融网点，主要景点给排水等设施，按照需要合理布局建设。

九、生态建设与环境保护

旅游环境是旅游业的生存基础，旅游环境的保护关系到旅游业的可持续发展和兴衰成败。同时，随着旅游业的发展，人们对旅游业本身给环境所带来的污染问题也有了更全面的认识。在国家旅游局下发的《中国优秀旅游城市检查标准》中，环境指标所占分值为4.5%，涉及大汽、水、声、固体废弃物、绿化等多种环境指标，可见环境与旅游息息相关。为此，国家环保局、国家旅游局、建设部、林业部国家文物局于1995年专门联合颁发了“关于加强旅游区环境保护工作的通知”。由此不难看出保护旅游环境对旅游产业的持续发展有重要意义。

（一）严格执行国家和地方有关风景名胜区、自然保护区、文化保护、水土保持、污染防治、资源保护方面的法律、法规，正确处理环境保护与旅游开发的关系，从而达到旅游业的可持续发展。

（二）所有的旅游开发项目必须执行环境影响评价制度，旅游景区（点）环境管理责任制，有效加强环境管理。

（三）技术政策支持原则。坚持开发治理的综合系统性，生物措施、工程措施和农艺措施并重，发挥技术优势。

（四）实施“旅游资源有偿使用”，“谁开发谁保护，谁污染谁治理”等原则。

（五）各类道路全部实施通道绿化，种植较高档的绿化树种及花草，全面推广以微灌、滴灌、喷灌为主要形式的节水工程，科学合理利用水资源。

（六）申报国家级红树林自然保护区，与林业部门合作把红树林自然保护区观光旅游区建成一个生物走廊带。

第三部分

我国煤炭企业建设和谐矿区模式探索

——河南超越集团“矿业农庄”模式案例研究

我国煤炭企业建设和谐矿区模式探索

——河南超越集团“矿业农庄”模式案例研究

一、“和谐矿区”建设理念的形成与探索

我国煤炭资源储量丰富，煤炭开采历史悠久，在漫长的开采历史中形成了数量众多的煤炭矿区和煤炭资源型城市，同时我国煤炭资源禀赋情况，决定了我国煤炭矿区和煤炭城市的分布特点。除上海市以外，其余省、市、自治区内均有储量不等的煤炭资源赋存，这样就形成了我国煤炭矿区和煤炭资源型城市的分布特点：既广泛又相对集中，主要分布在东北、西北、华北、西南等地区。关于我国煤炭矿区的数量至今未见准确统计数据，仅有各类矿井的统计数为7万余处。如果按照矿区的基本概念和一般规模范畴来理解，并考虑了一个矿区内有数个或数十个矿井的因素，那么我们认为，依托如此多矿井形成的大、中、小煤炭矿区数在我国应以万计（目前社会各界初步认同的我国煤炭资源型城市数量是63座，其中地级城市有29座，县级城市为34座）。同时，我们应明确，这些煤炭矿区不论大小，都是我国经济社会的一个重要组成部分，在如此大一个区域内推进和谐社会建设，是我国全面构建社会主义和谐社会的必然选择。

1. 煤炭矿区的发展现状

建国60余年来，我国煤炭矿区发展首先伴随着煤炭开采走过形成期，即建国初期我国煤炭开采开始采用机械化采煤，机械化采煤所需的水、电、交通等配套设施与矿工生活所需的基础设施开始建设，这样围绕煤炭开采逐渐形成了一定的社会生产、生活结构和活动区域，并逐渐成为所在地方经济结构中的一个部分，成为我国煤炭矿区的雏形。后来，随着现代工业技术在煤炭开采中的广泛使用，以及煤炭关联产业的发展和矿区内生产生活基础设施的逐步完善，在一些中型煤炭矿井周边逐渐出现了规模大小不一的村镇，有的煤炭生产村镇人口达到了数千人，地方政府为强化管理，直接在煤炭矿区内设立了乡镇政府，将矿区发展纳入所在乡镇的管理范畴，有力地促进了我国煤炭矿区发展。

其次，国家为了解决能源问题，加快了一些大型煤矿矿井的建设和开采步伐，在增加矿井建设投入的同时，也增加了矿区的基础建设投入，使得一些矿区城镇的城市化水平显著提升，进而在我国诞生了数十个“因煤而兴”的煤炭资源型城市，煤炭矿区的建设与发展也随之纳入了城市管理范畴，使我国煤炭矿区发展进入成熟期。如今，我国正在根据国民经济科学发展和煤炭需求的情况，按照“上大关小、产能置换、优化结构”的原则，加快大型煤炭矿区总体规划工作，进一步优化煤炭开发布局。同时，在中央深入推进社会主义和谐社会构建和建设全面小康社会方针指引下，贯彻落实科学发展观，积极优化各类矿区建设与发展，推进和谐社会构建，实现矿区经济发展与区域经济发展相协调、实现人与自然的和谐相处，成为我国煤炭矿区建设发展的新要求、新使命，促使我国煤炭矿区的建设发展进入优化期。

目前，建设“和谐矿区”实现全面可持续发展，已在我国的不少大型煤炭企业集团所在的地方和区域内得到广泛推进，而且已取得了明显成效。在我国的13个大型煤炭基地的98个矿区中，近年来多数矿区已构建起“和谐矿区”建设框架，并迈入了优化发展期。如：山西的同煤、潞安，山东兖矿，安徽淮南等矿区。但是，在我国为数众多的中小煤炭矿区，由于长期以来采用传统的“快速建井、强力开

采、废物排放"发展模式，虽然为所在地经济发展做出了积极贡献，但是也给这些煤炭矿区的建设与发展留下了诸多隐患，严重制约着这些煤炭矿区的全面可持续发展。特别是一些民营小煤炭企业，挑肥捡瘦、采厚弃薄，片面地追求产量和经济效益，不仅严重破坏了煤炭资源的整体可采性和矿区的和谐建设，而且在煤炭开采中造成了生态环境严重破坏和矿难多发，更不顾煤炭资源所在地农民的共同富裕，只实现了少数人暴富，暴富后个别人又在社会上爆出诸多不良丑行，从而形成了"煤老板"这样遭人痛恨的称呼，致使许多原本合法诚信经营的中小民营煤炭企业也受到了社会的歧视和不公待遇。

课题组综合分析后，认为在我国煤炭矿区建设发展中，当前仍存在不少迫切需要研究解决的问题，主要表现在以下 4 方面：

(1)资源依赖型发展，产业结构性矛盾突出

长期以来，我国煤炭矿区因煤而兴，形成了资源依赖型发展模式，其主要特征是：矿区的主导产业依赖煤炭资源而发展，使得多数煤炭矿区形成了"一煤独大"的单一产业格局。资金投入集中于煤炭资源开采，其他产业因投资匮乏而发展缓慢。同时，由于煤炭资源的不可再生性，可开发利用的煤炭资源逐渐减少并最终耗尽，依赖煤炭资源而形成的产业链条面临着断裂，矿区的可持续发展也面临危机。另外，由于忽视了技术创新能力的培育，其发展模式的转型也将更加困难，这些都使得我国煤炭矿区经济社会发展面临的风险和困难不断增大。

(2)采空区沉降、塌陷面积增加、生态环境日益恶化

我国煤炭企业除部分大型煤炭企业集团外，大部分中小煤炭企业产品品种单一，科技含量低，仍然采用"资源—产品—废弃物"的一次单向粗放型利用方式，不仅造成资源的损失和浪费，而且产生了比较严重的环境污染问题。同时，在煤炭开采过程中，煤炭资源大量采掘引发的滑坡、崩塌、泥石流和水土流失等地质灾害时有发生，使矿区的采空区沉降、塌陷面积迅速增加，使地下含水层原始径流破坏，采空区的水位下降，造成了矿区周边的部分地区人畜饮水困难、水利工程破坏、农业生产受到严重影响。煤炭的开发和利用过程中产生大量煤矸石、废水，向大气排放烟尘和有害气体二氧化碳(CO_2)、二氧化硫(SO_2)和氮氧化物(NOx)等，也导致了矿区生态环境的日益恶化。煤炭矿区的环境污染已成为目前可持续发展中必须考虑的重大环境问题之一。

(3)煤炭行业产业集中度低、煤炭安全生产形势依然严峻

我国煤炭行业产业集中度偏低，"小、散、乱、差"的问题仍十分突出。同时，尽管我国的国有重点煤矿采煤机械化程度近年来达到了 82.7%，生产和安全指标也达到世界的先进水平。但是，与发达国家相比我国煤炭行业整体技术水平还较低，许多中小型煤炭企业生产技术装备水平极低，生产工艺依然落后，浪费资源现象依然严重，煤炭生产长期存在的瓦斯、透水、煤尘等，对安全造成很大威胁，重大安全事故频发，对矿区的和谐建设造成重大影响。尽管国家的有关部门对煤炭生产安全管理的力度不断加大，但煤炭生产安全风险仍未得到有效控制。2009 年全国煤矿共发生事故 1616 起，死亡 2631 人，全国煤炭百万吨死亡率下降到 0.892。美国煤矿 2004－2006 年的百万吨死亡率分别仅为 0.027、0.021 和 0.045，波兰煤矿 1999 年以来百万吨死亡率一直在 0.4 以下，印度、南非为 0.5 左右，与这些国家相比，我国还有很大的差距，煤矿安全问题频繁发生制约着煤炭矿区的建设与发展。

(4)矿区基础设施建设滞后、民生问题改善困难多

在传统的粗放型发展模式下，大多的煤炭矿区偏重煤炭生产而忽视矿区的建设，矿区的基础设施建设欠账较多，带来了严重的环境污染和生态破坏，影响矿区内人民群众的生活质量提高。矿区内居民的就业、住房、教育、医疗等民生问题成为煤炭矿区和谐发展的难题。同时，由于矿区的采空区沉降、塌陷面积迅速增加，使地下含水层原始径流破坏，给矿区内的农民生活、农村建设和农业生产等造成了严重影响，因而解决"三农"问题也成为煤炭矿区和谐发展的又一难题。

以上制约我国煤炭矿区和谐建设可持续发展的四个主要因素，是本课题总结我国煤炭矿区建设发展中存在的共性问题，对于个案问题将在相关课题研究中进行探讨，在此不再细列。

2."和谐矿区"建设理念的形成与实践

2005 年 2 月 19 日，中共中央总书记胡锦涛提出构建社会主义和谐社会的问题，在全国范围内掀起了努力构建和谐社会的热潮。如何把构建社会主义和谐社会的总要求，以及写入党中央决定的"民主法治、公平正义、诚信友爱、充满活力、安定有序、人与自然和谐相处"的 28 个字、六个方面的要

求，落实到全国各行业、全社会的方方面面，成为近年来社会各界思考的主要问题和推进事宜。“和谐矿区”建设的理念率先在部分矿业企业中得到树立后，拥有矿产资源的地方政府也开始把“和谐矿区”建设列为了社会主义和谐社会建设的重要组成部分。从此，建设“和谐矿区”就成为矿业企业和拥有矿产资源地方政府工作中的一项重要的战略任务，并开始了积极探索与实践，主要体现在以下三个方面：

一是“和谐矿区”建设实践已在众多煤矿企业展开。近年来，我国的矿业企业认真学习胡锦涛主席讲话精神，在企业内部推进“和谐矿区”建设，努力实现企业的又好又快发展。经过本课题组的广泛调研，在这些企业中普遍形成的“和谐矿区”建设十大目标：一是强化资源优化配置，保障企业可持续发展；二是强化本质安全管理，促进企业安全高效运行；三是强化体制机制创新，保持企业永续发展活力；四是强化生态环境保护，筑牢科学发展根基；五是强化人力资源配置，积蓄企业发展后劲；六是强化诚信友好协调，塑造企业的良好形象；七是强化和谐文化，夯实“和谐矿区”建设文化基础；八是强化反腐倡廉，打造廉洁奉公优秀团队；九是强化生活后勤保障，建设富美和谐文明新家园；十是强化平安矿区维护，推动矿区文明建设上台阶。围绕这十大目标，不少矿业企业范围内的“和谐矿区”建设取得了很大进展，但是由于习惯上的认识和相关管理体制的原因，这些目标中如：营造和谐的外部发展环境、实现企业内外发展同步推进和企地双赢共荣、有效化解企业内外矛盾、保持矿区总体和谐稳定等许多方面还未真正落到实处，还有待进一步推进。

二是国内部分资源型城市“和谐矿区”建设取得一定进展。近年来，国内部分资源型城市如淮北市、三门峡市等城市政府在推进和谐社会建设中，清醒地认识到，“和谐矿区”建设是其和谐城市建设中的薄弱环节，是容易出问题的地方。为此，这些资源型城市率先加强了“和谐矿区”建设工作，其主要经验有：统一思想提高认识，充分理解加强矿区和谐社会建设的重要意义；明确任务、突出重点，切实抓好安全生产、治安防范、矛盾排查和企地共建的“和谐矿区”建设和平安建设；通过地方、矿业企业和有关部门的共同努力，狠抓落实、努力推动“和谐矿区”建设卓有成效地开展。市里各级安监、公安、国土、煤炭管理等部门在认真履行管理职责的同时，积极指导企业开展和谐平安创建活动；矿山企业所在地政府、镇村都以和谐平安矿区建设为契机，开展多种形式的企地共建活动，为企业提供更好发展空间；各矿山企业则明确责任，加强领导，克服困难，建立健全经费保障机制，切实为创建工作提供有力的物质支撑，以保证各项工作的顺利开展。总之，这些城市政府、部门和企业，以改革创新的精神努力工作，下大力气落实各项措施，促进了矿企安全生产，促进了经济社会协调发展，创建了较为稳定、平安、和谐的良好社会发展环境，为城市和矿区实现全面持续发展做出了积极贡献。

三是一些煤炭重点省、市、县已开始进行“和谐矿区”建设试点。目前，国内的一些煤炭重点省、市、县开始把“和谐矿区”建设提上重要议事日程，纷纷开始了“和谐矿区”的试点工作。如：山西省委、省政府在全省范围内进行煤炭资源整合的同时，最近也提出了“和谐矿区”建设号召，而且晋城市的“和谐矿区”建设已初具成效。由于“和谐矿区”建设是一个崭新的课题，所涉及的方方面面工作很多，需要地方政府、矿业企业和有关部门的共同努力，为此，需要立足新的实践，不断开拓“和谐矿区”建设的新思路和新境界，才能实现我国构建社会主义和谐社会的目标。这也是进行本课题研究的立足点和目的所在。

3.“和谐矿区”建设中存在的问题

本课题组对我国“和谐矿区”建设中存在的问题与挑战进行广泛深入调研后，总结和归纳出如下八方面：

(1)在我国大多数煤炭矿区内“和谐矿区”全面建设格局尚未形成，依然处在试点建设阶段，加之相关行政管理体制和机制的制约，目前实现矿区的统筹规划和管理还存在诸多困难。

(2)对煤炭矿区资源利用后的生态环境变化，缺乏统一的监测制度，评价制度也不完善，不仅影响着对矿区资源的合理保护和综合利用，也制约着矿区的生态综合治理。

(3)煤炭矿区的产业结构不合理与开发体系不完善，以及政策支持和法律法规滞后，缺乏相应的管理协调机制，都影响着煤炭矿区循环经济的发展。目前，只局限在企业内部和相关产业链中搞循环经济，还不是真正意义上的大区域循环。

(4)煤炭矿区内劳动力文化素质低、科技普及率低、生态环境保护宣传教育滞后，以及相关技术服务缺乏，科技成果转化慢，是目前制约我国煤炭矿区科学发展的重要因素。

(5)矿区内不少煤炭企业只重视经济效益，生态环境意识差，社会责任感不强，依然沿用传统的生产工艺，粗放开采、超采、资源浪费严重，不重视提高资源利用率，不愿投入更多资金改进生产工艺、提高科技水平、支持矿区基础建设和相关产业发展等，成为建设"和谐矿区"、推进矿区持续、科学发展的阻碍。

(6)目前矿区内的资源开发项目立项难、手续繁杂，相关政策不到位，部门利益争执多，造成了许多项目悬而未决，不少项目审批耗时达数年之久、花费巨大精力取得了开采生产权，却错过了最好的发展机遇，增加了投入成本，致使不少项目中途流产，成为我国煤炭矿区和谐建设与发展的影响因素。

(7)尽管改革开放30余年来，大型煤炭企业集团对发展非煤产业引起了高度重视，也出现了如山西"阳煤集团、晋煤集团、潞安矿业等非煤产业占50%左右的典型。但是，大多煤炭矿区内的非矿产业发展严重滞后，尽管不少矿企有心、矿区的农民也期望他们投资发展矿区内的农业和其他非煤产业，却限制于土地流转和土地使用权等问题，难于实现统筹发展。

(8)由于一些民营小煤企老板的不良行为给社会各界留下较坏印象，加之一些舆论宣传对"煤老板"的过度"丑化"，致使许多原本合法诚信经营的中小民营煤炭企业，目前不仅需要面对民营企业贷款难、融资成本高等问题，而且还需要花更多精力去应对来自社会的各种负面影响，这也成为众多民营煤炭企业推进中小矿区和谐建设发展的制约因素。

4. 煤炭矿区对"和谐矿区"建设模式的探索

关于我国煤炭矿区的"和谐矿区"建设模式，经过本课题组的调研后，总结出目前常见的建设模式有如下三种：

一是资源型城市政府主抓的"和谐矿区"建设模式。这一模式主要是由于煤炭资源型城市的特殊性决定的，为实现城市的全面科学发展，减缓"因煤而衰"步伐，推进经济转型发展成为这些城市的必然选择。这些城市本身就是依托矿区发展建立起来的，矿区的和谐建设与科学发展就成为这些城市的主体部分，唯有把这个大矿区建设发展好，才能实现这些城市的社会和谐、生态优化和可持续发展。为此，在这些城市中基本上都是由城市政府主抓"和谐矿区"建设，目前走在建设前列、并取得一定成效的城市有淮北、三门峡和晋城等城市，它们的具体推进做法我们将另立分课题进行研究，选择典型向全国推介。

二是矿区内煤炭企业主动推进的"和谐矿区"建设模式。这一模式主要在一些民营煤炭企业负责开采建设的中小矿区，由于矿区地方政府财力有限，投入不足，而民营煤炭企业又想获得比较好的外部发展环境，主动出资参与矿区范围内的农业和其他产业发展，自觉投入矿区的基础设施建设和改善矿区内的职工、居民、农民的生活生产水平，成为"和谐矿区"建设的积极推动者。例如：河南超越集团在安阳市探索建设的"矿业农庄"模式就是一个典型，其具体推进做法本课题将在以下研究报告中详细解读。当然，我国的一些国有大型煤炭企业做的也很不错，如：山东兖矿集团和山西同煤、阳煤、晋煤、潞安矿业集团等。

三是煤炭企业与地方政府共建"和谐矿区"的模式。这一模式主要在一些拥有中型煤炭矿区的城市、区县和城镇中推进，企业和政府共同贯彻落实科学发展观，一起承担起构建和谐社会、实现全面小康的责任，合力推进区域内的"和谐矿区"建设。目前取得一定成效的有安徽淮南市、贵州兴仁县等地方。它们的做法我们拟另立课题进行研究后，选择典型向全国推介。

5. 煤炭"和谐矿区"建设与优化发展的取向

本课题组借鉴部分典型资源型城市推进"和谐矿区"建设的先进经验和一些矿业企业建设"和谐矿区"的目标内容，对我国"和谐矿区"建设的概念做了进一步诠释。

"和谐矿区"建设——指在矿区内通过各方面共同努力尽快建立起统筹规划管理体系、体制机制创新体系、资源优化配置体系、绿色开采生产体系、循环经济发展体系、生态环境保护体系、生产安全管理体系、人力资源配置体系与和谐文化培育体系等，营造出"民主法治、公平正义、诚信友爱、充满活力、安定有序、人与自然和谐相处"的经济社会发展环境，有效化解企地、矿群等矛盾，实现矿区内企地的全面同步发展和双赢共荣，进而保持整个矿区的科学发展和可持续发展，把建设"和谐矿区"的这一战略任务落到实处，实现我国社会的全面和谐。

本课题组初步诠释的"和谐矿区"建设概念不一定完善准确，热切期待相关研究者给予更多的修正与补充。但是我们认为：此概念涵盖的主要内容从大多数中、小煤矿，特别是小煤矿的实际出发，重点以解决"矿村、矿农"矛盾为主的"和谐矿区"建设，应成为当前大力推进我国煤炭矿区和谐建设和

优化发展的取向。同时,在进一步推进“和谐矿区”建设应坚持好以下四原则:

在工作部署上要突出求“稳”。一定要把矿井安全、矿区稳定放在各项工作的首位,牢固树立以稳定保和谐的思想,增强政治意识、责任意识和忧患意识,不断提高广大煤企和所在地方领导干部发现和处置矿井下安全隐患和地面突发事件的应急能力,以促进矿区内社会经济的和谐发展。

在工作思路上开拓求“新”。一定要继续解放思想、更新观念,加大自身改革的力度,防止和克服因循守旧、墨守成规的陋习,要不断尝试新形势下维护社会稳定的方式方法,制定行之有效的维护社会稳定的措施,不断把“和谐矿区”建设工作推上新台阶。对于一些“老大难”问题,要主动介入,落实责任,设法解决,坚决防止问题扩大。

在工作作风上细致求“实”。领导干部要身体力行、踏实工作,说实活、办实事、谋实效,不搞花架子,把做“功”与做“事”结合起来,注重从那些看得见、摸得着,关乎人民群众切身利益的“小事”抓起,认真查找本部门和个人工作中的不足和差距,用实际行动践行创建和谐社会的要求。

在工作方法上讲究求“准”。要抓住当前影响稳定的热点问题,有针对性地做好工作。目前煤炭矿区表现比较突出是“四矿问题”(即矿业、矿山、矿工、矿城的问题),特别是要解决好煤矿企业残疾和死亡矿工家属、子女的生活、就业问题,加快棚户区改造工程和外来打工者的住房、就医、子女上学等急需解决的问题。这些问题若解决不好,对煤炭矿区的和谐建设发展造成很大冲击,必须积极采取措施、下大力气解决好。

二、超越“矿业农庄”模式的实践

河南超越集团(简称超越),是河南省的重点民营企业,也是河南省民营企业中率先建立党组织的企业,成立20多年来在党的一系列改革开放政策指导下,在企业党组织的全力支持和配合下,依靠自主创新,由小到大、从当年资产儿万元的一个私营企业起步,今天已发展成为一个以资产经营管理为核心业务的跨地区跨行业的综合性民营企业集团,其经营涉及文化、房地产、能源、工业和农业综合开发,总资产已达50多亿元。

近年来,超越集团以落实科学发展观为指导,在发展中形成了“科学发展、健康发展、和谐发展”,建设“科学超越”、“健康超越”、“和谐超越”的战略思想,经过不懈努力探索,在安阳市初步创立了中小煤炭矿区建设“和谐矿区”的“矿业农庄”模式,在过去5年中具体组织和实施了《超越集团矿业农庄总体规划》、《龙泉矿业农庄总体规划》,并取得较好效果。

1. 超越“矿业农庄”产生的背景

2006年4月初,河南超越集团面临两大决策,一是循环经济实施方案的审议;二是集团第三个五年规划的确定。这两个决策都涉及到对技改煤矿和新建煤矿如何加快建设步伐的问题。河南超越集团董事局主席杨清河先生适时提出:加快矿井建设的步伐,除加快核准手续办理及技术层面上的积极准备外,还有土地征用及失地农民的安置等问题,这些问题涉及到国家“三农”政策和社会主义新农村建设的大局。若按照传统发展模式建设超越矿山,矿业与农业、矿山与农村、矿工与农民、企业与社区间常会产生矛盾,并发生利益的纠纷。这些不和谐的因素,将在很大程度上影响矿区经济和社会的发展。于是,既要有利于矿山建设,又要兼顾当地农民的利益,就成为超越集团迫切需要解决的问题。另一方面,从农业支持工业,到工业反哺农业;从农村服务城市,到城市带动农村,工与农,城与乡,这两大关系正实现着从未有过的历史转变,如何把建设社会主义新农村和企业发展循环经济科学有机地结合起来,都成为超越探索建立新型经济模式、建设“和谐矿区”的大背景。

经过充分调查研究和论证后,河南超越集团和相关部门拿出了兼顾以上各方因素并利于企业操作的新发展思路,即通过构建矿业农庄集团,把矿区农民的土地经营权资产盘活,让农民和拿出的土地资源参与到市场配置中来,为矿业农庄集团提供基础条件,扩大农民就业门路,在企业发展的同时帮助农民致富,提高农民素质,转化农民身份,改善农民居住、交通、文化教育条件,促进超越集团全面发展。杨清河先生在广泛征求社会各方的意见后,把这种新的发展模式定名为超越“矿业农庄”模式,并将其作为集团第三次创业的标志性工程,纳入建设“科学超越”、“健康超越”、“和谐超越”的发展战略中。超越集团在做了大量准备后,于2008年下半年开始对“和谐矿区”建设的积极实践与探索。

超越“矿业农庄”——主要指为把矿区建设成具有循环经济特征的生态型城镇,兼顾矿业与农业、矿山与农村、矿工与农民、企业与社区等多边利益关系，以达到协调、发展、共赢、和谐的一种新型的经济组织形式，是以矿业企业和矿区农民作为平等主体，本着自愿互利的原则，以资源、资产、资本为纽带，以股份制为特征，以合作为基本形式，以培训为主要手段，实现股东、工人、农民等多种身份为一体的质的转变，促进矿业与农业协同发展，城市与乡镇统筹建设的一种有活力的新型经济联合体。

超越"矿业农庄"模式的基本内涵是：创新，即创新理念和思维，开创新的经济社会发展方式；联合，即将矿业与农业联系在一起，将工人与农民联合在一起，将城镇与农村联结在一起，形成一个全新的独立经济实体；建树，即建设现代化新农村，从根本上解决辖区内的"三农（农业、农村、农民）"问题和"四矿（矿业、矿山、矿工、矿城）"问题；发展，即发展新型绿色矿山，推进工农业的发展，推进地方区域经济社会的发展；益民，即将国家利益、地方利益、企业利益、集体利益、工人和农民利益等紧密结合起来，实现科学发展；和谐，即坚持以人为本，始终把实现好、维护好、发展好最广大人民的根本利益作为一切工作的出发点和落脚点。

2. 超越"矿业农庄"的框架体系

超越"矿业农庄"模式的一个根本目标就是把"矿业农庄"作为主要载体，全面推进超越集团煤炭矿区的"和谐矿区"建设。主要建设框架就是在超越集团煤井所在矿区内以发展循环经济为理念，集中精力突出构建了三大体系：即矿业发展及相关工业的循环经济产业体系、农业发展及农副产品加工循环经济产业体系、生态、文化及社会主义新农村的建设体系。

在这三大体系中，以矿区的煤炭资源开发为核心，按照循环经济的客观要求，努力推进矿区"三化"：一是以煤—电—材—建、煤（气）—焦—化为母体的产业链，实现废弃物的综合利用和尽可能降低污染排放，通过打造产业聚集平台，实现工（矿）产业化；二是以矿区农业资源为纽带，构建"矿业农庄"模式，推进工（矿）业反哺农业，建立以工促农，以城带乡的长效机制，参与社会主义新农村建设，逐步实现矿区农业现代化；三是以矿区的生态保护和环境治理为重点，按照煤层结构和开采特点，协助地方政府对矿区内小城镇进行规划建设，主动投入配套基础设施和保护生态环境，以及对矿区内科技、教育、文化、卫生、体育等事业的整体推进，积极参与"和谐矿区"建设，努力提高矿区的城镇化水平。同时着力实现"矿业开发与农业开发"和"经济发展与社会发展"的相结合。"矿业农庄"模式的产业集群循环耦合原理，如图 3－1 所示：

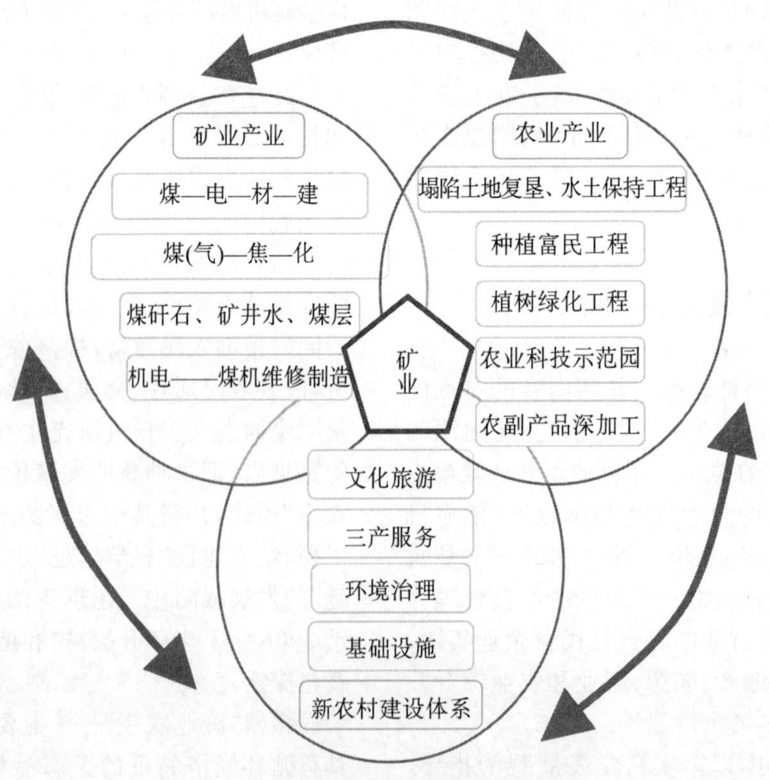

图 3—1 "矿业农庄"产业集群循环耦合原理

图3—1勾勒出超越集团"矿业农庄"产业集群循环耦合的基本框架与原理，它是一个立体交叉空间结构。各产业既是一个独立的循环体，又与其它产业保持相互代谢、共生耦合、互相促进、协调发展的关系。各产业群的中循环和具体项目的小循环，相互循环反馈。上述立体交叉结构，反映的是一个大循环概念，统筹兼顾了企业、园区和社会三个层面：企业循环即小循环——实现煤炭清洁开采，提高回采率和工矿业污染物排放最小化，是实施循环经济的基础；园区循环即中循环——园区相关产业通过企业间的物资集成、能量集成和信息集成，形成资源综合利用、相互代谢、共生耦合、互为促进、协调发展的关系，实现煤炭资源价值的梯级利用，使煤炭资源价值最大化，是实施循环经济的核心；社会循环即大循环——兼顾城乡、矿业、农业，统筹产业体系、基础设施体系、生态环保体系、社会事业体系，以实现人与自然的和谐，进而促进人与人、人与社会的和谐，是实施循环经济战略的方向。以上是超越集团"矿业农庄"模式的构建原理，同时也是构成"矿业农庄"循环经济体系和绿色产业集群的原理。

3. 超越"矿业农庄"的动力

超越"矿业农庄"是一种新型组织形式，是一种科学的发展方式，也是一种可行的商业模式，更是一种和谐理念体系所支撑的新生事物。超越集团作为一个民营企业，能够在党和国家方针政策指引下，结合自身特点，创造性地提出"矿业农庄"模式，是民营企业家社会责任感的具体体现。图3—2表示超越"矿业农庄"模式的立论基础：

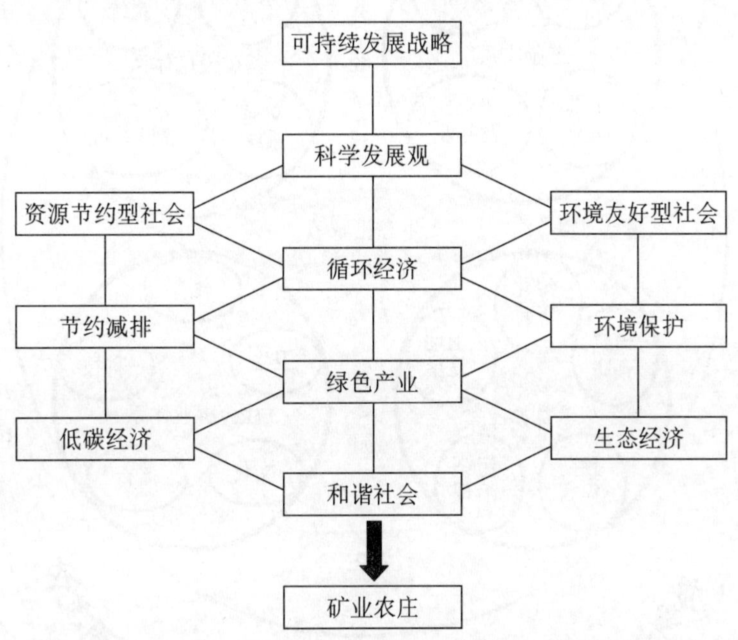

图3—2 "矿业农庄"的设计理念构架图

从图上中可看出，在可持续发展战略的基础上，产生了具有中国特色社会主义的科学发展观：在科学发展观的理论指导下，建设资源节约型社会、环境友好型社会和发展循环经济，是贯彻落实科学发展观的三项带有全局性的任务，而发展循环经济又必须把节能减排和环境保护作为有效抓手，做到节能减排，就必须研究低碳技术，集约利用资源；进行环境保护，就必须发展生态经济，应对气候变化。这些措施正是绿色产业的应有之义，若全社会都具备了绿色意识、绿色规划、绿色行动，无疑将是一个人与自然和谐的美好境界。

超越集团在发展循环经济的基础上，首先，一要充分认识到从事煤炭资源开发如果不注意节约，再搞传统掠夺性开采、破坏生态、污染环境，不在综合利用上做文章，那就会断了子孙的粮。这种不道德的事，坚决不能干，必须从科学发展观的高度，遵循"超越自我，奉献社会"的宗旨重新审视煤炭企业发展战略。二要充分认识到煤炭资源是国家资源，煤矿原住民是公民，也应享受到在煤炭资源开发时所获得的经济效益，煤矿企业应带动原住居民和农村共同富裕起来。

在这两个充分认识的战略思想指导下，超越集团上下深入分析了资源采掘型企业的特点后，组织有关人员对发展循环经济进行了系统研究，并充分研究了国家颁布的环保政策后，提出了"发展循环经济，建设矿业农庄"的中长期战略要求，成为超越集团构建“矿业农庄”模式的创意基础。

原本“发展循环经济”和“建设矿业农庄”是超越集团为之奋斗的两项战略任务，可是，在后来的具体实践和推进过程中，超越集团上下却发现二者之间虽各有侧重，但二者又是互为补充、相辅相成的，有着共生关系。这样就逐渐勾勒出了超越集团循环经济与“矿业农庄”的共生园区的耦合图，如图3—3所示：

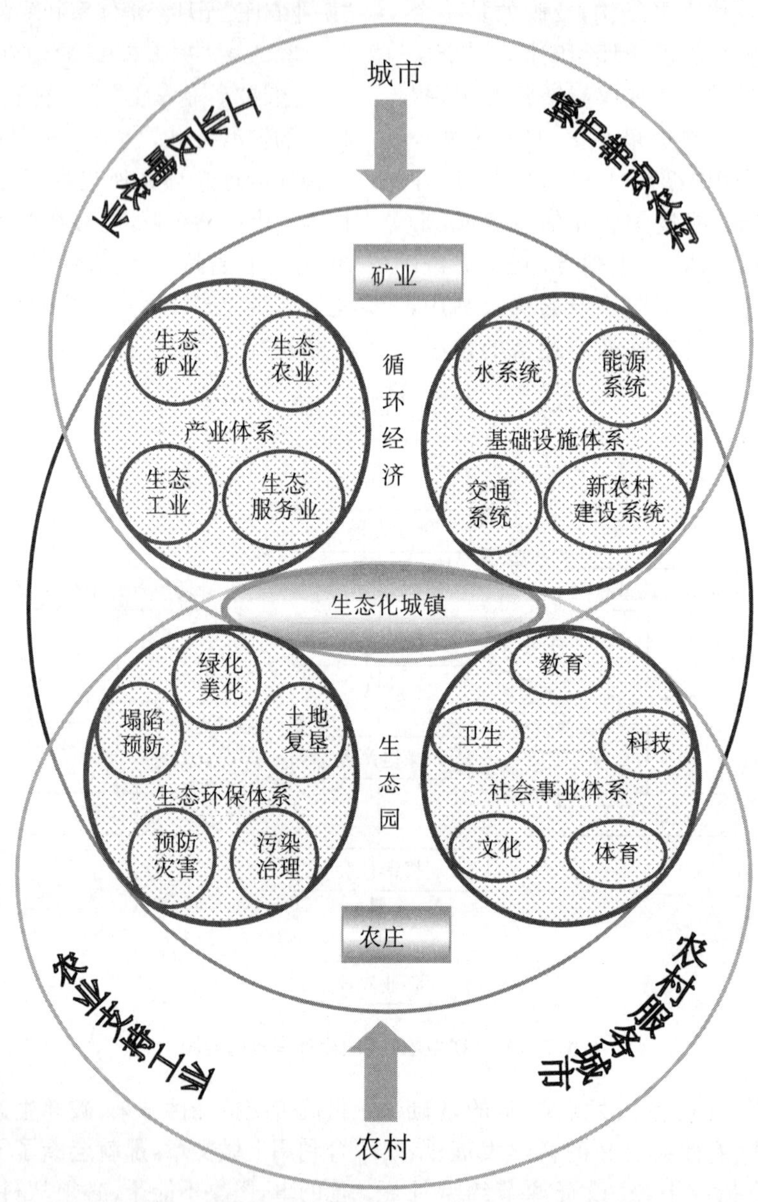

图3—3　超越集团循环经济与矿业农庄共生园区耦合图

图中规划时是四大体系，在实施中已合并为三大体系。该图充分说明了循环经济与矿业农庄的逻辑关系：

1)发展目标的一致性。发展循环经济和建设“矿业农庄”都是为了可持续发展，以加快建立以工促农，以城带乡的长效机制，达到整个矿区的科学发展，促进全面和谐。

2)产业耦合的互补性。循环经济着力于工(矿)业的资源节约和环境友好，以生态优化为重点；“矿业农庄”着力于基础设施建设，社会事业配套、科技农业推广的生态服务，以促进矿区的和谐建设为重点。

3)矿区建设的全面性。该“和谐矿区”建设是集中了政治、经济、文化和社会建设的全面建设，突出了生态文明建设与转变生产发展方式的最佳结合，这既是发展循环经济的应有之义，又是超越集团建设“矿业农庄”的关键所在。

4)实现形式的同步性。超越集团在原有煤炭采掘的基础上，制定了《河南超越企业集团循环经济实施方案》，把建设矿业农庄作为该方案的一个亮点，在实现形式上做到了“三同时”，即在规划循环经济项目时，同时规划矿业农庄的有关项目；在立项申报循环经济项目时，同时配套办理矿业农庄有关项目的核准；在启动循环经济项目建设时，同时考虑矿业农庄项目的与之配套。

这主要是源于超越集团四个规模较大的煤矿都在农村，整个矿区覆盖于两个县三个乡，数十个村。这些煤矿的设计年总生产能力近300万吨，加上按照循环经济的发展模式，以煤为主业延伸的产业链，其规模效益将很大。如果再加上“矿业农庄”模式把发展现代农业、房地产业和其他产业相耦合，超越的产值效益将会十分可观，这是超越集团推进“矿业农庄”实施的原动力。

超越集团在确定了建设“矿业农庄”的思路后，深入到周边农村与村党支部和村委会干部、可能失地的农民、一些青壮劳力座谈，把超越建设“矿业农庄”的初步想法与他们广泛交换意见，把“矿业农庄”建设愿景、基本特征、现实意义、实现形式以及“矿业农庄”建设与解决“三农”问题、社会主义新农村建设的关系等问题向他们做了展望性交代，得到农村干部和农民一致赞同，以很大的热情表示支持。当地农村、农民渴望发展、拥护变革、追求共同致富，改变农村面貌的强烈欲望，成为了超越推进实施“矿业农庄”建设发展的新动力。

4. 超越“矿业农庄”的组织形式

超越集团投资3000万元成立安阳联兴矿业农庄集团公司，又分别投资200万元成立三个矿业农庄子公司，即：安阳九堰矿业农庄有限责任公司（龙泉矿业农庄）、安阳南崖矿业农庄有限责任公司（伦掌矿业农庄）、安阳九龙山矿业农庄有限责任公司（九龙山矿业农庄）。规划涉及安阳市两个县（区）三个乡镇33个行政村、39个自然村、13000户、56800人，面积约为50.28平方公里，其中，龙泉矿业农庄10平方公里，伦掌矿业农庄33.38平方公里，九龙山矿业农庄6.9平方公里。目前，龙泉矿业农庄正处于试点与探索阶段。

“矿业农庄”是一个大园区，从区位空间设计上，主要分为核心区、示范区、辐射区。这三个区是相对独立，而又密切联系，它们之间的联系和功能如图3—4所示：

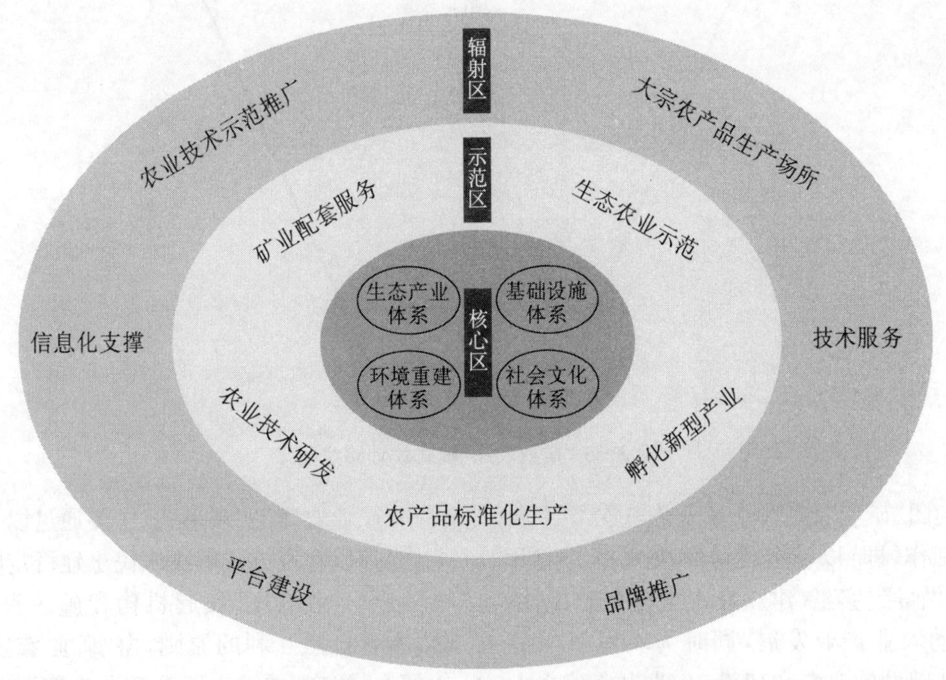

图3—4 “矿业农庄”产业集群的空间区位结构模型

“矿业农庄”的实现形式如图3—5所示：

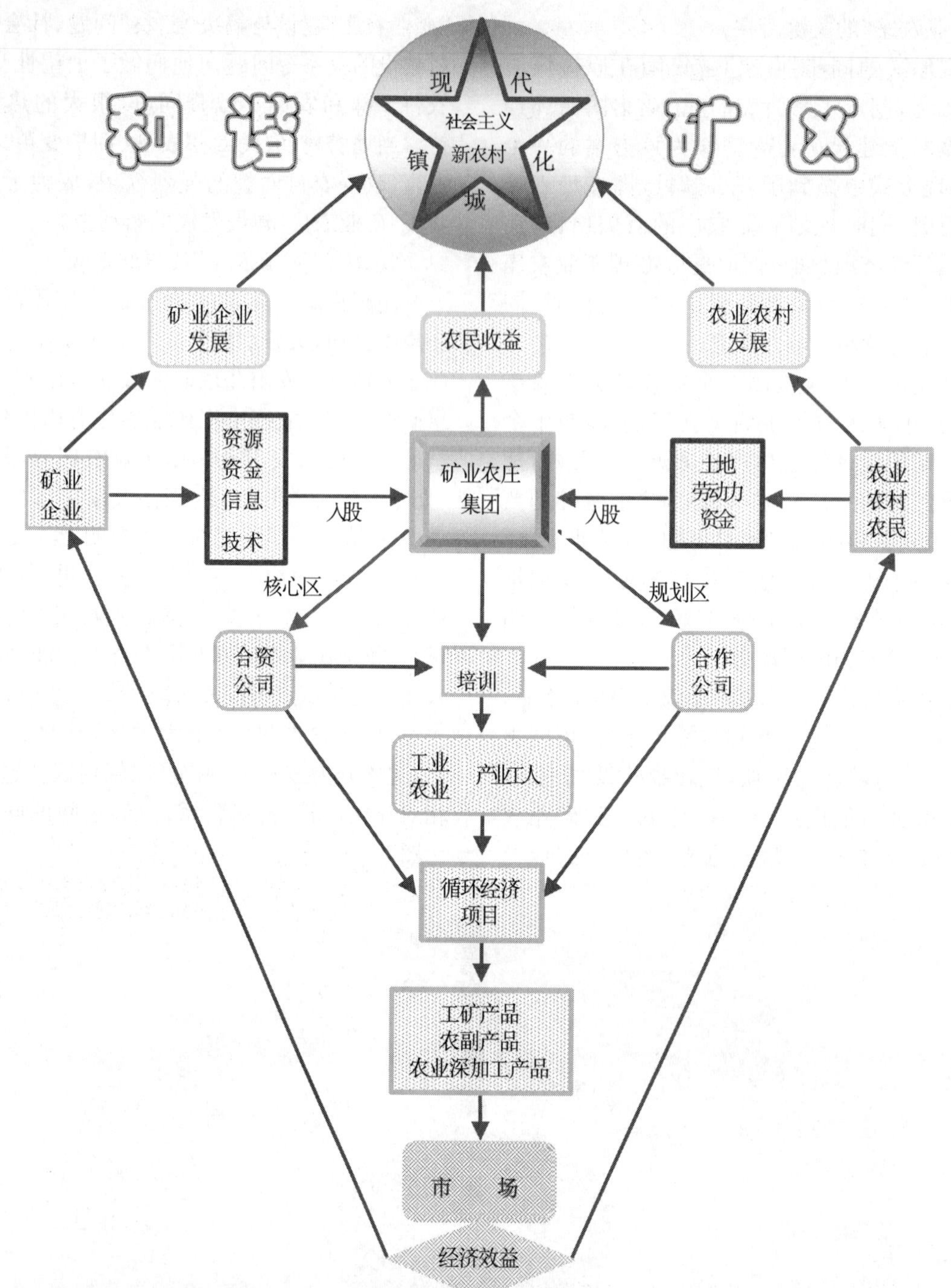

图 3—5 “矿业农庄”模式规划路线图

在超越集团“矿业农庄”里，矿业农庄公司主要做三方面的工作，即：以资金优势解决农民的实际困难，保证农民得到实惠；建立农业龙头企业，利用龙头作用带动农业产业发展，同时为农民搞一些水、电、路等基础设施改造和建设；企业出资建立人才培训基地，把农庄的农民和矿区工人，培养成“农业产业工人”或“矿业产业工人”，既解决了矿区农民的就业问题，还可以帮助农民切实掌握一项生存的技能。

“矿业农庄”实现形式，主要通过以下三个路径。

(1)以合资方式解决农民土地稳定收益问题

以“矿业农庄”发起机构和矿区农民为平等主体，本着自愿互利的原则，由“矿业农庄”发起机构以资金、资产、技术入股，“矿业农庄”所在地的村委会联合承包土地的农民以土地入股，按 7：3 的股权结构，共同组建合资公司，作为“矿业农庄”的实施载体。同时，“矿业农庄”发起机构设立资产管理公司，承担村委会股权的资产管理，保证入股农民得到不低于当地土地耕种的平均收益，并以拥有合资公司的股权作担保，确保农民无地有钱，无钱有地，从而有效地解决农民土地的稳定收益问题。但是，在实际的操作过程中，由于土地入股的政策和技术标准不好确定，只好改为矿业用地，按照现行土地政策先征后用；农业用地在不改变土地使用性质的前提下，以租赁土地承包经营权的形式，归矿业农庄公司集中使用。

如：作为先行试点的安阳九堰矿业农庄有限公司，经营范围主要是农业种植、养殖及其它农业项目开发和农产品深加工，兼营矿业设备和农业设备销售。为确保农民土地稳定收益，该公司根据当地农民土地每亩地年平均收益（每年每亩 200 元—300 元），以高于此限的每年每亩保底 500 元收益予以补偿。这些出租土地承包经营权的农民即使一年不干活，其名下拥有的承包土地每年也有收益。另外，超越集团成立了资产管理公司，用于受托承担各村委会持有的“矿业农庄有限公司股权”资产管理，已与九堰村委会签订了股权托管协议，以确保农民无地有钱，无钱有地，农民吃了定心丸。同时，该公司制订了随着生产经营发展，土地稳定收益的比例递增方案，以及老年人生活补贴待遇标准。

（2）以合作方式解决农村和农业发展问题

“矿业农庄”发起机构、合资公司要与当地村委会、乡政府、各级政府以及矿区内的其他矿业企业密切合作，通过直接投资、争取各级政府政策资金支持和其他矿业企业的资助，改善“矿业农庄”规划区的基础设施建设，协助当地政府搞好小城镇规划，参与社会主义新农村建设，改变农村面貌，并做好农业产业示范、农产品深加工及经营项目，以带动当地农民搞好农业产业发展。从而有效解决农村和农业发展问题。

如：在龙泉矿业农庄中，正以合作方式建设“龙泉矿业农庄新村”社区，规划五个行政村九个自然村实施搬迁。共建筑二层住宅 1650 栋，多层住宅 69 栋，建筑面积 44.4 万平方米，共占地 1603.2 亩，该新村可安置 2850 户，10700 人入住，投资总额 3.5 亿元，工期 5—6 年。其中 2010 年 8 月 4 日开工的一期工程，投资 2712 万元，占地 51 亩，建筑面积 3 万余平方米，可安置 161 户 700 余人入住。2011 年 6 月即可全部竣工。同时，龙泉矿业农庄合作建设的“果—草—禽产业”示范基地初具规模，共投资 1500 万元，形成 10 万余只土鸡（柴鸡）的养殖能力，以及建成薄皮核桃生产规模达万亩以上的核桃产业经济带，全部投产后“果—草—禽”项目年总产值将达到 1 亿元以上。

通过发展农业产业化和新型农村合作组织，使农民合理分享农产品加工，流通增值收益，因地制宜发展生态农业、立体农业、设施农业等特色高效项目，基本实现生产规模化、标准化、特色化和专业化，基础设施配套化、产供销一体化、服务社会化的农业产业体系。充分利用龙泉省级森林公园和矿业农庄景观资源发展观光、休闲、旅游等农村服务业，带动运输、餐饮、拓展训练、田间娱乐等项目发展，总收益将达到 1.5 亿元以上，其中实现的利润将很可观。

图 3—6　果草禽产业示范基地

（3）以培训方式解决农民就业问题

在“矿业农庄”范围内设立培训机构，对当地农民进行有组织、有计划的职业培训。采取请进来、送出去方式开展技能培训，与境内外矿业和农业的研究机构或院校建立密切合作，结合培训规划，请专家教授到矿业农庄来授课，或送到专业机构、院校进行培训，并结合“矿业农庄”内的矿业企业和农业企业搞好实习，帮助农民提高职业技能，成为矿业产业工人、农业产业工人或其他服务产业工人，有效解决农民就业问题。

超越集团投资 30 万元，在龙泉矿业农庄改造、建成一所培训中心，已培训当地农民 315 人，269 名已成为超越集团的正式员工，临时安置农民工 9000 余人次，参加了矿业农庄内的工矿、农业等劳务活动。随着王家岭新井的建成，该培训中心面临繁重的培训任务，大批的农民要经过转型教育，成为合格矿工或有技术的农业产业工人，才能满足“矿业农庄”大量的人力资源需要。为此，2011 年超越集团再投资 150 万，扩建该培训中心，计划用 3—5 年时间，将矿业农庄覆盖范围内的适龄农民全部培训一遍。

5. 超越“矿业农庄”的效益评价

超越“矿业农庄”模式2006年创意之后，经过深入调研论证，于2008年启动实施。先后编制了《超越集团矿业农庄总体规划》、《龙泉矿业农庄总体规划》、《安阳龙泉矿业农庄新农村建设总体规划》等。目前，正按照规划稳步推进，认真落实。“矿业农庄”模式的效益正在经济、社会、生态三个方面日益显现。

（1）“矿业农庄”模式的经济效益。超越集团建设“矿业农庄”，是立足于矿山企业所在地区位于偏远山区、周边农村土地贫瘠、农民贫困、农业发展相对落后、基础设施建设不配套等客观实际，以所在区域的矿产资源（煤炭）、土地资源（50.28平方公里）、人力资源（5.68万人口）等为基础，以发展循环经济为主导思想而提出来的。“矿业农庄”作为工农业相结合的统一实体，更好地实现统筹规划，统筹城乡发展，统筹区域发展，统筹经济社会发展、人与自然和谐发展，统筹中央和地方关系，统筹个人利益和集体利益的关系、局部利益和整体利益的关系、当前利益和长远利益的关系，充分发挥资源和人才的优势，最大限度地发展生产力。通过实施“矿业农庄”规划提出的建立循环经济产业体系、基础设备体系、生态环保体系、社会事业体系；建立以煤为主的矿业循环经济产业链、以农业为主的多种生态农业循环经济产业链和以矿一农相结合配套的大循环经济产业链；建立以工促农，以城带乡的长效机制，形成城乡经济社会发展一体化新格局。这样，不仅可以提高城镇化建设水平，推进新农村建设进程，也必将通过循环经济及其相关产业的发展，使矿业经济和地方经济得到又好又快的发展。

“矿业农庄”总体规划全部实施后，总投资将达91亿元，年产值可达101亿元，利税总额达20多亿元。随着项目实施，预计2015年当地农民人均年收入可达到1.2万元，提前实现小康目标。到2015年，仅龙泉矿业农庄的矿业循环经济总投入可达6.86亿，年实现利税9600多万，矿区的农民转变为产业工人或股东，人均收入将超过1.5万元。

龙泉矿业农庄试点以来，加入矿业农庄的近300户农民实实在在收了益，生活质量发生了质的变化，如下表：

龙泉矿业农庄实施以来“三农”收益一览表

	稳定收益元/亩.年	就业		年人均收入（元）	乡间道路	小学校舍	果一草一禽			住
		人	工资元/日				核桃树	苜蓿草	土鸡	
前	200—300	0	0	<1000	“水泥路”	危房	0	0	0	农家房
后	500	9000余人次	男80 / 女50	5200	水泥路10余公里	新校舍 / 140万	5万余株	1200余亩	出栏21万只 / 产蛋85万公斤	一期新房
规划	有递增方案	7000人次		12000	30公里	增设中学部	6000—10800元/亩.年	万亩	150万只饲养能力	全部新村社区

“矿业农庄”核心区内以大、中型煤矿为依托，推动矿业及其循环经济发展。其中45万吨/年的王家岭新井，于2008年7月14日正式开工建设，三个井筒均已落底（各620米），井下建设有序进行，2011年可望揭煤，与之配套的洗煤厂和瓦斯抽采发电也正在随之施工。45万吨/年九龙山技改煤矿，前期准备就绪，即将开工建设；120万吨/年伦掌煤矿，属于“十一五”接转项目，所有支撑性文件均以编制完毕并通过评审，2011年6月1日，均通过省发改委的立项核准，已呈报国家发改委。当所有煤矿建成之时，矿业农庄的经济效益将是非常可观的。

从上表看，龙泉矿业农庄试点以来，以发展生态农业及循环经济为重点已经收到预期效果。2008年以来，每户出租土地承包经营权的农民，每亩地每年可收到稳定收益500元之外，还可以从事临时工的劳务，男工每人每天80元，女工每人每天50元。每年长期用工170人左右，平均每人年收入15000元左右。其中九堰村久被称作“旱九堰”，过去每年人均收入只有960元左右，2010年人均收入达到了5200元，到2015年可望达到12000元，提前七年达到安阳市小康社会农民人均收入的目标（8000元/人）。果草禽项目已栽种各种树苗7万余株，其中薄皮核桃树 5 万余株，今年部分核桃树已挂果，明年将全部挂果，平均每亩地可产 400 万—600 斤核桃，按照市场价 15—18 元/斤，每亩地仅核桃收入 6000 元—7200 元(或 9000 元—10800 元)。种植千余亩耐旱紫花苜蓿，可作饲料。建成散养鸡舍 14 栋(4500 平方米)、两座育雏场(1000 余平方米)，形成饲养柴鸡 10 万只的规模和能力，截止 2010 年底已出栏柴鸡 21 万只，出产绿色土鸡蛋 85 万公斤，供不应求。2010 年果—草—禽产业示范基地共实现产值 550 余万元，利润 200 余万元。

参与社会主义新农村建设，2010 年 8 月 4 日龙泉矿业农庄九堰新村奠基，目前正实施一期工程。新农村项目全部实现后，五个行政村、九个自然村全部搬迁，可节省旧宅基地 421 亩土地，重新复垦为耕地，释放“三下压煤”700 余万吨，按安阳市平均煤炭价格 500 元计算，可增加资源收入达 35 亿元之多。同时，有了矿业农庄，周边农民自主从事建筑、运输、农家乐旅游和餐饮等农村服务业，收益也是很高的。如：某运输专业户，过去只有一个小型拖拉机，现在他买了四辆运输汽车为矿区运输，每年的净收益在 15 万元左右。

(2)“矿业农庄”模式的社会效益。矿业是社会发展和国民经济建设的基础产业。超越集团创建的“矿业农庄”，无论从组织形式，还是宗旨、目标及其丰富内涵，都着眼于整个矿区范围内工农业经济的共同发展，着眼于矿区内工人农民最根本利益。因此，“矿业农庄”的建立与实施，不仅有利于企业本身的发展，有利于推进城镇化和新农村建设，也必将带动地方相关产业、原材料加工业，以及服务行业的发展，扩大社会劳动力就业机会，从而对提高人民生活水平和社会稳定起到积极促进作用。

如：“矿业农庄”全部项目建成运转后，可直接安排 7000 余人就业。目前，龙泉矿业农庄建设实施 3 年来已招聘 269 名农民成为集团的正式员工，截至 2010 年底，共发放农民工工资 400 多万元。2008 年矿业农庄投资 550 万元，在龙泉矿业农庄内修建了 10 余公里水泥硬化道路，农民欢喜地说，过去祖祖辈辈走的也是“水泥路”，现在的水泥路感觉不一样。投资 140 万元在龙泉九堰村建了一所清河希望小学，在读学生 300 名左右。在矿业农庄区域内，已带动 200 多名未入庄的农民从事餐饮、百货、运输、建筑等行业，年收入已达到 600 余万元。按照规划，2014 年矿业农庄建成后，将在工业、农业、服务业三方面带动安排 3000 名农民就业，人均年收入将超过 1.5 万元。另外，以合作方式建设的龙泉矿业农庄新村，将投资 3.5 亿元，可形成包括矿业农庄景区、现代生态农业示范园区和一个 10000 余人规模的龙泉矿业农庄新村社区。2009 年超越龙泉“矿业农庄”新村社区已被列入河南省新农村建设试点。农民的生活提高了，居住环境改善了，交通条件便利了，九堰村过去的姑娘只往外嫁，男青年娶不到媳妇，“矿业农庄”试点后，外村的姑娘也愿意嫁到九堰村来，2009 年一年就成婚了 80 多对，2010 年达 110 对。最近第一期新农村建设工地启动，周边农村纷纷申请迁户，并想在“矿业农庄”上班。

超越集团“矿业农庄”模式，在社会上引起强烈反响和广泛关注。《人民政协报》记者是第一时间到集团采访，第一个在《人民政协报》上刊登“‘矿业农庄’酝酿新农村猜想”的文章，展望了一个企业与周边农村的和谐图景。中国工程院院士张铁岗教授、河南省政府参事姚公一教授、郑泰森教授和河南省政府特邀专家、省矿业协会副会长、秘书长孙志顺四位专家在 2007 年 9 月，参加了“河南省矿业循环经济高层论坛”后，联名向河南省人民政府提出建议：“河南超越集团，在本次论坛提出的‘矿业农庄’新思路值得关注。我们建议省政府有关部门与安阳市政府，应对其深入调研。若可行，则应帮助其解决有关问题，使其尽快试点，逐步走出一条具有‘河南特色、矿农统筹’发展循环经济的新路子”。2010 年 4 月 25 日，新华社内参《国内动态清样》1662 期上登载“河南安阳建‘矿业农庄’促工农业协调发展”文章，对 “矿业农庄”“打破城乡、工农二元结构”、“农民得实惠、企业得发展、国家得资源”、“后续发展仍需扶持”等内容做了客观反映。其他许多新闻媒体(如：“新华社”每日电讯、《中华工商时报》、《河南日报》、《香港商报》)都有专题报道，河南省、市领导多次专程参观访问并指导工作，2010 年 10 月，中国矿业联合会组织对超越“矿业农庄”模式的评审，中国工程院院士、地质专家裴荣富和国土资源部原副部长、经济学家张文驹等 20 位专家均对“矿业农庄”模式予以高度评价。

(3)“矿业农庄”模式的生态效益。实现好、维护好、发展好最广大人民的根本利益，始终是党和国家一切工作的出发点和落脚点。而我们发展经济的根本目的，就是要让全国人民走共同富裕之路，不断提高物质文化生活水平。同对，也要加快建设资源节约型、环境友好型和谐社会，使人们拥有较优美舒适的生活环境。

超越集团的"矿业农庄",其最根本的立足点,就是坚持以人为本,工农相结合,共同发展、共同富裕,在发展经济的同时,加强环境治理与保护,促进人与自然相和谐。矿业农庄全部项目建成实施后,超越"矿业农庄"覆盖地域将成为"三废"综合利用、能(资)源节约、产业优势互补、安全生产的循环经济园区和环境优美、生态平衡、社会和谐、可持续发展的绿色城镇群。将使矿区原来的丘陵薄地披上绿装,森林覆盖率将得到成倍增加,人居环境得到显著改善,充分展现出"矿业农庄"崭新环境面貌和人与自然和谐的生态价值。

"矿业农庄"模式还体现在积极响应建设生态文明上。党的十七大从实现全面建设小康社会目标的高度出发,第一次提出:"建设生态文明,基本形成节约能源资源和保护生态环境的产业结构、增长方式、消费模式,主要污染物排放得到有效控制,生态环境质量得到明显改善。"生态文明从本质上来讲,可以认为是从"人统治自然"过渡到"人与自然协调发展"。它是一种新的人类社会形态,是通过对农业和工业革命以来所形成的经济、政治、法律、道德文化等进行调整和变革,使人类社会能够同自然生态系统形成互相协调的关系。

"矿业农庄"模式对推进生态文明进行了积极的探索:

在科技创新方面,开展生态文明与新技术革命关系的实验,推行生态农业示范,启动果草禽项目,具有一定的示范影响作用。

在工矿业生产方面,重点开展以循环经济为代表的工业生的研究和示范,调整产业结构,实现生态文明。

在农业生产方面,以农业循环经济为主线,根据地区生态特点,研究生态农业技术,规划新型经济发展模式,照顾当地农村、农业、农民的权益问题。

在区域经济发展方面,开展生态文明乡镇的研究示范,参与基础设施配套建设为绿色城镇建设试点做示范。

在社会发展领域,先行开展生态文明社区,即"和谐矿区"建设和新农村建设示范,为解决城乡二元结够问题进行积极探索。

在文教系统方面,帮助建设农村希望小学和教育培训中心,将农民的身份转化和素质提高,纳入生态文明的课程设置和教材之中。

在集团管控方面,"矿业农庄"模式促使了集团的产业生态、经济生态、组织生态、文化生态产生了质的变化,目前推行的机制研究、战略选择、文化落地等都是推进生态文明的有效措施。

6. 超越"矿业农庄"的优势

超越"矿业农庄"模式运行之初,农民最担心的是失去土地后怎么生活?企业能不能长久存在?一旦企业破产了,农民怎么办?对此,超越集团早做好了准备,实行双保险,让农民以土地入股,实行土地租赁,矿业农庄公司专门成立了农民入股资产管理部门,对农民的入股收益保证保底稳定到手,另外还优先解决农民的就业,让他们变成产业工人,并提供创业机会,还为农民办理医疗、养老等险种;即使将来企业迫于生存压力不存在了,土地也会马上还给农民。

超越"矿业农庄"模式的发展前景广阔,其创意价值概括来讲是"四个符合":

符合科学发展观的指导思想。中央提出"坚持以人为本,树立全面、协调、可持续的发展观,促进经济社会与人的全面发展"的科学发展观,是建设中国特色社会主义,全面实现小康社会的理论武器。"矿业农庄"模式正是在这一理论指导下,以体制创新促进矿业和农业的协调发展,促进城乡统筹兼顾,实现经济社会的可持续发展。

符合以人为本的根本理念。农业、农村和农民问题即"三农"问题,是从全国70%的中国农民的根本利益出发,涉及我国经济和社会发展的重大问题。矿业、矿山、矿工、矿城问题即"四矿"问题,是从我国矿业的可持续发展和2500万矿业产业大军的根本利益出发,关系到我国经济和社会发展的全局问题,是当前改革、发展、稳定必须处理好的一个突出问题。超越"矿业农庄"正是从"以人为本"核心理念出发,具体实践并尝试解决"三农"和"四矿"相结合的惠及矿区工人和农民根本民生问题的新型模式。

符合建设和谐社会的本质要求。和谐社会是一种解放生产力、发展生产力、充满创造活力,人与人之间、人与社会之间、人与自然之间和谐相处,各方面利益关系得到有效协调,维护和实现社会公平,达到共同富裕,体现社会主义本质特征的社会形态。而"矿业农庄"正是按照这样的标准和要求,改变传统矿业建设模式,兼顾原住居民的利益诉求,共同构建和谐的利益共同体。

符合矿业、农业的自然渊源关系。从经济属性来看,根据WTO的有关文件,美国、日本等发达国家惯例,矿业和农业均属第一产业。从矿业和农业对国民经济的贡献来看，它们均属于资源性产业，处于产业链的最前端，初级生产基本上都是劳动密集型的。“矿业农庄”无论在生产组织方式还是生产经营方式方面，都是兼顾了矿业和农业的同异特点而策划与实施的。

7. 超越“矿业农庄”模式发展中面临的问题及挑战

河南超越集团实施“矿业农庄”建设的核心理念是通过合资、合作、培训等途径有效解决了困扰当地政府的“三农”问题，在促进矿区经济循环发展的同时带动了周边农村的建设，实行工业反哺农业，创造了一个矿业企业与周围村庄和谐发展的新型模式，为探索社会主义新农村建设提供了有益参考。从2008年实施至今，超越倡导、建设的“矿业农庄”，经过不断的探索推进，已取得了明显进展，初步形成了以矿业为龙头、新农村建设和现代化生态农业为一体的发展格局。

在推进实施中，超越“矿业农庄”模式也面临着一些问题和挑战。主要有以下六方面：

第一，在自身推进中遇到了“发展循环经济”和“建设矿业农庄”中尚存在两张皮现象的问题，统筹整合、发挥集群效应所需的专业技术人才匮乏，影响着自主创新能力的提高。

第二，在建设“矿业农庄”中，受到相关政策等因素的制约，特别是当地的土地流转政策尚在构架中，还没有形成合理灵活的机制，使“矿业农庄”统筹建设的大面积“现代农业产业示范园”项目处于建设前期，进一步推进存在一定的困难。

第三，目前矿区资源开发项目立项难、手续繁杂，相关政策不到位，部门利益争执多，造成“矿业农庄”一些循环经济发展项目悬而未决，为争取项目审批超越集团不仅花费了巨大精力，也影响着“矿业农庄”的统筹推进。

第四，目前中小企业，特别是民营企业贷款难、融资成本高等问题，同样困扰着超越集团的良性发展，也制约着“矿业农庄”建设发展的资金筹措，以及投入成本增加等问题。

第五，由于一些私营煤企老板的不良行为给社会各界留下了较坏印象，加之一些舆论宣传对“煤老板”的过度“丑化”，致使许多原本合法诚信经营的民营煤炭企业，需要花更多精力去应对来自社会的各种负面影响。超越集团尽管是河南省重点民营煤企，但在推进“矿业农庄”建设发展中仍需精力克服这些负面影响。

第六，超越“矿业农庄”模式是一个新型的经济发展模式，单凭一个企业的行为去推进，势单力薄，得不到应有的政策支持和舆论扶持。“矿业农庄”作为一个新生事物，是众多概念的集合，一方面还需要理论界继续研究，提升其价值，另一方面需要政府部门对其总结经验、加强指导，将其全面规划纳入区域经济规划之中，实现统一指挥，协调推进，才能取得预期效果。

三、超越“矿业农庄”模式的现实意义

科学发展观第一要义是发展，核心是以人为本，基本要求是全面协调可持续，根本方法是统筹兼顾。超越集团“矿业农庄”模式既是煤炭企业发展循环经济实现科学发展的一个亮点，又是煤炭企业构建“和谐矿区”的一个优秀典范，更是坚持以人为本、兼顾矿农关系、统筹城乡发展、推进社会主义新农村建设的有效模式和实施载体。

1. 是煤炭企业深入贯彻落实科学发展观的具体行动

超越集团“矿业农庄”模式，通过构建矿产、工业和农业的大循环经济，为整合稀缺资源，减少矛盾约束，产业共生耦合，美化生态环境，塌陷整治处理，发展循环经济提供了新的思路和方法。它既提高了煤炭资源利用效率和效益，维护了国家资源安全和生态安全，又发展了农业、农村和地方经济，走出了一条低成本、低代价、绿色的经济发展道路，构建起一种全面协调可持续发展的新型经济发展模式。既有利于煤炭矿区产业结构调整和区域经济的协调发展，也有利于我国节能减排目标的实现和煤炭矿区的生态环境改善，值得社会各界学习借鉴。

2. 是我国煤炭企业建设和谐（煤炭）矿区的有益探索

按照传统的矿业发展模式，矿山建设在取得核准等手续后，就可以按法定程序征用土地，至于失地农民今后生活如何安置，矿山建设单位是不用考虑的。但这样，就埋下了煤炭企业与周边农村农民矛盾的种子，两个利益主体常常会为维护自身利益纠纷不断。超越集团的“矿业农庄”建设则重在构造一个利益共同体，营造人与人之间、人与社会之间、人与自然之间的和谐氛围，并承担起创造和谐社会的历史使命与社会责任。在发展中有效解决了矿业与农业、矿山与农村、矿工与农民、企业与矿区等多边利益关系，充分调动了矿工、农民的积极

性、主动性和创造性，并通过提高他们的整体素质，使其成为合格的“四有”工人或有文化、懂技术、会经营的新型农民，惠及了矿区民生问题，促进了矿区的和谐社会建设。

3. 为统筹城乡发展、化解矿农矛盾提供了新经验

超越集团“矿业农庄”模式，把“四矿（即矿业、矿山、矿工、矿城）”问题和“三农（即农业、农村和农民）”问题统一规划、统筹兼顾，实现了工（矿）业反哺农业，城市支持农村，加快了工业化、城镇化、农村现代化的步伐，实现了城乡统筹、一体化发展，从根本上解决了我国城乡二元结构的基本体制矛盾，消除了城乡差别、工农差别，为我国全面建设小康社会、推进工业化、农村现代化、城镇化进程提供了可供借鉴的新经验。同时，超越“矿业农庄”从“以人为本”的核心理念出发，具体实践并尝试解决“三农”问题和“四矿”矛盾，以合资方式解决农民土地稳定收益问题、以合作方式解决农村和农业发展问题、以培训方式解决农民就业问题，以矿区的生态保护和环境治理为重点，按照煤层结构和开采特点，协助地方政府对矿区内小城镇进行规划建设，主动投入配套基础设施和保护生态环境，以及对矿区内科技、教育、文化、卫生、体育等事业的整体推进，积极参与“和谐矿区”建设，努力提高矿区的城镇化水平，着力实现“矿业开发与农业开发”和“经济发展与社会发展”相结合，对提高矿区的人民生活水平和社会稳定起到了积极促进作用。

4. 为我国社会主义新农村建设开辟了新途径

煤炭资源一般位于偏远山区或丘陵地区，矿区农村的土地大多贫瘠，农民贫困，农业发展相对落后，基础设施建设也不配套。在这样条件下，推进我国的社会主义新农村建设进展缓慢或困难重重，一直是不少地方政府头痛的难题。超越“矿业农庄”模式正是以企带村发展的一种典型，其主要表现：

第一，矿业农庄促进了矿区现代农业的发展。现代农业发展缺人、缺钱、缺信念、缺技术、缺装备，这种状况迫切要求工（矿）企业进入农村，矿业农庄公司通过把外部生产要素的引入，推广多种形式的农业产业化经营，推动了现代农业发展。而对工（矿）业来说，从事农业经营风险小、发展空间大，优惠政策多，能够发挥资金、信息、人才、技术和管理的优势。

第二，矿业农庄是“工业反哺农业、城市支持农村”的现实选择。“工业反哺农业，城市支持农村”，当前主要体现在三个方面：政府立足于“多予、少取、放活”，加大公共财政对“三农”投入的力度；通过政府和市场引导，鼓励工商企业参与新农村建设；引导社会各界特别是先富起来的群体，开展捐赠和结对帮扶活动。就新农村建设所需的巨大资金来说，政府投入有限，农民的普遍积累不多，社会支持太弱，因而鼓励工商企业参与新农村建设是现实的选择。

第三，矿业农庄有利于改善新农村建设的物质基础。一方面工（矿）企业发展需要的道路、通信、水电等硬件设施的改善，也需要教育、文化、卫生等软件设施的提升；另一方面，工（矿）企业发展能够促进农村软、硬环境建设。超越集团统筹规划在循环经济工业园或矿业农庄内构建起的产业、基础设施、生态保护、社会事业四个体系，正是基于这种战略考虑，解决了新农村建设中钱从哪里来的问题。

第四，矿业农庄对扩大农村劳动力就业和增收具有重要意义。当矿业企业建成并形成规模时，需要大量的产业工人，一是可以向社会上招聘下岗职工，二是培训失地农民成为工业或农业的产业工人，他们还可以通过合资、合作的其它形式，促成“股东、工人、农民”三位一体的身份转化，解决了农村富余劳动力向哪里去的问题。

第五，矿业农庄有利于提高农民的组织化程度。通过矿业农庄的建设，工（矿）业和农业形成利益相关的经济联合体，可以较快地发展村级经济，提高合作意识和农民组织化程度，农村的民主政治、村容村貌都将大为改观，农村基层许多政治、经济和社会事务的载体转移到工（矿）企业为主体的社区，解决了农村带头人怎样培养、农民组织化程度的问题，把农村向城镇化转型推进了一大步。

5. 是煤炭矿区发展循环经济、建设绿色矿业的务实举措

超越集团“矿业农庄”是煤炭企业在发展循环经济中的一个项目，但这个项目中包含了循环经济的全部内容，实现了大循环，使矿业和农庄二者你中有我、我中有你、相辅相成、互为补充，实现了统一规划建设和同步发展。在我国煤炭产业的可持续发展中和矿区新农村建设中，若离开了循环经济理念的指导，将不能实现煤炭企业的科学发展和建立起真正符合社会发展要求的社会主义新农村，矿业农庄的涉农部分则多是新农村建设的重要内容。所谓绿色矿业，实际上是指从资源勘探、合理开采、

转换输送、综合利用、生态补偿全过程中，重视资源节约和环境保护等经济活动的总称。超越集团“矿业农庄”，不仅从理念上符合上述概念描述，而且从规划上统筹矿业和农业的协调发展，从实践上体现科学发展、循环经济、资源节约、环境友好的本质要求，可以说是一个我国建设绿色矿业的典型模式。

6. 为实现共同富裕奠定了和谐的人文基础

超越集团“矿业农庄”坚持以人为本的核心理念，运用统筹兼顾的根本方法，探索出工业反哺农业、城乡带动农村的新思路，实现了兼顾工农、统筹城乡的协调发展，并通过强化农民的转型教育，提高农民的组织化程度，在于激发农民的积极性、创造性，为农民创造了公平公正、平等发展的社会环境。我们知道，如果农民的“话语权”不受尊重，其公共事务的参与意识淡薄，缺乏主人翁意识和归属感，没有一个良性与稳定的心理预期，我国广大农村就不会有真正的变革与发展。超越集团“矿业农庄”正是从这一理念要求出发，为发展现代化矿业、建设社会主义新农村和绿色矿山、实现矿区共同富裕、统筹推进城乡发展奠定了和谐的人文基础。相比那些仅局限于煤炭企业内的“和谐矿区”建设，不免有些遗憾。本课题组将超越集团“矿业农庄”模式作为我国建设“和谐矿区”的典型，着力向全国推广，期待更多煤炭企业向超越学习，以促进我国和谐社会的全面构建与科学发展。

四、推进我国和谐矿区建设的建议

近几年来，我国的煤炭矿区的和谐建设与发展已取得了初步成效，但是，“和谐矿区”建设是一个涉及面广的系统工程，它的和谐建设与发展受到诸多体制、机制、自然因素的制约和限制。目前，我国的发展形势对煤炭矿区的建设与发展十分有利，为了实现我国经济社会的全面和谐，改变煤炭矿区面貌，优化矿区的生态环境，确保国家资源、能源的安全，促进我国矿业、现代农业和地方经济新发展，借鉴“超越建设矿业农庄经验”大力推进我国煤炭矿区“和谐建设”，本课题组提出如下推进建议：

1. 把和谐矿区建设纳入煤炭重点省市县推进战略

《国家能源发展战略规划纲要》已明确指出：煤炭是确保中国在未来较长的时间里经济可持续增长的战略资源，其经济价值将在未来稳步提高，今后煤炭在我国一次能源消费中的比重会有所降低，但其主体地位不会根本改变。虽然我国正在进行煤炭资源整合，但是依托煤炭开采而存在的城市和煤炭矿区，数量依然可达到上万个，其覆盖面积和区域在我国的地域内占据很大份额。如果不把“和谐矿区”建设纳入和谐社会全面建设范畴，势必会影响到我国的科学发展与社会稳定。为此，建议把“和谐矿区”建设纳入到煤炭重点省、市、县推进战略中，实现统一规划、建设、管理和发展，克服整个矿区发展受到行政区划制约等问题，突出解决好影响矿区社会政治稳定、矿农关系等若干重要问题，以及完善矿区的综合服务设施和教育、文化、医疗、住房、养老等涉及矿区人民生活的重要问题。

2. 把矿区产业优化纳入区域经济结构调整重点范畴

我国广大的煤炭矿区一般都位于偏远山区或丘陵地区，矿区内土地大多贫瘠，农民收入有限，均处在贫困状态，农业发展也相对落后。尽管依托当地的煤炭资源开采，目前的状况有所改善，但是，资源的有限性必将制约着矿区经济的可持续发展。同时，依托煤炭开采延伸的产业链条也多处于初级加工和低级转化，与农业一起都被看作是基础产业，优化升级和转型需要的投入大，仅靠企业和农民自身增加投入进行升级发展很困难，唯有把这些矿区内的产业结构优化纳入国家经济结构调整重点范畴，给予重点扶持和增加投入，才能实现矿区的科学、持续发展。煤炭矿区内矿产业与农牧业等其他产业的协调发展应得到重视，应在资源分配、政策投入上给予必要的支持与补偿，提供更多的发展机会，促进矿区内产业结构的优化。

3. 把矿区生态环境建设保护纳入国家生态安全建设战略

在我国陆地范围内，除了水土流失和土地沙漠化造成的生态环境压力外，就是矿区内采空区沉降、塌陷面积扩大和污染造成生态环境的日益恶化。尽管经过这几年的集中治理取得了阶段性成果，但是，当前矿区的污染治理存在很多障碍，任重而道远。我们期望国家的相关部门能把党的十七大明确的“建设生态文明”重要战略任务落到实处，紧紧围绕重点地区、重点生态环境问题重点推进的思路，把矿区生态建设和环境保护纳入到国家生态安全建设战略中，动员和组织全社会力量共同降低矿区环境污染和积极参与生态环境治理，为煤炭矿区人民创造出一个舒心的生产、生活环境，使我们能在享有现代物质文明成果的同时，又能享有良好的生态文明成果。

4. 明确当前我国和谐矿区建设的战略指导思想与原则

科学发展观是对传统发展观的超越，我们认为我国煤炭矿区和谐建设与科学发展的战略指导思想应该理解为：以改善我国矿区生态环境、加强矿区内矿产业和农牧业生产的综合能力、提高龙头企业核心竞争力、增加矿区居民和农牧民收入为核心；大力弘扬文明的矿区和谐文化，改变过去的矿山传统发展建设模式，实现我国煤炭矿区和谐建设、科学发展的新格局。

在明确了该战略指导思想的前提下，本课题组认为还应坚持好我国煤炭矿区的"和谐建设"原则，有条件的地方应借鉴超越集团"矿业农庄"经验，实施选点试行。一是坚持规划先行原则。根据矿区所在省、市、区、镇总体规划，在做好与农田保护、产业发展等专项规划衔接的基础上，按照适度超前、各具特色、因地制宜、发展地方经济的要求，确定建设方案，切实维护规划的统一性和严肃性。二是坚持尊重矿区农民意愿原则。坚持依靠农民、发动农民，充分调动矿区内农民改变现状、建设新家园的积极性。三是坚持矿区内农村、城镇与企业彼此和谐、共赢发展的原则。产业发展和现代农业是农村建设的推进器，要全面、正确处理工业建设发展与农村农业发展的关系，建设好"工业反哺农业，城市支持农村"的长效机制。四是坚持循序渐进、分步实施的原则。区别不同情况，采取不同措施，不搞一刀切，坚持逐步推进与重点突破相结合，及时总结经验教训，以点带面稳步推进煤炭矿区建设与发展。五是坚持经济、社会和生态三种效益协调统一的原则。总之，要积极营造出我国煤炭矿区"民主法治、公平正义、诚信友爱、充满活力、安定有序、人与自然和谐相处"的经济社会发展环境，有效化解企地、矿群等矛盾，实现矿区内企地的全面同步发展和双赢共荣，保持整个矿区的可持续发展。

5. 尽快完善我国和谐矿区建设的支持保障体系

我国"和谐矿区"建设与发展需要各方面的共同努力和系统之间的协调与配合，在统一指导思想、战略目标和任务的框架下，加强现有政策的评估和创新政策的研究，发挥各领域、各方面的优势和积极性，整合各方面的力量，加强合作形成共同推进合力，大力推进我国矿区的和谐建设。本课题组认为，当前社会各方应着力构建以下支持配套体系：

建立完善和谐矿区建设的财政支持体系。促进我国矿区的和谐建设，需要加大对矿区建设发展的财政投入力度，改革城乡二元的公共产品供给机制，扩大公共财政的覆盖面，使矿区的居民、农民享有同城市市民一样的公共产品。政府投入应成为矿区建设发展资金来源的主渠道，各级政府应将矿区建设发展纳入国民经济社会发展规划之中，进一步做好矿区的税费改革，调整分配关系，促进城乡经济协调发展。继续坚持农村税费改革"多予、少取、放活"的方针，减轻矿区农牧民负担。由于我国一些地区的地方财政不宽裕，需要整个财政体制的调整，通过建立和完善财政转移支付制度解决矿区建设的需要。

建立完善和谐矿区建设的投资保障体系。"和谐矿区"建设的投入应坚持多渠道、多元化的方针，要广泛地鼓励社会各类投资主体向矿区发展项目投资，通过规范利用民间投资等方式广泛吸引社会资金，建立全社会参与矿区发展的投入机制，为矿区发展提供有力的投资保障。国家应增加环境保护建设的资金投入，加大矿区生态保护与建设的科技投入，把矿区生态保护与治理建设的研究纳入到国家科技发展的重点领域，给以重点扶持。矿区建设投资应由政策性补贴、工程投资、科技投资和产业扶持资金等构成，其中政策性补贴、科技投资和产业扶持性资金由国家统筹安排，工程投资应由国家、地方分担。

建立完善适合和谐矿区建设的风险控制体系。推进"和谐矿区"建设，在风险保障机制方面，要探索依托龙头企业设立风险基金，引导龙头企业按照风险共担原则带动农户投保，逐步建立符合我国国情的矿区产业发展保险制度。从历史发展和现状来看，单纯依靠商业保险的市场手段，远远不能满足我国矿区产业发展新阶段对保险的迫切需求。必须按照建立和完善社会主义市场经济体制的要求，建立我国的政策性矿区建设发展的保险体系，走政策支持、商业化经营的道路。

完善和谐矿区建设发展的科技支撑体系。建立和完善我国"和谐矿区"建设发展的科技支撑和人才储备体系本应放入前面的配套保障体系之中，但考虑到"科学技术是第一生产力"，矿区发展的科技水平与我国的综合科技发展息息相关，直接影响着我国综合国力的提高。所以我们把它独立提出来，以期引起社会各界的广泛重视。要大力推进我国"和谐矿区"的建设与发展,必须依靠科技进步和专业科技人才的支撑。为此,我们建议:国家应大幅度增加矿业发展的科研经费,广泛运用先进实用技术,提升矿区发展的整体技术水平;尽快健全产业科技创新的激励机制,鼓励科技人员按照高效矿业和矿区农业的发展需要,积极开展技术创新,并通过技术承包、入股、转让和合作参与矿区产业经营,加快科技成果的转化。通过各种人才培养计划、科研项目的带动、国际交流与合作等形式,培养和造就一批矿区相关产业的技术推广高层次人才队伍。总之,应该通过建立我国"和谐矿区"建设发展的科技支撑和人才储备体系,尽快促进我国的"和谐矿区"建设与发展。

6. 和谐矿区建设中强化超越的"两个充分认识"

超越集团的"矿业农庄"模式虽是我国"和谐矿区"建设的探索性试点,但是短短的五年探索试点,却让我们看到了所在地农民与农村的明显变化,实实在在的数据令人欣慰。特别是超越作为一个民营煤炭企业,在煤炭开采建矿前期,集团上下就明确了"两个充分认识",并贯穿于整个建设发展的实践中,超越集团及其董事长杨清河的这一做法难能可贵,令人感动。为此,课题组一致认为,在推进我国的和谐矿区建设发展中,对大、中、小所有煤炭企业都应该强化超越集团的"两个充分认识"。即:一要充分认识到从事煤炭资源开发如果不注意节约,再搞传统掠夺性开采、破坏生态、污染环境,不在综合利用上做文章,那就会断了子孙的粮。这种不道德的事,坚决不能干,必须从科学发展观的高度,遵循"超越自我,奉献社会"的宗旨重新审视煤炭企业发展战略。二要充分认识到煤炭资源是国家资源,煤矿原住居民是公民,也应享受到在煤炭资源开发时所获得的经济效益,煤矿企业应带动原住居民和农村共同富裕起来。

7. 健全和谐矿区发展机制,推广典型发展模式

超越集团"矿业农庄"模式的实践已表明:煤炭企业主动参与"和谐矿区"建设,既有利于把市场运作规则引入到矿区产业和农牧业发展,推进矿区内产业的市场化;也有利于带动社会资金投入矿区建设和发展,解决长期困扰着我国煤炭矿区建设发展的资金短缺问题;还有利于重组农业和畜牧业经营和管理方式,形成政府调控企业、企业带动农牧民发展现代农业和现代畜牧业运行新机制。同时,实现了矿区城乡的统筹发展、矿业和农牧业的协调发展,更有利于社会主义和谐社会的构建和新农村建设。为此,大力鼓励具有中长期投资能力和市场开发能力的龙头企业,积极参与"和谐矿区"建设发展应成为我国当前推进"和谐矿区"建设的一种重要方式。

最后,为了更好地推进我国社会主义和谐社会与新农村建设,更好地从发展循环经济的角度促进我国"和谐矿区"建设与发展,从政策、产业、市场、储备等体系的建设,以及相关产业方面的发展推动我国"和谐矿区"建设发展迈上一个新台阶。我们建议,对于创造典型"矿业农庄"模式的超越集团,尽管是探索性试点,取得的成效是初步的,但它涉及的问题却是我国矿区建设中长期存在的,矿与村、矿工与农民、煤矿与县乡政府等一系列老大难问题,特别是煤矿开采中的生态保护问题。我们首先希望河南省委、省政府主要领导应继续支持超越集团的试点工作,帮助超越集团解决好发展中存在的实际问题。其次,我们期望国务院相关部门能对河南超越"矿业农庄"发展模式给予审核,在给予重点扶持和进一步完善的基础上,将其推进"和谐矿区"建设的经验归纳总结,向全国广大煤炭矿区进行推广,使其产生辐射作用和带动效应,为我国社会主义和谐社会全面建设做出应有贡献。

参考文献:

1.2005 年 2 月 19 日,胡锦涛主席在"中共中央举办的省部级主要领导干部提高构建社会主义和谐社会能力专题研讨班"开班式上的讲话.

2.《中共中央关于构建社会主义和谐社会若干重大问题的决定》(党的十六届六中全会 2006—10—8).

3.《中共中央关于积极发展现代农业扎实推进社会主义新农村建设的若干意见》2007,01.

4.《中共中央关于切实加强农业基础建设进一步促进农业发展农民增收的若干意见》2008,01.

5. 河南超越集团《矿业农庄总体规划》2008.6.

6.《贵阳市关于建设绿色和谐矿区的实施意见》2008,08.24.

7.《打造现代化绿色矿山》(2007 年 08 月 24 日 人民日报海外版)

8.《矿区生态经济》(2010—02—27　山东公务员网)

9.《建设和谐矿区的成功实践——兴仁县和谐矿区建设调查与启示》(2009—12—21　金州网)
10.《关于化解矿群矛盾、构建和谐矿区的思考和建议》(汪俭平 2009、4、15)
11.《2010—2015 年中国煤炭行业竞争态势分析与投资战略深度调研报告》(2009)
12.《精心打造全国一流的煤炭循环经济示范矿区》(黄陵矿业集团 2009、11)
13.《资源型矿区产业链延伸与矿区可持续发展》(徐州工程学院学报 2007—04—12 | 作者:王震声)
14.《资源型城市接续主导产业的选择研究》(中国人口・资源・环境，2004 高峰.)
15.《矿区可持续发展研究》(中国经济出版社 作者：耿殿明 2004—9—1)
16.《论煤炭企业如何构建和谐矿区》(2009—07—13 谢素华)

第四部分

我国黄金资源开发、利用和管理研究

我国黄金资源开发、利用和管理研究

前 言

随着世界经济的发展和国际金融危机的应对，黄金的战略地位越来越引起人们的广泛关注。黄金特殊的自然属性使其具有货币属性，历史上黄金是各国货币国际化的基础，黄金在人类超过7000年历史中形成了超越种族、宗教、国家和历史界限的吸引力，被国际社会普遍看重。当前，黄金的货币属性主要以金融属性存在，一国货币发展成为国际货币的进程中，黄金的地位不可替代。从世界各国的经验看，各主要国家都重视加强对黄金资源的控制，这影响一国在国际金融体系中的地位。

在此背景下，国内经济界、金融界、企业界有关同志对我国黄金开发、利用和管理问题提出了不少意见和建议。中国生产力学会认为黄金在我国经济发展中具有战略地位，为此专门组织力量对我国黄金资源的开发、利用和管理问题进行专题研究。通过近一年的调查研究和多次专业研讨，最终形成了课题研究报告。

研究报告剖析了黄金的属性和战略地位，总结了世界主要国家黄金资源开发、利用和管理的经验，分析了我国黄金资源开发、利用和管理中存在的问题，指出我国要对黄金资源的开发利用进行战略提升，并向我国政府提出了若干政策建议。报告得出了黄金具有金融属性，黄金在我国应确立战略地位，我国应从三个方面(黄金矿业、黄金市场、黄金储备)重视加强国家对黄金资源控制力的结论。

一、黄金的属性与战略地位

(一)黄金具有货币属性，目前主要以金融属性形式体现

1. 黄金具有货币属性，其货币属性源于其特有的自然属性

中文黄金一词源自印度，梵文叫做 Jval，化学学名为 aurum，代号为 Au。在自然界中，金一般以单质形态存在。黄金的名贵广为人知，金在地壳中的平均含量约为1亿分之1.1，在海水中的含量约为1000亿分之1。

瑞士信贷银行和中国人民银行编译的《黄金手册》中把黄金描述为：黄金是最知名的贵金属，它不易与其它物质发生化学反应，容易储藏和运输，容易锻铸，化学性质稳定，具有良好的导电性，且产量稀少，这使黄金在人类超过7000年历史中形成了超越种族、宗教、国家和历史界限的吸引力，并承担国际交换媒介和最终保值工具的经济职能。黄金在金融范畴内是一项安全的价值储藏，一种超国界的交换媒介，一个对投机者和政府货币储备的诱惑。

作为一种金属，黄金拥有以下一些重要的自然属性。

(1)黄金的密度高(为 $19.32g/cm^3$，是同体积银、铅、锡重量的2倍左右)，相同重量体积小，易保管运输。

(2)黄金很软，易分割，高温下不易被损坏，是制造金币的理想材料。

(3)黄金化学性质稳定，抗氧化能力非常强。远古出土的黄金饰品，历经数千年色彩依然艳丽如新。

(4)纯金有极为好看的黄色和金属光泽，而且易和不同金属形成合金并显示各种颜色，被广泛用

于高档饰品、高档工艺品和宗教纪念品。

(5)黄金具有良好的锻造性和延展性。

(6)黄金作为工业原料,在高科技特别是电子工业中具有难以替代的作用。

黄金自然属性是黄金货币属性的基础。历史上,黄金在众多材料中被选择作为货币,是由于黄金自然属性使其特别适合作为货币,因而成为很多国家共同的选择。正如马克思在《资本论》所说的,"金银天然不是货币,但货币天然是金银",这表明黄金的自然属性使之天然适于担任货币职能,具有货币属性。

2. 黄金历史上长期作为货币,目前主要体现为金融属性

中国最早在公元前22世纪的夏代,就将黄金作为货币。司马迁的《史记·卷三十·平准书第八》中记载:"虞夏之币,金为三品,或黄或白或赤。"中国在商周已经掌握了黄金的冶铸技术。到了秦朝至西汉时期,黄金货币开始盛行。秦始皇统一全国以后,颁布了中国最早的货币立法,规定黄金为"上币"。此后直至唐宋,黄金始终在交易中得以使用。元朝以后,随着纸币逐渐流行,黄金逐步退出流通领域。明朝明令禁止民间用黄金交易,黄金的法定货币地位正式被取消。但是民间仍然认可黄金的货币属性,有"乱世买黄金"之说。

从国际货币体系的演变来看,黄金国际货币的地位形成于19世纪。黄金普遍成为欧美各国货币发行的基础,各国纷纷采取金本位制(Gold Standard System),货币与黄金形成固定比价,这一比价也是国际汇率的基础。金本位制的存在,促进了资本主义世界长期的繁荣。布雷顿森林体系崩溃后,黄金失去了法定国际货币的地位,但是各国中央银行仍然保有大量的黄金储备。

表4—1 国际货币体系中黄金地位的演变

国际货币体系	阶段	国际贸易特征	国际货币
早期的货币体系	19世纪以前	商品经济不发达,国际贸易体系未建立	黄金
复本位制货币体系	19世纪	国际贸易急剧增长,逐渐形成贸易体系	黄金,白银
金本位制货币体系	19世纪后期至二战	资本主义国家统一形成了金币本位制货币体系	黄金,以黄金为本位的货币
布雷顿森林体系	二战后到1971年	资本主义阵营形成了统一的国际贸易体系	美元,黄金
牙买加体系	1971年以后	贸易全球化格局奠定	以美元为主,包括英镑、日元等

来源:根据相关资料整理。

1978年,国际货币基金组织废除黄金官价,黄金可以自由买卖,成为民间投资的对象。目前,黄金已经是国际金融市场的一个重要投资品种。黄金市场形成了全球黄金交易所体系,为世界黄金交易和地区性黄金交易乃至各国的黄金交易提供了投资与交易的平台。黄金市场是全球金融市场重要组成部分,它和货币、外汇、债券市场密切关联互动,在交易价格方面互相影响。黄金的金融属性是货币属性的一种体现形式。至今主要国家仍持有相当数量的黄金储备,黄金储备在国家储备中占重要地位,居民通过购买、持有黄金实现分散风险、资产保值增值的目的。

黄金作为货币的历史表明,黄金的货币属性并未消失,黄金的货币属性主要以金融属性的形式体现出来。

3. 英镑和美元的国际化以黄金为基础

从世界货币体系的发展演变看,一国货币发展成为国际货币的进程中,黄金的作用是不可替代的。英镑和美元的国际化既有经济实力的因素,又以黄金储备为基础。

英镑最早取得了国际货币的地位。在通往英镑国际化的道路上,黄金的作用至关重要。当时,英镑代替黄金执行国际货币的各种职能,英镑的持有人可以随时向英格兰银行兑换黄金,而且使用英

镑比使用黄金更加便利。英镑之所以能够做到这一点,是因为英国拥有大量的黄金储备。图 4—1 描述了英国黄金储备的数量及其占世界的比重,可以看出,19 世纪下半叶英国黄金储备占世界比重的下降,和当时英镑国际地位逐步下滑的趋势是相一致的。

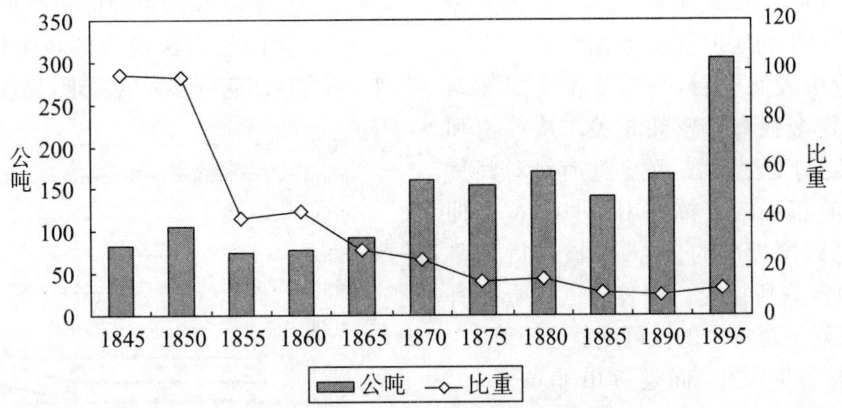

图 4—1　1845—1895 年英国黄金储备及占世界比重

资料来源:世界黄金协会。

美元国际货币的地位与美国黄金储备的数量密切相关。1913 年,美联储成立,当时美国储备的黄金仅仅为 96 吨。一战后,美国的黄金储备就增长到惊人的 45 亿美元(6172 吨)。美联储已经成为世界上最强大的中央银行。

二战爆发时,美国的黄金储备超过 1.5 万吨,大约占全球货币黄金存量的 60%,而在二战后,更是增加到 2.02 万吨,占到全球货币黄金存量的 75%。与此同时,英国、德国、法国的黄金急剧减少,英国黄金储备由战前的 3629 吨急剧减少到 1941 年的 261 吨,德国和意大利因为是战败国,黄金几乎荡然无存。

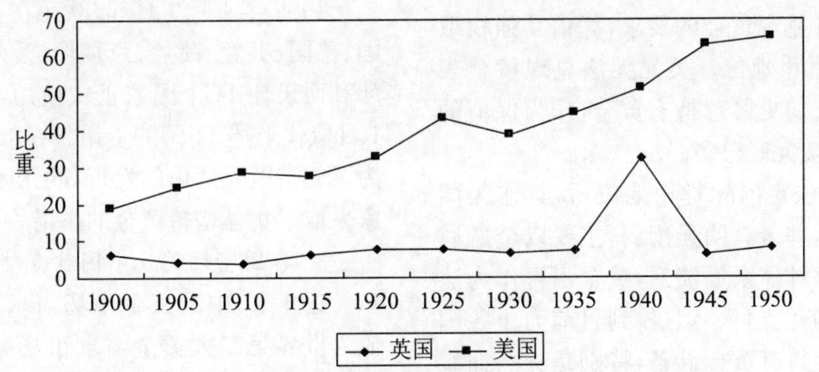

图 4—2　1900—1950 年英、美黄金储备占世界黄金储备的比重

资料来源:世界黄金协会。

1943 年,为了解决国际货币体系混乱的状况,美国和英国分别从本国利益出发设计战后国际货币体系,提出了两个不同的计划,即"怀特计划"和"凯恩斯计划"。最终,美国提出的计划得以通过。各国接受美元作为国际货币的关键原因在于美国拥有世界 75%的黄金储备,能够保证美元币值的稳定,以及美元持有者对黄金的兑换。"怀特计划"最终形成布雷顿森林体系,并确立了美元世界霸主的地位。

随着布雷顿森林体系的崩溃,美国停止美元和黄金的挂钩,美元作为国际货币的地位也逐步下降。尽管美元仍然延续了国际主要储备货币的地位,但其地位正日益受到人们的质疑和挑战。

4. 黄金地位是历史形成的,在国际货币体系中仍具有重要作用

(1)黄金国际货币的地位是历史上自然形成的。黄金作为货币的地位,不仅是因为某个国家或某几个国家依靠国家暴力强行推行的结果,而是由

于黄金自身具备的一些性质，使其特别适合于作为货币。黄金作为货币是世界上主要国家共同的选择，因此黄金变成了国际货币。黄金作为国际货币的地位绝非偶然形成，只要黄金的自然属性仍然保持，黄金作为国际货币的地位就不会削弱。

(2)从世界货币发展史看，一国货币的国际地位与该国政府的黄金拥有量密切相关。从英镑和美元国际货币地位的变化来看，黄金拥有量对其货币的国际地位具有很强的支撑作用。一国黄金拥有量高时，人们对该国货币的信心足，该国货币坚挺，更容易为其他国家所接受。随着该国黄金拥有量下降，其他国家对该国货币的认可度就会下降。

(3)黄金从未非货币化，而是货币非黄金化。随着各国把信用货币确立为法定货币，黄金不再作为商品的计价单位。但是黄金的价值尺度、流通手段、支付手段的职能仍然保留，其作为储藏手段和世界货币的职能则是信用货币难以比拟的。黄金管理仍然是世界各国货币管理的重要内容，各国的黄金储备，其管理者均为中央银行，并按货币的形式和运行规律进行管理。

(4)黄金法定国际货币地位被取消，恰恰说明了黄金的重要性。布雷顿森林体系的崩溃，是因为美国没有能力继续用黄金兑现美元。由于美国难以应对美元持有者兑现黄金的要求，凭借其强权取消了黄金的国际货币地位。美元无法兑现黄金表明，相比较美元，人们更愿意持有黄金，作为保值的储藏手段，黄金比美元好得多。

(5)黄金失去法定国际货币地位后，其作为国际货币的地位长期并未有明显削弱，主要以金融属性体现。布雷顿森林体系崩溃后，黄金不再作为法定国际货币用于国际支付。但是，到目前为止各国中央银行仍然继续持有黄金储备，特别是美国拥有世界规模最大的黄金储备。黄金的货币属性主要以金融属性的形式体现在国际金融市场和黄金市场上。

(二)世界各国从战略高度看待黄金的地位

由于黄金具有金融属性和货币属性，世界主要国家高度重视黄金的战略地位，这主要体现在以下几个方面。

1. 世界主要国家一直保有黄金储备

图 4—3 给出了 IMF 和世界主要国家的黄金储备情况，可以看出：

(1)世界主要国家和 IMF 一直保有黄金储备，而且规模相当之大。

(2)即使在布雷顿森林体系崩溃后，世界主要国家和 IMF 保有的黄金储备规模长期总体稳定。其中欧美国家(英国除外)的黄金储备只是略有减少，俄罗斯和印度的黄金储备有不同程度的增加。

(3)美国始终是最大的黄金储备国，1980 年以来，不管经济遇到多大的困难，其黄金储备几乎不变。

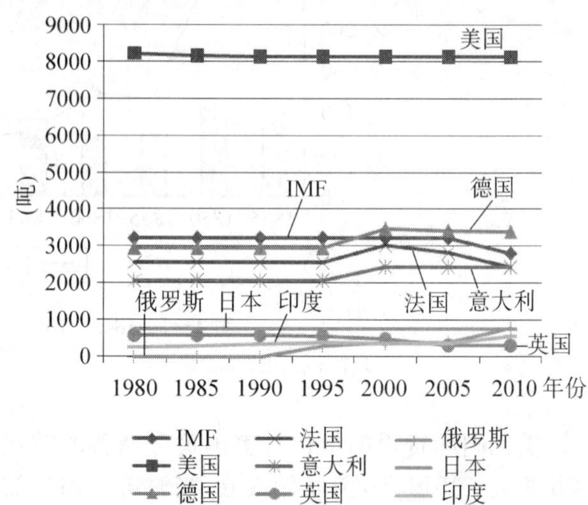

图 4—3 IMF 和世界主要国家的黄金储备情况(吨)

资料来源：IMF。

2. 欧元区国家为发行欧元增持黄金

1999 年 1 月 1 日起，欧元在奥地利、比利时、法国、德国、芬兰、荷兰、卢森堡、爱尔兰、意大利、葡萄牙和西班牙 11 个国家正式使用，并于 2002 年 1 月 1 日取代上述 11 国的货币。在欧元正式使用之前，为了支持欧元货币的发行，欧元区的第一批 11 个国家采取了集体增持黄金的举措。

3. 各国密切关注中国黄金储备量

近年来，中国黄金市场需求量不断提高，已经成为世界第二大黄金需求市场。各国都密切关注与监督中国黄金的储备量。中国黄金协会专门研究黄金价格的专家认为，一旦中国突然增加黄金储备，国际黄金市场的价格将再上一个台阶，其中有复杂的政治经济因素。

以上情况表明，尽管黄金已经不再拥有布雷顿森林体系中的核心地位，但是各国仍然从战略高度看待黄金，仍然保留相当数量的黄金以应对紧急状况，防止受到其他国家的战略制约。

(三)黄金对中国发展具有战略意义

从世界黄金的发展历程和中国的现状来看，黄金对中国发展具有战略意义，这通过以下几点得以体现。

表 4－2　欧元区首批 11 个国家的黄金储备(吨)

	1991	1992	1993	1994	1995	1996	1997	1998
奥地利	623	620	579	570	373	334	245	300
比利时	940	779	779	779	639	477	477	296
芬　兰	62	62	62	62	50	50	50	62
法　国	2546	2546	2546	2546	2546	2546	2547	3184
德　国	2960	2960	2960	2960	2960	2960	2960	3701
爱尔兰	11	11	11	11	11	11	11	14
意大利	2074	2074	2074	2074	2074	2074	2074	2593
卢森堡	11	11	9	9	9	9	10	10
荷　兰	1367	1367	1090	1081	1081	1081	842	1052
葡萄牙	494	500	500	500	500	500	500	625
西班牙	486	486	486	486	486	486	486	608
总　计	11574	11416	11096	11078	10729	10528	10202	12445

资料来源:IMF。

世界黄金历史和现状表明,黄金的战略地位并未下降。

世界黄金历史和现状表明,黄金的战略地位并未因布雷顿森林体系的崩溃而下降,各主要国家仍然从战略高度看待黄金。黄金战略地位的基础是黄金自身的自然属性和使用价值。一些发达国家通过各种途径宣传黄金非货币化的论点,宣称黄金已经沦为一种普通的金属,但在实际的操作中,这些国家却仍然保有最大规模的黄金储备。

抗战胜利 70 周年之际,中央电视台在《红色记忆》栏目中公布了中央军委的统计数字:在整个八年抗战中,山东军区向延安党中央和中央军委运送了十三万两黄金,用于开展贸易获取军用物资。刘少奇、徐向前从山东赴延安时,都有携带大批黄金的记载。

建国后,帝国主义对中国进行了长期的贸易封锁。为了增加黄金储备,周恩来总理在70 年代中期曾专门委托王震同志主抓国家的黄金生产。改革开放初,黄金是中国的主要国际储备,国家发展急需的机器设备,很多是动用黄金储备购买的,黄金有效地支持了中国改革开放事业的顺利推进。

中国共产党发展壮大的一个重要历史经验就是:一定要掌控充足的黄金储备,才能增强应对复杂局面的能力。

美元的购买力持续下降,我国外汇储备面临贬值风险。

随着金本位制的结束,美国的物价持续上涨,消费者物价指数(CPI)已经由 1967 年的 33.4 提高到 2010 年的 218,这意味着 2010 年美元的购买力只有 1967 年的 15.3%。而且这一趋势还将持续下去。

1971 年,美元与黄金脱钩,其时黄金与美元的比价为 35 美元兑一盎司黄金。70 年代黄金价格大幅上扬,80 年代和 90 年代黄金价格有所回落,2000 年后,黄金价格再度大幅攀升,2011 年 9 月 6 日,国际黄金价格创下 1920.38 美元/盎司的记录,全年平均价格达到 1571.68 美元/盎司。如果用黄金来衡量,美元 40 年来贬值接近 50 倍。

图 4－4　1971 年以来的国际黄金价格走势

资料来源:世界黄金协会。

截止2011年12月底，我国的外汇储备已经达到3.181万亿美元，其中大多数是以美元资产的形式存在，我国庞大的外汇储备面临持续贬值的风险。

世界政治经济环境面临不确定性。

随着以信息技术为代表的第三次科技革命接近尾声，科技进步对生产力的拉动作用趋于减弱，一轮世界经济的长周期行将结束。根据历史经验，在一轮经济长周期的末期，世界政治经济环境都会面临很大的不确定性，在极端的情况下，各国都可能会需要流动资源。黄金是各国普遍接受的支付手段，在紧急状态下，黄金能够扮演“战争基金”的角色，具有不可替代的作用。

以上分析表明：黄金在我国和平发展进程中具有重要的战略意义，我国政府要从战略高度重新认识黄金的地位和作用，加强对黄金资源的控制力，即通过对黄金矿业、黄金市场、黄金储备三个关键环节的控制形成对黄金资源的掌控、支配和约束能力。在当前背景下，我国政府应考虑综合利用多种手段加大对黄金资源的控制力，增强我国应对复杂局面的能力。

二、世界黄金资源开发、利用和管理的经验

(一)主要国家从战略高度加强对黄金资源的控制力

1. 世界黄金产量呈上升趋势，资源储量则极为稀缺

地球上黄金资源储量大约48亿吨，但99.7083%深藏于地核与地幔中，人类即使在遥远的将来，甚至无限的未来也难以拿到。蕴藏在地壳和海水中的1400万吨金，因埋藏过深和品位过低，大约有90%难以利用。截止2010年，人类已采得的黄金，总计约为16.66万吨，共消耗掉金储量约为18万吨。

从表4—3和4—4可以看出，世界黄金产量总体呈现上升的趋势，最近20年世界黄金年产量保持在2000吨以上。近10年世界黄金产量基本保持稳中略有下滑的趋势。但是，最近两年随着金价上涨，黄金产量有所提高。

表4—3 世界黄金产量(每五年，1835—1949)

单位：吨

时间	产量	时间	产量
1835—1839	102	1895—1899	1851
1840—1844	146	1900—1904	2240
1845—1849	278	1905—1909	3154
1850—1854	864	1910—1914	3340
1855—1859	1,011	1915—1919	3150
1860—1864	915	1920—1924	2630
1865—1869	981	1925—1929	3021
1870—1874	878	1930—1934	3730
1875—1879	820	1935—1939	5387
1880—1884	765	1940—1944	5123
1885—1889	835	1945—1949	3770
1890—1894	1,106		

资料来源：世界黄金协会。

表4—4 过去20年世界黄金产量(吨)

年份	1991	1992	1993	1994	1995	1996	1997	1998	1999	2000
矿产金	2162	2237	2291	2282	2276	2361	2479	2538	2568	2573
年份	2001	2002	2003	2004	2005	2006	2007	2008	2009	2010
矿产金	2646	2619	2624	2496	2550	2482	2476	2408	2589	2689

资料来源：世界《黄金年鉴2011》。

根据美国2012年《Mineral Commodity Summaries》统计，2010年世界黄金资源储量为5.1万吨。按2010年黄金产量2688.9吨的水平计算，全球现有黄金资源储量保证年限约为19年。

2. 世界黄金资源分布高度不均匀，美、俄控制了大量黄金资源

表4—5给出了世界主要国家的黄金资源储量，图4—5给出了世界黄金资源分布图。从表4—5和图4—5中可以看出：

世界黄金资源主要分布在环太平洋地区、中亚地区、非洲地区。

美国的黄金资源储量居世界第5位，储量为3000吨。但是，根据美国国家矿业资源评估队估计，美国有15000吨已探明黄金资源储量和18000

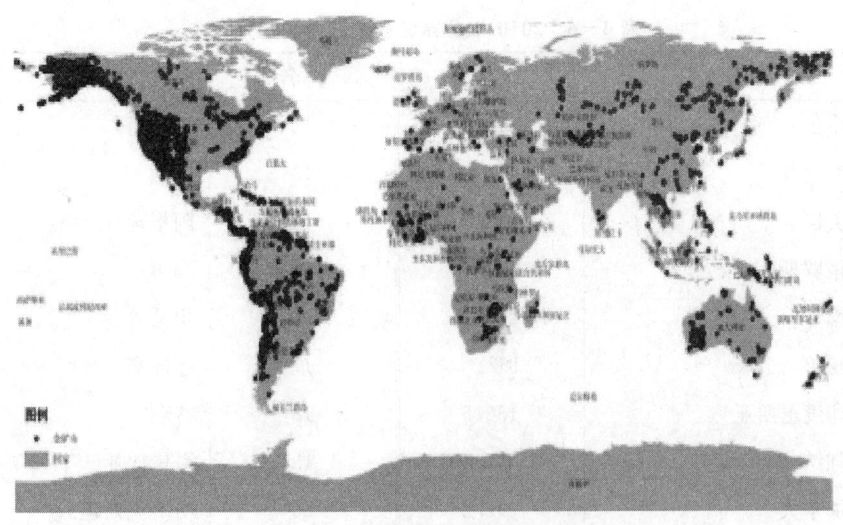

图 4—5　世界黄金资源分布图

资料来源：U. S. Geological Survey。

表 4—5　2010 年主要国家黄金资源储量(吨)

序号	国家	储量	占比(%)
1	澳大利亚	7400	14.5
2	南非	6000	11.8
3	俄罗斯	5000	9.8
4	智利	3400	6.7
5	美国	3000	5.9
6	印度尼西亚	3000	5.9
7	巴西	2400	4.7
8	秘鲁	2000	3.9
9	中国	1900	3.7
10	乌兹别克斯坦	1700	3.3
11	加纳	1400	2.7
12	墨西哥	1400	2.7
13	巴布亚新几内亚	1200	2.4
14	加拿大	920	1.8
15	其他国家	10280	20.2
	世界总计	51000	100

资料来源：U. S. Geological Survey，*Mineral Commodity Summaries 2012*。

吨未探明的黄金资源储量。这部分资源可以构成美国潜在的黄金储备。

南北美洲是世界上黄金资源的主要分布地区。包括美国在内，2010 年美洲国家黄金资源储量占全球的 25.7%。美国在美洲地区强大的影响力，有助于其对该地区黄金资源具有控制力。

中亚地区和俄罗斯拥有丰富的黄金资源。2009 年澳大利亚开始取代南非，成为黄金资源储量最大的国家。中国黄金矿业企业可积极向这些国家和地区发展，拓展资源配置空间。

3. 世界黄金生产高度集中，美洲国家产量占全球接近 30%

表 4—6 给出了世界黄金产量的国别分布。从表 4—6 可以看出：

世界黄金产量的国别集中度相当高，前十位国家的产量占全球产量的 67%，前二十位国家的产量占全球产量的 85.8%。

2010 年，美国黄金产量占全球的 8.7%。前二十位黄金生产国中，南北美洲国家的黄金产量占全球的 28.3%。

我国黄金产量已居世界首位，这为我国增强黄金控制力创造了条件。

4. 十大黄金矿业企业产量占全球近 40%，美、加背景的企业占 6 席

从表 4—7 可以看出：

排名前列的黄金矿业企业主要来自美国、加拿大和南非。其中前三位黄金矿业企业巴里克(在美国上市)、纽蒙特(美国企业)、安格鲁(美国股东持股超过 50%)均与美国有密切关系。

中国的黄金矿业企业已经进入世界十五大行列，但与排名前列的黄金矿业企业相比还存在着明显的差异。

表 4—6 2010 年世界黄金生产的国别分布

排名	国家	产量	排名	国家	产量
1	中国	350.9	12	墨西哥	69.9
2	澳大利亚	260.9	13	巴西	68.3
3	美国	233.9	14	阿根廷	63.5
4	俄罗斯	203.4	15	马里	44.6
5	南非	203.3	16	坦桑尼亚	44.6
6	秘鲁	162	17	菲律宾	40.8
7	印度尼西亚	136.6	18	智利	38.4
8	加纳	92.4	19	哥伦比亚	33
9	加拿大	92.2	20	哈萨克斯坦	26.9
10	乌兹别克斯坦	71		其他国家	381.7
11	巴布亚新几内亚	70.5		世界合计	2688.9

资料来源:世界《黄金年鉴 2011》。

表 4—7 全球十五大黄金矿业企业排名

排序		企业名称（英文）	企业名称（中文）	国家	产量(吨)		同比增长（%）
2010 年	2009 年				2009	2010	
1	1	Barrick Gold	巴里克黄金矿业	加拿大	230.1	241.5	4.95
2	2	Newmont Mining	纽蒙特黄金矿业	美国	162.9	167.7	2.95
3	3	Anglo GoldAshanti	安格鲁黄金矿业	南非	143.0	140.4	—1.82
4	4	Gold Fields	金田黄金矿业	南非	106.6	102.4	—3.94
5	5	Goldcorp	加拿大黄金矿业	加拿大	75.3	78.4	4.12
6	9	Newcrest Mining	纽克雷斯特黄金矿业	澳大利亚	49.2	72.8	47.97
7	7	Kinross Gold *	金罗斯黄金	加拿大	64.5	68.0	5.43
8	8	Navoi MMC *	纳沃伊矿业冶金	乌兹别克斯坦	62.0	62.5	0.81
9	6	Freeport McMoRan	美国自由港迈克墨伦铜金矿	美国	74.8	52.9	—29.28
10	12	Polyus Gold	俄罗斯极地黄金	俄罗斯	39.2	43.1	9.95
11	10	Harmony Gold	哈莫尼黄金矿业	南非	45.2	41.7	—7.74
12	11	Cia. de M. buenaventura	秘鲁好远矿业	秘鲁	41.2	34.1	—17.23
13	18	Zhongjin mining	中国黄金集团公司	中国	28.1	32.2	14.51
14		Agnico—Eaglemines	阿哥尼可老鹰矿	加拿大	15.3	30.7	100.65
15	16	Zijin mining	紫金矿业	中国	30.7	30.4	—0.88
			合计	1168.1		1198.7	2.62

资料来源:GFMS。

5. 俄罗斯等国对黄金资源从国家战略高度实施管控

俄罗斯、哈萨克斯坦、吉尔吉斯斯坦等国把拥有50吨以上储量的黄金矿区列为国家战略资源区，由国家严格控制其开发。以俄罗斯为例，当前开发这类黄金矿区，需经由普京担任负责人的专门委员会批准，而且不允许外资控股。

(二)黄金矿业企业是主要国家控制黄金资源的重要途径

1. 主要黄金矿业企业在各国黄金资源开发中居主导地位

这里选择美国、俄罗斯、南非和澳大利亚这四个国家进行分析。2010年，这四个国家的黄金产量位列2—5位，中国位列第1位。

(1)美国

表4—8中给出了美国的主要金矿和金矿企业。从表4—8中可以看出：

美国的金矿高度集中在一些大企业手中。前10位金矿几乎被大型黄金矿业企业瓜分，其中2个属于巴里克公司，3个属于纽蒙特公司，2个属于金罗斯公司，1个属于安格鲁公司。

美国的很多金矿为加拿大企业所拥有，美国和加拿大企业在黄金矿业领域具有密切关系。

表4—8　2009年美国能力排名前十的金矿及其开发商

排名	金矿	公司	年能力(吨)
1	Goldstrike	巴里克	42.1
2	Eastern Nevada Operations	纽蒙特	36.5
3	Bingham Canyon	Kennecott Utah Copper	18.1
4	Cortez	巴里克	16.1
5	Twin Creeks	纽蒙特	13.6
6	Smoky Valley	金罗斯	13.3
7	Pogo	Sumitomo Metal Mining	12.1
8	Fort Knox	金罗斯	8.2
9	Phoenix	纽蒙特	6.8
10	Cresson	安格鲁	6.8

资料来源：USGS，2009 Minerals Yearbook。

(2)俄罗斯

2008年，俄罗斯共有453家黄金生产企业，其中274家(60%)黄金年产量小于100公斤。尽管俄罗斯的黄金矿业公司多，俄罗斯的黄金生产具有很高的集中度，2008年前5家企业的黄金产量占俄罗斯黄金产量的45.9%，其中位列世界前十的极地黄金一家就占俄罗斯黄金产量的21.8%。

表4—9　俄罗斯前五家金矿企业

企业	总部所在地	2008年产量(吨)	黄金主要生产区域
Polyus Gold (极地黄金)	莫斯科	38.3	西伯利亚，远东
Chukotskaya GKK	马加丹	15.4	远东
Petropavlovsk Group	莫斯科	12.2	远东
Polymetal	圣彼得堡	8.9	远东，乌拉尔
Sever-Stal Resurs	莫斯科	6.0	远东，西伯利亚

表4—10　俄罗斯的国内留存黄金(吨)

年份	黄金产量	出口数量	国内留存黄金	
			数量	占比(%)
2003	170	128	42	25
2004	169	134	35	21
2005	163	116	47	29
2006	159	94	65	41
2007	157	42	115	73
2008	176	17	159	90

在过去,俄罗斯的黄金大量用于出口,近年来俄罗斯的黄金主要留在国内,用于本国的制造业和增加官方黄金储备。

(3)南非

从表4—11可以看出,南非的金矿主要掌握在本国企业安格鲁、金田和哈莫尼三家企业手中,这三家企业均位列世界前十位。

表4—11　南非的主要矿业公司(吨)

公司	拥有的金矿	年能力
Anglo Gold Ashanti (安格鲁)	Kopanang Mine	34
	Great Noligwa Mine	15
	tau Lekoa Mine	17
	Moab Khotsong Mine	11
	tau tona Mine	16
	Savuka Mine	12
	Mponeng Mine	17
Gold fields (金田)	Kloof Mine	24
	Driefontein Mine	28
	Beatrix Mine	20
	South Deep Mine	12
harmony Gold Mining co. (哈莫尼)	Bambanani, Masimong, Phakisa, and tshepong	17.1
	Evander operations	13.1
	Elandsrand Mines	11.9
	Virginia Mine	8
	target Mine	3.3
	Kalgold Mine	2.4
	Doornkop Mine	2.1

续表

公司	拥有的金矿	年能力
DrD Gold	Blyvooruitzicht Mine	4.8
	crown Mine	4.5
	East rand Proprietary Mine	2.7
	Ergo Mine	1.1
first uranium corp.	Ezulwini Mine	4.4
	Mine Waste Solutions Project (MWS)	1.7
Gold one international	Modder East Mine	5.6
Simmer and Jack	Buffelsfontein Mine	3.8
Barberton Mines	fairview, New consort, and Sheba Mines	3.2
central rand Gold	central rand Goldfield near Johannesburg	1.2

资料来源:USGS,2009 Minerals Yearbook。

(4)澳大利亚

从表4—12可以看出,澳大利亚年能力在10吨以上的主要金矿均掌握在排名世界前十的黄金矿业企业的手中。

(5)结论

从各国的情况看,主要黄金矿业企业掌握了优质金矿资源,一些规模较大的金矿往往由这些主要黄金矿业企业掌控。

除了澳大利亚,主要产金国的金矿资源大多受到控制,国外的企业难以进入。加拿大企业可以投资美国的金矿。南非的金矿主要由南非金矿企业拥有。俄罗斯金矿主要掌握在俄罗斯企业手中。

澳大利亚金矿投资者来自不同国家,但是大多是世界排名前十的黄金矿业企业。中国的五矿集团也获取了一个金矿,但是规模不大。

黄金主产国的生产集中度很高,前几大公司的黄金产量占比很高。

2. 主要黄金矿业企业规模巨大,并积极利用资本市场

根据全球黄金矿业公司的排名,我们选择巴里克黄金矿业公司(加拿大)、纽蒙特黄金矿业公司(美国)、安格鲁黄金矿业公司(南非)和纽克雷斯特黄金矿业公司(澳大利亚)四家企业进行分析。表4—13给出了这四家黄金矿业企业的基本情况。

表 4—12　2009 年澳大利亚国年能力在 10 吨以上的金矿(吨)

金矿	所有公司	年能力
Boddington open pit/underground gold mine	纽蒙特	31
super Pit open pit gold mine	巴里克,50%,纽蒙特,50%	25
Kalgoorlie open pit/underground gold mine	巴里克,50%,纽蒙特,50%	20
Granny smith open pit gold mine	巴里克	16
saint ives open pit/underground gold mine	金田	15
sunrise Dam open pit mine gold	安格鲁	15
tanami open pit gold mine	纽蒙特	15
telfer copper and gold mine	纽克雷斯特	15
Jundee-Nimary open pit/underground gold mine	纽蒙特	12
Cadia Hill open pit gold-copper mine	纽克雷斯特	11
ridgeway underground gold-copper mine	纽克雷斯特	10.8
rosebery underground zinc-lead-silver-copper-gold mine	中国五矿集团	1

资料来源:USGS,2009 Minerals Yearbook。

表 4—13　四家黄金矿业企业的基本情况

公司	成立年份	公司总部	员工数	上市地点
巴里克	1983	安大略,加拿大	超过 2 万	纽约,多伦多
纽蒙特	1921	丹佛,美国	超过 3.4 万	纽约
安格鲁	1944	约翰内斯堡,南非	62046	约翰内斯堡,伦敦,巴黎,加纳,布鲁塞尔,纽约,澳大利亚
纽克雷斯特	1966	墨尔本,澳大利亚	约 16000	澳大利亚

公司	黄金资源储量(吨)	收入(亿美元)	净利润(亿美元)	总资产(亿美元)	净资产(亿美元)
巴里克	7879	112	33	333	207
纽蒙特	2908	95	19	257	157
安格鲁	2215	55	8	257	157
纽克雷斯特	2488	41	11	124	105

资料来源:根据各公司网站资料综合整理。

从表 4—13 中可以看出,

主要黄金矿业公司资产规模巨大。前 3 位公司总资产都超过 250 亿美元(人民币 1500 亿元以上),并掌控了大量的金矿资源。

主要黄金矿业公司都具有很强的盈利能力。

主要黄金矿业公司都是上市公司。重视利用国际资本市场筹措发展所需要的资金。有的黄金矿业公司还在多个国家的交易所上市,而且上市地点选择在黄金资源所在地或黄金市场所在地。

主要黄金矿业公司都拥有大量的黄金资源储量,以实现可持续发展。

3. 主要黄金矿业企业通过兼并收购实现快速发展

世界黄金矿业集中度趋于提高。2008 年,全球矿产金产量超过 1 吨的企业超过 119 家,所产金总量为 1664 吨,占全球总产量的 71%。2008 年产量超过 10 吨的有 25 家。十大黄金矿业公司的总产量约为 994 吨,约占全球总产量的 42.6%,而前四家企业就占 29.8%。加拿大巴里克黄金公司 2008 年生产的精炼金就达到 237 吨,占全球总产量的近10%。

全球黄金矿业企业的兼并收购活动促进了黄金矿业集中度的提高。图4—6是1999年以来全球黄金矿业的并购案例数量和并购金额的趋势以及分布图。近十年来国际黄金矿业的兼并收购有以下特点。

首先,黄金矿业这一轮并购从2000年开始,2005年达到最高峰,2007年后期至今呈现下降趋势。

其次,跨国并购中特大并购的数量和规模持续增加。如2006年的并购案数量小于2002年,但是并购金额却达到了创纪录的233亿美元。2006年加拿大的巴里克黄金公司以104亿美元收购了该国第二大金生产企业后,跃居世界最大的黄金生产企业。

第三,从地区分布来看,黄金矿业并购主要发生在黄金资源丰富的南美和北美地区,整个美洲地区是当前黄金矿业并购活动的热点区域。发生在澳大利亚的并购行为占全球总量的5%,表明其资源倍受黄金矿业企业的青睐。

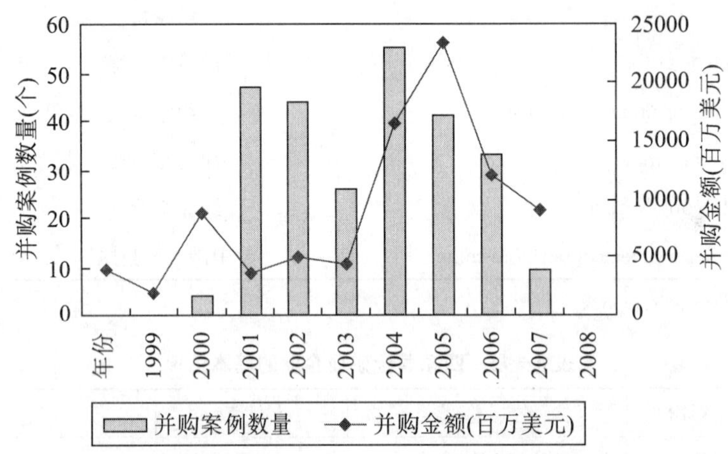

图4—6 1999年来黄金产业并购数量和并购金额趋势

资料来源:瑞典原材料网。

4. 主要黄金矿业企业积极"走出去"获取黄金资源

表4—14给出了主要黄金矿业企业国际化经营的情况。可以看出,主要黄金矿业公司都很重视国际化经营,都积极在母国之外的其他国家获取黄金资源,扩大了资源配置的空间。

表4—14 主要黄金矿业企业国际化经营的情况

公司	国际化经营
巴里克	美国,加拿大,南非,澳大利亚,智利,阿根廷,秘鲁
纽蒙特	美国,澳大利亚,斐济,印度尼西亚,加纳,加拿大,新西兰和墨西哥
安格鲁	南非,美国,巴西,阿根廷,马里,赤道几内亚,加纳,澳大利亚,坦桑尼亚,纳米比亚
纽克雷斯特	澳大利亚,印度尼西亚,西非

(三)主要国家重视利用市场提升对黄金资源的控制力

1. 主要国家过去对黄金的控制主要体现为控制黄金产品,现在还重视利用黄金市场的控制作用

1933年,美国《1933年紧急银行法案》通过,该法案允许政府管制、禁止金银出口或窖藏的权利,授予财政部要求民众上缴所持有的一切金币、金条以及黄金券(该证券完全由黄金担保)的权利。1933年4月,美国发布行政命令要求所有人向银行交出金币、黄金券和金条,银行向美联储上缴黄金。任何私藏黄金者,将被重判10年监禁和25万美元。1934年,美国又通过了《黄金储备法案》,金价定为35美元1盎司,但美国人民无权兑换黄金。美国的黄金市场交易受到很大的限制。

在布雷顿森林体系下,黄金的价格及流动受到较严格的控制,各国禁止居民自由买卖黄金。在这一时期黄金受到国家的严格控制,黄金市场仅是国家进行黄金管制的一种调节工具。布雷顿森林体系崩溃后,1978年国际货币基金组织通过批准了修改后的《国际货币基金协定》。该协定删除了以前有关黄金的所有规定,宣布黄金不再作为货币定值标准,废除黄金官价,可在市场上自由买卖黄金。

黄金可以自由拥有和自由买卖后,黄金市场规模迅速扩张。主要国家积极发展黄金市场,利用黄金市场形成对黄金资源的控制力,目前主要国家的黄金市场成为世界主要黄金市场。主要黄金市场

在全球黄金市场体系中的地位如表4－15所示。

表4－15　主要黄金市场在全球黄金市场体系中的地位

黄金市场	地位
伦敦黄金市场	世界最大的OTC黄金市场
苏黎世黄金市场	世界第二大OTC黄金市场，世界最大的新增黄金中转站
纽约黄金市场	世界最大的黄金期货市场
日本黄金市场	世界第二大黄金期货市场，亚洲最大的黄金期货市场
印度黄金市场	世界第三大黄金期货市场

2. 主要国家和地区通过税收优惠政策形成世界黄金“税收洼地”

主要国家和地区利用税收优惠政策，吸引黄金流入本国市场。从世界各国的情况来看，很多国家黄金流通环节的实行免税或低税政策。美国、英国、瑞士、土耳其、香港等国家（地区）都利用这一政策提升了本国（地区）黄金市场的竞争力。南非征收增值税导致黄金外流到欧洲，澳大利亚在因征收增值税导致黄金外流后，被迫取消了征税政策。

以伦敦黄金市场为例，为了促进伦敦黄金市场的发展，英国制定了黄金特殊的税制方案，共分为三种形式：黄金特殊税制计划、黄金投资产品税制计划、伦敦黄金交易“黑箱”计划。黄金特殊税制计划由卖方开具证明给买方，买方申报实行即征即退；黄金投资产品的原料部分免征增值税；伦敦黄金交易“黑箱”计划主要内容有：场内交易免税，会员与经营性非会员交易即征即退，与私人交易免税，与出口企业交易实行零税率。英国优惠的黄金税制形成了税收洼地，吸引了世界黄金资源流入伦敦黄金市场。

3. 主要国家通过多种手段提升本国黄金市场的地位

除了税收政策外，主要国家还综合利用多种手段提升本国黄金市场的地位。

美国黄金市场发展以期货市场为主，充分利用本国金融市场和机构投资者的优势发展期货市场。目前纽约商品交易所（COMEX）已成为世界上黄金交易量最大的商品交易所，同时是全球最早的黄金期货市场。美国参与COMEX进行黄金买卖以大型的对冲基金及机构投资者为主，他们的买卖对金市产生极大的交易动力，整个黄金期货交易市场有很高的市场流动性。

英国积极利用世界黄金协会和伦敦黄金市场协会这两个重要国际黄金行业组织提升伦敦黄金市场的国际地位。世界黄金协会是由世界黄金生产商联合组成的非营利性机构，其主要功能是通过引导黄金市场的结构性变化，如消除税收、减少壁垒、改善世界黄金市场分销渠道等，以提高世界黄金的产量和销量，对世界黄金生产形成支持。伦敦黄金市场协会成立于1987年，其主要职责是提高伦敦黄金市场的运作效率及扩大伦敦黄金市场的影响，促进所有参与者（包括黄金生产商，冶炼商，购买者等）的生产经营活动。伦敦黄金市场协会与英国有关管理部门共同合作，例如英国金融管理局、关税与消费税局等，维持伦敦黄金市场稳定而有序地发展。

瑞士具有特殊的银行体系和辅助性的黄金交易服务体系，为黄金买卖提供了一个既自由又保密的环境。瑞士与南非有优惠协议，获得了大量的南非黄金，前苏联的黄金也聚集于此，使得瑞士不仅是世界上新增黄金的最大中转站，也是世界上最大的私人黄金存储中心。

东京积极发展三种类型的黄金市场。第一类是高端客户市场，钟情于购买千两箱。高端客户市场流行的千两箱包装5个至10个千克金条或者100个至500个1盎司金币。第二类是中产阶级市场。中产阶级主要参与被称为“黄金积累计划”的黄金投资业务。“黄金积累计划”是指客户每月以固定的日元购买黄金，金价低时买得多，金价高时买得少，当合同到期时，客户累积的黄金可以兑现，或者以金块、金币形式交付，或者换成黄金首饰。第三类是期货交易所。日本黄金交易所成立于1981年，1984与东京橡胶交易所等合并为东京工业品交易所。2004年，黄金期权获准上市。东京工业品交易所是亚洲地区最大的商品期货交易所，其每年的黄金期货交易量仅次于纽约商品交易所，排名世界第二。

印度的黄金市场历史悠久。20世纪60年代中期，印度已有20多家地方性的商品交易所，黄金商品交易非常活跃。但是到了60年代中期，政府开始限制远期及期货交易，直到2003年才解禁。目前，印度有3家全国性的和21家地方性的期货交易所。3家全国性的交易所是位于艾哈迈达巴德的印度国家多种商品交易所（NMCE）、位于孟买的印度国家商品及衍生品交易所（NCDEX）和印度多种商品交易所（MCX）。印度是世界黄金的最大消费国，在构建孟买国际金融中心的过程中，黄金市场得到了较快的发展，孟买的多种商品交易所已经成为世界第三大黄金期货交易所，提供在线商品期货交易。其黄金交易量已占到印度贵金属期货市场80%以上的份额。

4. 主要国家对黄金市场形成合理的监管体系

在美国，无论是黄金矿山生产、黄金投资、黄金交易及黄金制造业都是按照市场规则运行，但整个过程都置于国家严格监管之下。美国对黄金资源的监管机构主要包括：美联储、财政部、商品期货交易委员会。美联储代表政府部门行使央行管理职能，主要负责储备货币黄金的管理与经营、国际合作和国际清算与支付。财政部和美联储共同制定关于黄金储备的规定。商品期货交易委员会规定期货交易规则、商品交易所条例等法律法规体系。行业协会在美国黄金市场起重要作用，根据国会立法，期货协会、期货交易所、黄金协会与商品期货交易委员共同管理黄金交易所。黄金制造业由协会自律组织负责管理，生产制造各种工业、文化及首饰产品，由交易所保证原料的供应。黄金矿业企业生产的黄金通过交易所进入流通体制。

瑞士黄金市场的监管单位是瑞士中央银行瑞士国民银行。苏黎世黄金总库是瑞士黄金市场的自律组织。苏黎世黄金总库组织与瑞士国民银行制定苏黎世黄金交易市场的管理规则、章程及配套法规。瑞士国民银行行使管理职能，主要负责储备货币黄金的管理与运作，协助商业银行和钟表首饰业协会，管理黄金交易所和黄金产品制造业。黄金加工制造业的管理由行业协会和商会自律管理，直接和黄金交易所挂钩。

印度缺乏黄金资源，黄金消费主要依赖进口。为保证金条质量，多种商品交易所和国家商品衍生品交易所将供应黄金的冶炼商限定在LBMA供应商名单之内。向印度交易所供应实物黄金要经过复杂的程序。要进口黄金的公司必须在印度中央银行注册为授权银行或指定代理商。指定代理商有两种：一种为公共部门代理商，由印度政府批准；另一种为授权银行，目前有14家，受中央银行监管。要成为印度交易所的供应商，首先必须是指定代理商。其次，需要同一个能以自身名义进入交易所并支付会员费的经纪商合作。

（四）主要国家掌控相当规模的黄金储备

1. 世界主要国家黄金官方储备规模庞大

根据IMF的统计，2010年世界各国黄金储备总值占国际储备总值的比例为11.3%。

表4—16给出了世界主要国家的黄金储备情况，从表中的数据可以看出：

(1)世界主要国家都保有规模庞大的黄金储备，其中美国的黄金储备一直居世界首位。

(2)2010年，世界黄金储备总价值占国际储备的比重为11.3%，中国为1.6%，大大低于世界平均水平。

(3)2010年，中国黄金储备仅占世界黄金储备约3.5%，位列世界第5位。同期中国GDP占世界GDP比重约9.4%，位列世界第2位。

(4)主要国家的黄金储备在其国际储备占很大比重，在其国际储备中居于战略地位。

(5)金融危机以来，不管遇到什么困难，各主要国家都保持黄金储备稳定，中国、俄罗斯和印度的黄金储备有不同程度的增加。

表4—16 主要国家的黄金储备情况（吨）

2010年排名	国家	2005	2006	2007	2008	2009	2010	占本国国际储备比重(2010)
1	美国	8135	8133	8133	8133	8133	8133	75.2%
2	德国	3428	3423	3417	3413	3407	3401	71.2%
3	意大利	2452	2452	2452	2452	2452	2452	69.9%
4	法国	2826	2720	2603	2492	2435	2435	66.4%
5	中国	600	600	600	600	1054	1054	1.6%
6	瑞士	1290	1290	1145	1040	1040	1040	17.4%
7	俄罗斯	387	401	450	520	649	789	7.4%
8	日本	765	765	765	765	765	765	3.2%
9	荷兰	695	641	621	612	612	612	60.0%
10	印度	358	358	358	358	558	558	8.4%
17	英国	311	310	310	310	310	310	17.0%

注：占本国国际储备比重是指一国黄金储备的总值与该国国际储备（包括黄金储备和外汇储备）总值的比例。

资料来源：IMF。

2. 欧洲主要国家声明黄金在全球货币储备中仍扮演重要角色

1999 年 9 月 26 日，为了表示其对持有黄金的意愿，欧元区 11 个国家瑞典、瑞士和英国的央行以及欧洲央行联合在华盛顿签订了央行售金协定(Central Bank Gold Agreement，CBGA)，又称“华盛顿协议”，其内容主要有如下五点：

第一，在全球货币储备中黄金仍扮演着重要角色。

第二，上述机构除已经决定的售金外，不再在市场上售金。

第三，已经决定的售金将通过商定的今后五年售金计划完成。每年售金不超过约 400 吨，这段时间售金量不超过 2000 吨。

第四，协议同意在这段时间内不增加贷金量及以黄金用于期货和期权的交易。

第五，协议在五年后将重新检讨。

央行售金协定每 5 年重新签订一次，目前已经签订了第 3 期央行售金协议。

3. 日本经济高速增长时期持续增加黄金储备

图 4—7 给出了日本 1950—1985 年间黄金储备的增长情况。可以看出，日本在经济高速增长的 1960—70 年代持续增加黄金储备，从 1950 年的 6 吨增加到 1979 年的 754 吨。

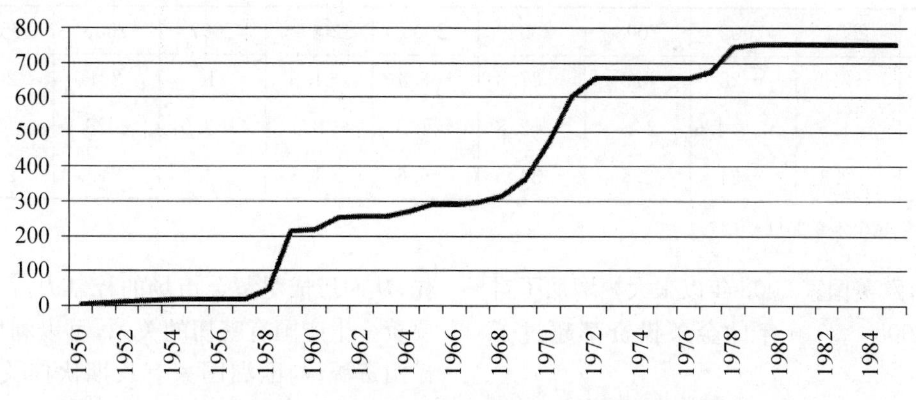

图 4—7 日本黄金储备的增长情况(1950—1985)

资料来源：IMF。

4. 世界黄金市场的重要趋势之一是官方储备开始从供应方转向需求方

从世界黄金市场的供应和需求结构的变化来看，一个重要趋势是黄金官方储备开始从供应方转向需求方。官方售金曾经是世界黄金的重要供应源，但其地位趋于下降。2010 年，官方储备开始由供应方转向了需求方。

表 4—17 官方储备在世界黄金市场供求中地位的变化

	2006	2007	2008	2009	2010
官方售金占世界黄金供应的比例					
官方售金	9.2%	12.3%	5.8%	0.8%	0.0%
官方购买占世界黄金需求的比例					
官方购买	0.0%	0.0%	0.0%	0.0%	1.7%

资料来源：世界《黄金年鉴 2011》。

5. 有些国家既重视黄金官方储备，也重视民间储备

黄金储备主要是指国家黄金储备。此外，有些国家有民众持金称之民间储备，一些国家如日本、印度和中国有大量的民间黄金储备，2001—2010 年间印度金条投资和首饰用金总计达到 7039 吨。日本较低为 289 吨，但是日本在 1989—2005 年期间金条投资和首饰用金总计达到 2367 吨。

表4—18　中国、印度和日本的民间黄金需求(吨)

		2001	2002	2003	2004	2005	2006	2007	2008	2009	2010	合计
金条投资	印度	84	67	66	76	103	140	149	160	118	266	1228
	日本	72	100	42	61	37	—47	—56	—39	—31	—50	89
	中国	4	2	2	7	9	10	21	61	102	179	397
首饰用金	印度	637	514	497	572	634	551	595	623	503	685	5811
	日本	25	23	22	22	22	21	19	18	14	14	201
	中国	201	190	194	217	239	245	297	330	364	432	2708

资料来源：世界《黄金年鉴2011》。

表4—19　欧洲北美国家的金条投资(吨)

	2001	2002	2003	2004	2005	2006	2007	2008	2009	2010
欧洲	—3.9	—28	0.5	—37.3	—8.4	—1.8	1	221	245	231
北美	1.6	4.6	2	2.8	1.8	3.1	3.9	26.7	36.3	29.8
欧洲北美合计	—2.3	—24	2.5	—34.5	—6.6	1.3	4.9	247	282	260

资料来源：世界《黄金年鉴2011》。

值得注意的是，欧美国家2008年以来大幅增加了对金条的投资，2008—2010年的金条投资都超过了200吨

(五)世界黄金资源开发、利用和管理经验对我国有重要启示

以上世界黄金资源开发、利用和管理的经验，对我国黄金资源的开发利用有以下重要启示。

1. 西方主要国家高度重视黄金的战略地位

布雷顿森林体系崩溃后，黄金不再作为法定国际货币。但是从西方主要国家的做法看，这些国家从未把黄金的地位贬低为普通的贵金属，而是仍然从战略高度看待黄金的作用。西方主要国家长期保持大量的黄金储备，一旦黄金价格出现大跌损害黄金储备的价值时，各国中央银行还联手出台政策(CBGA)救市。此外，各西方主要国家还通过各种渠道增强对黄金的控制力。

2. 西方主要国家通过多种手段加强对黄金的控制力

西方主要国家从黄金矿业、黄金市场和黄金储备三个环节对黄金资源有很强的控制力，在必要时能够调动远远超过其黄金储备规模的资源。这些国家对黄金资源的控制手段呈现多样化的局面。以美国为例，控制手段除了传统的官方黄金储备外，美国的黄金矿山资源丰富，拥有排名世界前列的黄金跨国企业，黄金期货交易所交易规模全球领先，从而形成对黄金市场的控制力。美国与美洲主要黄金生产国有密切的关系，可以利用这些国家的矿山资源；与欧洲国家有长期伙伴关系，能够共同形成对黄金市场的控制力。美、英、瑞士等国还十分重视通过行业协会对黄金进行自律和协调，并通过立法加以明确。

3. 西方主要国家重视通过市场控制黄金资源

西方主要国家都高度重视通过市场来控制黄金资源。例如，英国的黄金储备规模相对较小，2010年其黄金储备只有310.3吨，尚不及中国2010年的黄金产量。但是，英国在黄金行业具有很强的影响力，伦敦的黄金市场是世界上最重要的黄金市场之一，伦敦控制了黄金行业的标准，而且英国政府始终重视保持伦敦黄金市场的国际地位。美国的纽约商品交易所的黄金交易规模世界领先，日本尽管不是黄金主产国，但仍是亚洲最大的黄金市场。

4. 国际上既重视官方储备，也重视民间储备

民间拥有的黄金是一个国家黄金资源的重要组成部分，一国国际收支出现危机时，民间黄金储备有时能起到重要作用，如亚洲金融危机时韩国的民间黄金曾帮助国家度过难关。一些缺乏黄金资源的国家重视通过黄金市场吸引黄金流入，例如日本。但是，民间储备不能取代官方储备，因此各国政府仍然保留大量黄金储备。黄金生产国政府控制的黄金生产企业和黄金矿山也可以构成黄金储

备的重要组成部分。在增加官方黄金储备容易引起市场震荡的情况下，可以考虑利用政府掌控的企业增强黄金控制力。

5. 国际上利用流通环节税收减免政策吸引黄金流入

从世界各国的情况来看，减免黄金流通环节税收是一个趋势，流通环节税收减免有利于吸引国际黄金资源流入本国，美国、英国、瑞士等国都利用这一政策提升了本国黄金市场的竞争力。南非征收增值税导致黄金外流到欧洲，澳大利亚在因征收增值税导致黄金外流后，被迫取消了征税政策。

6. 国际黄金产业形成巨型公司，成为国家控制黄金资源的平台

国际上黄金产业集中度很高，排名前十五位的黄金矿业企业的黄金产量占世界黄金产量接近50%。一些排名前列的黄金公司规模巨大，具有很强的竞争力。例如，排名第一的巴里克公司2010年黄金产量为241吨，超过了除中国以外所有国家的黄金产量。巨型黄金公司已经成为国家控制黄金资源的重要手段。

7. 国际主要黄金矿业企业通过兼并收购得以迅速发展

2000年以来，国际黄金行业出现了兼并收购浪潮，主要黄金矿业企业通过兼并收购实现了迅速发展，例如2006年加拿大巴里克黄金公司以104亿美元收购了该国第二大金生产企业后，其黄金产量也由2005年的世界第3跃居世界首位。近年来世界新探明的黄金储量有限，黄金矿业企业通过兼并收购来提高对黄金资源的控制力是必由之路。

8. 国际主要黄金矿业企业大多是跨国公司

从排名前列的国际黄金矿业企业来看，很多都是跨国公司，在全球多个国家拥有矿山和子公司。走出去获取更多的资源，扩大资源配置的空间，是这些企业长期竞争取胜的重要策略。

三、我国黄金资源开发、利用和管理的现状

(一)我国需要从战略上考虑黄金资源的可持续开发

1. 我国已发展成为世界第一的黄金生产大国

从历史上看，从1949—1979年我国黄金生产波动很大。改革开放后，黄金生产进入相对平稳的增长期。1949年黄金产量为4吨，2011年我国黄金产量约360吨。从2000—2011年，我国黄金产量一直保持增长，连续五年位居世界第一。

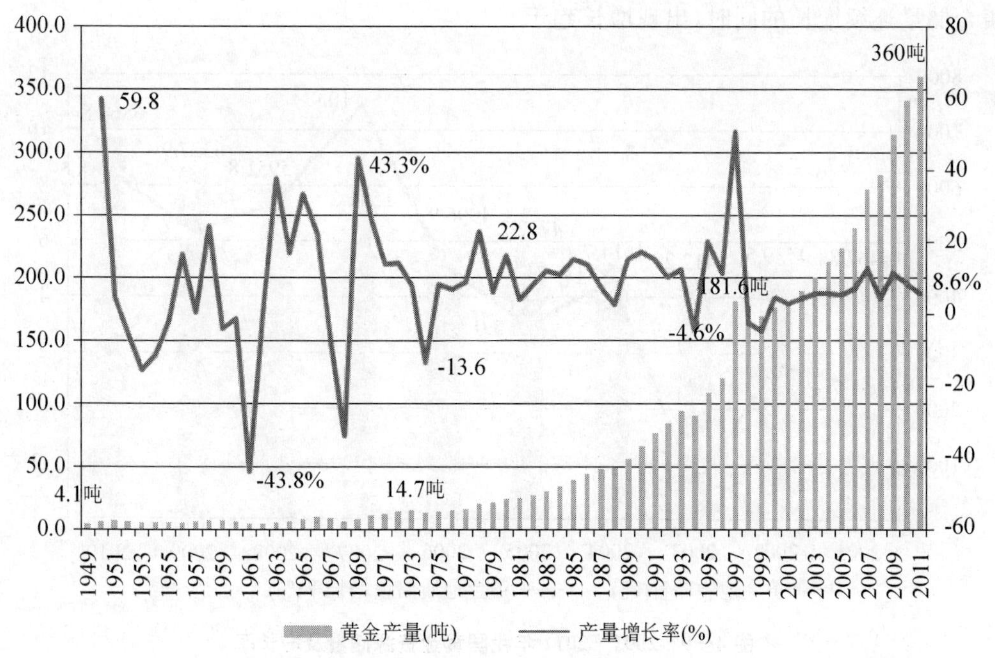

图4—8 1949—2011年我国黄金产量

资料来源：中国黄金年鉴，中国黄金报，2011。

我国黄金生产具有区域广泛的特征，同时又有很大的集中度。2010年，除了北京、天津、重庆、西藏之外的27个省区均有黄金产量，这是各地黄金管理局或黄金集团(公司)推动本地黄金矿业的结果。近六成(59.82%)的产量是由前五名的省市山东、河南、江西、云南、福建生产的，这与黄金资源储量

相对集中基本一致。前十名的省份黄金产量占比总计约79%(见表4-20)。

表4-20 2010年按省份的黄金产量排序(前十)

排序	省份	黄金产量(吨)	占总产量(%)	产量占比累积(%)
	全国合计	340.876	100	100
1	山 东	97.586	28.63	28.63
2	河 南	37.995	11.15	39.78
3	江 西	30.507	8.95	48.73
4	云 南	20.139	5.91	54.64
5	福 建	17.673	5.18	59.82
6	内蒙古	15.923	4.67	64.49
7	陕西省	13.045	3.83	68.32
8	湖南省	12.104	3.55	71.86
9	甘肃省	12.017	3.53	75.40
10	安徽省	11.847	3.48	78.88

资料来源:中国黄金年鉴，2011

2. 黄金资源储量连续八年增长

我国已查明黄金储量(专业术语为"黄金地质储量")从2003-2010年已连续八年增长,2010年达到6864吨,在南非和俄罗斯之后,位居世界第三。在已查明黄金储量连续增长的同时,出现增长趋于平缓的趋势,见图4-9。调查显示,近年来我国黄金矿勘探深度逐渐加大,在老金矿外围找矿力度加大,有一定潜力和新探明的储量相对过去查明难度增大、成本增加很快。

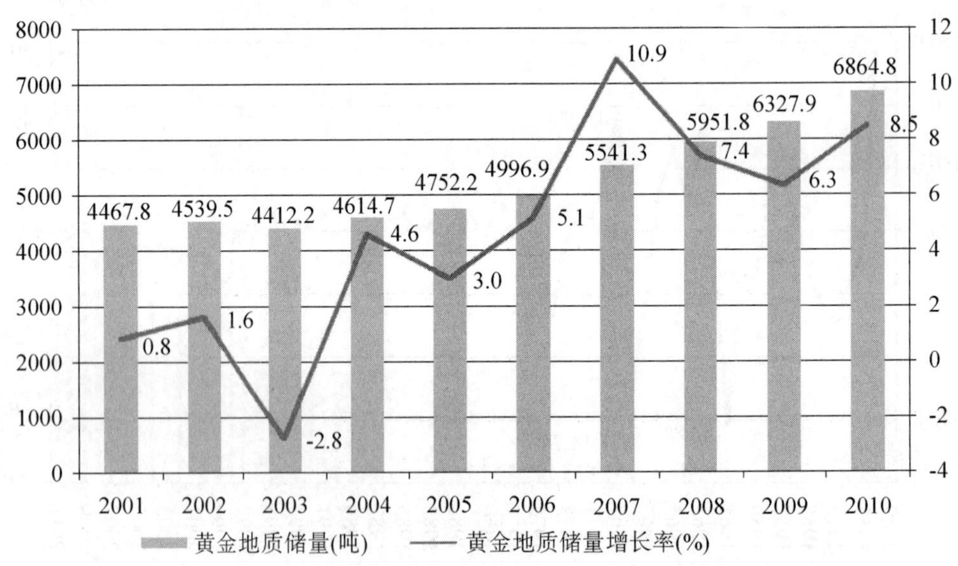

图4-9 2001-2011年我国黄金资源储量及增长率

资料来源:中国黄金年鉴,中国黄金报,2011。

3. 资源分布广泛,储量相对集中

我国黄金资源分布十分广泛,全国30个省、直辖市、自治区都有金矿资源,主要分布在1000多个县,其中重点产金地市56个,重点产金县71个,重点产金企业70多个。在2010年我国已查明黄金储量的省(区、市)排名,山东位居第一,是已查明黄金储量唯一超千吨的大省。山东、江西、甘肃、云南、河南、内蒙古等前10个省(区、市)已查明储量加总占全国总储量接近 70%。

表 4－21　2010 年按省份的已查明黄金储量排序(前十)

排序	省　区	已查明储量(吨)	储量占全国总储量(%)	储量占比累积(%)
	全　国	6864.79	100.00	
1	山　东	1148.18	16.73	16.73
2	江　西	572.11	8.33	25.06
3	甘　肃	564.88	8.23	33.29
4	云　南	437.3	6.37	39.66
5	河　南	395.08	5.76	45.42
6	内蒙古	328.16	4.78	50.20
7	黑龙江	323.94	4.72	54.92
8	安　徽	312.47	4.55	59.47
9	四　川	308.27	4.49	63.96
10	陕　西	286.67	4.18	68.14

资料来源:中国黄金年鉴,中国黄金报,2011

4. 已查明黄金储量可开采时间缩短

2010 年已查明黄金储量 6864 吨,按 2010 年黄金矿业静态需求和资源耗用比推算,可满足 13.73 年的开采。从 2006－2010 年,可满足开采的时间呈现缩短的趋势,见图 4－10。2010 年可供黄金矿业部门使用的基础储量(是已查明矿产资源中满足采矿和生产的各项指标要求的一部分)只占已查明总储量的 27.14%,可开采的时间更短。

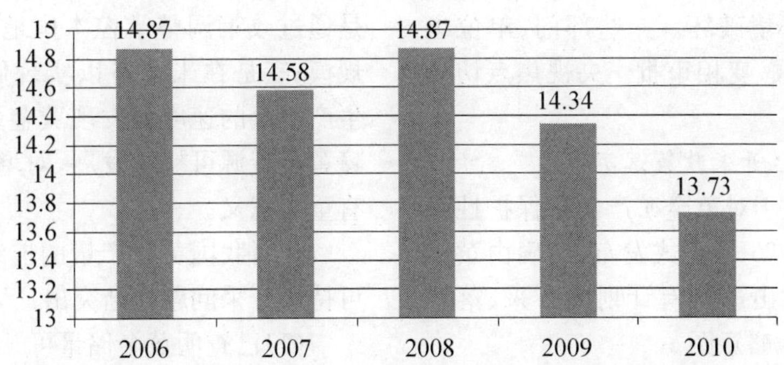

图 4－10　2006－2010 已查明黄金储量可开采的时间

资料来源:中国黄金年鉴,2011。

5. 黄金资源中难开采金矿比重较大

2010 年我国已查明黄金储量中,难开采金矿资源比重较大。尚不符合工业开采可行性要求的资源储量占 72.9%。

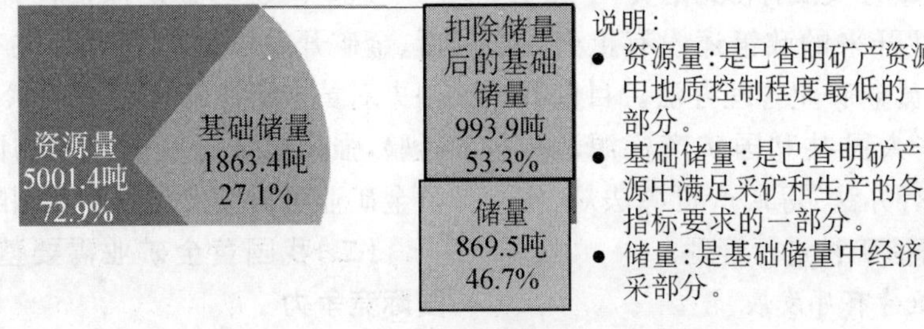

图 4－11　2010 年我国黄金资源储量结构图

资料来源:中国黄金年鉴,2011。

在我国已查明黄金储量中伴生金占较大比重，约占已查明黄金储量30%，难选难采。独立金矿中，微细粒、含砷、含碳的难处理资源比重较大。砂金矿已查明资源储量绝大多数难以开采。

大型矿偏少，以小型矿为主体。2010年我国有2574个黄金矿区，中大型矿区占20.6%，中小型矿区占79.4%。资源储量不足一吨的黄金矿区占60%以上。

6. 黄金资源面临可持续开采问题

黄金矿石品位普遍偏低，并仍有下降的趋势。2010年，岩金矿床中品位3克/吨以下的资源储量占90%，全国金矿品位平均约为2克/吨。目前我国已经大量使用1克/吨以下的资源。

中深部矿增多，开采技术要求条件提高。我国露天开采矿山很少，多为300—500米矿，700—1500米的中深部矿增多，有的达到2000米，开采技术难度在提高，影响环境和生态的可能性加大。

面临资源危机的中小矿山越来越多。60%以上的大中型矿山出现资源危机，小型矿山基本上都处于边探边采之中。

不少地区出现乱采滥挖现象。一些地区假借名义非法开采，乱采滥挖，哄抢黄金矿产资源，导致资源浪费严重，生态环境破坏。一些部门、单位也置国家有关规定于不顾，变相审批。央视焦点访谈曾对此进行过报道。

7. 黄金资源保护性开采政策落实不力

1988年《国务院关于对黄金矿产实行保护性开采的通知》国发(1988)75号正式发布，明确由黄金管理局负责，对黄金矿山进行有计划的开采，落实国家保护黄金资源的战略意图。

从1993年开始至今，由于国家黄金管理局的变迁和最后撤销，该通知没有得到很好执行。1995年有关部门将低品位难选冶金矿资源列为外商投资鼓励项目，2007年有关部门听取各界的意见，又将黄金勘查、开采列为外资限制性项目。政策的冲突与政策的反复使得国发(1988)75号文没有得到落实。

对黄金资源保护性开采的政策还没有上升到法规层面，没有专门的黄金矿业管理办法。目前相关部门主要依据《中华人民共和国矿产资源法》、《矿产资源监督管理暂行办法》等矿产资源法规，实质上是将黄金矿视为普通矿种进行管理。

8. 黄金矿权市场亟待有序发展

在国家对黄金矿业缺少统一管理的大背景下，我国黄金勘探权、开发权管理是以地方管理为主，重要产金省区都设有黄金管理局(或国有黄金公司)，在地方矿权市场发展中扮演了重要角色。

2003年前，各地矿权市场发展较慢。2003年后随着我国资本市场和黄金交易市场的发展，民企、国企、外资等资本陆续进入各地矿权市场，抢占黄金资源。在大企业掌控黄金资源增多的同时，很多小金矿企业也大量出现。

很多地方也出现了"大矿小开"、"一矿多开"、"一矿多证"等现象，个人采金、"三无"企业采金增多，扰乱了黄金矿业秩序。一些非矿业资本加入矿权圈占、炒作行列。矿山开发与地方小区发展、安全环保等各种矛盾也在凸显。

我国激励风险勘探的开发机制发育不足，黄金矿业以小矿为主。矿业投资者一般是顺着地表开采资源，很多小矿主通过开采、销售矿石获得利润，滚动开发。这种开采方法浪费资源、破坏环境、安全事故频发，不符合国家根本利益。

9. 黄金资源可持续开发需要国家战略指导

黄金在全球都是稀缺资源，我国黄金资源也是稀缺的，可持续发展是矿业发展与宏观管理的核心问题。一个国家的黄金地质储量在本质上是一种主权期权式黄金储备：一是在主权管辖范围内；二是通过政策调整掌控本国地质储量的释放速度与规模；三是在未来可以实现储备价值。因此，掌控生产黄金的速度和发现黄金地质储量的速度，即保障黄金资源可持续发展，对增强战略资源竞争力具有重大意义。

相对我国黄金产量的连续增长，我国黄金资源可持续开采问题日渐突出：

(1)已查明黄金储量可开采时间缩短；

(2)黄金资源查明难度增大，成本增加；

(3)难开采金矿比重较大；

(4)黄金矿石品位普遍偏低并仍有下降趋势；

(5)黄金矿以小型矿为主体，黄金矿权市场无序；

(6)黄金资源浪费、生态破坏。

这些问题与金矿保护性开采政策没有很好执行、金矿开发以地方管理为主有关，因此亟需改变中央对黄金资源管理乏力的状况，要借鉴先进国家经验，强化对黄金资源开发的国家战略引导，提升黄金矿业可持续发展水平和国际竞争力。

(二)我国黄金矿业需要整合发展和提升企业国际竞争力

1. 资源储量的小型化决定我国黄金企业小而散的格局

我国黄金资源基本上由企业掌控，呈现高度分散的特征。2009 年地质储量 10—20 吨的企业约占企业总数的 7%，地质储量 1 吨以下的企业占 60.41%，这与我国资源分布分散，资源赋存以中小型矿藏为主的现状有关。

2008 年黄金矿业企业数量是 700 家。2008 年金融危机后黄金价格上涨，各种资本加快进入，黄金矿业企业数量增多，目前还没有完全统计。从企业数量上看，目前黄金矿业企业规模结构仍是一个小型企业为主的格局。

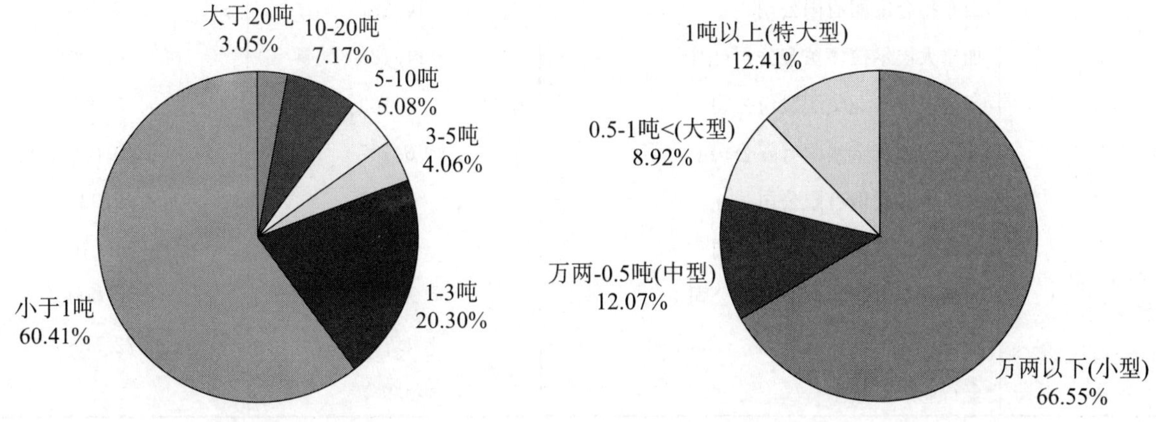

图 4—12 我国黄金矿业企业规模构成(不同规模企业的占比)

资料来源：中国黄金年鉴，2010，2011。

2. 黄金矿业集中度逐渐上升，形成了一批大企业

矿业企业都将资源占有置于发展的突出位置，积极增加企业黄金储量。从我国五大黄金企业集团资源储量变化来看，资源集中度逐渐提高。从 2005— 2010 年，资源集中度从 23.86% 上升到 51.54%。中国黄金集团是我国唯一资源储量过千吨的企业，这五家公司都是国有资本控股或相对控股公司。

表 4—22 2010 年已查明储量过百吨的企业集团排序 单位：吨

排序	单位名称	2005 年	2006 年	2007 年	2008 年	2009 年	2010 年
1	中国黄金集团	264.18	275.33	557.79	1145.42	1212.06	1285.31
2	紫金矿业集团	375.00	455.00	638.00	701.50	714.26	750.17
3	山东黄金集团	96.30	143.57	274.60	411.60	500.00	837.00
4	山东招金集团	293.53	169.76	190.02	227.17	296.04	509.76
5	灵宝黄金股份公司	105.00	108.73	119.84	125.49	145.57	155.98
合计		1134.01	1152.39	1780.25	2611.38	2867.93	3538.22
占全国已查明黄金储量(%)		23.86	23.06	32.13	43.88	45.32	51.54

资料来源：中国黄金年鉴，2011

在矿产金排序中，中国黄金集团第一，紫金矿业集团第二，外资公司埃尔拉多黄金公司(中国)位列第五。中国黄金集团公司、紫金矿业集团、山东黄金集团、山东招金集团年产金量超过 20 吨，是国内第一层次的黄金企业。

由于金价的持续上涨，近年来我国黄金矿业实现盈利持续增长，2010 年实现盈利约 249 亿元，增长率高达 78%，形成了一批盈利超亿元的企业。福建紫金矿业集团利润超 70 亿元，位居榜首。

表 4—23　2010 年十大黄金集团矿产金排序表　　单位：吨

按矿产金排序	企业名称	2010 年矿产金产量	2009 年冶炼金产量*
1	中国黄金集团公司	32.197	16.935
2	福建紫金矿业集团股份有限公司*	29.177	1.946
3	山东黄金集团有限公司	24.133	0.000
4	山东招金集团有限公司	14.297	28.966
5	加拿大埃尔拉多黄金公司(中国)	11.183	0.000
6	云南黄金矿业集团股份公司	6.163	0.000
7	湖南金鑫黄金集团有限公司	6.127	0.000
8	中矿金业股份有限公司	4.969	9.931
9	河南灵宝黄金股份有限公司	3.343	14.810
10	河南灵宝市金源矿业有限公司	3.198	0.000
	合计	134.787	72.588
	全行业产金量*	340.9	

注：* 紫金矿业集团有限公司另有塔克斯坦矿产金产量约 1.2 吨。*《中国黄金年鉴(2011)》没有提供企业冶炼金产量，2009 年冶炼金产量数据来自《中国黄金年鉴(2010)》。* 全行业产金量＝矿产金产量＋冶炼金产量。

资料来源：《中国黄金年鉴》，2011。

表 4—24　2010 年十大黄金集团利润排序表　　单位：亿元

排序	企业名称	利润总额	10 家合计	全行业利润
1	福建紫金矿业集团股份有限公司	72.91	188.38	248.726
2	中国黄金集团公司	31.89		
3	山东招金集团有限公司	21.43		
4	中矿金业股份有限公司	19.1		
5	山东黄金集团有限公司	18.44		
6	云南黄金矿业集团股份公司	8.58		
7	加拿大埃尔拉多黄金公司(中国)	5.16		
8	河南灵宝黄金股份有限公司	4.27		
9	山东恒邦冶炼股份有限公司	3.57		
10	湖南金鑫黄金集团有限公司	3.03		

资料来源：中国黄金年鉴，2011

从总体上看，行业前十大黄金公司保有黄金资源储量占全国的 60%以上，金产量接近全行业矿产金产量的 50%，实现利润超过全行业的 70%。

3. 出现了一批有实力的黄金上市公司

从 2003 年开始，随着我国资本市场的发展，一些黄金矿业企业陆续上市。紫金矿业股份公司在香港 H 股上市，而后回归国内 A 股市场。中国黄金集团成立中金黄金股份公司在 A 股上市，并控股中国黄金国际资源股份公司在 H 股市场上市。

这些上市公司将产业经营与资本经营结合起来，加大黄金资源勘探与开采力度，壮大了企业。截止到 2010 年底上市黄金企业共有 8 家，总计生产矿产金 90 吨以上，占全行业矿产金总产量的 33%；实现销售收入接近 1000 亿元，约占全行业的 43%；实现盈利约为 136 亿元，约占全行业的 55%。

4. 我国黄金企业首次进入全球前十五名，还需更上一层楼

尽管中国从 2007 年开始成为世界第一生产大

表 4—25　我国黄金上市公司及 2010 年生产经营情况

排序	企业名称	上市时间	矿产金(吨)	销售收入(亿元)	利润(亿元)
1	紫金矿业股份公司(A 股)	2003 年	29.18	285.4	73.32
2	中金黄金股份公司(A 股)	2003 年	19.70	216.47	21.53
3	山东黄金矿业股份公司(A 股)	2003 年	19.41	315.15	17.88
4	招金矿业股份公司(H 股)	2006 年	13.79	40.98	17.20
5	中国黄金国际资源股份公司(H 股)	2010 年	3.58	8.66	2.73
6	灵宝黄金股份公司(H 股)	2006 年	3.34	48.42	2.58
7	辰州矿业股份公司(A 股)	2007 年	2.46	28.79	2.88
8	恒邦冶炼股份公司(A 股)	2008 年	1.75	49.55	2.55
	合计		93.21	993.42	135.89
	占全行业的比重(%)		33.29	43.33	54.63

注：* 紫金矿业股份公司于 2003 年在 H 股上市，2008 年回归 A 股。

资料来源：中国黄金年鉴，2011

国，并保持至今。但是中国没有一家年产百吨以上的黄金矿业企业。全球产金量最大的 15 个公司年产量占了全球年产金量的一半以上。2010 年全球产量过百吨的企业有 4 家，产量居首位的加拿大巴里克黄金矿业公司产量高达 241.5 吨，相当于我国黄金产量的 70%。

在 2009 年以前，我国一直没有进入全球黄金矿业公司排序前十五名的企业。2010 年进入全球前十五名的门槛是 30 吨，中国黄金集团位居第 13 位，紫金矿业集团位居第 15 位(见表 4—7)。这是我国黄金企业首次进入全球前十五名，还需更上一层楼。

5. 在矿业外资政策变动中，外资黄金公司逐渐壮大

1995 年我国发布的《指导外商投资产业目录》中，将“低品位、难选冶金矿的开采、选矿”列为外商投资鼓励项目；2002 年又进一步明确“西部地区外商可以独资”。在此政策下，外国资本纷纷叩响了各地矿业的大门，2003 年取得勘探权 74 宗、开采权 118 宗，截止 2005 年 9 月有 118 家矿业公司进入中国寻求矿产勘查投资项目。外商多以与中方建立合作、合资企业的直接方式取得矿业权，或者以并购国内矿企、再购国内黄金外资企业股份取得股权。贵州、云南、辽宁等多个储量过百吨的特大型金矿山曾被澳大利亚、加拿大等外资企业控股。

表 4—26　外资控股我国特大型金矿的情况

金矿	所在地	远景储量	控股企业	外资控股比例	获得控股的时间
锦丰(烂泥沟)金矿	贵州黔西南布依族苗族自治州	130 吨	澳大利亚澳华黄金	82%	2001 年
猫岭金矿	辽宁营口市盖县	300 吨	加拿大曼德罗矿业公司	79%	2000 年
播卡金矿	云南东川	400 吨	加拿大西南资源公司	90%	2002 年

资料来源：《瞭望》新闻周刊，2008 年

到 2004 年，国家开始重视黄金矿业的产业安全。国家发改委修改了指导目录，取消了“在西部地区外商可独资”的内容，规定“低品位、难选冶金矿开采、选矿”仅限于合资、合作。2007 年再度调整，将黄金勘查、开采被列为限制类，外资可参股不可控股。目前对外资的实际限制主要通过控制《开

采黄金矿产批准书》,开采申请人在工信部办理《开采黄金矿产批准书》之后,国土资源部门才能办理采矿许可证,工商部门才能注册登记。不能通过这一环节获得开采权,就不能获利,勘探就没有积极性。外资获得勘探后的金矿开采权难度增加。

在此背景下,外资矿业企业纷纷退出。2008年西南资源公司将播卡金矿90%的股权转让,中国有色华东地质勘查局收购全部股权。很多外资企业在退出中国黄金市场的同时,还将自己的资产卖给中国企业,中国黄金集团收购艾芬豪矿业公司持有的金山矿业有限公司股份。

澳华黄金公司在中国境内持有贵州锦丰金矿82%的股份,另外还拥有吉林省的白山金矿95%的权益,在黑龙江省北部拥有高品位的东龙项目,并在广西、云南、山东、福建、甘肃、新疆、内蒙古等省和自治区拥有多个地质勘探合伙项目。2009年加拿大埃尔拉多黄金公司以换股方式全面收购澳华黄金公司,获得澳华黄金公司大约75%股权。2010年已经成为我国第五大黄金矿业企业。

6. 我国黄金矿业企业"走出去"步履艰难

我国黄金矿业企业在20世纪90年代中期就开始了"走出去"的探索,一直到2000年都没有成功者。进入21世纪的头10年,"走出去"开发境外黄金资源的进展也不大,完成的海外并购不超过5宗,其中2009—2010年紫金矿业集团开始有境外黄金产量约2吨。

2010年后,国内企业加大了"走出去"的力度。2011年我国黄金大企业"走出去"初获成功:白银有色集团公司与南非第一黄金公司签约,拟对南非第一黄金公司控股;紫金矿业在澳大利亚、哈萨克斯坦各收购了一家黄金矿业公司的股权;山东黄金集团拟以10亿美元收购巴西黄金采矿企业Jaguar Mining。这些大企业发挥了"走出去"主力军作用,有利于我国掌控国际黄金资源。

调研显示,黄金矿业企业境外黄金项目投资主要面临两大亟需政府解决的问题:一是审批复杂、耗时长,影响企业及时把握境外黄金项目的有利投资时机;二是政治风险大、投资大,需要政府层面的协商与帮扶。从总体上看,国家支持黄金矿业企业"走出去"政策很少、不完整,有待形成国家层面的战略性支持。

7. 我国黄金矿业科技水平逐步提高,与发达国家相比有差距

随着我国成为世界第一的产金大国,我国黄金矿业生产技术、采选工艺、管理水平、技术装备能力逐步提高。但是与国外相比,总体上看技术水平还有较大差距。

在探矿增储、矿山采矿方法、矿山设备、难选冶资源利用、环境保护及节能技术及标准等技术领域都取得了进步,有些还获得了国家级奖项。如中国黄金集团生物氧化提金工艺、锦丰金矿破粹复杂条件下露天——地下联合开采综合技术等获得国家科学技术进步二等奖。

有关资料显示,我国矿山的技术装备水平,大部分处于世界20世纪七八十年代的水平,相当一部分作业工序仍为手工作业,高耗能的设备还不少,劳动生产率只有国外矿山平均水平的几十分之一,在节能环保上技术比较落后,需要全面提高我国黄金资源开发利用的技术水平,以缩小和国外的差距。

8. 推动黄金矿业资源整合,提升国际竞争力

我国黄金资源具有两个显著特征:一是分布地域广泛,这是我国黄金企业小而散的格局长期存在的基础;二是储量分布相对集中,这对我国一批黄金大企业的出现形成重要支撑。

目前在我国黄金资源以地方管理为主的体制下,"大矿小开,一矿多开",全国1000多个矿山开发主体仍有700多家企业,限制了矿山的深部和外围探矿,使得产品技术含量低,附加值低,黄金矿业企业平均规模很小,开采效率低,造成资源浪费,"小、散、乱、差"情况非常突出。地方分割管理,使得以市场机制提高矿业集中度很困难,大企业难以开展跨地区的矿业资源整合,资源综合利用效益难以提高,新增资源勘探投入不足,接替资源不足。

推动黄金资源整合,进一步提高矿业集中度,提升小企业专业化分工协作水平,是我国提升黄金矿业国际竞争力的重要举措。这需要国家在政策上加以引导,加强地方管理的战略引导,严格矿权管理,合理调整矿山勘探、开采的速度与布局,推动黄金资源向优势骨干企业集中,促进资源开发利用方式由粗放型向集约型、环境友好型转变。

在黄金资源整合中,要重视吸收多种形式的资本参与,达到联合重组的目的。需要从国家战略关注我国黄金矿业的产业安全,国家通过本国资本和国有经济增强对我国黄金资源的控制力,发展具有国际竞争力的黄金企业,实现我国黄金矿业的可持续发展。支持我国黄金矿业企业"走出去"开发利用国外黄金资源,实现黄金的经济价值和战略价值。

(三)我国需要从战略高度重视国内黄金市场的影响力

1. 我国已发展成为世界第二的黄金消费大国

我国从1982年恢复黄金民间买卖开始，黄金市场不断壮大。从2001—2010年，我国黄金需求量保持持续增长，2010年我国黄金消费量约842吨，位居世界第二位，占全球总需求的19%。印度黄金消费总量达963.1吨，占全球总需求的22%，居于全球首位。

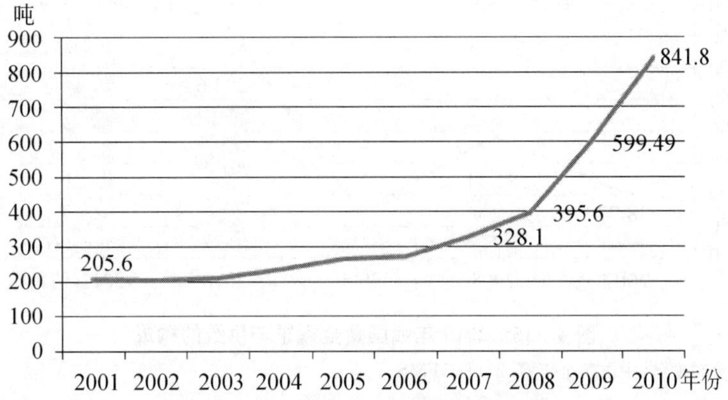

图4—13 我国黄金需求增长曲线

资料来源：中国黄金年鉴，2006年—2011年。

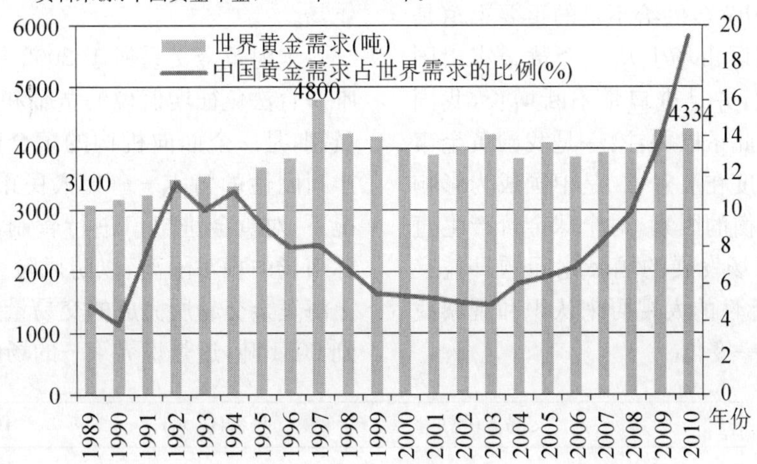

图4—14 中国黄金需求占全球黄金需求的比例

资料来源：GFMS，中国黄金年鉴，2011。

2. 投资用金需求持续上升，黄金的金融属性显现

黄金投资市场开放所带来的黄金需求远远超过工业消费型增长。我国投资用金需求不断增加。2008年投资用金占黄金总需求38%，2010年上升到50%。相比2009年，投资需求增速高达80%，黄金的金融属性已经十分明显。

表4—27 2010年我国黄金需求与供给的构成

黄金需求			黄金供给		
类别	数量(吨)	占总需求(%)	类别	数量(吨)	占总供给(%)
工业用金	47.38	5.63	矿产金	340.879	40.49
其他用金	8.52	1.01	回购金	256.32	34. 05
首饰制造用金	357.12	42.42	库存金	0	0.00
金币用金	16.61	1.97	央行售金	0	0.00
金条囤积用金	141.88	16.85	进口金	244.6	29. 6
期货合约交割用金	0.537	0.006	合计	841.796	100
推断净投资用金	269.163	31.97			
央行储备用金	0.00	0.00			
合计	841.80	100			

注：其他用金是指除了工业原料之外，工艺美术以及一次性特殊性用金

资料来源：中国黄金年鉴，2011

3. 我国逐渐变成一个具有国际影响的黄金净进口大国

从2007—2010年我国进口黄金在总供应量中的比重日益上升，2010年进口黄金244.6吨，约占总供应量的30%，2011年黄金进口量预计超过400吨。

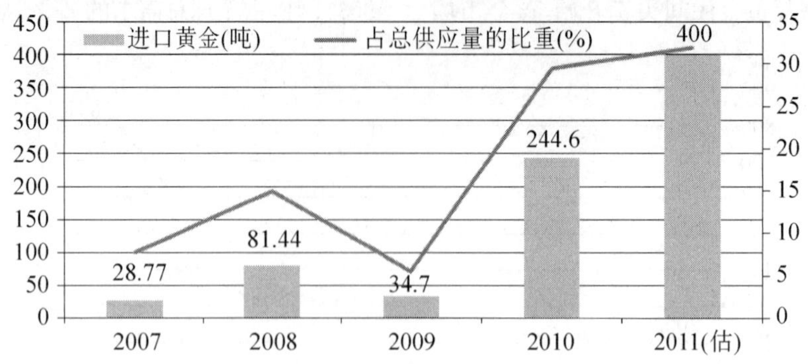

图4—15　2010年我国黄金需求与供给的构成

资料来源：中国黄金年鉴，2011；GFMS。

近年来我国黄金生产已经不能满足国内黄金需求的增长，解决我国黄金供给不足的重要渠道是进口黄金。我国在国际市场上从一个黄金售出国变为一个净进口大国，并且进口量不断增长，我国需要站在国家高度对此予以关注：一是我国黄金市场对进口黄金的依赖度在上升；二是中国成为影响国际黄金市场供求平衡的因素，对全球金价产生直接影响。我国黄金市场发展的国际化问题日益突出，我国要有一个国际性的大视野来认识和观察我国黄金市场发展的这一变化。

4. 形成了规模世界第一、封闭的场内现货交易市场

上海黄金交易所于2002年10月成立，是中国唯一合法免征增值税的黄金和铂金的来源，实行会员制，是一个面向机构的黄金现货批发市场，具有半封闭性的特点——在人民币不能自由兑换的情况下，对黄金进出口进行管制，实现国内市场与国际市场的相对隔离，以防风险。从2002—2010年，上海黄金交易所完成的交易量连续增长，2010年达到6051吨，这是世界第一的场内现货交易规模。

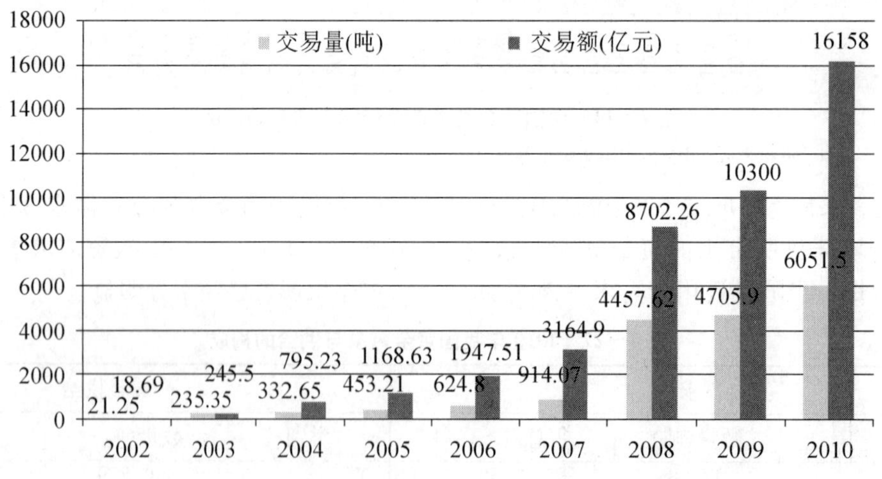

图4—16　2002—2009年上海黄金交易所黄金交易量与交易额的变化

资料来源：中国黄金年鉴，2011。

我国黄金现货交易市场的结构如下：

(1)上海黄金交易所面向会员单位(金融类会员、综合类会员、自营类会员)开展黄金现货批发业务；

(2)通过商业银行代理(柜台交易市场)和综合类会员(如企业交易平台)的方式，面向会员之外的企业投资者和普通投资者开展黄金现货交易。

5. 我国黄金期货交易市场在国内外的影响不大

2008年，上海期货交易所首次推出了黄金期

货，当年交易量 7780 吨。黄金期货已上市三年，其发展基本处于探索的状态，完成交易量连年下降。2010 年，上海期货交易所场交易即场内期货交易量为 6794 吨，商业银行柜台即场外黄金交易量为 83.8 吨，总计 6877.8 吨。2010 年纽约黄金期货交易量 14 万吨，位居世界第一，我国黄金期货规模是其 1/20。这与黄金现货交易市场形成鲜明对比，未来需要探索建立更有效的套期保值机制和更完善的交易规则。

6. 国内外金价十年持续走高，国际定价权问题突出

十多年来，国内外金价持续走高，现在价格是 10 年前的 4 倍。人民币金价随着美元金价变化而变化，基本保持了与国际美元金价同步运动。

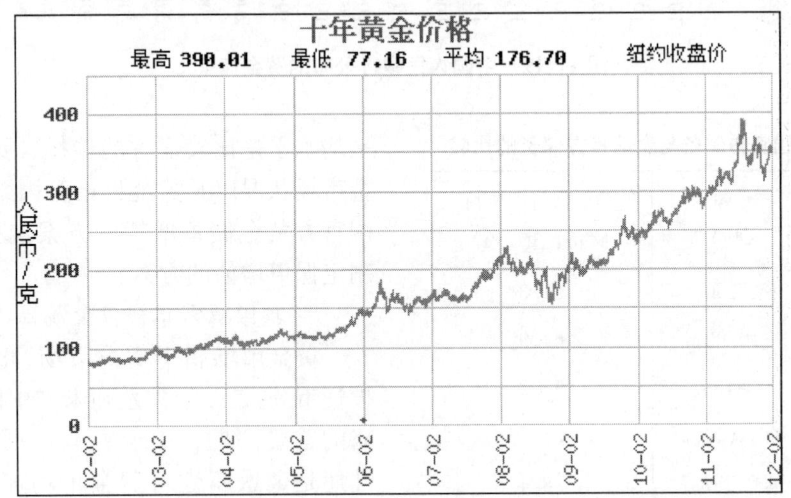

图 4—17　2002 年 2 月—2012 年 2 月全球黄金价格变化

资料来源：纽约期货交易所，2012。

图 4—18　1998—2009 年国内金价对比

资料来源：中国黄金年鉴，2010—2011。

随着国内现货市场和期货市场金价与国际金价步调一致，在国际经济博弈的情况下，争夺本国在国际黄金市场上的定价权，将成为一个关系到国民财富和国家经济安全的重大课题，我国需要有国家层面的战略考虑。

7. 我国官方黄金储备一直很少，“民间藏金”形成规模

根据中国人民银行公布的数字，1977－2000 年我国官方黄金储备一直在 400 吨左右，2001 年逐渐增加，2001 年增加到 500 吨，2003 年增加到 600 吨，2009 年增加到 1054 吨。相对于我国黄金市场需求规模、外汇储备规模和经济体量而言，我国央行黄金储备占国际储备的比重很低，难以满足国内黄金市场供求平衡和应对外汇市场压力的需要。

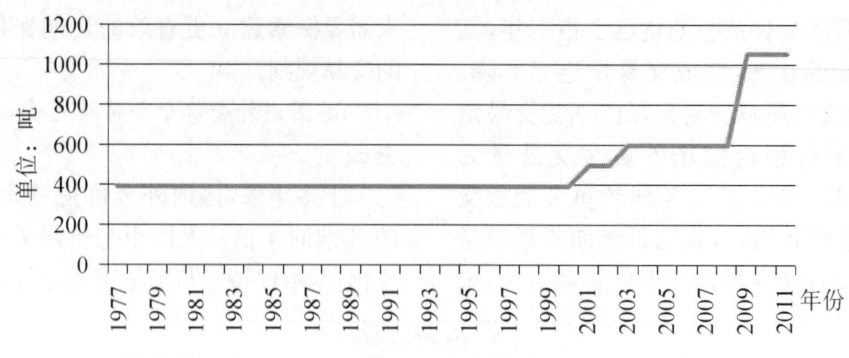

图 4—19　中国人民银行公布的黄金储备

表 4—28　2010 年我国官方储备与全球官方储备的比较

	数量（吨）	黄金总值占国际储备比重(%)
世界各国合计	27220	11.3
欧元区合计	10792	61.9
美国	8133.5	75.2
中国	1,054.1	1.6
印度	557.7	8.4

资料来源：IMF。

“民间藏金”是我国黄金储备的重要组成部分。1982 年我国发布了《关于在国内恢复销售黄金饰品的通知》，民间黄金买卖在冻结了 30 多年后重新开放。2002 年后国内黄金市场的发展，使得民间藏金不断增加。根据 2001—2010 年我国黄金需求数据估计，中国民间目前积累的黄金 3000 吨以上，约占全球地上黄金存量(约 14 万吨)的 2%以上。目前普通老百姓购买的黄金品种变现渠道并不多，除少数开展实物黄金业务的银行和金店对自身金条、金饰提供回购或以旧换新外，金条、金饰品的正规回收渠道很少。民众拥有大量黄金，但目前还难以成为平衡我国黄金市场、推动商品市场发展的一个关键因素，我国需要加大黄金市场向民众开放的力度。

目前关于央行增持黄金储备，国内有很多看法，大体上看可分为三种：一是不主张增持黄金；二是主张高比例增持黄金；三是适当增持黄金。总的来看，目前我国黄金储备占比偏低，只占我国国际储备的约 1.6%，而全球平均水平在 11%左右。适当增加我国黄金储备，有利于平衡国内黄金市场波动、应对各种极端情况、减少货币贬值和海外投资的主权风险、增强我国发展的主动性，我国应逐步适当增加官方黄金储备，达到全球官方黄金储备的平均水平是比较适宜的选择。要根据国际经济、黄金市场状况以及黄金价格等因素，综合考虑确定我国官方黄金储备增持的方案选择。对黄金储备要制定保值增值的方案。

8. 我国亟需正视黄金属性，谋求战略发展

黄金市场属于货币市场、商品市场、还是金融投资市场，是一个关系到未来中国黄金市场发展战略的首要问题。关于究竟依据货币属性、商品属性还是金融属性对黄金市场加强管理，有不同的看法：

看法一：作为央行储备资产的一部分，黄金仍然是货币管理的重要内容，黄金市场首先应是货币市场的组成部分，应对黄金市场实施政策管制。

看法二：自 1973 年以来的数十年中，“黄金非货币化”在世界范围构成了一个基本趋势，黄金市场是商品市场的重要组成部分，应当放松管制，推动市场化。

看法三：在当今国际金融体系中，黄金市场已成为与股票市场、债券市场、外汇市场等并列的金融投资市场，具有重要的资本配置职能。

从我国黄金市场的发展历程来看，黄金作为工业用金的商品属性是次要的，首饰用金需求在本质是植根于人们对黄金货币属性的认同，我国投资用金需求已经超过工业消费型用金需求。“民间藏金”规模大、我国黄金市场分隔和金融投资功能亟待解决等等，都表明我国需要以黄金的货币属性和金融属性为基础，推动黄金市场向更高水平发展。

基于黄金货币属性和金融属性，要正视我国黄金市场发展的重大问题：

(1)多年封闭式发展使中国黄金市场成为国外市场的影子市场，蕴含巨大的市场波动、财富损失风险；

(2)我国黄金场外交易市场的发展还处于起步阶段，亟待推动相关制度和功能的完善，形成对国

内外黄金拥有者和投资者的吸引力，增强我国在国际黄金市场上的国际定价权。围绕增强我国在黄金市场上国际定价权，强化宏观引导和管理，对推动我国黄金市场发展和增强我国发展主动性具有战略意义。

（四）我国一直没有制定与实施国家黄金战略

1. 黄金管理体制从货币管制到普通商品管理的沿革

从新中国成立至今，我国黄金管理体制的发展大概经历四个阶段。

表 4—29　我国黄金管理体制的发展阶段

发展阶段	管理体制特点	标示性事件
国民经济恢复期： 1949—1956 年	1. 人民银行对黄金统收专营 2.“以金养矿”地方计划生产	1. 1950 年颁布《金银管理办法》 2. 重点产金省区设立金矿管理局
计划经济时期： 1957—1977 年	1. 人民银行对黄金统收专营 2. 中央对黄金生产计划管理	1. 1957 年《关于大力组织群众生产黄金的指示》 2. 冶金部黄金管理局、中国黄金总公司
饰品市场放开时期： 1978—1992 年	1. 民间饰品用金买卖恢复 2. 中央统管全国黄金生产	1. 1982《关于在国内恢复销售黄金饰品的通知》 2. 国家黄金管理局与中国黄金总公司合署办公
商品市场发展期： 1993—2010 年	1. 黄金现货交易市场发展 2. 地方矿权市场发展	1. 2002 年上海黄金交易所成立 2. 2001 年国家黄金管理局撤销

上述管理体制沿革表明，我国从建国至今对黄金资源的开发利用没有目标清晰的国家战略指导，也一直没有制定和实施国家黄金战略。从 1950 年颁布的《金银管理办法》、1982 年出台的《关于在国内恢复销售黄金饰品的通知》到 2002 年成立上海黄金交易所的管理沿革来看，我国黄金管理体制经历了货币管制管理、黄金饰品市场管理、封闭的商品市场管理等阶段，对黄金生产管理体制也进行适应性的体制变化。总体来看，多是权宜之计，未制定和实施国家黄金战略。

2. 在黄金管理机构变迁中形成松散的组织架构

我国在黄金管理机构变迁中形成一种松散的组织架构：

(1)从 1950 年开始，中国人民银行一直负责我国黄金交易市场与黄金储备的宏观工作。随着我国黄金市场的发展，逐渐有证监会、银监会进入黄金交易市场的宏观管理行列，分头管理黄金现货市场、期货市场和银行柜台市场。

(2)在黄金生产上，从 1959 年冶金工业部下设贵金属处开始，先后经历了 1976 年冶金部设立黄金管理局、1987 年国务院成立国家黄金管理局、1993 将国家黄金管理局下调为冶金部的内设机构、1998 年将冶金部黄金管理局调整为国家经贸委的内设机构、2001 年国家黄金管理局撤销。目前中央对黄金生产的管理职能分散在国土资源部、商务部、工信部、发改委等部门。2001 年成立“中国黄金协会”，加强行业自律与协调。

(3)早在 1950 年，我国就在重点产金省区成立省级金矿管理局，到 1956 年很多省(区)撤销了省级金矿管理局，将管理权进一步下放。1987 年配合国务院成立国家黄金管理局，各省区也都设立了黄金管理局(或国有矿业公司)，在 2001 年国家黄金管理局撤销后，各地不同程度都存在发改委、工业主管部门、黄金局多头管理当地黄金行业的问题。

目前我国黄金宏观管理架构状况如下：一是多部门参与宏观管理，在发挥部门专业管理的优势的同时，政出多门也影响管理工作的有序开展。如从 1993 年开始的鼓励外商投资金矿政策，就与 1988 年国家将金矿列为实行保护性开采的特定矿种政策相冲突，对黄金市场多部门监管出现职能交叉与监管盲区。二是以地方为主的金矿管理，激发了地方积极性的同时，也使得中央战略意图难以在地方落实，全国矿权统一市场难以发展。

由于战略目标不清、组织管理不协调，政出多门，黄金矿权市场、黄金交易市场发展时常陷于“放松—混乱—整顿—停滞—再放松”低水平循环。2011 年 12 月中国人民银行、银监会和证监会等五部委联合发布了《关于加强黄金交易所或从事黄金交易平台管理的通知》(银发〔2011〕301 号)，整顿黄金市场。加强国家对黄金的宏观管理和综合协调，改变政出多门状况，制定国家黄金战略及相应法规

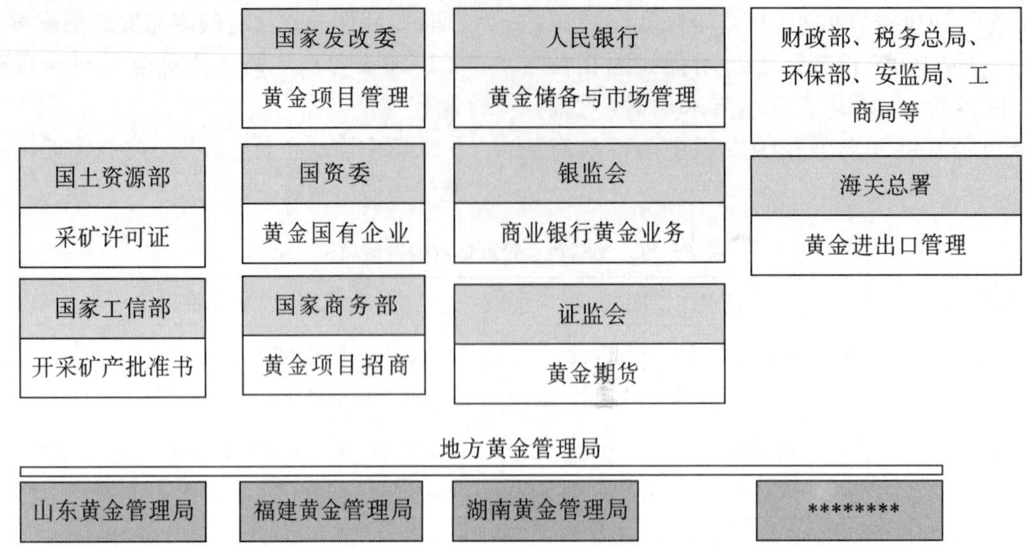

图 4－20　我国黄金宏观管理组织架构示意图

政策体系，是我国黄金资源可持续开发、黄金市场可持续发展的保障。

3. 在矿业管理上对黄金战略地位的保障不足

我国对黄金矿山曾经实施十分严格的行政管理，1988 年发布了《国务院关于对黄金矿产实行保护性开采的通知》国发(1988)75 号，实行有计划的开采。由于历史原因，该通知没有得到执行。2007 年之后，国家工信部增加了矿权项目前置审批环节，要求开采矿申请人先通过工信部的《开采黄金矿产批准书》审批后，国土资源部门才能办理采矿许可证，强化对黄金矿产开采的控制。除了国发(1988)75 号文外，国家目前还没有出台专门的金矿管理法规。目前管理部门主要依据《矿产资源法》相关法规进行管理。黄金作为实行保护性开采的特种矿还没有在法规实践中得到落实，黄金的战略地位在黄金矿业管理环节体现不足。

4. 黄金市场管理法制进程十分缓慢

在上海黄金交易所成立之后，原有以"统配统购"为核心内容的《中华人民共和国金银管理条例》不再适应。目前对黄金市场监测和管理依据《关于在国内恢复销售黄金饰品的通知》、《关于取缔自发黄金市场加强黄金产品管理的通知》以及《关于规范黄金制品零售市场有关问题的通知》、《金银进出国境的管理办法》等。这些法规政策主要基于黄金的商品属性。从 2002 年起，究竟基于黄金的商品属性还是货币属性或者金融属性来发展市场，政府相关部门一直没有形成共识，涵盖黄金储备、黄金投资和黄金商品市场的新的黄金市场管理法规迟迟未能出台。

5. 我国需要进一步明确黄金"去税"政策体系

1994 年税制改革以来，我国陆续出台了对黄金行业的税收减免优惠政策：对黄金原矿产品减征 30%资源税；对黄金矿砂和冶炼企业产销的黄金免征增值税；金银首饰的消费税由 10%降至 5%，进口不收消费税…等等。目前国内一些地方出现了加税的主张，这对黄金市场的发展极为有害。韩国、印尼、日本都体验过征收黄金增值税所带来的负面影响，最终都选择了回归"去税"政策。黄金"去税"政策体系有利于形成国际黄金税收洼地，是伦敦黄金交易市场长期保持国际竞争力的重要措施，也是我国黄金矿业和市场迅速发展壮大的重要原因。我国黄金"去税"政策体系有待相关部门进一步明确，予以制度化。

总之，我国一直没有制定和实施国家黄金战略，对黄金的管理是摸着石头过河，目前没有国家最高层次的黄金综合管理机构，尚未形成保障黄金战略地位的法规政策体系。未来需要基于整体性、长期性和主动性原则，提升我国对黄金的宏观管理工作。

(五)与主要国家特别是美国相比，我国对黄金资源的控制力存在差距，亟待制定国家黄金战略

对我国和主要国家黄金资源开发利用水平进行比较，具体如下。

表 4－30　我国与主要国家黄金资源开发利用的比较

		中国	主要国家
对黄金属性和战略地位的认识		将黄金视为普通贵金属	CBGA 指出，全球货币储备中黄金仍扮演重要角色 美欧始终保有大量黄金储备，金融危机中也不减持
控制力	黄金矿业	主要利用本国黄金资源，黄金资源储量有限	能够利用全球黄金资源，黄金储量较为丰富
	黄金市场	已形成期货和现货的国内市场，国际地位不高 当前国内市场体系混乱，正在清理之中	形成全球黄金市场，吸引全球黄金交易者参与，全球黄金资源流入
	黄金储备	黄金储备少，只有 1054 吨，不到我国国际储备的 2％	世界黄金储备占国际储备比例的平均值超过 11％ 美国黄金储备 8134 吨，欧元区黄金储备超过 1 万吨
黄金产业增值税		暂不征，有待明确	税收减免
黄金产业集中度		集中度低 出现了黄金资源浪费、利用程度低和乱采滥挖的现象	集中度高 一个矿山一个主体，利用效率高
黄金矿业企业规模		大企业兼并收购遭遇地方保护主义 规模相对小，不是国家控制黄金资源的有效手段	通过兼并收购迅速扩张，企业规模庞大 紧急情况下成为国家控制黄金资源的有效手段
走出去		成功案例少	形成跨国公司，在多个国家经营金矿
法规监管体系		政策不连贯，存在前后矛盾的情况 监管机构多部门、分级管理	形成了成熟的法规体系 监管机构稳定，相对集中

通过对我国和主要国家黄金资源开发利用水平进行比较，可以看出：

1. 我国黄金资源开发利用存在的问题

新中国成立以后，我国黄金管理政策经历了由计划管理走向市场调节的过程，对黄金的管理由紧到松。在此过程中，我国黄金生产有了大发展，产量由 1949 年的 4 吨增长到 2011 年的约 360 吨，连续 5 年成为世界产金第一大国，黄金矿业企业不断发展，部分技术有所突破。在取得成绩的同时，也存在一些严峻问题：

黄金战略地位未能相应提高。由于对黄金战略地位认识不足，在走向黄金大国的进程中，没有把黄金作为战略性资源，而是当成普通金属对待，造成对有限的黄金资源乱采滥挖，资源浪费，环境染污，多数企业技术水平不高。

国家对黄金资源缺乏统一管理。我国黄金资源和生产多头管理，条块分割、地方各自为政情况十分严重，缺乏国家对黄金资源统一管理，以致于没有形成管控体系，对黄金资源的控制力不强。

国家黄金法规政策体系不健全。我国黄金现有的法规政策体系是将黄金视为普通金属，未落实作为保护性开发特殊矿种的管理原则；对黄金的金融属性认识不统一，导致法规政策不协调，对形成黄金“税收洼地”，促进黄金流入等问题，认识也不一致。整体法规政策体系不健全，难以实现国家的控制力。

国家黄金储备少，占国际储备比重很低。我国的黄金储备量少，2011 年仅为 1054 吨，占我国国际储备的比重约为 1.5－2％，远低于约 11％的国际平均水平，与我国世界第二大经济体和最大国际储备的地位不匹配。相比而言，我国黄金储备量仅为美国黄金储备量的约 1/8，欧元区国家黄金储备总量的 1/10。从这一角度看，国家对黄金资源的控制力不足。

在世界黄金市场体系中未占应有地位。我国黄金交易都通过上海黄金交易所，这个交易所面对国内现货市场，并未参与国际黄金交易之中，在世界黄金市场体系中未占应有地位，缺乏对国际黄金市场的影响力。

国家对大企业支持不够。我国黄金矿业至今没有一个企业产量进入世界前 10 名。2010 年世界最大黄金矿业企业巴里克产量为 241.5 吨，我国最大的黄金矿业企业中国黄金集团公司产量为 32.2 吨。在黄金资源的储量上也有很大差距。现有我国排名前列的企业都是国有或地方国有大企业，事实表明支持这些国有企业发展符合我国国情。目前,尚没有明确这些企业是增强国家控制力的平台,在资金、政策方面尚未给予足够的支持。

我国黄金矿业需要整合。我国黄金矿业经企业结构调整,全国1000多个矿山开发主体仍有700多家企业,黄金矿业企业平均规模很小,开采效率低,造成资源浪费,"小、散、乱、差"情况非常突出。应该在国家政策支持下,由大企业通过市场手段对行业进行整合。这方面存在很大的空间,当前行业整合没有明确的战略和政策引导,进展甚微。

我国黄金矿业企业"走出去"刚起步,步履艰难。尽管我国黄金产量大,但是我国黄金资源储量不足,仅占世界黄金储量约3.7%。世界黄金资源集中于美洲、中亚、澳大利亚和南非等地区,我国企业必须"走出去"获取资源。目前,我国黄金矿业企业走出去处于刚起步阶段,批准手续复杂。

2. 这些问题表明我国对黄金资源的控制力有待提升

以上这些问题的存在,表明我国对黄金资源的控制力不高。目前,我国黄金储备在国家储备中占比偏低、新的黄金市场管理条列迟迟没有出台、国家级黄金综合管理机构缺位、黄金作为保护性开采特种矿在实践中没有得到贯彻,这些问题导致我国在黄金矿业、黄金市场、黄金储备三个关键环节上的国家控制力不高,与美国等主要国家相比,紧急情况下我国能够动用的黄金资源有限,我国对黄金资源的控制力亟待提升。

3. 黄金资源控制力不高的根源在于对黄金的战略地位重视不够

黄金具有货币属性和金融属性,对国家安全具有战略意义。目前,我国黄金储备额达到1054吨,在国际储备中所占比例不到2%,与我国的国际经济地位不相称。黄金作为保护性开采特种矿在实践中没有得到贯彻,被视为普通金属和一般商品。我国在对黄金矿业、黄金市场、黄金储备三个关键环节是否增强国家控制力上尚未形成战略共识以及相应的战略体系。究其根源,是我国对黄金战略地位的认识仍然有待提升到新的高度。为此,我国需要从国家战略高度重新认识黄金的货币属性和金融属性。

4. 我国亟待制定国家黄金战略引导黄金产业发展

我国的黄金资源不仅是稀缺的,也是极为珍贵的,黄金对中国的和平发展具有战略意义。黄金的自然属性决定了黄金是为未来自动化和高科技产业提供稳定性和精确性的重要物质基础。黄金的货币属性和金融属性更决定了黄金对我国金融安全、经济安全和国家安全具有基础支撑作用。当前国家总体上是将黄金作为一般商品来看待的,这已经不能适应国内国际政治经济形势的发展需要,我国政府应该从战略高度重新认识黄金的战略地位,制定国家黄金战略引导黄金产业的发展。

四、我国黄金资源开发利用的战略选择

(一)对我国黄金资源开发利用的战略判断

1. 黄金的货币属性与金融属性一直存在,而且仍将持续

黄金国际货币的地位绝非偶然形成,只要黄金的自然属性仍然保持,黄金作为国际货币的地位就不会削弱。黄金的货币属性与金融属性将一直存在,具有超越种族、宗教、国家和历史界限的吸引力。从世界货币发展史看,一国货币的国际地位与该国政府的黄金拥有量密切相关。黄金从未非货币化,而是货币非黄金化,各国黄金储备的管理者均为中央银行并按货币的形式和运行规律进行管理。我国货币市场、资本市场还是汇率市场发展,甚至是大宗商品市场发展,均需要黄金提供金融功能支撑。在此背景下,我国对黄金认识,不能局限于其商品属性,要从国家战略高度重视黄金的货币属性和金融属性。

2. 黄金在国际储备中将继续保持战略地位

黄金失去法定国际货币地位后,一些发达国家通过各种途径宣传黄金非货币化的论点,宣称黄金已经沦为一种普通的金属。这些只是麻痹他国,而其自身对黄金依然重视。实际上,黄金作为国际货币的地位长期看并未有明显削弱,各国中央银行和IMF一直持有黄金储备,而且规模相当之大,国际清算银行至今仍将黄金列入可接受的国际清算工具。美国始终是最大的黄金储备国,1980年代以来,不管经济遇到多大的困难,其黄金储备几乎不变。在布雷顿森林体系崩溃后,日本、俄罗斯和印度的黄金储备还有不同程度的增加,欧元区国家也曾集体增持黄金。增加黄金储备,将提高我国应对汇率变动压力、壮大资本市场、推动人民币国际化方面的战略能力,增强在国际大宗商品市场上话语权,提升在国际竞争中的战略主动性。足够的黄金储备将是我国提升金融安全、经济安全与国家安全的基础支持。

3. 要把金矿资源视为战略资源加以控制

从国外主要产金国情况看，除了澳大利亚，各主要产金国的金矿资源大多受到控制，国外的企业难以进入。这反映了主要产金国将金矿视为战略资源强化控制的国家意图，这一状况在未来相当一段时期，不会改变甚至可能强化。未来我国也需要加强对黄金资源的控制能力。我国黄金资源稀缺而珍贵，需要真正落实金矿作为保护性开发的特种矿法规政策，严格黄金资源勘探与开采管理，构建行业准入标准。在发挥市场机制在配置金矿资源基础性作用的同时，增强国家对黄金资源的控制力，鼓励黄金进口与黄金矿业企业“走出去”，把控国际黄金资源，夯实我国的财富基础。

4. 黄金跨国公司成为国家控制黄金资源的平台

排名位居前列的国际黄金矿业企业，很多都是跨国公司，在全球多个国家拥有矿山和子公司。黄金跨国公司掌握了优质金矿资源，一些规模较大的金矿往往由黄金跨国公司掌控。排名前列的黄金跨国公司规模巨大，具有很强的竞争力，排名第一的巴里克公司的产量甚至超过了绝大多数国家的黄金产量。国际黄金跨国公司已经成为国家控制黄金资源的重要手段。我国亟需利用黄金大型企业作为国家控制黄金资源的平台，为此我国亟需实施大企业、大集团战略，推动黄金行业资源的整合，鼓励大企业“走出去”，掌控国内外黄金资源，实现可持续发展。

5. 未来要利用市场增强对黄金的控制力

英国、美国、日本等一直高度重视黄金市场的发展，十分注重通过优惠政策提高本国黄金市场国际影响力。西方主要国家高度重视通过市场来控制黄金产业和资源，英国致力于将伦敦黄金市场建设为世界上最重要的黄金市场，通过市场增强了英国对国际黄金资源的控制力，提升了英国在黄金产业的国际地位。我国形成了黄金多级市场交易体系，黄金市场交易规模和国际排名不断上升，已经成为我国金融市场的重要组成部分，为我国增强国家对黄金产业链的控制力提供新的途径。

(二)我国黄金资源开发利用的战略选择

1. 明确黄金的战略地位

黄金的货币属性和金融属性一直保持。我国首先需要明确黄金是发展的战略性资源，不是一般的商品和普通金属。第二，黄金储备是国家的战略储备。第三，黄金市场是金融市场的重要组成部分。中国共产党发展壮大和执政实践的一个重要历史经验就是：一定要掌控充足的黄金储备，才能增强面对复杂局面的能力。中国当前正面临发展模式转型的关键时期，黄金在此关口具有保障国家安全的战略作用。因此，我国需要明确黄金的战略地位，形成国家层面的战略共识。

2. 制定国家黄金战略

面对复杂多变的国际政治与市场环境，亟需从国家层面制定国家黄金战略，明确黄金的战略地位，明晰战略目标、核心任务与战略措施。

(1)国家黄金战略的基本目标是增强国际定价权

基于对黄金货币属性和金融属性，明确国家黄金战略目的是提高我国在国际黄金市场上定价权。为此，需要把握黄金资源转化为黄金储量与产量的速度，掌控黄金储备与黄金市场的转化关系，提高黄金市场的国际竞争力，为平抑、减缓和化解潜在的重大经济、政治风险提供战略平台。

黄金作为特殊矿种，开发利用的原则是“多种所有制并存，通过市场竞争发展，国有经济起引领作用”，这个原则有利于现阶段我国黄金行业的持续发展和国家控制力的提高，推动全国黄金矿权大市场、黄金交易大市场和黄金大企业的发展，要对国有控股或相对控股企业、本国资本给予支持。

(2)国家黄金战略的核心任务是增强国家对黄金的控制力

全球黄金资源十分稀缺，各国政府与民众都通过多种手段拥有和控制黄金。围绕增强我国在黄金市场上国际定价权，强化宏观引导和管理，推动我国黄金矿权市场、黄金交易市场、我国黄金储备的优化发展，增强我国发展的主动性。因此，黄金战略的核心任务是增强中央政府对黄金矿业、黄金市场、黄金储备的控制力。

——中国人民银行要拥有大量的黄金储备，以备不时之需。

——我国要通过多种途径，在必要时能掌控大量的黄金资源。

——要通过多种方式提高我国黄金市场的国际竞争力，将我国打造成国际黄金流入洼地，形成对国际黄金市场的控制力。

(3)国家黄金战略举措的关键是完善黄金宏观管理体系

基于市场机制已经发挥配置我国黄金资源的基础性作用，以及我国行政体制与法规政策体系现状,国家黄金战略的重点是通过形成国家黄金宏观管理机构,完善黄金宏观管理的组织架构与法规政策体系,推动黄金行业资源整合,发挥市场机制的作用,发展黄金大基地、大企业、大市场,最终落实黄金的战略地位。

3. 逐步实施国家黄金战略

国家黄金战略牵涉范围广泛,其中地方对黄金资源的管理权牵涉到分税制改革,黄金市场发展牵涉金融市场化改革,需要与中国改革开放的整体进程相一致。因此,国家黄金战略要分步实施。

第一步,推动国家层次的黄金战略工作

在上位法规允许的条件下,重点围绕增强国家对黄金的控制力,建立国家级黄金综合管理机构,加强对现有相关部门的组织协调,健全和优化黄金矿业、黄金市场、黄金储备的法规政策体系,做好黄金资源控制、黄金储备增持、黄金市场发展等重点工作。

第二步,推动行业层次的黄金战略工作

将黄金法规政策引导与黄金市场机制结合起来,推动黄金行业资源整合,提高行业集中度和拓展市场广度。建立行业准入标准,鼓励黄金大基地、大企业、大市场的发展,推动黄金大集团在黄金勘探、开采、选冶、交易、投资、加工到零售的整个产业链的控制力,打造国家控制黄金资源与市场的企业平台。

第三步,推动地方层次的黄金战略工作

结合分税制改革和资源税改革,重点推动地方层次的黄金战略工作,探索理顺地方黄金管理局与国家级黄金综合管理机构和各部委黄金专业管理部门之间的管理职责关系,形成中央与地方的合理分工。

(三)我国黄金资源开发利用的战略转型

1. 从放松管制转向增强国家宏观调控能力

过去国家是通过实施严格的行政管制来保证黄金的控制力,随着我国市场经济的发展,国家对黄金的管制经历由紧到松的过程,目前市场机制发挥基础性作用。未来国家增强对黄金的控制力,采取行政管制手段已经不再具有经济基础,需要通过增强国家对市场的宏观调控能力来加强国家对黄金的控制力。在黄金矿业、黄金市场、黄金储备等多个环节,通过标准规范、法规政策将国家力量和市场力量结合起来,以政府、机构与企业、居民以及国际等多样化的手段增加国家对黄金的控制力。

2. 黄金管理从基于商品属性转向基于货币属性和金融属性

黄金管理是基于黄金的商品属性、货币属性还是金融属性是关系到未来黄金行业发展战略的首要问题。从我国黄金市场的发展历程来看,黄金作为工业用金的商品属性是次要的,首饰用金需求植根于对黄金货币属性的认同,我国投资用金需求已经成为最大的用金需求。基于黄金的货币属性和金融属性,未来需要转变我国黄金资源与矿业、黄金市场与储备发展模式,增强国家对市场发展的引导作用,大力发展全国黄金矿权大市场和全国黄金交易大市场,增强国家竞争力。

3. 从追求规模发展转向追求国际定价权

我国已经成为世界第一的生产大国、世界第二的消费大国,形成了第一的黄金现货交易市场。然而多年封闭式发展使中国黄金市场成为国外市场的影子市场,整个行业发展蕴含巨大的市场波动风险,国民财富面临损失风险。未来需要进一步推动相关制度和功能的完善,通过大力发展场外市场,推动"去税"政策制度化等措施,形成对国内外黄金拥有者和投资者的吸引力,增强我国在黄金市场上的国际定价权。

4. 从分散发展转向行业整合发展

我国黄金产业高度分散。黄金矿产资源开发与利用目前存在集中度不高、不合理开发及资源浪费率高等现象,同时存在矿山企业小、散、乱、差的局面,行业资源整合将对解决上述问题具有积极意义。未来需要改变政出多门、地方主导矿业发展的格局,增强国家层面的宏观管理与协调,建立并维护我国黄金资源与市场有效开发与管理秩序,通过法规、标准、规范的引导,推动行业整合、市场融合,支持大企业、大基地和大市场的发展。

5. 从单纯的国内发展转向国内外结合发展

我国黄金矿业企业过去是走一条单纯的国内发展的道路。中国黄金矿业企业开发境外黄金资源也已经历了近二十年的历程,极少成功者。中国黄金资源赋存面广、资源集中度低,资源品种多、难选资源比重高,资源品味低、富矿少,"走出去"可以掌控国际黄金资源。从我国黄金业采、选、冶技术的角度看,已具备了开发国外黄金矿产资源的基本条件,部分企业已有初步的探索。鼓励黄金矿业企业"走出去",利用国内国外两大市场、两种资源是我国黄金大企业实现跨越式发展的有力举措。国家应当重点予以支持,帮扶企业解决"走出去"问题。

五、向我国政府提出的建议

(一)制定国家黄金战略,提高我国黄金战略地位

国务院要设立专门机构(国家黄金领导小组)制定国家黄金战略,该战略包括主要内容如下:

明确黄金战略地位,把黄金作为国家战略资源。确定黄金在我国货币体系中具有重要战略地位,是支持人民币国际化的基础,是我国外汇储备的重要组成部分。

黄金战略的核心是增强国家对黄金的控制力。重点增强国家对黄金矿业的控制力、黄金市场的控制力、黄金储备的控制力,逐步增加国家黄金储备。

制定战略措施体系。包括:把金矿作为保护性开采的特殊矿种;规范和集中黄金交易和期货交易;形成有利于我国成为世界黄金“税收洼地”的税收制度;利用大企业作为平台,促进黄金行业整合;支持黄金矿业企业全面发展,鼓励黄金矿业企业“走出去”;推进黄金产业科技创新和绿色环保;提高黄金资源利用效率和行业准入门槛,对黄金行业的外资进入有一定的限制措施;对我国矿业企业海外项目提供援助等等。

明确要制定黄金专项规划,以推动黄金战略实施。

设立国家黄金领导机构,推动国家黄金战略。

(二)国务院设立国家黄金领导小组,对黄金进行统一协调管理

在黄金领域,当前管理权分散到各个部委和下放给地方,监管缺失,部门和地域条块分割管理,出现了黄金资源浪费的现象。为此,建议国务院设立国家黄金领导小组,统一协调管理我国黄金的开发与利用,推动国家黄金战略的制定和实施。建议该领导小组的组长由国务院领导同志担任,成员由发改委、人民银行、财政部、银监会、证监会、国土资源部、工信部、商务部、国资委、税务总局、工商总局、公安部、环保部、安监总局等相关部门组成。办事机构设在发改委。

(三)健全法规政策体系,保障黄金战略地位

目前关于黄金的法规政策体系不完善,针对这一情况,要健全保障黄金战略地位的法规政策体系。

根据国家黄金战略的要求,建立相应的法规政策体系。

根据金矿是保护性开采的特种矿种的要求,建立相应的法规政策体系,完善《国务院关于对黄金矿产实行保护性开采的通知》[国发(1988)75 号]。

根据在我国建立黄金“税收洼地”和利于世界黄金流向我国的原则,确定我国在黄金生产加工、零售和进口三个环节的税收制度。

针对我国金矿乱采滥挖的情况,严格金矿开采的准入制度和资质要求,为此建立相应的法规制度。

根据国家增强对黄金资源控制力的要求,建立健全加强黄金矿业、黄金市场、黄金储备三个环节监管的法规政策体系。

(四)增加国家黄金储备,为人民币国际化做准备

将我国黄金储备占国际储备的比例从约 1.5—2%至少增加到约 11%的世界平均水平,这一要求最迟要在 2020 年达到。按当前数据计算,届时黄金储备量约为 6000 吨。之后,视国内外环境的变化再确定黄金储备的增持要求,以与我国的经济总量相适应。这样既稳定了国家的经济基础,又为人民币的国际化做准备。

要根据国际经济、黄金市场状况以及黄金价格等因素,综合考虑确定我国黄金储备增持的方案选择。对黄金储备要制定保值增值的方案。

(五)发展国际黄金交易市场,支持上海国际金融中心建设

我国发展国际黄金交易先从壮大我国黄金交易市场做起。要扩大上海黄金交易所的规模,完善上海黄金交易所的作用和功能,通过几年的努力,使上海黄金交易所能够成为国际黄金交易中心之一,这既是我国金融市场发展的需要,又是上海国际金融中心的重要组成部分。适时发展其他形式的黄金交易,增强我国对国际金价的定价权。

(六)落实国函[2002]102 号文,将中国黄金集团公司由中央管理的决定,加强国家对央企的控制力

黄金作为特殊矿种,开发利用的原则是“多种所有制并存,通过市场竞争发展,国有经济起引领作用”,这个原则有利于现阶段我国黄金行业的持续发展和国家控制力的提高。目前主要大企业都是国有控股或相对控股企业,是国家可以信赖和支持的,对唯一的央企中国黄金集团公司应予特别支持。

国函[2002]102 号文中将中国黄金集团公司定为由中央管理。中国黄金集团公司作为我国黄金行业的唯一央企,是行业中掌握黄金资源最多的企业，是国家重视和掌控的最重要企业。国函[2002]102号文中确定“中国黄金集团公司由中央管理”，要求集团公司领导班子和领导人员由中央管理。这个决定是非常正确的，中国黄金集团公司具有这样的地位，才能得到中央和地方政府的支持，在作为国家控制黄金资源平台、进行行业整合等方面发挥领头作用。

国函[2002]102号文中关于“中国黄金集团公司由中央管理”的决定在执行中没有落实。由于没有落实这个决定，目前中国黄金集团公司对行业的引领作用受到很大限制。国有企业的级别影响作用的发挥，影响了中国黄金集团公司在取得资源以及整合重组等国家意图的贯彻，未能得到地方政府和有关企业的应有支持。

建议落实成立中国黄金集团公司时，国函[2002]102号文中将中国黄金集团公司定为由中央管理的决定。为落实国务院对中国黄金集团公司和干部由中央管理的决定，根据当前情况，提请国务院下文责成国资委牵头会同有关机构落实此事，以保证执行。

（七）推动资源整合，提高我国黄金矿业集中度

为了增强我国黄金矿业企业的竞争力，要提高行业集中度，为此需要推动黄金矿业资源整合，吸收多种形式的资本参与，达到联合重组的目的。

设立行业准入门槛，提高资源利用率要求，严格矿权管理和资格审查。

建议实行“大集团”战略。鼓励我国黄金矿业的整合，培育具有国际竞争力的大型黄金集团，鼓励黄金矿业企业在非金领域和产业链上的延伸。选择有能力的黄金矿业企业作为行业联合重组的主体，吸收多方力量实现整合。建议选择中国黄金集团公司作为联合重组的试点，经过试点总结出相应原则，推动行业整合工作。国家对此要做出明文规定。

（八）支持黄金矿业企业“走出去”，提升我国掌控国外黄金资源能力

鼓励我国黄金矿业企业“走出去”，积极参与海外资源投资与并购，掌控国际黄金资源。具体建议如下：

简化黄金海外项目的审批手续。对境外黄金资源开发与投资项目，要选择重点，确立方向，抓住时机。要建立黄金矿业企业“走出去”项目核准绿色通道，改革现有分级核准的体制，直报发改委、商务部和外汇管理局，由国家黄金领导小组监督、三部门联合办公，一次共同审批。同时，企业向地方各级有关部门报备，地方若有疑问，迅速向中央反映。

尽快设立“境外黄金资源外汇投资基金”。该基金由国家投资和国有企业及相关金融机构投资组成，专门针对我国大型黄金矿业企业投资海外黄金矿提供信贷融资支持。由于避开国家主权投资基金，可以减少海外资源投资领域的限制。基金需要一定规模，初始资金为500亿美元，根据需要动态调整。该基金按国家产业基金相关规定进行管理。建议中国黄金协会参与基金组建。

结束语

本次研究剖析了黄金属性和战略地位，总结了世界主要国家黄金资源开发、利用和管理的经验，分析了我国黄金资源开发、黄金矿业企业发展、黄金市场发展与黄金管理的状况。研究表明：

第一，黄金的货币和金融属性一直存在，黄金在人类超过7000年历史中形成了超越种族、宗教、国家和历史界限的吸引力，各国都从战略高度重视黄金的战略地位。

第二，中国已经成为世界黄金生产和消费大国，黄金矿业、黄金市场的发展取得瞩目成绩，同时也存在黄金矿权市场和黄金交易市场发展不完善、黄金企业国际竞争力不强、黄金储备与国力不适应等问题。

第三，我国亟需从国家高度重视黄金的战略地位，增强国家控制力，发挥战略对行业发展的引导作用。

基于上述认识，本报告提出了我国应当制定国家黄金战略和应当采取的战略措施建议，为国家决策提供参考依据。

第五部分

上海国际石油期货交易中心研究

上海国际石油期货交易中心研究

写在前面：中国生产力学会提出 先国际后国内的石油期货发展战略

由于石油在国民经济中具有重要战略地位和我国石油依存度的提高，通过石油期货掌控石油定价权很重要。中国生产力学会从生产力发展的角度一直在关注石油期货的国内外发展动向，开展推动我国石油期货交易的研究。

国务院批转国家发改委《关于2012年深化经济体制改革重点工作意见》中指出，要"稳妥推进原油等大宗商品期货"。目前，国家发改委财政金融司、证监会期货部、上海期货交易所正在进行相关准备工作。

为了保障我国发展石油期货交易取得成功，上海真正成为国际石油价格主要的形成中心之一，需要对石油期货交易的方案进行创新性的精心策划和周密安排。

按照国务院要求的"稳妥推进"原则，中国生产力学会专门组织力量对我国石油期货发展问题进行专题研究，提出：在国内条件存在困难的情况下，我们主张"先国际、后国内"发展石油期货的战略。先国际，就是建立上海国际石油期货交易中心。先国际要两头在外，即指交易的一头是国际原油；另一头是国际原油期货在关外（境内）交易，关外交割等。

建立上海国际石油期货交易中心依据以下原则：建立"境内关外"交易国际原油期货的试点，进行改革开放的先行先试；上海国际石油期货交易中心（所）对现行石油交易体制没有影响，若交易的原油进入中国市场，按国内规则办，买方必须拥有进口权和额度，按现行规则交税；上海国际石油期货交易中心（所）不涉及国内的石油资源；上海国际石油期货交易中心（所）采取公司制，股权多元化，总体较为平衡；上海国际石油期货交易中心（所）从发展原油期货开始，逐步走向综合石油期货。

总之，先国际、后国内，以国际石油期货市场的发展促进国内石油期货市场的发展，最终实现国内外联通，是中国石油期货市场发展的战略选择。

本报告是研究建立上海国际石油期货交易中心（所）国际发展石油期货的问题。

一、发展石油期货交易的战略意义

（一）石油在全球政治经济中具有重要地位

1. 石油及相关概念

石油，是从地下开采的棕黑色可燃粘稠液体，主要是各种烷烃、环烷烃、芳香烃的混合物。它是古代海洋或湖泊中的生物经过漫长的演化形成的混合物，与煤一样属于化石燃料。波斯湾一带有丰富石油储藏，在俄罗斯、美国、中国、南美洲等地也有大量石油储藏。石油作为现代工业部门的出现，是以1859年杜雷克在美国宾夕法尼亚州发现油田并使用现代方式生产作为标志。

关于石油的权威定义，是在1983年第11届世界石油大会上正式提出的。这个命名方案对石油等概念作出如下定义：

石油（Petroleum）：指自然界中存在的以气态、液态和固态的烃类化合物为主，并含有少量杂质的复杂混合物。

原油（Crude Oil）：是石油的基本类型，储存在地下储集层内，在常压条件下呈液态。原油中也包括一小部分液态的非烃组分。

天然气（Natural Gas）：也是石油的主要类型，

呈气相，或处于地下储层条件时溶解在原油内，在常温和常压条件下又呈气态。天然气内也包括一部分非烃组分。

世界石油大会对石油的定义涵盖内容相当广泛，其中还包括天然气等。原油是石油最重要的和基本的类型，国际上最重要的石油期货也都是原油期货。本报告在使用石油和石油期货概念时，主要指的是原油和原油期货。

石油期货交易指的是交易双方在石油期货交易所通过买卖石油期货合约，并根据合约规定的条款约定在未来某一特定时间和地点，以某一特定价格买卖某一特定数量和质量的石油的交易行为。发展石油期货的主要作用是价格发现、套期保值和对石油定价权的掌控。

期货交易所是期货合约交易双方公开进行买卖的场所，是一个高度组织化、集中进行期货交易的市场，是整个期货市场的核心。一些从事石油期货交易的交易所通常还包括其他期货交易品种。在本报告中，石油期货交易所指的是能够提供标准化石油期货合约供投资者进行交易的交易所。

2. 石油的主要属性

石油具有以下一些属性：

石油的热值较高。石油中碳含量约占83%－87%，氢含量约占11%－15%。按国际标准的等热值换算，1千克原油大约相当于1.5千克标准煤。

石油易燃烧、燃烧充分和燃后不留灰烬。这符合内燃机和现代工业生产的要求。

石油的储量大，是世界主要能源。2010年底世界石油储量为1888亿吨，储产比为46.2。

作为主要能源，石油相对煤炭是一种更为清洁的能源。

石油比煤炭便于运输。石油可以通过管道、油轮、铁路、公路等多种方式进行运输，而且运输的都是有效成分，而煤炭中杂质含量大，造成大量运力浪费。

石油是化工行业赖以存在的基础。石油化工可生产出成百上千种化工产品，如塑料、合成纤维，合成橡胶、合成洗涤剂、染料、医药、农药、炸药和化肥等，这些产品广泛用于人们的生产和生活之中。

石油是不可再生的自然资源。现代社会对石油高度依赖，作为可耗竭资源，不可再生。

石油资源的分布极不均衡。世界石油资源量和产量主要集中在中东、前苏联地区、美洲和非洲等地区。石油需求量较大的国家，往往石油储量却较少，大量石油消费依靠进口。

石油的以上属性，使其成为不可或缺的能源和化工原料，在国民经济中占据重要地位，被誉为"工业的血液"。石油对于国民经济具有关键影响，关系到国家的经济安全和经济命脉。是否善于利用石油资源发展本国经济，是否能够有效地掌控石油资源，是否能够适应乃至决定国际石油市场的价格，很大程度上将决定一个国家经济发展的成败。

3. 石油在全球政治经济中具有重要地位

(1)石油是全球经济中最重要的能源

石油是全球经济中最重要的能源。2010年，世界石油消费量约为40亿吨油当量，占世界一次能源消费量的33.6%，在世界一次能源消费结构中居首位。

从表5－1和图5－1可以看出：

石油是最重要的能源。80年代以来石油消费量缓慢增长，尽管其在世界能源消费结构中的比例有下降趋势，但仍是消费量最大的能源。

天然气在世界能源格局中的地位不断提高。

煤炭长期消费量较为稳定。2003年后，随着石油价格的大幅上涨，煤炭消费量快速增长。

水电、核电和可再生能源有了一定的发展，但其在世界能源格局中仍居次要地位。

(2)石油价格变化对世界经济增长和通货膨胀有重要影响

石油价格影响着各种商品和服务的价格，包括从消费、就业到制造业、服务业等各个领域。石油价格波动对世界经济的影响举足轻重。国际货币基金组织(IMF)研究表明，油价上涨一倍后将带来全球GDP最大幅度1.4%的下降，这种作用在一年后将减小，同时全球通胀在两个季度后达到最高点时将上涨1.5%。世界银行行长沃尔芬森称，石油价格每波动10%，世界经济增长率就下降0.5个百分点，发展中国家将下降0.75个百分点。

(3)石油化工行业在国民经济中地位关键

石油化学工业于第二次世界大战期间成长起来。战后石油化工的高速发展，使大量化学用品的生产从传统的以煤及农林产品为原料，转向以石油及天然气为原料。石油化工是国民经济中的重要行业，在国民经济中占有极重要的地位。以我国为例，2010年石化行业的工业总产值、利润总额和进出口额占全国的比例都在10%左右。

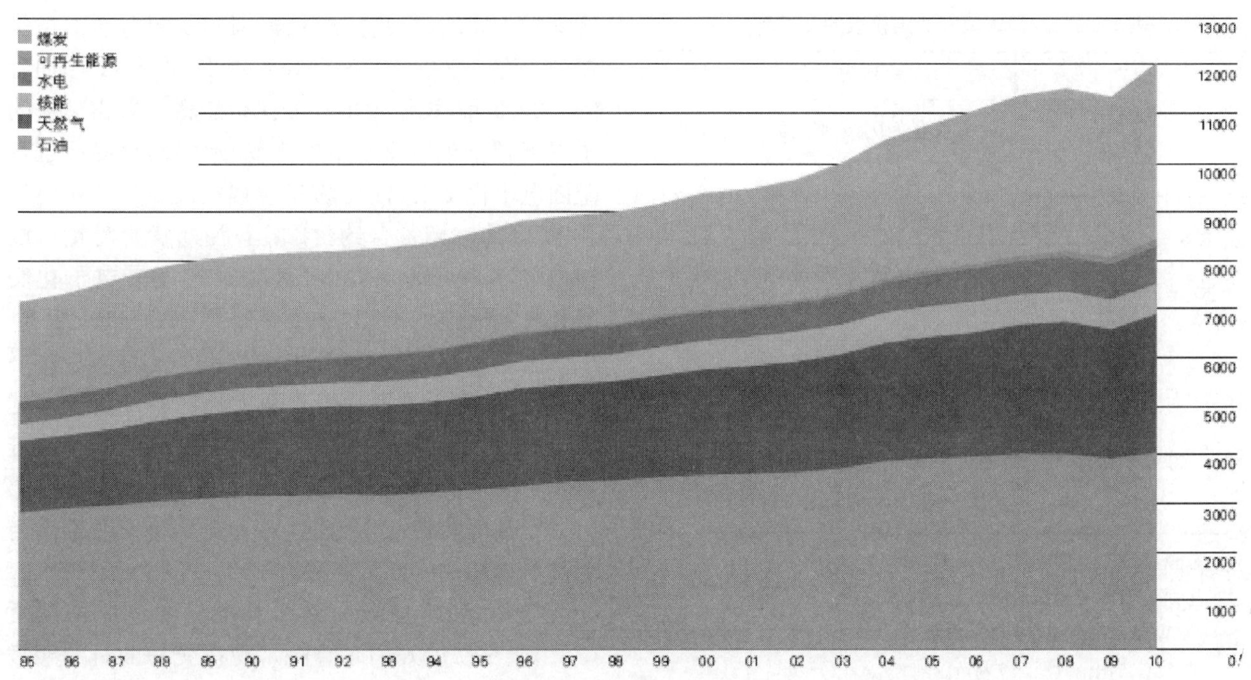

图 5—1　世界能源消费结构的演变(1985—2010)

来源:《BP 世界能源统计年鉴 2011》。

表 5—1　2010 年世界一次能源消费结构　　　单位:百万吨油当量

能源类型	石油	天然气	煤炭	核能	水电	可再生能源	总计
消费量	4028.1	2858.1	3555.8	626.2	775.6	158.6	12002.4
占比(%)	33.6	23.8	29.6	5.2	6.5	1.3	100

来源:《BP 世界能源统计年鉴 2011》。

表 5—2　2010 年中国石化行业部分指标占全国比例

	石化	全国	占比(%)
工业总产值(亿元)	76351	698591	10.9
利润总额(亿元)	4793	53050	9.0
进出口额(亿美元)	3171	29740	10.7

来源:《石化工业"十二五"规划》,《中国统计年鉴 2011》。

(4)石油关系国际政治

国际经验表明,当一国石油进口超过 5000 万吨的时候,其国内经济将受国际石油市场较大影响;石油进口量超过 1 亿吨的时候,就必须要采取政治、外交、军事等手段保证稳定的石油供应了。对石油资源的控制一直是国际政治军事斗争的核心之一。基辛格曾指出:"控制了石油,你就控制了所有国家。"获得普利策奖的著作《The Prize: The Epic Quest for Oil, Money & Power》的序言中也指出,"石油在整个 20 世纪都意味着控制权"。可以说,一部石油史就是一部世界战争史,一部强国争霸史。

(二)世界主要国家高度重视石油期货的战略地位

1. 石油期货形成的背景是对石油定价权的争夺,目前美英已经通过石油期货掌控了全球石油的定价权

石油在世界经济中具有重要的地位,石油价格波动对于石油消费者和供应商的利益有巨大影响。石油控制权的重要方面是对石油定价权的控制。围绕石油定价权的争夺贯穿了石油发展的全过程,国际石油市场的定价权在不同时期被不同的主体掌控。

1980 年代以来,NYMEX 和 ICE 成为石油定价权掌控者,这两个交易所的 WTI 和 BRENT 原油期货价格成为国际石油价格的基准。由于原油产地、集散地、品质存在差异,国际石油市场合同价格通常采用公式计算法,即选用一种或几种国际基准原油的价格,以此为基础,根据不同油品之间的差异加上适当价差形成原油价格。不同贸易地区所选

表 5—3 不同时期石油定价权的掌控者

时期	定价权掌控者
1859 年	杜雷克在美国发现油田并使用现代方式生产
19 世纪末—20 世纪初	洛克菲勒创建的标准石油公司
30 年代—60 年代	七姐妹[①]根据“墨西哥湾加价制”[②]定价
70 年代	石油输出国组织(OPEC)
80 年代以后	逐步形成以 WTI 和 BRENT 原油期货价格为基准定价体系，NYMEX 和 ICE 成为定价权掌控者

来源：报告综合整理。

注：NYMEX 美国纽约商品交易所
WTI 美国西德克萨斯轻质原油
ICE 英国伦敦洲际交易所
BRENT 英国北海布伦特原油

择的基准油不同，出口到欧洲或从欧洲出口的原油，基本上选择 BRENT 原油，出口到北美或在北美生产的原油，基本上选择 WTI 原油，其他地区的原油价格也大多参照这二者定价。

2. 东亚地区缺乏有影响力的石油期货市场导致“亚洲升水”

所谓“亚洲升水”，是指由于计价体系的差异，销往东亚地区的中东原油离岸价格会比销往欧美地区要高的现象。甚至出现过直接从沙特购油运回国内，还不如按沙特给美国的价格先从沙特运到美国，再从美国转运中国的价格便宜的情况。近年来，中国每年从中东进口大量原油，由于“亚洲升水”给国家造成额外损失。

“亚洲升水”的主要原因是亚洲地区缺乏有影响力的石油期货交易市场，石油价格不能通过期货市场公开透明的竞价机制形成，因此销往亚洲的原油是与普氏报价系统的迪拜/阿曼油价联动。普氏报价是一个现货评价指数，是基于现货市场每日的交易情况而评估出的一个价格指数。现货市场的参与主体较少、成交量较少、交易容易被操纵。普氏报价的局限性决定了它难以客观反映东亚市场的供求关系，导致中东销往东亚地区的原油价格普遍偏高。

3. 各国积极发展石油期货交易以争夺石油定价权

长期以来，NYMEX 和 ICE 一直在争夺石油期货交易主导地位，其实质是美国和欧洲对石油定价权的争夺。2004 年，NYMEX 推出 BRENT 原油合约。2005 年，ICE 董事长兼执行总裁斯普雷彻关闭了 ICE 原油期货交易所的交易场地，对交易所进行全面电子化交易，使交易量大幅提高。ICE 还引进了 WTI 原油期货合约。ICE 石油期货交易量一度曾击败 NYMEX。NYMEX 又通过发展电子化交易和其他措施，从 ICE 手中夺回交易的头把交椅。

围绕着亚太地区石油期货定价权的争夺始终在进行，并趋于激烈。由于亚太地区石油资源远远不能满足区域经济发展的需要，亚太地区的原油进口量不断上升，1992 年就已超过欧洲，成为世界第二大石油消费中心。为此，各大交易所纷纷推出与亚洲石油相关的期货品种。

1999 年，新加坡交易所就推出中东原油期货(后由于交易量太小而暂停)，现在交易的石油期货品种是燃料油期货。

2001 年，日本东京工业品交易所(TOCOM)推出了中东原油期货。

2005 年，印度大宗商品交易所(MCX)推出了原油期货合约。

2007 年 5 月，ICE 推出中东迪拜酸性原油期货合约，并宣布该合约开始交易的头 3 个月内将免交易手续费。

2007 年 6 月，迪拜商品交易所(DME)上市了阿曼原油期货合约。合约交割标的选择阿曼油，是因为阿曼石油产量不受 OPEC 支配，贸易自由化程度高。

2011 年，伊朗成立了国际石油交易所。伊朗国际原油交易所设在自由贸易园区基什岛上。

石油出口大国俄罗斯发展石油期货交易以主导本国出口石油的价格。当前，俄罗斯出口石油价格参照 BRENT 石油期货价格来确定，通常每桶价格低于 BRENT 石油 2 至 6 美元，俄罗斯每年为此损失数亿美元。2006 年普京在国情咨文中提出，必

① “七姊妹”是指 20 世纪上半期垄断国际石油领域的七家大型国际石油公司，分别是埃克森(Exxon)、美孚(Mobil)、雪佛龙(Chevron)，德士古(Texaco)、海湾(Gulf)，英国石油公司(BP)和英荷皇家壳牌石油公司(Royal Dutch/Shell)。

② “墨西哥湾加价制”具体内容是，国际市场上出售的石油，无论其产自世界哪个地方，销售到哪里，也不论其实际生产成本和运输距离，一律以美国墨西哥湾沿岸港口的离岸价格加上假设的从墨西哥湾离岸地到进口目的地的运输费用作为其到岸交货价。这一协议能够确保在美国生产而在国际市场上出售的石油有足够的利润。

须建立以本国货币卢布结算的俄罗斯石油交易所，以掌控俄产石油定价权。俄出口石油品牌“列布科牌”（REBCO，即“俄罗斯出口原油”的英文缩写）2006年在NYMEX上市。此外，2006年开始在俄罗斯证券交易所（RTS）进行石油期货交易，标的是乌拉尔原油。

要利用石油期货的平台，一国才能掌握石油定价权。目前，石油主要的生产国、消费国或者既是生产国又是消费国，都发展了石油期货，只有石油生产和消费的大国——中国，对石油期货的发展还处于探索阶段，没有形成石油期货交易。

（三）我国发展石油期货交易具有战略意义

随着我国经济的快速发展，工业生产和居民消费对石油需求大大增加。我国石油进口规模逐年扩大，石油贸易依存度不断提高，石油已经成为关系我国和平发展的重大问题。在此背景下，我国发展石油期货交易具有战略意义。

表5—4　我国石油消费和进口情况　　单位：万吨

项目	1980	1990	2000	2005	2006	2007	2008	2009	2010
进口量	83	756	9748	17163	19453	21139	23015	25642	29437
消费量	8757	11486	22496	32538	34876	36659	37303	38385	43245
对外依存度（%）	0.9	6.6	43.3	52.7	55.8	57.7	61.7	66.8	68.1

来源：《中国能源统计年鉴2011》。

1. 发展石油期货交易，有利于我国掌控国际石油定价权

是否拥有石油定价权体现了一个国家的国际地位和综合国力。如果一国的石油期货市场在国际市场有足够的影响力，那么该国的石油交易价格就会以该国的期货市场价格为基准。目前，美国的WTI原油和英国的BRENT原油是销往美欧地区的基准油价，而销往东亚的石油价格高于欧美地区，其中一个重要原因就是东亚地区缺乏有影响力的石油期货市场。我国要发展石油期货交易，以适应我国石油生产和消费大国的国际地位，通过掌控石油定价权，避免我国石油进口造成的巨额损失。

2. 发展石油期货交易，有利于我国有效应对石油价格风险

我国石油价格已经与国际接轨，但目前仍是被动接受国际市场的价格。国内石油企业的经营和效益依赖于国际市场，因此国际市场油价的剧烈波动给我国石油生产加工企业以及用户带来了巨大的风险。石油期货的主要功能之一就是规避风险。由于外汇管理体制和石油进口管理体制的限制，国内企业难以参与国际石油期货交易以规避风险。我国发展石油期货交易，有利于国内相关企业和用户利用石油期货市场进行套期保值交易，有效规避石油价格风险，锁定经营成本，专心致力于生产经营。

3. 发展石油期货交易，有利于我国形成市场化石油定价

我国正在推进石油定价体制改革，实现我国石油市场与国际接轨。当前，我国石油定价机制是被动跟踪国际市场的价格，以国际市场石油价格作为国内油价的基准，调价时间滞后，会助长国内石油市场的投机倾向，不利于维护正常的市场秩序，而且无法真实反映国内石油市场的供求状况。我国发展石油期货交易，把各类石油交易者集中在一起，形成一个公开、统一的市场，能够真实地反映我国的石油供需情况，从而引导企业在公平交易和竞争中优化资源配置。

4. 发展石油期货交易，有利于我国建立和完善石油储备体系

建立石油期货市场有助于完善我国的石油储备体系。世界上主要的石油期货市场通常都建有大型现货交割地。我国一旦建成世界上重要的石油期货市场，大量石油现货就将选择在我国进行交割，国际石油贸易商就会在我国建立交割仓库以储存石油，这些运输并被储存进来的石油就形成了石油资源的社会储备，从而利用国际资金帮助我国储备石油。这些石油期货储备可以作为国家石油储备体系的组成部分。另一方面，国家的战略石油储备也可以利用石油期货市场进行轮库，降低储备成本。

5. 发展石油期货交易，有利于我国完善多层次金融市场体系

当今国际石油市场不是单纯的商品交易市场，国际市场上石油与金融的结合日益紧密。20世纪70年代以来，由于国际石油价格的变动频繁剧烈，对石油期货等金融工具的需求与日俱增。在这样的背景下，石油期货市场得到了迅速发展，远期、期权、掉期等其它衍生品也开始推出，石油期货市场和衍生品市场已经成为国际金融市场的重要组成部分。我国正在建设与国际接轨的多层次金融市场体系，并在上海打造国际金融中心，其中石油期货市场和衍生品市场是重要环节，我国推出石油期货交易，对完善我国多层次金融市场体系有重要意义。

二、国外石油期货的发展与主要经验

(一)国外发展石油期货的总体情况

1. 全球有为数众多的交易所，但是石油期货交易高度集中

全球目前有为数众多的衍生品交易所，2010年交易量从排名第一的韩国交易所的3748861401手到排名53位的日本关西交易所的63092手，但是只有少数交易所能够开展石油期货交易，这主要是因为开展石油期货交易的国家通常在国际石油市场有很大的影响力。

表5—5 2010年世界主要衍生品交易所交易量排名(深色背景者有能源期货)

排名	交易所(集团)	排名	交易所(集团)	排名	交易所(集团)
1	韩国交易所	19	伦敦金融交易所	37	华沙股票交易所
2	芝加哥交易所集团	20	香港交易所	38	奥斯陆股票交易所
3	欧洲期货交易所	21	澳洲证券交易所集团	39	美国联合电子期货交易所
4	纽约泛欧证交所	22	波士顿期权交易所	40	布达佩斯股票交易所
5	印度国家证交所	23	特拉维夫证交所	41	雅典衍生品交易所
6	圣保罗证券期货交易所	24	伦敦股票交易所集团	42	马来西亚衍生品交易所
7	芝加哥期权交易所	25	西班牙金融期货交易所	43	堪萨斯城市交易委员会
8	纳斯达克—OMX集团	26	土耳其衍生品交易所	44	统一芝加哥交易所
9	印度大宗商品交易所	27	罗萨里奥期货交易所	45	泰国期货交易所
10	俄罗斯交易系统证交所	28	新加坡交易所	46	东京谷物交易所
11	上海期货交易所	29	中国金融期货交易所	47	明尼阿波利斯谷物交易所
12	郑州商品交易所	30	蒙特利尔交易所	48	新西兰期货交易所
13	大连商品交易所	31	墨西哥衍生品交易所	49	维也纳证交所
14	洲际交易所	32	印度国家商品和衍生品交易所	50	迪拜商品交易所
15	大阪证券交易所	33	莫斯科银行间货币交易所	51	日本中部商品交易所
16	南非JSE交易所	34	东京工业品交易所	52	布宜诺斯艾利斯交易所
17	台湾期货交易所	35	东京股票交易所	53	日本关西商品交易所
18	东京金融交易所	36	美国BATS期权交易所		

来源：根据FIA(国际期货业协会)、IOWA(国际期权市场协会)资料整理。

表5—6 2010年全球能源衍生品交易情况 单位：百万手

排名	交易所	交易量
1	纽约商品交易所(NYMEX)	532
2	洲际交易所(ICE)	211
3	印度大宗商品交易所(MCX)	53
4	上海期货交易所(SHFE)	11
5	俄罗斯证券交易所(RTS)	11
6	东京工业品交易所(TOCOM)	5

来源：IOMA/IOCA Derivatives Market Survey 2010。

在开展能源衍生品交易的交易所中，

从交易量看，NYMEX和ICE位于第一集团。

亚洲的三个交易所与第一集团还有较大差距。

俄罗斯证券交易所的能源衍生品交易快速发展。

还有一些交易所开展能源衍生品交易，但是规模都比较小。除了以上交易所外，迪拜商品交易所(DME)、欧洲期货交易所(EUREX)、土耳其衍生品交易所、澳大利亚证券交易所等也有少量能源衍生品交易，但是规模都比较小。

开展能源衍生品交易的国家通常在能源市场上有很大的影响力。要么是主要的能源供给者，要么是主要的能源需求者，要么是兼而有之。这也是仅有少数国家的交易所开展能源衍生品交易的重要原因。

综上所述，世界主要国家(地区)大多建立了石油期货交易所，应该建立石油期货交易所而没有建立的大国只有中国。

从国外的情况看，各个国家的石油期货交易高度集中，一个国家只拥有一个石油期货交易所。

表 5—7　主要国家拥有的石油期货交易所(2010 年)

国　家	石油期货交易所
美　国	纽约商品交易所(NYMEX)， 属于芝加哥商品交易所集团(CME)
英　国	洲际交易所
印　度	印度大宗商品交易所
俄罗斯	俄罗斯证券交易所
日　本	东京工业品交易所
新加坡	新加坡交易所

资料：报告综合整理。

2. 全球能源衍生品交易量保持增长的势头

从表 5—8 可以看出，

全球能源衍生品交易量保持了增长的势头，这与全球能源消费量逐年递增的趋势一致。

金融危机以来，全球能源衍生品交易量的增速开始放缓，但是 2011 年交易量增速出现了反弹。

表 5—8　全球能源衍生品的交易量　　单位：百万手

	2006	2007	2008	2009	2010	2011
交易量	386.0	496.4	581.0	655.9	723.6	839.1
增速(%)	—	28.6	17.0	12.9	10.3	16.0

来源：FIA。

3. WTI 和 BRENT 原油合约是全球最重要的石油期货合约

从表 5—9、表 5—10 可以看出，

纽约商品交易所的 WTI 原油期货和洲际交易所的 BRENT 原油期货是全球主要期货合约品种，其交易量遥遥领先于其他的原油期货品种。

WTI 和 BRENT 原油期货交易量保持了持续快速增长的势头，其增速快于全球能源衍生品的增速。

MCX 原油期货快速增长，已经成为全球重要的原油期货品种。

MCX 的原油期货和上期所的燃油期货交易量波动性很大。

表 5—9　2010 年全球能源期货合约排名

排名	合约	交易所	单位	交易量(手)
1	WTI 原油期货	NYMEX	1000 桶	168652141
2	BRENT 原油期货	ICE	1000 桶	100022169
3	Henry Hub 天然气期货	NYMEX	10000 百万英热单位	64323068
4	WTI 原油期货	ICE	1000 桶	52586415
5	柴油期货	ICE	100 吨	52296582
6	原油期货	MCX	100 桶	41537053
7	WTI 原油期货期权	NYMEX	1000 桶	32785267
8	纽约港精制汽油期货	NYMEX	1000 桶	27898698
9	No. 2 热油期货	NYMEX	1000 桶	26970106
10	天然气欧式期货期权	NYMEX	10000 百万英热单位	23957725

来源：FIA。

表5—10　主要石油期货品种的增长情况　　单位：手

品种	交易所	2006	2007	2008	2009	2010	年增速(%)
WTI	NYNEX	71053203	121525967	134674264	137428494	168652141	24.1
BRENT	ICE	44345927	59728941	68368145	74137750	100022169	22.5
WTI	ICE	28672639	51388362	51091712	46393671	52586415	16.4
原油期货	MCX	4466538	13938813	747506	11107297	41537053	74.6
燃油期货	SHFE	12734045	12005094	30810540	45753969	10682204	−4.3

来源：FIA。

4. WTI和BRENT原油是国际石油市场的定价基准

当前，WTI和BRENT石油期货价格成为国际石油市场定价的基准。2009年全球原油消费中以WTI和BRENT石油期货价格作为定价基准的占到49.4%。考虑到亚洲本地的基准油也受到WTI和BRENT石油的影响，多数时候跟随WTI和BRENT原油的走势，WTI和BRENT原油的实际影响力要大大高于这一数据。

表5—11　不同定价基准的消费量在全球原油消费中所占比例(2009年)

定价基准	消费量(2009年，每天百万桶)	比例(%)
WTI	17.4	20.6
BRENT	24.32	28.8
ASCI	1.6	1.9
Tapis-Minas	7.64	9.0
Dubai-Oman	12.87	15.2
DMEOman	0.75	0.9
Not Referenced	19.82	23.6
总计	84.4	100

来源：Bob Levin，CME。

WTI：纽约商品交易所的西德克萨斯中质原油。

BRENT：洲际交易所的北海BRENT原油。

ASCI：英国阿格斯公司发布的墨西哥湾中质高硫原油价格指数。

Tapis-Minas：塔皮斯—米纳斯，分别为马来西亚和印尼的中质低硫石油。

Dubai-Oman：迪拜—阿曼原油标准。

DME Oman：迪拜商品交易所交易的阿曼原油。

5. WTI和BRENT原油走势出现背离，国际石油定价体系正处于调整之中

长期以来，WTI和BRENT走势基本一致。由于WTI原油品质略好于BRENT(原油重度API值分别为40和38.3)，WTI一般比BRENT原油有一定的溢价。2005年开始出现BRENT价格高于WTI的背离现象，而且不断持续。2011年以来，二者背离程度加大，当前BRENT的价格要比WTI高出大约20美元。

WTI和BRENT走势出现背离主要有以下原因：

(1)金融危机以来美国加强了金融监管。国际炒家将“战场”转移到伦敦，2010年BRENT合约交易量比2008年增长了46%，而同期WTI合约交易量只增长了25%。

(2)WTI价格受到美国石油高库存的抑制。WTI价格变化与美国库存变化关联较大。近年来，随着美国页岩气、煤层气产量的大幅增长，天然气对石油的替代作用开始体现，美国原油供应增长超过消费增长，导致美国期货原油交割地库欣地区库存量提高，供应宽松导致WTI涨幅偏小。

WTI价格偏低对美国进口原油有利，对石油输出国则不利。因此，一些国家如沙特、科威特、伊拉克等开始逐步弃用WTI作为原油定价基准，改以其他的定价基准。国际石油定价体系正处于调整之中，国际石油期货交易所的发展格局面临新的变化，我们要抓住时机，争得在新格局中的有利地位。

中国原油进口主要来自中东、西非、前苏联国家、拉美等，进口地油价一般以BRENT和Dubai为基准油价，BRENT原油价格高企使我国处于不利地位。

6. 全球交易所(包括石油期货交易所)从会员制走向公司制

交易所的传统组织形式为会员制的商业互助组织，其基本特点是：

(1)交易所的所有权、控制权与其产品或服务的使用权相联系。

(2)通常不以盈利为目的。

(3)会员集体决策机制。一般每个会员一票，不管其在交易所的业务份额。

交易所过去普遍采取非营利的会员制，其原因在于：

(1)在交易所处于垄断经营的背景下，会员可通过互助组织控制服务价格。

(2)由于交易大厅空间有限，不可能将交易权给予所有投资者，因此要对进入市场的资格加以限制，将交易资格分配给会员。

信息化时代下，垄断市场和交易大厅空间有限，这两个会员制交易所存在的基础已经不复存在，而会员制治理结构所具有的弊端却日益突出，这主要体现在以下两个方面。

(1)会员制交易所融资不便，难以适应交易所发展需要。激烈的竞争和技术进步要求交易所加大投入，交易所发展需要进行大量融资。会员制不能通过发行普通股融资，向会员融资往往比较困难，公司制则可以发行股票上市、引进外部股东进行融资，而且筹资成本较低。

(2)会员制交易所决策效率低下，导致竞争失败。在会员制结构下，会员之间存在不同利益，利益冲突会导致交易所集体决策效率低下，以致交易所对市场环境变化反应迟钝，竞争能力下降，在激烈的国际竞争面前沦为失败者。

在此背景下，包括石油期货交易所在内的全球交易所纷纷进行公司化改制。2001 年，CME 公司化改制。2001 年 11 月，NYMEX 完成了交易所自身的公司制改造。2000 年，伦敦国际石油交易所(洲际交易所伦敦分所的前身)成为公司。2008 年，TOCOM 改制为公司。新建石油期货交易所如 MCX 和 DME，从成立伊始就采用公司制的治理结构。

7. 全球交易所(包括石油期货交易所)出现兼并收购浪潮，竞争力不强的交易所成为兼并收购的对象

从 20 世纪末以来，随着大国竞争的加剧和全球化趋势的增强，交易所之间的跨国并购明显增多，主要国家和交易所围绕交易所的并购展开了激烈的争夺。国外期货交易所(含石油期货交易所)开展兼并收购的主要原因包括：

(1)追求交易所合并的规模效应。交易所的合并在短期内可以削减昂贵的交易系统投资及其维护费用，并便利投资者全球投资，增强了对投资者的吸引力，在交易量、流动性上都能有所提高。

(2)公司制的交易所使收购变得更为容易。交易所由传统的会员制组织形式转向公司制，并公开发行上市，使交易所之间的并购变得极为方便，收购者只要获得足够多的股份，就可以控制目标交易所。

(3)政治因素促进了交易所的国际并购。对交易所的争夺是大国之间在资本市场方面的争夺，也是对经济资源的争夺。并购他国交易所可以聚集国际资本，加强自身的金融中心地位，并有助于提高资本市场的效率。

石油期货交易所的重大合并或资本运作项目包括：

2001 年 6 月，IPE 被洲际交易所(ICE)收购，成为洲际交易所的全资子公司，伦敦国际石油交易所更名为洲际交易所欧洲分所。

2007 年，芝加哥商业交易所(CME)与芝加哥期货交易所(CBOT)通过合并组建 CME 集团。2008 年，CME 集团又和 NYMEX 合并，组建了新的 CME 集团。CME 集团目前是世界上期货与期权交易规模最大且最多元化的交易所集团。

纽约期货交易所参股投资迪拜商品交易所(DME)。

纽约泛欧交易所集团参股投资印度大宗商品交易所(MCX)。

(二)国外主要交易所发展石油期货的经验

1. 不是所有的石油期货交易都取得成功

一些石油期货交易合约取得了巨大的成功，如 WTI 和 BRENT 原油成为国际石油定价的基准。也有一些交易所发展石油期货交易并未取得成功，如新加坡交易所和东京工业品交易所，成功交易所中也有一些并不成功的品种。表 5—12 给出了部分不成功的石油期货合约，失败的合约目前都已经停止交易。

一般认为，期货合约取得成功必须具备以下三个条件：第一，标的商品同质；第二，存在套期保值的市场需求；第三，价格波动幅度大且不可预测。此外，交易合约的设计、现货市场的支撑、合适的监管环境等方面都对期货合约能否取得成功具有重要影响。WTI 和 BRENT 成功的原因在于它们具备了以上要求的条件，而一些不成功的石油期货合约往往在某些方面存在缺陷。

表 5—12 部分不成功的石油期货合约

年份	品种	交易所	交易情况
1990	迪拜原油	SIMEX	失败
1991	柴油	SIMEX	失败
2001	中东原油	TOCOM	不活跃
2002	中东原油	SGX	失败
2006	俄罗斯出口原油	NYMEX	失败

来源：报告综合整理。

注：SIMEX 新加坡国际金融交易所

SGX 新加坡交易所

2. 国外主要石油期货交易所都采用公司制，而且股东多元化

从表 5—13 可以看出，

国外主要石油期货交易所都采用公司制的组织形式。

金融投资公司是石油期货交易所的重要股东。这其中既有全球性的金融投资公司，也有本国的金融投资公司。NYMEX 和 ICE 的前五大股东都是金融投资公司，MCX 和 DME 的股东中也有很多金融投资公司。

近期成立的石油期货交易所刚成立时就采取公司制，而且股东多元化。MCX 和 DME 分别于 2003 年和 2007 年成立，这两个交易所刚成立就采取了公司制，而且股东构成多元化，包括国内外的交易所集团、本国的金融投资机构、全球金融投资机构、石油公司等等。

石油期货交易所大多是某个交易所集团的成员。交易所集团是旗下拥有多个交易所、具有雄厚实力、能为投资者提供多样性交易品种的集团公司。交易所集团的出现反映了交易所行业的融合趋势。

表 5—13 主要石油期货交易所都采用公司制

交易所	成为公司年份	所属交易所集团	主要股东
纽约商品交易所(NYMEX)	2001	CME	先锋集团(基金公司)，STATE STEEET CORP(资产管理公司)，PRICE T ROWE ASSOCIATES INC(金融服务控股公司)，富达基金公司(投资公司)，巴克莱全球投资者控股公司(投资公司)
洲际交易所欧洲分所(ICE EUROPE)	2000	ICE	PRICE T ROWE ASSOCIA INC(金融服务控股公司)，麦格理集团(全球金融集团)，SANDS CAPITAL MANAGEMENT, LLC(资产管理公司)，先锋集团(基金公司)，美奇金融(金融服务公司)
印度大宗商品交易所(MCX)	2003	FTIL	印度金融技术集团(FTIL)，印度国家银行(SBI)，印度工业信贷投资银行，纽约泛欧交易所集团，花旗集团，富达基金，美林证券
俄罗斯证券交易所(RTS)	2004	RTS 集团	不详
东京工业品交易所(TOCOM)	2008	无	普通股 95 人，其中无表决权股 71 人
迪拜商品交易所(DME)	2007	无	Tatweer(迪拜控股的成员)，阿曼投资基金和 CME 集团是核心股东，其他股东还包括高盛、J. P. 摩根、摩根斯坦利、壳牌石油、维多石油、Concord 能源

来源：根据交易所网站资料以及其他资料综合整理。

石油、维多石油、Concord 能源

来源：根据交易所网站资料以及其他资料综合整理。

3. 主要石油期货交易所大多面向全球投资者

会员是交易所的重要参与者，此会员是指公司制交易所的交易参与者。在会员制交易所中，会员不仅是交易主体，而且是交易所的决策主体。而在公司制交易所中，会员仅仅是交易主体，不再是决策主体。从主要石油期货交易所的会员资格（表

5—14)可以看出,主要石油期货交易所大多面向全球投资者,其中

表 5—14 主要石油期货交易所的会员资格

交易所	会员资格
纽约商品交易所(NYMEX)	任何拥有良好道德品格、声誉和商业诚信以及足够的资金和信用的成年人均符合会员条件。 外国经纪商可以成为企业会员。
洲际交易所(ICE)	ICE 对会员资格提出了很多准则,均与国籍无关。 ICE 网站指出,“通过自己的交易平台向超过 70 个国家的投资者提供市场服务。
印度大宗商品交易所(MCX)	印度不允许外国投资者参与 MCX 的交易,MCX 现有“2153 个注册会员通过 1572 个印度城镇的 296896 个终端进行交易”。 印度目前正在开放投资市场,目前已经允许符合资质的外国个人投资者直接参与印度股市。
东京工业品交易所(TOCOM)	分为经纪会员、交易会员和附属会员。经纪会员和交易会员必须是日本机构,附属会员可以是外国机构,但必须通过经纪会员进行交易。 国外个人投资者可以通过经纪会员进行交易。

来源:根据各交易所网站提供资料整理。

纽约商品交易所、洲际交易所和东京工业品交易所都明确允许外国投资者参与。

纽约商品交易所和洲际交易所还允许外国经纪商成为企业会员。

在日本工业品交易所进行交易的外国投资者必须通过日本的经纪商。

印度大宗商品交易所目前还不允许外国投资者参与。但是印度已经允许外国个人投资者直接投资印度股市。而且印度正在讨论《远期合约(监管)修正法案》,如果通过,预计法案将会授权监管机构批准外国投资者投资商品市场。

4. 主要石油期货交易所交易主体类型具有多元化特征

由于监管对交易主体的持仓报告有要求,我们得以了解交易主体的持仓情况,并列举如下。从表 5—15—表 5—16 中的数据可以看出,

主要石油期货交易所交易主体类型具有多元化的特征。既包括出于套期保值目的进行交易的投资者,如生产商/商业商/加工商/用户,也包括出于投机目的进行交易的投资者,如掉期交易商和管理基金等。

从持仓结构看,WTI 的投机性要高于 BRENT。BRENT 原油合约的“生产商/商业商/加工商/用户”持仓为多头 31.2%和空头 50.4%,WTI 原油合约的“生产商/商业商/加工商/用户”持仓为多头 16.4%和空头 21.1%。

WTI 和 BRENT 的交易集中度均很高,反映了大型交易商对市场有很强的控制力。在 WTI 和 BRENT 合约持仓中,最大 4 个交易商占比在 15%—20%左右,最大的 8 个交易商占比在 25%—30%左右。

TOCOM 原油期货的投机性较低。TOCOM 原油期货交易主体中,出于套期保值目的头寸占比较高,商业头寸和非商业头寸所占比例很接近,表明 TOCOM 原油期货的投机性低于 WTI 和 BRENT。

表 5—15 2012 年 3 月 27 日 BRENT 原油期货合约的持仓报告(单位:手)①

多头/持仓情况									
	多头持仓	生产商/商业商/加工商/用户	掉期交易商		管理基金		其他报告仓位		未报告仓位
			多头	套利	多头	套利	多头	套利	
持仓量	1100677	343661	143958	187291	181018	95282	31841	71454	46172
占比(%)	100	31.2	13.1	17.0	16.4	8.7	2.9	6.5	4.2

① 相关概念解释

多头:投资者估计石油有涨价趋势,先期买进以获取差额利益。

空头:投资者估计石油有降价趋势,先期卖出以获取差额利益。

掉期交易:是指在买入或卖出石油期货合约的同时,卖出或买进相同数量其他交割期的石油期货,以防止价格波动风险的一种交易方式。

套利:指在某种实物资产或金融资产拥有两个价格的情况下,以较低的价格买进,较高的价格卖出,从而获取无风险收益。

续表

空头/持仓情况								
	空头持仓	生产商/商业商/加工商/用户	掉期交易商		管理基金		其他报告仓位		未报告仓位
			空头	套利	空头	套利	空头	套利	
持仓量	1100677	554986	109671	187291	42653	95282	7944	71454	31396
占比(%)	100	50.4	10.0	17.0	3.9	8.7	0.7	6.5	2.9

来源:ICE。

表 5—16　大交易商占持仓的比重(2012 年 3 月 27 日)

BRENT 原油				WTI 原油			
最大 4 个交易商		最大 8 个交易商		最大 4 个交易商		最大 8 个交易商	
多头	空头	多头	空头	多头	空头	多头	空头
16.00%	18.80%	26.60%	29.30%	18.1%	14.6%	27.9%	24.1%

来源:ICE 和 CFTC。

5. 主要石油期货合约的交易标的以 WTI 和 BRENT 原油为主

从表 5—17 可以看出,全球主要石油期货合约大多是以 WTI、BRENT 和中东原油作为标的。从不同合约的交易量来看,以 WTI 和 BRENT 为交易标的的期货合约交易量处于领先地位,而以中东原油为标的的期货合约交易量相对较小。

表 5—17　主要石油期货合约的交易标的

交易所	典型石油期货合约	交易标的
NYMEX	轻质低硫原油	WTI
	BRENT 原油	BRENT
ICE	BRENT 原油	BRENT
	WTI 原油	WTI
	中东含硫原油,迪拜	MESC
MCX	原油期货	WTI
TOCOM	原油期货	Middle East 原油(阿曼和迪拜原油的交易均价)

来源:各交易所网站。

6. 主要石油期货交易所和合约的计价货币多样化,美元是石油期货合约的主要计价货币

从表 5—18 可以看出,全球主要石油期货交易所和石油期货合约的计价货币呈现多样化的特征,主要大国均以本国货币作为石油期货合约的计价货币。但是以美元作为计价货币的交易所和期货合约居主导地位,包括 NYMEX、ICE 和 DME。

表 5—18　主要石油期货合约的计价货币

交易所	典型石油期货合约	计价货币
NYMEX	轻质低硫原油	美元
ICE	BRENT 原油 WTI 原油	美元
MCX	原油期货	卢比
TOCOM	原油期货	日元
DME	阿曼原油期货	美元
RTS	乌拉尔原油期货	卢布

来源:各交易所网站。

7. 主要石油期货合约的交易单位是 1000 桶

交易单位是石油期货合约的重要参数。期货合约交易单位大,会降低市场总体成交量,对投机有所抑制。但是,投机资金的退出,将会对市场流动性产生影响,使套期保值资金难以找到对手盘,而且会使市场风险集中,不利于期货市场价格发现功能的发挥。

从国外期货交易所的经验看,典型期货合约大多是以"桶"计量,只有 TOCOM 是以千升计量。其中 NYMEX 和 ICE 都是以"千桶"为交易单位,反映了欧美石油期货市场规模庞大。MCX 以"百桶"为交易单位,反映了印度石油期货市场规模较小。DME 的商业模式基本上是仿照 NYMEX,也是以"千桶"为交易单位。

表5—19 典型石油期货合约的交易单位

交易所	典型石油期货合约	交易单位
NYMEX	轻质低硫原油	1000桶
ICE	BRENT原油	1000桶
	WTI原油	1000桶
MCX	原油期货	100桶
DME	阿曼原油期货	1000桶
TOCOM	原油期货	50千升(大约314.5桶)

来源:各交易所网站。

8. *石油期货合约有实物交割和现金交割两种交割方式,采取实物交割的合约更为成功*

石油期货合约有实物交割和现金交割两种交割方式。总体来看,采取实物交割的石油期货合约较为成功。采取现金交割的合约交易量通常较小。但是,ICE的WTI是一个例外,2010年其交易量位列全球原油期货合约的第3位,这也反映了WTI原油的重要影响力。

实物交割合约通常是由石油生产国的交易所提供。是否采用实物交割方式往往取决于交易所与石油产地之间的关系。从各个石油期货交易所的情况来看,原油生产国的石油期货交易所能够提供相应原油品种的实物交割,对其他国家的原油品种往往只提供现金交割方式。

MCX是一个例外,实物交割的石油期货合约是由石油消费国的交易所提供。MCX的原油期货合约成功的一个原因在于它是以WTI为标的,其实物交割原油的主要参数要求接近WTI原油。

表5—20 典型石油期货合约的交割方式和交割地点

交易所	典型石油期货合约	交割方式	交割地点
NYMEX	轻质低硫原油	实物交割	库欣,俄克拉荷马州
	布伦特原油	现金交割	NA
ICE	布伦特原油	实物交割,可以选择现金交割	合约未指明
	WTI原油	现金交割	NA
	中东含硫原油,迪拜	现金交割	NA
DME	阿曼原油期货	实物交割	装船港口
MCX	原油期货	实物交割	加瓦拉尔·尼赫鲁港,孟买
TOCOM	原油期货	现金交割	NA

来源:各交易所网站。

9. *主要石油期货交易所大多位于国际金融中心*

主要石油期货交易所大多位于国际金融中心,至少也是本国的金融中心,货币可自由兑换,外汇管制宽松,便于资金的自由进出。

印度的孟买和阿联酋的迪拜目前还不是国际金融中心,但都提出建设国际金融中心的目标,并且有实质性的推动,特别是迪拜,其经济自由化和金融自由化的水平相当高。

表5—21 主要石油期货交易所大多位于国际金融中心

交易所	地点	外汇管制	货币可自由兑换
纽约商品交易所(NYMEX)	纽约国际金融中心	宽松	是
洲际交易所(ICE)	伦敦国际金融中心	宽松	是
印度大宗商品交易所(MCX)	孟买 (印度金融中心,印度财政部提出要把孟买建设为国际金融中心)	较严格,但趋于放松管制	否 (正在考虑可自由兑换)
东京工业品交易所(TOCOM)	东京国际金融中心	宽松	是
迪拜商品交易所(DME)	迪拜 (阿联酋正在把迪拜建设为国际金融中心)	宽松	是

来源:报告综合整理。

10. 主要石油期货交易所大多涉及广泛的能源领域,其中代表性合约品种往往占交易量的很大比例

主要石油期货交易所大多涉及广泛的能源领域,为投资者提供了大量的能源期货合约供其选择。从表5—22可以看出,代表性合约品种往往占这些交易所能源期货交易量的很大比例,代表性合约品种在这些交易所具有重要的地位。

表5—22 代表性合约品种占交易所能源期货交易量比例 单位:手

交易所	主要品种		能源期货交易量	比例(%)
	品种	交易量		
NYMEX	WTI	168652141	420540816	40.1
ICE	BRENT	100051669	215746410	46.4
MCX	原油	41537053	52717713	78.8
TOCOM	原油	1297512	4789225	27.1

表5—23 主要期货交易所能源期货合约种类

交易所	涉及领域	代表性期货合约品种
NYMEX	原油,天然气,精炼产品,电力,煤炭,乙醇,铀	WTI 原油期货 Henry Hub Natural Gas Futures No. 2 Heating Oil Futures
ICE	原油,天然气,精炼产品,温室气体排放,电力	BRENT 原油期货 WTI 原油期货 Gasoil Futures
MCX	原油,航空用油,精炼产品,天然气,煤炭,电力	原油期货
TOCOM	原油,精炼产品	原油期货

来源:各交易所网站。

11. 主要石油期货交易所都有很长的交易时间,而且普遍采用电子交易

为了便利投资者,主要石油期货交易所都普遍延长了交易时间,特别是NYMEX和ICE,几乎实现了7×24小时不间断的交易,这为全球来自不同时区的投资者进行交易提供了便利。MCX和TOCOM的交易时间相对较短,在服务水平上与NYMEX和ICE还存在一定的差距。此外,石油期货交易所普遍采用电子交易,电子交易方式也大大方便了投资者的交易。

表5—24 主要石油期货交易所的交易时间和交易渠道

交易所	交易时间(当地时间)	交易渠道
NYMEX	周一—周五:9:00 AM to 2:30 PM	场内公开叫价
	周六—周五:6:00 p. m. — 5:15 p. m.	Globex(电子交易平台)
	周六—周五:6:00 p. m. — 5:15 p. m.	CME ClearPort
ICE	01:00 (23:00,周日) —23:00	EFP(电子交易平台)
MCX	周一—周五:10:am—11:30pm 周六:10:00am—2:00pm	TWS(电子交易平台)
TOCOM	日间:9:00 a. m. to 3:30 p. m. 夜间:5:00 p. m. to 4:00 a. m.	ISV(电子交易平台)

来源:各交易所网站。

12. 主要石油期货交易所的收入主要来源于交易费和清算费

从表5—25可以看出，不同交易所的收入来源存在一定的差异，但是交易费和清算费都是各个交易所的主要收入来源，这两项收入要占到交易所收入的80%甚至90%以上。

从净利润来看，各主要石油期货交易所的盈利规模并非很高。2011年利润最高的CME集团约为9.5亿美元，TOCOM的利润仅有630万美元(此前数年均为亏损)。

表5—25　2011年主要石油期货交易所的收入来源和净利润　　单位:百万美元

CME		ICE		TOCOM		MCX	
交易和清算费	2486.3	交易费和清算费	1176.4	会员年费	1.0	交易费	68.5
行情报价费用	395.1	市场数据费	125.0	交易费	32.5	会员注册费	0.7
接入和通信费	45.4	其他	26.2	清算费	1.2	会员年费	2.6
其他	76.9	总收入	1327.5	会员注册费	0.1	终端收费	0.5
总收入	3003.7			市场数据费	0.7	总收入	72.3
				交易系统服务费	2.0		
				总收入	37.6		
净利润	951.4	净利润	509.6	净利润	6.3	净利润	33.8

来源:各公司的年报。

13. 国外重视对石油期货交易的监管，并趋于集中监管

由于期货(包括石油期货)交易在国民经济中的重要性，各国普遍重视对期货交易的监管。目前主要有三种期货监管模式:美国模式、英国模式和日本模式。

CFTC加强监管的主要手段包括:

一是建立了日常大户报告制度和头寸限制。

二是充分掌握市场信息。包括期货市场方面的交易量和空盘量、现货市场的仓单数量、可交割数量及经济环境方面的发展趋势等。

三是通过掌控信息和数据进行对比分析。CFTC对交易所和经纪公司上报的信息和数据进行对比分析，及早发现漏洞和问题。

四是对NFA进行监督。NFA是美国期货行业的自律性组织，管理重点是那些不是交易所会员的业内注册人员。

五是要求交易所分担监管职能。交易所根据CFTC的要求和相关法规，制定交易所的交易规则并对投资者的行为进行监控。

在日本监管模式中，部门行业之间协调性差，使期货交易所的自律监管有所削弱，不利于市场的统一管理。近年来，日本的期货监管体制有向美国模式学习的趋势，比如成立了新日本商品期货交易协会。新日本商品期货交易协会是准政府性质的期货经纪业自律机构，类似于美国的商品期货交易委员会。

世界期货监管的发展趋势之一就是其他模式学习美国模式中的优点或者向美国模式靠拢。期货监管模式趋于向集中监管的方向发展。

表5—26　期货(包括石油期货)的三种监管模式

模式	特点	主要内容
美国模式	集中监管	美国对期货市场实行的是“三级监管体制”，即政府监管、行业协会自律管理和交易所自律管理三者有机结合。 美国模式的核心是建立了商品期货交易委员会(CFTC)，CFTC代表联邦政府对期货市场实行集中统一的排他监管。
英国模式	以自律管理为中心的监管	英国期货市场形成了金融服务局(FSA)统一监管、五大期货交易所分工配合监管的监管模式。
日本模式	分散监管	日本没有统一监管机构，而是由大藏省管理金融期货市场，农、林、水产省管理农产品期货，通商产业省分管工业品期货市场，形成了独特的“三省分口管理体制”。

来源:报告综合整理。

三、中国石油期货的发展分析与战略选择

(一)中国石油需求及对外依存度状况

1. 中国已经成为世界石油消费大国

(1)中国石油消费持续高速增长

1980—2010年,中国石油消费量以每年5.73%的速度增长,天然气消费量在2000年之后则以更高的速度增长,如图5—2和图5—3。

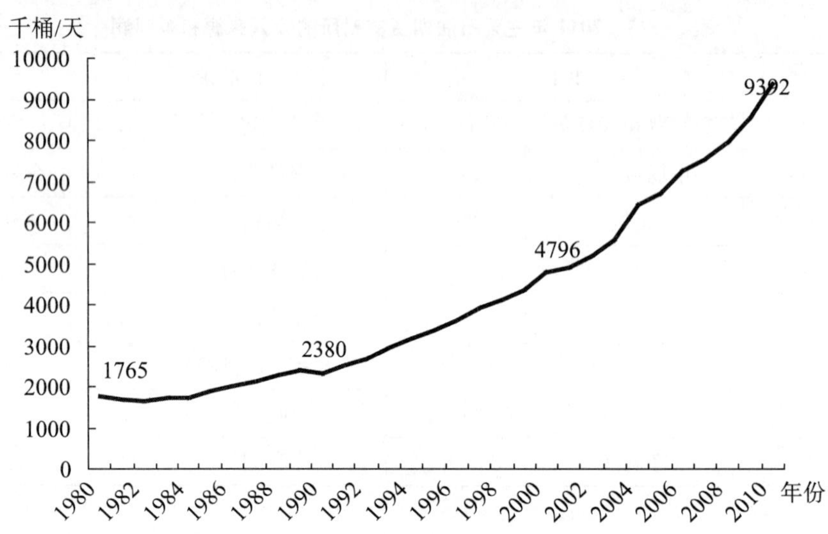

图5—2 中国石油消费量(千桶/天)

来源:eia,2011。

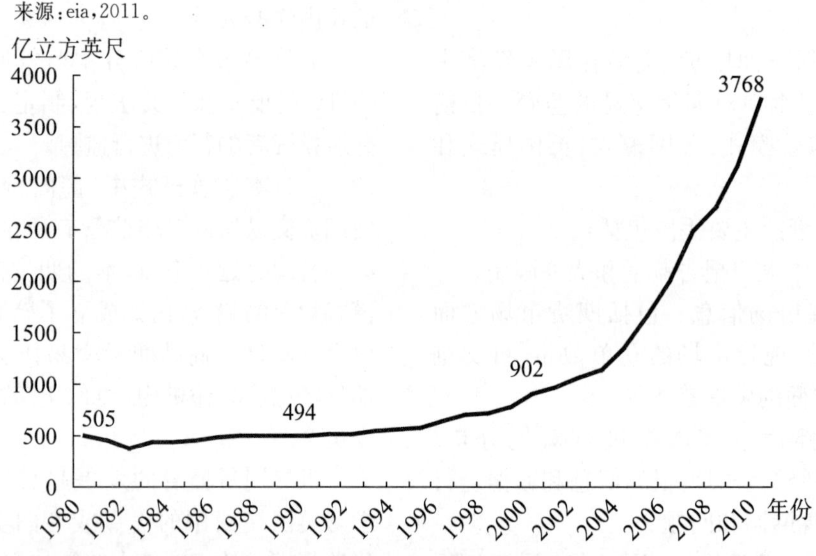

图5—3 中国天然气消费量(亿立方英尺/年)

来源:eia,2011。

(2)中国已经成为世界第二大石油消费国

1980—2010年,中国石油消费量占世界的比例从2.8%上升到10.6%,同期美国从27.02%下降到22.01%,如图5—3。2010年,世界石油消费总量约为40亿吨,美国消费石油8.5亿吨,位居世界第一。中国石油消费总量达到4.28亿吨,是世界第二大石油消费国,如表5—27。

中国石油消费已经成为影响世界石油市场发展、世界石油供给与消费等问题的重要因素,中国要从战略高度认识这一问题。

2. 中国石油对外依存度持续上升

(1)中国成为石油净进口大国。

从1986年至2009年,中国原油进口量从7千桶/天上升到4076千桶/天,以每年31.9%的速度递增,成品油进口增速相对平缓,如图5—5。1980—2010年,中国石油进口总量从83万吨上升到29437万吨,中国已经为石油净进口量大国,如图5—6。

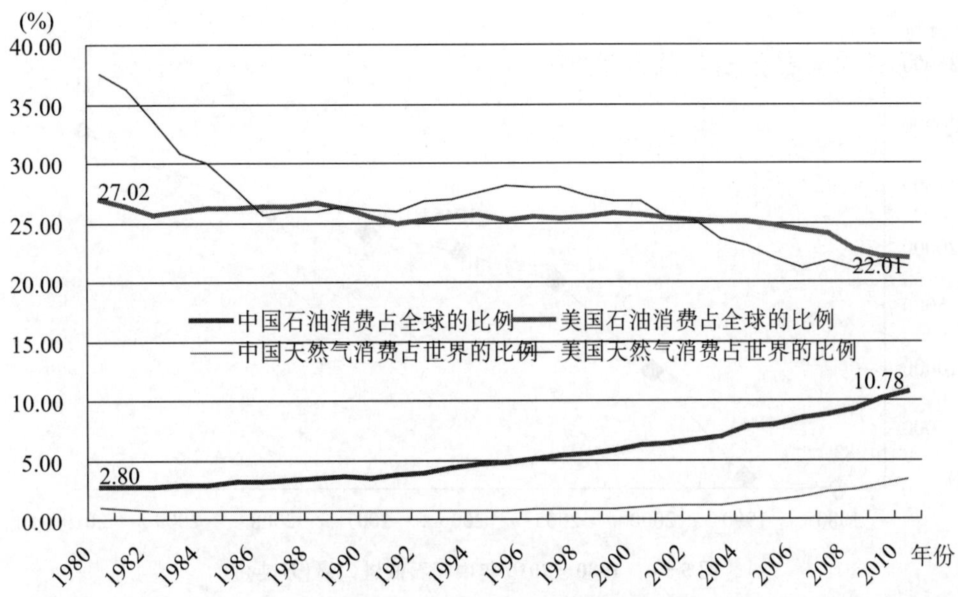

图 5－4　中国和美国石油与天然气消费占世界的比例

来源：eia，2011。

表 5－27　世界石油消费大国排序

单位：百万吨

国　家	2000	2002	2004	2006	2008	2010	2010 年排序	
							占总量比例(%)	排序
美　国	884.1	884.9	936.5	930.7	875.8	850	21.1	1
中　国	224.2	247.5	318.9	351.2	376	428.6	10.6	2
日　本	255	243.5	241	238	222.1	201.6	5.0	3
印　度	106.1	111.3	120.2	120.4	144.1	155.5	3.9	4
俄罗斯	129.7	129.9	130.6	135.8	141.4	147.6	3.7	5
沙特阿拉伯	73	76.6	88.3	92.3	107.2	125.5	3.1	6
巴　西	91.5	92	91.3	95.1	107.1	116.9	2.9	7
德　国	129.8	127.4	124	123.6	118.9	115.1	2.9	8
韩　国	103.2	104.7	103.9	104.5	101.9	105.6	2.6	9
加拿大	88.1	92.2	100.6	100.5	102.5	102.3	2.5	10
世　界	3571.6	3632.3	3858.7	3945.3	3996.5	4028.1	100	—

来源：BP 世界能源统计年鉴，2011

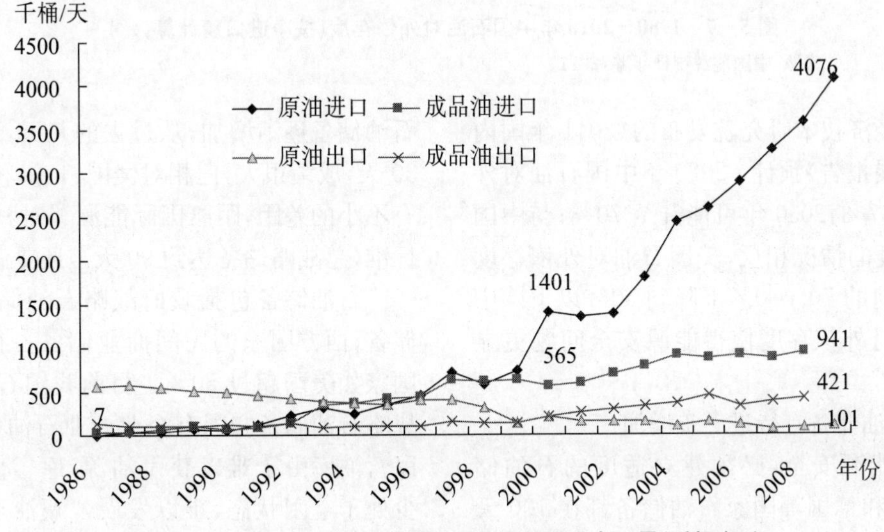

图 5－5　1986－2009 年中国原油和成品油进出口量(千桶/天)

来源：eia，2011。

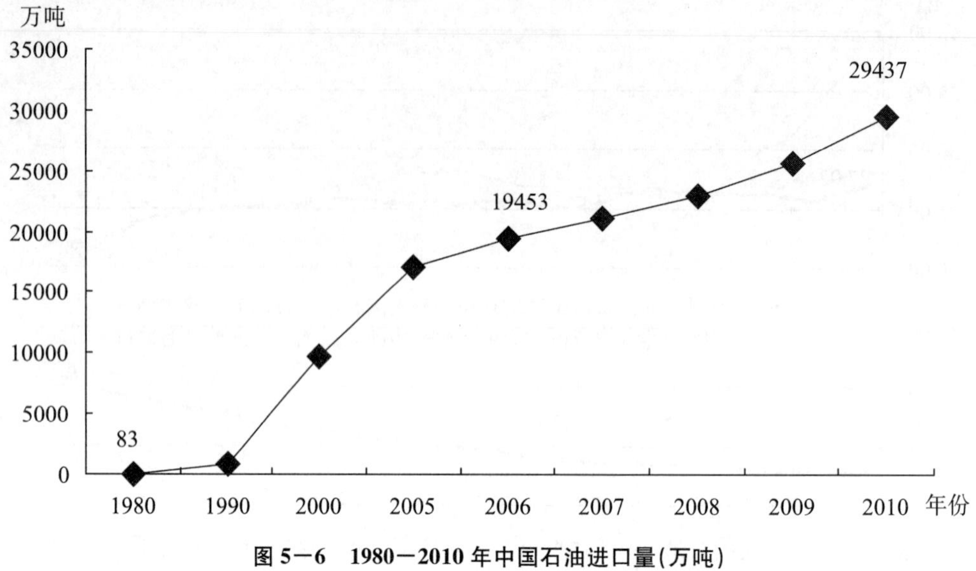

图 5—6　1980—2010 年中国石油进口量(万吨)

来源:中国能源统计年鉴,2011

(2)中国石油对外依存度大幅攀升。

1980—2010 年,我国由石油净出口 1723 万吨变为石油净进口 25358 万吨,按照净进口量计算,2010 年我国石油对外依存度为 58.64%。这表明中国石油消费对国际石油市场高度依赖。

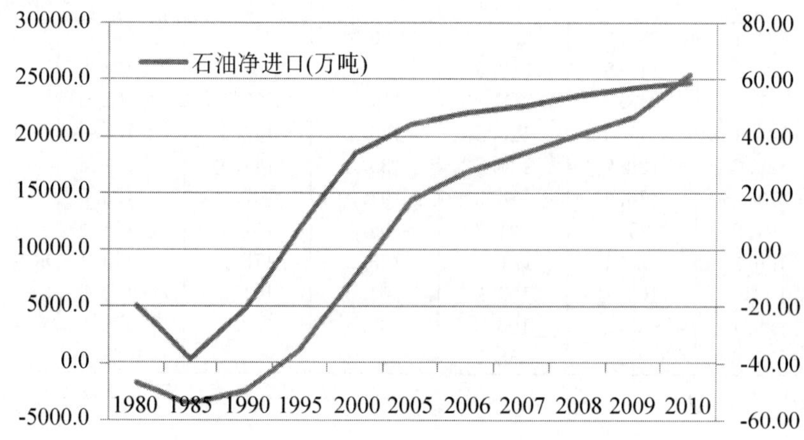

图 5—7　1980—2010 年中国石油对外依存度(按净进口量计算,%)

来源:中国能源统计年鉴,2011。

中国石油经济技术研究院发布的《2011 年国内外油气行业发展报告》预计,2020 年中国石油对外依存度将达到 67%,2030 年可能升至 70%;与中国石油对外依存度的情况相反,美国石油对外依存度已经从十几年前的 70—80%下降到 50%以下。中国过高的石油对外依存度使得能源安全问题更显重要。

(3)我国石油储备有待进一步增加。

保障国家能源安全,必须建立适度的石油储备。美国、日本和德国等国家石油储备都在 100 天以上。我国于 2001 年开始筹建石油储备基地以来,石油储备逐渐增加,从过去的几天,到 2011 年超过 30 天,成绩很大,但相对美国、日本和德国等国家仍有不小的差距,距离国际能源署对其成员国要求的标准(总战略储备达到 90 天),还要做大量的工作。

石油储备包括政府战略石油储备和民间商业储备,西方国家的民间商业储备占很大比重,有些国家如美国超过 50%。目前我国石油储备以政府战略石油储备和国有企业商业石油储备为主;很多民营油库由于难以获得油源,库容使用率很低,不少处于空闲状态,难以发展,“藏油于民”政策还有待落实。

3. 中国被动接受国际石油价格波动

(1)国际石油价格震荡上行。

1968—2011年,世界石油价格总体呈震荡上行趋势,如图5—8。

图5—8　1974—2011年世界石油价格的变动(按月度)

来源:iea,2011。

从全球范围看,石油勘探难度不断加大,提高石油产能存在困难;石油市场波动加剧,各种不确定因素经常干预和渗透到石油市场,引发世界石油市场的震荡。面对国际石油市场价格的高位振荡,各国都要积极应对。

(2)国内石油价格跟随国际石油价格震荡上行。

国际石油价格对国内石油价格有明显影响。图5—9将国内汽油价格与国际原油价格进行对比,结果表明国内油价基本是跟随国际油价震荡上行。

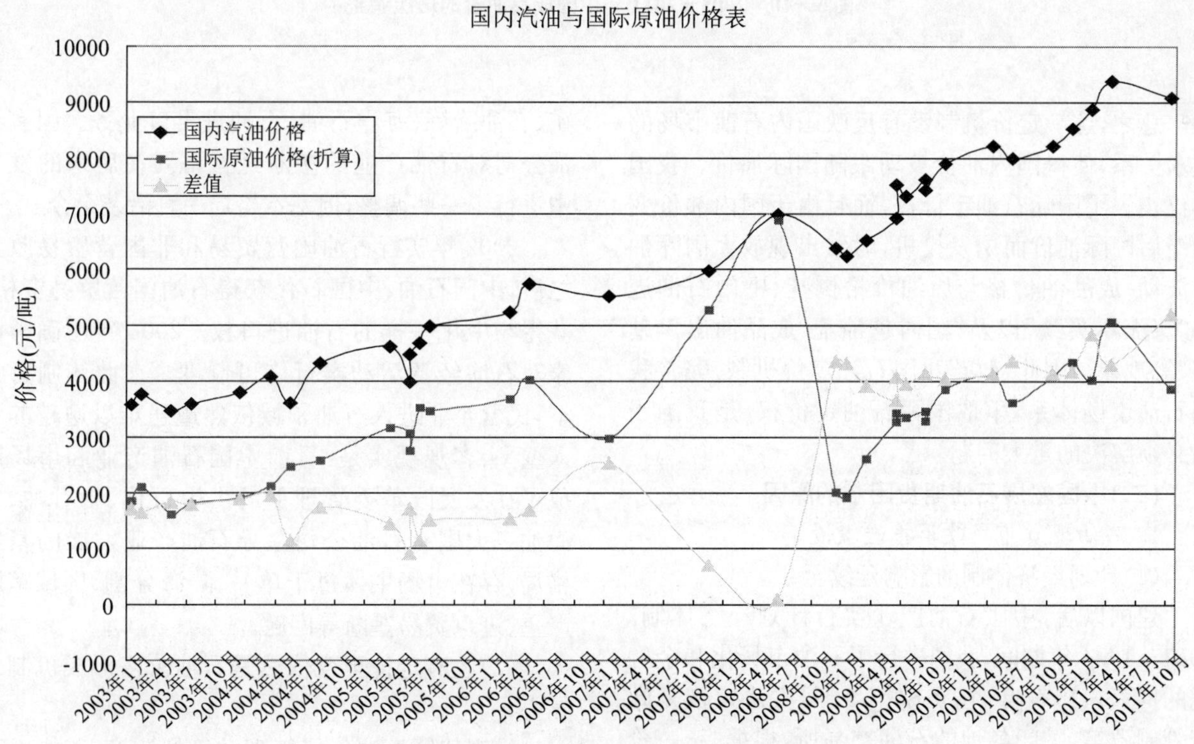

图5—9　国内汽油与国际原油价格的变动对比

来源:油价信息,2012。

国际石油价格的波动已经深刻影响到中国经济。以中国每年进口石油 2 亿吨计算，对石油价格波动判断失误会造成严重经济损失。

(3)中国国内石油定价跟随国际油价。

1998 年，国家计委出台了《原油成品油价格改革方案》，确定由国家计委根据国际基准油价来制定国内油价，其中原油价格一月一调整，成品油价根据国际油价变动幅度动态调整。1998 年开始，我国政府考虑多种因素对油价形成机制进行了一些调整，如 2009 年成品油价税费改革、缩短调价周期、基准油的选取进行调整（由盯住纽约、新加坡和鹿特丹成品油价格转变为盯住布伦特、迪拜和米纳斯成品油价格）等等，但这一定价机制的政府管制特征基本不变，一直延续至今。

2009 年以来国内成品油价格调整 15 次，10 升 5 降。其中 2009 年我国汽柴油价格调整 8 次，2010 年调整 4 次，2011 年仅调整 3 次，如图 5－10。这表明“政府盯住国际定价”模式存在的两大问题：一是调价具有滞后性，无法对市场供需关系做出及时反应，涨易跌难；二是放大市场预期，诱发投机套利行为。

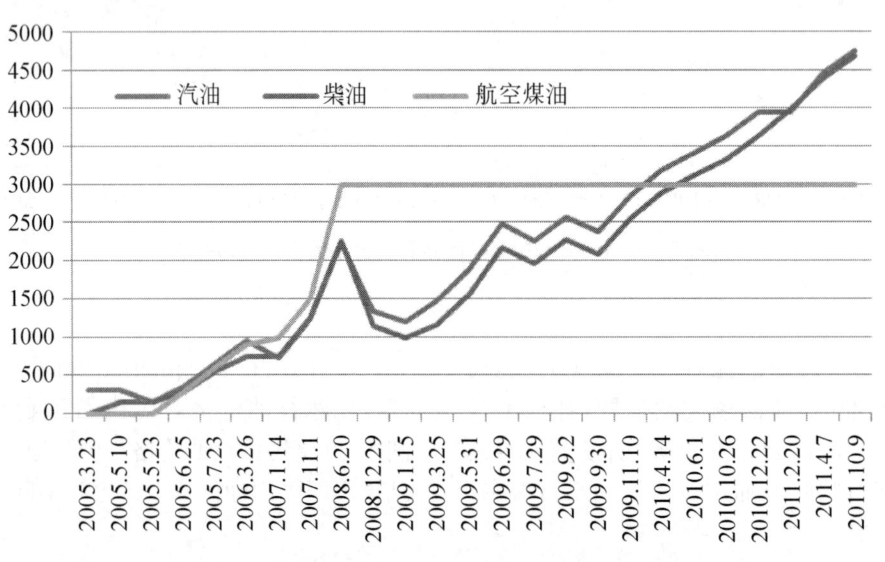

图 5－10　2005－2011 年中国成品油价的历次调整

来源：报告综合整理。

总之，这一定价机制没有反映国内石油市场的供求关系，使得国内油价被动跟随国际油价。我国不仅丧失了国际石油定价权，而且由于国内油价变动滞后国际油价而诱发投机，时常出现放大国际油价波动、成品油价格与原油价格倒挂、中国石油进口“买涨不买跌”以及“国内越油荒、成品油出口越多”等现象。因此，改革我国石油定价机制，完善我国石油市场体系，争取国际石油定价权，是我国当前必须解决的重大问题。

（二）中国发展石油期货困难的原因

1. 石油现货市场改革推进缓慢

(1)计划经济体制的影响延续至今。

建国以后，中国石油产业实行计划经济体制。1981－1994 年期间，我国进行了石油市场化和金融化的探索。1994 年，国务院第 24 号文决定恢复政府管制政策，关闭各地的石油交易所，根据“统一价格、统一配置、统一流向”的原则，进行石油分业经营，中石油、中石化、中海油、中化分别垄断石油采矿、石油冶炼、海洋石油、石油进出口业务。国有石油公司对石油产业的垄断经营格局在后来的发展中进行了一些调整，但基本格局一直沿袭至今。

2002 年实行石油国营贸易和非国营贸易政策之后，中国石油、中国石化获得石油国营贸易资格，获得与中化一样的石油进口权。2004 年明确了国家对石油经营活动实行许可制度。在此体制背景下，民营企业进入石油领域依然遭遇难以逾越的进入壁垒，客观现实是：目前中国石油产业和市场形成了在发展改革委管理下的由中石化、中石油、中海油三大国有石油公司主导石油产业发展的基本格局，存在市场主体过于单一、陆海分割、区域垄断严重、进口贸易垄断等问题。

(2)政府定价至今依然是石油价格形成机制的核心。

纵观我国石油价格管理政策的演变，基本上经历了五个阶段，如表 5－29。

表 5－28　中国石油产业政策的演变

阶段	特点	政策及政策内容
1981 年以前	计划经济体制	石油作为国家管理的一类物资，采取国家计划管理、统一分配的管理体制。石油生产与分配完全由国家决定。
1982－1994 年	计划与市场双轨制	1981 年，国家实行产量包干政策，部分放开价格，允许地方成立石油期货交易所
1994—1998 年	政府统一管制	1994 年，国务院下发《关于改革原油、成品油流通体制意见的通知》，规定了所有的石油资源要计划配置，取消计划与市场双轨制，取消石油期货交易所，“统一价格、统一配置、统一流向”，石油贸易权由中石油、中石化、中化和珠海振戎四家垄断。
1998 年至今	少数国有企业垄断与市场准入国家许可制	1998 年，政府对国有石油企业进行重组，形成中石油、中石化和中海油三大国有石油集团，在原油开采、成品油批发和零售都具有垄断地位。 2002 年出台《原油、成品油、化肥国营贸易进口经营管理试行办法》，实行无配额限制的国营贸易和有配额的非国营贸易的分类进口许可管理。 2004 年后，国家对石油经营活动实行许可制*

注释：* 2004 年中国成品油零售市场对外资开放，2006 年商务部发布《原油市场管理办法》和《成品油市场管理办法》，明确了国家对石油经营活动实行许可制度，具备条件的企业（包括国有公司、跨国公司、民营企业等）获得市场主管部门批准后方可在经营石油批发、仓储和零售业务。

表 5－29　中国石油价格管制政策的演变

阶段	特点	政策及政策内容
1981 年以前	计划定价	石油作为国家管理的一类物资，采取国家计划体制，石油价格的制定和调整完全由国家决定。
1982－1994 年	计划与市场双轨定价	1981 年，国家实行产量包干政策：规定石油超产和节约部分可按当时国际价格出售。国家计划部分由国家计委来定价，而企业自销的部分，则由用户和石油企业来协商定价。
1994－1998 年	恢复管制，政府定价	1994 年，国务院下发《关于改革原油、成品油流通体制意见的通知》，规定了所有的石油资源要计划配置，取消双轨制价格，取消石油期货交易所，采取政府定价。
1998－2008 年	政府盯住国际定价	1998 年政府出台了《原油、成品油价格改革方案》，确定由国家发改委国内基于国际基准油价制定国内原油价格和成品油价格。
2009 年以后	成品油实行政府指导价格或政府定价	2009 年，《石油价格管理办法（试行）》出台：原油价格由企业参照国际市场价格确定，成品油价格区别情况，实行政府指导价格或政府定价。

总的来看，中国石油价格管理政策尽管在不断调整，但核心还是政府管制和政府定价。国家发展改革委基于国际基准油价制定国内油价以及后期修正模式，相对于国际市场变动具有滞后性和被动性，没有国际定价权，也难以真正反映我国石油市场众多主体的现实和动态需求，不是真正的市场定价机制。

(3)对非国营石油贸易企业实施歧视性政策。将石油进口分为国营贸易和非国营贸易。

2002 年，原对外贸易经济合作部出台了《原油、成品油、化肥国营贸易进口经营管理试行办法》，将石油进口分为国营贸易和非国营贸易。

石油进口国营贸易实施宽松政策。目前获得石油国营贸易进口权的国有企业见表 5－30。从 2003 年开始，国营贸易企业从事原油进口已经取消了配额限制，可根据市场的需求来组织进口。

表5—30　获得国营贸易进口权的国有企业

原油(4家)	成品油:	
	汽油、柴油、煤油、石脑油、蜡油(4家)	燃料油(65家)
中国化工进出口总公司	中国化工进出口总公司	中国化工进出口总公司
中国国际石油化工联合公司	中国国际石油化工联合公司	中国国际石油化工联合公司
中国联合石油有限责任公司	中国联合石油有限责任公司	中国联合石油有限责任公司
珠海振戎公司	珠海振戎公司	珠海振戎公司
		中国石化国际事业公司
		其他国有企业:60家*

*其他国有企业60家:中国船舶燃料供应总公司、中国水利电力物资有限公司、光大石油天然气开发投资有限公司,以及各地地方国有贸易或进出口企业、中化旗下各地进出口公司等。

来源:进口国营贸易企业名录,商务部,2012

石油非国营贸易需要获得商务部特批,截至2007年共八批次,见表5—31。非国营贸易有进口配额、中石油和中石化炼厂排产证明的两大限制。第一,非国营贸易企业进口原油时需先由中石油或中石化出具排产证明,进口原油不能在市场流通,需由中石油、中石化的炼厂负责加工。第二,获得成品油非国营贸易进口配额的民营石油流通企业不能用配额进口汽油、柴油,只能用配额进口燃料油。

表5—31　原油、成品油(燃料油)非国营贸易进口经营备案企业名单

批次	公告时间	非国营贸易进口经营备案企业数(家)	
		原油	成品油(燃料油)
第一批次	2002.11.25	9	8
第二批次	2002.12.10	5	2
第三批次	2004.8.13	2	15
第四批次	2005.3.15	3	15
第五批次	2005.3.17	0	10
第六批次	2005.12.21	0	7
第七批次	2006.12.5	0	16
第八批次	2007.4.12	2	16
合计		21	89

来源:商务部,2008

其中:原油非国营贸易进口经营备案企业21家,有国营背景的企业占据了2/3;成品油非国营贸易进口经营备案企业89家。

对非国营贸易企业的歧视性政策导致国有大企业垄断石油进口

非国营贸易进口的配额不是都由民营油企分享,有很多都被国企背景、中石油或中石化背景的股份公司拿走。

中石油、中石化系统外的企业若进口原油,必须持有两大集团出具的“排产”证明,海关才放行,铁路部门才安排运输计划。目前,两大集团基本不给系统外的炼油厂排产证明,中化获得两大集团炼油厂排产证明也是困难的。

实际结果是:不论是两大集团系统内还是系统外的非国营贸易企业,进口原油后都需要返销给两大集团(中石油、中石化),销售由其统一安排。

由于中国对国内成品油价格实施严格管制,国际油价高企之时,进口原油进行冶炼亏本,原油非国营贸易进口配额往往被转让或浪费。

2010年商务部下发的非国营贸易原油进口配

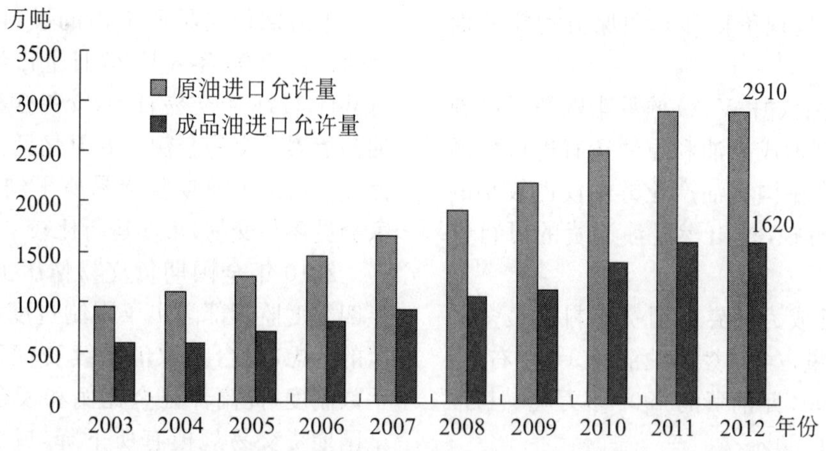

图 5－11　原油、成品油非国营贸易进口允许量(万吨)

来源：商务部，2012。

额为 2530 万吨，占 2010 年原油进口总量的 13%，85%以上的原油进口量仍通过国营贸易完成。三大石油公司实际控制了 95%以上的原油生产和进口。

截至 2011 年 9 月，全国共有加油站 95571 家，其中国营加油站 51556 家，约占全国总数的 54%。民营加油站占 46%，由于没有稳定的成品油供应保障，时常出现民营批发企业无油可批和民营加油站无油可加的情况。

总体来看，我国石油现货市场发展的基本特征是"管制太多，垄断太重"，我国石油产业发展缺乏市场化的环境，市场主体单一。我国发展石油期货最主要的难点有：一是期货市场要求市场化的环境，而我国当前仍存在价格管制；二是交易主体的问题；三是所需的金融改革问题。期货市场需要有大量的交易商进行交易，目前国内石油市场高度集中，交易需要培育。

2. *中国石油期货在不断探索*

(1)我国于 1993－1994 年曾进行石油期货的短暂探索。

1993 年初，中国各地纷纷推出石油期货交易，原南京石油交易所、原上海石油交易所、原华南商品期货交易所、原北京石油交易所、原北京商品交易所等相继推出石油期货合约。其中，原上海石油交易所推出的石油期货交易规模最大、影响最大，交易量达 5000 万吨，占全国石油期货市场份额的 70%左右。到 1994 年初，原上海石油交易所的日平均交易量已超过世界第三大石油期货交易所——新加坡国际金融交易所，在国内外产生了重大影响。

表 5－32　1993－1994 年原上海石油交易所推出的标准期货合约

期货合约品种	交易量(万吨)	占交易量的比例(%)
大庆原油	900	18
90# 汽油	2000	40
0# 柴油	1500	30
250# 燃料油	600	12
合计	5000	100

来源：报告综合整理。

由于国内石油市场发展迅速，制度建设滞后于市场发展，全国出现了石油交易市场发展混乱的局面。1994 年，国家对石油流通体制进行了调整，国内生产的原油和进口原油资源全部纳入国家计划，实行政府统一定价。我国处于起步发展阶段的石油期货探索被叫停。

(2)证监会同意推出的燃料油期货具有"试验田"意义。

在国际石油期货市场上，交易品种主要有原油、成品油和燃料油等三种类型。基于当时中国石油市场和期货市场发展状况，2004 年，证监会同意上海期货交易所上市燃料油期货品种。

2004 年中国推出燃料油期货品种的背景

郑州商品交易所、大连商品交易所、上海期货交易所已经得到发展，出台了《期货交易管理条例》及配套实施办法，期货交易所运行逐渐规范。

2004 年的《国务院关于推进资本市场改革开放和稳定发展的若干意见》要求"稳步发展期货市场。在严格控制风险的前提下，逐步推出为大宗商品生产者和消费者提供发现价格和套期保值功能的商品期货品种。”

2004年初，中国依据WTO的承诺取消了燃料油进口配额限制，其他成品油和原油还有进口配额限制，而且燃料油在中国石油产业链中仅占较小的比重，影响和风险可控，推出燃料油期货的可行性相对较高。

2004年中国已成为世界上消费燃料油最多的国家，2004年消费量占全球燃料油消费9%左右，占亚太地区27%。2004年消费的4900多万吨燃料油中，进口份额超过了60%。

以燃料油为突破口进行石油期货交易的探索，具有中国石油期货市场发展“试验田”的重要意义。

上海期货交易所上市的燃料油期货交易发展迅速。自2004年8月25日上市到2009年8月25日共计1218个交易日中，交易规模逐步扩大，燃料油期货累计交易金额6.8万亿元，累计交割133.04万吨。目前上海期货交易所平均每天有150－170家会员参与交易，市场运行比较平稳。

2010年全国期货交易情况见表5－33。2010年四季度监管部门出于限制过度投机，打击炒作之风的考虑，出台了取消手续费优惠制度、限制开仓手数制度、提高保证金比例和大合约制度，2011年全国期货交易规模有所下降，成交量、成交额同比分别下降32.72%和11.03%。

表5－33　2010年上海期货交易所及燃料油合约交易规模

品种名称	成交总量		成交总额	
	总量(手)	占全国份额(%)	总额(亿元)	占全国份额(%)
燃料油合约	21364408	0.68	9886.37	0.32
上海期货交易所	1243796430	39.69	1234794.78	39.95
全国期货市场	3133529344	100	3091164.665	100

来源：中国期货业协会

(3)一些商品交易所在探索推出石油交易相关品种。

商务部主管的上海石油交易所和天津滨海新区政府主管的天津渤海商品交易所提供连续现货交易、即期现货交易、中远期现货交易服务，目前推出的品种有燃料油、原油、焦炭、动力煤等标准合约。

上海石油交易所提供交易服务如下：

连续现货交易：交易商通过交易所电子交易系统进行交易商品的买入或卖出的价格申报，经电子交易系统撮合成交后自动生成的电子交易合同。交易商可根据电子合同的约定自动选择交割日期的交易方式。可进行当日交割，也可日后交割。

即期现货交易：主要交易1－20天左右进行交收的各种大宗石油石化商品。采用定金作为合同履约担保，交易商按交易所的规定灵活设定交易商品的各种属性，一经成交即签定现货贸易合同，交易结束后，交易商可选择由交易所提供结算和交收服务。

中远期现货交易：主要交易1－6个月进行交收的各种大宗石油石化商品。交易商采用缴纳履约担保金的形式安排中远期货物的销售和采购，并由交易所提供结算和交收服务，交易商成交的合同可以再转让，规避价格波动的风险和获取投资收益。

渤海商品交易所在国务院赋予天津滨海新区“先行先试”政策下，发展和完善市场交易方式、保证金结算方式、实货交割方式、客户服务方式等交易所业务。目前推出的品种有原油、焦炭、动力煤、热轧卷板、螺纹钢西部等标准合约。

综上所述，我们已经进行了发展石油期货的初步探索，但从发展石油期货的情况看，我国发展石油期货仍面临困难的环境。为促进我国发展石油期货成功，必须进行发展石油期货的战略选择。

(三)中国发展石油期货的战略选择

对我国这样一个石油生产和消费大国来说，如何掌控石油定价权和话语权，至关重要。发展石油期货，是我国改革开放的重大问题。长期以来，国内对此问题有所探索，但由于我国国内石油市场垄断的存在，使得石油期货的改革开放当前在国内做仍有困难，我国要创新性的发展石油期货，抓紧时机，先行先试。我们研究的是，我国怎么发展石油期货，要选择什么战略。

1. 制定我国石油期货发展战略的原则

制定我国石油期货发展战略、建立上海石油期货交易中心(所)要依据以下原则：

建立“境内关外”交易国际原油期货的试点，进行改革开放的先行先试

上海国际石油期货交易中心（所）是涉及国际石油的“境内关外”交易，不受国内条件的影响，需要国内相关政策的突破，因此要进行改革开放的先行先试。

上海国际石油期货交易中心对现行石油交易体制没有影响

上海国际石油期货交易中心（所）适用国际通行的原则，不受国内石油交易体制的影响，也不影响国内石油交易体制。若交易的原油进入中国市场，按国内规则办，买方必须拥有进口权和额度，按现行规则交税。

上海国际石油期货交易中心不涉及国内的石油资源

上海国际石油期货交易中心（所）交易的是国际原油，不动用国内的石油资源，这样有利于国内市场和国际市场的分开。

上海国际石油期货交易中心采取公司制，股权多元化，总体较为平衡

上海国际石油期货交易中心（所）采用国际通行的公司制治理模式，股权要多元化，既有期货交易机构，也有金融机构，既有国有企业，也有民营企业，既有国内企业，也有国际企业。交易主体既有国内投资者，也有国际投资者。这样能够形成上海国际石油期货交易中心（所）的独特优势和吸引力。

上海国际石油期货交易中心从发展原油期货开始，逐步走向综合石油期货

为了使上海国际石油期货交易中心（所）的交易迅速开展，要从交易量大的基础品种原油期货开始，随着上海国际石油期货交易中心（所）的发展，逐步发展综合石油期货。

2. 国家要确定我国石油期货“先国际、后国内”发展战略

我国要创新发展石油期货，先国际，后国内，并最终实现国内外联通。中国国内的石油市场仍然是一个垄断的市场，这具体表现在：一是期货市场要求市场化的环境，而我国当前仍存在价格管制和进出口管制，石油期货交割困难；二是期货市场要求大量的交易主体，而我国交易主体单一；三是人民币尚不能自由兑换，发展国内外联通的石油期货交易存在困难。境内关外的保税交易或自由贸易园区是市场化的，不存在垄断和进口管制，交易主体数量有条件增加，可用美元等货币，完全具备发展国际石油期货的条件。

中国发展石油期货有先国际发展石油期货和先国内发展石油期货两种选择。先国内就是采取和国内其他期货市场类似的模式，先发展国内的石油期货市场。在国内条件存在困难的情况下，我们主张“先国际、后国内”发展石油期货。先国际要两头在外，即指交易的一头是国际原油；另一头是国际原油期货在关外（境内）交易，关外交割等。保税交易或自由贸易园区交易，其原油价格有不含关税、增值税等特点，有利于形成国际社会普遍认可的原油基准价格。总之，先国际、后国内，以国际石油期货市场的发展带动国内石油期货市场的发展，最终实现国内外联通，是中国石油期货发展战略。

先国际是由于发展国际原油期货的条件可能比国内要好。后国内是指创造条件推行国内石油期货。国际、国内时间安排要根据实际情况决定，可以相继发展。所以提出先国际是指国际不用等国内，可先行发展。

从开始交易石油期货到取得国际地位（原油价格基准），可能需要较长时间（国际上一般在10年左右）。先国际可能有利于促进我国石油期货加速发展。本次研究的重点是国际石油期货的发展，国内石油期货的发展需要另行开展研究。在我国石油期货发展实践上，我国相关决策部门可制定从国际到国内的一个时间表。

上海国际石油期货交易中心（所）的特点是，既有国内的股东，也有国外的股东，交易主体既有国内的投资者，也有国外的投资者，这形成了上海国际石油期货交易中心（所）独特的竞争优势。

总之，在国内石油期货发展存在困难的情况下，先开展“两头在外”的国际石油期货是一个适宜的选择。我国发展石油期货，要先国际，后国内，最终实现国内外联通，这是一个创新的战略思路。

构建上海国际石油期货交易中心（所），涉及离岸交易、离岸金融、离岸交割和国内外投资者和交易主体加入等诸多问题，无先例可循，要依据前述原则，在改革开放上先行先试。上海是我国国际化程度最高的城市，是我国的期货交易中心，金融业发达。在上海构建上海国际石油期货交易中心（所），使得上海拥有石油期货这一重要内容，有利于上海国际金融中心的形成，是适宜的选择。

3. 上海国际石油期货交易中心（所）的发展目标是谋求国际石油市场定价权

上海国际石油期货交易中心（所）的发展目标

是建立国际石油期货交易平台，利于我国谋求国际石油市场定价权，这是核心目标。这一点必须在战略中予以确认。

我国作为世界上主要的石油进口国，要通过发展石油期货市场，促进我国成为世界石油价格主要的形成中心之一，并以此掌握更多的石油资源。当前，美国正在调整能源消费结构，减少了进口原油的比重，国际石油定价体系正面临调整，这有利于我国通过发展石油期货争取国际石油定价权，也有利于谋取亚洲石油交易中心地位。把谋求国际石油市场定价权作为核心目标，符合这一要求。

在这个目标的前提下，考虑上海国际石油期货交易中心（所）的股东结构和交易主体选择以及相应的治理结构等问题。

4. 上海国际石油期货交易中心（所）先从发展原油期货开始，构建期货交易平台，逐步向石油综合期货发展

石油是指自然界中存在的以气态、液态和固态的烃类化合物为主的复杂混合物。石油包括原油、天然气、炼制油品等多种类型。世界各国石油期货交易都是包括多种石油类型在内多品种交易。

原油是石油最重要的和基本的类型，国际上最重要的石油期货也是原油期货。为了便于上海国际石油期货交易中心（所）的开展，选择从原油这一最重要的石油品种开始是适宜的选择，这也有利于我国掌控国际原油定价权的目标。原油也有多品种，我国选择的应该是国际基准原油、我国大量进口的原油、我国生产的原油等有代表性的品种。

上海国际石油期货交易中心（所）要先从发展原油期货开始，构建期货交易平台，逐步丰富石油期货合约品种，向石油综合期货发展。

5. 上海国际石油期货交易中心（所）是“境内关外”性质的交易机构

上海国际石油期货交易中心（所）涉及国际石油期货的交易、交割、结算等，需要离岸进行，即要在“境内关外”进行。也就是说，上海国际石油期货交易中心（所）要离岸交易，相应发展离岸金融、离岸交割等“境内关外”政策支持。在此政策框架下设计国际石油期货交易准则，如计价货币、基准油（油品标的）、交易单位、交割方式与交割地点、交易时间等以及相关制度规定。

为了确保成功和有国际竞争力，上海国际石油期货交易中心（所）要在管理体制上有创新突破，构建市场化取向的、融资能力强的公司制石油期货交易所。

上海国际石油期货交易中心（所）要从保税贸易开始。随着石油期货交易的发展，涉及国内外投资和交易主体参与等问题，保税贸易要进一步改革。上海自由贸易园区的建成更有利于石油期货交易的发展。

四、向国务院的建议

建议要贯彻我国发展石油期货先国际后国内，并最终实现国内外联通的战略。

建议要针对“关于2012年深化经济体制改革重点工作意见”中，决定“稳妥推进原油等大宗商品期货”的要求，为实现这个重要决定，建议要批准上海国际石油期货交易中心（所）的建立和实施方案。

建议要基于国内条件困难、国外市场和国内市场可分别发展。

建议要立足于我国急需参与国际石油价格发现和话语权，以掌握进口原油价格的主动权。为此要抓紧时机，迅速发展国际石油期货。因此，我国要创新发展石油期货，先国际后国内，并最终实现国内外联通。为此，本研究对如何发展上海国际石油期货交易中心（所）提出了创新性建议：

（一）批准构建上海国际石油期货交易中心（所）作为试点，实行发展石油期货先国际后国内、两头在外的发展战略

我国发展石油期货有先国际发展石油期货和先国内发展石油期货两种选择，考虑到我国的实际情况，批准构建上海国际石油期货交易中心（所）作为试点，实行发展石油期货先国际后国内、两头在外的发展战略。

上海是对外开放程度很高的城市，并拥有上海期货交易所等期货交易平台，具有相当规模和一定国际影响力，在此基础上有条件设立上海国际石油期货交易中心（所）。

上海国际石油期货交易中心（所）交易的是国际石油期货，从原油开始。

（二）责成上海市政府负责构建上海国际石油期货交易中心（所）

国际石油期货交易涉及“境内关外”，由上海市政府负责推动，在上海设立国际石油期货交易中心，符合石油期货交易所设立在国际金融中心的要求，也符合上海国际金融中心拥有石油期货交易的要求。

责成上海市政府负责构建上海国际石油期货交易中心(所),国务院有关部门要配合上海构建国际石油期货交易中心(所)。

上海国际石油期货交易中心(所)在上海的具体地点由上海市选择。

(三)批准构建上海石油期货交易中心(所)进行先行先试

允许上海国际石油期货交易中心(所)进行离岸交易、离岸金融等试点。

允许上海国际石油期货交易中心(所)进行国际石油"境内关外"保税交易的试点。

允许上海国际石油期货交易中心(所)建立相应监管的试点。

允许期货交割原油入关试点。首先允许有外贸权(包括国营贸易进口权和非国营贸易进口权)的企业交割后原油入关,随着改革开放的推进逐步放开。入关原油要按国内规定纳税。为国内外石油商业储备商发展石油储备提供政策支持等。

考虑到发展石油期货先行先试要求的综合性,上海自由贸易园区更有利于石油期货交易的发展,建议迅速推进上海自由贸易园区的建设。

(四)批准上海国际石油期货交易中心(所)为公司制股份化机构

1. 上海国际石油期货交易中心(所)是公司制

全球交易所和期货交易所从会员制走向公司制,国外主要石油期货交易所都采用公司制,而且往往是某个交易所集团的成员。国内在2002年以前设立的商品期货交易所一般采用会员制,2006年设立的中国金融期货交易所则采用公司制。相对于会员制,公司制期货交易所具有融资便利和运行效率高的特点。上海国际石油期货交易中心(所)的目标是成为全球领先的石油期货交易所,为了提高交易所的融资能力、运行效率和国际竞争力,建议采用公司制股份化交易所。

会员制与公司制交易所有着完全不同的机制和治理,建议上海选择合适的地点新建上海国际石油期货交易中心(所)。公司制的股份化期货交易所,有利于吸纳相关投资者进入,特别是国外投资者的进入。在未来,如果有需要,可通过兼并重组等方式进一步发展为交易所集团,或者上市。交易机构的体制创新将推动中国石油期货交易所提高国际竞争力。

2. 上海国际石油期货交易中心(所)的股东构成

借鉴纽约商品交易所、洲际交易所和迪拜商品交易所等的经验,根据上海期货发展的基础,考虑建设全球领先的期货交易所的要求,建议吸纳如下主体作为新建上海国际石油期货交易中心(所)的股东:

上海期货交易所主导。建议有中国期货交易经验的上海期货交易所主导,在上海建立新的公司制交易机构——上海国际石油期货交易中心(所),并进一步熟悉世界上股份制(企业)石油期货交易所的运营和盈利模式。

我国金融机构介入。吸收有资本市场运作背景和期货交易经验的几个金融机构参加。

吸引国内不同类型的企业包括民营企业参股,特别要包括石油商业储备企业参加,如联彩石油储运有限公司等。

中石油、中石化、中海油三大石油公司和中化集团参加。

国际石油期货交易机构和生产商进入。指美国纽约商品交易所和英国伦敦洲际交易所。

选择国外金融机构参加。

以上六种类型股东由国家有关部门选择,邀请并以自愿原则参加。

发起股权比例,上海期货交易所约占20%,国内金融机构约占15%。民营机构和其他类型企业占20%,各参与企业股权平均分散。国内共约占股55%,处于控股地位。国外金融机构和其他企业共占45%。这样的股权结构有利于吸引国内外的交易主体参与。

(五)确立上海国际石油期货交易中心(所)交易主体多元化

上海国际石油期货交易中心(所)借鉴国际经验,市场交易主体的类型要多元化。需要为下列交易主体提供便利的参与条件:

国内不同类型的企业实体,金融机构、基金和民营企业参加。

中石油、中石化、中海油、中化等相关企业和投资者。

一定得有国外企业、生产商、金融机构等交易主体参加。

这样交易主体类型多样化,具备稳定运行的客户基础,有利于推动上海国际石油期货交易中心(所)发展成为国际性的交易机构。

(六)批准上海国际石油期货交易中心(所)设立的原则性框架

批准上海国际石油期货交易中心(所)设立的原则性框架。

1. 计价货币

世界主要石油期货交易所合约的计价货币多样,美元仍是石油期货合约的主要计价货币。本次采取在"境内关外"开展石油期货交易结算,为了便利国内外的交易主体,在人民币尚不能自由兑换的情况下,建议采用"美元计价、交易者自愿选择美元或人民币结算"。在后期发展中,逐渐向"人民币计价"过渡。

2. 基准油(油品标的)

当前国际石油期货交易很多使用WTI(美国西德克萨斯轻质原油)和BRENT(布伦特—英国北海布伦特原油),其中,交易集中度高的油品标的也是动态调整的。我国是用国内生产的油做标的,还是用国际的油或是我国要继续进口的原油做标的,这与我国进行原油期货交易的目的有关。我国要掌握本国进口原油的价格,因此可能用有代表性的进口原油品种为好。基于上述考虑,建议未来重点发展几个代表性的原油品种,包括WTI、BRENT、中东原油、俄罗斯原油、大庆原油。

中国石油期货基准油标准可以发展,也可考虑基准油与其他类型油的价差等问题,专业部门在这点上可深入研究提出方案。

3. 交易单位

交易单位是石油期货合约的重要参数。期货合约交易单位大,会降低市场总体成交量,对投机有所抑制,这将会对市场流动性产生影响,使套期保值资金难以找到对手盘,而且会使市场风险集中,不利于期货市场价格发现功能的发挥。从国外期货交易所的经验看,典型期货合约大多是以"桶"计量,世界主要石油期货合约的交易单位是1000桶。上海国际石油期货合约的品种建议也以1000桶为单位。

4. 交割方式

石油期货合约有实物交割和现金交割两种交割方式。总体来看,采取实物交割的合约更成熟、交易量更大一些,现金交割是实物交割之后发展起来的交割方式,原油生产国的石油期货交易所能够提供相应原油品种的实物交割,其他国家特别是进口国石油期货市场的原油品种有些提供现金交割方式。我国如果重点发展以我国进口量大的原油、国际主流油品和我国生产的油为标的石油期货合约,则建议既可实物交割,也可现金交割。考虑到不动用国内资源的原则,若选用大庆原油作为标的,初期大庆原油考虑采用现金交割。

5. 交割地点

境内关外,保税交割,比较好解决交割问题,保税油库现货交易价格不含关税、增值税等税费的特点,有利于形成国际社会普遍认可的原油基准价格。此外,通过原油期货交割,推动国际石油贸易商在中国建立交割仓库以储存石油,从而利用国际资金帮助我国储备石油。

6. 交易时间

为了便利投资者,普遍采用电子交易,而且主要石油期货交易所都普遍延长了交易时间,有的几乎实现了7×24小时不间断的交易,这为全球来自不同时区的投资者进行交易提供了便利。上海国际石油期货交易中心(所)争取做全球领先的石油期货交易所,在交易时间设置上,建议与国际领先的做法一致,即不间断交易。

总的来说,石油期货交易形成的背景是对石油定价权的争夺,目前美英已掌握了全球石油的定价权,东亚地区缺乏有影响力的石油期货市场。各国积极发展石油期货交易,以争夺石油定价权。

我国是石油消费大国,上海国际石油期货交易中心(所)应能与世界领先和著名的石油期货交易所平起平坐,按国际水准要求建立上海国际石油期货交易中心(所),并且要开放式吸纳外国公司的参加。这个石油期货交易机构具有国际竞争力,能迎接世界期货交易重组浪潮,目标是全球的领先者,谋求形成石油市场上的"中国价格",逐步确立"中国价格"的全球影响力。

在当前美国调整能源结构、减少进口原油比重的情况下,我国有机会争得国际石油价格上更大话语权的地位和作用。

结束语

国务院批转国家发展改革委《关于2012年深化经济体制改革重点工作意见》中指出,要"稳妥推进原油等大宗商品期货"。发展原油期货是我国改革开放中的重要内容。由于发展石油期货所需的石油现货市场条件、金融开放条件等与我国的现状存在差异,我国要用创新性思路发展石油期货。因此,我们建议先国际后国内的思路,先国际是发展上海国际石油期货交易中心(所)。

中国生产力学会从生产力发展的角度,长期关注石油期货相关研究，以推动石油期货交易发展。长期以来，中国生产力学会对发展石油期货的目的和意义进行了持续研究，在我国政府决定发展石油期货后，研究就转向如何发展石油期货、怎样才能成功发展石油期货问题。

上海国际石油期货交易中心（所）对国际原油进行离岸交易，并相应发展离岸金融。上海国际石油期货交易中心（所）是公司制股份化交易所，由中国金融机构各类企业特别是民营企业参加并吸引国际金融机构及相关企业参加。

由于中国要创新性地发展石油期货，会涉及到石油期货发展的战略问题和原则性框架的设定问题。在分析和利用国际经验的基础上，本研究对上海国际石油期货交易中心（所）的战略选择和原则性框架提出了建议，对中国为什么发展石油期货、要发展什么样的石油期货交易机构、参加石油期货交易所的股东都有哪些、谁是交易主体、用什么方式进行交易、在哪交易、基准油如何选择等重要问题提出了建议，这些问题都是发展上海国际石油期货交易中心（所）要面对的问题。

我们的目的是使研究能为发展上海国际石油期货交易中心（所）的决策提供科学参考依据，使中国上海能建设国际标准、全球领先、竞争力不断增强的上海国际石油期货交易中心（所），成为世界石油价格的形成中心之一。我们的希望是，上海国际石油期货交易能够从设想变为方案，并最终取得成功。

第六部分

关于广东顺德建立国家产业与社会转型升级示范区研究

关于广东顺德建立国家产业与社会转型升级示范区研究

概　要

目前，我国正处于经济社会转型发展的关键时期，而经济社会转型发展的核心是产业转型发展。如果这个阶段发展得不好，我国将有可能重蹈巴西、智利等国的覆辙，长期陷入所谓中等收入国家陷阱徘徊不前。我们将会失去难得的战略机遇期。我国不仅不可能从制造业大国转型成长为制造业强国，而且很有可能因为劳动力和土地成本的持续上升、生态和资源耗费的不可持续等等原因致使现有经济增长模式难以为继，进而丧失经济增长的基础，失去曾经拥有的国际竞争力。在这种情况下，我国将难免长期徘徊在二流国家的行列。

综合国际国内形势和走势来看，目前的战略机遇期不可能一直持续下去。机会稍纵即逝。在人类历史上，还没有哪个国家能够像中国这样保持如此长时间的经济增长，对于世界经济的格局产生如此巨大的影响。正是因为如此，从没有哪个国家曾经遭遇过中国目前所面临的如此复杂的国际和国内环境。经济全球化已经处于一个新的历史阶段，美国和欧洲目前正在为提升竞争力和再工业化进行艰难的调整。欧洲各国此起彼伏的罢工游行、占领华尔街在美国带来的社会乱局、欧债危机一波未平、一波又起等一系列现象预示着，西方社会福利水平和企业运行成本的下行是未来可预见时期内总的趋势，贸易保护主义将会愈益盛行，西方国家为了自身利益阻挠我国发展而使出的政治、经济手段还会层出不穷，为了转移国内压力，西方局部军事冒险的可能性会加大，我国经济增长一直依赖的国际环境将愈加险恶。与此同时，我国则面临劳动力成本上升、社会福利和资源使用代价攀高的全面上行时期。过去三十年来一直依赖的低成本优势正在丧失。倘若我国不能抓住目前的历史机遇在产业转型升级和国家竞争力等领域乘势而上，未来转型发展遭遇的困难会更多，难度会更大。

必须清醒认识到，我国目前正在全面实施的产业转型所面临的形势非常严峻。中国经济的巨大规模、国内各地区发展的不平衡性、城乡差别、对于国际贸易的依赖性、增加国内需求的紧迫性、提升普通百姓生活水平的社会压力和向世界级制造业水平靠拢的紧迫性等等一系列复杂事情往往纠缠在一起，相互矛盾，互相牵扯，在很大程度上模糊了产业转型发展的边界和路径选择。战略性新兴行业的发展已经在国家层面上被确定为国家战略，相应的国家政策已经制定，财政资源的配套规模很大。但是，对于三十多年来形成的规模巨大的传统产业如何转型升级，很大程度上还局限在概念层次上。对于转型升级的路径选择，对于市场机制和国家引导的作用，对于制度改革在转型升级中的作用和改革的内容等等，还缺乏清晰的目标和应对策略。

目前，在国家层面已经出台了一系列政策，设立各种类型区域和专业性国家示范区，比如义乌的国际贸易转型发展示范区、中关村的国家自主创新示范区、东莞珠海的国家加工贸易转型示范区等等。但是，唯独就没有一个涉及产业转型的国家示范区。这种情况，与我国产业转型升级在经济全局中的核心地位很不相称。根据三十多年来由点到面的试验区经验，根据目前产业转型的紧迫性，很有必要在产业转型方面设立国家产业转型示范区，以便积累经验、探索转型发展的路径选择，为传统产业的转型升级提供借鉴。

我们认为，温州最近爆发的金融危机，其真实原因是由于低成本和低端制造业难以维系、局部产业转型力度不大、社会资金大规模涌向投机领域而酿成的恶果，如果不加遏制，将会直接导致该地区的产业空心化。温州为我国产业转型敲响了一个危险的警钟。温州危机之所以早早显现，是因为温州小商品生产的产业链条相对简单、对市场因素的反映更加灵敏。但是，如果我国的产业转型不能尽快有所成效，对于其他制造业集聚区来说，温州的今天也许就是他们的明天。

正是在上述背景下，我们提出将顺德设立为国家产业转型示范区。我们认为，将顺德设立为国家产业转型示范区的根本原因来源于顺德产业转型发展的内在需求，同时，在目前的制度环境和复杂形势背景下，国家极有必要尽快树立产业转型的典型示范区，以便摸索积累经验，为产业转型提供正面借鉴。

我们的研究发现，我国传统产业转型升级发展所必需的“要素条件”与构成我国三十年来传统产业发展优势的那些“要素条件”存在很大的不同。由于三十多年来经济发展的路径依赖关系，我国产业转型发展所必需的这些“要素条件”仅靠市场作用自发形成是不现实的。从国外的经验看，即便是在发达国家，以及日本、韩国等后起国家，其产业转型发展的历史上也大量体现了国家在要素整合上的作用。相比之下，我国经济和产业转型所必须的要素资源分布更为复杂，更需要国家政策调整和制度改革。假如措施得当，市场自发作用和国家政策性导向二者应能实现理想的协同效应，顺德的产业转型升级将能迎来一个新的春天，而国家产业转型也将从中获得难得的经验和启示。

大量数据及相关比较均表明，顺德以一个县级区域，806平方公里的土地，在过去的三十多年发展中，由于率先进行改革开放、实行市场经济、融入现存国际竞争环境、承接全球化过程源于资本利得本性的产业转移浪潮，已经取得了骄人的成绩，在农耕经济的土壤上，迅速形成了罕见的、以本土民营经济为主体的家电、机械设备、家居及相关产业带。其工业产值超过了西部若干省份，其人均国民产值和工业产值超出了温州等发达地区，其每年用于技术创新的本地资金投入远远超出某些发达地区的地级行政区域。可以毫不夸张地说，顺德的产业发展过程以及自发形成的庞大产业链，属于我国改革开放以来区域发展的成功范例。

我们提供的数据和简要分析表明，顺德业已形成的产业规模，尤其是在家电领域，其产业集聚度、供应链的完整性、众多国内外知名品牌的集中度、其产业发展主体的内生性、源于市场机制的强大竞争力、本地企业家难得的产业精神和本地产业资本和技术的辐射力、对于国内其他地区发展的拉动力等等，堪称我国在家电及相关领域几十年来积累的优质资产。从某种意义上说，顺德下一步的发展目标就代表了相关领域国家发展目标，顺德在相关领域产业转型的成功就代表着该领域国家产业转型的成功。

我们掌握的数据表明，顺德在家电和相关产业领域的规模、品牌集聚度、产业集聚度和产业链的完整性，顺德企业的内生性和本土性，使得顺德具备了在未来转型发展成为全球家电和相关行业高端产业带的可能性。对于顺德这样业已形成庞大产业规模和产业链条的地区来讲，明确区域性的产业转型目标是十分必要和及时的。在政策性支持到位的情况下，这种区域性的产业转型目标将会带来更高层级的协同效应。否则，由于过去支撑长期增长的成本优势和资源优势的丧失，很有可能招致现有产业链的碎片化，严重的则是导致产业空心化。这种战略性的定位不仅仅是顺德地方政府的施政目标，为了促使这个远大目标的实现，有必要在国家层面为此提供必要的政策性协同。

我们的分析表明，从某种程度上讲，顺德产业发展所取得的骄人成就最大化的利用了我国改革开放以来推行的经济发展政策，最大化的体现了我国融入全球化过程以来本土企业所拥有的成本优势、劳动力优势、土地和资源优势。除此之外，我们还应该指出，顺德百年来发展历史所形成的产业精神也是其中重要的因素。对于我国来讲，这种植根于民间和市场的产业精神弥足珍贵。顺德企业家的不事张扬、兢兢业业，顺德民间资本向国内其他区域的扩张执着于实业领域，而不是涌向房地产等投机领域，这种产业精神应该得到呵护和发扬光大。从根本上讲，顺德完备的产业链条和产业精神是转型成长为全球家电及相关领域高端产业带的基础，与之相比，无论是“候鸟型”的产业聚集带还是投机盛行的产业带都面临着更加严重的转型困境。

我们的研究发现，作为形成于农耕经济土壤的顺德现代工业，就其已经达到的产业规模和产业水平而言，已经最大化的体现了后发国家的低成本优势和劳动力优势。但是，顺德作为举世难得的产业带，当其向着全球高端家电和相关产业带转型的时候，上述优势正在迅速消失。我们认为，这种早期产业化优势的丧失或迟或早也将发生在我国其他发达地区。与此同时，通过历史比较和横向比较，我们发现，几乎所有后发国家在产业转型升级的过程中，都必须满足某些基本元素，我们将其概括为“转型要素”。缺少这些要素，转型将很难成功。这些要素从根本上讲就是有利于技术变革并能付诸产业化的那些要素，它包括一定规模的创新人才聚集、在区域内集中了一定数量的大学和高水平的研究机构、区域内活跃的创新氛围、良好的知识产权保护制度、来源于市场和标准化制度的倒逼机制、企业的创新动力和对于新技术的渴望、新技术转为新产业的实业基础、对于技术创新和产业提升的国家政策支持、活跃的风险资本和名目繁多的资本杠杆，等等。我们通过大量的数据和实际案例表明，对于顺德的产业转型而言，由于顺德独特的地理人文环境和源于农耕经济的历史，转型所必需的某些必备要素，十分匮乏。而这些转型要素的匮乏恰恰是导致顺德这样的产业集聚地区转型乏力的重要原因。

顺德的制造业优势、产业规模和产业资本积累注定了顺德在现今国内市场环境下必定承担了自然而然的扩张性角色，顺德的制造业和产业资本已经扩张到国内很多地区，直接和间接的带动了当地经济和产业的发展。但是，我们的研究发现，我国现行的行政管理体制和城乡二元治理结构对于类似顺德这样产业相对发达地区的进一步发展造成了一系列的制度约束。我们的研究在经验层面和操作层面表明了这些制度束缚的客观存在。我们认为，为了尽可能的促进转型发展，需要在制度层面进行改革。改革的目的就是为了释放生产力，改革的对象就是那些业已不适应经济发展的生产关系和陈旧框框。

我们的研究发现，从所有转型国家的历史实践来看，一个国家的竞争力形成完全是一个可以经验验证的事情。从根本上来讲，满足竞争力形成的要素要么通过市场的自发过程获得，要么通过国家的政策性导向来实现。对于顺德而言，由于其现代产业成长于农耕地区的历史特性，其产业转型升级所必须的某些要素仅靠市场自发过程也许很难聚集。顺德面临的转型要素缺失很具有代表性。我国三十多年来的经济发展一定程度上沿袭了二元经济的路径，这些产业聚集地带一直以来的要素优势就是廉价的劳动力、低成本的土地利用等等，这些优势基本上属于本地原本就具备的自然禀赋。但是，当这些地区产业发展达到一定规模和水平，不得不进入产业转型升级的历史阶段时，它们所需要的那些转型要素资源并没有伴随三十年来的制造业发展形成聚集，相反，这些转型要素对于顺德这样产业高度发展的地区来说，还十分稀缺。很明显，这些产业转型所必需的要素资源在全国范围内的现实分布是很不合理的，这种不合理的局面仅靠市场作用有时几乎无法解决。现代顺德已经形成了巨大的产业集聚，然而，人们通常还是将其视为“最好的农村”。鉴于当代中国生产要素在城市和农村之间的流动依然是不公平的，单向的，在这种观念和制度背景下，即便“最好的农村”顺德已经在产业实力上远远超越某些中心城市时，其承载着国家竞争力的转型发展仍然难以获得转型升级赖以成功的要素资源。例如大学和研究机构的分布。再比如，不问客观基础、产业实力和发展需求的层级与水平，对于县级地区在管理体制上的一刀切框框条条，已经严重束缚了顺德的发展。在顺德，人们长期将其戏言为“小马拉大车”。所有这些均表明，十二五期间经济和产业转型的关键时期，亟待国家层面的制度性改革和政策性调整，我们认为，这种改革与调整已经成为支持这些率先工业化地区完成产业转型升级的必要环节，刻不容缓。

结论是，欲使顺德能够在新的国内外形势下转型发展，欲使顺德在未来若干年发展成为全球家电和相关行业的高端产业带，将顺德辟为国家产业转型示范区是必要的、紧迫的和可行的。在该示范区的框架内，应该足以容纳制度改革的方方面面，同时也能集中体现国家政策性导向的效能，并且通过市场化的过程促进转型升级要素的到位和转型升级的实现。它的直接效应表现在，一方面，它将解放示范区内企业的生产力并释放其创新动力，另一方面，则能尽快形成产业转型升级亟需的要素资源在示范区内的聚集效应。在这种情况下，顺德转型成长为全球家电和相关领域高端产业带的目标，是完全可以期待的。

最后，我们的政策性建议报告还将在客观的基础上，对于国家产业转型示范区的功能、组织模式、政策性安排的构架和原则，分部门的政策性诉求以及该示范区未来的宏观远景做出归纳和预测。某些文本将作为附件附在本报告之后。

一、顺德概况

顺德区隶属于广东省佛山市，面积806平方公里，户籍人口122万人，位于珠三角核心地带，北邻广州，西接江门，南连中山和珠海，离香港127公里，周边交通发达，可在1—2小时之内到达粤港澳经济圈的任何一座城市。区内地势平坦，河涌纵横，属亚热带季风气候，物产丰富，生态环境良好。

顺德自明朝景泰三年(1452年)建县以来，一直是广东省内首屈一指的富庶地区。顺德人最早摸索和发展了“桑基鱼塘”这种高效的循环型生态农业生产模式，并获得了农业经济的巨大发展，生产了大量的桑蚕和塘鱼。近代顺德通过利用本地丰富的桑蚕来发展缫丝业和丝织业，获得了工业和金融业的巨大成功。清末民初是顺德原丝和丝织品生产和出口的快速发展阶段，一战后进入鼎盛期，年产丝绸20多万匹，规模较大的机器缫丝厂超过200家，占全省总数80%，缫丝工人多达20多万，是当时上海工人数量的几倍。1922年顺德生产的生丝占珠江三角洲的97%，成为了名符其实的“南国丝都”。丝织业的发展还带动了本地的相关上游工业——机械制造业的发展，逐渐发展为缫丝机械的重要供应地。此外，顺德丝织业的发展同时也促进了本地金融业的繁荣。所谓“一船蚕丝去，一船白银归”，每年货币周转量在1亿银元以上。20世纪20年代，顺德县金融业空前繁荣，顺德县内拥有汇兑钱庄银号多达40多家，占珠江三角洲地区的钱庄总数的2/3，顺德成了广东的金融中枢，被誉为“广东银行”。

上世纪80年代以来，顺德通过大力推进改革开放，以敢为人先的改革精神和波澜壮阔的创新实践，使得顺德进入了快速发展轨道，实现了经济的腾飞，综合实力空前增强。改革开放以后顺德经济发展的速度远远超过了全国经济发展的平均速度，顺德的发展令人瞩目。

表6—1　顺德区1978年—2010年的经济数据指标对比分析表

类别	1978年	2010年	32年增长倍数	年均增长率(%)
区内生产总值(亿元)	4.75	1935.57	407.49	20.66
工业总产值(亿元)	8.10	5235.06	646.30	22.41
全社会固定资产投资(亿元)	0.16	392.70	2454.38	27.62
地方财政一般预算收入(亿元)	0.98	106.75	108.93	15.79
社会消费品零售总额(亿元)	2.34	539.70	230.64	18.53
城乡居民储蓄存款余额(亿元)	0.52	1500.57	2885.71	28.27
城镇居民人均可支配收入(元)	456.50	30618.00	67.07	14.05
城镇居民人均消费性支出(元)	444.87	24045.00	54.05	13.28

2001年开始，顺德在“中国百强县”的评比中连续4年位居榜首，2006年，顺德成为中国首个GDP突破千亿元的县级城市，2010年，工业总产值超过5000亿。2010年顺德GDP是全国县域经济体平均水平的12.58倍，是全国百强县平均水平的5.27倍，而顺德的面积仅是全国县域经济体平均水平的1/5强。顺德每平方公里GDP是全国县域经济体平均水平的58.56倍，是全国百强县平均水平的7.55倍。

表6—2　2010年顺德区与全国县域经济平均数据对比分析表

类别	顺德	全国县域经济的平均水平	顺德是全国平均倍数	百强县平均水平	顺德是百强县平均的倍数
GDP(亿元)	1935.6	153.9	12.58倍	367.26	5.27倍
规模以上工业总值(亿元)	4995.06	273.69	18.25倍	N/A	N/A
工业增加值(亿元)	847.6	58	14.61倍	N/A	N/A
面积(平方公里)	806.12	3712.3	0.22倍	1248	0.65倍
常住人口(万人)	246.17	51.78	4.75倍	82.95	2.97倍
人均GDP(元)	78583	29722	2.64倍	49080	1.6倍
每平方公里GDP(万元)	24010	410	58.56倍	3180	7.55倍

顺德虽然只是一个县级区域，但经济规模比内地一些省区还要大，比作为经济开放地区的海南省的GDP总量仅少了不到一百亿，更是超过沿海和内地很多地级市区域。

表6－2　2010年顺德区与几个内地省份GDP的对比表

	顺德	西藏	青海	宁夏	海南
GDP(亿元)	1935.6	507.46	1350.43	1643.41	2052.12

不仅如此，顺德经济发展的质量更是首屈一指。顺德经过改革开放30多年来的发展，通过在农村地区实施工业化，从而走上了工业化的道路。顺德是我国知名的制造业基地，家用电器、电子信息、机械装备、纺织服装、精细化工、医药保健、包装印刷、家具等八大支柱产业蓬勃发展，产业链不断完善，名牌企业和知名产品众多。目前在区内发展形成了家电、家居等相关产业庞大的产业集群，并形成了全国最为完整的产业链。顺德的家电、家具等产业在全国相关产业内的地位非常显著，行业竞争力和影响力巨大。

二、顺德家电家居等产业的集聚性

1. 规模大

2010年，顺德家用电器制造业规模以上企业总产值达2094.89亿元，占顺德全区工业总产值的40.02%，是顺德第一大支柱产业。顺德家电产业在全省、全国的行业内也占有非常重要的位置，占广东省家电业总产值的47.9%，全国的23.2%。实现出口76.6亿美元，约占全省家电产品出口的31%。顺德作为全国知名的家具产业区，2010年政府统计数据显示家具制造业规模以上企业总产值为99.72亿元。然而，顺德家具产业主要以众多中小企业组成，其产值未统计进去，据测算，顺德家具销售总额至少在500亿元以上。约占到全省家具总产值的1/3，全国的1/10左右。

表6－4　2010年顺德区家电产值与全国和全省的比较表

指标	顺德	全国	全省
2010年家电工业总产值	2094.89亿元	9641.98亿元	4374.11亿元
顺德占全国/全省家电行业产值的比重		23.2%	47.9%

表6－5　2008—2010年顺德家电出口与全省比较表　　单位：万美元

主要出口商品类别			2008年	2009年	2010年
顺德家电出口总额			578129	536228	766000
顺德家电出口总额占全省的比例(%)			29	30	31
其中	空气调节器	出口	158435	131847	239749
		占全省(%)	36	40	39
	微波炉	出口	114752	111002	138139
		占全省(%)	87	90	91
	电冰箱	出口	28455	29724	46720
		占全省(%)	29	28	29
	电扇	出口	22421	20583	30238
		占全省(%)	11	11	14
	咖啡机	出口	39344	32446	40450
		占全省(%)	40	35	30

2. 产业链配套完善

顺德的家电、家具产业规模巨大，在全国相关行业内占有举足轻重的地位。更为重要的是，顺德的家电、家具产业在市场机制的引导下自发的形成了庞大的产业集群，产业内部高度分工，上下游供应链完整，最终促使顺德区内形成产业与产业之间相互关联、相互依托、相互促进的复杂的产业体系。这种高度内生性的本土产业链集群放在全国来看也非常稀少、非常难得。

顺德家电产业经过30年来发展，从最初几家本地社队企业仿造生产电风扇开始，逐步发展形成了生产包括微波炉、电饭锅、消毒碗柜、空调、电冰箱、洗衣机、热水器、燃气炉具等产品种类齐全的庞大的白色家电产业集群。围绕家电产业的上下游供应链和配套服务非常完善，产业基础稳固。目前顺德是我国乃至世界上最大的家电整机及零部件生产供应基地，拥有一定规模以上的家电生产企业、配件类企业等集群内企业达到3000多家，其中整机企业1550家，从业人员达23万人。

顺德家电产业内部分工细密、分布合理。从电冰箱、空调、微波炉等家电整机生产、模具设计到电机、微电脑控制器、压缩机、磁控管等核心部件制造，再到五金配件、塑料件、橡胶件、包装泡沫的加工，每个镇都有为数众多的家电整机或配套企业，配件品种齐全。例如大良的压缩机、北滘的电机、勒流的塑料件、容桂的五金件、乐从的泡沫包装、陈村的印刷件、伦教的橡胶件和电控元件、杏坛的清洁化工品等数不胜数，各类配套产品应有尽有，已形成了国内最完整、最成熟的家电产业链，形成了以品牌家电企业为中心的、包括家电配件制造商、品牌家电制造商、家电流通渠道商以及行业服务体系在内的家电产业集群。顺德家电产业在本地的零部件配套率达到90%以上，整机企业采购半径不过50公里，具有非常强的产业集群优势。

同样，顺德的家具产业从家庭作坊、从简陋的工棚中发展形成了全国独一无二的产业集群。目前已形成了集家具材料贸易、家具涂料生产、家具机械生产、家具设计制造、家具贸易为一体的配套完善的家具产业链。据粗略估算，顺德全区拥有家具材料销售企业约3000多家，家具生产企业近3000家，家具销售企业4000余家。整个产业链从业人员达30万。顺德家具制造从原材料采购到生产销售，从生产工具到各种零配件，大到几十吨重的木工机械，小到几毫米的螺丝钉，生产一套家具的各个环节，各种材料部件，在顺德境内可以完成全部配套。这条以家具业为龙头的产业链包括木工机械、家具材料、加工制造、五金配件、油漆涂料、销售市场等几个重要环节，基本上涵盖了装备制造、商贸流通、家具制造、五金配件、涂料化工等5大顺德支柱产业，基本形成龙江的家具产品及原辅材料生产、伦教的木工机械、乐从的家具销售、容桂的涂料、勒流的小五金的地域性配套联动格局。配套半径均半小时车程之内。这样的产业链不仅在全国独一无二，在全世界也极其罕见。

3. 具有相当强的研发和品牌实力

顺德家电、家具等产业不仅集群规模庞大、产业链条完整，而且品牌优势非常明显。顺德目前拥有“顺德家电”、“顺德家具”、“伦教木工机械”、“顺德涂料”等集体商标，顺德还获得了“中国家电之都”、“中国燃气具之都”、“中国涂料之乡”的美誉，而顺德的北滘镇和容桂镇则分别获得了“中国家电制造业重镇”、“中国家电模具城”的称号，此外乐从镇和龙江镇分别获得了“中国家具商贸之都”和“中国家具制造重镇”、“中国家具材料之都”的称号。

此外，顺德在家电等产业领域内知名品牌的集聚度非常高。至2010年底，顺德家电产业拥有“美的”、“海信科龙”、“万家乐”、“格兰仕”、“容声”、“万和”、“康宝”等7个驰名商标，占同期全国家电行业驰名商标总数的近1/3；拥有“万家乐”、“格兰仕”、“容声”等25个广东省著名商标；拥有“美的”电冰箱、“亿龙”电热水壶燃气具灶、“格兰仕”微波炉等23个中国名牌产品。顺德已成为中国家电名牌最集聚和数量增加最快的地区。而顺德家具产业从众多中小企业中发展形成了“志豪”、“志达”、“前进”、“美化”、“金宝马”等较知名的家具品牌。

此外，顺德的家电、家具等相关产业的综合实力和行业影响力还体现在拥有较强的技术研发、设计能力和行业标准主导能力上。至2010年底，顺德拥有国家级高新技术企业增加到186家，共有省、市、区三级工程中心179家，国家级企业技术中心4家，省级企业技术中心41家，建成3个国家重点实验室，华南家电研究院、精密模具研究院等公共研发平台，服务能力不断提高。全区共有各类专业技术人员10万多人。2010年顺德全年申请专利量10379件，专利授权量9697件。专利申请量和授权量连续15年领跑全国县域。目前顺德生产家电产品的规模以上企业有17家，而这些家电企业基本建立起了自己的技术开发机构。其中美的集团是空调健康标准、微波炉蒸标准、小家电能效标准等国家标准/行业标准的发起者或主导起草者。格兰仕集团共参与14项国家标准或行业标准的制定。同时，顺德家具产业也相当重视研发设计，区内有近万名家具设计师。

4. 顺德的产业资本扩张

顺德家电、家具等相关产业以集群方式发展，产业实力越来越雄厚。但受制于顺德土地空间，相关产业逐步向外扩张，形成了产业资本的外溢，又带动了其他地区的产业经济发展。顺德周边某些地区近年来的经济发展与顺德产业资本的进入密切相关。目前顺德政府与英德政府展开产业转移合作，投资300亿元在英德兴建顺德产业园，主要用于顺德相关产业和企业的扩张生产。产业园规划总面积约36平方公里，总投资300亿元，合作期间以顺德为主导，全面负责开发、建设、招商、运营和管理，顺德、英德双方按协议共享产业园产生的税收和产值。除了以上政府主导的产业外迁，顺德的大企业也自发的向外扩张发展，在邻近多个地区和华中、华东等地区形成了新的顺德企业集聚。以顺德的家电巨头企业为例，美的、格兰仕、科龙等企业均在其他地区兴建多个生产基地，形成了巨大的产业外溢，带动了其他地区的发展。同时也提升了整个产业链的发展水平。

表6—6　顺德美的、格兰仕、科龙的向外扩张基本情况表

公司	美的	格兰仕	科龙
行业地位	中国最具规模的白色家电生产企业和出口企业之一。	国际领先水平白色家电制造企业，同时拥有全球规模最大的微波炉研发、制造中心，以及全球最大规模的家用空调制造基地	目前规模最大的制冷家电企业集团之一，在国内冰箱及空调市场均占有重要地位，特别是冰箱市场的占有率连续十年全国第一。
外地生产基地	在广州，中山，重庆，安徽合肥及芜湖，湖北武汉及荆州，江苏无锡、淮安及苏州，山西临汾，河北邯郸等地建有生产基地；并在越南、白俄罗斯建有生产基地。	中山	青岛、北京、成都、南京、湖州、扬州、芜湖、营口等省市，形成了年产800万套空调、900万台冰箱、80万台冷柜的强大产能。
拥有的品牌	旗下拥有美的、小天鹅、威灵、华凌等十余个品牌	格兰仕	海信、科龙、容声三个“中国驰名商标”拥有海信空调、海信冰箱、科龙空调、容声冰箱四个“中国名牌产品”
生产规模	重庆基地总投资6亿元，占地面积300亩，重庆美的三期工程扩能项目启动，共投入超过3亿元，增建2个厂房，厂房面积扩充到10万平方米。三期厂房在2011年5月30日完成投产，把美的冷水机组的产能提升到20亿元。无锡基地是美的旗下小天鹅的生产所在地，自去年小天鹅工业洗衣纳入美的中央空调后，成为美的中央空调的第三基地。2合肥生产基地的奠基投资20亿巨资的，合肥基地共1000亩地，产能可达200亿，成为暖通行业的航空母舰。	3000亩基地，投资20亿元，号称全球最大的空调生产基地，产销规模将达到1200万台。	由科龙和香港珠江冰箱有限公司、辽宁营口营冷集团责任有限公司共同投资2.4亿元兴建的50万台全无氟碳氢环保冰箱生产及出口基地——营口科龙冰箱有限公司正式投产，使科龙公司的冰箱年产量达到300万台以上规模，成为全球最大的冰箱生产企业之一。

5. 代表行业内的国家竞争力

顺德家电、家具等相关产业经济规模大、产业集群度高、产业链非常完善、产业技术研发水平也较高，形成了品牌集聚，成功塑造了区域集体品牌，在我国相关产业内的影响力非常大，很大程度上代表了这些行业的国家竞争力水平。就拿白色家电产业来说，我国目前最知名的白色家电产区有青岛、合肥、宁波（慈溪）等地，如下是他们在一些指标上的对比：

表6—7 2010年顺德与青岛、合肥、宁波(慈溪)的家电产业比较表

指标	顺德	青岛	合肥	慈溪
工业总产值	2095亿元	约2000亿元	1020亿元	650亿元
规模以上企业及配套企业	3000家	100多家	120家	
占全国家电行业产值的比重(%)	23.2	约22.2	11.3	6.7

从上表可见,顺德无论是家电总产值还是规模以上企业数量均超过青岛、合肥、宁波(慈溪)三地。从家电产业集群内部来看,顺德与青岛相比,虽然在家电总产值上相差无几,但是顺德家电业的配套率却是远远超过了青岛。青岛家电产品本地配套率为40%,其中核心配套件和主要电子元器件配套率仅为15%,而顺德在白色家电上的配套率达到90%。顺德在家电生产上具有更高的灵活性和信息及成本优势。与慈溪相比,顺德的家电总产值超其3倍;且慈溪是以生产小家电为主,中小企业数量很大,大的品牌企业相对较少。与合肥相比,虽然合肥最近两年在生产规模上增速很快,但是顺德的家电产业在总产值、品牌实力、产业链配套率、研发实力以及总部经济上均占据优势。尤其是在总部经济上,顺德拥有美的、格兰仕等家电航母;而合肥的本土企业只有美菱与荣事达这些二线品牌,其余的只是其他大的品牌建立的生产基地,这些品牌的"灵魂"与"大脑"并不在合肥。由此可以得出如下结论:顺德家电产业是最能代表我国在家电行业国家竞争力水平的产业集群。

三、顺德发展的主要原因

澄清顺德产业发展的成因是一件很有意义的事情,但这需要一部编年史,还需要完整的有关现代顺德产业起源和发展的理论。但是,限于篇幅,这里只能简单罗列一些基本的原因。至于顺德为什么最终形成了完全不同于东莞的以本土资本作为主体的内生性庞大产业链,则需要专门的研究。可以断言,这种明显区别注定了东莞和顺德在我国经济结构内的不同地位,决定了顺德产业转型与东莞产业转型在某些方面实质性的不同。

1. 廉价劳动力、低成本

和国内其他传统制造业产业带一样,顺德的产业集群也是在过去改革开放三十年的过程中,充分利用廉价土地、廉价劳动力、廉价资源,并以生态环境为代价,以低制造成本作为核心优势,逐步发展起来的。

顺德地处珠三角中部,毗邻港澳,地理位置优越,作为广东最早实行改革开放的地区之一,是改革开放的前沿阵地,自然而然的成了承接全球制造业梯度转移的首选地区,是最早出现三来一补企业的地区。改革开放初期,顺德还是一个农业经济主导的地区,这里农村富余劳动力、土地资源均很充裕,工资水平和土地价格相对很低,因此,发展劳动密集型、资源密集型制造业的比较优势非常大,吸引了大批港澳资本进入。同时,本地公有制经济通过调整产品转型、本地人也通过创办企业来承接制造业转移。其中家电产业是非常典型的例子。到80年代初就有近十家国有企业、集体企业(社队企业)性质的农机厂和农械厂通过转型生产电风扇(其中包括美的风扇厂),同时还有不少农民创办的企业生厂电风扇,到1991年顺德全县有21家规模电扇厂,产值近19个亿,销售占国内市场的25%,美国市场的30%,加拿大市场的60%。顺德成为了名副其实的中国电风扇制造中心。与电风扇类似,顺德先后向电饭锅、电冰箱、空调、消毒柜、热水器、微波炉等家电领域集群化进军,顺德家电产业规模越来越大,成了顺德的支柱产业,完整的承接了国外白色家电产业的转移。

2. 产业精神和顺商品质

如果不经过深入调查和比较,很难想象顺德聚集了如此庞大的国家优质产业,也更难想象顺德的产业经济系由农村成长而来,是由本地一大批洗脚上田的农民敢为人先、艰苦创业而发展起来的。从注册企业性质上来看,顺德的产业主要是由本地企业家开拓发展而来。顺德的家电、家居等产业具有很强的内生性和根植性。顺德产业的发展从外部因素来看主要归功于改革开放带来的巨大国内外市场需求,从内部因素来看则主要成就于顺德本地企业家敏锐的市场意识和执着于实业、执着于制造业的产业精神。顺德是我国最早的民族资本主义发源地之一,解放前资本主义工商业与对外贸易非常发达,顺德本地社会中传承和孕育着较强的商品经济意识和市场意识。从近代以来，顺德先后出现过缫丝产业集群、制糖产业集群和机器制造集群。这些机械制造集群孕育了顺德人独有的产业精神：敢为人先、敢闯敢干的开创奋进精神，脚踏实地、勤奋刻苦、扎根于产业的实业精神，专于一行，精于一行，追求卓越的专业精神，引进、模仿、改进、创新的变革精神，团结、和谐、真诚的诚信精神。这些构成了顺商独特的产业精神，它们构成了顺德经济腾飞的文化基因和社会基础。顺商的这种品质和产业精神是我国现代产业发展史上的一朵奇芭，在我国其他地区很难找到，值得珍惜和保护。

3. 毗邻港澳，反向吸收

顺德的侨乡优势，为顺德与世界经济快速接轨起了至关重要的桥梁作用。顺德作为广东省最大的侨乡之一，拥有40多万海外侨胞，分布在世界各地，主要集中在港澳和东南亚地区。除文革时期外，本地人与侨胞之间一直有着密切的往来联系。顺德能够充分发挥其侨乡的优势，本地人通过最先与港澳及其他地区侨胞亲友进行往来，及时了解外面世界的最新变化和发展趋势，并接收港澳资商品经济意识和经济发展信息，了解最先进的科技动态和工业产品。这为顺德改革开放后迅速发展商品经济、承担日本和亚洲四小龙的产业转移、参与世界经济活动打下了良好的社会基础。

4. 改革排头兵的传统

改革开放以来，顺德承担了多个国家和广东省交付的重大改革任务，具有改革排头兵的传统。具体来讲，顺德改革的历史可以分为三个主要阶段：

第一阶段是改革开放到1992年。顺德"工业立县"实现了在农业基础上建设工业经济的跨越，大力发展商品经济和乡镇企业，从封闭社会到开放社会的跨越。

这个阶段，政府探索“以集体经济为主、工业为主、骨干企业为主”的“三为主”经济发展模式和政策导向下，顺德乡镇集体经济获得了空前的发展，逐步发展成为顺德的重要经济支柱，担当起了顺德农村工业化的绝对主角。顺德县的农机厂、机械厂等社队骨干企业相继转产家用电器产品；中国最早的“三来一补”企业——容奇大进制衣厂建成投产，开启了顺德承接港澳台产业转移的大门；顺德政府大力扶持农民发展工业，通过政府担保等形式，让第一批洗脚上田的农民获得了创业资金。

第二阶段是1992年到1999年。顺德抓住成为广东省综合改革试验市的机遇，全面推进以行政体制改革为先导、企业产权制度改革为核心的综合体制改革，实现了经济体制从计划经济到市场经济的跨越。

1992年邓小平南巡，在视察顺德时勉励顺德：“思想要更解放一些，胆子要更大一些，步子要更快一些。”1993年，广东省委、省政府决定在顺德进行“以企业改革为中心的、配套的、综合的全面改革”试点，即所谓“产权改革”。顺德政府按照“抓住一批、放开一批、发展一批”的思路，分别采取股份与股份合作制、出让股权、拍卖、赎买、租赁与承包经营等多种形式对所属企业产权进行理清和界定，逐步使企业真正改造成为市场的主体。至1996年底，市镇两级的1001家国有、集体企业全部转制完毕。1997年，顺德又公布一项重要改革决定：所有政府机关都不再有自己的直属企业，实现政企分开和政资分离，政府从一般竞争性领域退出。顺德乡镇企业完成了脱胎换骨的革新。

第三阶段是从本世纪初至今，顺德以增强区域综合竞争力为核心，加强加快工业化、城市化、国际化进程。为了适应新时期的任务，广东省政府将顺德列为首先实行大部制改革的地区，尝试在省级权限范畴内尽可能改变束缚顺德发展的行政制度，释放生产力。

总之，顺德改革开放后的三十多年既是一部经济发展史，同时也是一部改革史，经济发展与体制改革紧密相关。顺德率先建立起社会主义市场经济体制的基本框架，建立了现代企业制度、进行了行政管理体制改革、建立了社会保障体系等全新的适应于市场经济的经济社会管理制度，形成了全国少有的家电、家居产业聚集，本地资本获得巨大的成长，经济社会始终保持良性和持续发展的态势。但同时我们也要看到，在现有的行政管理格局下，由于顺德整体产业的巨大惯性和发展潜力，顺德产业转型升级牵涉的巨大要素资源多半已无法就地提供。在这种情况下，顺德区政府对于产业转型所能带来的经济影响力正在趋小，转型升级所需的要素资源惟有通过国家层面的特定改革措施和政策性支持才能形成聚合效应。

四、转型压力增大，不进则退

随着我国进入中等收入国家行列，中国三十年来的发展模式已经到了需要本质性转变的关口。首先，中国富裕程度和经济水平的大幅提高本身意味着需要有更高的发展目标。其次,中国经济的高速发展导致自身的要素禀赋结构已经出现了显著的变化,以前的一些竞争优势已经不复存在。第三,目前中国的外部环境也已经出现了显著地变化。这几方面的因素都意味着过去三十年的传统发展模式已经难以为继,中国经济已经到了迫切需要转型,寻找更先进发展方式的时候。这些变化在顺德已非常明显地表现出来。

1. 制造业成本全面上升

2011年顺德制造业的用工成本比上年上升了20%—30%,目前顺德普通工人的月薪多在2000元—3000元,熟练工人可达4000元—5000元,但这样的工资水平和内地成都、内蒙古等已经很接近,因此出现了比较严重的用工荒,企业用工缺口超过五万人。

中小企业普遍感到融资困难。融资一般要通过信托或担保公司,大概3分到4分利息,已经接近高利贷了,而直接从银行获得的6厘利息贷款很难申请到。

能源方面,尤其用电也非常紧张,大部分中小企业每周都有三到四天的错峰用电,给生产造成了很大的干扰,更有甚者,由于经常性地停电,一些需要保持电流稳定的高新技术设备无法投入使用,对提高企业的技术水平造成严重妨碍。

根据一些中低端制造企业的数据估算,2011年总的来说企业经营成本比上年增加了30%至50%以上,具体构成是:人力成本上升20%—30%左右,原材料成本上升10%—30%,很多企业已经难以为继,在现有市场环境和生产模式下,顺德制造业的利润近年来逐年下降已经成为总的趋势。

2. 土地资源枯竭

顺德区土地面积806平方公里,土地开发强度达到48%,已经超过了香港的开发强度。目前顺德工业用地的开发成本已经达到60万元到70万元/亩,是内地一些工业园区的几倍、十几倍,即使这样还供不应求,因为很多企业认为顺德整个产业环境、政府服务、政策环境、产业链配套都很完善,宁可高价买地也不愿意离开顺德。总的来说,顺德的工业用地已经出现"一地难求"的现象,这给顺德企业的转型升级和引入产业发展带来了很大困难。例如,现在冰箱制造技术非常成熟,生产效率很高,但冰箱制造企业扩张所需的厂房面积非常大,不少冰箱制造企业都苦于顺德地区土地价格高和土地供应紧张的矛盾,无法获得用地指标扩大产能和完成产业升级。

3. 人民币汇率升值,市场需求萎缩

国际金融危机后,顺德制造业的出口也明显困难了很多,人民币汇率的升值也给企业的成本带来很大的压力。近几年国内家电配套产业基本都实现了国产化,作为供应链完整的地区,顺德尤其如此,元器件和原材料的进口比例极低,因此人民币升值带给家电企业的基本都是负面影响。国际金融危机后国内家电业的继续高速增长主要是靠"家电下乡"政策的支撑,随着这个政策的逐步落幕,顺德家电行业的销售增长预期也大为放缓。

4. 转型乏力

有必要指出,以上所举的顺德企业所面临的一系列困境也是全国传统制造业面临的普遍性的现象,它们既是危局,也是机会,很清楚地显示出我国过去那种低成本、低利润、高消耗的粗放型的制造业生产方式已经走到了尽头,无论是从以人为本的发展观要求出发,还是对应国内国外环境的变化,顺德的产业转型都已刻不容缓,必须寻找新的发展方向,实行以技术创新能力等中高端竞争力要素为核心的产业优化升级战略转型。

在理想状态下,如果从制造业低端向高端转型的要素资源具备,作为具有一定自我创新和自主能力的主体,顺德的产业集群应当能依靠市场力量自发地向高端发展,在已经积累起来的人力、技术、物质资本的基础上吸收新的生产要素,不断提高研发、营销、品牌的能力,从而实现成为全球高端制造业产业带的目标,至少在理论上这是可行的。

但是目前的实际状况却令人担忧。和国内大部分传统制造业产业带一样,顺德传统制造业集群的转型升级出现了明显的转型乏力。目前最明显的问题是龙头企业之间恶性竞争,仍然以削价作为主要的市场竞争手段,并将低成本向上游企业倒逼,造成配套的中小企业维持极低的利润率,根本没有足够的资源和财力去进行创新,整个产业链只能停留在低成本和低水平的恶性竞争循环里。

就国内市场而言,中国家电业多年来局限在低层次价格战的怪圈里不能自拔,这一直是包括国内龙头家电企业拼抢市场份额的最有力手段。而步步升级的恶性价格战,使得包括顺德在内的中国家电业成为微利行业。例如目前一台冰箱利润只有50—60元,一台微波炉利润只有20—50元,一台空调利润只有70元不到。经过了20年发展,顺德家电业行业利润由原来高额利润下降到不足10%的水平。

这种恶性竞争的后果之一是即使龙头企业也不能把足够的资源放到开发核心技术和建立国际一流品牌上面。目前情况看，中国的家电业虽然在我国空调、冰箱、洗衣机等白电产品每年出货量都位居世界前列，其中空调更是占据了全球80%的出货份额，但是大量核心技术仍然被发达国家的竞争对手垄断着。国内所需的90%的变频空调压缩机、80%的冰箱压缩机，以及60%的洗衣机变频电机都是来自国外品牌及其在中国的合资工厂。建立国际一流品牌的努力目前也没有收到明显的效果，例如美的的出口80%以上仍然是通过OEM实现的。

即便是美的和格兰仕这样的大型家电企业，其转型升级也在相当程度上依赖于整个供应链的创新发展。往往一个核心部件的革命性技术就会带动整个产品的更新换代，一个长期具有生命力的产业集群，例如硅谷，会不断有小企业因为革命性的创新而崛起并发展为大企业，因此中小企业在创新能力和工艺制造能力上的提高对于整个产业链的升级至关重要。顺德的家电产业链是典型的大企业为龙头，众多中小企业为之配套的模式，例如美的一家在顺德就有3000家左右的配套企业。这些企业大部分规模偏小、产品附加值低，同质化现象严重，规模企业和知名品牌少，因此在市场上没有话语权，议价权力完全掌握在下游大企业手里。恶性价格战意味着大企业为了保持足够的利润率，不断压低上游配套企业的进货价格。因此中小企业的资金链相当脆弱，只能维持日常的生产。企业转型需要购买更加先进的机械设备，并加大研发和品牌销售方面的投入，这不仅需要庞大的资金，更需要优秀的人才，而这恰恰是目前顺德的中小企业难以做到的，整个产业链的转型升级也就无从谈起。

因此，从整体来看，顺德的家电等产业带虽然具有转型升级的强烈动机和良好基础，但目前明显徘徊在以低成本为核心的劳动密集型制造业的低水平循环中。虽然顺德区政府为此也做了很多努力，但很明显这不是一个地方政府能解决的问题。顺德的中小企业主群体普遍失去了方向感，觉得做实业起早贪黑、满负荷运作却还要如履薄冰，很多或者进入房地产和股票等投机性市场，或者打高尔夫、喝红酒消磨时光，企业家才能在被白白地浪费。顺德制造业明显缺乏创新的源泉，龙头家电企业全部拥有超过10年的历史，近年来没有新秀企业成长为大型企业。此外，拥有独创技术的中小型企业占比过小，发展潜力不足。

总之，过去三十年我国处于从低收入向中等收入过渡的阶段，主要竞争优势来源于劳动力、土地和资源等要素的低廉价格，其竞争策略则是发展加工制造业、出口导向战略以及各种鼓励出口政策。相比之下，发达国家则依靠研发及品牌处于全球价值链的高端地位以获取超额利润。我国进入中等收入阶段后，人口结构变化及土地等要素成本的增加，使得降低要素价格和产品成本的竞争优势难以为继。在交易费用居高不下且利润率日趋降低的情况下，就必然出现收入停滞的局面。这也是为何世界银行曾提出，所有在低收入阶段有用的策略，在进入中等收入阶段时都不会起作用的内在原因。如果不迅速改变发展方式，那么必然难以适应新的竞争环境，发展速度大幅下降，从而陷入所谓中等收入国家陷阱。

因此，实现经济增长方式的转变是突破现有困境的唯一途径。中国原有的依托劳动力低成本优势占领市场，粗放的产业发展模式已经难以为继，必须寻找新的发展方向，实行以技术创新能力等中高端竞争力要素为核心的产业优化升级战略转型。从粗放型改为集约型，从劳动密集型为主转变为技术密集型为主，从低成本、低附加值转变为高附加值，从模仿、反向吸收技术变为自主创新为主，从单纯依靠投资和出口拉动，转变为依靠消费、投资、出口协调拉动。目前转变的压力已经越来越大，以顺德家电、家居等产业为代表的我国制造业的转型升级已经是刻不容缓了。

五、顺德的产业优势与转型目标

产业集群的程度和完整性是经济全球化时代国家竞争力的一个十分重要的指标，顺德的产业集群是我国三十年来形成的优质资产。但是，如果顺德的产业集群不能跨越以往的增长模式，那么，结果不仅是不能占据产业高地，而且，产业区域内部也必定由于过时生产方式难以为继而碎片化。不进则退是类似顺德这样的产业集聚区的历史宿命。它非常典型的表明了目前我国经济转型所处的尴尬局面。很明显，作为常青产业的家电、家居产业集聚区，将顺德的转型目标确定为全球家电家居高端产业带是不二的选择。没有这个总的目标，顺德发展就失去了方向。

1. 产业集群是最有效率的生产组织形式。

在现代经济条件下，产业集群，即某种产业内的各种配套和龙头企业及相关机构在一定区域内的有机联系与聚集，已经成为最有效的生产组织方式。从高附加值的好莱坞的电影业、巴黎的时装业到以低成本为核心竞争优势的我国温州的纽扣业、东莞的制鞋业，大批行业呈现出产业集聚的现象。不论是以数个大企业为龙头，多个小企业为之配套的轮轴式的组织方式，还是众多中小企业直接在市场上竞争的方式，大而全的单个企业已经越来越难以与产业集群竞争。虽然全球化分工导致产品的价值链的不同环节可以根据比较优势在全世界不同地点生产，但特定环节的生产也表现出非常强的集聚现象，如电子信息产业的研发和设计以美国硅谷为最领先的产业集群，而东莞则是这个产业最主要的制造基地之一。

因此，产业集群的竞争力是国家竞争力的集中体现，一个国家在某个产业内有没有竞争力，关键看它拥有的该产业的主要集群有没有竞争力。我国改革开放三十年的历史，也是以东南沿海为代表的各种制造业集群蜂拥而起，不断发展壮大的历史。例如整个浙江省有500多个上规模的产业集群，而广东400个镇中有100多个是专业镇。在广东省的佛山、中山、珠海等地，产业集群的产值相当于当地GDP的40%以上。这些以消费品制造和出口加工业为主的产业集群是我国过去三十年经济高速发展的关键因素，它们能否继续过去的辉煌也将在很大程度上决定今后二三十年我国的经济是持续高速发展而跨入发达国家行列，还是失去以往的动力停滞不前而陷入所谓“中等收入陷阱”。

产业集群作为生产组织形式的主要优势体现在：

(1)产业集群内部的分工协作，可以大大提高生产效率。大企业可以把资源集中用于自己研发和品牌等核心环节，而把大量的零部件制造等生产环节外包以增加灵活性和生产效率。每一家中小企业都掌控了一个独立的生产环节，由专业化的交易网络来连接以协调企业之间的分工合作。产业链的存在极大的降低了零配件采购成本，减少了零配件的库存，同时，它还有无可比拟的即时性便利，这一切都使得企业足以对于来自于消费者、市场和经销商的要求给与快速反应。与之相比，那些远离产业链条和产业带的同类企业将在竞争时处于相当不利的竞争局面。

(2)由于地理上的聚集和业务上的竞争与合作，产业集群内部各企业和组织机构之间在相似的社会文化背景下，既有竞争又有合作，会导致不断的技术创新，更有机会引领产品更新换代的潮流。由于地理上的便利和供应链的效率，不仅有利于彼此间商业信誉的建立，而且可以相当有效地降低交易成本和生产成本。在顺德，很多上下游企业的合作本来就是由亲朋好友的关系发展而来。这种紧密的社会网络使得很多本来不具有市场生存能力的中小企业和新企业，由于参与到了集群里面，不但生存了下来，而且还增强了集群的整体竞争力。

(3)产业集群内部的大量的企业家、研发人员和技术工人之间，含有很多无法用文字表达的隐性知识，例如技术知识、需求信息、供给信息和经营经验等。在产业集群内，众多企业间邻近的地理位置为企业间建立知识网络和信息交流提供了非常便利的条件。集群成为产业独特知识或技能的汇集地，随着时间的推移不断积累，并随着人员的交流和流动而传递，逐渐成为集群内的公共知识，让所有集群内的企业和人员都可以获益，这对提高整个集群的创新能力是非常有利的。例如研究表明，硅谷技术人员的高度流动性是硅谷技术扩散的主要渠道之一。

因此，一个产业集群是否具有竞争力和提升潜力，不仅仅看其规模和资源优势，很大程度上取决于它的内部分工和处于各个生产环节企业之间长期合作的成效。一个优秀的产业集群，应当是各种异质的企业、相关服务业、金融机构、科研机构、教育机构、公共平台和社会组织云集，有独特地域文化和开放的社会氛围，内部流动和交流频繁，并对外部的相关人才和资本有强大的吸引力的群体，这样才能保持强大的活力和生产效率，并顺应外部环境不断自我演化，持续创造出新产品、新品牌、新渠道和新的商业模式。

2. 顺德的产业集群具有强大的转型潜力

(1)顺德的家电产业集群是合作分工提高效率的典范。顺德的家电配件企业是20世纪80年代伴随着家电生产企业的出现而出现的，不过当时数量很少，很多家电企业配套都是自己揽来做。80年代末90年代初，随着家电企业成长，一些零部件逐渐采用外包形式生产，配套企业在数量和规模上都得到了快速发展。90年代中后期至今，一方面社会上形成了大型化、专业化生产的配件企业，另一方面大型家电企业本身面对终端产品激烈的市场竞争，加大了对核心部件的研发力度，以回避市场风险提高盈利能力，如美的的空调压缩机、电机等产品除满足自身需要外，还供应国内其他空调器厂商。顺德家电业的配套率高达90%，而且配件包含的层次非常丰富，从普通的螺丝钉到技术含量较高的模具制造、电子控制器、压缩机、电机等，都“摆”在了家门口。

(2)顺德是一个具有独特顺商文化并富于产业精神的地区。顺德在历史上就曾经是珠江三角洲的缫丝业中心。改革开放三十年以来，顺德已经形成了一群具有独特气质和品格的企业家群落。和热衷于投机炒楼和放高利贷的温商群体不同，顺商始终执着于十分辛苦的产业发展道路。即使从顺商走出去的情况来看，也基本上以实业尤其是制造业为主。这种选择决定了顺商必须时时关注来自于消费者千奇百怪的需求并对之作出反应，同时还必须对制造业各个紧密相连的环节和制造过程、对于维系着企业生命的成本管理和市场开发等等进行持久的管理。

相比之下，浙江温州是我国有名的皮革、纺织、服装、鞋帽和打火机等传统商品制造业的集聚区。但是随着近年来人民币汇率升值，劳动力和原材料价格大幅攀升，传统商品制造企业的利润空间越来越窄，温州制造业陷入低迷时，传统企业老板逐渐远离实业，转向投机，炒房地产、放高利贷等寻找暴利，温州经济空心化日趋严重。2011年随着欧美经济危机加剧，国内信贷紧缩，大批温州传统制造企业倒闭，老板出逃，高利贷无法归还陷于血本无归，温州产业经济陷入危机局面，因此，温州的产业集群被本地的投机商业文化打散，失去了产业转型升级的强大动力和基础。

(3)顺德的产业集群主要是由改革开放之初，大批农民“洗脚上田”，开办乡镇企业和私营企业逐步发展起来的，是典型的内源型或内生型经济，具有鲜明的本土特征，根植性非常强，和东莞为代表的主要靠外商投资设立出口加工企业的外源性经济有本质的不同。后者是典型的候鸟型经济。多数公司的总部包括品牌注册地基本上都在所在国或原驻地，他们来东莞主要是“逐水草而居”。一旦原有的廉价土地和廉价劳动力的优势不存在了，很快就会迁移至成本更低的地区或国家。东莞与顺德的唯一相同之处只是在于二者都拥有形式上较为完整的配套生产体系，除此之外，几乎在各方面都存在极大区别。显而易见，从民族产业的角度看，顺德的产业集群更能体现中国本土企业的实力，其发展根基也在中国。东莞至今也没有形成有规模的本地企业家群体，当地企业多以酒店、餐饮等生活性服务业为主。相比之下，顺德不但有一大批从事制造业的企业家群体，还形成了数量可观的熟练蓝领工人和技术人员，这是十分难得的产业资本。虽然最近两年顺德中小企业处境也比较困难，但倒闭的企业数量跟前几年相比并没有明显的增长，也没有出现“老板跑路”的现象。由于顺德的企业家都植根于本土，社会风气显得相当平实稳健，情色产业很难有盛行开来的空间。

(4)顺德家电等产业集群内部的复杂性、多样性以及在产业链上所占据的长度也是东莞等外源型经济所无法比拟的。东莞模式的出口加工业意味着跨国公司可以把研发和品牌、营销价值链上利润率最高的两端放在发达国家，而只在中国进行低成本、低附加值的加工组装。最近的一项研究也说明，在中国不同的出口产业中，通常被视为复杂的或高科技的部门(比如计算机、电子仪器和电信设备)中，国内附加值所占得份额特别低，反倒是相对传统的行业，国内附加值所占的份额反而比较高。因此，东莞模式的外源型出口加工制造业很难在当地形成足够的研发、品牌实力，也就很难具有转型升级、占据产业链高端地带的基础。相比之下，顺德的家电等产业集群一向有自主研发和建立品牌的传统，顺德的专利量已经连续十五年居于全国县级区域之首。到2010年底，顺德已经拥有178个工程技术中心，居广东省首位，并拥有三个国家重点实验室和四个国家级检测中心。目前顺德共有驰名商标17件，广东省著名商标100件，中国名牌22个，广东省名牌112个，居全国县级建制行政区划前列。所以，顺德的内源型产业集群从目前已有的基础继续向“微笑曲线”的两边延伸以占领产业链的高附加值环节，比东莞模式的外源型经济要条件优越得多。

因此，无论从当地人文传统和企业家精神、从社会网络的根治性和紧密性、从已经具有的研发和营销品牌基础来看，顺德都具有向世界高端制造带升级的良好条件。

3. 顺德的产业集群必须整体转型升级、否则，今天的温州就是明天的顺德

从宏观形势和国际竞争背景看，顺德上述产业的转型正处于不进则退的历史关头。在这里，虽然不排除某些企业单兵突进的可能，但是，为了保持顺德历史形成的巨大产业优势，有必要不失时机地抓住机遇，制定和实施整个产业链全面转型的战略

计划。鉴于顺德家电和相关产业链在我国的重要地位,能否实现这种产业链整体转型,很大程度上关系到我国在该领域21世纪未来若干年的产业地位。

顺德产业的未来发展方向必须是通过战略性转型升级走向产业的价值链高端。这是顺德发展的最佳选择,同时也是最有可能实现的战略目标。顺德产业最大的特点是完全的市场导向而自发形成了庞大的产业集群和完整的产业链,形成非常完备的产业基础,终端产品制造与零部件配套厂商合理分工,产业内众多知名品牌的集聚。这些产业链非常完备,其复杂度、深度、广度和本土性是温州和东莞不能比拟的。顺德家电及相关产业的雄厚基础表明顺德产业转型具有吸纳新技术的巨大潜力和动力。家电家居及相关产业具备承载各种战略性新兴产业发展的能力和容量,因此,顺德家电产业具有很广阔的发展空间,具备向全球高端产业带转型的动力与产业基础。

如果顺德的传统产业不选择通过转型升级走向产业价值链的高端,如果还继续沉溺于现状中,那么随着成本的不断上升,产业利润不断下降和向高端产业发展的最佳时机的丧失,传统产业集群将破碎、分散,企业要么选择转移到制造成本更低的地区,要么选择退出本产业,造成产业链断裂,资本流失。温州发生的事情,顺德也有可能发生,整个中国的传统产业也会面临如此局面。

顺德产业带的空心化、碎片化会使经历长时间发展形成的国家优质产业资产变为不良资产,造成社会资本的极大浪费和区域创新能力的丧失,这将直接导致相关领域国家竞争力的萎缩。而区域创新体系如果没有本地化的产业体系为依托,就失去了根本的发展动力和基础。事实上,传统产业的升级给战略新兴产业的发展提供了一个更加广阔的发展空间。在低碳技术、新能源技术、新材料技术和互联智能技术空前发展的今天,家电家居及相关产业领域正在酝酿新一轮的技术变革和新技术运用的崭新阶段,顺德初步具备了承接这种革命性变化的物质和动力条件,具备了吸收消化相关技术的企业基础。

总之,顺德业已形成的庞大产业链构成了顺德在家电家居及相关产业难以比拟的产业优势,也正是这一点构成了顺德在我国致力于成为相关产业全球高端产业带过程中无可替代的领军地位。为了保持国家在这些领域的竞争力,必须让顺德的家电产业带实现整体提升和整体转型。

六、顺德转型乏力的深层次原因

1.顺德升级乏力是因为缺乏转型要素

经济转型目前已经被提到我国重要的战略层面。近期,中央高层多次强调转变经济发展方式的紧迫性和重要性。但是,转型升级到目前为止,仍是举步维艰。从中央政府到地方政府,从企业界到学术界,转型升级主要还停留在概念和笼统的提法上。在具体的层面,对于顺德这样的产业集群如何实现转型升级,还没有一套完整可行的对策。倘若这一块始终缺失,传统产业的转型升级就会落空,我国就会丧失千载难逢的战略机遇期。但是,在制定顺德等地传统产业带的转型升级方案之前,必须澄清,为何这些地带会出现转型乏力的普遍现象?

我们认为,问题的本质在于:在很多需要产业转型升级的地区,转型已经涉及到社会、文化、教育、技术、人才、金融等等更深层次的制度配合与资源整合,由于三十多年来沿袭二元经济的制度惯性,众多由农耕经济成长起来的产业地带并没有在产业集聚和产业发展的同时完成城市化,更没有形成科学技术等生产力要素资源的合理聚集。在这种情况下,单靠地方行政能力和资源已难以为继,迫切需要国家层面的资源整合与政策引导,只有及早认识到这个关键性问题,才能帮助这些传统产业带从低水平竞争的困局中脱颖而出。

我们认为,从根本上说,国家必须把目前正在全面推进的我国经济和产业转型置于彻底消除城乡差别的历史使命和背景下予以考虑。作为先行先试,应该让那些已经工业化的区域在制度设计上彻底打破二元经济时代遗留的所有束缚。这种制度安排甚至于从根本上牵涉到我国能不能最终破除二元格局的千年符咒。

以顺德为代表的珠江三角洲地区为例,普遍认为,改革开放三十年以来,在国家实行体制改革,发展市场经济以及对外开放的背景下,广东的民营经济迸发了极大活力,在市场竞争中优胜劣汰,自发形成了一大批优秀的民营企业和许多制造业集聚区。但是,如果仔细研究一下,我们就会发现,这种“自发形成”其实是建立在一定的环境和要素基础上的,它们包括大批廉价而有良好素质的劳动力、

表 6—8　2010 年顺德与东莞、温州、义乌、鄂尔多斯的经济指标对比

指标	顺德	同比增长%	东莞	同比增长%	温州	同比增长%	义乌	同比增长%	鄂尔多斯	同比增长%
陆域面积(平方公里)	806.15		2465		11784		1105.46		8.7 万	
户籍总人口(万人)	122.54	0.01	181.77	0.017	786.8	0.01	74		152.4	0.02
常住人口(万人)	246.17		822		912.21		123.4		194.95	
三次产业结构	1.8：63.2：35.0		0.4：51.4：48.2		3.2：52.4：44.4		2.8：43.2：54.0		2.7：60.2：37.1	
生产总值 GDP(亿元)	1935.57	0.145	4246.25	0.1283	2925.57	0.111	614	0.115	2643.2	0.192
人均 GDP(常住人)万元	7.86		5.17		3.21		5	0.103	13.56	
单位面积产出(亿元)	2.4		1.72		0.25		0.56		0.03	
第一产业增加值(亿元)	34.6	0.038	16.64	0.019	92.78	0.029	17.2	0.05	70.8	0.045
第二产业增加值(亿元)	1223.6	0.181	2183.18	0.168	1535.12	0.121	265.5	0.104	1591.5	0.221
第三产业增加值(亿元)	677.37	0.088	2046.43	0.039	1297.66	0.103	331.4	0.127	980.9	0.165
农业总产值(亿元)	70.42	0.036	28.31	0.033	154.12	0.037	25.2	0.175		
规模工业总产值(亿元)	4995.06	0.219			4494.87	0.265	592.5	0.249		
轻工业产值(亿元)	3371.63	0.26			1597.46	0.276	495.3	0.242		
重工业产值(亿元)	1623.43	0.142			2897.41	0.259	97.2	0.289		
国有企业产值(亿元)	1.06	0.601			225.58	0.145				
有限责任公司产值(亿元)	1228.94	0.239			796.03	0.18				
股份有限公司产值(亿元)	1357.44	0.406			291.15	0.276				
私营企业产值(亿元)	652.13	0.015			3349.25	0.27				
“三资”企业产值(亿元)	1740.43				361.57	0.24				
全社会固定资产投资(亿元)	392.7	0.146	1114.98	0.019	930.28	0.11	207.3	0.164	1898.4	0.215
第一产业投资(亿元)	0		0		1.54	−0.055	0.6	0.995	83.3	0.137
第二产业投资(亿元)	95.03	−0.079	407.9	0.0315	278.18	0.153	61	0.375	945.6	0.159
第三产业投资(亿元)	297.7	0.245	706.89	0.0127	525.21	0.091	130.8	0.116	869.5	0.292
社会消费品零售总额(亿元)	539.7	0.193	1108.06	0.159	1498.1	0.189	290.4	0.189	380	0.184
进出口总额(美亿元)	186.58	0.255	1213.38	0.288	170.94	0.288	31.2	0.327	4.31	−0.038
进口总额(美亿元)	42.28	0.119	517.4	0.327	25.51	0.089	28.6	0.341	1.14	−0.493
出口总额(美亿元)	144.31	0.301	695.98	0.261	145.43	0.33	2.6	0.192	3.17	0.42
财政总收入(亿元)	261.82	0.152	785.1	0.251	411.43	0.141	77	0.087	538.2	0.471
金融机构人民币存款余额(亿元)	2481.65	0.169	3386.85	0.166	6222.74	0.199	1500.5	0.197	1760.9	0.305
专利授权(件)	9697	0.328	20397	0.579	10553	0.463	2336	0.2786	262	0.109
拥有中国驰名商标(个)	17		0		30					
各类专业技术人员(人)	106095	0.02			118058	0.02				
普通高等学校(所)	1		5		6		1		2	

勤奋而灵活的民营企业家、大量可以拿来模仿吸收的国外先进科技成果、以及政府为招商引资而提供的大量廉价土地以及交通、电信等方面的基础设施。如果没有这些要素，广东的产业带不可能源源不断地制造出各种价廉物美的商品占领国内外市场。

但是，这些现存的要素有足够的能量支撑顺德等地的经济实现战略性的跃升，从劳动密集型的低成本低附加值经济转变为高附加值、高科技的高端产业经济吗？答案明显是否定的。知识密集型的高端产业需要另外一整套不同的要素环境为其提供支持，它们包括大批科技研发和金融、法律、创意等方面的高端人才、有能力提供自主创新成果的科研平台、高科技创业者群体、大学、研究机构、能够辅助新技术产业化的风险资本和金融杠杆等等。显然，这些要素顺德是非常匮乏的，如果没有这些要素，顺德的产业转型升级就是无本之木、无源之水，顺德的企业只能继续进行低成本、低价格的低水平竞争。换句话说，顺德的家电等产业虽然和东莞等地的出口加工业集群相比要复杂、丰富得多，但要成为有能力向高端产业带蜕变的产业集群，它们还不够复杂、不够丰富，还缺失很多现代知识经济必不可少的要素，只有补充了这些转型要素，顺德的产业集群才能转型升级成功。

因此，我们必须思考一个更深层次的问题：在当今市场经济已经相当发达、财富积累已经相当丰富、社会氛围已经相当开放的顺德等沿海地带，为何仍然严重缺乏这些转型要素？只有找到这个问题的答案，我们才能明确如何给顺德这样的传统制造业密集的地区合理配置转型要素，使其能成功实现转型升级。

在我们看来，顺德缺乏转型要素不仅仅是其单个区域的问题，而是全国性的现象。纵观我国产业集群的分布，可以发现绝大部分传统产业集群都是在小城镇和农村地带。这种现象在浙江、广东、江苏等省尤为明显。例如2008年的“中国百佳产业集群”，除了有十二、三个位于上海、北京、武汉、厦门、青岛、哈尔滨、沈阳、无锡等大城市外，其余全部处于中小城市和乡镇地带。这些地带普遍严重缺乏转型要素，这就不难理解，转型乏力是全国范围内传统产业集群的普遍现象。显然，这种现象的形成是和我国三十年来改革开放的路径选择，以及国家掌控分配公共资源的方式有密切关系的。

(1)我国改革开放的历史路径

众所周知，我国渐进式改革主要是采取增量改革的方式，即先农村、后城市，先放开乡镇企业和私营经济、后改革国有企业。结果是，除了改革之前已有的重工业、金融、商贸等服务业外，主要的消费品工业和出口加工业基本上都是从小城镇和农村地区发展起来的，产业集群也集中在这些区域。

小城镇和农村地区建立劳动密集型传统工业的比较优势相当明显。外源型产业集群主要是外资企业要利用当地村镇丰富的土地资源、廉价的劳动力和优惠开放的政策，从而选择一些村镇建立合资企业带动相关产业企业的聚集形成集群。内生型产业集群的创业者基本上都是由本地农民，承袭历史上流传下来的手工业和制造业传统，通过农村家庭工业作坊而逐步形成的，因而初级阶段也偏好选择在乡镇。

不容否认，小城镇和农村地区制造业的发展对中国经济体制的转轨具有根本性意义。没有这些地区的异军突起，中国经济改革不可能很快和持续地见到发展成效，市场经济机制也不可能稳步地不可逆转地建立起来。但是，由于我国在制度和政策上沿袭了“二元安排”，小城镇和农村地区的制造业集群一直游离于城市经济体系之外，不能顺畅的从大都市吸取各种现代经济的要素，以至于形成了目前这些地区制造业独大，金融、科研、教育、创意等生产性服务业和公共资源要素严重缺乏的状况。

而且，这些地带以乡镇企业遍地开花为特征的农村工业化，导致了工业组织在空间上的过度分散，服务业的市场形成相对延迟，乡村人口的非农化自然也放慢了步伐。这种过度分散的工业化道路使这些地带在资源、环境以及人口质量方面都付出了巨大的代价。从就业人口和产业结构看，很多这些地带已经不能算是农村了，但又严重缺乏现代城市的环境、设施、人文氛围和现代服务业，一些学者形象地把这种现象称为“半城市化”。

顺德是典型的半城市化地区。改革开放之初采取的就是“离土不离乡”的工业化模式。所谓“家家点火，村村冒烟”。因此，乡镇企业在布局上非常分散，各种土地利用类型交错分布，碎片化现象突出。90年代的产权制度改革克服了村办、镇办企业规模偏小、分散分布的弱点，促使大型乡镇企业涌现，以这些大企业为核心，顺德开始迈入小城镇的发展阶段。但这种“自下而上的工业化和城镇化”模式使顺德城乡空间呈现“小集中，大分散”的格局。全区10个镇街都有自己的特色产业，镇域发展各行其是。因此，城乡建设缺乏系统规划，城市整体规模偏小、面貌落后，难以提供城市所特有的文化、娱乐、休闲功能和宜居环境。顺德人自嘲顺德是“中国最好的农村，最差的城市”。这种环境自然对吸收科技、文化和生产性服务业方面的高端要素造成严重障碍。一些高端人才宁可每天从广州开车一个多小时到顺德上班，也不愿意在顺德安家落户。

(2)国家分配公共资源的方式

经过建国六十多年的建设和改革三十多年的成就，我国事实上已经积累了大量可以用来支持传统产业转型的要素资源。虽然与发达国家相比，从人均分布上看这些资源还相对薄弱，但总量十分巨大。如果能够合理调配这些资源，把它们用到最能充分发挥效率的地方，完全可以对我国经济的转型升级起到决定性的推动作用。

但事实证明，无论是凭借市场的力量还是当地政府的努力，像顺德这样的传统制造业集聚区获得这些要素资源相当困难。我们认为，这是和这些产业带由于历史原因而形成的两个特点紧密相关的：

a)这些产业带一般处于行政级别比较低的县级、甚至镇级区域。

b)这些产业带一般以民营经济为主。

这两个特点意味着，在我国的资源配置现状和目前的制度框架下，这些传统产业带在获得转型必需的要素和条件时先天地处于弱势。具体而言，有三个方面的原因：

a) 从计划经济时代起到现在，政府一直掌握着大量的公共资源，如教育、医疗、科技等，而这些资源主要是按照地区的行政级别来配置的，从首都到直辖市、省会城市再到二三线城市。大量的资源集中在中心城市，而传统产业聚集区由于行政级别太低，很难获得优质的资源配置。例如顺德行政上隶属于广东省佛山市，作为中国首都的北京有56所可以授予本科学位的大学，广东省的省会广州有大约23所，佛山市本身有一所，而顺德没有本科大学，虽然其经济实力超过了好几个内地省会城市。已经有近两万学生的顺德职业技术学院迟迟不能获得教育部的批准授予本科学位。

b) 由于种种有形或无形的限制与歧视，民营资本进入金融等生产性服务业和战略新兴产业仍然相当困难。“新36条”出台一年多来，民营企业在金融和电信等行业所受的限制仍然没有明显的松绑，这使得传统产业聚集区很难引入这些产业以帮助传统制造业向高端发展。

c) 而且，当地政府为了改变这种转型要素缺乏状况的种种努力往往由于行政级别过低而难以得到中央政府具体管辖部门的支持，换句话说，传统产业聚集区在获得中央的政策与制度资源的配给上也往往处于弱势。例如，目前全国有60多个“海外高层次人才创新创业基地”，顺德因为只是个县级区，建立这种基地的申请无法得到批准。另一个例子是顺德信用社改制成顺德农商行仍然必须戴着农字头的帽子，按规定必须完成一半左右的涉农贷款，即使顺德的农业产值仅占GDP总量的1.8%左右，而且网点扩张只能在县级以下的区域，不能进入大型和中型城市。这是典型的生产关系束缚生产力发展。

国内很多政府官员和学术界人士在讨论如何转型升级时，往往喜欢引用新加坡、韩国、台湾等国家和地区的成功经验。但是这里有个误区：这些国家和地区大多面积比较小，因此转型要素和需要转型的传统产业先天地聚合在一起，很少需要政府的主动整合。新加坡本身就是一个城市国家，台湾的新竹科技园离台北也不过就70公里。相比之下，中国幅员的广阔和资源分布的不均衡意味着如果中央政府不主动采取措施使这些资源得到合理的配置，我国中心城市和小城镇及农村在转型要素与产业升级需求分布的严重错位还会一直持续下去。大量本来可以用于传统产业转型的资源聚集在一线大城市造成极大地浪费，而小城市和乡镇地区的产业带却由于极度缺乏这些资源而无法升级。

例如，仅就航空工业而言，上百家科研单位和研究所经过几十年的发展，不仅为航空工业的起飞积累了技术条件和人才储备，其中还积累了大量的可以民品化的技术专利。实际上，军事和航空航天领域的很多技术发现一旦被运用于家电行业，往往都能带来革命性的变化。例如，微波炉的技术原理最早就是美国军方在研究雷达探测技术时偶尔发明的，现今已经成为千家万户的居家必须品。但是，在缺少国家政策引导的情况下，这些资源造成了严重的浪费。

七、顺德转型要素的缺失

具体而言，顺德严重缺乏如下转型要素：

1. 知识机构

大学，科研院所等公共研究机构往往是一个地区创新网络的核心。绝大多数在国际上有领先技术和技术变革的产业集群，都以具有明显专业特点的大学和科研院所作为核心。国家建立的公共研究机构和技术、试验平台在这里也很重要。上述机构的职能在于为产业创新系统源源不断地提供原创性的科学知识和创新思维，并通过正式与非正式的网络向区域中的企业扩散与传播。而企业的研发部门则主要是把这些新的知识运用于实践，结合自身科研能力进行应用性开发。实践证明，产学研合作能有效突破一批传统产业共性技术和关键技术瓶颈，有力推动传统产业向高附加值、高技术含量的发展模式的转变，促进传统产业的转型升级。

大学研究的价值不仅仅局限于某项研究成果的直接利用，大学教师的咨询活动以及和企业的联合研究活动，是转移知识的重要渠道。大学的图书馆和数据库是企业科技信息的重要来源。大学培养的本科生和研究生是高素质劳动力的重要来源。很多创新型的企业都是本地大学毕业生、研究生和博士生建立起来的。大学还有为当地企业员工进行在职培训的功能。可以说，大学等知识机构在知识经济的地位相当于煤矿在第一次工业革命中的地位，是整个经济取得突破式发展所必需的战略资源。

因此，在本地拥有若干大学、科研院所、国家技术平台等等科学试验机构是顺德这种传统产业区转型升级的关键要素。在科研方面依靠模仿、反向吸收的“后发优势”已经随着我国制造水平和国际一流水平的接近明显弱化，原创性的科研发明成果对于我国经济的转型升级日趋重要。顺德以内源性民营经济为主，制造业发达，经济量巨大，对产业升级、技术和产学研合作需求旺盛，吸收转化新技术的产业基础十分雄厚。因此，研究机构选择在顺德扎根可以实现研发成果的迅速产业化。

和北京、上海、武汉、广州等高校科研院所云集的大城市不同，顺德在高校和科研院所方面的资源十分缺乏。顺德目前只有顺德职业技术学院（专科）和南方医科大学顺德分校，远远不能满足顺德自主创新和产业升级所需的科研支持和人才供给。虽然现在顺德到广州等大城市的交通相当便利，但广州等地知识机构和顺德的交流远远不能达到那种日常频繁互动的程度，无法起到顺德本地创新中心的作用。至于通过南方智谷等平台进驻顺德的一些高校和研究机构的合作项目，常驻人员少，研究领域狭窄，很难和当地企业形成深入广泛的合作，尤其没有起到为本地培养高等专业人才的作用。

顺德政府凭自己的力量在产学研方面作了很多努力。十一五期进行了600多个合作项目，新增产值达到860亿。而且成立了华南家电研究院作为家电产业方面的技术平台，拥有三个国家实验室，但它们只是检测平台，没有真正的研发活动。顺德现在还没有一个平台去研发家电的核心技术、领先技术。

这种缺乏一流高校和科研院所的现状对顺德依靠自主创新以促进产业升级的能力造成严重障碍。顺德的科研投入和同类地区比相当高，但资源主要集中在对原有技术改造、外观设计等低端的研发方面，从事发明创造等高级研发活动相当少。顺德的专利申请数量一直居于全国县级区域首位，但能真正反映地区创新能力的发明专利每年不到5%，显示其研发状态处于原有技术改造的低端初级阶段。反映在产业水平上，虽然产品功能上不输于国外，但一些核心器件还是没有制造能力，在新产品上还是以模仿国外公司为主，难以自己推出革命性的新技术、新产品。

2. 人才

(1)高端创业和科研领军人才。

从总量上看顺德的专业技术人员并不少，全区有职称的专业技术人员超过10万人，但绝大部分是中低职称，能作为研发和创新领军人物的高端人才严重缺乏。

高端人才在顺德并非没有用武之地，根据一些已经在顺德开展工作的科研院所的人员介绍，顺德的企业界求贤若渴，有大量的潜在产学研项目可供高级人才发挥作用。之所以引进高端人才困难，主要原因有：

a)顺德缺乏科研和创新平台，科研方面的信息设施和配套服务不足，没有形成良好的科研氛围。

b)顺德城市环境比较差，中心城区还没有形成，文化氛围不足，对高级人才不具有吸引力。

c)对很多高级人才而言，搬到顺德之后，子女的教育和高考是个很大的问题。

d)

(2)高级蓝领，熟练技术工人。

产业升级意味着从劳动密集型转变为高技术高附加值，也同时意味着劳动力从低工资低技能转变为高素质的熟练技术工人。德国高端制造业的产品工艺水平高、经久耐用，很大程度上归功于这个国家拥有的高素质技术工人队伍。目前顺德尤其缺乏高级技术工人,2011 年熟练技工的工资比去年涨了一倍以上。缺乏高级技工是全国性的普遍现象,我国目前有技术工人约 7000 万,其中高级工比例仅为 15%,而西方国家通常要超过 35%。

顺德等地的劳动力主要来源以农民工为主,由于目前存在对农民工的种种歧视,例如在社会保障、户籍、子女教育和高考等方面的问题,使其缺乏归属感,流动性很大,企业无法建立长期的技能培训机制,知识积累缓慢,技术工人缺乏的问题越来越明显。顺德目前有大约 82 万的蓝领工人,据统计平均每天走掉 2500 人,再进来 2200 人,这种过于频繁的流动使他们其中大部分都处于低技能的原生态,如果不对他们进行系统的培训,不形成稳定的高素质的产业工人队伍,顺德的产业升级无法顺利进行。

3. 金融

目前我国的金融体制还有明显的二元特征,主要的融资渠道掌握在国家手里,向国有企业和大企业倾斜,大量的民营中小企业得到资金十分困难,而且资金成本相当高。很显然,如果一个行业或部门资金成本高而劳动力成本低,自然会根据比较优势的原理倾向采用劳动密集型而非技术密集性的生产方式,这也是我国传统制造业转型乏力的一个深层次原因。

具有"藏富于民"传统的顺德,经过三十年的发展,已经积蓄了大量的民间财富。截至 2011 年 6 月底,顺德居民存款余额累计达 1605 亿元,是江阴、昆山等长三角发达地区的两倍多,而整个温州地区居民存款余额才 3400 亿元。可见,顺德并不缺乏企业所需要的资金,但缺乏有效的金融渠道把大量资金投向中小企业以帮助它们进行技术创新和提高生产效率,也缺乏有效的资本市场机构帮助企业家获得创办新企业以及对企业进行重组、兼并、收购、上市等资本运作的资金和服务。

(1)中小企业贷款。

应该指出,国有商业银行对于中小企业的贷款差别政策有一定商业合理性:由于规模优势,大型企业能够提供的抵押品要多于中小型企业,管理上也更加规范,因此银行信贷资产所面临的风险相对较小。对于大银行而言,大部分中小企业贷款的风险和成本无法和贷款收益相匹配。但另一方面,长期存在的中小企业融资难现象在一定程度上影响了整个社会的经济发展。目前顺德银行系统的三百万以下贷款比例非常低,小企业民间融资成本一般在年息 15%以上。但也正是这绝大部分企业,在人民币升值、原材料价格上涨及劳动力成本增加等一系列不利因素叠加呈现时,面临着更为强烈的转型升级需求,而资金紧缺及融资成本高企,也许便是压断其脊梁的最后一根稻草。

因此,除了给大银行在中小企业贷款上优惠政策进行鼓励之外,尽快建立全国性的中小企业信用体系,以及成立区域性的小企业银行或者科技银行,提供面向本地中小企业的专项贷款服务都是必要的。

(2)股权投资和资本市场服务。

由于其内在的风险性和信息不对称性,对很多中小企业而言股权投资是比债权投资成本更低的资金来源。创办新企业和对现有企业进行兼并收购以优化资源配置也非常需要股权投资基金、风险投资基金、投资银行等专业资本市场机构的服务。

由于历史发展原因以及金融资源向中心城市的倾斜,顺德非常缺少资本市场的运营机构,资本市场不够活跃。顺德在推动企业上市方面也进展较慢,目前顺德整个区只有 14 家上市公司,而江阴有 29 家。普遍的反映是目前即使是创业板,每年三千万的利润等标准对顺德的绝大部分中小企业也是门槛太高,因此希望能尽快开放区域性股权交易中心等股权融资平台,让企业能按照上市的目标进行自我完善,做大做强。

4. 中介组织,包括生产性服务业和有利于创新的社会机构

一个产业集群的技术创新是一个合作的过程,需要企业、政府、中介机构等多主体协同发挥作用,主体之间的互动来自于彼此的信任和尊敬,但也需要第三方机构牵线搭桥。企业之间竞争往往很激烈,自觉的合作与互动是不现实的,所以协会、企业家俱乐部、律师事务所等第三方机构或生产型服务业企业在集群升级过程中能起到其他主体无法替代的作用。

顺德的家电协会、机械协会等行业组织和其他社会中介机构已经相当发达,在行业自律、行业服务等方面已十分成熟。最近顺德区政府推行了新一轮行政审批制度改革,向行业协会、商会等社会中介组织放权,由社会中介组织承接部分行政审批职能。但另一方面顺德的生产性服务业发展相当滞后,例如物流成本占生产成本大约 18%,远高于发达国家的 10%的水平。目前服务业在顺德整体产值中所占比例过低,高端服务业,如金融服务与

资产管理几乎完全缺失。工业设计也是低端为主，行业缺乏系统性提升。高端服务业的缺失已导致顺德经济对制造业的过渡依赖，也导致整个区域对“创造型阶层”的吸引力不足，直接成为顺德产业未来升级的瓶颈。

二战以后，世界上真正能从中等收入经济成功转型进入发达经济行列的，也只有东亚的韩国、新加坡、台湾等几个国家和地区而已。它们在培养和获得转型要素方面的努力（见下表）充分说明，以顺德目前的状况，如果不能在转型要素方面获得及时而充分的补充，转型升级很难取得突破性的进展。

	科技	人才	金融	政府和中介组织
韩国	1. 由国家出资大幅度增加科学技术研发方面的投资 2. 设立了许多国家级研究中心，并且这些研究中心分散分布在韩国各地方 3.“官产学研”由国家直接投资于研究项目	迅速建立大学和科研机构，培养了一大批创新人才	1. 由韩国政府直接筹集了特别基金，对于新兴产业直接给予股权投资 2. 完善了资本市场，创立了创业板 3. 给予相应特许贷款优惠 4. 大型集团通过联盟、兼并、合作等手段，将国外技术转化 5. 建立了风险投资体系	1. 政府主导，制定了科学技术革新5年期计划 2. 设立了总统任委员长的国家科学技术委员会等多层次的科学技术转化管理组织 3. 颁布了《科学技术革新特别法》、《科学技术振兴法》等30多部法律法规，从制度上促进科学技术转化 4. 制定了完备知识产权制度 5. 完备的咨询、通讯网络、法律事务所等其他中介机构
台湾	1. 由政府出资建设工业技术研究院 2. 大规模进行直接研发投入	1. 提供专项资金，引进海外产业专家 2. 颁布多项法案，吸引人才	1. 设立工业银行，提供中长期专项资金贷款 2. 设立创投资金	1. 政府主导新竹园区的建设 2. 颁布了《促进产业升级条例》等关于研发、促进产业链同步发展等法律，从制度上促进产业升级
新加坡	1. 政府出资建立公共研究所和科学院 2. 持续进行研发投入	1. 普及了大学教育 2. 政府出资给跨国公司，培训企业员工	1. 建立了完善的资本体系 2. 市场化完善的风险投资、银行融资、债券等	1. 国家科技发展五年计划 2. 跨国公司起到主导作用 3. 完善的基础设施建设 4. 国际化的知识产权制度，咨询、法律等其他中介

八、建议将顺德设为国家产业转型示范区

（一）总体设想

仅仅因为顺德的行政级别不够而把它升格为地级市不会从根本上解决转型要素缺乏的问题，因为这还是用“官本位”的思维来决定国家资源和政策的配给，根本性出路在于不要根据行政级别一刀切，而是按照各地的实际情况和发展目标因地制宜地分配国家资源并给出相应政策，这应当成为国家指导经济转型发展的顶层制度设计的一个重要思路。中国广袤的国土、地理和自然禀赋的差异、历史积累的产业集聚区在区域分布上的差别、不平衡的区域发展和阶段性差异，既为我国经济发展提供了巨大的回旋空间，也为我国长期实施“大小通吃”“高低通吃”的经济发展战略提供了现实的条件，既不能人为压抑劳动密集型产业，又要果断调整战略，尽快实施先行工业化地区的产业转型升级。为此应该坚决抵制平均主义的发展思路和“一刀切”的行政治理模式。

目前，在国家层面已经出台了一系列政策，设立各种类型区域和专业性国家示范区，比如义乌的国际贸易转型发展示范区、中关村的国家自主创新示范区、东莞珠海的国家加工贸易转型示范区、等等。但是，唯独就没有一个涉及产业转型的国家示范区。这种情况，与我国产业转型升级在全局中的地位很不相称。根据三十多年来由点到面的试验区经验，很有必要在产业转型方面设立国家产业转

型示范区，以便积累经验、探索转型发展的路径选择，为传统产业的转型升级提供借鉴。

面对复杂局面，产业转型升级需要从制度层面给予保障。产业转型升级需要产业链各环节的相互配合，也只有从国家层面统筹规划，整合国家掌握的各种资源，才能实现产业整体转型升级。顺德区作为我国产业发展的典范，其家电家居等相关产业代表国家在领域的竞争力，因此我们建议从国家层面给予政策支持，建立“国家产业转型示范区”，配套一整套先行先试的政策和体制改革措施，为产业转型提供要素资源的合理整合，实现产业的转型升级，为全国的传统产业转型发展提供宝贵的经验。

示范区的目标应当是将顺德打造成二十一世纪全球高端家电及相关产业的高端产业带。有关措施和政策先试先行，促进自主创新能力，使之对国内外的创新人才、资本、技术形成强大的吸引力，促进转型要素的尽快聚集并形成聚合效应，针对新技术革命前景制定创新发明和产业化的战略规划和应对措施，提升产业附加值，培育一批国际知名品牌，做大做强具有全球影响力的领先企业，引导传统产业链走向高端，推动整个传统产业再上一个新台阶。

(二)顺德作为国家产业和社会转型示范区的政策建议

建议以国务院文件的形式批准确定将顺德设立为国家产业与社会转型示范区。

鉴于区域性产业转型是一个涉及财税、科技、教育、知识产权、人才、金融、质量监管、海关、产业政策、城市管理等等系统性的课题；鉴于作为国家产业与社会转型示范区，将牵涉行政法规、政府治理、社会治理等等一系列综合性制度改革与调整；鉴于将涉及国家层面某些可行资源配置；鉴于最终的政策支持必须保证这些方面的协同效应，因此，我们建议，在国务院确定将顺德设为国家产业与社会转型示范区的文件里，明确规定由国家发展改革委召集各相关部委，会同广东省人民政府，组成专门机构对于赋予顺德具体的政策支持、先行先试的制度改革方案以及资源配置提出方案，最后报请国务院批准实施。鉴于我国产业转型的紧迫性，建议国务院的文件明确方案落实的具体时间。

鉴于在鼓励创新、创业和产业与社会转型方面，近年来中央和各部委以及地方各级政府均出台了大量政策措施，政出多门且数量庞大，不少政策没有细化，缺乏实际操作价值；鉴于创建国家产业与社会转型示范区是一个综合性的工程，因此，这里进行的政策梳理工作只能是给出一个框架。我们认为，顺德作为国家产业与社会转型示范区有必要在发展改革委的统一安排下，建立类似于中关村创新平台的政策资源整合平台，以便制度化地梳理、落实中央和地方政府的各项政策措施，拟定一个国家产业与社会转型示范区内试行的政策性系统。

根据与地方各部门的沟通研究，参照其他国家示范区的有关政策举措，初步拟出如下政策性诉求供参考。

1. 完善产业转型升级机制

(1)在顺德设立家电、家居等领域内的国家级优势传统产业示范区，设立智能制造、精密机械、新材料等领域内的国家新型工业化基地，支持顺德建设成为国家十大物联网综合产业聚集区基地之一，并从国家层面进行必要的项目和资源配置。

(2)结合顺德产业优势，鼓励中央企业优先在顺德投资建设重大项目。在国家布局中央投资重大项目时，优先考虑将顺德区的重大项目纳入中央投资项目。

(3)利用顺德的庞大制造业基础，支持顺德企业通过关键零部件制造、开展产学研合作、联合开发新产品等方式深入参与航天、航空、节能环保、军事工业等国家战略产业体系。

(4)将顺德确定为国家生产性服务业改革试点，推动生产性服务业集聚发展，尤其在产业金融、现代物流、创意设计等领域获得国家一揽子政策支持。

(5)建议商务部批准在顺德设立香港(顺德)物流园，与香港启德机场、葵涌货柜码头直接对接，把香港港区所需的检验检疫等功能前移至香港(顺德)物流园区，实现简化物流流程，降低出口产品成本，提高企业的国际竞争力。

2. 深化科技产业化体制改革

(1)在顺德科技工业园、佛山高新技术产业开发区顺德园以及顺德西部生态产业新区的基础上，建立顺德国家级高新技术开发区。

(2)创新科技成果激励机制，参照国内相关试点做法，鼓励在顺德境内以科研成果和知识产权为基础创业，支持国有企业、高等院校和科研机构在顺德开展职务科技成果股权和分红激励试点。

(3)支持国家重大科技专项和产学研专项优先落户顺德，共建国家级科技创新平台。

(4)由国家部委制定相关政策，鼓励顺德企业积极参与国家科研院所企业化转制，引入高端科技资源和人才。

3. 深化职业教育体制改革

(1)支持顺德职业学院创建国家示范性高等职业院校,并扩大招生规模。

(2)支持顺德职业学院开展产业技能人才的学位改革试点。在顺德率先探索建立培养高级产业技能人才为目标,可以授予学士、硕士和博士学位的,并涵盖系统性继续教育的"双元制"现代化高等职业教育体系。

(3)鉴于顺德庞大的制造业总量和对高技能劳动力的强烈需求,支持顺德将1—2所条件成熟的职业学校升格为高等职业学院,并创新办学模式,鼓励顺德企业与职业学院和学校开展订单式人才培养。

4. 同意顺德开展国家城乡统筹节约集约用地试点

5. 通过金融体制改革推进产业转型升级

(1)支持顺德开展民间金融试点。建立民间借贷登记服务中心等阳光化民间融资平台,扩大小额贷款公司试点数量,推动民间资本积极参与村镇银行、融资租赁公司、消费金融公司等新型金融机构建设。

(2)支持顺德农村商业银行升格为城市商业银行并实行跨省经营。

(3)设立顺德科技银行,扶持科技创新型企业成长,推动传统产业转型升级和新兴产业培育发展。

(4)支持顺德企业优先上市,将顺德纳入新三板试点范围。

(5)支持顺德培育发展各类产业基金和创业投资基金。由工信部、财政部联合广东省、顺德区共同设立家电产业集群转型升级基金、智能装备制造产业基金、物联网产业基金等国家级产业引导(母)基金。

(6)支持顺德建立全国最优县域金融安全区,开展金融安全区试点。

(7)鼓励顺德设立以推进产业转型升级为目标的政策性担保公司和创业投资公司,并给予引导资金支持。

6. 创新财政分配体制和税收激励机制,支持顺德开展税收返还机制创新和提高地方税收留存比例试点,并围绕推动产业转型升级和鼓励创新,实施一揽子税收激励措施

7. 支持顺德开展行政审批和社会管理体制改革

(1)在精简行政审批事项方面,涉及到与现存国家法规冲突的,由商务部和国家工商管理总局等有关部门提请人大修改有关法律法规。

(2)支持顺德开展事业单位改制为法定机构试点,提高公共服务水平。

(3)赋予顺德区人大及其常委会、顺德区人民政府区域立法权,通过区域性的法规、规章使顺德的改革措施得到法律保障。

4. 将顺德低碳发展基础较好的镇街纳入国家绿色低碳重点小城镇试点。

8. 培养和集聚高端人才

(1)在顺德设立国家级先进制造业人才特区,大力引入和培养海内外先进制造业的高层次研发和设计人才,优化人才创新创业机制、资金扶持机制、成果转化服务机制。强化对高端人才的服务,在居留与出入境、落户、进口特需科研教学物品税收优惠、医疗、住房、配偶安置等多方面进行具体扶持。

(2)在人保部635工程(专业技术人才知识更新工程)框架下,在顺德设立国家级专业技术人员继续教育基地。在国家高技能人才振兴计划框架下,建立多个高技能人才培训基地和技能大师工作室。给予顺德企业职工教育经费税前扣除的试点政策。

(3)支持顺德建立高端人才基地,鼓励顺德与国内外知名院校共建分院或研究生院。

9. 提高城市化质量

(1)由国土资源部、国税总局、国家开发银行联合广东省政府,对顺德区的"三旧改造"工程从用地指标、审批手续、税收优惠、土地出让金分成、融资等方面给予进一步的政策和资金支持。

(2)支持顺德创建国家公共文化服务体系示范区。

(3)在顺德开展公租房融资模式创新试点,包括发行REITS。

附件 关于顺德未来发展愿景的目标体系(2012—2020)

前 言

本目标体系基于如下假设,在顺德获准设立国家产业转型示范区,并因此获得了顺德产业转型所急需的政策性配给和资源注入的前提下,顺德的经济发展将迎来一个历史性的新格局,因而使顺德的产业转型有可能达到一个新的阶段,而且顺德的整体社会转型能够跨越式地达到准发达社会的水平。

鉴于产业转型和社会转型的复杂性，在参照了顺德产业发展和社会发展现阶段水平和数据的前提下，在比较了发达经济体相关数据的前提下，特地制定本目标体系。鉴于实现这些目标的复杂性和路径选择的多样性，因此本目标体系更多的应该被理解为具有指导性和示范性的意义。

我们认为，本目标体系的任何一项，均可以在未来设计产业转型示范区的规划时进行细分，并且对于实现这些指标的路径进行论证和选择。

本目标体系的制定基于两个原则，一是考虑到顺德作为一个产业发展集聚区的独特性，该独特性决定了顺德在未来产业转型历程中，在国家整体分工体系里承担的特殊角色。这种独特性或特殊性决定了顺德产业转型的路径依赖，也决定了顺德雄厚的产业基础一旦融入了国家层面的政策性和资源性配给，完全有可能实现21世纪全球家电及相关行业高端产业带这一总体目标。

另一原则是，如上所述，顺德是按照自己的特殊路径实现产业转型的，因此，顺德在产业转型的同时也将实现整体社会转型。尽管顺德的社会转型是基于产业转型的特殊路径，但是转型后的顺德也将具有发达社会的某些共性。因此，本目标体系将就社会层面上的转型给出一个较为具体的目标设计。

显然，基于中国目前区域发展的不平衡性、国家在总体发展战略上的统一性、以及国家在特定行业发展目标的明确性，我们认为，本目标体系既赋予了顺德在国家整体发展进程中所担当的特殊角色，又为我国其他地区下一步的发展提供了有力的依据和示范。

因此，本目标体系分为三个部分，第一个部分是顺德在设立国家级产业转型示范区的历史背景下，通过未来若干年的努力，转型为全球家电及相关行业高端产业带的目标体系；与此相应，第二部分将给出顺德在经济、社会、人文、环境、福利、人口素质、科学技术等一系列整体发展方面的目标体系。第三部分是对于上述两个目标体系某些概念的注解和数据说明。

目标体系Ⅰ

本目标体系意味着，在设立国家产业转型示范区的前提下，若干年后，顺德将建成以领先全球的研发设计能力、高质量高效率的庞大制造能力、以及高端知名品牌为核心竞争力的，以创新驱动、绿色低碳、智能制造以及服务化为特征的21世纪全球家电及相关行业的高端产业带；是多个国际知名大企业和大量创新型中小企业互为补充，生产性服务业、创意产业以及金融投资业等都十分发达的经济地带。

分类	现状	目标
总部在本地的世界500强企业	0	2—3家
总部在本地的中国500强企业	3	6
主导产业上市公司数	14家左右	200家
主导产业规模以上企业平均利润率	5% - 10%	15%
工业用地每亩税金额		50—100万
单位GDP能耗	0.549	0.35
全社会研发投入占GDP比重		3.5%
每万名劳动力中研发人员数		150
高级技能人才占技能人才比例		25%
在岗职工平均每月工资	3223元	10000元以上
主导产业相关技术国家级科研创新平台数量	0	3—5个
主导产业自主品牌出口比例	5%—10%	40%
每百万人发明专利申请数	835	2000
每百万人国际专利(PCT)申请数	59	500
创业活动指数		20%以上

续表

分类	现状	目标
全区企业每年获得的风险投资额		200亿
中国驰名商标(非法院认定)数	17	50
区内产业联盟主持制订或修订的国际标准	1	10—20个
主导产业本地配套率	90%以上	保持在90%以上
第三产业比重	35%	45%
金融业增加值占GDP比重		8%
企业物流成本占生产成本比重	18%	10%
企业电子商务交易额占总交易额比重		60%
主导产业核心技术掌握程度	低于30%	70%以上
每年新认定的国家高新技术企业	超过30家	超过100家
每年技术合同成交金额		100亿
主导产业低碳产品认证比例		居于全国前列

目标体系II

本目标体系意味着，随着顺德经济转型升级的成功，顺德将作为一个整体进入准发达地区行列，成为一个经济繁荣活跃、社会和谐稳定、政府高效廉洁、环境优美整洁、生活舒适便利、娱乐丰富多彩、大公司和各种创新型企业云集的现代化城市，将是一片充满生机和活力，给它的居民以无限发展空间和强烈幸福感的热土。

分类	现状	目标
人均GDP(按常住人口)	约9.2万元	25万元
恩格尔系数	36.4%	25%
常住人口人均居住面积		30平方米
高等教育(大专及以上)人口比例	8.8%	20%
无线宽带覆盖率	不到90%	99%
每万人拥有医生数量		40人
人均道路面积		15平方米
公共交通出行分担率	14%左右	30%
人均城市轨道交通系统长度	零	5厘米
有权授予本科及研究生学位的综合性或工程技术大学	无	2—3个
文化类消费支出比重		高于30%
每年大型文艺演出和体育比赛次数		50
五星级酒店个数	2	10
城镇绿化覆盖率		40%
城镇生活垃圾无害化处理率	约80%	95%
大气综合污染指数	0.7	低于0.5
全区常住人口基本养老、基本医疗、失业保险覆盖率，		99%
社会治安满意率		98%
居民社会参与度		高，接近新加坡等地
企业平均每年在和政府打交道的天数(时间税)		少于8天
开办新企业所需平均天数		少于10天

主导产业规模以上企业平均利润率

这个指标直接反映企业在全球产业链上的地位，产业转型升级意味着企业从价值链的劳动密集型的低附加值位置转而占领高附加值的研发、品牌、营销等领域。

顺德出入境检验检疫局在2010年的一项调查显示，在对45家企业的调查中，多数机电企业的利润率仅5%—10%，极少能达到15%以上。

工业用地每亩实缴税金额

工业用地每亩实缴税金额是一个很好的衡量经济集约程度的指标。我国过去粗放型的发展方式过多依赖于土地等资源的投入，工业用地每亩税收额的增加可以有效显示经济增长不是靠资源的投入，而是靠生产效率的提高。这个指标可以用来考核地方政府的绩效，促使其主动从依靠土地的传统招商引资方式向培养当地企业高端竞争力的做法转移，也可以用来作为引入新投资项目的筛选条件。

单位GDP能耗

发达国家经验表明，工业从原材料工业向高加工度和技术密集型工业升级，是单位GDP能耗从上升转为下降的主要原因。目前我国单位GDP能耗仍然是世界平均水平的2.2倍，是日本、德国等发达经济体的4－5倍。我国“十二五”节能目标为：到2015年，全国万元GDP能耗下降到0.869吨标准煤，比2010年的1.034吨标准煤下降16%。这个指标的提出，将促进我国工业尽快摆脱“三高一低”的传统发展模式，指引我国工业向高端升级前进。因此，单位GDP能耗指标下降到国际先进水平是我国经济能否顺利走入“新型工业化”道路的标志性指标。2010年顺德单位GDP能耗为0.549。

每万名劳动力中研发人员数

2005年我国每万名劳动力中研发人员为17.5人，而日本为135人，德国为114人，韩国为91人。2008年，台湾每万名劳动力中有222名研发人员。

到2015年，海淀区计划每万名劳动力中有900名研发人员，天津市计划每万名劳动力中有78名研发人员。

高级技能人才占技能人才比例

目前我国有7000多万技术工人，其中初级工占60%，中级工占30%，高级工、技师、高级技师仅占4%。有资料表明，发达国家的高级技工占产业工人总数的35%，中级技工占50%，初级技工占15%。《顺德区人力资源发展“十二五”规划》提出，到2015年顺德高级技能人才占技能人才比例要达到8%。上海市十二五规划提出，到“十二五”期末，高技能人才占技能劳动者比重达到30%

全社会研发投入占GDP比重

全社会研发投入占GDP比重是指全社会用于科学研究与试验发展（R&D）活动的经费支出相当于占国内生产总值的比例，也称作研发投入强度，是世界各国和国际组织评价国家或地区科技实力和科技竞争力的首选核心指标，体现的是知识创新和自主创新能力的投入水平。目前，世界各国在制定科技发展规划和目标时，均十分重视该项指标。

目前世界主要发达国家的研发投入相当于GDP的比例普遍达到或接近3%。数据显示，当研发强度不超过1%的时候，技术研发处于使用技术的阶段；研发的强度在1%到2%之间的时候，技术研发就处于技术改进的阶段；而在研发强度超过2%的时候，技术研发就处于技术创新的阶段。目前，中国技术研发的强度只有1.5%左右，还处于改进技术的阶段。

主导产业自主品牌出口比例

2011年1月11日，工信部发布了《关于加快我国家用电器行业自主品牌建设的指导意见》指出，到2015年，家电行业80%以上企业制定实施明确的品牌战略；研发投入强度不低于3%，家电自主品牌出口比例不低于30%。

每百万人口发明专利申请数

是指在年度内每百万人口中向专利行政部门提出发明专利申请并被受理的件数，按常住人口计算，是评价一个国家或地区知识创新能力的重要指标。

专利具体可分为三种类型：发明专利、外观设计专利、实用新型专利。其中，发明专利技术含量高，其申请量和授权量代表了一个国家或地区的技术发明能力和水平。与发达国家相比，我国自主创新能力的差距很大程度上体现为我国在自主知识产权掌控的能力上还远落后于发达国家。我国每百万人口发明专利申请数大概是韩国的1/3，美国的1%。自主知识产权掌控能力的不足，严重制约了我国自主创新能力的提升。

顺德专利申请和授权量连续14年居全国县级地区首位，2010年每百万人发明专利申请量达835件，相比之下，2010年仍是北京、上海和台湾位列三甲，每百万人分别为2222件，1241.2件和1158件。

每百万人国际（PCT）专利申请数

国际专利申请数是指依照《专利合作条约》(Patent Cooperation Treaty,PCT)向专利行政部门提出国际专利申请并被受理的件数,是衡量和评价一国或一地区自主创新产出能力的国际公认的指标。

《专利合作条约》于1970年签定,1978年开始运作,中国于1994年1月1日加入该条约。条约缔约国的国民或居民借助这个条约递交一份国际专利申请并获得批准,就可以在该条约的120多个缔约方同时获得专利保护。

顺德2010年PCT专利申请数量为59件,仅占全国申请数的0.478%,远远低于深圳等地区。顺德企业进入国际市场,首先就要进行专利布局,否则将因知识产权保护不足而带来一系列麻烦。

深圳2010年PCT专利申请数为5584件。深圳PCT申请量长期以来占据全国半壁江山,遥遥领先于北京、上海等其他省份。

创业活动指数

指本地区16—64周岁的人口中,参与到创办时间不超过三年半的创业企业的活动的比例。全球创业观察组织(GEM)2006年的报告显示,中国的创业活动指数是16.2%,居于世界前列。

中国驰名商标(非司法途径认定)数

"驰名商标"最早出现在1883年签订的《保护工业产权巴黎公约》(以下简称《巴黎公约》)。我国于1984年加入该公约,成为其第95个成员国。和其他加入《巴黎公约》的成员国一样,依据该公约的规定对驰名商标给予特殊的法律保护。近几年,随着国际间知识产权保护合作的进展,各国驰名商标的认定,也被其他国家的商标主管机关和司法机关认可,使驰名商标在解决国际间商标权利纠纷过程中起到了重要的作用。

区内产业联盟主持制订或修订的产品国际标准

据不完全统计,目前国际标准委员会(ISO)和国际电工委员会(IEC)发布的国际标准已近20000项,负责制定这些标准的专业技术委员会多达900个,但我国仅参与其中不足十个。

IEC成立于1906年,是世界上最早成立的国际标准化组织和最权威的国际标准化机构之一,负责制定电气和电子领域的国际标准,目前共有67个成员国,称为IEC国家委员会,几乎包含所有的发达国家。这些成员国拥有世界80%的人口,制造和使用的电气、电子产品占全世界产量的90%。

由于我们对国际标准制订参与程度不足,一些跨国公司借机将技术含量低且过时的产品输入国内,并在市场上畅通无阻地销售;同时,发达国家又设高标准屏障,使我国产品难以进入国外市场。标准制定的缺失,使我国产品在国际贸易战中处于不利处境。据统计,我国目前有多达60%的家电出口企业遭遇过国外技术壁垒,每年由此造成的直接和潜在的经济损失约500亿美元,超过年出口总额的25%。

2011年,在顺德区市场安全监管局的大力扶持下,顺德电压力锅标准联盟冲刺国际标准取得历史性新突破。由该联盟代表中国提出电压力锅国际标准修订提案已顺利获得通过,并进入国际标准修订的报批程序,至此,具有中国自主知识产权的电压力锅国际标准有望在2012年由国际标准化组织(IEC)颁布实施。

第三产业比重

产业结构的基本变动趋势是随着经济水平的逐步提升,由第一产业向第二产业,再由第二产业向第三产业发展。过去三十年,顺德等传统产业带的发展过程也是大批本地和外来的农村劳动力进入制造业,由农民变为工人的过程。顺德产业转型升级意味着第三产业的比例将逐步提升。发达国家的经验表明,经济进入工业化后期阶段或者说信息化阶段时,服务业的比重将达到60%—70%以上。例如德国拥有发达的高端制造业,其三产比重也在65%以上,韩国目前的三产比重也超过65%。和这个标准相比,服务业,尤其生产性服务业的欠发达,是顺德经济的一大短板。当然,由于第三产业主要集中在中心大城市,作为高端制造业产业带的顺德,服务业的比重不可能照搬发达国家一国的平均标准。

企业电子商务交易额占企业交易总额比重

深圳预计2012年企业电子商务交易额占企业交易总额比重将达到40%,广州预计到2015年企业电子商务交易额总额达8000亿元,占总交易额的60%。

国家高新技术企业是指在国家重点支持的高新技术领域内,持续进行研究开发与技术成果转化,形成企业核心自主知识产权,并以此为基础开展经营活动,在中国境内(不包括港、澳、台地区)注册一年以上的居民企业。2011年顺德认定了超过30家。

技术交易合同成交金额

技术交易合同金额是指报告年度在技术市场交易活动中签订成立的技术合同约定标的金额的

总和，是反映和评价技术交易活跃程度和地区技术力量变化的一个指标。任何地区都不可能完全依靠其自身科技创新来发展经济，技术交易是必要的。技术交易合同额的增长是激活技术资源、推动技术创新的重要基础。2011年，南京市认定登记的输出技术15324项，成交金额达120.27亿元

低碳产品认证

2012年年初，中国国家认证认可监督管理委员会已会同相关部门顺利完成《国家低碳产品认证管理办法（草案）》及相关6个技术标准草案，并正式启动行政规范性文件的立法程序和国家标准的立项程序，中国低碳产品认证制度已初步建立。

人均GDP

人均是衡量一个国家和地区经济发展水平和综合经济实力的重要经济指标。从世界发达国家的经济发展经验看，当一个国家人均GDP处于3000美元－10000美元之间，正是国民经济具备了相当实力，进入活跃、加速发展的重要阶段。

恩格尔系数

恩格尔系数是食品支出总额占个人消费支出总额的比重，是国际上通用的衡量居民生活水平高低的一项重要指标，一般随居民家庭收入和生活水平的提高而下降。改革开放以来，我国城镇和农村居民家庭恩格尔系数已由1978年的57.5％和67.7％分别下降到2005年的36.7％和45.5％。

按联合国粮农组织标准：恩格尔系数在59％以上为贫困、50－59％为温饱、40－50％为小康、30％－40％为相对富裕、20％－30％为富裕、20％以下为极富裕。目前中国的恩格尔系数在40％左右，其中北京为32％，上海为36％。

顺德城镇居民2004年前后曾经跌破30％，但近年来有所回升，2011年一季度为36.4％。

受过高等教育（大专学历及以上）人口比例

2010年人口普查表明，南京常住人口的大专及以上学历比例为26％，居全国首位，上海为21.9％，广州为19.2％，深圳17.2％。

顺德同2000年第五次全国人口普查相比，每10万人中具有大学程度（即大专和以上学历）的由3239人上升为8786人.

无线宽带覆盖率

这个指标直接反映一个地区的信息化程度。信息网络已经和水、电、气一样，成为城市发展最为基础的设施。无所不在的宽带网络成为城市留住人才，吸引年轻人，保持活力的重要因素。预计到2015年，深圳无线宽带覆盖率将超过99％，佛山市将超过90％。

公共交通出行分担率

指城市居民出行方式中选择公共交通（包括常规公交和轨道交通）的出行量占总出行量的比率，目前我国的城市公共交通分担率低于10％，特大城市只有20％左右。欧洲、日本、南美等大城市的公共交通分担率已达40％－60％。

人均城市轨道交通系统长度

地铁和轻轨这类轨道交通具有封闭线路，准时运行，便捷可靠，不受气候、道路、交通等条件影响的特点，已经成为现代城市生活的一个重要标志。发达国家都市的人均轨道交通运营里程普遍接近甚至超过10厘米。

文化类（包括娱乐、教育和文化服务）消费支出比重

文化消费是农民转变为市民后，在生活方式上的主要转变。文化消费支出水平的高低反映了一个地区人文发展的程度。文化已经成为城市竞争力的重要体现。目前在发达国家，居民包括教育在内的文化消费已经占家庭消费的30％左右，仅在文化、休闲与娱乐等文化消费的支出已经占家庭消费总支出的10％以上。2002年我国城镇居民在文化类产品和服务上的消费支出比例为14.96％。

全区常住人口基本养老、基本医疗、失业保险覆盖率

将包含非户籍人口的常住人口纳入社会保险体系，对于吸引外来商业和技术人才，形成充满活力、敢于创业和创新的社会氛围，有非常重要的作用。

2009年，深圳市政府表示，持有《深圳市居住证》，16周岁以上未达到法定退休年龄的非本市户籍常住人员也将纳入深圳市医疗保险参保范围。将非本市户籍常住人员纳入医保这在全国范围内尚属首例，深圳市将成为率先实现全民医保的城市。

上海市提出，到2012年底，基本医保制度将覆盖全市常住人口，参保率达到90％以上。

居民社会参与度

我国社会治理体制的发展趋势之一，就是将进一步扩大居民群众参与管理基层社会事务的权力。没有居民参与的城市社会，还不是一个真正的现代社会。

1989年我国制定了《城市居民委员会组织法》，规定居委会是城市居民自我管理、自我教育和自我

服务的群众性自治组织，现代城市社区的建设、管理和发展，必须重视居民的社会参与和社会民主的精神及实践。到2004年，我国城市共有7.8万个居委会。

2011年底，《顺德区委区政府关于推进社会体制综合改革加强社会建设的意见》征求意见稿指出，加大简政放权力度，减少审批事项，将具体的管理和服务职能转移给市场和社会组织，实现政府职能从“划船”向“掌舵”转变，公共服务从政府单一提供为主、刚性管理向多元参与、依法管理、精细服务和柔性疏导转变。制订政府年度转移社会管理和公共服务事项目录，健全政府购买社会服务制度。

顺德区政府将把工作重点放在拟定方向和规划、完善制度和政策、加强社会运行监督以及提供核心社会服务(比如社会保障)上，增强对经济社会发展的引领和保障能力，促进社会公平正义。其它的社会能做的，交给社会工作机构、中介组织、法定机构、企业等去承担，尤其一些面对广大企业和群众、专业性或行业性强的工作，可探讨组建法定机构去做。

企业(高层)平均每年和政府打交道的时间(时间税)

时间税是政府办事效率、办事透明度以及政风廉洁等方面的集中体现。2006年，世界银行发布了中国120个城市竞争力排行榜，专家组根据中国国情设计了一套全新的城市评价体系，软环境所占的权重达到75%。上海是知名的国际大都市，但综合排名不是很高，主要原因就是对上海200家企业的调查发现，上海企业平均每年有60天要花在与政府打交道上。杭州市的企业平均一年中只有8天在与政府部门打交道，但是排名在最后24位城市的企业一年中要花近三个月的时间与政府来往。

开办新企业所需天数

是反映政府办事效率和服务能力的重要指标。根据世界银行数据，2011年在澳大利亚，开办一家企业平均需要两天时间，新加坡和香港都需要3天，美国需要6天，韩国需要7天，中国需要38天，巴西需要114天。

第七部分

贵州建设国家能源基地研究报告

贵州建设国家能源基地研究报告

前　言

《国务院关于进一步促进贵州社会又好又快发展的若干意见》(国务院 2012 年 2 号文件)提出,贵州应"大力实施优势资源转化战略,充分发挥能源矿产资源优势,做大做强能源产业,加强煤炭资源勘探,推进资源整合与优化开发,加快大型煤炭基地建设,推进煤矿企业兼并重组,重点发展大型企业集团,加强能源通道建设,加强'西电东送'火电基地电源点建设,积极推动联电联营,稳步推进重点流域梯级水电开发,积极开发新能源,促进能源资源富集区可持续发展"。《意见》赋予贵州建设"国家重要的能源基地"和"资源深加工基地"的战略定位。

贵州是我国南方重要的煤炭基地,素以"西南煤海"著称。贵州煤炭资源保有储量达 797.45 亿吨,居全国第五位,超过我国南方其他各省煤炭资源储量的总和。改革开放以来,在国家的支持下,经过多年开放建设,贵州能源资源相关产业发展迅速,已初步形成了以煤炭、电力为主体的能源工业体系。贵州以煤炭为主导的能源基地建设,已初具规模。目前,贵州正处于推进转型跨越的新阶段,在全面建设小康社会的历史进程中,贵州能源基地将发挥越来越重要的作用。

根据国务院 2 号文件的要求,结合国家十二五有关规划精神,为进一步促进贵州加快发展、加速转型、推动跨越,确立本课题研究。

一、贵州建设国家能源基地的战略背景和重要意义

(一)战略背景

能源是人类生存和发展的重要物质基础,是经济和社会发展最重要的资源。进入 21 世纪以来,全球能源形势发生了重大变化。一方面,世界能源需求逐年旺盛,能源供应趋于紧张,能源资源争夺越发激烈,能源价格呈现起伏跌宕的态势。另一方面,国际能源地缘政治更加复杂,全球能源安全问题更为凸显,国际能源合作备受关注。伴随化石能源消费的大幅度增长,全球气候变暖成为新世纪最受瞩目的问题。各种能源发展战略的出台,推动了各国能源消费结构多样性的出现。节能减排、发展可再生能源、减缓温室气体的排放,实现能源的高效、清洁利用,在全球各国已达成共识。

当前,中国作为发展中的大国,已进入工业化、城镇化加快发展的阶段,能源供需问题成为关系经济发展、国家安全和民族根本利益的重大战略问题。我国能源发展面临许多有利条件:世界政治经济格局出现新变化,我国综合国力和国际地位显著提高,在国际能源事务中的地位不断提升,有利于更深入广泛地参与国际能源合作,提高能源安全保障水平;世界主要发达经济体已进入后工业化发展阶段,受金融危机影响,能源消费总体趋于稳定,国际能源市场供需基本平衡,有利于我国进一步实施"走出去"战略,充分利用境外资源增加能源供应;在国际金融危机和应对气候变化的双重推动下,世界范围内掀起了以绿色、低碳技术为核心的新一轮能源变革。我国也已将新能源、节能环保作为重点发展的战略性新兴产业,能源面临跨越发展的重要战略契机;我国将进一步推进工业化、信息化、城镇化、市场化、国际化,经济继续保持平稳较快发展,市场需求潜力巨大,投资保持活跃,支撑能源科技创新的工程实践机会多,能源产业发展的空间较大;我国将加快转变发展方式作为经济社会发展的主线,为促进能源绿色多元清洁发展,全面推进能

源结构战略性调整和产业转型升级，实现由能源大国向能源强国转变创造了更加有利的条件。

与此同时，我们也要清醒地看到能源发展中也面临不少突出问题和挑战。主要是：国际金融危机造成的世界经济不确定性仍然较大，全球需求结构明显变化，主要国家的宏观经济政策从协调走向分化，贸易保护主义抬头，围绕资源、市场、技术、标准的竞争更趋激烈，加剧了国际能源市场波动，能源发展面临的外部环境更趋复杂；我国能源需求依然强劲，主要工业领域单位产出的能耗逐渐接近国际先进水平，技术节能的空间越来越小。以煤为主的能源结构短期内难以根本改变，煤炭大规模开发利用带来的土地塌陷、水资源破坏和环境污染等问题日趋严重。核电、水电等非化石能源快速发展受到多种因素制约，实现2020年非化石能源占能源消费比重15%的目标压力巨大，节能减排和应对气候变化面临严峻挑战；能源需求快速增长与资源短缺、能源开发强度加大与生态环境保护滞后的局面短期难以改变，能源供应重心与需求重心逆向分布仍然在加剧。城市与农村能源发展不协调问题依然严峻，这些在一定程度上影响了我国能源全面协调可持续发展。

为了抓住战略机遇，积极应对挑战，保障国家能源安全，国家目前正在加快推进能源资源优化配置和战略布局，推动能源“战略西移”。按照加快西部、稳定中部、优化东部的原则，加大西部能源资源开发强度，合理控制中部开发强度和节奏，加快东部地区非化石能源发展，形成东中西区域优势互补、有序衔接的能源生产供应格局。统筹国内能源开发布局，重点建设山西、鄂尔多斯盆地、蒙东、西南、新疆5个重点综合能源基地。结合国家主体功能区规划和全国能源产业布局，加强“西煤东调”、“北煤南运”、“西电东送”等国家骨干能源输送通道建设，显著提高跨区输送能力，为西部能源发展带来了历史性机遇。

贵州是我国西部多民族聚居的省份，也是贫困问题最突出的欠发达地区。加快发展是贵州的主要任务。贵州是我国能源和矿产资源富集区，从总体上讲，属于典型的“欠发达资源富集区”，是中国最具特殊意义的典型区域。欠发达资源富集区的发展对于国家经济社会发展、资源安全保障、生态维护具有极其重要的意义，需要实施特殊的政策和战略措施。

“十一五”以来，贵州抢抓西部大开发的历史机遇，围绕“加速发展、加快转型、推动跨越”的主基调，经济社会发展取得了巨大进步。全省生产总值年均增长13%，人均生产总值从不足800美元增加到2500美元，全省综合实力显著提升。目前，贵州已进入工业化、城镇化加速发展的新时期。但贵州至今仍然是欠发达省份，贫困问题十分突出。据测算，贵州2010年全面小康社会实现程度是62.4%，比全国平均水平落后大约8年时间，比西部地区落后大约4年。贵州要在2015年接近西部平均水平，人均生产总值接近5000美元，需要在2011年的基础上翻一倍，到2020年要与全国同步进入小康，需要在2015年的预期目标上再翻一番达到人均10000美元。贵州要缩小全国的差距，必须加快发展、加速转型、推动跨越。

国务院2号文件明晰了贵州的发展定位“四基地一枢纽”，体现了贵州的优势和特色。其中，建设“国家重要的能源基地”首当其冲，是重中之重。贵州的比较优势是巨大的能源和矿产资源储备。这为全面小康社会提供了坚实的物质基础。目前贵州能源资源开发优势还未得到充分发挥，产业链条短，资源深加工不够。贵州必须通过建设国家能源基地，积极发展能源相关产业，延伸产业链，提高资源产品附加值，才能真正将资源优势转化为经济优势。

（二）贵州建设国家能源基地的重要意义

《国务院关于进一步促进贵州经济社会又好又快发展的若干意见》指出，“加快发展是贵州的主要任务。贵州尽快实现富裕，是西部和欠发达地区与全国缩小差距的一个重要象征，是国家兴旺发达的一个重要标志。”贵州建设国家能源基地，是发挥贵州比较优势，推动区域协调发展战略的迫切需要，是贵州全面建成小康社会的有力支撑和迫切需要，具有重要意义。

1. 有利于促进能源发展方式转变

能源的可持续发展是经济社会可持续发展的支撑和保障条件，能源的可持续发展要求在满足经济社会发展对能源需求的同时保护好人类赖以生存的资源和环境，实现能源资源的永续利用。能源的可持续发展要求转变能源发展方式，即改变过去资源消耗大、污染排放高、技术水平低的传统能源发展方式，实现资源节约型、质量效益型、科技先导型的能源发展方式，将提高能源开发利用效率摆在首位，加快能源结构调整，淘汰落后产能，实现与环境的协调发展，以能源的可持续发展和有效利用支撑经济社会的可持续发展。

进行国家能源基地建设，可以推进能源产业集聚发展，实现能源就地转化，打造循环经济产业链，形成能源产业规模优势，推动能源产业转型升级。一是实现煤炭大规模就地转化，减轻煤炭外送压力、提高资源综合利用效率，大力推进煤炭的洁净利用，发展煤制油、煤制天然气、地下煤气化、煤制甲醇和二甲醚等现代煤化工产业。二是打造特色循环经济产业链。围绕煤及矿产资源的加工转化，推广上下游一体化的经营模式，形成煤—电—煤化工、煤—电—有色金属冶炼、煤—电—建材等多种一体化经营模式，有效地降低产品的综合成本，增强产业抗风险能力和竞争力。三是加快新能源发展步伐。根据国家总体部署和有关政策，在国家能源基地全面推进风能、太阳能、生物质能发电，推动能源科技创新。四是建设能源战略储备。国家能源基地在大力开发利用能源的同时，建设国家能源战略储备，以稳定能源市场价格，保障能源供应安全。

2. 有利于促进我国能源结构的调整优化

我国是世界上少数几个能源结构以煤为主的国家，而世界主要发达国家均以油气为主。以煤为主的能源消费结构给我国带来了环境污染严重、温室气体排放总量居高不下、能源利用效率偏低等一系列问题。因此，发展新能源、传统能源的清洁化是我国能源产业发展的必由之路。我国高度重视清洁能源发展，并将发展清洁能源作为我国能源战略调整、转变能源发展方式的重要内容。

在我国能源结构优化过程中，清洁能源发挥的作用不同于能源结构以油气为主的发达国家。美国、日本、德国、韩国等发达国家，石油在一次能源消费中的比重接近甚至超过40%，煤炭比重一般低于25%，其发展清洁能源的目的主要是实现对石油的替代，以保障能源安全以及降低温室气体排放。我国发展清洁能源主要实现对煤炭的替代，同时提高油、气在能源结构中的比重，从而实现能源结构的优化。贵州水能资源丰富，铀矿资源及其伴生矿资源价值十分巨大，煤层气资源十分丰富，页岩气开发潜力巨大，生物质能极具开发价值，为发展清洁能源提供了丰富的资源条件。

3. 有利于推动西部大开发战略的实施

西部地区肩负着西煤东运、西电东送、西气东输的重要使命，正在成为我国当前及今后较长时期最重要的能源供应基地。“加大西部重点区域开发力度。着力培育经济基础好、资源环境承载能力强、发展潜力大的重点经济区，形成西部大开发战略新高地，辐射和带动周边地区发展。”这是国务院常务会议研究深入实施西部大开发战略的重点任务和政策措施之一。

未来十年是西部大开发的关键时期，必须充分发挥西部各省的区位优势和资源优势，深入推进西部大开发战略的实施。其中重要一点就是要依托西部地区所拥有的各种能源和资源优势，进行能源基地规划以及能源产业布局，进一步完善政策、加大投入、强化支持，大力发展能源经济，进而打造西部地区新的经济增长极。

贵州建设国家能源基地，可以依托贵州能源和矿产资源储备丰富的优势，形成完整的能源开发产业链，推进资源的深加工，打造贵州经济发展的新引擎，不仅对于西部发展有着积极的促进作用，也对促进区域协调发展有着积极意义。

4. 有利于保障国家能源安全

鉴于我国能源主要生产地和主要消费地的空间差异性，为了提高能源输送的效益和利用效率，必须结合各地的能源资源状况和区位特色，在全国范围统筹布局，建设以国家能源基地为节点，以交通网络、输变电网络、天然气管网为通道的全国能源配置网络，实现能源的优化配置，从而保障国家能源安全。建设能源基地，有利于实现这种转变，从而优化能源布局和调配。把贵州建设成我国南方能源的战略支撑基地，对保障我国能源安全具有重要意义。

5. 有利于推动能源综合改革

贵州具有多元能源结构的特点，国家在能源战略、体制、政策等方面存在的问题在贵州都有突出表现。长期以来，我国部分能源产品价格没有完全放开，并轨后仍有浮动指导价，其所处行业往往带有一定的垄断性。这样就导致能源价格脱离实际供求关系，导致整个能源价格体系扭曲，产生“市场煤、计划电”的现象。能源改革迫在眉睫。

在贵州建设国家能源基地过程中，可以率先进行能源综合改革试点，先行先试，探索能源价格形成机制、资源环境补偿机制创新，推动能源资源税费改革，创新能源体制机制，实现能源产业又好又快发展。

6. 有利于发挥贵州比较优势

定位准确、思路科学是区域经济发展的根本性问题。在贵州第十次党代会上，贵州省委、省政府提出"加速发展、加快转型、推动跨越"的重大战略决策，引导全省经济步入快速发展的轨道，正在向更高目标迈进，可以说是贵州发展思路和战略的一次重大变革。国务院2号文件提出贵州建设"国家重要的能源基地"，赋予了贵州建设国家能源基地的新使命。建设国家能源基地是对贵州发展内涵、发展要义、发展本质的进一步深化和创新。建设国家能源基地是贵州转型跨越的新目标、新战略。

贵州地处西南，是我国重要的能源资源富集区。地理位置、区位条件、资源赋存和产业基础，在中国进入工业化中期阶段以后，具有独特而关键的作用，同时又是我国能源的战略接替区，是我国区域协调发展中的"关节点"。国家能源基地建设，将有效发挥贵州比较优势，推动我国区域协调发展。建设国家能源基地，进一步明晰了贵州在国家战略格局中的新定位。

贵州建设国家能源基地，一方面要从全国建设小康社会的能源需要和贵州自身的资源赋存、产业基础做出选择，从全国能源的可持续发展和国家能源安全角度出发，创新发展模式，搞好能源基地建设。另一方面，要根据我国进入工业化中期阶段的特点和要求，把工业化作为经济发展的重要动力，使能源基地建设与贵州新型工业化、城镇化有机结合起来，形成有竞争力的多元优势产业和竞争实力。

二、贵州能源产业发展的成就、主要问题、机遇与挑战

(一)贵州能源产业发展的成就

贵州省能源资源丰富，具有水火互济的能源发展优势。全省煤炭保有资源储量797.45亿吨、水能资源技术可开发量1948万千瓦，分别居全国第五、第六位。西部大开发战略和"西电东送"工程实施以来，贵州能源产业取得了跨越式发展，已成为贵州省第一大支柱产业，并正在建设成为我国南方重要能源基地。2010年，贵州能源工业总产值达到1537亿元，占全省规模以上工业总产值的36.9%，拉动全省工业增长5.5个百分点。

1. 电力

(1)"西电东送"推动电力产业快速发展。在西部大开发战略和"西电东送"工程实施以来，电力产业取得了跨越式发展，圆满完成了"黔电送粤"任务。从2000年正式启动"西电东送"工程以来，先后规划并建设了第一、二批"西电东送"电源项目共十水十二火22个项目，目前，除沙沱、马马崖一级两个水电站外，第一、二批"西电东送"电源项目已全部建成，共投产装机2215万千瓦，其中水电815万千瓦，火电1400万千瓦，实现了"十五"送广东规模达到400万千瓦、"十一五"送广东规模达到800万千瓦的目标。截至2011年底，全省6000千瓦以上装机3319.3万千瓦。全省6000千瓦以上装机中水电1285.0万千瓦，占总装机的38.7%；火电装机2030.0万千瓦，占总装机的61.2%；风电装机4.2万千瓦。2011年贵州统调电网发电1189.0亿千瓦时，其中：水电202.5亿千瓦时，火电985.9亿千瓦时，风电0.6亿千瓦时。贵州全社会用电量944.1亿千瓦时，同比增长13.0%。向外省输出电量359.6亿千瓦时，其中：送两广(广东、广西)273.6亿千瓦时，同比降低23.9%。"十一五"期间黔电送粤累计电量1586.1亿千瓦时。预计2012年全省6000千瓦及以上电厂装机总容量达到3800万千瓦，全年发电量1300亿千瓦时，西电东送电量达330亿千瓦时。

(2)电力工业结构得到调整。首先，是关停小火电机组取得进展。"十一五"以来至2009年底，贵州已关停小火电机组17台，"十一五"小火电机组关停总规模达到144.9万千瓦。其次，是节能减排取得成效。2009年贵州电网大力推行节能发电调度，全网综合煤耗322克/千瓦时，较2008年煤耗降低5.0克/千瓦时，减排二氧化碳176万吨；2009年统调水电节能降耗折合标准煤98.40万吨，折合减少二氧化碳排放360万吨，减少二氧化硫排放2万吨。一方面由于近年来新投产的火电厂的本身供电标准煤和厂用电率的技术指标均降低；另一方面"十一五"以来小火电关停力度的加大，因此贵州火电厂的供电标准煤和厂用电率均整体呈逐年下降态势。

(3)电网进一步完善。截止到2011年底，贵州电网有500千伏变电站14座，开关站1座，变压器23台，变电容量17000兆伏安；500千伏线路58条，总长度4725.1公里；220千伏变电站79座(含电厂联变)，变压器129台，变电容量21836兆伏安；220千伏线路239条，总长度8641.5公里。电网建设加快，"西电东送"能力达到1000万千瓦，基本形成"五交两直"500千伏黔电送粤通道。农村电网完善工程、无电地区电力建设工程、以及城市电网建设和改造工程进展顺利，2007年实现了行政村通电率达到100%；2009年实现了电网覆盖范围内户户

通电。

2. 煤炭

(1)加大了煤炭资源勘查力度。“十一五”期间,贵州加大煤炭资源地质勘查力度,开展的勘查项目总数超过150个,发现了一批新的大中型矿产地,已提交查明煤炭资源量154.5亿吨(含新增煤炭资源量78.7亿吨)。截止2008年末,全省查明保有资源/储量549亿吨,其中,基础储量150亿吨,资源量399亿吨。

(2)原煤产量稳步增长保障了能源供应。2011年全省原煤产量15601万吨,比2005年增加5156万吨,增长66.95%,年均增加1000万吨以上。“十一五”原煤总产量超过6.4亿吨,比“十五”原煤总量3.7亿吨增加2.7亿吨以上,增幅达70.3%。除满足本省经济社会发展对煤炭需求外,“十一五”调出省外煤炭1.9亿吨以上(不含焦炭),有力地支持了周边省份发展。近年来,贵州加强了统计和信息调度工作,制定了《贵州省煤炭经营企业布局规划》,合理设置煤炭经营企业,依法整顿煤炭经营市场秩序,努力维护煤炭市场供求基本平衡,确保了电煤供应。

(3)煤炭大基地建设步伐加快。贵州是国家十三个大型煤炭基地之一,云贵基地的重要组成部分。盘江、水城、六枝、普兴、织纳、黔北六大矿区均为国家规划矿区。“十一五”期间在加快推进煤炭资源整合的同时,加快一批大中型矿井建设,弥补一部分淘汰小煤矿生产能力。截至2009年底,全省在建煤矿233处,建设规模9968万吨/年;“十一五”期间建成投产矿井36处,新增生产能力1863万吨/年。截止2009年底,已经完成了17个矿区总体规划的编制,并经评估取得相关的批复。其中,国家规划矿区11个,省规划矿区6个。17个矿区规划中30万吨/年及以上矿井开发建设总规模为1.55亿吨/年,为全省煤炭资源的有序开发提供了依据,为全省煤炭工业向规模化、规范化健康发展奠定了基础。《盘江矿区总体规划》,现已修编并已进行评估,规划总规模5500万吨/年。

(4)积极培育大型煤炭企业。“十五”以来,通过引进省外优强企业,由原来主要依靠省内四家国有煤矿企业(盘江、水矿、六枝、林东)的模式转变成了国有大中型骨干煤矿企业和具有实力的其它所有制企业联合开发的格局,实现了煤炭行业投资主体多元化。盘江煤电2009—2010年原煤产量保持在1300万吨左右,2010年工业总产值达到68.13亿元,进一步巩固了中国煤炭工业百强企业和贵州省十大企业之一的地位。水城矿业2009—2010年原煤产量均在1000万吨以上,2010年工业总产值达到52.12亿元,跻身于全国千万吨级大型煤炭企业行列。省外来黔的一些大型煤炭企业(如永贵能源、兖矿贵州能化等)在省相关部门的支持下加大发展和扩张的力度,得到了迅速的发展。

(5)结构调整成效显著。“十一五”期间,贵州坚持“整合为主、新建为辅”的原则,大力推进了煤炭资源整合。整合前(2005年)全省煤矿总数2149处,30万吨/年规模以上的矿井数仅占矿井总数的0.93%。截至2009年末,全省煤矿总数(生产和在建)1738处,总规模29347万吨/年,平均单个矿井生产能力16.9万吨/年。规模以上的矿井数234处,占矿井总数的13.5%;生产能力11798万吨/年,占总规模的40.2%。

(6)煤炭洗选、加工转化和综合利用步伐加快。据统计,到2011年底止,全省共有大中小型选煤厂165座,原煤入选能力达8960万吨/年。2009、2010年全省原煤入洗量分别为2206.3万吨、2765.8万吨,生产精煤分别为1323.8万吨、1659.5万吨。“十一五”期间,加大了对煤矿瓦斯和煤矸石等煤炭开发共伴生资源的有效利用及加工转化的力度,水城和盘江矿区等一批瓦斯发电、煤矸石发电等综合利用项目正在陆续建成投产;毕节、水城老鹰山等煤基气化替代燃料项目等一批新型煤化工基地正在建设中。煤矿开采过程中的共伴生资源(煤矿瓦斯、煤矸石、煤泥、矿井水等)规模化利用和就地转化的步伐加快,全省煤炭工业综合效益逐步显现。

(7)煤矿技术面貌发生较大变化。“十一五”以来,贵州各大煤炭企业煤矿技术面貌发生了较大的变化。大中型煤矿采煤机械化程度平均达到70.1%,比“十五”初期提高22.6%,采区回采率平均达到74.9%,比“十五”初期提高22.9%,其中国有重点煤矿平均达到85%以上。盘江煤电2009年全公司6处生产矿井的综采机械化程度达到100%,掘进机械化(含机械装载)达60.7%,煤炭资源回收率达87.5%。

(8)煤矿安全生产稳步好转。“十一五”以来,通过多渠道筹措资金,逐步加大煤矿安全投入,对全省特别是国有重点煤矿进行安全改造,煤矿井下装备和安全生产系统,建成了一批标准化、现代化矿井,安全保障能力明显加强。通过对小煤矿的资源整合和技术改造,淘汰落后的生产技术和工艺,不断提高采掘机械化程度，增强矿井安全保障能力。2010年全省煤矿百万吨死亡率由2005年的7.75降至2.41，煤矿安全生产形势稳步好转，基本保持稳定。

(二)贵州能源发展存在的主要问题

贵州能源基地建设虽然取得了一系列成就，但也存在着不少困难和问题，如煤炭工业产业集中度低，产品结构单一；煤炭工业结构不合理，产品附加值低；煤炭企业负担重，生态环境治理欠账较多；能源加工转化和相关产业发展不充分，对地区经济社会发展带动作用不够强；能源经济发展中的市场机制和投融资体制不健全；资源管理、基础设施建设还存在不足，能源发展的体制机制还不适应等。突出表现在：

1. 煤炭产业结构不合理。贵州煤炭结构调整和资源整合虽然取得了一定成效，但整个煤炭产业仍然处于煤矿数量偏多、平均规模小、产业集中度低的状况，结构较为单一，洗选加工比重小，煤炭深加工产业规模小，煤炭气化、煤炭液化、煤层气开采等高技术、高附加值产业正待起步。资源深加工项目的发展由于资金筹措难、投融资体制不健全受到制约，企业经济实力和人才储备不足，行业整体竞争实力有待提高。

2. 资源监管体制不顺，开发利用效率较低。一些领域所有权主体缺位，产权不清；资源监管体制不能适应市场经济要求；税费制度不合理等问题突出。最近几年，贵州按照国家的统一部署，关闭和整顿不合法、不安全的小煤矿，同时采取措施整合煤炭资源，促使煤矿增加规模。提高了回采率，也节约了部分煤炭资源。但是，煤矿技术装备水平整体上仍然偏低，回采率水平仍然较低，资源浪费依然存在。

3. 基础设施不足，交通条件仍需改善。近年来，贵州经济社会快速发展，对基础设施的投资逐年加大，基础设施条件得到了较大幅度的改善。但与进一步加快能源及其相关产业的要求相比，贵州的基础设施条件仍显得严重不足，不足以支撑能源及相关产业的大规模发展。由于铁路运力不足，部分煤炭只能由公路外运，导致公路经常发生煤车拥堵，通过能力下降。煤炭运输能力不足限制了煤炭产量的进一步增加。

4. 制度建设滞后，缺乏整体规划。能源开发的利益机制尚未理顺，制约了能源发展对地方经济的带动作用。地方能源开发和合作机制不健全，一些地区能源产业发展远景目标不清晰，能源开发政策缺乏必要的稳定性和规范性。从周边各省区来看，它们与贵州的能源合作往往基于自身能源保障的需要和经济利益，在制度和政策上缺乏对能源开发地区利益的关注和补偿。由于缺乏科学的区域规划和有效的行政区管理体制制约，各地能源及相关产业存在着各自为政、盲目发展的状态。国家有关管理部门在能源发展规划和能源产业布局以及建设项目管理中，尚未充分考虑贵州在国家能源发展战略上的特殊重要地位，对贵州能源发展的规划指导、项目审批、资金投入、科技创新、财税扶持等政策措施的支持力度不够，贵州能源发展的优势还没有充分发挥出来。

5. 资金匮乏。据测算，在煤炭资源整合方面，贵州省需将目前1690处煤矿通过煤炭资源整合重组、技改升级、企业转产减少到1000处左右，建设投资匡算约需1500亿元，各项补偿费用约需450亿元，上述两项费用合计1950亿元。计划解决的途径为通过集团化改造，由获得资源或兼并小矿的集团自筹。缺口在600亿元—700亿元，希望国家能给予总投资10%—15%约200亿元—300亿元启动资金的支持。在煤矿整合过程中需要国家出台支持煤矿企业兼并重组、资源整合的金融优惠政策，解决企业融资难的问题，并且减免煤矿企业兼并重组、资源整合环节中的税费。煤矿建设的资本金投入一般在总投资的30%左右，按照规划"十二五"期间，贵州新增煤炭产能1.4亿吨左右，吨煤投资在1000元左右，总投资1400亿元左右，资本金的投入420亿元左右，资金缺口很大。在资源环境的补偿政策方面，煤矿环境保护与治理的历史欠帐全省估算180亿元左右。贵州省目前采取收取煤矿环境治理保证金的措施解决煤矿环境保护与治理问题，每年收取的煤矿环境治理保证金约15亿元，"十二五"期间贵州预计可收取80亿元。缺口在100亿元以上，贵州地方财力有限，需要国家给予支持。

6. 煤电矛盾突出。我国电价的市场化形成机制并未最终形成，全国煤炭企业和发电企业一直处于"市场煤、计划电"局面。这就导致煤价越市场化，煤电矛盾就越大。而受制于当前物价压力，"煤电联动"机制这一权宜之举又常常在物价压力下难以推出。煤电矛盾的根源——"市场煤计划电"的体制不理顺，煤电之间的痼疾就难以化解，煤电矛盾的化解最终必须依靠电力体制改革的不断推进。"十一五"期间，我国以每年新增约1亿千瓦发电装机的速度加快电力建设，基本解决了长期困扰中国经济社会发展的"电荒"问题，2010年底电力装机已达9.6亿千瓦。眼下我国的结构性缺电已经不再是装机容量不足的问题，而是煤电矛盾积压造成的燃料供应问题。整体"电荒"的解决也为我国继续推进电力体制改革提供了契机。

贵州煤电矛盾尤为突出。各级政府为保电力供应，耗费了大量精力。贵州作为"西电东送"的主力省份，为保珠三角发达地区电力供应，做出了巨大的贡献。贵州火电企业上网电价偏低。2011年底疏导后，贵州火电脱硫标杆价为每千瓦时0.3825元，在全国排名倒数第七，比周边的广西、湖南、重庆、四川分别低0.0947、0.1189、0.0616、0.0662元/千瓦时。电价调整跟不上煤价上涨幅度，煤价上涨造成的发电成本增加与财务费用等固定成本大幅上涨，削弱了火电企业的盈利能力，导致火电企业普遍亏损。

2012年国发2号文件中要求"在贵州率先开展全国电力价格改革试点"。希望国家有关部门采取切实可行的措施，抓住当前煤炭供求缓和的有利时机，推进电价改革，率先在贵州开展电价改革试点，理顺电价机制，加快资源性产品价格改革步伐。

(三)贵州加快能源产业发展的机遇

"十一五"期间，国内外发展的大环境为贵州加快能源发展提供了新的历史机遇。在全面建设小康社会的过程中，贵州可以进一步利用其能源资源富集的优势，加快能源及相关产业的发展，将贵州建设成为中国重要的新型综合性战略性能源基地，带动贵州经济社会的全面发展。

1. 国家能源发展战略和布局调整带来的机遇

能源是人类经济社会发展的重要物质基础，是现代社会正常运转不可或缺的基本条件。当前，能源更是事关各国经济发展、社会稳定和国家安全的大事，也是对国际政治、外交甚至军事格局有着重大影响的因素。中国人口众多，各种能源资源的人均占有量非常低，能源已经成为影响国家安全的重大问题。

为解决好能源安全问题，中国政府制定了《能源中长期发展规划纲要》。其中所提出的中国中长期能源政策框架可以概括为五个方面。

专栏：国家能源中长期发展规划纲要(要点)

一是节能优先。坚持能源开发与节约并举，把节约放在首位的方针。"十一五"期间通过经济结构调整、建立市场经济条件下的节能激励机制和实施机制、推动节能技术进步等措施，实现单位GDP能源消耗降低45%左右的目标；向低能耗方向调整产业结构，促进经济增长方式转变和经济效益提高；向可持续发展的方向引导能源消费，建设资源节约型和环境友好型社会。

二是立足国内。立足于主要依靠国内资源供应满足能源需求，这是解决中国能源问题的基本方针。

三是优化结构。坚持以煤为基础、多元发展，形成以煤炭为主体，电力为中心，油气、新能源全面发展的能源结构。加强大型煤炭基地建设；积极开发水电、核电；按照"挖潜东部，发展西部，加快海域，开拓南方"的思路，加强国内石油天然气勘探开发，继续稳定和提高国内油气产量；鼓励发展风电、生物质能等可再生能源，不断提高清洁能源的比重。

四是保护环境。使能源发展兼顾经济性和清洁性的双重要求，尽量减少能源开发利用给环境带来的负面影响，努力实现能源与环境的协调发展。

五是增强合作。在立足国内的同时，扩大与世界主要能源生产国的合作，积极利用国际资源。在对外合作方面，坚持多元化的方针，实现资源供应地区、合作方式以及能源资源品种的多元化。

从事关国家安全和保证中国经济社会长期稳定发展大局的要求出发，按照我国既定的能源发展的方针政策，有必要在国内建设若干个国家重要的战略能源基地，才能稳定可靠地解决中国的能源问题。国家战略能源基地必须具有独特的能源资源优势、就近覆盖较大能源消费市场的区位优势、已形成较大规模的能源产业基础、开发潜力巨大的良好发展前景、可以建成多元互补的能源结构、能够对国家能源保障发挥重要战略支撑作用的能源基地。

中国能源发展形势的变化，正在推动国内能源发展布局的调整，将会给贵州能源发展带来良好的机遇：

一是贵州作为国家战略能源基地的作用将日

益显现。国家《能源中长期发展规划纲要》确定的能源发展方针,使贵州的煤炭资源优势在全国的重要性更加突出。国家能源战略更加关注中长期的能源供应安全,并不断增加国内的能源供应能力。贵州优势明显的能源资源和区位优势,可以在保障中国中长期能源供应安全方面发挥越来越重要的作用。

二是国内能源生产和消费分布的错位,需要贵州能源的快速发展。中国长期以来形成的"北煤南运"、"西电东送"的能源开发利用格局,是由能源资源集中在北部和西部,而能源消费地主要在东部、南部决定的。"十二五"期间,我国将推进能源"战略西移"。按照"加快西部、稳定中部、优化东部"的方针,加大西部能源资源开发强度。贵州作为西部重要的能源输出区,将迎来难得的发展机遇。

三是大力发展新能源和可再生能源的战略取向,为把贵州建成可再生能源产业基地提供了机遇。国家已经确定,要以小水电、沼气、秸秆气化、太阳能供热等常规成熟技术和风电、太阳能光伏发电、燃料电池等具有大规模发展潜力的新能源作为重点。国家有关部门正制定并实施一系列激励政策,以促进新能源和可再生能源的发展。贵州将凭借可再生能源产业优势条件成为中国重要的可再生能源产业基地。

2. 世界能源发展和经济全球化带来的机遇

伴随着经济全球化、区域经济一体化和新技术革命的加快,世界产业结构开始新一轮的调整和产业转移。中国作为新兴经济大国受到世界众多一流投资者的热切关注,跨国公司已经成为主导经济全球化的主体。这对引进国际资本,将贵州能源及其相关产业纳入跨国公司全球生产体系,推进地区工业化和产业结构调整,提供了难得的机遇。

(四)贵州能源发展面临的挑战

首先,国家越来越强调保护资源和保护环境,会对贵州扩大能源资源的开发规模形成制约。国家在环境和资源的管理上严格标准、严格执法,对贵州的煤炭开发和电力发展速度将起到一定的约束作用,能源产业能力扩张的成本会相应提高,比较优势会有所减弱。其次,国家今后将更加注重提高能源的利用效率,推进能源消费结构优化和升级。一些地区会放弃原有的能源供应渠道,选择更加清洁和高效的能源供应来源,而能源市场的国际化、市场化也会使这种选择更易实现。这就需要贵州创新能源开发利用模式,建设新型综合性能源基地,真正走出一条既能保护资源、保护环境,又能促进能源及相关产业快速发展的新路子。

三、贵州建设国家能源基地的优势条件

贵州能源资源具有综合性优势,煤炭在贵州能源中具有基础性地位。贵州集煤炭、水电、煤层气、页岩气四大资源于一体,储量大,全国独有。贵州矿产资源丰富,特别适合于发展以煤为基础的资源深加工基地。贵州具有良好的能源产业基础,能源相关产业体系比较完善,在区位、市场、运输体系、政策导向方面都具有明显的优势。

(一)能源资源优势

煤炭资源丰富,分布集中,开发潜力巨大。贵州素以"西南煤海"著称,煤炭资源保有储量达797.45亿吨,居全国第五位,超过南方12省(区、市)煤炭资源储量的总和。煤炭不仅储量大,且煤种齐全、煤质优良,为发展火电,实施"西电东送"奠定了坚实的基础,同时为煤化工、实施"煤变油"工程提供了资源条件。六盘水、织纳和黔北三大煤田保有资源储量占全省总保有资源储量的90%左右,占云贵煤炭基地总保有资源储量的2/3以上。煤种齐全,包括气、气肥、肥、1/3焦、焦、瘦、贫瘦、贫及无烟煤多种;煤质较好,以中灰、低～中硫、高发热量为主,特别是低硫煤资源丰富,其保有储量占总保有储量的1/3以上,中、低硫煤保有储量占总保有储量的72%以上。地质勘查程度较高,成果较可靠,截止2011年末,全省查明保有资源/储量469.22亿吨,目前资源开发利用率仅为36.21%。煤层埋藏较浅,易开发,大部分探明储量在垂深500米以浅,多数具备平硐或斜井开拓条件,适合于机械化开采和建设大中型现代化矿井。

水能资源丰富,开发条件优越。贵州河流数量较多,处处川流不息,长度在10千米以上的河流有984条,2002年,全省河川泾流量达到1145.2亿立方米。贵州河流的山区性特征明显,大多数的河流上游,河谷开阔,水流平缓,水量小;中游河谷束放相间,水流湍急;下游河谷深切狭窄,水量大,水力资源丰富。特别是水位落差集中的河段多,开发条件优越。

根据全国2003年水力资源复查成果,贵州10兆瓦以上河流170条,理论蕴藏量18086.4兆瓦,居全国第六位;技术可开发574+27/2座、技术可开发量19487.9兆瓦;经济可开发448+26/2座、经济可

开发量18980.65兆瓦。经济开发量中,大型水电站12+4/2座、13002.5兆瓦,主要分布在乌江、南盘江、北盘江、清水江等几条大河上;中型水电站25+14/2座、3130兆瓦,较均衡地分布在八大水系;小型水电站412+8/2座、2889.9兆瓦,全省各地均有分布。目前贵州水能资源总体开发程度达到78%左右,还有小部分大型水电站项目待开发,中小型水电站尚有一定的开发潜力,是未来清洁能源发展的方向之一。

清洁能源资源丰富。铀矿资源及其伴生矿资源价值巨大,可为核电工程的建设发展提供燃料支持。风力资源具有开发价值。贵州典型的山地气候造就了风能资源的局部可利用性,存在一些风能资源相对比较丰富的地区。煤层气资源十分丰富。预测全省埋深2000米以浅(CH4含量≥4立方米/吨)煤层气资源量31511亿立方米,约占全国煤层气资源总量的22%,居全国第二。其中富甲烷(CH4含量≥8立方米/吨)煤层气资源量29214亿立方米,占全省煤层气资源量的92.7%。生物质能极具开发价值。贵州页岩气资源地质储量达10.48万亿立方米,位列全国第四。贵州地处亚热带湿润气候区,气候温和,充足的光、热、水条件,加上良好的土壤条件,非常适合植物生长,生物质能极具开发价值。

专栏:美国的"页岩气革命"

据美国能源信息署(EIA)的最新统计数据显示,当前全球页岩气可采资源189万亿立方米。其中北美地区拥有55万亿立方米,位居第一;亚洲拥有51万亿立方米,位居第二;非洲拥有30万亿立方米,位居第三;欧洲拥有18万亿立方米,位居第四。全球其他地区拥有35万亿立方米。页岩气勘探开发已在北美洲、亚洲、欧洲、南美洲、大洋洲等地区蓬勃兴起,爆发一场"页岩气革命"。

美国是页岩气开发最早、最成功的国家。1981年,第一口页岩气井压裂成功,实现了页岩气勘探开发的突破。本世纪以来,随着水平井大规模压裂技术的成功应用,美国页岩气开发利用快速发展。美国页岩气产量从2005年的194亿立方米,提高到2010年的1378亿立方米,占美国天然气总产量的23%。2011年为1800亿立方米,占34%。这改变了美国天然气供应格局,使该国进口天然气和LNG量大幅度下降。据预测,页岩气将成为美国未来天然气增产的主要来源,到2035年总产量占比将提高到46%。这增加了其他国家对页岩气勘探开发利用的信心。

目前,世界许多国家正在效仿美国发展页岩气,以期降低对中东、北非和俄罗斯进口天然气的依赖。

加拿大是继美国之后世界上第二个对页岩气进行勘探开发的国家,除自给自足外,增加了对欧洲和亚太地区的供应,使北美地区成为世界能源新的增长点。欧洲的波兰、德国、奥地利、匈牙利、波兰、西班牙等国家页岩气的勘探开发已取得重大进展,预计到2035年将逐步摆脱对俄罗斯天然气的依赖,实现燃气自给,提高欧洲能源安全。亚太的印度、印尼、澳大利亚以及南美洲的阿根廷和哥伦比亚,还有非洲的南非等国也在积极开展页岩气勘探开发,都取得了明显的进展,大有在本地区捷足先登、引领能源未来之势。

贵州矿产资源丰富。境内矿产资源种类繁多,分布广泛,门类齐全,储量丰富,且成矿地质条件好,是著名的矿产资源大省。截至2010年底,已发现矿种(含亚矿种)128种,发现矿床、矿点3000余处。有41种矿产资源储量排名全国前10位。磷矿资源储量31.49亿吨,占全国总量的15.85%,居全国第3位;锰矿保有资源储量9882.49万吨,锑矿保有资源储量26.72万吨,铝土矿资源储量5.9亿吨,分别占全国总量的10.07%、8.07%和16.30%,锰矿储量居全国第3位,锑和铝土矿居全国第4位;重晶石保有资源储量1.26亿吨,占全国总量的30.65%,居全国第1位。此外,贵州金矿储量居全国第十二位,是中国新崛起的黄金生产基地。其中,汞、铝、磷、煤、锑矿产资源,在全国的优势地位突出,在业内人士中早有"五朵金花"的美誉。丰富的矿产资源为贵州发展以铝、金为主的冶金工业,以磷、重晶石为重点的化学工业和以水泥为代表的建材工业等,提供了充足的资源保障。

(二)产业基础优势

贵州能源资源相关产业发展较快,产业基础优势明显。改革开放以来,国家在贵州投资兴建了一批大型煤矿,并实施煤电转换和对外输电。经过多年的开发建设，贵州已初步形成了以煤炭、电力为主体的能源工业体系。近几年，贵州在煤炭和电力工业发展上逐步走上一条大型化和集约式的道路，能源工业的技术装备水平、规模经济效益、市场竞争能力明显增强，为进一步发展奠定了良好基础。同时，贵州已经建立了比较完善的能源基础设施和相关工业体系，具备了能源工业加快发展的基础。

近年来，贵州省铝、钛、黄金等有色金属工业发展较快，2010年规模以上有色金属产业增加值达到61.12亿元，是2005年的1.64倍，占全省规模以上工业总产值的5.4%。贵州有色金属产业节能降耗取得新成效，技术装备水平不断提升，产品质量显著提高，资源勘探保障能力进一步增强，产业结构调整取得新进展，产业集中度逐步提高，有色新材料研发初见成效，已建立从地质勘探、设计科研、基建施工到采、选、冶、加工生产和经营管理相配套的比较完整的工业体系，铝、钛、黄金在全国有色金属工业中占有重要位置。依托煤、磷、电、水等优势资源，着力推进化工产业技术进步，提高生产规模，增加品种，延长产业链，全省化工产业保持了持续快速健康发展。加快资源综合利用，大力发展新型建材，建材工业取得较快发展。

（三）区位优势

贵州地处中国西南，地域辽阔。东北部与湖南、重庆接壤，西部与云南毗邻，南部与广西相连，距离重庆、昆明、南宁、广州等中心城市较近。既与珠江经济圈联在一起，又与成渝经济圈毗邻。贵州的能源产区具有西煤东运、西电东送的独特区位优势，已形成了铁路、公路、水路和航空等多种运输方式的全方位开放口岸格局，因此，贵州面向珠三角、中南地区能源开发中具有无法比拟的独特优势。

（四）临近能源消费市场优势

从今后发展趋势看，整个中国东部、南部和部分中部地区都将成为能源消耗的重点地区。贵州已经是西南和珠三角地区重要的电力、煤炭供应地区，也向西南地区输出煤炭，成为“西电东送”工程的主要电源之一。贵州可以利用沿海发达地区的先进技术和庞大的市场实现能源及相关产业的规模化，并推进深度加工，既可就近利用西南、中南、珠三角地区的市场资源成为国家重要的新型综合型能源基地，又可向中部拓展能源相关产品的市场。可以充分利用这些区域的市场空间、科技人才、相关服务业等资源，重点在科技成果转化和承接产业转移等方面加强分工合作，实现区域经济一体化。

（五）商务成本比较优势

贵州投资环境显著改善，交通条件大为改观，基本建成了以主要城市为中心、辐射各地区的路网框架，为依靠省外市场的能源及相关产业发展创造了便利、快捷的运输条件。电力建设卓有成效，电网建设超前发展，充裕的电力供应为贵州地区工业化进程的快速推进提供了充分的能源保障，而突出的火电价格优势构成贵州高载能产业发展的核心竞争力。贵州在能源、原材料、土地价格等方面具有明显的比较优势，为发展重化工业奠定了竞争优势。综合用电价格、焦炭价格、动力用煤及运距、销售成本等因素，可以预见，这些竞争优势将成为推动能源及相关产业快速发展的巨大动力。

（六）政策导向优势

国家为实施西部大开发和促进少数民族地区发展战略，制定了许多优惠政策，国务院《关于促进贵州经济社会又好又快发展的若干意见》对贵州经济社会给予了一系列的政策支持。这些都有利于贵州加强与国内外多层次、多领域的合作，有利于吸引资金、技术、人才等生产要素的聚集。在能源及相关产业发展上，贵州出台了关于加快能源基地和资源深加工基地的相关政策措施，为能源及相关产业的发展提供了良好的政策条件。

贵州的发展优势较为明显，但同时也应该看到，建设国家能源基地存在不少制约因素：基础设施不足、交通条件仍需改善；制度建设滞后、缺乏长远高端的战略规划；发展能源产业面临严重的资金匮乏；煤电矛盾尤为突出；产业层次低，产业链不完整，资源深加工水平不高，大企业和大项目带动能力不强；高层次管理和技术人才缺乏，研发力量不足；金融和信息服务能力比较薄弱；能源发展的体制机制有待创新等，需要在国家能源基地建设过程中不断加以解决。

四、贵州国家能源基地建设的要求与战略定位

（一）能源基地建设的要求

一是绿色化。能源基地的产业发展要以发展绿色经济、低碳经济、循环经济为目标，顺应世界能源发展趋势，符合建设资源节约型和环境友好型社会的要求。

二是清洁化。能源基地的产业发展方向是以

煤炭资源的清洁利用,清洁能源的综合开发为重点,即传统能源清洁化,清洁能源规模化。

三是综合性。能源基地的产业发展要综合利用贵州煤炭、水能、煤层气、页岩气四大能源资源,充分发挥其储量大、质量好、国内独有的综合配套优势,形成完整的产业链优势。

四是高效化。能源基地的产业发展要符合市场需求,综合成本较低,附加值高,经济效益好的要求,以高效集约降低产业发展成本,增强企业竞争力。

(二)能源基地建设的战略定位

建设国家能源基地,明确战略定位至关重要。战略定位是关系能源基地发展的全局性、方向性、前瞻性的战略问题,应综合考虑以下因素:一是要把国家能源需求与区域职能分工结合起来。每一个地区对全国区域发展格局都有各自的发展诉求,在全国"一盘棋"的战略格局下,每一个地区都应该积极承担国家赋予区域分工的责任和义务。二是要将区域发展诉求与区域优势结合起来。区域发展的诉求包括很多方面,如果不能有效结合并发挥自身优势的诉求往往难以实现,区域发展战略的制定必须建立在能够充分发挥自身优势的基础之上。三是要把全球化视野与地方特色结合起来。经济全球化的趋势不可逆转,后危机时代外资仍会大规模进入我国,特别是中西部区域条件优越的地区。各区域必须进一步突出各自特色,参与国际产业链分工,强化配套能力建设。

贵州是我国能源发展的重要战略接替区,是我国未来南方能源的战略支撑基地,在国家能源基地的建设上既要对较大区域的经济社会发展起基础性支撑作用,又能对国家长远能源安全发挥重大战略作用,其战略定位是:

1. 国家能源发展方式转变先行区

一直以来,我国主要依靠增加煤炭产量、增加石油进口等手段,来满足经济较快发展对能源不断增长的需求,能源发展重"量"而不重"质",体现在能源开发、输送和消费方式粗放。加快转变能源发展方式,以清洁、高效的能源利用方式走新型工业化道路才能促进经济社会的可持续发展。贵州作为"西南煤海",要充分利用战略区位和能源资源综合配置的优势,以能源基地建设为契机,在能源开发、配置、消费、技术创新等领域先行先试,率先建成现代能源产业体系,成为能源发展方式转变的前沿阵地。

2. 国家能源科技创新引领区

与发达国家相比,我国能源领域整体技术水平较低,研发基础薄弱,创新能力不足。能源生产设备的制造和运行控制等缺乏核心技术,低水平重复建设情况严重;关键原料和零部件大量依赖进口,成为制约我国能源产业发展的瓶颈;对引进技术和设备,在消化吸收基础上结合我国国情进行再创新的能力普遍不足。贵州应积极跟踪国际上重大能源技术的变化趋势,加大自主创新力度,促进能源、信息和控制技术的紧密融合,实现相关领域的产业升级和跨越式发展。为我国能源可持续发展和在新一轮全球能源变革中占有重要地位奠定坚实的基础。

通过实施技术跨越战略,充分发挥后发优势,带动能源相关产业的跨越式发展。在资源优势突出、产业和技术基础较好、发展前景广阔、具有贵州特色优势的能源相关产业领域,直接引进和采用国际国内先进技术,重点解决决定产业发展水平的战略性、关键性技术问题,抢占这些产业的技术制高点,提升产业的整体素质和竞争能力。

支持贵州建立"国家智能电网发展示范区"。智能电网不仅仅是能源电力的传输通道,更是优化能源结构、配置能源资源、实现能源消费绿色转型、促进战略性新兴产业发展的重要平台和良好载体。国家非常重视智能电网发展。贵州应牢牢抓住世界新一轮能源、信息技术变革和经济结构调整带来的重要机遇,抢占国际电网技术和产业制高点和发展先机,把能源基地建设成为国家智能电网发展示范区,充分发挥智能电网在应对气候变化、保障能源安全、培育新兴产业、带动产业升级中的引领和支撑作用。

3. 国家清洁能源综合开发试验区

坚持改革开放,创新体制机制,优化发展环境,依托贵州丰富的清洁能源资源,探索清洁能源综合开发模式,在水电、风电、生物质能、煤层气、页岩气等清洁能源项目开发建设的同时,推进传统能源煤炭的清洁化利用,为全国生态清洁能源的综合开发探索经验。

4. 国家战略能源应急保障基地

"十二五"规划纲要提出合理规划建设能源储备设施,能源储备成为"十二五"乃至更长历史时期的重要命题。我国战略能源储备体系建设刚刚起步,应对供应中断能力较弱。我国正在以应对大规模电网事故和石油天然气供应中断为核心,建立完善的能源安全预警制度和应急机制。贵州既是我国重要的煤炭生产基地，又是“西电东送”主要电源地之一。根据国家煤炭战略储备政策的有关规定，应把贵州纳入国家煤炭应急战略储备基地，建议每年收储500万吨—1000万吨，由中央政府统一调拨使用。

5. 国家重要的煤炭外供和加工转化基地

贵州煤炭资源丰富，开采条件较好，具有一定优势。贵州周边省区都是缺煤大省，长期以来，贵州一直承担着南方煤炭供应任务。近年来，贵州煤炭外调量逐步增加，进一步促进贵州煤炭生产规模的扩大。贵州作为国家重要的煤炭生产基地，完全可以凭借其邻近华南、中南、西南等重点煤炭消费区的独特优势，在全国煤炭供应布局中占据更加重要的地位。

贵州在承担煤炭外调任务的同时，今后应积极发展煤炭加工转化和煤化工产业，成为国家重要的煤炭加工转化基地。经过“十一五”的快速发展，我国的煤炭行业目前已经出现了在建规模过大，产能过剩压力增加的态势。同时，煤炭生产向晋陕蒙地区集中也进一步增加了这些地区的煤炭外运压力。尽管近几年铁路、交通部门不断提高该地区煤炭外运能力，但依然不能满足运输需求，成为影响煤炭市场的重要因素之一。把贵州发展成为煤炭加工转化基地不仅能够促使全国的煤炭工业布局更加合理，也能够从长远上化解运输紧张的压力，促使全国和贵州省内的交通运输布局更加合理。煤炭就地加工转化除了发电以外，今后主要的途径就是发展现代煤化工产业。积极研究和探索煤的现代化利用，是充分发挥贵州煤炭优势的一个战略方向。煤经气化后可用于生产化工原料、液体燃料（合成油、甲醇、二甲醚）和电力，且具有降低产品生产成本和减少污染物排放等方面的优势。用煤化工替代一部分石油化工，可以起到缓解石油供应短缺的效果；将多联产技术应用于发电，可以使发电效率大幅度提高。所以，从长远发展看，在贵州国家能源基地建设中发展以煤化工为龙头的多联产系统，具有重大的战略意义，需要纳入国家的能源发展战略和规划，在产业政策和科技政策方面给予特殊支持。

6. 国家重要的电力外供基地

我国能源配置具有突出的生产和消费异地特征。新疆、贵州、山西、陕西和贵州5个省（区）的煤炭资源占全国总量的82.67%。东部地区经济发达，能源消费量很大，但能源资源较少，所以形成“北煤南运”、“两电东送”的格局。随着煤炭消费的增加，运量和运距都在增加，运输能力成为煤炭供应的重要制约因素。煤炭的大量运输不仅增加了交通运输和环境的压力，运输的单向性也成为影响交通运输部门提高运输系统效率、效益的重要制约因素。因此，实施煤电转换战略，变输煤为输电就更为紧迫。

煤炭是我国发电的主要能源。在煤炭产地发展坑口电站，把煤炭就近转换成电力，是解决煤炭运输制约问题的主要途径。根据国家有关规划，今后新增的坑口电站要占到全国新建燃煤火电装机容量的50%。贵州作为重要的煤炭产地，今后在发展外输电力方面具有独特的优势。依托贵州的煤炭资源就地转换成电力，向珠三角地区输电，把煤炭转换成电力，未来向南方电网的供电量还将有较大幅度的增长。

五、国家能源基地建设的总体思路

（一）指导思想

以科学发展观为指导，以转变能源发展方式为主线，创新能源发展模式，正确处理好能源发展与经济社会发展之间的关系、资源开发与资源保护之间的关系、能源开发与环境保护之间的关系、能源产业发展与相关产业发展之间的关系、资源开发利用的短期效益与长期利益之间的关系；以实现技术跨越为主要手段，带动能源及相关产业的战略升级，走资源利用率高、科技创新能力强、经济社会效益好、环境污染少、可持续发展的新型能源工业发展道路；立足建立现代能源产业体系，增强产业竞争力，加快能源改革步伐，实行科学规划，推进改革试点，实行先行先试。尽快将资源优势转化为经济优势，把贵州建设成特色鲜明、产业配套、布局合理、资源节约、体制创新的综合性、绿色、生态、高效的综合性能源基地。

（二）基本原则

理性有序、科学发展。遵循能源资源开发规律，注重开发时序、强度和广度，正确处理对外开放与能源安全、整体推进与重点突破、开发利用与生态保护等关系，不断提高科学发展水平。

后发赶超、跨越发展。充分发挥贵州的比较优势，在重点领域和关键环节改革中率先试验，创新有利于能源经济发展的体制机制，努力拓展发展空间，形成特色鲜明、优势突出的能源产业体系。

转型升级、集约发展。将转变发展方式和调整经济结构作为经济发展的主攻方向，以科技引领贵州产业转型发展，不断提高能源产业科技含量和规模层次，不断提高资源利用效率和水平，全面促进能源资源开发利用向集约型转变。

区域协调、联动发展。协调周边区域联动开发，协调发展，促进各种产业联动发展、基础设施联动建设、资源要素联动配置、生态环境联动保护，实现区域经济协调发展。

保护生态、持续发展。注重保护和开发并举，坚持经济发展与生态环境保护相统一，能源资源开发利用与资源环境承载力相适应，将生态文明建设放到突出位置，促进人与自然和谐，实现经济社会可持续发展。

以人为本，和谐发展。坚持发展依靠各族群众，大力增进民生福祉，提高各族群众生活水平，促进民族团结进步繁荣，保持民族地区社会和谐稳定。

（三）战略目标

根据国务院2号文件赋予的“建设国家重要的能源基地”和“把贵州建成南方重要的战略资源支撑基地”的要求，贵州能源基地发展的总体战略目标是：把贵州建设成为支撑我国南方能源发展的重要的国家综合性战略能源基地。在中长期内，抓住国家实施西部大开发和能源及相关产业“战略性西移”的机遇，通过引进先进技术，提升能源和相关产业的层次和水平，加强能源的就地转化利用，把资源优势转化成经济优势，使贵州的能源及相关产业不仅成为本地区经济发展的支柱产业，也能够成为在国内具有较强竞争优势的特色产业，逐步把贵州建设成以先进技术为支撑、以煤炭加工转化为基础、生态环境得到充分保护的煤炭、电力、可再生能源等多元化发展的国家能源基地。

（四）发展思路

贵州推进国家能源基地建设，应转变观念，创新发展模式。按照循环经济理念和产业链延伸的原则，推进上下游产业一体化、支柱产业多元化，做精做强煤电用、煤电磷、煤电铝、煤电钢、煤电化，提升产业层次，优化产业结构，改善产业素质，构建现代多元化支柱产业体系，建成以“五化、四地”为核心的国家重要能源基地。

1.“五化”支撑

(1)煤电用一体化。加快煤炭工业的技术创新，改造提升传统煤炭产业。重点引进、研发、采用煤炭高效开采和选洗加工技术、精确勘探技术、煤炭液化和气化技术、煤层气开发技术、煤炭资源友好开采技术、新一代洁净煤综合配套技术、煤炭安全生产技术，重点建设现代化大中型高产高效煤矿，提高煤炭生产的机械化水平、规模经营水平、安全生产水平和经济效益水平。

充分发挥煤炭资源优势，实施煤电转换战略，变输煤为输电，化解运输紧张的压力，减少污染物排放。重点发展以火电为主的电力工业。以国家“西电东送”工程为依托，建设布局合理、技术先进、管理有序、节水环保的现代化大型火电基地，在满足省内经济发展对电力需求的同时，重点为西南、华南、中南地区的经济社会发展提供充足的电力供应。“十二五”末，贵州规划建设的电力装机可以超过5000万千瓦，其中70%用于满足省内电力需求，30%向珠三角地区输送。

以电力工业技术水平的跨越发展带动电力工业产业层次的跃升。根据贵州的实际情况，积极实行“以大代小”的政策，重点建设大型、超大型火电厂，新建项目积极采用大型超临界、超临界机组和国际先进配套技术，在洁净煤燃烧、煤矸石发电、灰渣综合利用以及空冷发电、有害物排放控制等方面采用国际先进技术，使电力工业在技术装备、发电效能、安全性能、节能节水、环境保护、经济效益等方面达到国内领先水平，提高电力工业的竞争能力。加大淘汰小的发电机组和设备的力度，进一步优化电源结构。

(2)煤电磷一体化。原则上不再新增磷肥产能，重点支持发展符合国家及省相关产业政策、符合产业发展方向和附加值高的精细磷化工产业。“十二五”末，全省磷矿开采企业年产量均达到30万吨以上，形成2个以上年产值超过500亿元的大型磷及磷化工企业。

(3)煤电铝一体化。重点支持发展符合国家及省相关产业政策、符合产业发展方向和附加值高的铝精深加工产业。“十二五”末，全省铝土矿开采企业年产量均达到10万吨以上，形成5个以上大型铝及铝加工企业。

(4)煤电钢一体化。重点支持省内现有钢铁产品加快结构调整，支持按照循环经济理念，利用新技术、新工艺高起点发展符合国家相关产业政策、符合产业发展方向和附加值高的钢铁工业。“十二五”末，形成1个年产值500亿元以上大型钢材生产企业。

(5)煤电化一体化。重点支持发展煤、水资源有保障、符合国家相关产业政策的现代煤化工产业，形成新型煤化工产业。近期以煤基醇醚燃料为突破口，先满足民用燃料和部分车用燃料的需求，然后根据技术发展、市场需求和国家的产业政策，延长产品链，发展煤经甲醇制烯烃及其下游产品，适时启动煤制油（间接液化）工程。“十二五”末，煤制醇醚燃料（以中间产品甲醇计）规模达到452万吨/年，煤制烯烃产品60万吨/年，争取启动煤制油一期工程；形成7个大型煤化工企业，其中，力争5个年产值达到200亿元以上。“十三五”煤制烯烃产品规模达到160万吨/年，形成煤制油规模300万吨/年。规划期内陆续建成毕节、织金、老鹰山、普兴、盘南等煤电化一体化基地。

到“十二五”末，贵州矿产资源保障能力显著增强，煤炭产量达到3亿吨左右（到“十三五”末即2020年，计划达到5亿吨）。煤电磷、煤电铝、煤电钢、煤电化等一体化取得明显成效，优势矿产资源深加工和就地转化率不低于80%，形成若干千亿元级、五百亿元级矿业经济板块，规模以上矿业经济增加值比2010年增加1.9倍以上，达到2100亿元，工业固体废弃物综合利用率达到60%以上。

2.“四地”保障

(1)建设能源科技创新基地。发挥政府的公共服务职能，着重营造创新氛围，引导企业生态链条构建，提供科技信息和科技成果转化服务。以政府为主导开展前期研究工作，组织相关政府部门、企业单位、研究机构等共同参与，通过法规和政策来保障战略规划的落实与实施，出台有关扶持政策，促进形成多方合力共建能源基地的局面。

整合贵州能源科技力量，联动国内外能源科技资源，建立合作共赢机制，加大自主创新力度，实现自主发展，研发拥有自主知识产权的关键技术和设备，在全球的激烈竞争中占得先机，提升我国在关键技术领域的核心竞争力和技术标准的话语权。

充分吸收各国智能电网发展的新技术，提高消化吸收和自主创新能力，跟踪世界智能电网技术的前沿，在开放中发展，注重处理好知识产权保护与加强自主创新之间的关系，逐步形成自主创新的技术和标准，在合作中提高国际竞争力。

(2)建设国家能源储备基地。按照国家能源保障总体部署，在贵州选址建设大型能源储备基地、煤化工产品交割区，大幅提高我国能源综合储备能力，增强国家能源安全保障能力。

(3)建设南方能源资源交易基地。推进贵州能源资源要素交易服务平台建设，逐步建成我国南方能源交易中心，增强能源交易的国际话语权，逐步形成“贵州能源指数”。推进交易中心核心功能创新、交易和结算模式创新、上市交易品种创新，加快形成煤炭、矿砂、煤化工产品、钢材等品类齐全的能源资源要素交易市场体系，建成立足贵州、面向南方、辐射全国的能源资源综合交易中心。完善交易平台配套服务，搭建货物交易及运输一体化平台，促进经纪人市场化发展。推动政府、企业和服务信息共享互联，加强技术、金融、信息服务支撑体系建设。培育、引进一批能源资源运营商、贸易商、期货经纪商及其会计、法律、结算等机构，提高能源资源贸易现代化水平。

(4)建设资源深加工基地。按照国家关于立足国内解决能源问题的方针，积极调整能源及相关产业的布局结构。一方面，要尽可能扩大国内西部地区的煤电生产规模，适度控制东部地区石油、天然气进口发电和石化等高载能产业的生产规模。另一方面，应重点支持西部能源及相关产业发展条件好的地区扩大生产规模，既增加能源输出，又增加高载能产品加工输出。这样就可以部分实现能源的“进口替代”，有利于减少石油、天然气进口，把东部地区部分高载能产业转移到西部地区，降低高载能产业的生产成本，促进东部地区的产业结构升级和环境保护，缓解能源运输矛盾，带动西部地区的经济发展，实现地区间资源和要素的优化配置。这也是在西部地区建设国家能源基地的重要意义和迫切需要。

(五)范围层次

贵州国家能源基地由核心区、主体区、合作区构成。

1. 核心区：包括贵阳、安顺、毕节、六盘水和黔西南（兴义）组成，从功能定位上，贵阳重点发展能源商务总部区、南方能源要素市场，以及能源科研基地，建设南方能源中心；安顺重点发展能源（煤炭）物流、煤电、新能源、资源深加工；毕节、六盘水、黔西南等地区作为重要的能源资源富集区，在全国具有重要地位，应建成国家重要的能源重化工基地、煤电基地和资源深加工基地，形成国家重要的能源经济带。

2. 主体区：包括遵义、铜仁、黔东南、黔南等地区，根据资源禀赋条件和发展优势，确定能源经济功能定位，建设各具特色的能源经济区。

3. 合作区：指贵州周边省份，包括云南、重庆、湖南、广西等相邻地区，按照区域能源经济合作的基础和态势，发展能源相关产业，服务或支持国家能源基地建设。

(六)建设时序

贵州建设国家能源基地，从建设时序上按照“一年起步，三年打基础，十年基本建成”的步骤，统筹规划，分期实施，重点突破，整体推进。

1. 近期(2012—2013)起步阶段

在起步阶段要抢抓机遇，高起点起步，科学规划，快速推进，力争在这一阶段基本完成以下主要工作：

(1)规划制订优先起步。完成国家能源基地及主要功能区的总体发展规划、建设规划、土地使用规划、产业规划等规划工作。

(2)体制构建优先起步。建立起科学合理的适应国家能源基地建设的管理体制和运行机制，理顺国家能源基地建设的责权利关系。

(3)政策制定优先起步。制定出贵州国家能源基地建设发展所必须的主要政策和法规，向国务院及有关部门尽可能地争取到政策支持。

(4)主导产业和龙头项目建设优先起步。基本完成主要项目的设计、布局、建设等基础工作。

(5)先导区建设优先起步。基本完成国家能源基地的先导区框架建设工作，完成国家能源基地各功能区的筹建工作。

(6)制度建设优先起步。建立起资源节约、环境保护和社会事业发展的基本制度框架。

2. 中期(2013—2015年)基本成型阶段

在这三年时间内，抓住我国工业化、城镇化加速发展和西部大开发的机遇，夯实国家能源基地建设的各项基础工作，乘势而上，力争在这一阶段基本完成以下几项主要工作，使国家能源基地建设基本成型。

(1)制度体系基本成型。完成各种规划、体制、机制和政策的完善工作，进一步争取到各级政府和有关部门的政策支持，形成支持贵州国家能源基地建设发展的制度体系。

(2)交通基础设施建设基本成型。完成国家能源基地交通基础设施建设，着力构建科学合理的立体交通网络体系。

(3)产业和项目体系基本成型。加快重大产业项目建设，基本完成国家能源基地主导产业重点项目建设工作，建立起支撑国家能源基地长期发展的项目框架体系，项目建设全面展开。

(4)空间布局基本成型。基本完成国家能源基地及各功能区的基本建设工作，第一期先导区建设全面完成，其他区域建设全面展开。

(5)人才基地、科研基地、服务基地建设基本成型，成为国家能源基地建设的有力支撑。

3. 长期目标(2016年—2020年)扩展提升、基本建成阶段

在2016年到2020年，即“十三五”规划时期内，在国家能源基地基本成型的基础上，完成以下几项主要工作，基本建成国家能源基地。

(1)产业竞争力全面提升。完成国家能源基地产业体系的建设工作，在主导产业成型的基础上，配套产业和接续产业基本成型，同时结合消费结构和技术升级的需要，使主导产业和产品保持较高的竞争优势。

(2)空间功能拓展提升。完成国家能源基地全区域的建设工作，不断提升建设品质，打造若干高水平的功能区，建立与周边及全国广泛的协作关系。

(3)经济发展要素全面提升。基本形成能源基地的自主创新体系、要素市场，建立起与国家能源基地要求相适应的能源科技中心、行业标准制定中心、交易中心、金融中心、信息中心和技术人才保障体系。

(4)发展模式转型提升。真正建成我国西部资源富集区具有典型意义的循环经济、绿色经济、低碳经济，以及城乡经济社会统筹发展的示范区。

(七)功能布局

贵州国家能源基地建设要实行合理功能布局，推进资源型加工企业向园区聚集发展，着力培育一批循环经济示范园区和示范企业。加强磷矿资源整合，建设织金—息烽—开阳—瓮安—福泉磷煤化工产业带；积极推进铝、钛、锰等资源精深加工基地，建设清镇—黔西—织金煤电铝、煤电化循环经济示范基地和务正道煤电铝一体化基地以及毕节、六盘水、黔北、黔西南等重点煤化工基地。

盘江基地。矿区发展方向为“煤—焦化—火电—煤化工”，即以开发炼焦用煤、发展焦化(及延伸的下游化工产品)为主体，炼焦煤的洗混煤供盘县电厂燃用；南部的贫煤和无烟煤供“西电东送”的火电项目盘南电厂燃用，发展煤化工。矿区的开发主体为盘江煤电集团，力争“十二五”建成5000万吨级大型煤炭企业(包括外矿区的生产能力)。

水城基地。矿区分为水城老矿区和发耳矿区两部分，发展方向为“煤—焦化—电”，适度发展煤

化工。矿区的开发主体是水城矿业集团,力争"十二五"建成3000万吨级大型煤炭企业(包括外矿区的生产能力)。

普兴基地。矿区包括普安县大部、晴隆县南部和兴仁县的西部,发展方向为"煤—电—化"一体化基地。永贵能源已在本矿区获多处矿权,并积极参与矿区煤炭资源整合和煤炭企业兼并重组,确立其矿区开发主体的地位。力争"十二五"期间建成3000万吨级煤炭企业。

织纳基地。属于织纳煤田,发展方向为建设"煤—电—化"一体化基地。目前有多家大型煤炭企业集团参与开发,下一步应加大重组与整合力度。

黔北基地。矿区属于黔北煤田,分为毕节、大方、黔西、金沙、桐梓、习水二郎六片区,发展方向为"煤—电—化"基地。目前有多家大型煤炭企业集团参与开发,下一步应加大重组与整合力度。

煤矸石综合利用。利用矿井的煤矸石、电厂的炉渣和粉煤灰、气化废渣等固体废弃物为原料发展建材产业,或用于筑路、井下回填、复垦等以及从粉煤灰中提取氧化铝和化工原料;选煤厂产出的煤泥及具有一定热值的煤矸石用作综合利用电厂的燃料。"十二五"到"十三五"期间,在六盘水三矿区建成煤矸石、煤泥综合利用电厂7座,总装机规模420万千瓦,每年可利用煤矸石725万吨。

煤层气开发利用。强化矿井煤层气抽采,提高瓦斯抽采率;提高抽采浓度积极开展盘江、水城、六枝等国有老矿区的地面煤层气规模化开发建设项目;加快推进青山—保田区煤层气勘探和参数井试验工作,进入商业性开发。逐步扩大瓦斯电厂的发电规模及其它方面的利用;在矿区内建设瓦斯储配站,满足居民用气;利用瓦斯的脱氧提纯技术,生产LNG、CNG,解决城市燃气或就地转化发展煤化工。2015年,煤层气抽采总量22.8亿立方米(地面3.0亿立方米,井下19.8亿立方米),利用总量16.0亿立方米,利用率70%,瓦斯发电装机50万千瓦。2020年,煤层气抽采总量30.9亿立方米(地面5.8亿立方米,井下25.1亿立方米),利用总量27.9亿立方米,利用率90%,瓦斯发电装机86万千瓦。

(八)产业发展

贵州国家能源基地的产业发展应该坚持以形成能源产业集群为导向,以分工协作和产业关联为原则,注重企业内在科技实力塑造,避免重复建设,建立相互配套、相互依存的产业组织网络,培育产业链优势环节,最终建立关联企业密切配合、专业分工协作的网络体系。

1. 煤炭产业高效集约发展

用高新技术改造传统煤炭产业,大力推进采煤方法改革,建设高产高效矿井,显著提高工作面单产和劳动生产率。对贵州的煤矿特别是原国有重点煤矿进行技术改造,建设高效集约化矿井。将先进的机电一体化技术、计算机自动控制技术、先进制造技术应用于煤矿机电设备,使传统的采煤、掘进、运输等主要工艺过程全部采用先进的技术装备来完成,从而实现高效率、高可靠性和高安全性生产模式。建立基于全矿井自动化的煤矿信息化网络体系,提高煤矿信息网络标准化,实现煤矿安全生产监控、生产调度系统、工况监测与生产控制系统、企业管理信息系统、办公自动化和指挥决策系统的互联互通和资源共享。

构建大型煤炭企业集团,是煤炭产业集约化发展,按照资源整合与企业整合的思路,兼并整合中小型煤矿,整合关闭小型煤矿。到"十二五"末,全省煤矿企业调整到100个、矿井1000处左右,形成1个年生产能力5000万吨级以上特大型煤炭企业,2个年生产能力3000万吨级以上大型煤炭企业,10个年生产能力500万吨级以上中型煤炭企业。进一步提高煤炭产业集中度和安全生产水平,500万吨级以上的企业煤炭产量占全省总产量的比重超过55%。

2. 电力产业重点发展

清洁能源并网接入工程建设:加快新能源发电及其并网运行控制技术研究,推动大容量储能技术研究,适应间歇式电源快速发展需要。智能配电网建设:加强城乡配电网架的优化和建设,实现支撑智能配电发展要求的合理网架结构,完成高级配电自动化试点与推广,实现分布式发电、储能和微网系统的接入、消纳与协调控制。智能用电设施建设:推广智能电表应用,全面建设用电信息采集系统,实现对所有电力用户和关口的全面覆盖。通信信息工程:在智能电网全面信息化的基础上,完成生产与控制、电网经营管理、营销与市场交易三大领域的业务与信息化的融合。不断促进电力光纤到户和电力线通信建设,服务"三网融合"。

支持贵州在能源系统中应用高温超导技术。我国的超导技术在一些关键项目的技术突破和产业化已经走在世界的前列,特别是"十五"以来,高温超导材料包括高温超导线材、块材、薄膜的产业化,推动了电线、电缆、变压器、限流器、电磁储能器、电动机、发电机、滤波器等方面的重大创新和产业革命，并都已进入了实用化或产业化。随着超导电缆、超导故障限流器、超导电机等智能电网关键系统设备的推广应用，将会产生巨大的节能效果。

3. 能源资源要素市场提升发展

服务国家能源安全战略需求，利用贵州能源资源优势，发挥贵州的后发优势，建设能源资源交易平台、金融和信息支撑系统服务体系，扩大对南方的辐射，增强国家战略性资源的综合保障能力。把贵州建成国家南方能源要素集聚中心、交易中心，推动南方能源市场化进程。促进能源要素聚集，建立我国南方能源全要素市场，包括现货、期货交易市场，产权交易市场，推动建立能源市场标准体系和能源价格形成机制，成为我国重要的区域能源中心，全面增强贵州能源的影响力和竞争力。

(九)开发模式

贵州煤炭开发应以循环经济为理念，以产业园区为载体，以建设大型煤炭基地、培育大型煤炭企业集团为主线，按照统筹煤炭工业与相关产业协调发展、统筹煤炭开发与生态环境协调发展、统筹矿山经济与区域经济协调发展的要求，构建“高效型、集约型、绿色型、循环型”的煤炭开发模式。

1. 高效型开发模式

煤炭高效化开采是传统煤矿生产方式的变革与高新技术应用结合的产物，主要是以高新技术改造传统煤炭产业，大力推进采煤方法改革，建设高产高效矿井，显著提高工作面单产和劳动生产率。其中，建设高产高效现代化矿井，是煤炭高效集约化生产的主要实现形式。要按照国内煤炭工业先进实用技术的发展要求，提高开办煤矿和煤炭生产安全技术标准，引导和促进小型煤矿采用先进生产技术，实现正规开采，并逐步向机械化、现代化迈进，逐步提高煤炭企业机械化程度与资源回收率。

①建设高产高效现代化矿井。贵州煤炭基地资源丰富，开采条件简单，大多比较适合建设高产高效矿井。当前应根据采煤技术和装备的发展趋势，借鉴国外发展模式和国内的成功经验，对贵州的煤矿特别是原国有重点煤矿进行技术改造，建设高效集约化矿井。根据各矿井的煤层赋存和开采条件，应尽可能简化开拓设计，减少岩石巷道，推广应用锚杆支护，优化采区布局，实现一矿一面或一矿两面生产，优化工作面设计尺寸，实现生产高度集中。严格限制小煤窑发展，保证贵州煤田完整性和资源的充分利用。

②采用先进的技术和装备。将先进的机电一体化技术、计算机自动控制技术、先进制造技术应用于煤矿机电设备，使传统的采煤、掘进、运输等主要工艺过程全部采用先进的技术装备来完成，从而实现高效率、高可靠性和高安全性生产模式。采煤机采用电牵引，实现微机监控、故障诊断、可自动调节截煤高度和辅助操作自动化；液压支架采用电液控制，使采煤机、液压支架和工作面运输机紧密结合成一个整体，实现动作的快速协调，提高采煤过程的自动化水平和生产能力，提高掘进系统的机械化水平；在综合机械化的基础上，应用自动化技术实现煤矿生产工艺过程及安全环境的自动监测和控制，包括安全环境的监控、生产工艺过程与设备工作状况监控、矿井生产系统自动监控等。

③提高企业管理信息化水平。注重加强煤炭企业信息化建设，以信息技术的应用为重点，加快改造提升煤炭产业的步伐，努力提高骨干企业的生产过程自动化、控制智能化和管理信息化水平。要积极推进信息技术与制造技术的紧密结合，提高煤炭生产、技术研发和装备制造企业的产品质量、技术水平，降低成本，缩短生产周期，提高劳动效率和企业综合竞争能力。要建立基于全矿井自动化的煤矿信息化网络体系，提高煤矿信息网络标准化，实现煤矿安全生产监控、生产调度系统、工况监测与生产控制系统、企业管理信息系统、办公自动化和指挥决策系统的互联互通和资源共享。要不断完善煤矿信息系统数据库，提高煤矿信息系统数据的分析能力和利用率。要以管理规范化、标准化促进企业信息化，以企业信息化保障煤炭管理的科学化，将企业管理的变革与信息化建设相结合，逐步规范管理流程和管理方式，实现管理信息化，促进矿井的高效集约化生产。

2. 集约型开发模式

构建大型煤炭企业集团，是煤炭产业集约化发展的基本保证。贵州煤炭资源丰富，具备组建特大型工业集团的资源条件，是进行煤炭能源综合开发比较理想的地区。为此，必须加快煤炭产业组织结构的调整优化：以建设国家大型煤炭基地为契机，充分发挥贵州煤炭资源优势，按照资源整合与企业整合的思路，兼并整合中小型煤矿，整合关闭小型煤矿，用5年左右时间，培育和发展3－5个千万吨级的大型煤炭企业集团，使之成为优化煤炭工业结构、建设大型煤炭基地、参与市场竞争的主体。逐步使大集团的产量占到贵州煤炭产量的大部分，提高产业集中度和企业核心竞争力。

从贵州煤炭产业发展的现实情况来看，应通过以下途径培育大型煤炭企业集团。

①政府推动与市场化运作相结合。打破所有制界限，发展各类资本参与的混合所有制企业集团，对煤炭企业实行战略性重组，不仅涉及国有经济布局和结构调整，更涉及资源所在地的经济和社会利益，工作难度大，政策性强。必须从提高国家对战略性资源的控制力出发，加大各级政府的推动力度。在具体操作过程中，要充分发挥市场配置资源的基础性作用，以资产为纽带，通过兼并、重组、控股和参股等方式，实现跨地区、跨行业、跨所有制的战略性重组。

②重点培育与全面推进相结合。煤炭企业多级隶属，分散经营，安全生产水平低，资源浪费和环境污染严重。为此，必须加快企业的改革重组，优化企业组织结构，促进煤炭产业的集约化发展。当前地方政府要通过政策引导，全面推进组建地方大型煤炭企业集团，最大限度地减少竞争个体。

③企业体制创新与产业升级相结合。培育和发展大型煤炭企业集团，要以深化企业产权制度和管理体制改革为主线，通过产权重置和产业融合，优化产业结构，发展各类资本，包括境外资本参股的多元投资股份公司，条件成熟的可以规范上市。充分发挥优强企业的人才、管理和融资优势，兼并改造中小型煤矿，提高煤炭生产力水平，促进煤炭产业结构调整和产业升级。

④煤矿开发建设与相关产业发展相结合。大型煤炭企业集团建设要与煤炭外运和水资源条件相衔接，与相关产业和地方经济发展相协调。应鼓励地方大型煤炭企业打破行业界限，发展煤、电、化、路为一体的跨行业企业集团，与冶金、化工、建材、交通运输等企业联营，促进能源及相关产业布局的优化和煤炭产业与下游产业协调发展。

3. 绿色型开发模式

以洁净煤技术为核心，大力发展清洁生产，加强矿区环境治理与生态保护，一大批企业建成资源节约型和环境友好型企业；实施环境综合整治工程，建设成景观优美、空气清新、青山碧水的新矿区；煤矸石综合利用率达到70%以上，除综合利用以外的煤矸石全部得到安全处置；矿井水处理后全部回收利用。煤炭企业主要污染物全部达标排放。矿区水土流失面积减少，矿区森林覆盖率提高8—10个百分点；生物多样性和湿地生态系统趋于稳定。

①推进洁净煤技术产业化发展。积极推广洁净煤生产与加工技术，按照煤炭开发总体规划，重点选择煤炭资源丰富、技术资金力量雄厚的煤炭骨干企业，建设洁净煤生产示范工程，推动洁净煤技术和产业化发展。大力推进煤炭产品结构调整，大力发展精煤、块煤、型煤等高附加值的煤炭产品。就地利用煤炭资源。积极推广应用先进的燃煤和环保技术，提高煤炭利用效率，减少污染物排放。

②推进资源综合利用与节约使用。一是按照高效、清洁、充分利用的原则，积极开展煤矸石、煤泥、煤层气、矿井排放水以及与煤伴生资源的综合开发与利用。注重采用高新技术和先进实用技术改造提升综合利用水平，发展水泥、煤矸石、粉煤灰建材产品，形成煤炭行业独有的建材产业。二是大力开展煤炭节约和有效利用。积极引导合理用煤、节约用煤和有效用煤。大力调整经济结构，转变增长方式，抓紧完善产业政策和产品能耗标准，优化能源生产和消费结构，鼓励发展新能源。依靠科技进步和创新，推广先进的节煤设备、工艺和技术。强化科学管理，减少煤炭生产、流通、消费等环节的损失和浪费。制定有利于节约用煤的经济政策、技术标准和法规，利用经济、法律和必要的行政手段，实行全面、严格的节煤措施，在全社会形成节约用煤和合理用煤的良好环境。

③加强矿区生态环境保护与治理。治理修复矿区生态环境要突出采空沉陷区治理、煤矸石综合利用、矿井水回用、矿区植被恢复等四大重点。一是加强采空沉陷区治理。采空区治理可利用现堆存的含碳量较低的煤矸石进行回填，加强土地复垦、造林绿化以及土壤改良等。这样，既可使采煤破坏的土地得到恢复，又可大量减少煤矸石占地和污染。治理过程中，要结合新农村建设，统筹移民搬迁工作。二是加强煤矸石分类利用。利用煤矸石、中煤、煤泥等低热值燃料，开展热电联产联供；利用煤矸石及电厂粉煤灰发展烧结砖、水泥和砌块、陶粒、路基材料、混凝土掺和料等建筑材料。三是矿井水回用。对煤炭开采中排放的矿井水进行处理、回用，对采煤过程中排放的含悬浮物、高矿化度和酸性矿井水进行综合处理，处理后的矿井水作为矿区生活用水，也可用于喷洒道路、绿化灌溉、农业灌溉以及井下除尘、洗煤等其他工业生产。四是矿区植被恢复。矿区全部实施环境综合整治工程，努力将矿区建设成为景观优美、空气清新、青山碧

水的新矿区;在水土流失区以营造水土保护林为主。

4. 循环型开发模式

在煤炭的生产和消费过程中,循环经济的减量化、再使用、再循环原则(即 3R 原则)集中体现为资源的集约节约利用、“三废”和共伴生矿物的再利用、煤炭的深加工和副产品的循环利用。减量化原则主要针对输人端,要求在开采加工利用过程中,对提高资源的回收率和减少各种污染物的排放量给以特别的重视;再使用原则属于过程性原则,要求企业对煤炭资源产品必须进行加工并循环高效利用,减少废弃物排放;再循环原则是针对输出端,要求企业生产的煤炭、煤矸石等在完成其使用功能(如发电)后,能变成可再利用的资源(如灰渣等)。

基于范围的不同,也可按照微观、中观、宏观三个层次来设计煤炭产业循环经济的发展模式。

①在煤炭企业层面上发展小循环。在企业层面上(小循环),根据生态效率的理念,推行清洁生产,提高资源、能源利用效率,减少污染物产生量与排放量。通过提高资源综合利用的技术水平,使有限的资源得到充分合理的利用。在煤炭的生产开发上要节能、使用可再循环的原材料、提高资源回收率。考虑矿井在生产期间可能出现大量的废弃物,配套建设洗煤厂、煤矸石热电厂、矿井水处理站、建材厂等。整体设计规划上,要按“输入—过程—输出”进行全过程物质循环利用,由整个生产系统构成工业性的“生态”平衡。

②在区域层面上发展中循环。在区域层面上发展循环经济,主要形式是建设煤炭循环经济园区。应以煤炭企业为核心,在推行清洁生产、发展生态企业的基础上,积极引进建设与现有企业配套互补的企业和项目,努力实现企业之间资源的循环利用与园区内废物的零排放。并通过产业企业间的协调合作,逐步形成产品或废物加工链,谋求工业群落的优化配置,最大限度地实现经济、社会和环境三个效益的统一。

③在社会层面发展大循环。经过十年建设,将贵州能源化工基地建设成为全国性的循环经济示范基地。发展循环经济的重点是洁净燃煤技术的应用和产业化,以及煤炭的二次转化。在社会层面上(大循环),就是要变末端治理为源头控制,变分散治理为集中控制,减少煤炭消费过程中的资源浪费和污染,实现消费过程中和消费过程后物质和能量的循环。

(十)保障措施

1. 加强宏观指导,完善科学规划体系

要切实树立科学发展观,建立科学的政绩考核体系,避免片面追求 GDP 增长和财政增长而不顾资源约束和环境容量的盲目发展。根据各地区经济发展的差异,结合资源、交通和经济发展现状,从能源开发、产业构建、环境保护的互动和协调发展着眼,科学规划能源及相关产业发展的重点行业和重点产品,统筹安排能源和其他相关产业的发展。按照比较优势的原则,鼓励能源和其他产业在地区间的梯次转移和优化升级,促进各地区在不同产业和不同层次上发挥比较优势,实现优势互补和均衡发展。促进生产要素向优势区域集中,形成多种优势集成的循环经济链和产业集群。

加强煤炭等能源资源及其他资源的管理和保护。重点是加大煤炭资源的地质勘察力度,科学制定煤炭资源开发规划,完善煤炭资源管理体制机制和配置方法,避免整装的能源资源被不合理瓜分,防止资源由于不科学的决策和管理而遭到破坏。煤炭工业发展要建设大型煤炭基地,扶持大公司、大集团发展,推广先进的采煤技术,提高资源采出效率和利用效率。

加快贵州建设国家能源基地规划的制定,完善规划体系。争取尽快制定发布《贵州国家能源基地建设总体规划》,作为贵州建设国家能源基地的指导性文件。同时,围绕国家能源基地建设规划的制订工作,还要积极推进《贵州建设国家能源基地行动计划》、《贵州国家能源基地产业发展规划》、《贵州国家能源基地开发建设规划》等相关规划的制定与审议工作,为贵州国家能源基地建设奠定政策规划基础。

2. 立足扩大开放,建立全方位开放型经济体系

(1)转变思想观念,扩大对外开放。贵州经济社会的快速发展,必须在国内国外、省内省外开放的大格局中进行。这是由贵州自身的产业特征所决定的。加快贵州能源和相关产业发展,把贵州建设成为国家新型能源战略基地必须借助外力推动。贵州的能源及相关产业的发展已经有了比较好的基础。但要实现今后的发展目标,只有扩大对外开放,才能获得发展所需要的人才、技术、资金和信息。也只有扩大对外开放,才能吸引国际、国内的大集团、大公司来贵州发展,把人才吸引到贵州,把资金投向贵州,把先进的技术带到贵州,把先进的管理理念留在贵州,以带动贵州的能源及相关产业的快速健康发展。

为了有效地促进对外开放，应该在更大范围、更广领域和更高层次上参与国际和省际能源领域的合作和竞争。通过借助中央政府力量、区域经贸合作手段，与主要的能源市场建立良好关系，为企业利用国外和省外资金技术等创造市场环境。要打破自己有什么资源就发展什么产业、有多少资源就做到多大产业的封闭的资源观。要建立开放的资源观，敢于和善于大范围配置资源和要素。要通过扩大与周边地区能源及相关产业的合作，扩大与国内外资金、技术、人才、市场等方面的合作，建立以贵州为核心、与周边地区联合协作、结构优化、多元发展、实力强大的国家能源基地。

(2)健全现代市场体系，提高能源基地建设效率。贵州要进一步深化国有企业改革，继续推动政府职能转变，大力发展非公有制经济，逐步建立多层次和多种所有制的市场主体。要加快推进市场化进程，健全统一、开放、竞争、有序的现代市场体系，着力创造各种市场主体平等使用生产要素的制度环境，促进商品和生产要素自由流动，更好地发挥市场在资源配置中的基础性作用。要在继续发展商品市场的同时，重点培育和发展资本、产权、土地、技术和劳动力等要素市场，健全要素市场体系；要结合政府职能转变，进一步规范和发展市场中介组织，完善市场中介服务体系；建设专业生产资料市场，保持和强化市场影响力。

(3)建设全方位开放型经济体系。贵州要积极参与国际经济技术合作与竞争，建设内外联动、互利共赢、安全高效的开放型经济体系。一是结合国际资本流动的新特点，打造引资新优势。注重引入技术含量高、占有资源少、节能减排型项目和基地型、龙头型项目，重点吸引跨国公司特别是世界500强企业前来投资，并带动配套产业集群的发展，大力引进技术、管理和人才。二是提升国际经济合作的层次，在经济全球化进程中，善于走出去。贵州应主动参与国际分工，充分利用两种资源、两个市场，增强国际竞争力，形成内外互动、优势互补、共同发展的局面。

3. 构建现代能源产业体系

《国民经济和社会发展第十二个五年规划纲要》提出，推动能源生产和利用方式变革，构建安全稳定经济清洁的现代能源产业体系，把大幅度降低能源消耗强度和二氧化碳排放强度作为约束性指标。合理控制能源消费总量，提高能源利用效率，调整能源消费结构，大力推进节能减排，已成为新形势下我国能源工作的总体要求，成为转变经济发展方式的重要着力点。

现代能源产业体系是顺应科技进步新趋势，充分发挥能源产业比较优势，所形成的结构优化、布局合理、技术先进、清洁安全、附加值高、吸纳就业能力强，与相关产业实现集约、协调、高效发展的有机体系。其建设目标在于促进能源生产和利用方式的变革，推动产业结构高级化、产业布局合理化、产业发展集聚化、产业竞争力高端化，加快能源发展方式转变，以能源产业自身的优化发展，为经济社会的可持续发展提供安全、稳定、清洁、高效的能源保障。

构建现代能源产业体系，一是完善产业政策体系。建设具有国际竞争力的现代产业体系，必须按照国家和贵州省能源产业发展方向，进一步落实、完善产业发展政策。二是强化产业准入制度。明确市场准入条件，明晰能源产业发展目录，确立正确的产业政策导向，推动多种所有制在能源产业中共同发展。三是研究制定财税、投资、土地等相关政策，设立全省现代能源产业发展导向资金，重点支持关系产业全局的关键领域和战略支撑产业的重大项目。四是加快制定和落实能源产业发展促进政策。制定完善支持能源产业发展的措施，建立推动能源产业发展的政策机制。五是着力建设产业集聚区。近年来，贵州产业集聚区建设取得显著成绩。在金融危机冲击下产业集聚区建设仍保持着快速、健康发展的良好势头。今后，要进一步完善产业推进机制，以重点能源产业集聚区建设为抓手，进一步提高产业集聚区的建设和发展水平，打造现代产业体系的空间载体。

4. 强化科技支撑，促进能源基地可持续发展

一是要推进产业结构转型升级，引导能源基地产业结构向低耗、高效、清洁型方向演进。要关停污染严重、效益低下、不符合产业政策的企业，逐步搬迁布局不合理、严重影响城市环境质量的企业。各个行业都要限制和淘汰污染严重的产品、工艺和装备，加强环保、节能和资源综合利用，发展多联产工艺，推进清洁生产。重点加大对冶金、化工、电力、有色、建材等高污染行业的治理力度。冶金行业要淘汰落后冶炼工艺设备，推广新型环保技术。焦炭行业要集中炼焦、集中煤气化，发展大机焦，推广环保型焦炉，全面淘汰小焦炉。化工行业要严格限制市场前景差、污染严重的项目，大力发展现代煤化工技术，燃煤电厂要全面采用尾气脱硫技术和

设备，大幅度降低二氧化硫排放水平；鼓励采用以中煤和煤矸石为燃料的环保型发电机组。

二是要积极开发、推广资源综合开发和循环利用技术。要加紧研究矿产资源综合利用技术，重点开发和推广现代化采选冶炼技术、各种节能节材节水技术、清洁生产技术和矿业废弃物再生循环利用技术，提高矿产资源综合开发利用率和矿业废弃物再生利用水平等。

三是要加快建立以企业为主体、市场为导向、产学研相结合的技术创新体系。鼓励企业自主参与能源科技项目研发和产业化过程；进一步整合科技资源，以中央驻黔科技院所、省内科研机构和高校为依托，充分发挥各类能源科技资源的整合作用，通过规划、计划、产业和技术政策，建设一批国家重点实验室、工程技术中心、高新技术示范基地。

5. 人才培养与引进相结合，强化人才支撑

贵州建设国家能源基地，需要强有力的人才智力支持。要面向国内外广泛招揽高层次能源开发科技人才，鼓励科技人员利用各种形式进修培训，加快科技人员的知识更新，进一步提高科技队伍的整体素质。要制定公平竞争、唯才是用的人才政策，营造使人才进得来、留得住的良好环境，充分调动科研人员的积极性。要以人才资源能力建设为核心，建立健全人才培养、引进、使用、评价、激励机制，努力营造人才汇聚、人尽其才、才尽其用的良好局面。适应能源基地建设的要求，大力推进教育资源重组，完善高等教育和职业教育培训体系，进一步加快全省特别是中心城市高等教育的发展，形成集群效应和强有力的科研、人才保障。要围绕产业发展需求，积极调整职业教育专业设置，创新培养模式，着力培养实用型、复合型技术人才，为国家能源基地建设输送高素质劳动力。健全人才引进机制，采取更为优惠的政策，重点引进高层次人才、高技能人才和紧缺型人才，吸引国内外优秀人才到贵州创业发展，鼓励国内知名高校、科研机构在贵州建立分校或科研平台，动员科研院所和高等院校的科技力量主动服务企业。进一步形成尊重劳动、尊重人才、尊重知识、尊重创新的良好氛围。通过综合施策，最大限度地调动各方面人才的积极性。

6. 实施金融创新战略，强化金融支撑

创新投资机制，综合运用基金、担保、贴息、保险等金融工具，带动社会资金投入能源开发领域，以拓展投融资渠道。对已建成的基础设施项目，要盘活存量资产，通过出让经营权、股权等方式吸引社会资金投资。对新的能源资源开发、基础设施建设项目，实行直接投资、合资、合作、BOT等多种灵活的投资经营方式，鼓励民间资金和国外资本投资。全力推进银企合作，开辟能源产业发展专项贷款，对能源开发重点项目优先安排、重点扶持。拓宽资金来源，制定优惠政策，实施金融体制与机制创新。设立能源产业发展基金，以省国有资产投资公司为主体，整合部分财政资金和社会资金，对重大能源开发项目和重点企业进行战略投资。推动建立政策性金融机构对能源产业化项目的支持机制，吸引各种信托与政府投资基金以及国内外各类风险投资基金加入到能源开发领域，鼓励符合上市条件的能源类高技术企业在境内外上市筹资。优先推荐符合条件的能源类企业发行公司债券和企业融资券，支持能源企业联合发行企业债券，以拓展融资渠道，促进能源企业的健康发展。

7. 转变政府职能，优化能源基地发展环境

要进一步转变政府职能，为国家能源基地建设提供更规范的制度环境和更优质的公共产品、公共服务。

一是政府要履行好公共服务职能，减轻企业发展的社会负担。要加大政府投入并积极引导社会力量投资基础设施项目，为企业发展提供良好的基础设施条件；要大力发展科技、教育、文化、体育和医疗卫生事业，提高人口素质，为产业发展奠定良好的科技和人力资源基础；要依法严厉打击各种刑事犯罪活动和黑恶势力，优化基地建设与发展的治安环境。

二是政府要依法行政，保障企业合法权益。要全面清理现有的政府收费项目，凡是没有法律依据的要一律予以废止；要制定行政事业收费管理条例，推动收费监管工作法制化，重点治理各种乱收费、乱罚款、乱摊派、乱检查和乱评比活动，减少企业成长的隐性成本。要依法规范政府的行政许可和审批行为。对没有法律法规依据，或可以用市场机制代替的行政审批，要坚决废止；确需保留的审批项目，要明确审批条件，减少审批环节，缩短审批时限，提高工作透明度；要按照审批权力与责任挂钩的原则，建立行政审批责任制和过错追究制。

三是政府要加强市场监管，规范基地发展的市场环境。要加强制度和法制建设，把市场监管工作纳入法制化轨道。要完善并严格执行市场准入制度、招投标制度和土地、排污额度等公共资源拍卖制度；要在工商、物价、税务、技术监督等部门，建立

市场监管失误责任追究制度，保证法规、制度落到实处。要建立社会诚信体系，优化基地建设的信用环境。要建立公务员信用承诺制度，加强行政机构和执法部门自身的信用建设；要建立企业信用档案管理制度，完善企业信用评价制度，促使企业守法经营、诚信经营；要依法建立公民个人信用管理制度，强化信用教育，提高公民诚信意识，为保护公平竞争，促进国家能源基地健康快速发展奠定基础。

8. 加强组织领导

(1)成立贵州国家能源基地建设领导小组，加强组织协调

成立贵州省国家能源基地建设工作领导小组及其办公室，加强发展战略研究与谋划，制定促进能源基地建设的相关政策与规定，研究解决国家能源基地建设中的重大问题。要强化能源主管部门职能，提升管理层级，深化能源管理体制改革。省直有关部门和各市、县要按照规划确定的目标，密切配合，认真落实。

以国家能源基地建设工作领导小组为基础，建立能源基地建设联席会议制度，强化联席会议职能，加强对国家能源基地建设重大决策、项目的协调以及政策措施的督促落实。联席会议主席由省政府主要领导担任，成员由省有关部门和有关地市州主要领导组成，具体工作由省发展改革委会同省能源局承办。有关市州要建立相应的领导机构。省有关部门和有关地市要积极配合，形成合力。加强政策支持，研究制定加快国家能源基地建设的政策。

(2)统一思想认识，占领能源发展制高点

贵州建设国家能源基地是从全局和战略高度作出的重要部署，充分体现了党中央、国务院对贵州发展的亲切关怀和殷切期望，是贵州转型跨越的重要战略举措，为贵州经济社会发展提供了重大历史机遇。要紧密联系国内区域发展格局的新变化，深刻理解国家能源基地建设的精神实质；紧密联系贵州科学发展、转型跨越的新任务，深刻理解国家能源基地建设的内在要求。要以开阔的视野、全球化的眼光、创新的意识，站在全局和战略的高度，进一步深化对贵州建设国家能源基地重要性、紧迫性的认识，切实增强贯彻落实的自觉性、坚定性。

(3)调动多方面的力量参与国家能源基地的开发建设

建设国家能源基地是一项系统工程，需要贵州全省上下共同参与，各级各部门共同努力。各相关地市和各有关部门要把国家能源基地建设摆到突出位置，作为一项重大战略任务来抓，将其纳入各级党委、政府任期目标责任制，进一步细化、量化任务，加强督查考核，保证各项措施的落实。要加强对国家能源基地建设的组织协调，强化对能源基地建设的重大决策、重大项目和政策措施的督促检查。要进一步深化改革，调动全社会的力量参与投资开发建设。要实施全方位对外开放政策，积极开展招商引资，加强对外合作。能源部门要发挥职能优势，强化行业管理，密切配合，形成合力。

六、加快推进贵州国家能源基地建设的政策建议

(一)把贵州国家能源基地建设纳入国家能源发展规划

从实际情况看，贵州已经具备了建设国家能源基地的基础和条件。只有用国家新型战略能源基地的标准，在国家总体能源战略的指导下规划、布局、设计、建设、发展贵州的能源产业，才能尽快把贵州建成国家重要的能源基地。调整优化工业布局，规划建设贵州以能源相关产业为主的能源化工基地，有利于全国宏观生产力布局的调整和经济结构优化，并将有力地带动贵州经济社会的进一步发展。这既是实施西部大开发战略的重要任务，也是加快民族地区发展和实现地区经济协调发展的迫切要求。把贵州建设成为国家重要的能源基地，需要在国家能源中长期规划中得到具体体现。

首先，制定《贵州国家能源基地建设总体规划》，明确贵州国家能源基地的发展目标、发展重点和政策措施，并上报国务院审批，将其列入国家中长期能源发展规划。

其次，建议在调整国家煤炭、电力等能源专项规划中，把建设贵州国家能源基地的有关内容纳入规划之中，在项目的前期研究、项目审批各案等方面加大支持力度。在国家的再生能源发展规划中，优先考虑开发利用贵州的可再生能源资源；在安排可再生能源项目、国际援助项目上，加大对贵州可再生能源发展的支持力度。

建议国家发展改革委和有关政府部门按照建设国家能源基地的目标要求，并结合贵州的能源发展战略和规划，优先安排和批准贵州的能源建设项目；引导和鼓励国内外资金投向贵州能源及其相关产业；对直接与贵州国家能源基地建设相关的交通

等基础设施建设项目给以重点支持。

(二)支持贵州建设国家能源基地建设重要支撑项目

包括:公路通道建设、铁路通道建设,火电项目、水电项目、电网建设项目,南方能源基地交易中心、科研基地、总部基地、物流中心建设等,纳入国家能源“十二五”规划,列入国家重点项目给予支持。加快项目核准和审批进度,将贵州的资源优势尽快转化为经济优势,推动贵州又好又快发展。

(三)把贵州纳入全国资源型地区可持续发展综合改革试验区

国家能源基地的建设应在充分吸取其他类似地区的经验和教训的基础上,及早采取系统措施保证基地的可持续发展。鉴于中国目前尚缺乏明确的资源富集区政策和规划,中国现行的资源开发模式、相关政策等还处于变化、调整时期,可考虑将贵州国家能源基地作为具有全国意义的资源型地区可持续发展综合改革试验区。综合改革试验的内容,应主要包括资源,特别是能源矿产资源的体制机制、开发模式与管理模式,资源开发利益的分配制度,大公司、大集团改革试点,资源产权特别是矿产资源产权(探矿权和采矿权)的科学设置,资源开发转化的政策支持等。

根据国务院 2012 年出台的 2 号文件中提出“在贵州率先开展全国电价改革试点”的要求,建议国务院赋予贵州在能源改革领域先行先试的权限,鼓励贵州先行先试,先行探索,积累经验。包括:煤炭可持续发展试点、电价改革试点、电力直供试点、资源税改革试点、煤层气与煤矿矿业权分离设置试点,设立各种类型的能源改革试验区、示范区、先导区,加快能源行业改革开放步伐。简化行政审批,下放核准权限,提高行政效能。建议国务院给予贵州在能源领域改革上先行先试,先行探索,积累经验,以此推动国家能源基地建设。

(四)对能源基地用地计划指标予以倾斜

适应贵州国家能源基地建设需要,编制土地利用总体规划,增加新增建设用地和城乡建设用地总规模指标,探索低丘缓坡综合开发模式,提高土地集约利用水平。对能源基地建设用地计划指标实行差别化管理,实行国家计划单列并予以倾斜。对贵州能源基地发展规划确定的重大基础设施项目、重点产业项目,实施国家重大建设项目用地政策,按市场化机制实施国家统筹耕地占补平衡。探索跨区域平衡、省内异地平衡、“缓补”或“挂账”等耕地占补平衡途径和方式。实行差别化土地供应政策,推进“征转分离、先征后转”的土地征收审批改革。

(五)创新金融投资体制机制

创新金融投资体制机制,放宽金融和保险机构经营准入,允许外资银行在贵州设立分支机构、经营人民币业务。支持各类金融机构在贵州设立或转型成服务能源的专业性分支机构。

实行更加开放的金融政策,积极探索具有能源资源特色的金融产品,增强能源的金融服务功能。积极争取国内政策性贷款和国际贷款,鼓励金融机构加大对能源重点领域、重点项目、重点企业的信贷投放力度。支持设立贵州智能电网建设基金,发行面向全国和全球的建设债券。围绕能源产业发展导向,鼓励设立产业投资、股权投资和创业基金,大力发展金融租赁、信托等非银行金融业务,支持各类型企业在境内外证券市场上市融资。支持符合条件的企业发行企业债、公司债、可转换债、短期融资券、中期票据等债券产品。增加国家对贵州重大基础设施、环境保护、社会民生等重大项目建设的投资补助,降低地方投资配套比例。

鼓励民营企业投资能源产业,引导民间资本向基地集聚。支持民营企业能源科技创新、管理创新。加大对中小企业能源技术创新的财政贴息力度,制定创新成果产业化项目扶持政策。

(六)深化财税制度改革

中央财政每年给予贵州国家能源基地建设专项财力补助,国家统筹设立能源科技创新专项资金。研究制定贵州国家能源基地优先发展产业指导目录,并适当下调增值税税率或提高增值税返还比例。将贵州能源物流企业纳入国家物流企业税收优惠试点范围。加大资源税费改革力度。

附件　国内外基地(园区)发展模式与经验借鉴

(一)国外典型园区发展模式

新加坡裕廊、丹麦卡伦堡是世界著名的产业园区,在要素聚集、分工协同、创新、竞争与合作方面有很多经验值得借鉴。

1. 新加坡裕廊模式

新加坡政府为加快工业化过程、促进经济发展,于 1961 年 10 月创建了裕廊工业区。经过多年来的发展与建设,裕廊工业区已成为新加坡最大的现代化工业基地，工业产值占全国的2/3以上。其中裕廊镇化工岛目前已集聚了38个工业园区，7000多公顷工业用地、400万平方米厂房，其工业产值占新加坡国内总产值的30%，工业设施占83%。新加坡裕廊岛已成为世界上重要的化工生产基地，聚集着世界一流石油化工企业和专业储罐公司。富有竞争力的裕廊石化产业集群使得新加坡成为世界第三大炼油中心和石油贸易枢纽之一，也是亚洲石油产品定价中心。裕廊化工岛正在向世界化工中枢冲击，被认为是亚洲各发展中国家设立的工业区中的一个成功典型。

新加坡裕廊工业园的成功有以下几点值得贵州能源基地借鉴。

(1)园区规划：国际上工业区基础设施建设有两种模式：一是先招商建厂，根据生产的需要和扩展情况逐步解决交通、供水等问题。此种模式的优点是针对实际需要建设，切合性强，投入成本和风险小，但基础设施往往分散零乱，效率不高，阻碍生产的发展。另一种模式是从整个工业区发展全面出发，按照总体建设规划的要求，先建成基础设施，为工业区的发展打下坚实基础。这种模式虽然投入成本和风险较大，但是其具有计划性，效率高的优势，并可迅速改善投资环境，裕廊工业区就是采取后一种模式，建成基础设施的同时环境保护问题也得到兼顾。从全面发展的综合型工业区的定位出发，结合新加坡发展国际物流中心的需要，突出其靠近中东产油区的区位优势，最终选择了重点发展石油化工业，并逐步推进升级，同时发展电子、通讯等高科技产业的道路。根据地理环境，将靠近市区的东北部划为新兴工业和无污染工业区，重点发展电子、电器及技术密集型产业；沿海的西南部划为港口和重工业区；中部地区为轻工业和一般工业区。投资厂商不需要在当地兴建厂房、码头、油管、仓库或办公室，一切设施由当局提供出租。当局还规划“输送管道服务走廊”，承租商可以利用此管道输送原料、成品及各类用品，不须卡车运送，因此降低运送成本，也大大提升竞争力。在重视工业基础设施建设的同时，也同步发展各种社会服务设施，兴建学校、科学馆、商场、体育馆等，使裕廊工业区成为生产和生活综合体。

(2)资金支持：工业开发中供不应求是一个潜在危机，直接影响园区的生产。始建时，裕廊镇管理局隶属财政部，园区由财政部直接拨款开发。裕廊镇管理局可集中精力开发建设园区，进行专业化知识的积累，同时负责投资、建设、招商、服务、产业政策等全过程，为早期开发区的快速启动奠定了基础。1961—1964年国家发展计划分配了1亿新加坡元用于工业领域，大部分都投入了工业园区。1975—1976年间，政府的工业开发支出增长了37.5%，其中73.5%进入了与开发建设相关的法定机构，主要是裕廊镇管理局和建屋局。目的是刺激经济，为新加坡工业化的下一个阶段做准备。从开发者的预期来看，这项安排将在短期内快速推动经济发展。1974年裕廊镇管理局进行了1.61亿新加坡元的固定资产投资，比1973年增长了74%。其中1.27亿是通过政府贷款的形式取得的，使1975年的423公顷的土地开发成为可能。20世纪80年代，裕廊镇管理局开发专业设施的资金仍主要来自政府。1984—1997年期间的16亿投资总额中，有9.93亿是通过政府贷款取得的。预计未来的资金仍将以这种来源为主。尽管开发资金的来源逐渐多样化和市场化，但政府初期投入仍是项目快速启动并尽快达到规模经济的基础。

(3)招商引资：由于世界上的核心工业和新兴工业集中于世界经济强国，主要是美国、欧盟和日本，因此园区应该利用特殊的地域资产，主要是低廉的劳动力、原材料的可获得性、市场的准入程度、便利的运输条件及其他要素，将跨国公司从这些国家吸引过来。为吸引国内外资本到裕廊工业区投资，新加坡政府对投资厂商提供贷款及享受统一税收的优惠政策等。裕廊岛跨国公司投资的强劲增长，带动了本地下游支持业的迅猛发展，下游支持行业超过九成为中小型企业，属于工程服务供应商，主要为上述大型跨国企业提供设计、建筑与维修厂房等服务。由此，裕廊岛内逐渐形成了一个由跨国公司主导本地企业参与的完整的石化产业集群，实现了走产业链招商、产业集聚之路的目标。自60年代起陆续引进的跨国公司，如壳牌、美孚等跨国石油公司；荷兰菲利浦公司；日本石川岛播磨重工业公司、美国列明士顿公司等世界著名大造船厂商等使裕廊镇化工岛成为世界石油化工的中枢。迄今新加坡已成为世界第三大石油化工中心、东南亚最大修造船中心及世界第二大海上石油平台生产圈，由此可见其引进策略的成功。

(4)产业结构：裕廊岛最吸引跨国公司的竞争优势在于其完备的化工体系，裕廊岛垂直一体化的工业结构使一个工厂的产出成为另一个工厂的投入，这节约了运输成本，同时共享设施的原则使跨国公司得到了规模经济效应和范围经济效应。有相同价值链并与第三方服务公司联合的化工公司形成了石化产业集群，使相互间在工艺技术上和产品供求上有密切依存关系的部门联合起来，充分发挥一体化的优势。一些重要投资者，如德州仪器、国民半导体、惠普、通用电器、美占制药和罗莱照相机等公司，于 20 世纪 60 年代末期和 70 年代初进入工业园区，并在新加坡形成了工业群。同时这些跨国公司也在工业园区的结构转化过程中起到了催化作用。

2. 丹麦卡伦堡模式

丹麦卡伦堡工业园区是目前世界上循环经济和工业生态系统运行最为典型的代表。这个工业园区的主体企业是电厂、炼油厂、制药厂和石膏板生产厂，以这四个企业为核心，形成了经济发展与环境保护相互带动的良性循环。丹麦卡伦堡工业园区有以下几点经验最值得借鉴。

(1)税收制度：政府对于外部性很强的污染排放实行强制执行的高收费政策，迫使污染物排放成为成本要素；与此同时，对于减少污染排放的企业则给予相应的利益激励。例如，对于各种污染废弃物按照数量征收废弃物排放税，而且排放税逐步提高，增加企业排放污染物的成本。同时，为了防止企业在追求利益的动机驱动下采取隐瞒危险废弃物的排放，规避废弃物排放税而给社会造成巨大的危害，对于危险废弃物免征排放税，采取申报制度，由政府组织专门机构进行处理。

(2)生态产业链：园区以发电厂、炼油厂、制药厂和石膏制板厂四个厂为核心，通过贸易的方式把其它企业的废弃物或副产品作为生产原料，建立工业代谢生态链关系，最终实现园区的污染“零排放”。过去 20 年间卡伦堡共投资了 16 个废料交换工程，投资额估计为 6000 万美元，但由此产生的效益每年大约就有 1000 万美元。同时，每年可节省 10 倍的开支，节省 4.5 万吨石油，1.5 万吨煤炭，60 万立方米水，减排 17.5 万吨二氧化炭和 1.02 万吨二氧化硫，还有 13 万吨的炉灰，0.45 万吨硫，9 万吨石膏，1440 吨氮和 600 吨磷得到再次利用。

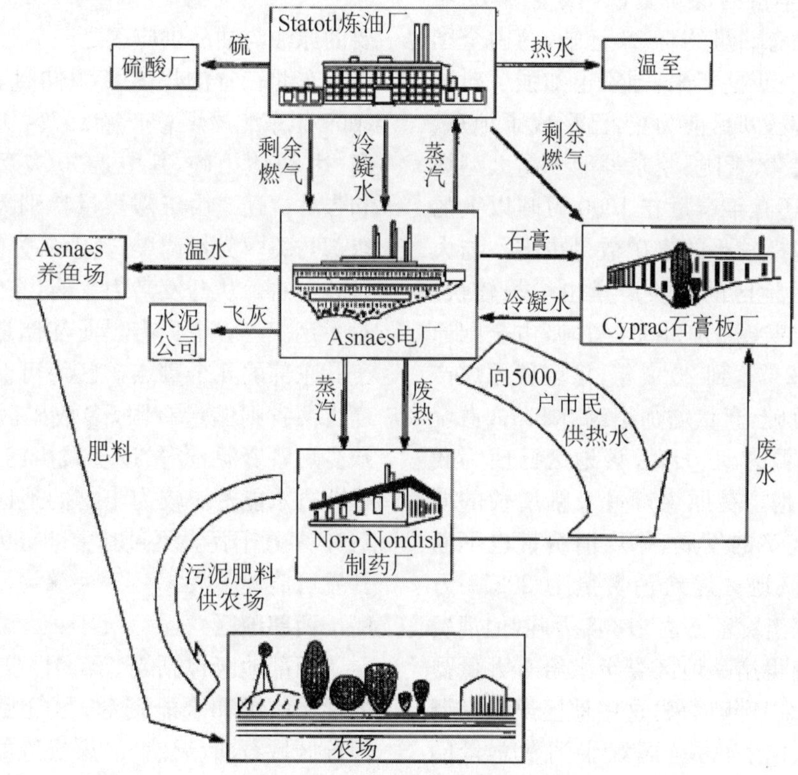

卡伦堡工业园生态产业链示意图

卡伦堡地区水资源缺乏，地下水很昂贵，发电厂的冷却水若直接排放不仅会导致水资源供给短缺，更使得长期发展受限，而且还需交纳污水排放税。因此，其它企业主动与发电厂签订协议，利用发电厂产生的冷却水和余热。在卡伦堡，加工废水重新利用的成本比缴纳污水排放税可以节约 50% 的成本，比直接取用新地下水的可以节约成本约 75%。还有发电厂的粉煤灰用于制造水泥，既可以免缴污染物排放税，水泥厂用粉煤灰做原料又可以减少原料成本。两家企业都可以获得经济效益，并且最大程度上减少工业生产对环境的影响，这也是卡伦堡生态工业园存在发展的核心。

(二)我国典型基地发展模式比较

1. 我国四大能源基地发展状况

目前，我国的能源基地主要建立在国内能源资源优势基础上。我国四大能源基地是：以煤炭为主的晋陕蒙地区能源基地；以石油为主的东北能源基地；西北综合能源基地；西南以水电、天然气为主的能源基地。在这四大能源基地中，晋陕蒙和东北地区开发早，开发程度深，是较为成熟的能源基地，而西北和西南目前开发程度还不高，但由于资源潜力大，是潜在的能源基地。

晋陕蒙地区

晋陕蒙地区包括山西、陕西、内蒙古，是我国煤炭储量最为丰富的地区。该区域目前是我国煤炭资源产量最大的区域，在我国煤炭资源供应中占有重要地位。

这一地区拥有丰富的煤炭资源，截至2009年末，三地煤炭资源保有储量约7526亿吨，约占全国煤炭总储量的64%。近些年来，国家也加强了对这一地区煤炭资源开发，到目前为止，已形成了神东、晋北、晋中、晋东、陕北、黄陇、蒙东等七个超大型煤炭生产基地。同时还有年产量在1000万吨以上的矿区十几处，其他规模较小的煤矿数量更多。与大规模开发相应，这一地区的煤炭产量也增长较快。2000年这一地区原煤产量为28834万吨，占全国原煤总产量的比重为21%，到2009年，该区域原煤产量总计为149024万吨，产量增加了约5.2倍，占全国原煤总产量的比重达50.1%。该地区已成为我国原煤主要生产基地。在原煤产量大幅增长的同时，随着这一地区经济的发展，原煤消费量也不断上升。2000年时，该地区煤炭消费量为20213万吨，到2009年，原煤消费量已达61308万吨，但消费量一直低于产量，使得这一地区煤炭供给有大量盈余可供调往区外。2004年以来，这些地区煤炭净调出量平均在5亿吨以上，占全国煤炭消费总量的20%以上。2009年煤炭净调出量达8.7亿吨，占该地区煤炭总产量的58.8%，占全国煤炭消费总量的20%。这一地区的煤炭主要送往京津冀、长三角、华中地区，缓解了这些地区能源需求压力。在这三省区中，山西煤炭资源开发早，开发程度深，但由于其煤炭资源储量巨大，储采比高，煤炭资源还有较大的开发潜力，陕西、内蒙古地区煤炭资源开发相对较晚，开发程度相对较低，结合其较大的煤炭资源储量，煤炭开发潜力巨大，这一区域未来煤炭资源开发重心将向这两省转移。

此外，在丰富煤炭资源的基础上，晋陕蒙大力发展了电力工业。2009年三省区合计发电量为5025亿千瓦时，其中火力发电量为4756亿千瓦时，占总发电量的94.7%。三地总计调出发电量1500多亿千瓦时，主要输往京津冀、华东部分城市。内蒙古西部还拥有丰富的风能资源，是我国三大风力资源富集区之一，2009年全区风电发电量已达1亿千万时，随着国家对新能源投资力度的加大，这一区域将成为我国重点风能开发区域。

东北地区

东北地区拥有丰富的石油资源，且是我国石油资源开发、开采最早的区域之一。该地区还拥有较为丰富的煤炭和水能资源。2009年，该区域原油总产量为5640万吨，占全国原油总产量的29.7%，煤炭总产量为19774万吨，占全国煤炭总产量的6.6%，水力发电量总计为102亿千瓦时，是我国主要的原油与油品供应区之一。

东北三省的煤炭资源储量有14.0亿吨左右。2009年东北原煤总产量19774万吨，黑龙江产量最高，达8748万吨，其中3400多万吨调往缺煤的辽宁和吉林。辽宁由于需煤量特别大，每年还从内蒙古东部与关内大量调煤，其中从关内运煤每年在2000万吨左右。从开发潜力来看，东北煤炭资源潜力相对不足。三省中只有黑龙江储量保证程度较高，位于其东部的几个重点矿区均可保持稳产数十年；而辽吉两省则储量有限，多数矿区已处于开采后期，缺少后备资源，产量逐步减少已是必然趋势。东北是北方水能资源较为丰富的地区，经济可开发量为1400多万千瓦。不过其中部分为国界河流，近中期开发可能性不大。

西部地区

西部地区包括新、青、甘、宁四省区，拥有丰富的油、气、煤和水能资源，尽管目前开发规模不大，但该区域石油、天然气、煤炭等能源资源储量巨大，开发前景好，是潜在的能源供应中心。

目前，我国西部作为能源生产中心所发挥的作用仅限于石油和天然资源。西北石油、天然气勘探经过几十年来的努力，探明储量与可采储量逐年增加，油气生产总量不断提高，2000年西北原油产量为2088万吨，占全国原油总产量比重为18.3%，到

2009年原油总产量已达5447万吨，占全国总产量的28.7%。原油总产量增加近2500万吨。已形成准噶尔、塔里木和长庆三大石油产区，产油能力先后均已超过1000万吨。西北原油除满足区内各炼油厂需要外，还能部分东运华中等地加工。近年来，随着西北地区原油勘探开发力度加大，每年新增探明储量不断增加，2008年，累计探明石油地质储量60多亿吨，主要分布在塔里木、准格尔盆地。这一地区储采比高，开发潜力大，有力保障了其原油增产潜力。西北的天然气储量也极为丰富，2008年，天然气累计探明可采储量超过12000亿立方米。天然气实际产出量也不断增加。

2000年时，西部地区天然气产量仅为60.7亿立方米，占全国总产量的22.3%，到2009年，天然气总产量已达478亿立方米，为2000年时的7倍多，占全国天然气总产量的56.1%。其中塔里木天然气田已成为西气东输主要气源，管线年供能力150亿立方米；柴达木气田累计探明可采储量3700亿立方米，通过涩兰管线输往西宁、兰州、银川地区。这一地区目前天然气勘探程度较低，增产潜力大，能够较长时期保障西气东输的供气量。

除油气资源外，丰富的煤炭资源是这一地区又一优势能源资源。西部煤炭资源之丰富仅次于晋陕蒙地区，已查明资源储量达1450亿吨，占全国总量的14%，但由于这一地区煤炭资源勘探程度较低，煤炭资源产量有限。2008年全区(除陕西外)煤炭产量为16337万吨，仅占全国煤炭总产量的5.8%。目前煤炭生产以自供区内为主，仅宁夏煤炭部分东运。煤炭资源有很大开发潜力。其中新疆的煤炭资源储量可与山西媲美。

这一地区还拥有丰富的水能和风能资源。水能资源以黄河上游段开发条件最好，集中分布于青海甘肃宁夏境内，其中龙羊峡以下河段已建成多座大中型电站，开发程度已较高，是西电东送北通道主要电源点之一。此外这一地区风能资源特别丰富，主要分布在新疆中北部与河西走廊地区，其中新疆达板城风电场是中国第一个大型风力发电厂，也是亚洲最大的风力发电站。目前安装有200台风车，年发电量为1800万瓦。随着国家在新能源领域投资的不断加大，这一地区风能资源开发前景广阔。

西南地区

西南地区包括四川、重庆、贵州、云南、广西、西藏六省市，是我国水能资源最为丰富的地区，同时还蕴藏较丰富的煤炭与天然气。2011年，该地区水力发电量为3165.37亿千瓦时，占全国比重为47.78%；煤炭产量37857万吨，占全国比重为47.78%，天然气产量为212亿立方米。但目前该区域能源资源总体开发程度还不高，开发潜力大，是我国潜在的能源基地。

西南地区各主要河流都有建设大中型梯级电站的条件，大渡河、澜沧江、红水河、雅砻江水、南北盘江等主要河流都已先后进行了不同程度的开发。总体来看，该区域水能资源理论蕴藏量达5亿千瓦，经济可开发量达2.4亿千瓦，到2008年，已装机容量6548万千瓦。水能资源的开发程度相对较低。

近年来，随着我国对清洁能源投资力度加大，水电开发受益大，发展迅速，西南地区水电开发发展尤为迅速，已投资兴建了多个大、中型水电站，年发电量快速增长。2000年西南地区水力发电总量为902亿千瓦时，占全国比重为40%，2011年水力发电总量已达3165.37亿千瓦时，为2000年的3.5倍，占全国比重已达47.78%，成为我国水电的主要供应区域，也是西电东输的南通道的主要电源点。随着对这一地区水电开发投资的进一步加大和各在建项目的相继完工，这一区域水电供应量将还有大幅的增长空间，是我国未来水电主要供应基地。

除水能资源外，西南的煤炭资源也较为丰富，是我国南方煤炭资源最丰富的地区，查明资源储量达880亿吨。其中贵州、云南储量最为丰富，而且煤种齐全、煤质较好，可以保证全区各种用途的需要。2011年该区煤炭总产量达37857万吨。该地区中只有贵州的煤炭产量超过1亿吨，2011年其煤炭产量达15601万吨，能大量支援川渝和两广地区，2011年调出省外煤炭达2815万吨。四川、云南的生产规模也较大，2011年煤炭产量分别为7363万吨、9957万吨，这两省近年来煤炭产量一直处于上升状态，未来几年内，有望达到或超过1亿吨的产量。

这一区域的天然气资源也较为丰富，主要集中在四川盆地地区，近年来探明储量大幅度增加，到目前已探明储量为4500亿立方米，2009年实际生产天然气194亿立方米，仅次于新疆。所产天然气除主要满足川、渝以及云贵接壤地区民用、化工用气之外，还能适量东输湖北、上海等地。随着在这一地区天然气勘探开发力度加大，每年天然气新增探明储量有望进一步提升，相应实际产量也在逐年提高，该区域天然气开发前景巨大。是我国天然气主要供应基地之一。

综上分析不难看出，我国四大能源基地发展存在诸多问题。如一些能源基地能源资源开发早，经过长时间的强力开发，其能源资源开发已处于衰退阶段，作为能源基地的作用在下降，由原来的供给有余型沦为自给不足型；能源基地在建设过程中，只追求能源资源开采量的提高，忽视对能源资源相关配套产业及深加工产业的建设，能源资源开发缺乏合理规划等。基地能源外输通道运输能力与其资源开发不配套。如主要煤炭生产基地的煤炭外运主要依靠铁路运输，以晋陕蒙地区为例，其煤炭外运通道各主要线路每年都处于满负荷甚至超负荷运转，但仍不能满足该地区的煤炭外运需求，国家近年来加大了对这一运输通道的新建和扩建。但各主要煤炭卸货港口的能量又和铁路运输能力不配套，影响了煤炭卸货和转运的效率，目前各主要港口的扩建项目也在进行中。天然气、原油以管道运输为主，目前运输管道的网络化已初步建成，但部分管道建设早，使用时间过长，且经常处于超负荷运转，存在较大的安全风险。电力输送网的主要问题是远程输送过程中能耗过大。我国西电东送主要电源点距东部受电地区平均距离在1000公里以上，而我国目前主要输电网的电压以500千伏以下为主，电力在输送过程中能耗大。基地产业模式单一，单纯以能源资源开采为主，没有形成能源资源的关联产业组合发展。

未来，我国的能源基地建设应注重转变发展模式，散乱开发向集约、有序开发转变；由单向供给型向多向供给型转变；由资源型向科技型转变。

2. 湛江钢铁石化基地经验

广东省湛江市是中国大陆最南端的城市，也是首批对外开放的沿海港口城市之一，是广东省目前唯一拥有海运、公路（高速）、铁路、航空、管道等综合运输体系的地级市，其中又以港口最具战略优势。湛江港是我国大陆通往东南亚、中东、非洲、欧洲和大洋洲航程最短的深水港口，与世界100多国家和地区通航，是我国五大港口群之一的国家级主枢纽港。因此，湛江成为广东省西部和北部湾地区的交通中心，粤西和北部湾经济圈的经济中心，它还是大西南出海通道的物流中心。

2003年以来，湛江市围绕建设城乡协调、生态文明的科学发展试点市，积极实施“工业立市、港口兴市、生态建市”的发展战略，把工作的重心和着力点放在重点项目建设上。近几年来，湛江共启动建设103项，总投资1095亿元，其中建成51项。湛江市在重点项目的强力拉动下，全社会固定资产完成390多亿元，高于广东省13.6个百分点。重点项目建设不仅促进湛江全市经济逆势增长，还促成了经济发展承载力迅速提高。首先，湛江市相继建成湛江港30万吨级油码头、30万吨级深水航道、25万吨级铁矿石码头等。2008年，湛江市港口吞吐量首次突破亿吨，成为我国西南沿海港口群和环北部湾地区唯一的亿吨大港。其次，湛江市先后建成粤海铁路、广湛高速、湛江海湾大桥等一批重大基础设施项目。2010年，湛江市继续推进茂湛铁路、东海岛铁路、南三大桥等基础设施建设，着力建设贯通珠三角、联接海南和大西南的大交通网络，完善供水保障体系，为湛江今后的发展奠定了坚实的基础。

（1）区位优势。钢铁化工的原料运输和产品运输都非常依赖港口条件，较好的港口条件可以大大降低运输成本。湛江市深水港口得天独厚；以湛江港为中心、环雷州半岛中小港口相互配套的港口群、深水航道和特大型原油、矿石等专业化码头；与国际重要能源、铁矿石产区海运距离最短。所有这些为湛江发展钢铁石化大工业提供了重要的支撑。优越的基础条件吸引钢铁、石化两个大型项目同时落户湛江东海岛。这两个大型项目产业关联度高，可形成产业链，且具有项目聚集效应，对经济发展有着强力的拉动作用，使湛江成为最具竞争力、吸引力的投资沃土，进一步巩固、提升湛江在全省乃至北部湾经济圈区域经济的龙头地位和辐射能力。

（2）行业间耦合构建生态链。传统钢铁工业生产工序多、流程长、设备规模大、资源密集、能源消耗大、环境污染严重。石化业的原油加工过程有蒸馏、裂化、焦化、重整、烷基化、脱蜡、脱沥青和精制等，在这些过程中要产生大量的“三废”（废水、废气、废渣），会对环境造成严重的污染。传统钢铁石化产业无限制的利用矿产资源，不仅导致资源枯竭，甚至引发全球环境危机。

通过分析钢铁制造流程的特点、流程演进过程和发展趋势，钢铁工业实施循环经济存在着巨大潜力，发挥钢厂的三大功能即钢铁产品制造、能源转换和社会大宗废弃物处理——消纳功能是钢铁企业融入循环经济的基本思路。实现钢铁石化产业的循环经济，需要构建相互扣合的产业链和开放式的大循环圈，打造共赢共荣的价值链和生态链。以钢铁为中心，将钢厂、水泥厂、电厂、石油化工厂、聚合物加工厂等综合起来，可建立以下生态产业链：

①铁矿石—铁精矿—烧结矿—铁—钢—钢材深加工产业链;②铁矿石—铁精矿—烧结矿—冶金渣—建筑材料产业链;③煤炭—焦炭—煤气—电力产业链;④煤炭—焦炭—煤气—氢气—二甲醚—化工产业链;⑤煤炭—焦炭副产品—化工产业链;⑥煤炭—电力—供热、供暖产业链;⑦煤炭—粉煤灰—建筑材料产业链;⑧铁矿石—铁精矿—直接还原铁—特殊钢—铸钢件产业链;⑨废钢—钢—钢材深加工产业链;⑩废旧塑料—焦炭、焦油、煤气产业链。依托南海丰富的石油、天然气资源以及湛江当地优越的玉米等原料,东海岛钢铁石化产业园区还可以积极发展石化、燃料乙醇、化纤等龙头企业,通过这些龙头企业的产业带动,在园区内再形成炼油乙烯、乙烯下游、丙烯下游、芳烃下游、乙烯副产利用、化肥、精细化工、生物化工等几大产业链,通过石化产业链的循环经济,充分利用资源,通过深加工提高产品附加值。炼油乙烯产业链作为园区石化产业的源头,可以提供丰富的产品,主要包括乙烯裂解料、成品油、燃料油、LPG、苯、甲苯、二甲苯、乙烯、丙烯、丁二烯、苯、甲苯、二甲苯、抽余C4、燃料油等,有效的放大石化产业的社会经济效益。

后　　记

为了更好地贯彻落实《国务院关于进一步促进贵州经济社会发展的若干意见》,受贵州省人民政府委托,中国生产力学会成立了“贵州建设国家能源基地研究”课题组,在贵州省能源局的支持和配合下,展开了较为全面、深入的战略性研究。

本项研究着重分析了贵州建设国家能源基地的相关背景、重大意义,系统梳理了贵州能源发展的成就、问题、机遇与挑战,系统分析了贵州建设国家能源基地的优势和制约因素,并通过对贵州国家能源基地的特点、内涵分析,提出了贵州国家能源基地的战略定位、目标任务、功能布局、发展路径、开发模式、保障措施。

贵州建设国家能源基地的研究是一项系统工程,此次成果只是初步的,还需要进行深入、系统的细化研究。课题研究参考了国内有关专家的论著,限于篇幅未能一一列出,在此致谢。

中国生产力学会

贵州建设国家能源基地研究课题组

2012年9月17日

第八部分

我国粮食安全形势变化与政策建议

我国粮食安全形势变化与政策建议

前　言

我国近年来粮食生产连续丰收，为国民经济持续稳定发展和应对国际金融危机创造了十分有利的条件，同时也为维护国家粮食安全奠定了扎实的物资基础。但是，由于国内外一系列复杂的经济政治和环境资源等因素影响，为国家粮食安全的维护增加了诸多不确定因素。因此，有必要在新的历史条件和国际环境下，重新审视我国粮食安全形势并调整和完善相关政策。

自2008年爆发金融危机以来，世界经济起伏跌宕，至今仍影响深重。而在此期间，金融资本出于避险和投机目的，反复出没粮食流通领域，加之美元时强时弱，引致粮食等大宗商品价格动荡不已。欧美为应对经济和债务危机所采取的一些对策，导致并加剧了新兴经济体内部的通货膨胀，同时也推动了粮食价格上涨。

与此同时，近年来全球气候问题突出，自然灾害呈现常态化趋势，粮食生产和供应凭添变数，粮食供求和价格形势更加复杂化。

在世界范围内，粮食紧张形势往往成为引发政治局势动荡的重要因素。粮食问题不时成为少数发达国家操弄国际政治格局的手段和工具，同时也是新兴经济体国家与发达国家较量与博弈的重要内容。发达国家的跨国公司在推动世界范围内粮食市场化的过程中，掌握了较大的定价权和影响力，对世界粮食安全形成了一定的负面作用。粮食问题由于与经济全球化过程中的金融问题、能源问题、气候环境问题关系日益密切，需要纳入全球治理的范围妥善解决，而现行国际政治经济秩序又存在诸多消极因素，与这一客观要求相背离，往往增加了解决世界粮食危机的难度。

反观国内，多年来粮食生产和供应相对稳定。粮食储备比较充实。粮食安全暂无近忧。但是，在近年来的通货膨胀中，粮食是一个不可忽视的重要因素。粮食在CPI中权重较大，稳定粮价始终是宏观调控的一个重要目标。而控制粮价上涨在一定程度上又与增加粮农收入、调动农民种粮积极性相矛盾。实际上，在国内许多粮食主产区，种粮收益过低，正在使粮食生产副业化。一些地方政府出于扭曲的政绩观，变相地削弱粮食生产，粮食生产的要素资源正在向工业生产、经济作物倾斜。如何处理工业化、城市化与农业（包括粮食生产产业化）、现代化的关系，还面临诸多两难选择。

改革开放以来，党中央国务院高度重视粮食问题，连续出台了一系列加强“三农”工作的政策，对稳定和推动粮食生产和流通的发展起了重要作用，也使我国成为当今世界粮食危机频仍却具有相对粮食安全的少数国家之一。但是，放眼未来，影响我国粮食安全的国际因素存在不少变数，影响国内粮食生产、流通和消费的负面环境依然存在，有些甚至有增强趋势。在“十二五”期间，我们有必要认真审视当前的粮食生产和流通中存在的问题以及现有强粮惠农政策中的不完善之处，进一步调整和优化现行政策，增强支持粮食生产的力度和加快流通发展的脚步，从而夯实我国粮食安全的物质基础，健全粮食安全的保障机制。

一、我国粮食安全已形成良好基础

1. 我国粮食生产连续8年丰收，显示出我国粮食综合生产能力已有稳定提高，形成维护粮食安全比较可靠的物质基础。

从2004年到2011年，我国连续8年获得粮食丰收。2012年粮食丰收在望。这个期间几乎每年都曾发生较大旱涝等自然灾害,但是对全国范围的粮食生产没有造成重大影响。粮食总产量始终在1万亿斤左右且呈上升趋势。

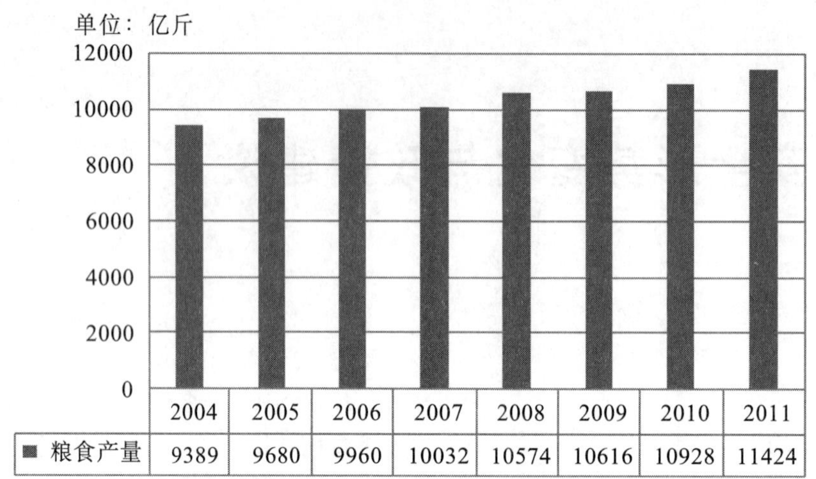

	2004	2005	2006	2007	2008	2009	2010	2011
■ 粮食产量	9389	9680	9960	10032	10574	10616	10928	11424

2004—2011年全国粮食产量

数据来源:中国统计年鉴、国土资源公报

对于取得上述成绩,有人概括为“政策好、天帮忙、人努力”。但其中不容忽视的一个基本事实是我国粮食生产的综合实力有了显著提高。改革开放以来,我国坚守18亿亩耕地的红线,大规模整治改良土壤和兴修水利,推广先进的兴粮保粮科学技术,充分保证农机化肥种子等农资稳定供应,加快粮食仓储物流基础设施建设等等,为粮食安全保障提供了比较坚实可靠的物质基础。

在这8年期间,世界范围内发生了两次大的粮食危机。我国也先后发生四川汶川大地震、青海舟曲泥石流灾害,但是我国粮食市场一直保持稳定局面,灾区得到粮油及时供应。整个国民经济和社会生活正常运行,这证实了我国粮食安全具备了比较可靠的物质基础。

2. 改革开放以来,我国逐渐形成比较健全的粮食市场体系,各种粮食流通组织发展较快,在维持粮食市场稳定、保障供应方面发挥了重要作用。

——改革开放以来,我们在保留国有粮食收储体系的同时,伴随粮食流通体制改革的步伐,陆续建立和完善了包括粮食集贸市场、区域性粮食批发市场和全国中心粮食批发市场在内的三级粮食市场体系。为开展粮食收购、批发、零售和中转贸易提供了重要的渠道和平台。2010年,全国各类粮食批发市场的粮油成交量达14000万吨。粮食期货合约交易量约6.7亿手,交易总金额近30.3万亿元。截止2010年底,全国具有粮食收购资格的经营者8.75万家,农村粮食经纪人36.2万人。各地放心粮油生产企业已建立各类销售网点17万多个,其中城镇网点11万多个、农村网点6万多个。全国各类粮食批发市场约411家,国家粮食交易中心22家,并建立了全国统一的粮食竞价交易系统。2010年全国各类批发市场年成交量约占全年商品粮流通量的41.1%。这些市场为粮食与饲料加工企业和城乡居民粮食消费提供了极大的便利。

——在粮食现货市场的基础上,由政府主导建立健全粮食期货交易市场。目前大连、郑州、上海三个交易所的上市期货合约品种近30个。各类涉粮期货合约在不断完善,并努力与现货市场相衔接。2011年粮油期货交易额达到3.57亿手、19.55万亿元。

——近年来随着信息技术的发展与运用,我国粮食网上交易日趋活跃。全国现有粮食电子交易市场38家。其中,国家粮油信息中心的“中国粮食信息网”,中国储备粮管理总公司的“中华粮网”在国内已形成较大影响。

——大型粮食流通企业(集团)快速发展。中储粮总公司、中粮集团和一批省级粮油集团实力不断增强。少数民营粮食企业逐渐崭露头角。外资粮食流通企业在国内粮食流通中也占有一席之地。这种多种经济成份的流通组织相互竞争,活跃了国内粮食市场。

销售收入过百亿企业排行

企业名称	销售收入
益海嘉里(中国)集团	890 亿
中粮集团有限公司	470.6 亿
长春大成实业集团有限公司	269.8 亿
山东西王集团有限公司	150.1 亿
九三粮油工业集团有限公司	146.7 亿
嘉吉(中国)公司	113.6 亿

——近 10 年来,粮食流通基础设施有了明显改善,粮食物流现代化程度稳步提高,对实现粮食区域间平衡做出重要贡献。

与中国粮食流通体制改革相适应,在过去 10 多年中,我国粮食流通基础设施有了明显改观。始于 1998 年的利用国债建设现代化粮库的工作取得了巨大成就,共有上千个设施先进的大型粮库分布在产销区。一批粮食港口、铁路专用线、大型运输工具加入粮食物流行列。粮食的铁(路)公(路)水(江、海)联运体制、"四散化"(散装、散卸、散运、散储)作业体系建设纳入国家专项规划并取得一定进展。全国和区域性粮食运输枢纽和物流园区陆续投入建设和使用。

全国历年仓储设施统计(2004—2011)

年份	总仓容(万吨)	总数量(个)
2005	29500	19058
2006	30578	18622
2007	32030	18254
2008	33382	17869
2009	36424	17995
2010	39255	18326
2011	41799	18266

数据来源:国家粮食局

——中央和地方粮食储备制度不断完善,储备实力显著提高,有效地发挥了调控市场和保护农民利益的作用。

我国中央储备粮制度发轫于 1990 年(当时称中央专项储备粮)。初期最多储备量达到 800 亿斤。到 1998 年,国家提出建立省级粮食储备要求,按产区保障 3 个月、销区保障 6 个月正常消费量进行储备。至此,我国建立了两级储备制度。

到 2000 年,按照国务院要求,中央储备粮从原来主要由地方粮食部门代管改为建立中央垂直管理体系。其行政管理由国家粮食局负责。具体经营管理业务由中央储备粮总公司直接负责。中储粮总公司在省级行政区设分公司对辖区内中央直属库进行管理,为此建立"两级法人、三级管理"架构。由于实行对人、财、物垂直管理,"中央储备粮粮权在国务院"真正得到落实。

中央储备粮按照产区、销区、平衡区的实际情况,在数量上进行合理布局,在品种结构上进行动态调整。

迄今为止,这一体系较好地经受住国际粮食危机和国内重大自然灾害以及市场波动的考验。

——进入新世纪以来,我国在调控粮食市场方面积累了一定的经验,调控方法不断改进。

我国 1998 年粮食流通体制改革明确提出"建立国家宏观调控下通过市场配置资源的管理体制"。在重视发挥市场机制作用的同时,重视实行国家对粮食市场的宏观调控。

我国坚持价格调控和实物调控相结合的方式。坚持每年出台主要粮食品种(小麦、稻谷)的最低收购价格。当市场粮价低于最低收购价,即启动托市收购预案。当市场价格过高时,及时抛售储备粮平抑市场价格。

国家对粮食生产和流通重要环节实施补贴制度(包括种粮农民直接补贴、农资综合补贴、良种补贴、农机购置补贴、最低收购价、产粮大县奖励、农产品绿色通道、农业保险补贴等),运用财政税收杠杆支持生产,对农机、种子、收储、运输、加工给予常年或临时补贴。

此外,国家还采取增加或减少粮食进出口、鼓励或限制收购行为、定期或不定期拍卖政策性粮食以引导市场购销。

近年来,国家有关部门正抓紧制订《粮食法》,推进以法治粮,运用法律法规确保国家粮食安全。

二、我国粮食安全形势面临一系列新的变化

1. 加入 WTO 之后,国内外粮食市场联系日益密切。近些年来出现的世界粮食危机,对国内影响不断增强。

——我国遵守加入 WTO 承诺,逐步开放国内粮食市场。与此同时,由于比过去更多地利用国际市场和国际资源满足国内的需求,增加了对国际市场的依赖。

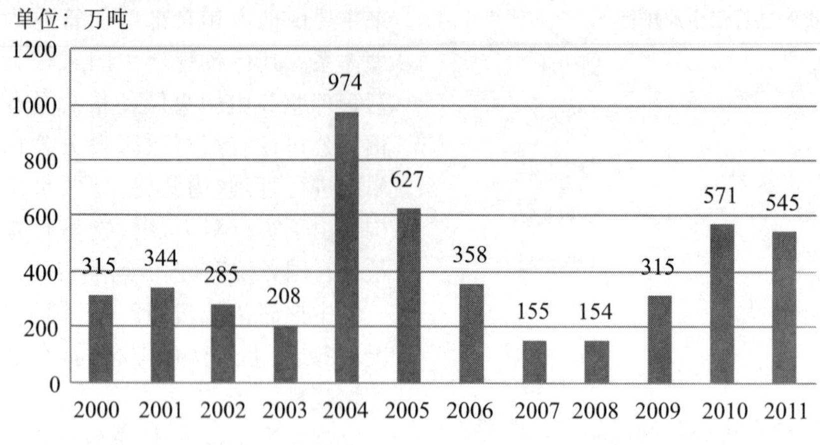

中国粮食进口 2000—2011

数据来源：中国统计年鉴、海关信息网

由于不断增加进口粮食、油料，国际粮价必然会对国内市场产生直接、间接的影响。

——加入 WTO 以后，我国逐年增加油料进口。近年来，仅大豆一项，每年进口量占我国全年大豆消费量的 80%。由于利用美国和巴西等南美国家进口的大豆作原料，榨油价格相对低廉，不可避免地挤压了国产大豆的种植，不仅改变了传统大豆产区的种植结构，也影响了国产大豆与玉米比价关系。

——粮食深加工出口增加。由于玉米加工业部分产品销往国外，当国际石油价格上涨，出口利润丰厚，势必拉抬国内玉米价格，影响饲料市场价格，带动畜产品价格上涨。同时对玉米、小麦比价关系也会产生较大影响。

——国际粮价冲击国内粮价。美国、加拿大、澳大利亚以及欧洲和南美一些国家粮食规模种植优势突出，单位面积生产率高，成本、价格具有一定的竞争优势。当国际油价及运费走低，而国内粮食价格水平较高时，其到岸价格可能接近甚至低于国内价格，从而影响粮食国内生产和流通格局。

——跨国公司作用不可低估。发达国家跨国公司长期从事国际粮食贸易，具有丰富的市场经验和很强的竞争实力，在我国粮食市场日趋活跃。而我国要实施“走出去”战略，也必须培育自己的跨国公司，在国外建立粮源基地，开展跨国粮食贸易。今后跨国公司的活动会进一步密切国内外市场联系。

这种两个市场、两种资源的“近距离、零距离”对接，实际上是“双面剑”，既增加了国家保障市场运行的“选择性”，同时也加大了调控稳定市场的难度。

2. 国际国内均出现粮食能源化、金融化趋势，使粮食安全问题复杂化。

——粮食能源化使粮食价格受到国际国内能源市场影响。在人类历史上的大多数年代里，粮食和能源之间并未建立起直接联系。随着全球化石能源储量逐渐减少，石油价格不断上涨，粮食作为非化石能源，与石油产生替代效应。当石油价格上涨到一定水平时，用粮食生产生物柴油、乙醇和某些化工产品便具有了经济合理性。当石油价格波动时，粮食作为替代品的价格也随之波动。于是粮食具有了某种能源属性，也被称为粮食能源化趋势。一旦在某些国家大量使用玉米生产燃料乙醇或用某些传统的油脂油料生产生物柴油，就不可避免地推动相关粮油价格上涨。而且由于粮食的这种新用途对于减少环境污染具有某种优势，从而成为一种清洁能源，在某些发达国家受到广泛青睐。这就为抑制或减少这种需求，使粮食回归传统的粮食属性，增加了一定的难度。在美国，用玉米生产燃料乙醇已达到其玉米产量的 1/3。在德国，用油料作物生产生物柴油也已达到相当规模。这种趋势由于所在国政府的某些补贴政策而得到强化。在中国，用玉米生产燃料乙醇，只限于小规模的试验范围，规模外的生产受到政策限制。但是，玉米作为生物燃料之外的某些化工产品生产的原料，其生产规模却有扩张趋势。据统计，国产玉米每年有近三分之一用于生产这类化工产品，成为饲料之外的最大需求。在一些主产省，由于增加了玉米深加工能力，调出量逐年减少。这种格局推高了饲料价格水平，直接、间接推动 CPI 的上升。

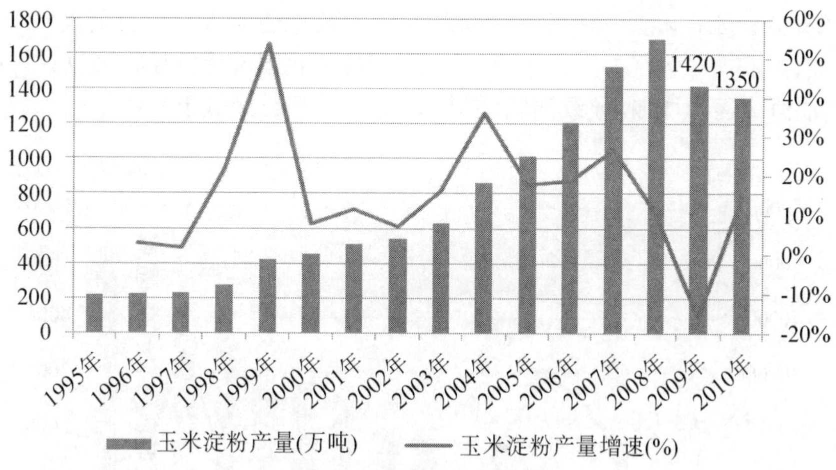

我国玉米淀粉产量变化(1997—2010)

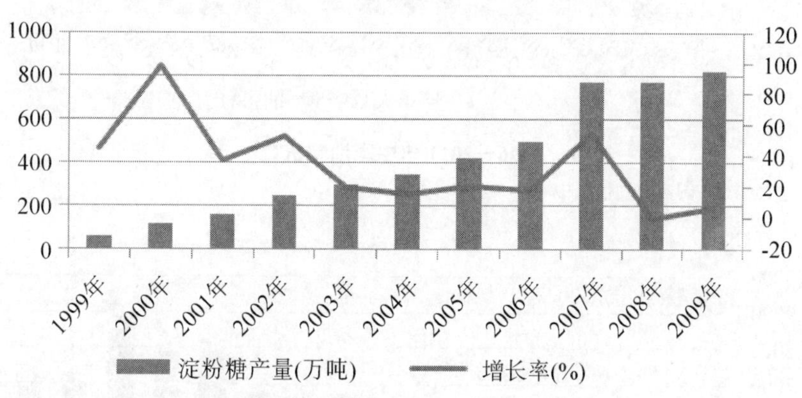

我国玉米淀粉糖产量变化(1999—2009)

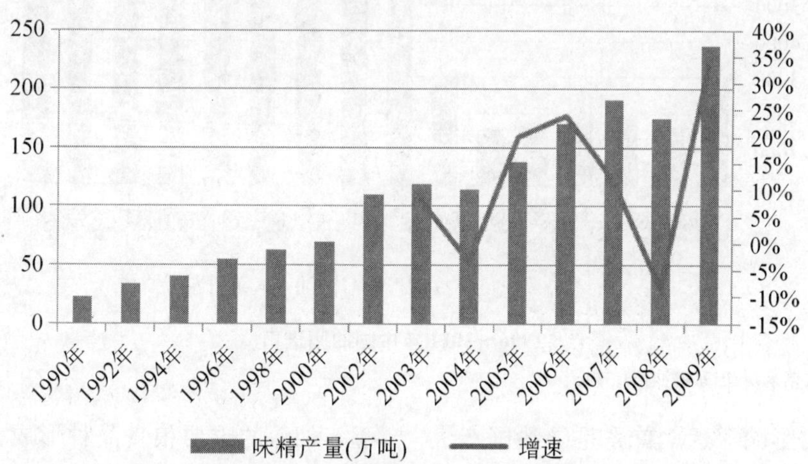

我国玉米味精产量变化(1990—2009)

数据来源:(中粮期货、万达期货、永安期货、中期研究院)

——粮食开始具有某种金融属性。2008年世界金融危机导致资本市场寻求新的避险和投资方向。大量资金从高风险、低收益领域转移出来,投向包括粮食在内的大宗商品。国际资本瞄准世界粮食危机中某些具有价格上涨趋势的品种,利用雄厚的资本优势在现货市场上囤积居奇人为推动价格上涨趋势,以投机牟利。一些大的财团则利用衍生品市场的杠杆效应,以及在海运方面的某些优势,大肆炒作粮食期货价格,使粮食由此增添了某种金融属性。

粮食能源化和金融化的趋势增加了粮食市场价格变动因素的复杂性,由此导致粮食调控不能局限于价格和供求范围,而必须兼顾能源、金融等领域的多元交叉影响,增加了调控的难度。

3. 我国部分粮食品种进口比重不断增加，对国际市场依赖加深。

——我国食用油消费逐年增加，导致油脂油料进口比重逐年提高。目前油料80%需要进口。如果按照我国统计口径将大豆计入粮食范畴，那么粮食自给率已经低于90%。

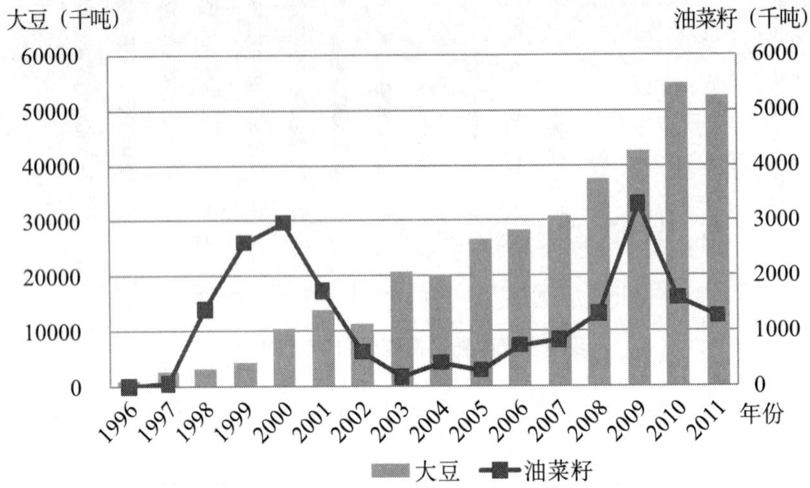

1996—2011 年中国油料进口

数据来源：国家粮油信息中心

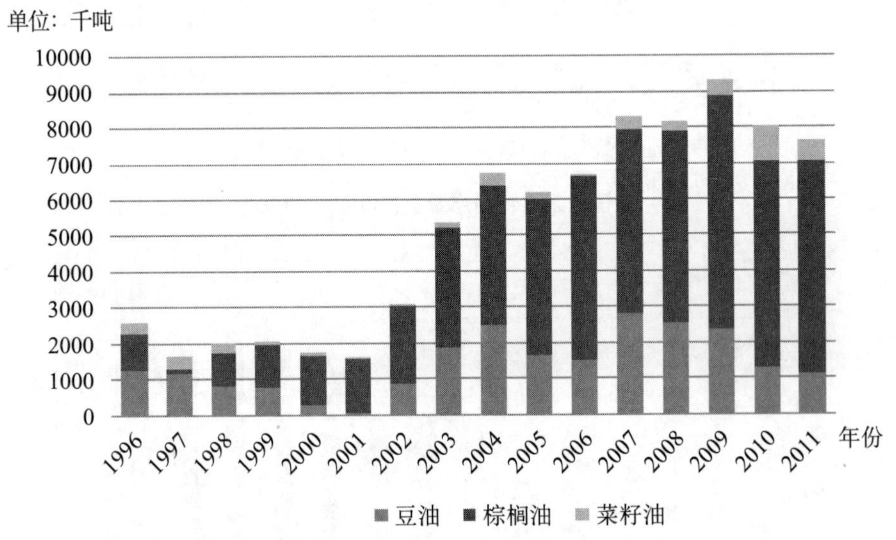

1996—2011 年中国油脂进口

数据来源：国家粮油信息中心

——进口增加影响深远。首先是导致国产大豆种植萎缩，利用国产大豆作原料的油脂加工业长期以来处于亏损状态。一旦失去政策补贴整个产业将难以为继。目前玉米进口量也在逐年增加，如果现有消费格局不变，很可能步大豆后尘。

——潜在风险不断增加。如果粮食大品种过度依赖进口，那么一旦进口受阻，后果将不堪想象。如何应对这种潜在的风险是一个两难决策。以大豆为例。由于土地资源有限，即使放开转基因大豆种植，要做到主要依靠自给，也势必挤占其他粮食作物（如玉米）的种植。目前国家急需对进口依赖逐年加深的重要粮食品种形成比较完善的应对之策，以避免留下后患。

4. 由于比较效益的作用，我国沿海等地区农民种田收益不高，种粮积极性下降，土地撂荒现象严重。

——农民种粮成本不断上升，收益相对下降。化肥、水、电费用和农机服务价格上涨幅度超过粮价提高的幅度，导致农民种粮收益不高。与外出务工收入相比更形成很大反差。务工收入在家庭总收入中的比重不断提高。因此，在不少沿海和城市郊区，外出务工农民增多，只有农忙时短暂回乡，在这些地区种粮已成为一种副业。种田劳作主要落在留守家庭的老年人和妇女身上。粮食生产也主要限于满足家庭口粮之需。这些地区粮食总产量和商品率均呈下降趋势。

——粮食生产未形成规模优势。造成种田收益相对较低的另一个原因是土地流转不畅、粮田未能更多地集中到种粮大户手中,也未通过组织合作社实行土地集中经营,以获取规模优势。

——鼓励粮食生产的各项政策比较分散,未形成合力,各涉粮部门出台的惠农强粮政策,缺乏有效协调衔接,同时也未更多向粮食直接生产者倾斜。最终真正落实到产粮地方财政和种粮农民手里补贴金额十分有限。

据农业部统计,2007 年三种粮食平均成本收益,每亩地补贴收入 24.93 元,每斤粮则 0.03 元。据报道,甘肃省卓尼县柳林镇唐尕川村组的粮食直补每亩地仅有 1.73 元。目前全国产粮大县奖励资金平均规模占产粮大县财政支出比例不到 2%,实际上起不到调动地方政府和农民种粮积极性的作用。

——生产性服务发展滞后。当前适应农村需要的各种产前产中产后服务十分缺乏且不配套,不能很好地为粮食生产提供全面、及时、有效的服务。

正是上述各种因素综合作用,导致粮食生产在部分地区受到冷落,以至于出现局部撂荒现象。

5. 随着我国经济发展,耕地面积持续减少,水资源非粮占用日益增多,灌溉用水和污染不断加重。

——粮食生产资源匮乏。土地和水是粮食生产两个最重要的要素。我国现有耕地 18.31 亿亩,人均耕地面积 1.36 亩,不及世界平均水平的 1/2。多年来,我国以占世界不足 1/9 的耕地,养活了占世界 1/5 的人口。而且我国水资源十分匮乏,人均占有水资源不及世界平均水资源的 40%,而且分布很不均衡。作为粮食主产区密集的北方,水资源贫乏;水量比较充沛的南方省区,或为传统销区,或由于经济利益驱动逐渐退出产区。

——耕地面积逐年下降。改革开放以来,由于工业化和城镇化的不断推进,以及各种名义的开发区、园区建设占地增多,耕地面积逐年下降。

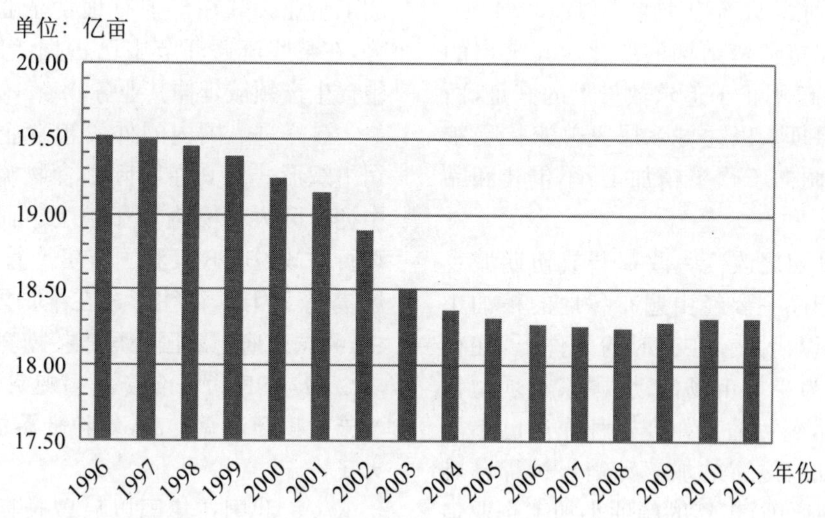

全国耕地面积变化

数据来源:中国统计年鉴、国土资源公报

而所谓的占补平衡落实不好,且补偿的耕地质量欠佳,使粮食生产的土地资源受到持续侵蚀。

——基于同样的原因水资源的非农占用逐年增加,而且由于工业和矿山生产污染了水源,使粮食生产质量受到严重影响。

严重的问题还在于各种危害环境的工业矿山项目和高尔夫球场建设污染地表和地下水质,其含带的重金属污染土壤,使一些地区生产的水稻和小麦、玉米作物受到污染,重金属含量超标。今后,很可能相当一部分地区不适宜继续种植粮食作物。

6. 我国个别主要粮食品种在粮食安全中地位发生变化,逐渐向工业原料转化,深加工产品占出口比重逐渐增加。

——粮食安全首先是口粮安全。保障口粮需求应是粮食安全的重中之重。由于多方面的原因,(生活水平提高,粮食用途变化等)一些粮食品种在我国逐渐不再作为口粮消费。

——玉米已退出口粮范围。玉米曾长期作为

我国主食品种。至今在有些国家仍作为主食。但玉米近些年来在我国已逐渐退出口粮范畴，而主要作为饲料原料和工业原料。目前，饲料消费约占玉米产量的60%，而工业消费约占1/3。玉米加工业已形成一条较长的产业链，主要是生产淀粉、氨基酸等化工原料或中间产品，其深加工产品相当一部分出口国外。

——对粮食安全保障对象有争议。国内一部分专家学者认为，如果玉米用于生产动物性蛋白，仍应作为粮食安全保障对象；如果用于非食品的工业原料，则不应再作为粮食安全保障对象。否则，我国有限的粮食生产资源难以维持其不断增长的需求，而且也不应当支持用财政补贴去满足不断扩大的境外需求。

7. 城乡居民收入水平和生活水平显著提高，粮食消费结构升级，更多地追求较高品质和品牌化，故此，以收储和抛售原粮、毛油为主的传统调控方式有待完善。

——消费结构发生变化。改革开放以来，城乡居民收入水平有了显著提高，从1978年城市居民年均收入343.4元，到2011年年均收入19109.4元。收入水平的提高支持消费结构的变化。其突出的表现是对粮油产品已不止于追求数量上的满足，而要求质量和安全保证。以往城乡居民普遍接受粮油粗加工，现在则倾向于购买精加工、小包装和品牌化的产品。

——调控手段随之改变。改革开放初期城乡居民需求的粮油产品主要经由遍布各地的粮油小加工厂、小作坊予以满足。在当时的条件下，如粮价上涨幅度过大，为平抑市场波动，国家只须抛售原粮毛油就可以达到目的。如今这种作法已不能奏效。原因在于抛售之后的加工和销售过程已难以掌控。由于种种原因，当年的粮油小加工企业多数在竞争中湮灭，大加工企业则出于谋利动机，加之竞争不充分，完全可能延迟加工、待价而沽。因此，为收到理想调控效果，必须在短时间内向市场集中推出精加工、高质量的产品。

8. 粮食加工业在粮食安全中的作用逐渐强化，成为稳定粮食市场的重要因素。

——粮食批发市场有萎缩趋势。由于城乡居民消费结构的变化，传统的粮食批发市场作用受到削弱。一部分批发市场转化为政策性粮食拍卖市场，一部分批发市场转化为成品粮油的零售市场。城乡居民越来越多地通过连锁超市等现代零售业态满足对粮油食品的消费需要。

——大粮油加工业地位作用逐渐增强。一些大型粮油加工企业其产业链直接由田间地头延伸到商场餐桌。这些大型粮油加工企业通过提高加工技术、营造品牌和培育渠道不断扩大在终端市场上占有率。这种流通格局的变化使政府调控也只能经由“加工—市场”的传导途径得以实现。因此直接间接地掌握一定规模加工能力，成为调控粮食市场的不可或缺的手段。

9. 外商影响不可小视。加入WTO后，外商大量进入国内市场，并在某些粮油品种加工能力和销售市场中占有较大比重。国有和民营粮食企业实力相对下降。市场博弈力量多元化。粮食市场调控难度增加。

——外商进入中国粮食市场，给中国粮食流通领域带来一系列新的变化。首先是进一步拉近国内外粮食市场的距离，扩大了粮食进出口的贸易规模，带来了新的粮油加工技术、营销理念和管理经验。与此同时，基于其在全球产业链和市场营销网络中的超强竞争力，极大地挤压绝大多数中小粮食加工企业。其在与国有粮食企业的竞争中渐呈强势，在某些流通环节中已占据垄断地位，并且正向粮食生产领域延伸其业务。

——进入国内的外资粮食企业多采取跨国公司组织形式。其在国际粮食物流运输业和期货业中拥有巨大的实力和影响力。而国有粮食企业受现行财政税收政策和国有资产管理制度的束缚，发展缓慢。因此，往往形成在维护国内粮食市场稳定中，我国政府与跨国公司直接博弈的局面。

10. 我国由粮食受援国变成援助国，作为粮食生产大国和消费大国，维护世界粮食安全的责任加大了。

——我国在建国以后曾长期接受国际粮农组织的援助。从2002年我国已由受援国变成援助国。

——近年来，世界粮食危机频发，作为粮食大国，援助受灾严重国家的责任日益加重，各国对中国维护世界粮食安全的期望值不断提高。

——中国在几十年发展粮食生产、改革粮食流通体制、建立粮食储备体系中积累了丰富经验，形成较强的调控粮食市场的实力，也有条件发挥更大作用。

——维护世界粮食安全有利于维护本国粮食安全。但是，承担这一责任离不开各国共同努力，并建立起有效的国际合作协调机制。这无疑赋予

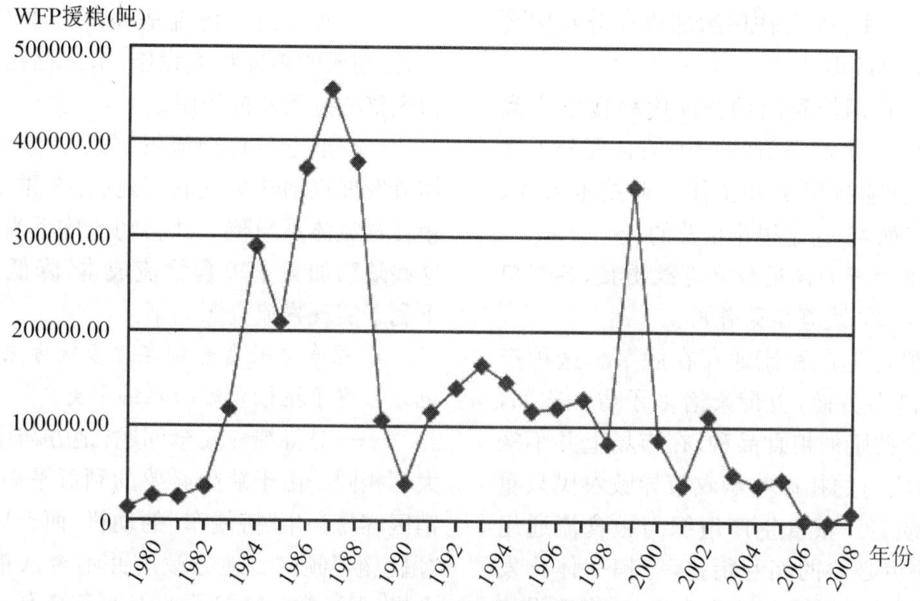

1979—2008 WFP 向中国提供的援助

了中国更大的责任。

三、在新的粮食安全形势下，需要重新正视和解决的一些实际问题

1. 我国粮食生产基本属于小规模家庭分散经营，农民组织化程度低，不能成为真正的市场主体，对市场反应往往滞后或失误，难以适应社会化生产和消费的需求。

——粮食生产规模普遍过小。我国粮食生产多数仍然采用一家一户的分散的经营方式，平均每人 2.28 亩。由于经营规模过小，粮食种植成本难以降低，因此种粮收益差。

2009 年浙江省湖州市晚稻成本收益对比

调查项目	亩均产量	总产值	总成本	生产成本	土地成本	净利润	亩均补贴
规模户	511.6	1008.37	677.34	493.83	183.51	331.03	98.7
一般户	540.5	1034.87	752.65	527.23	225.42	282.22	53.4

注 1：规模户平均种植面积 3.38 亩

（数据来源：湖州市 2009 年规模晚稻成本收益专项调查分析）

与其他国家相比，经营规模差距悬殊。这是造成我国粮农收入低下的主要原因。

农村集约化经营程度(2007 年)

国　家	农业经济活动人口	占总人口比重(%)	平均每个农业经济活动人口耕地面积(公顷/人)
中　国	49901.8	37.3	0.2
加拿大	34.6	1.1	130.4
美　国	272.8	0.9	62.5
阿根廷	143.6	3.6	22.6
巴　西	1192.5	6.3	5.1
澳大利亚	44.3	2.1	99.7

（数据来源：联合国 FAO 数据库）

——粮食生产组织化程度低。国外种粮农民组织化程度比较高。多数发达国家和相当一部分发展中国家，其粮食生产或者采取大农场形式，或者采取合作社组织形式，如美国大农场、日本农协组织、欧洲澳洲合作社组织等。而我国在经济作物或农副产品的生产领域中专业合作社相对发展较快，在粮食生产中，合作社组织较少，发育缓慢。

——生产性服务落后。由于实行家庭分散经营，生产规模偏小，不易利用产前产中和产后的社会化服务，也不易充分掌握和运用市场信息组织粮食生产与经营，也不具备与经营者和加工企业进行市场谈判的能力。作为家庭农户很难获取担保、保险等服务以便从金融机构贷款，扩大生产规模，提高设施水平，也不利于像合作组织那样充分利用政府提供的各项优惠政策。

——对科技利用受到制约。现代粮食生产离不开科学技术的运用，离不开生产中的合理分工和专业化管理，为此必须吸引和留住专业技术人才。对我国家庭农户而言，这是很难企及的。

2. 我国粮食生产与流通缺乏有效衔接，各部门出台的相关政策难以发挥集聚作用。

——我国粮食生产和流通存在脱节。这种产销脱节表现在诸多方面，也带来诸多矛盾。比如，在生产领域受到鼓励的粮食品种，在市场上并不畅销；在流通领域实行的托市收购政策导致农民只重产量不重品种质量。粮食生产组织与粮食流通组织各成体系，缺少必要的相互衔接，产销一体化发展缓慢。生产和流通领域中标准不统一，物流设施不匹配，信息网络不兼容。

——产区销区利益不均衡。每遇丰歉年份往往出现逆向调节。丰收时销区持币待购，入市消极，难免出现市场滞销，打击粮食生产积极性；歉收时产区拥粮自重，待价而沽，而销区抢购补库，加剧市场波动。

——产销分离不利于政策集聚。其不良后果是生产部门和流通部门出台的惠粮政策不能集中发挥作用，统一聚焦到支持种粮农民发展粮食生产、为市场提供优质产品上来。

这种产销分离体制源自计划经济年代，是短缺经济的产物，已经不适应市场经济的要求，与粮食生产流通社会化、市场化的方向不相适应。

3. 长期以来存在的重生产、轻流通的倾向尚未彻底扭转，我国粮食物流发展相对滞后，粮食流通成本过高，流通效率较低。

——我国长期实行计划经济，重生产轻流通的观念在粮食领域仍有较深的影响。我国粮食仓储物流能力不能适应粮食生产和流通发展的需要。

——我国粮食产销格局发生重大变化，其一是由传统的南粮北运演变为北粮南运；其二是一些主产区向平衡区、平衡区向主销区过渡时期。粮食物流发展滞后于这种变化。

——我国粮食物流“四散”作业长期落后，多式联运发展缓慢，铁路运输瓶颈较多，水运能力未能充分利用。

——我国粮食物流基础设施结构不协调，运输设施、能力与仓储设施、能力不相匹配。仓储、物流与加工业布局不相适应。

——我国粮食物流基础设施建设整体衔接不足，已建成的粮食物流设施、节点存在缺环，未能作为完整的链条发挥作用。

——地方粮食物流发展规划与中央储备粮的物流发展规划缺少互联互通、存在重复建设。我国粮食物流体系与整个社会物流体系尚未融为一体。这些缺陷加大了粮食物流成本，降低了物流效率，不利于实现物流资源共享。

4. 粮食省长负责制在许多地方未能落到实处。地方习惯于把粮食难题推给中央。

——对待粮食安全问题，地方与中央关切程度大不相同。由于缺少必要的利益平衡和补偿机制，销区容易产生“搭便车”的动机，而产区则容易产生“甩包袱”倾向。地方政府并不否认粮食安全事关大局，但通常“认定”中央是最终责任人。因此每逢供求失衡，产区、销区都习惯于把难题推给中央去解决。

——目前省长负责制多半停留在书面上，实际并不落实。地方储备任务和省级负担的粮食财政补贴多半层层下放，不易落到实处。

——现行的省长负责制的内涵不够全面。诸如提高农民组织化程度，扶植民族粮食企业发展，规范外资粮企行为等内容未能纳入。而且省长负责制的许多内容缺乏量化指标，不便督促检查和实际考核。

5. 现行国有资产管理体制不利于粮食企业跨地区兼并重组，难以形成国内外有影响的大型现代粮食集团或跨国粮商。

——政企不分依然存在。目前一些地区国有粮食企业表面上是独立法人，但地方政府通过掌握人事权而随意支配国有粮企的资产。不少地方政府“平调”国有粮企的资金、资产弥补地方亏损企业或解决地方债务平台的问题。

——不支持跨地区、跨所有制兼并重组。一些国有粮食企业虽已划归地方国资委管理，但限制跨地区发展。现实中不少国有粮企规模偏小实力较弱，通过跨地区整合有可能迅速做大做强。但现行的管理体制不支持异地兼并重组，也不支持跨所有制进行紧密型联合，甚至不支持央企与本地企业重组。

——随着资本市场的创新发展，新三板市场为未上市国企、民企产权转让创造了条件。但现行资产管理制度能否允许国有粮食企业盘活资产，吸引战略合作伙伴，仍有待破题。

上述尴尬局面同进入我国的跨国粮食企业所具有的体制优势恰成鲜明反差。这也是我国难以产生现代粮食流通集团和跨国粮食公司的主要症结。

6. 近年来,政府在粮食市场调控中较多运用行政干预手段,粮食价格形成机制受到一定扭曲,抑制了市场机制在粮食资源配置中发挥基础性作用。

——从近年来实际操作看,对粮食市场的宏观调控大抵包括储备粮的收储和投放,进口和出口以及各种补贴政策。运用较多的是出台粮食最低收购价格和临时收储价格,控制资金投放,审时度势对加工、运输环节给予补贴等,以及采用拍卖方式平抑粮价等等。总的看,把价格作为杠杆运用比较多,重视发挥市场机制本身的作用不够。粮食市场作为政策性市场特点突出。

——最低收购价设计存在缺陷。其本来用意是当市场供大于求,市场价格低于粮食生产成本或收益过低,这时通过价格补贴,弥补农民的劳动和投入。但是,目前这种补贴采用价内形式而非价外形式。因此模糊了真实供求关系所决定的价格,不能给生产者以真实的价格信号。在这种情况下,市场机制的作用不能得到正向发挥,而以扭曲形式表现出来,即误导农民选择成本低、产量高、但质量较差的粮食品种进行生产。结果,最低收购价与优质优价相抵牾。

——政府对政策性粮食的拍卖频繁,往往导致市场主体消极等待拍卖价格,放弃积极主动购销行为。同时,也使期货市场作用被动削弱。

——临时收储政策呈现常态化趋势,不利于市场主体之间发展长期稳定合作关系。一些品种的临时收储政策,扭曲了相关品种的比价关系,并使加工企业陷入被动。循此以往,市场主体之间的直接购销关系,演变为经由国家中介发生关系。国家变成某种"做市商"。

7. 我国涉粮部门之间分工不够明确合理,配合不够缜密有效,客观上不利于正确决策的形成和执行,制约宏观调控效率的提高。

——我国涉粮机构过多,关系复杂。国家发改委、财政部、农业部、商务部、税务总局、国家粮食局、国家工商总局、质量检验检疫局、农发行、中国储备粮总公司,至少有10家之多的机构与粮食业务有关。这些机构之间在粮食工作中的分工不够清晰,其中有一些职能是重叠的,或互有交叉。这些部门之间的关系复杂。其中,生产管理部门和流通管理部门关系松散,国家发改委与国家粮食局职能分工不清、粮食行政部门和储备部门关系不顺,从而导致调控时不易形成合力,在重大问题上难免决策滞后。

——现行"三定"方案之间的分工缺乏法律依据,各部门、机构涉粮决策出台缺乏法定程序。

——涉粮部门决策缺乏广泛的听证、咨询以及评议体制和机制作为基础。政策出台后没有有效的后评估和纠错机制。

——对重大涉粮问题,各部门之间正常沟通和协商机制不够健全,对突发性问题无法及时形成共识快速决策。

8. 粮食交易方式落后。粮食批发市场多停留于传统的对手交易方式。场外粮食交易不规范。网上粮食交易发展缓慢。

——我国粮食批发交易中长期存在"人海战术",采购推销人员满天飞。这种状况至今仍未彻底扭转。由于社会诚信缺失,大量交易较多依赖"熟人关系"运作,其间存在大量"灰色利益"关系。

——在大宗粮食交易中,电子商务初露头角,尚未普及。官办、民办交易网站多头并立,未形成权威高效的电子交易市场。多数粮食企业还不善于利用这一新兴的市场形式。

——目前期货市场上市粮食品种合约在不断增多,但是总体来看与现货市场衔接不够紧密,广大农民绝大多数置身期货市场之外。

——粮食大宗交易方式亟待创新。如何突破粮食生产、流通、仓储、物流的标准化障碍,如何实现金融支付安全化、物流配送高效化,交易纷争仲裁便利化等一系列问题,均有待破题。

9. 我国粮食消费缺乏合理引导,浪费严重。

——当前浪费粮食的行为相当普遍。浪费粮食的现象比比皆是。国人浪费粮食的丑陋行为给世人留下极坏的印象。

——中国城乡居民粮食消费,从观念到实际存在许多误导。广大消费者缺乏健康饮食的基本知识。没有树立起尊重大自然的赐予,尊重农民劳动的根深蒂固的观念。"爱惜粮食光荣,浪费粮食可耻"的口号远未深入人心。

——对公款吃喝把关不严,请客吃饭可以轻易计入企业成本,已成为浪费粮食的重要原因。

——粮食行政部门对浪费粮食行为没有适当的处罚条例或法规。

——全社会缺乏节约粮食、捐献粮食的公益

活动。

四、对若干涉及粮食安全重大问题应当进一步统一认识

1. 关于粮食安全保障范围

讨论保障粮食安全首先需要弄清楚，粮食安全保障的范围究竟有多大。毫无疑问，口粮是必须纳入其中的。由于饲料用粮与城乡居民的动物性食物关系密切，因此，主要饲料用粮也必须予以保障。现实中问题在于，由于粮食与化石能源有了某种替代性，粮食已成为化工产品的原料。近些年来我国玉米用于工业加工的比重逐年增加。据统计，2000年以前我国玉米深加工消费不足200亿斤。目前已达到1800亿斤。玉米深加工消费量已经超过国家设定的26%的限制。每当国际原油价格上涨到一定的水平，用玉米作原料生产出口某些化工产品就变得有利可图。这部分玉米用量增加过快，势必推动饲料乃至肉类价格上涨，以至推高CPI，影响城乡居民生活。而一旦国际油价下降，玉米深加工业会受到冲击，反过来又可能累及农民卖粮难。

在现行粮食政策下，当市场玉米价格下滑，为维护种粮农民利益，通常要出台临时收储政策导致库存增加；当市场玉米价格过高时，因为担心推动饲料价格过快上涨，不得不抛售各种性质的储备玉米，以平抑市场价格。从一定意义上来说，国家对深加工玉米实行补贴或扶助政策，间接地补贴到国内外的用户。

这就提出一个问题：对用于深加工的玉米，国家在政策上还需要支持吗？还要把这部分粮食纳入粮食安全保障范围吗？

2. 关于与国际市场关系

我国加入WTO之前国内外粮食市场长期处于相对区隔状态，基本上属于两个平行市场。只是在需要和可能时进行一些“余缺调剂”，通过进出口实现个别品种的少量交易。在我国加入WTO之后，这种“余缺调剂”的指导思想依然未变。

从维护国家粮食安全的角度来看“余缺调剂”有其一定的合理性。中国是个人口众多的粮食消费大国。粮食的供给必须主要立足于国内。因为纵使能够把国际市场上的贸易粮全部买下来，也不过满足国内几个月的消费。

改革开放以来，国家坚持在粮食安全上充分发挥国内外两个市场、两种资源的作用。在一些粮食品种上充分利用丰富的国外资源。但是，不能不看到我国在国际粮食市场上，始终处于国际市场粮食价格的被动接受地位，在价格形成上没有多少发言权。当我们进口时，国际粮价应声上涨；当我国准备出口时，国际市场粮价大幅回落。这其中自然有市场供求因素起作用，但也反映出我国在国际市场上的被动地位。

我国在国际市场上的对手是发达国家的跨国公司，他们对国际市场的左右能力与其在全球完整布局的产业链有密切关系。他们在全球建立生产、加工、物流、销售产业链条，甚至包括熟练运用期货交易工具。这种地位使他们既能承受价格波动，也能影响价格形成，从而最大限度地降低成本，实现利益最大化。

从历次世界粮食危机的经验教训中，不难发现作为一个大国的粮食安全离不开其在世界粮食市场上的地位。只有在国际市场居于主动地位，才可能更有效地维护国内粮食安全。国际粮食市场上的严酷较量，客观上要求我们突破“余缺调剂”观念，更积极主动地介入国际粮食市场。充分利用我国作为粮食生产大国和消费大国的优势地位，在全球构建粮食产业链，尽量减少世界粮价波动对我国的负面影响，并承担起粮食大国应尽的国际责任。

3. 关于如何妥善应对国际粮商进入国内粮食市场

外资企业进入中国国内粮食流通领域，符合中国加入世贸组织的承诺，这也是粮食市场国际化的必然趋势。同理，中国企业也应当走出国门更多地进入外国粮食市场。

当前对我国粮食安全可能产生消极作用的不是跨国粮商进入国内市场，而是其介入的规模和深度以及现实的和潜在的影响。

迄今，跨国公司进入中国已有十年之久。其在此期间的业务拓展，既对中国粮食流通现代化做出了贡献，也带来一定负面影响。总的来看，有利的一面是帮助我们更好地利用外国资源，活跃了国内粮食流通，提高了粮食加工业的水平，丰富了粮油消费的市场。不利的一面是一定程度上排挤了国有及民营粮食企业，在某些加工及流通环节上处于较强的支配地位，给我国粮食市场的调控增加了难度。

对外商进入国内粮食领域，目前国内有各种不同认识，近年来质疑的声音不断增加。这与某些地方政府不当的招商作法甚至给外商“超国民待遇”

有关。当务之急是趋利避害，统一认识，调整相关政策，出台法律法规，妥善解决现实中存在的一些问题。

今后对外商进入国内粮食市场应提出鼓励和限制进入的地区、领域。比如，对目前反映较多的种子市场、粮食生产、粮食储备等领域，应有所规范和限制。

当然，解决这类问题宜拓宽思路，即不只是规范跨国公司在中国粮食领域相关作为，还要考虑如何培育国内民族粮企在生产和流通的某些环节更快增强实力，取得竞争优势。

4. 关于政府与市场的关系

改革开放以来，粮食市场经历过多次"收""放"往复。政府与市场的关系是粮食流通改革中的核心问题。企业总在是更多依赖政府还是更多依赖市场的问题上摇摆。其中，"粮食特殊商品论"是每一次向政府更多干预回归的"理论依据"。最近一次反复则源于世界金融危机引发的对市场作用深刻的不信任。当然世界金融危机助推世界粮食危机客观上也要求政府发挥应有的作用。上上下下怕粮食出问题的忧虑，也为接受政府更多干预创设了一定的条件。

近年来，政府对粮食市场的干预主要体现为托市收购以及后续的拍卖。频繁拍卖产生的价格定位，引导着企业的短期行为。因此，市场供求对价格的影响往往通过这种拍卖扭曲地反映出来。企业只能在相邻两次拍卖中进行短期预测和决策。

在这样的市场环境中，作为粮食销售的主体农民的心理和行为也产生"异化"。农民售粮既看当前的市场价格，更期待着政府托市收购或临时收储政策，往往用各种手段"倒逼"政府抬价收购。而政府对收购资金的控制，也迫使企业不得不把政府储备当仓库。

这种政策性、半政策性市场，使市场机制合理配置资源的作用很难正常发挥，不利于企业长期投资与经营，不利于市场主体的成熟发育。

5. 关于粮食产销区之间的关系

现行粮食政策产生的另一种倾向是主产区向产销平衡区过渡，产销平衡区向主销区过渡。争当销区的势头值得高度警惕。

这使得耕地保护政策难以落实。地方政府存在各种占用耕地、放弃粮食种植的冲动。许多良田划为工业开发区，或兴建商业旅游休闲项目。一些传统的粮食种植区域，改种更为有利可图的经济作物。

即使在一些暂时不得不种粮食的主产省，粮食深加工项目不断上马扩容，消耗的粮食逐渐增加，调出的粮食逐年下降。

问题的"根子"在于粮食生产包括调出粮食对产粮区地方财政贡献微不足道甚至成为"负贡献"。压缩或放弃粮食生产成了地方增加财政收入的一项"理性选择"。

这种产销区的不正常的关系，与粮食产品具有某种"公共产品"的特性有关。产区为全社会提供"廉价"的粮食产品，而销区"坐享"这种优惠产品。这种利益分配格局必然导致对粮食生产"多取少予"的机会主义态度。

因此，需要尽快出台相应政策进行必要的利益调整，实现产销区域间合理的利益平衡。

6. 如何正确认识储备与经营关系，为中央储备粮体系准确定位

中央决定成立具有垂直管理特点的中央储备粮管理体系，明确要求建立一种崭新的经营管理体制。其主要目的在于加强国务院对中央储备粮的统一号令，避免来自地方各级政府的不当干预，保证存得进、调得动、数量质量完好无缺。同时通过妥善经营管理减轻财政负担。

1998年粮食流通曾经提出"四分开"，其中要求储备企业把储备业务与经营业务分开，其目的在于解决地方粮食企业把经营性亏损摊进储备成本。实践经验表明，正确的解决之道只能是实行垂直管理，同时通过制度设计建立严格的管理体系。

发达国家对国家储备粮的管理多数委托经营性公司代管，通过法律和合同保证储备粮不被挪用，与此同时并不限制承担储备任务的公司自主经营。实践证明，只要妥善处理二者关系，不仅不会相互影响，而且可以相得益彰。

此外，还应考虑到，中央储备粮最初布局时，中小粮食加工企业几乎在全国各地星罗棋布，所以轮换、加工、销售不存在脱节问题。而近十多年来，我国粮食加工业几乎重新洗牌。一些相对集中的大型加工企业取代了遍布各地的中小加工企业。这使得一些储备粮库"两头在外"，即粮源在"外"，加工在"外"。甚至在执行救灾任务时也不得不迂回加工。突破这种困局只能是让中储粮尽快摆脱消极静态仓储的被动局面。积极发展现代物流和形成体系内外的综合加工能力，形成相对完整的产业链条。而此举正可以延伸宏观调控，更好地保证市

场供应。同时有效约束一些企业的市场卸责行为。

不仅如此，在国内外市场联系日益密切，经济一体化趋势不可逆转的新形势下，应当让中储粮公司走出国门跨国经营，在全球布局产业链，更好地发挥缓解国际粮食市场冲击国内的“防火墙”和“缓冲器”的作用。

至于如何避免中央储备粮系统出现追求企业利益损害国家利益的现象，则完全可以通过完善法律、健全制度、加强管理来解决。

7. 如何正确认识和对待转基因问题

转基因问题是一个十分复杂的问题，在国内外均引起巨大的持续性争议。它对于粮食安全来讲是一个无法回避的重大问题。

转基因问题的复杂性在于它既是一个科学技术问题，却又关涉宗教、道德、伦理和价值观取向；它既涉及深刻的经济利益，又涉及国家经济与政治安全问题。

对于转基因认识上的分歧，不宜采取由哪一部门用行政命令办法去“形成共识”，必须允许不同意见各抒己见，平等讨论。但是，又不能坐等统一意见之后再采取行动。国家必须采取既符合经济政治安全需要，又有利于推进科学技术发展的积极而又慎重的主场和态度。

在这个问题上，我们应当充分吸取国内国外已有的经验教训。借鉴一些发达国家和发展中国家对转基因问题处理包括加强管理的经验。把转基因技术、作物和产品的优势和可能存在的潜在风险，以及如何正确处理的原则、方法向国人做客观、准确、明白无误的宣传解释，避免社会上囿于不同利益的片面的宣传所产生的误导。与此同时，对现实中，围绕转基因所产生的各种实际问题及时妥善进行处理，避免出现“默认现状”的被动局面。

目前，正在广泛征求意见的《粮食法(修改稿)》对转基因问题从立法的角度进行规范，应当说是一个很好的尝试。但业界也反映其有不足之处，有必要在充分听取各方面意见的基础上，进一步加以完善。据此制订出一套既体现积极推进研究，又慎重对待推广的完善的措施和办法。

8. 关于对民营粮食企业的政策

我国民营粮食企业是在改革开放后成长起来的。在此之前粮食流通是国有经济“一统天下”。一些民营粮食企业是与联产承包制相伴而生，不少是从农民中分化出来的粮食经纪人演进而来的。在粮食流通改革推进较快的上个世纪80年代，民营粮企一度比较活跃，在粮食市场上最多占有过1/3的市场份额。随着粮改政策的变化和相应的市场收放反复，民营粮企的处境和规模也数度变化。

当前民营粮企的发展仍然受到体制性限制。比如，官方宣传的粮食流通主渠道不包括民营粮食企业。政策性银行农业发展银行不对民营粮企贷放收购资金。民营粮企不能直接承担中央储备粮的储备任务，也很难得到粮食物流设施方面的补助。在一些地区，民营粮企无法享受外资粮企享受的优惠政策。因此，民营粮企发展速度和规模均落后于进入国内的外资粮企。

上述限制阻碍了民营粮食企业做大做强和走出国门博弈国际粮食市场。但是，国有粮食企业在国外发展，特别是在国外开辟建设粮源基地往往遇到政治抵触。而民营粮企较少政治阻力，但由于缺乏政策扶植，经济实力远逊于外国跨国粮商。这种尴尬局面极待破解。重新反思和调整对民营粮企的政策十分必要。

9. 关于粮食质量标准问题

我国现行粮食质量标准是早前时期制订的，已不能很好地反映经济条件的变化。其中有些标准失之于过高，有些标准失之于过低。比如，作为口粮的玉米和作为饲料的玉米不可同样要求。另一方面，过去不检测粮食重金属含量，但是，随着工业矿山对土地与水源的污染有增无减，相关标准极待修订。

五、政策建议

1. 进一步完善粮食省长负责制，明确划分中央政府与地方政府在粮食安全方面的责任

当前要尽快扭转粮食省长负责制“虚而不实”的局面。省级政府应克服“粮食问题大如天，全靠总理一肩担”的片面观念，切实负起省级政府应负的责任。产区销区都应努力稳定现有粮食生产面积。对产区应增加考核粮食调出量指标，对销区应增加考核自给率指标。要尽快解决地方粮食储备和粮食风险基金层层分解下放的问题。要确保地方储备落到实处。当粮价发生局部范围内较大波动时，按国务院要求，首先应动用地方储备。省级政府应负起积极推动粮农合作组织发展的责任；认真解决影响粮食跨省调入调出的物流瓶颈；适度控制粮食加工业的过快发展；避免盲目引进外资；扶植民族粮企发展。当发生全局性粮价波动时，不得

进行与中央调控意图相左的逆向调节。建议对以上具体内容应形成量化考核指标，最好能纳入《粮食法》。

2. 合理分配粮食产区和销区负担，建立健全粮食产区财政补贴机制，发展产销区长期稳定合作关系

要重视统筹粮食主产区和主销区协调发展，防止由于产销区经济利益不均衡，主产区滑向产销平衡区以及平衡区向主销区转化。为此应尽快建立粮食调入省区对调出省区的利益补偿机制。

国家应当责成相关部门认真统计调入调出数量及与国际国内粮食差价，据此核算"利益转移量"。在此基础上，一方面可以由中央财政转移支付给予适当补偿。同时又需要在调入省区和调出省区之间建立利益平衡机制来予以弥补，以免调入区长期"搭便车"，形成过分依赖中央的思想行为"定势"。为此，可由调入省财政建立相应的补偿资金，也可以通过对口省区建立长期稳定的合作关系，由主销区在主产区建立粮食生产基础工程和粮食仓储物流设施。

3. 规范政府与市场的关系，完善粮食价格形成机制，健全粮食市场体系，更多地发挥市场机制的作用

1998年粮改以来，明确提出逐步建立起国家宏观调控下，发挥市场机制配置资源作用的粮食流通体制，主张政府适度干预与市场机制调节作用相结合。今后应继续探索合理的宏观调控模式。努力做到多运用经济手段，少使行政手段，降低干预频率，提高干预效率。避免政府干预常态化取代了市场机制，尤应避免不当干预扭曲粮食价格形成机制。

为此，应持续不断地完善健全粮食市场体系。注重培育市场主体，特别是农民合作组织；充分发挥粮食网上市场作用；推动期货市场丰富粮食合约品种，并进一步密切期现货市场的关系；创新粮食批发贸易交易方式。

总之，应努力使宏观调控的主观努力与市场机制的客观作用更好地相互衔接，相得益彰。

4. 鼓励粮食企业走出国门，适当开辟国外粮源基地，培育我国跨国粮食公司，在世界范围内布局粮食产业链，争取更多掌握国际粮食市场话语权

在经济全球化的大背景下，国内外粮食市场一体化的趋势日益明显。从粮食安全角度看，我国粮食供求必须主要立足于国内资源与国内市场，但又不宜追求过高的自给率。因为这会增加粮食安全保障的机会成本，会挤压其它农作物生产和工业化、城市化的需要。我们有必要鼓励企业走出国门，在世界范围建立更经济合理的粮食生产基地，充分利用国外的资源保障国内的需求。要借鉴发达国家的做法，通过跨国粮食企业在全球布局粮食产业链，从而有效化解自然环境和市场环境所带来的风险。不仅如此，跨国公司凭借其全球布局优势进入我国粮食流通加工领域，对我国粮企构成强大压力，形成了一定的左右市场的能力，增加我国调控市场的难度。我们应当积极培育本国的跨国粮食公司，与其展开产业链和供应链之间的竞争，争取在国际国内粮食市场上拥有更多的话语权和影响力。

为此，有必要突破长期以来形成的"余缺调剂"的观念束缚，更积极地参与国际粮食资源配置，不仅仅关注国内粮食进口与出口，还要与新兴经济体和发展中国家，在粮食生产和经营中，广泛开展国际合作，既要充分关注东道国粮食安全，又要在可能的条件下，支持国内粮食市场供求平衡。在总结以往农业外援经验的基础上创造中外粮食合作"新模式"，积极参加国际粮食安全协调机制，为世界粮食安全做出更多贡献。

5. 加强和完善储备粮管理体系，理顺中央和地方两级储备体系的关系，规范引导储备和经营适度结合，延伸储备产业链条，更好地为调控市场、稳定市场服务

建立中央储备粮垂直管理体系，实行中央和地方两级储备相结合的制度，是在总结历史上正反两方面经验的基础上，为确保国家粮食安全所采取的重要决策。十多年来的实践已经充分证明这一决策的正确性和重要性。

今后需要尽快完善和健全两级储备体系相互补充、相互合作的机制。避免在基础设施建设上重复或脱节，努力做到在启动收储和抛售上，相互协商和衔接，在品种结构和加工精度上相互匹配。在粮食物流运转中共享资源。

无论中央储备粮还是地方储备粮，都要处理好储备与经营的关系，在服从和服务于宏观调控的同时，充分利用现有储备设施和人力资源等要素，通过市场化的经营和运作，努力降低储备成本，更好地提供社会化服务。根据粮食流通新的技术条件和竞争形势的需要，储备企业应视需要与可能延伸产业链，更有效地掌握优质粮源和实现与市场的有效衔接，把储备、加工、物流更好地结合起来。

现阶段需要进一步明确和界定储备体系在宏观调控中的地位和作用。在规定其应承担的责任的同时，赋予其必要的灵活性，使其既区别于一般粮食企业，同时又具备市场主体应有的生机和活力。把政令畅通与政企分开结合起来。正确处理好储备企业与国家宏观调控机构、粮食行政部门以及国资委之间的关系。统一衡量考核指标，明确各自职权边界，避免行政干预过多。同时，要把财政支持的力度和储备企业自身营收的目标，进行合理的量化。根据新的历史形势，国家应当赋予中央储备粮管理总公司，在国内外市场上更大职责，使其在国际粮食市场具有举足轻重的能量和作用，成为影响国际粮价形成的重要力量，成为我国在全球布局产业链并积极参与跨国粮食贸易的新型跨国公司。

6. 理顺粮食调控机构相互之间的关系，建立健全调控指标体系，明确各自分工责任，形成合理调控机制，降低调控成本，提高调控效率

应当在总结近年来实践经验的基础上，逐渐减少宏观调控中的随机性，增强机制性。为此，首先在上年末或下年初根据国内各方面的情况设立新的一年里对粮食市场调控的目标体系。这个目标体系应尽量包括生产、流通、消费、进出口各方面的数量关系，对每种主要粮食品种的产量、价格做出预测，并在此基础上，建立动态平衡关系，提出收储、抛售、进出口相关价格政策的预案。

面对粮食金融化的趋势，仅仅依靠传统调控手段，不足以解决非正常市场供求所导致的粮价大起大落，必须相应地建立起粮食金融稳定机制，综合运用各种传统的和非传统的调控工具与手段，抑制和打击对粮食的金融投机和过度炒作。

当前要认真解决涉粮相关部门较多而彼此之间协作不够的问题。应当要求各相关部门之间既要分工明确，又要通力配合，并且形成富有效率的合作机制。在今后的政府机构改革中，应当推动生产流通部门相互融合，避免形成不必要的脱节。

7. 对外商进入国内粮食流通领域，实行鼓励和限制相结合的政策

充分肯定外资进入中国粮食流通领域所取得的成绩，继续支持其在粮食流通落后地区和薄弱环节适度发展，鼓励中外粮食企业相互合作，取长补短。但要注意外资粮食企业在中国布局有其自身利益驱动，会出现与中国粮食安全与粮食市场调控不相协调的消极作为，有必要规范其发展，加强引导和管理。并要充分注意其在中国粮食流通(包括进出口)、加工、销售等环节已经或有可能形成的垄断地位和能力，为限制其在某些流通加工环节占有过高产能比重，应建立外资并购国内粮食企业的报告和安全审查机制。

8. 加快推进粮食物流现代化进程，加大政府支持力度，打通粮食物流瓶颈，发展多式联运，重点扶植“四散”作业，努力降低物流成本

当务之急是尽快落实《粮食物流十二五规划》，着力解决好多年来存在的粮食物流发展滞后和过于分散化问题。

要下大力气推进粮食物流和社会物流的对接，充分利用社会物流发展成果，为粮食物流更好服务。鼓励中央储备物流规划与发展与地方储备及物流相互衔接，避免各搞一套、自成体系、重复建设造成不应有的闲置和浪费。

各级政府应从资金、政策等方面支持粮食物流加快发展，粮食物流基础性建设项目应更多依靠公共投资，列入政府预算。当前应充分利用建设资源相对过剩的时机，大力推动粮食物流项目建设。针对影响全局的关键性薄弱环节，集中力量加以解决，以便尽快使多年来的投资能成链成网，充分发挥整体和系统的作用。尽快解决粮食物流“四散化”作业中重要的技术问题和政策问题，使粮食物流早日实现多式联运，无缝衔接。支持中储粮、中粮等大型粮食集团利用自身的优势在现有的基础上，发展国内外粮食物流业务。

9. 创新粮食交易方式，发展粮食流通电子商务，积极推进网上交易，完善粮食期货期权交易

改革开放以来，三级粮食市场体系成为城乡粮食流通的重要渠道。今后还应当继续支持其存在与发展。

随着电子商务的推广和应用，各种形式的网上交易日益活跃。应当大力支持粮食网上购销活动，并鼓励其与现代粮食仓储物流业务密切结合起来。

近年来，城乡居民更加重视食品质量安全，应当鼓励粮食加工企业将其产业链条向终端销售延伸，更加充分利用现代商业业态，打造国际和国内品牌，更好地服务于消费者。支持粮食央企向生产和销售两端延长产业链，特别是在终端市场占有一定市场份额，以确保稳定市场供应，维持合理的价格水平。

为健全粮食市场体系，应当进一步支持发展粮食期货期权交易，为企业提供更多更有效的市场避

险工具。为此，有必要适当增加期货期权合约品种；使粮食期货期权业务更加符合现货市场实际需要。同时，应当对大量存在的粮食现货远期市场予以规范指导，既要防止变相期货，同时又重视粮食现货交易方式创新，使期货现货更好地结合起来。

10. 加快粮食立法，坚持以法治粮。通过立法、执法，保护粮食资源，促进粮食生产，维护粮农利益，规范粮食交易，引导粮食合理消费

粮食立法应贯彻尽快与尽善相结合的要求。既要尽早结束过多依赖行政手段管理的局面，同时，又要充分吸取改革开放以来积累的正反两方面的丰富的经验，以及在此基础上的理论研究成果，使《粮食法》力避片面性，力争符合国情，符合实际。

粮食立法应遵循在国家宏观调控下充分发挥市场配置资源的基础性作用的原则，对宏观调控应予科学的界定，对市场机制应予以充分尊重。粮食立法应尽可能涵盖生产、流通、加工、销售乃至消费诸环节，避免过分突出流通而忽略其他。

参考资料：

1. 温家宝．全面落实各项政策和措施．努力促进粮食和农业生产稳定发展学习与研究，2011.3
2. 回良玉．发展现代种业 保障粮食安全．粮食决策参考，2011.9
3. 国务院关于加快推进现代农作物种业发展的指导意见，2011
4. 国家发改委．国家粮食安全中长期规划纲要．新华社，2008.11.13
5. 国家发展改革委关于印发全国农村经济发展“十二五”规划的通知．2012.6
6. 国家发展改革委、国家粮食局．粮食行业“十二五”发展规划纲要
7. 全国种植业发展第十二个五年规划，2011.9.20
8. 工业和信息化部．粮食加工业发展规划(2011—2012)，2012.2.24
9. 国家发展和改革委员会．关于促进玉米深加工业健康发展的指导意见．发改工业[2007]2245号
10. 中国生产力学会课题组．粮食安全中长期政策建议，2006.3
11. 中国市场学会课题组．我国粮食交易方式创新研究．经济研究资料，2008
12. 聂振邦、任正晓．改革活机制发展壮实力．经济管理出版社，2010
13. 卢良恕、王健．粮食安全．浙江大学出版社，2007
14. 李经谋．中国粮食市场发展报告(2012)．中国财政经济出版社
15. 梅燕．中国粮食供求区域均衡变化研究．中国社会科学出版社，2009
16. 顾秀林．转基因战争．知识产权出版社，2011
17. 拉吉・帕特尔[英](郭国玺、程剑峰译)．粮价谁决定．机械工业出版社，2011.3
18. 帕特里克・韦斯特霍夫[美](申清、郭兴华译)．粮食战争．机械工业出版社，2011
19. 威廉・恩道尔[美](赵钢等译)．粮食危机．知识产权出版社，2008
20. 约翰・马德莱[美]．贸易与粮食安全．商务印书馆，2005
21. 乔纳森・安德森．全球粮食价格与通货膨胀．国际经济评论，2009.1—2
22. 保罗・罗伯茨[美]．食品恐慌．中信出版社，2008
23. 高铁生、安毅．世界粮食危机的深层次原因、影响及启示．中国流通经济，2009.8
24. 尹成杰．全面提高粮食综合生产能力．经济时报，2008.8.11
25. 柯炳生．关于走中国农业现代化道路的若干认识．学习研究，2008.6
26. 柯炳生．提高粮食单产量在科技．经济日报，2012.9.3
27. 夏子航．我国粮补变相补贴世界．粮食决策咨询网，2009. 第6期
28. 程国强．粮食市场调控的影响与政策取向．中国粮食市场发展报告(2011)185—192
29. 李喜童．新形势下我国直补政策实施中的问题与解决思路．商业时代，2009. 第19期
30. 王小龙、杨柳．中国粮食财政干预政策产出效应分析．财贸经济，2009. 第1期
31. 刘健．自由派经济学家关于粮食的市场幻觉．中国青年报，2008.6.2
32. 常清、陈君．国家收储与农产品价格变动的实证分析．2011. 中国粮食市场发展报告 221—234
33. 王双正．新一轮经济增长周期下的粮价波动与调控：回顾与反思．经济研究参考，2008. 第24期

34. 金三林．国际粮食价格对我国 CPI 的影响及对策．经济研究参考,2010. 第 45 期
35. 伍世安．关于粮食目标价格的再认识．价格理论与实践．2012
36. 郭娜、刘东英．农产品网上交易模式的比较分析．贸易经济,2009.7
37. 孙宏岭、张大利．中国粮食物流 60 年．粮油市场报,2010.3.4
38. 王新利、赵海霞．论我国粮食物流共同化体系构建．中国流通经济,2011.1
39. 徐从才、唐成伟．现代农产品流通体系的构建研究．商业经济与管理,2012.4
40. 许军．我国农村流通产业组织分析．中国流通经济,2012.4
41. 汪希成、徐芳．我国粮食生产区域化变化特征与政策建议．财政科学,2012. 第 4 期
42. 李琳凤、李孟刚．当前影响我国粮食生产的主要因素分析．中国流通经济,2012. 第 4 期
43. 刘明国．粮食的公共产品属性:中国当代农民贫困的经济根据．农村经济,2008. 第 1 期
44. 郭吉．气候变化使农产品贸易机遇与挑战并存．粮油市场报,2011.4.7
45. 米锦欣．论金融危机下生物能源开发与粮食安全问题．商业时代,2009.19
46. 李方旺．新形势下我国粮食安全面临的问题及对策建议．经济研究参考,2012.1
47. 周琳．粮食进口为何逐年递增．经济时报,2012
48. 舒圣祥．粮食严重损耗的问题出在哪里．中国商报,2012.7.10
49. 郭坤龙．从粮食安全角度看我国未来粮食供需格局．期货时报,2012.9.3
50. 马永欢、牛文元．基于粮食安全的中国粮食需求预测与耕地资源配置研究．粮食决策参考,2009.14
51. 姜长云．中国粮食安全的现状与前景．经济参考,2012. 第 40 期
52. 丁德章．我国粮食安全需未雨绸缪．经济研究参考,2008. 第 63 期
53. 沈启地．粮食流通体制改革若干问题的思考．粮食决策,2008. 第 20 期
54. 姜长云、张艳平．我国粮食生产的现状和中长期潜力．经济研究参考,2009.15
55. 李铁．破析中国式的转基因谬误与谣言．南方周末,2011.7.19
56. 海闻．美公布首个转基因作物报告:过度种植弊大于利．粮油市场报,2010.5.6
57. 徐宗俦．警惕转基因绑架粮食安全．中国批发市场发展报告(2011)
58. 祝晓莲．妖魔化转基因要不得．环球时报,2010.10.25
59. 黎霆．"新粮食安全观"下应更注重定价权．粮油市场报,2011.4.19
60. 众石．从粮食战争到产业链竞争．粮食决策网,2011. 第 4 期
61. 金点强．美三次"粮食外交"以失约告终．环球时报,2008.4.17
62. 陈明星．基于粮食供应链的外资进入与中国粮食产业安全研究．中国流通经济,2011.8
63. 蓝海涛．粮食加工利用外资存在的突出问题及对策．经济要参,2011.24
64. 杨光焰．外资进入对我国粮食市场的影响及对策．2011 中国粮食市场发展报告 235—244
65. 韩杨、李成贵．中国食品安全的过去、现在与未来．经济研究参考,2011. 第 5 期
66. 胡清．我国粮食安全的制度性困境．粮食决策参考,2011. 第 14 期
67. 杨继国．"农业收入衡量"假说与粮食安全和农民增收的矛盾．中国市场,2011. 第 3 期
68. 郑学勤．用期权管理农产品价格．期货日报,2012.6.14
69. 蒋军洲．关于粮食流通立法的瑕疵分析．中国流通经济,2012.6
70. 刘宝亮．中储粮落子食品油 挑战外资垄断地位．中国经济导报,2012.1.13
71. 王小宁．全球化背景下我国大宗商品定价权研究．中国人民大学,2010 年博士论文
72. 李北、张国刚、林海龙、王春才．我国玉米深加工现状及发展趋势．粮食与饲料工业,2011. 第 1 期
73. 赵文先．粮食安全与粮农增收目标的公共财政和农业政策性金融支持研究．山东农业大学,博士论文

第九部分

灾后重建的“中国模式”研究

灾后重建的“中国模式”研究

摘　要

中华民族发展的历史，从某种程度上来说就是与自然灾害的抗争史。进入21世纪以来，重大自然灾害有明显增加的趋势，特别是像汶川大地震、舟曲特大泥石流灾害等，都造成了巨大损失。面对越来越严重的自然灾害，我国目前对灾后经济恢复和灾后重建问题的理论研究尚属起步阶段，还不成熟，减灾救灾实践急需这方面理论的指导，有的西方国家对我国救灾模式缺乏客观评价，如不及时加以澄清，必将会对今后灾后重建及经济快速恢复产生负面影响，因此归纳一个具有中国特色的“中国模式”可以为我国灾后短时间内实现经济恢复提供理论支持。

本报告结合经济学的相关理论，依据中国历史上的减灾救灾方法和美、英、日、印尼等国的减灾救灾模式，分析总结得出了“中国模式”的特点以及需要修复和完善的地方，将理论与实践相结合，指导灾后重建，同时为国际社会提供减灾救灾的“中国经验”。

一、绪论

(一)研究的背景

自人类诞生以来，灾害问题就一直伴随着人类的发展而存在，灾害的历史和人类的历史一样久远，并将伴随人类始终。自人类社会进入工业经济时代以后，随着人类活动范围的扩大和生产力水平的提高，人类对自然环境的干预力越来越大，加之社会财富资本的高度集中、人口的恶性膨胀，造成了生态环境的严重恶化，导致了世界范围内自然灾害的加剧。根据资料显示，进入21世纪以来，自然灾害发生的频次和严重程度与30年前相比有增无减，其中灾害发生频次增加了3.2倍，灾害造成的年死亡人数增加了5.2倍，受灾人数增加了6.9倍，年均直接经济损失增加了30倍，还有一些间接损失则更为严重，一些受灾严重国家的国内生产总值因灾受损比率高达10%。

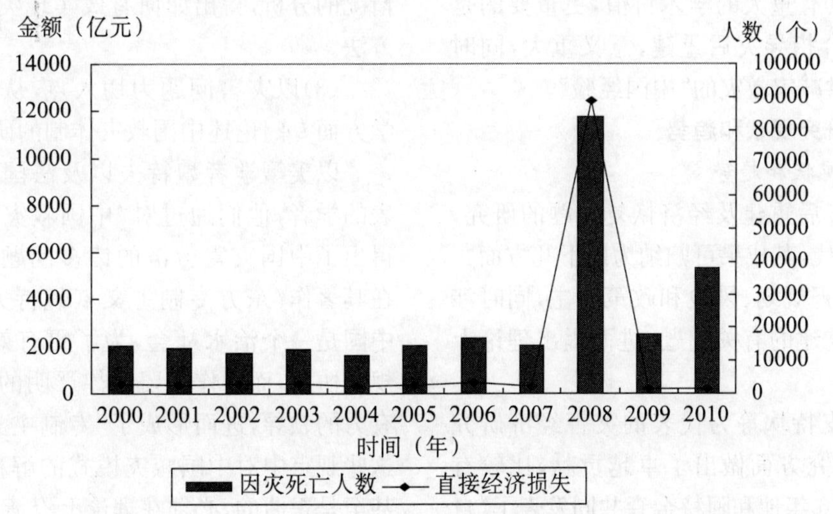

图10—1　我国2000—2010年自然灾害造成的直接经济损失和死亡人口情况

我国是世界上自然灾害最严重的少数几个国家之一,灾害的种类和发生频率都比较大,成灾范围大,灾害损失严重。统计表明,上世纪90年代每年因自然灾害所造成的直接经济损失都在1000亿元以上,仅1998年洪灾就造成2500多亿元的损失,平均年造成直接损失占GDP的5%,环境公害也占到了GDP的6%,而2008年的汶川地震造成的直接经济损失更是高达8451亿元。近年我国自然灾害造成经济损失和死亡人口见表1—1。

面对越来越严重的自然灾害,归纳一个具有中国特色的“中国模式”可以为我国以后在重大自然灾害之后实现短时间内的经济恢复提供理论支持。

(二)研究的目的和意义

我国自古以来就是一个旱涝、地震、泥石流等自然灾害多发国家,同时又是一个发展中大国,随着人口、资源与环境的矛盾日益突出,自然灾害对人民生产生活的影响有越来越严重的趋势。

本项研究其意义可归纳如下三点:

(1)目前我国对灾后经济恢复和灾后重建问题的理论研究尚属起步阶段,还不成熟,而我国未来又进入了灾害多发的时期,减灾救灾实践急需这方面理论的指导;

(2)西方有的国家对我国救灾模式缺乏客观评价,如果这些理论问题不及时深入探讨和研究,不及时加以澄清,必将会对我国今后灾后重建及经济快速恢复产生负面影响;

(3)能够填补或进一步完善灾害经济学有关灾后重建的经济理论。

所以,能够及时准确科学地总结和梳理出适合中国国情的灾后重建的“中国模式”,不仅对丰富灾害经济学的理论具有重大的学术价值,更重要的是理论与实践相结合指导灾后重建,意义重大,同时也为国际社会提供减灾救灾的“中国经验”。

(三)国内外研究现状和趋势

1. 国外研究现状和趋势

国外有关对灾后重建及经济恢复问题的研究,始于上世纪40年代,其成果可归纳为以下几方面:

(1)以研究灾害规划、风险和政策为主,同时涉及到经济恢复和重建的有关问题,进而提出理论上的初步探讨。

以美国学者皮特坎等为代表的灾害经济研究者,在灾害风险研究方面做出了卓越贡献,比较有影响的成果是1976年他和阿特金森共同发表了《自然灾害风险评价与减灾政策》一书,本书论述了美国灾害风险理论及其减灾政策和机构体系,提出了解决2000年以前有关灾害问题的政策方案和灾后重建的具体意见;1980年美国国家科学基金会 编著的《美国防洪减灾总报告及研究规划》出版,该报告论述了各种减灾政策的效用以及灾后重建的若干问题,特别是提出了“实施减灾社会化建设的新策略”,对以后灾后重建过程中宏观策略的制定具有重大启发性。

(2)从经济理论层面上研究灾害发生的经济原因,进而探讨灾后若干经济恢复问题。

1998年诺贝尔经济学奖获得者阿玛蒂亚·森在他的《饥饿与公共行为》一书中通过对中国与印度的减灾效果比较分析,得出结论:中国在改善正常时期人民的营养健康中取得了非凡成就,但却未能使饥荒在革命后的年代消失,造成这种现象的原因就在于当时救灾模式中复杂的经济与政治原因。美国经济学者伊兰诺伊和奥克亚玛的研究则侧重于灾后重建经济理论方面,如伊兰诺伊 2009年在《发展经济学杂志》发表题为《灾害对宏观经济的影响》一文,文章指出:拥有较好的机制、贸易开放程度较大的国家,能更好的抵御初始的灾害冲击,文中还分析了政府在灾后重建过程中的作用以及政府预算和重建开支等问题。奥克亚玛 有关灾害经济学的诸多理论成果以其创新性和实用性受到学术界的关注,最有代表性的是他于2003年发表的研究报告《自然灾害经济问题:一个批判性的回顾》,他在报告中以新古典经济增长模型即索洛模型为经济分析的基本出发点,通过对灾害发生后经济增长的长期变动情况以及在灾害后的经济重建过程中,储蓄率、技术进步率和人均资本等变量的变化情况的分析,得出如何有效实现灾后的经济增长的方法。

(3)以灾害问题为切入点,从历史、经济、政治学方面专门论述中国救灾体制的研究。

以美籍学者魏特夫以及法国学者魏丕信为代表的学者,他们通过对“中国救灾机制”研究,分析得出了中国灾害救济的诸多问题和结论。魏特夫在其著作《东方专制主义》(魏特夫,1945)中认为:中国是一个治水社会,为了更有效的治水,需要大规模协作,而协作需要纪律严明的从属关系以及强有力的领导,进而形成了“专制主义”的模式。他的这些观点中对中国减灾模式的解释是牵强附会的、甚至是歪曲的,必须在理论上澄清。法国魏丕信 也是研究中国经济史的著名学者,他在《十八世纪中国的官僚制度与荒政》(魏丕信,2006)一书中指出:“在保护国民免受或减少自然灾害侵袭的活动中,(那些救灾)制度和程序仍代表着一种有效的政府行为模式——这是一种值得认真研究的模式。”

(4)马克斯和恩格斯提出了灾害和社会发展逆动关系理论。

马克思和恩格斯认为灾害的发生和发展有其社会制度因素,通过对东方社会结构和历史条件、生产力与生产关系矛盾运动的特殊性质进行了整体考察,形成了亚细亚生产方式理论。这一理论对我们建国初期的减灾救灾思想具有重大的指导作用。

2. 国内研究现状和趋势

国内对灾害经济问题的研究始于上世纪 80 年代,但对灾后重建和经济恢复模式的研究不够深入,对此问题的零星研究观点可以归纳如下:

上世纪 80 年代初期,著名经济学家于光远在“全国第一届灾害经济学术会议”上呼吁,对减灾防灾的措施要有实事求是的估量,对减灾防灾成本和效益也要进行计算,这个思想对后来灾后重建问题的思考产生了很大的影响。

1996 年,民政部的李本公,姜力主编的《救灾救济》一书介绍了中国历史上以及当时的救灾救济状况,与其他著作相比,此书更侧重于社会救济工作的回顾和论述。

郑功成在他的《灾害经济学》(郑功成,1998)一书中阐述了灾害对宏观经济的影响及灾后经济恢复问题,他的成果为以后的灾害经济研究提供了基本框架。

1999 年,民政部范宝俊主编的《灾害管理文库》,对当时中国国内的灾害管理研究进行了阶段性、历史性的总结。

2004 年民政部孙绍骋著《中国救灾制度研究》,本书对我们研究减灾救灾具有极大借鉴意义。孙绍聘在本书中总结了中国在不同历史时期、不同制度下救灾措施的基本情况,阐述了中国救灾制度的历史性演变,总结了中国各种救灾制度,并通过对现行救灾制度的各个环节:救灾主体、救灾方针、救灾信息和资金流动、救灾法律制度等的深入分析和说明,提出了我国救灾制度存在的问题和对策等。

康沛竹 2005 年发表《中国共产党执政以来防灾救灾的思想与实践》主要介绍了新中国成立以来我国的若干重大灾害及灾情、面对灾害的抗灾斗争、三代领导人的防灾救灾减灾思想、我国的救灾减灾机制、灾害对我国社会发展的影响、新中国成立以来防灾救灾的经验教训等内容。

孟昭华、彭传荣的《中国灾荒史(1949——1989)》对 1949——1989 年我国的灾荒成因和实况、兴修水利等防灾建设、抗灾斗争做了详细的考察和大量的分析。

夏明方在《中国灾害史简讯》上撰写题为《历史视野下的“中国式救灾”》的文章,针对国家救灾方式提出了三个模式:“老爸爸”模式,十八世纪中国的“方观承模式”;“坏爸爸”模式,晚清民国时期中国官方救荒事业的衰变;“新爸爸”模式,从“太行模式”到“汶川模式”三个中国救灾模式。

高建国 研究员在 5.12 汶川大地震后,编写了《应对巨灾的举国体制》(高建国,2010)一书,主要强调我国是“举全国之力”的救灾模式。

二、灾害救援和恢复理论依据

(一)宏观调控理论

社会主义国家的社会经济角色包括三方面:一是社会管理者,二是宏观经济调控者,三是国有资产所有者。鉴于市场本身所存在的诸多缺陷,为保证宏观经济正常运行,政治经济学中特别强调国家宏观调控以及政府在经济发展中的作用。宏观调控主要有两方面内容:

一是保持社会总需求与总供给基本平衡,即调节社会经济总量,这是其最主要的内容。经济总量平衡是经济稳定发展的前提,也是其必要条件。社会总供给=消费+储蓄+国家税收+进口+资本流入,社会总需求=消费+投资+政府支出+出口+资本流出。在减灾救灾过程中,中央政府通过宏观调控保证灾区地区总供给满足其总需求,及时调入减灾救灾物资,防止市场疲软,物价上涨,保证居民的正常生活。

二是调节经济结构,促进经济结构优化。经济结构包括产业结构、地区结构、商品和劳务的供给需求结构等,通过结构优化,实现行业地区协调发展。减灾救灾过程中的发展减灾产业,对口援建,以工代赈等就业扶持政策,都是国家基于产业结构、地区结构、商品和劳务的供给需求结构进行的结构优化。

国家宏观调控的经济目标包括四方面,体现在减灾救灾方面主要有三点。首先是恢复地区经济,实现地区经济恢复并增长,我国减灾救灾过程中的所有政策大都是基于这一目的，灾后国家通过小额信贷、降低赋税等经济手段帮助地区经济稳定恢复；其次是保证就业，凯恩斯提出了充分就业理论，并将它作为宏观调控的首要目标，因此在减灾救灾过程中，国家制定了诸如以工代赈等就业支持政策；最后则是稳定物价，自然灾害发生后，人们的衣食住行是首要关注的民生问题，灾害破坏了地区经济现状，短期内很容易造成供不应求通货膨胀，因此我国在灾害发生后的第一时间保证灾区日常生活品的供应，稳定物价。

1. 生产力发展理论

马克思和恩格斯认为社会生产力主要体现的是人与自然之间的关系，主要是物质变换关系，两者关系失调时就会引发自然灾害。社会、经济和生态三者与人相联系，并相互作用，政治经济学强调人与自然和谐发展，同时强调人的主观能动性。

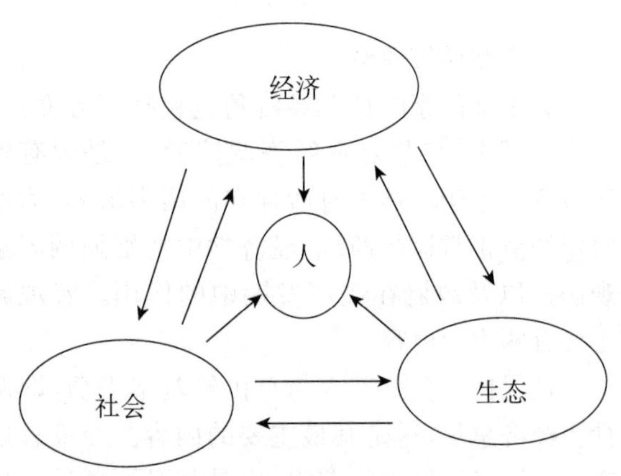

图 2—1　经济—社会—生态系统

马克思和恩格斯认为自然灾害发生后，人应当发挥主观能动性，加强生态环境的建设，同时指出共产主义是解决生产力发展与灾害矛盾的根本途径，人类在征服自然的同时，也要遵循客观规律，在规律指导下发展生产力。

熊映梧指出“后工业化时代最重要的社会经济问题是人类与自然关系的恶化”，进而提出“生产力发展的灰色道路不能再走下去，必须走绿色道路，即在保持生态平衡、避免环境污染的前提下，实现适度增长”。提出了绿色生产力的发展理念，为我们减灾救灾理论了理论支持。

我国在减灾救灾过程中，坚持发展政治、经济和文化“三位一体”的重建方式，在马列生产力理论指导下进行减灾救灾，保证了减灾救灾的效果。

(二)发展经济学理论

1. 经济增长理论

灾后重建的经济增长理论主要是以索洛模型为主。在灾害经济问题中，索洛模型是新古典增长模型，主要用来分析灾后经济的恢复与达到稳态的过程与路径选择方面的问题，它有三个基本假定：(1)社会储蓄函数假设为 $S= S(y)$，其中 s 为储蓄率；(2)社会劳动力水平 L 按固定比率 n 增长；(3)规模报酬不变。基本方程为：

$$K=sf(k)-(n+\delta)k$$

其中，s 为储蓄率，$f(k)$ 为人均生产函数，n 为人口增长率，δ 为资本折旧率，k 为人均资本。重大自然灾害后，影响灾后重建的主要因素是 s，根据索洛模型，提高储蓄率来加快重建的主要方式就是提高 s，即增加投资，投入的资源越多，经济就会越快的恢复到灾前稳态水平。

2. 阿玛蒂亚·森的权利方法

随着科技发展和社会经济的进步，传统观点中的贫困已经不是当今社会的主要贫困类型。《现代西方经济学词典》认为贫困是“收入不足支付生存必需品支出，即生活水平相当程度地低于一般认为适度生活标准的情况”贫困是多种因素综合作用的结果，越来越多的研究成果表明，在众多的致贫因素中，生态环境恶化是致贫因素之一，它与贫困有着紧密的联系。因此，经济学定义了一种新型贫困，即生态贫困，它主要是由于生态环境恶化而导致的贫困。研究表明：“在生态敏感地区中，74%人口生活在贫困县内”。如此大规模的生态贫困在我国农村贫困中所占比重极高，理应引起我们的重视。

1998 年诺贝尔经济学奖获得者阿玛蒂亚·森针对贫困问题提出了交换权利理论，又称权利方法。森的学术研究主要涉及福利经济学，研究重点在于改善穷人社会福利，他的重要成果之一是对导致饿死人的灾害及饥荒问题的深入分析和经验研究。传统观点认为由旱灾、洪灾、地震等自然灾害引起的粮食供应减少是引起饥荒的唯一因素，但森通过研究发现起决定作用的是受灾社会各种制度缺陷，这种缺陷导致一些社会群体获得食品的“权利”缺失。他通过对印度、撒哈拉、孟加拉、埃塞俄比亚等自然灾害严重的发展中国家和地区灾荒问题的实证调查研究，结合权利方法理论对其灾荒的成因与对策进行了深入分析，对传统的饥荒是由粮食供应减少造成理论提出了质疑和挑战。森的权利方法为我们分析饥荒问题提供了一个一般框架，主要意义不在于检验饥荒是否与权利失败有关,而在于说明权利失败发生的本质和原因。

生态贫困作为一种特殊类型的贫困,同样适用于权利方法。森指出个人基础权利主要包括:以贸易为基础的权利;以生产为基础的权利;自己劳动的权利;继承和转移的权利,但在实际生活中可能会存在更为复杂的权利关系。以交换权利为基础的"交换权利映射"是除了一个人依赖的所有权(资源察赋)之外所面对的最主要影响因素。我们在减灾防灾过程中能否保护灾区人民权利是影响救灾效果的重要因素。

(三)制度经济理论

道格拉斯 . C. 诺斯认为"制度是一系列被制定出来的规则、守法程序和道德伦理规范,它旨在约束追求主体福利或效用最大化利益的个人行为。"制度是为经济与社会发展服务的,重大自然灾害后,是否采用合理有效的制度是政策实施能否取得预期成果的关键。

制度经济学中对于人的行为三个假定,其中就有一项是涉及人与环境的,即有限理性(bounded rationality)。K. 阿罗认为有限理性就是人的行为虽然是有意识的、理性的,但同时这种理性又是有限的。外部环境的不确定性与人智力的有限性的结合是制度产生的主要原因,社会活动参与者的有限理性和机会主义倾向决定了经济社会发展需要具有公开性、稳定性和强制性的制度来规范,减灾救灾过程中同样需要制度规范。

1. 制度变迁理论

制度变迁的实质是效率高的制度代替效率相对较低制度的过程。制度一旦形成,在一定时期内就会保持稳定,但又随着社会的变化而变化,制度变迁是从制度均衡到非均衡再到制度均衡的循环过程。由于既得利益和其他成本的存在,使得制度变迁面临着一系列阻力,制度变迁能否发生取决于制度变迁过程中成本和收益的大小 。

制度产生和变迁都是需要成本的,而制度变迁的实质是一个"非帕累托改变"的过程,每一项新举措都不可能在不减少任何当事人的个人福利的条件下达到社会福利最大化,一部分人利益的增加必然导致另一部分人利益的减少。制度变迁的受益体包括个人、社会和政府,如何协调这三者之间的关系,是制度变迁的主要任务。

在减灾救灾过程中,每一项新制度的产生都会发生成本,包括规划设计组织实施费用,清除旧制度费用,清除变革阻力费用,实施成本以及不确定的随机成本,同时新制度的实施也会产生收益。在发生重大自然灾害后,原有的社会、经济结构受到冲击,几乎所有人利益都受损,为社会经济制度变迁提供了有利条件,降低了改革成本,从权益角度来看,此时制定一些补救性的和前瞻性的制度,易于被接受和实施。在灾后重建中,不仅帮助解决灾民短期内收入来源,适应新生活,而且还增加了社会对灾区的支持力度,深化经济体制改革,为进一步推进城乡统筹打下良好的基础;其他组织创新,如重建中的灾民参与、新型村级治理结构、新型志愿者服务体系、各种资源与力量的整合等等,都起到了积极作用。

2. 寻租理论

由于我国减灾救灾过程中采用的政府主导型,因此在这一过程中要防止"搭便车"行为,防止某些个人或团体在不付出任何成本代价的情况下从别人或社会取得收益的行为,明确产权,保证社会经济生活的高效率。特别是在救灾款使用过程中,更要防止一些团体借机贪污腐败。

3. 博弈论理论

进入 20 世纪 80 年代以来,博弈论被广泛应用于经济分析中,是经济学的重要分析工具之一,通过研究行为者的决策,根据对方的策略变换自己的对抗策略。博弈论在减灾救灾过程中的应用主要体现在对口援建上。

以博弈论来分析地方政府间的关系,把地方政府间的合作看成是一种博弈,政府间关系分为三种情况:第一,平级地方政府之间的博弈;第二,不存在行政隶属关系的不同层级地方政府之间的博弈;第三,存在行政隶属关系的不同层级地方政府之间的博弈。对口援建的过程实质上就是第一种政府间博弈,是援助方政府和被援助政府之间的博弈。分析政府间合作关系的"利益博弈"问题,关注政府间合作关系中的"利益均衡"问题,以达到双赢目的。

(四)小结

本部分从宏观经济、发展经济和制度经济三方面阐述了减灾救灾过程中的各种理论,每一种理论都有其积极意义,但同时也存在不足。减灾救灾方法有工程措施和非工程措施两种,经济手段属于非工程措施。社会主义经济理论过分强调国家干预,忽视了市场自身的调节作用,而资本主义经济理论则对市场采取放任态度。随着社会经济的发展,人们越来越意识到宏观与微观相互配合作用的重要性，两者结合可以产生一加一大于二的效果，在减灾救灾过程中，注重两方面共同作用，可以促使经济尽快恢复。纵观所有经济类减灾救灾方法，除了传统的经济学理论之外，制度在这一过程中起到的作用越来越受到人们的重视，本文引入制度经济学的理论，通过制度产生与变迁促进减灾救灾工作更好地实施。

三、各历史阶段灾后重建与经济恢复特点分析

(一)中国古代(公元前——1912年)减灾救灾特点

我国自古以来就是一个自然灾害频发的国家，中国数千年来灾荒不断发生，尤其是在社会经济发展落后的封建社会下，自然条件的支配力和破坏力更为显著。邓云特 的《中国救荒史》一书中对我国历史上的自然灾害做了简要的统计，指出："我国历史上水、旱、蝗、雹、风、疫、地震、霜、雪等灾害，自公元前1766年(商汤十八年)至纪元后1937年止，计3703年间，共达5258次，平均约每六个月强便有灾荒一次"。频繁的自然灾害破坏了人们正常的生活和生产秩序，严重的地区还陷入了贫穷—灾害—贫穷的恶性循环之中。

虽然封建社会人类对自然力作用有限，但先哲们自先秦始就已经开始研究减灾救灾的方法，其中，中国传统思想中最具代表性的儒家、道家和佛家三学派对灾害问题的研究不仅对当时减灾救灾活动产生了积极的作用，同时指导了我们如今的减灾救灾活动。我们的先人在与自然灾害斗争的过程中，以儒家的"天人合一"，道家的"自然无为"，佛家的"无情有性，珍爱自然"等思想为指导，形成和发展了较为丰富的减灾抗灾理论。这些理论包括积极防灾思想和消极救灾思想，其中积极防灾思想又分为重农、仓储等以改良社会条件为目的的减灾理论和水利、林垦等以改良自然条件为目的的防灾理论；消极救灾思想主要指遇灾治标措施如赈济、养恤、除害、调粟等和灾后补救措施如蠲缓等。总结所得即中国历史上救灾、防灾、抗灾、度荒的基本经验就是将积极防灾和消极救灾相结合，标本兼治，达到减灾救灾的目的。

1. 以积谷备荒为主的灾前预防措施

我国历朝历代都有自己的仓储制度，中国古代各朝都十分重视仓储建设，仓储的主要职能就是平抑谷价，赈济灾荒，主要包括汉代常平仓、隋代义仓、宋代社仓以及明清预备仓，这主要是受制于当时人类社会本身所具备的内在条件即生产力状况，人对自然作用力有限，以单纯防御为主。我国较为完备的仓储制度形成于明代，明代备荒的仓种繁多，主要有始创于明代的预备仓、济农仓以及后来兴办的义仓、社仓和常平仓。明太祖时期，开始建设预备仓，它的目的也是备赈济，防御灾害，由于预备仓主要由官府出仓本，并将其设置于百姓聚居丛集的地方，且有年高笃实、德高望重之人管理，减灾救灾效果优于其它仓储制度，因此预备仓发展极快。除此之外，明政府为防止富户乘机敛聚，还采取限量出售和凭证出售的办法，史载明代"出粜之时，令诸县取逐乡近下等第户姓名，印给关子，令收执赴仓。每户粜与三石或两石，惟是坊郭则每日零细粜与，浮居之人每日五升或一斗，故民受实惠甚。济饥乏，即未曾见坊郭有物业人户，乃来零粜常平仓斛斗者。"以此保证灾民得到政府救济，免受饥饿。

2. 以灾蠲和缓征等为主的灾后救济措施

针对受灾程度的不同，封建政府会实行不同的救济方法。针对较为严重的受灾地区，会采用免除灾年时民众钱粮的赋税的救济方法，即灾蠲。如顺治二年时，清政府蠲免直隶霸州等8县受水灾影响严重的受灾县域的额赋。李向军《清代荒政研究》统计，清朝时期政府共蠲免灾区赋税15713次，总计约白银一亿二千余万两。若灾情较轻则会采取缓征的办法，将当年应收钱粮延缓至灾后重征，缓征的年限取决于受灾程度及灾后恢复状况，具体的实施办法，明清两朝政府都对此做了详细的规定。

3. 农赈也是古代减灾救灾中采用的普遍方法之一

农赈在中国减灾救灾历史中可谓源远流长，古时称为放贷，是指灾后政府向灾民提供有偿救济的行为。秦朝蕙田曾说："水旱之后，播种失时，惟广种杂粮，稍可获利"，即水旱灾害过后，为了防止耽误播种时机，政府出面贷给农户种子，保证农户能够按时播种，待收获后农户连本带利归还政府。管子也曾说过"民之无本，贷之圃疆"，"无食者予之陈，无种者贷之新"。意思即为农民假若没有种子，政府可以以借贷的方式将种子给予，农民收获时再偿还。明代著名的荒政专家林希元在上疏当时统治者中也提到放贷之事，曰："幸而残冬得度，春作方兴。若不预为之设，将来岁计复何所望。故牛、

种一事,犹当处置。"也是建议政府实施放贷,以保证农业正常运转。为了保证政策实施效果,当时统治者也出台了相应的保护措施,"而又县官不征其课,田主不责其租,庶凋疗之民,不致甚失所,此当筹划于既荒之后者也。"

4. 以工代赈

以工代赈是运用灾民的劳动力从事灾后重建,并给与一定补偿,减少政府支出,可以实现政府和灾民的双赢,具有救灾和建设的双重性质,因此成为历朝历代赈济灾荒的重要手段。重大自然灾害后,政府往往将灾民组织起来,兴修农田水利和其他公共工程,建立河工河防管理体系,计工给酬。史载春秋战国时齐国相国晏婴在齐国遭受洪涝灾害时就曾运用以工代赈的办法组织灾民参与救灾并取得了良好的效果,为他国所效仿。北宋欧阳修在颍州做官时,遇到当地饥荒,他奏免黄河地区民工役并为民工提供饮食,大修诸陂以溉民田,尽赖其利。《康济录》对"以工代赈"有两处极为精辟的论述:一是"官府赈给,安能饱其一家?故凡城之当修,池之当凿,水利之当兴者,召民为之,日授其值。是于兴役之中,寓赈民之惠也"。二是"兴修水利,令民口有食而家有粮,非目前之善策乎?兴修之后,堤塘坚固,沟洫分明,田事赖以不损,非永远之善策乎?"这两段话从实质上肯定并倡导了这种救灾方法,却没有直接使用"以工代赈"这样明确的文字概括。清嘉庆六年,清政府就召集灾民共5万多人,修筑永定河工程,实行以工代赈的政策,这一方面解决了灾民的日常生活,另一方面也有利于社会稳定。

(二)中国近代(1920年—1949年)减灾救灾特点

南京国民政府成立之初,无暇顾及赈灾问题。直到1928年10月,各省因为受自然灾害影响严重而纷纷提出救灾要求,因此国民政府才公布了《勘报灾害条例》,但这一条例不论在形式上还是内容上基本都是沿袭北洋政府法令。1929年3月成立赈灾委员会,隶属国民政府,并拟订《备荒基金条例草案》,标志着其救荒措施已基本固定。

1. 加强基础设施建设,重视铁路作用

中国近代随着西方科技思想的传播,人们对于铁路的认识也日益加深,认为铁路赈灾是十分有效的,效果是十分明显的,应当加以推广。孙中山 先生便很是强调基础设施特别是铁路的作用,他认为:"国家之贫富,可以铁道之多寡定之,地方之苦乐,可以铁道之远近计之。"并认为"不适当的交通方法,再加上铁路、公路稀少,不完善的,阻滞的水道"会导致政府在赈灾过程中动作迟缓,救援不及时,贻误救灾时机,使事倍功半。为保证救灾效果,他力主在全国范围内修建铁路,将修建铁路作为灾后重建的重中之重。1912年《大陆报》记者采访孙中山时,他再次强调铁路的重要性:"一俟各路告成,则货物流通,苦乐可均,而饥馑之灾亦可免矣"。

2. 发展义赈

为缓解1920年华北大旱的严重灾情,当时各种义赈救灾组织纷纷成立。到1921年,为了规范管理,这些义赈团体联合组织成立"中国华洋义赈救灾总会"。该会主张,救灾不如防灾,而防灾工作的重点有两个方面:一方面采用掘井开渠等方法,发展水利基本建设;另一方面着力于改良民生,提高农民自身的抗灾能力,当时主流学者已经认识到"盖农民穷困,乃是荒灾之根本原因,若农民富裕,纵有荒凶年岁,亦不至成灾。"

3. 积极寻求国际救援

这一时期的北洋军阀和国民政府,在灾害发生后,都不排斥国际援助,甚至会积极争取。1931年淮河水灾之时,国民政府外交部就在当年8月17日要求国联讨论英国代表提议救济中国水灾案,帮助中国减灾救灾,各会员国及非会员国均一致愿助赈款。当时在外国政府捐赠中,最高金额为日本天皇所捐,捐额100000日元;美国红十字会捐赠美金100000元,折合国币457144.35元。

(三)建国以来至改革开放以前(1949—1978年)的减灾救灾特点

这一时期,我国减灾救灾理念经历了一系列变化。1949年10月中华人民共和国一成立,中共和中央政府就把减灾救灾工作提上重要议程,面对安徽、河北等地发生的特大自然灾害,中央政府适时制定了"节约防灾,生产自救,群众互助,以工代赈"的救灾方针;1950年第一次全国民政会议提出"生产自救,节约渡荒,群众互助,以工代赈,并辅之以必要的救济"的救灾方针;人民公社运动开始后,确立了"依靠群众、依靠集体力量、生产自救为主,辅之以国家必要的救济"的方针;大跃进期间,由于"左"的影响,认为救灾已完成历史使命,错误地提出了要在短时期消灭灾荒的观点;三年自然灾害以后,党和国家领导人又重新提出了救灾工作的方针;"文革"期间,受制于当时条件,救灾方针再次被打乱。

表 10－1 1949——1963 年中国因灾损失情况

年份	受灾人口(万人)	倒塌房屋(间)	死亡人数(人)	死亡牲畜(头)
1949	4555	2066940	8109	26762
1950	3384	1391740	22985	3562
1951	6068	693934	9828	4824
1952	2760	283073	4433	5163
1953	3435	3593590	2943	1406
1954	6223	10242151	15551	257632
1955	3622	1213394	4497	4956
1956	7434	8084143	10679	23457
1957	6015	4441012	4114	619588
1958	1144	779264	5054	76649
1959	8043	857726	6721	138732
1960	9231	2554836	6247	29322
1961	16326	7481805	7710	54494
1962	8462	4356368	6002	15768
1963	14858	22119346	10131	31590

资料来源:中华人民共和国国家统计局、中华人民共和国民政部:《中国灾情报告(1949——1995)》,中国统计出版社 1995 年版,第 316—323 页。

综合来说,建国初期新中国的减灾救灾模式主要特点是:

1. 救灾以中央为主,地方为辅

1949 年 12 月 19 日,中央人民政府政务院发出的《关于生产救灾的指示》,明确指出:救灾是严重的政治任务。自然灾害发生时,地方政府的工作只是层层上报灾情,层层申请救灾款,然后按照中央作出的指示,布置工作,层层下拨救灾款物,此时地方政府所扮演的不是救灾主体的角色,而是中央政府指示的单纯执行者。

这种减灾救灾方法是以生产救灾为主的,其优点是可以在短时间内筹集大量的救灾物资,保证物资供应;由中央政府统一派出慰问团和工作组,深入灾区,视察灾情,可以第一时间掌握灾区情况;发扬"一方有难,八方支援"的社会主义人道精神;中央指导地方开展抗灾救灾工作,救灾方法更为有效;充分发挥人民军队在救灾中的积极作用。

随着社会形势的变革,这种传统的减灾救灾方法弊端日益暴露。首先,对于中央来说,救灾经费渠道单一,单纯由国家出钱,完全依赖中央,造成中央政府的救灾压力过大,使中央政府背上了沉重的财政负担,每年的救灾款申请数额都大大超过中央政府的救灾经费预算,对中央政府的经济建设预算计划产生消极影响。其次,对地方来说,自然灾害总是发生在某一地区或者某些地区,灾害发生时,地方政府是处在抗击自然灾害的第一线的,在查灾、核灾及自然灾害应急救助方面所发挥的积极作用是远远高于中央政府的,在救灾工作中应该让地方政府承担相应的责任。在当时减灾救灾模式下,限制了地方政府在救灾过程中作用的发挥,助长了地方政府和灾民的依赖思想,地方政府的救灾主动性和积极性根本难以发挥。最后,在救灾款物的管理和分配上,往往是逐级上报灾情,逐级下达救灾款物,导致救灾物资的流动周期很长,影响救济效率。

2. 坚持"自力更生"、"人定胜天"的救灾观念

不管是在 1959 年至 1961 年的三年重大自然灾害中还是在 1976 年的唐山大地震中,我们都坚持自救原则,自力更生,拒绝国外援助,带有一定的"闭关自守"性。

我国对于国际援助问题的认识经历了一个漫长而复杂的过程,造成这种现象的原因有两方面:一方面,我国建国初期,中西双方在意识形态方面的差异十分明显,社会主义制度与资本主义制度两大阵营对立,这都使中央政府坚持认为西方资本主义国家所谓的"援助"本质是"伪慈善"的,并带有破

坏社会主义的不良目的，披着救灾这一“人道”外衣，掩盖的实质是他们企图从各方面破坏中国社会主义人民政权。1950年4月26日，董必武在中国人民救济代表会议上明确指出说：“帝国主义者过去既是制造灾荒的罪魁，现在又想借口我们的灾情来幸灾乐祸、趁火打劫地进行恶毒的宣传和活动，并运用各种不同的方法来从事阴谋破坏的工作”。因此中国的灾情在当时被列入“保密文件”之中，一般不公开发布，官员们也把灾情救灾和接受外援与政治因素混在一起考虑。1976年7月28日唐山大地震时，我们就依这种理念拒绝了所有的外援，官方在地震后两年多后宣布死亡人数为24万，而当时假如引进国际援助，死亡人数应该会控制在20万人以内。另一方面，按当时的传统观念来说，当别的国家发生灾害时，作为社会主义大国的我们要发扬国际主义精神，援助他们；当我们自己受灾时，为了向世界证明社会主义的优越性，要凭借自身力量战胜灾害。对于国际援助，从唐山大地震到今天的汶川大地震，中国政府的态度发生了很大转变，但还是持相当谨慎的态度。

3. 重视农田水利等基础减灾设施建设

新中国成立之初，旱涝灾害较多，对国民经济影响较大，因此为了做好防灾救灾工作，新中国十分重视农田水利的建设，发布了一系列的防灾备荒指示，如《政务院关于发挥群众继续开展防旱、抗旱运动并大力推行水土保持工作的指示》、《政务院关于大力开展群众性的防旱、抗旱运动的决定》等，发动群众建设农田水利设施，并针对大江大河的水患问题，进行了有效的治理。农田水利设施的改善，不仅起到防灾救灾的效果，也促进了农业生产的发展。

4. 充分发挥以工代赈的作用

建国初期，战争之后的中国经济一片破败，条件十分困难，中央政府只能一面组织生产自救，一面大力推行以工代赈的办法。1949年，苏北制定出兴修水利三年计划，不仅能解决救灾问题，而且可以建设苏北，政府拨出的以工代赈及救济粮截止1950年2月已达2.7亿斤；山东水利与治黄工程，仅1950年前三个月份拨款粮已达1.2亿斤，中南区拨了四亿斤粮食，平原拨出治黄粮三千万斤这些拨款大部用在灾区的以工代赈和救济上；实施以工代赈的河北省最大水利工程——金门渠工程、潮白河下游工程，解决了六十万人一个月的生活问题，在灾民中有“救命堤”的称呼。

（四）改革开放以后至今（1978—）的减灾救灾特点

这一阶段的减灾救灾坚持民本思想，改革开放解放了人们的思想，在减灾救灾时人们开始关注个人利益，开始处理一些历史遗留问题，拨乱反正。1989年4月12日中国国际减灾十年委员会成立，减灾委主要负责制定国家减灾规划、减灾救灾方针政策和救灾执行，组织协调有关部门和群众团体，指导地方政府的减灾工作，将全社会组织起来共同开展减灾活动。在此之前，中国虽然一直在从事着与减灾有关的活动，但并不系统明确，直到“中国国际减灾十年委员会”成立，才实现科学减灾，它的成立是中国救灾减灾领域的重大步骤，标志着中国正式加入国际减灾行列。

1. 规范使用救灾款

（1）改变救灾款的使用办法。

与原来单纯救济的方式相比，第八次全国民政会议明确规定救灾款的首要用途是保证灾民的基本生活，在此前提下，为了更好地进行救灾工作可以适当用于扶持灾民发展农副业生产，保证使有限的救灾款发挥最大的经济社会效益。将救灾款的发放与扶持生产结合起来，保证救灾款发挥最大效应，从根本上提高人们应对自然灾害的能力，减少自然灾害对经济社会造成的破坏。

此外民政部还指出：“救灾款的发放重点要放在工副业发展缓慢的贫困地区（山区、连年受灾地区）和一般地区的特殊贫困户（没有自救能力的户）上”。目的就在于用有限的救灾款帮助尽可能多的真正有困难对象，解决最多的困难。

（2）改变救灾款的发放形式。

自建国以来至1978年，政府在救灾款的发放和使用问题上，为保证灾民生活尽快恢复正常，一直坚持无偿使用的原则，灾民可以无偿使用救灾款。随着时间的推移和形势的变化，这种发放形式也暴露出不少弊端：一方面阻碍了灾民生产自救的积极性；另一方面也不利于培养灾民独立的防灾意识，都助长了灾民对政府的依赖思想，不利于救灾款的有效利用。

因此，这一时期政府在救灾款发放形式上采用有偿使用和无偿使用相结合的办法，扩大救助面，灵活使用救灾款，提高灾民的防灾意识和自救能力。十一届三中全会后，随着个人财富积累不断增加，生产自救能力增强，灾民有能力在灾害过后对部分或者全部的救灾款予以偿还。

（3）确立了专款专用的原则。

建国以来,社会救济和救灾工作同属于内务部农救司,救济和救灾在经费方面没有区分好,因此出现了社会救济挤占救灾款的现象;而且自然灾害发生具有间歇性,在无灾或者少灾时救灾款经常被挪作它用。1962 年 12 月 11 日,内务部《关于做好灾区今冬明春救济工作的通知》中就指出:"从去年(1961)以来发放的救灾款,真正用在必须救济的人身上的,只有 53%,其余的 47%,都被挪用、干部私分、多占和平均发放"。1979 年贵州毕节地区各县挪用救灾款 63 万元,占当年上级拨款数的 6%;遵义地区各县挪用救灾款 116 多万元,约占当年上级拨款数的 20%。因此当自然灾害发生时,救灾款短时间内难以集中,严重影响了救灾的效果。

鉴于此,这一时期民政部确立了专款专用的原则。1979 年 12 月 22 日时任民政部副部长刘景范在全国生产救灾工作座谈会上明确指出:"拨发救灾款物是党和政府对灾区的一项重要政策,要严格按照使用范围,切实用于灾区生活最困难的群众。"

2. 救灾与扶贫相结合

中共十一届三中全会以来,受经济体制改革和家庭联产承包责任制的影响,农村经济得到较好发展,但由于历史原因及自然条件、工作基础和政策贯彻落实情况的差异,农村经济发展状态极为不平衡,群众的温饱问题也没有完全解决,几千万人口仍未摆脱贫困,其中绝大部分是山区等边远地区,还有少数民族聚居地和老革命根据地。因此民政部在十一届三中全会后对救灾工作进行了调整,即实行救灾和扶贫相结合的办法。1985 年 3 月 18 日,民政部等九部委联合向国务院递交了《关于扶持农村贫困户发展生产治穷致富的请示》,提出:"要把扶贫和救灾结合起来。救灾款在保障灾民基本生活的前提下,可用于灾民生产自救,扶持贫困户发展生产。救灾款有偿收回的部分用于建立扶贫救灾基金,有灾救灾,无灾扶贫",明确了救灾和扶贫相结合的基本方针。在这个方针的指引下,防灾、抗灾和救灾工作摸索出了新途径。

这一时期,救灾与扶贫相结合的新途径包括:救灾和扶贫相结合,搞好重点扶持工作;因地制宜地调整农村和边远山区的产业结构;发挥城市优势,支援贫困地区发展商品生产。

3. 在政府指引下,发展群众互救,创办民间慈善团体

这一时期政府不仅直接拨款救济灾民,还大力倡导、组织开展群众间的互助互济活动。1982 年以来,兴起于江西省波阳县的救灾扶贫互助储金会将互助互济活动新阶段。储金会是一种民办自治、互助合作的组织形式,不是"官办"的,而是由农民群众自己筹集、管理并使用资金的组织。农民群众将自己分散的钱粮集中起来,以救灾备荒、扶贫和应急解难为宗旨,用来解决自己问题的具有互助性质的基层社会保障组织。从 1982 年到 1988 年,储金会由小到大,发展到了 20 多省市。据 18 个省份的统计,至 1988 年 8 月底,已建会 74000 多个,入会农户 1307 多万户,集资 32200 多万元。

我国民间慈善团体的发展也在这一时期得到了政府的支持鼓励。1981 年 7 月,中国大陆以募集资金形式建立起了我国建国后的第一个非营利性的社会专项公益基金组织——中国儿童少年基金会,旨在服务中国青年儿童;在此之后,第二年年宋庆龄基金会和中国残疾人福利基金会相继成立,中国的民间慈善团体得到行业性的发展;1985 年南京爱德基金会等宗教慈善组织在这一时期也得以恢复。

表 10—2 1981——1995 年间中央和地方救灾经费的支出情况 单位:亿元

年份	全国自然灾害救济费	中央级救灾经费	地方救灾经费
"六五"时期	35.2	27.1	8.1
"七五"时期	56.4	51.3	5.1
"八五"时期	94.1	82.9	11.2

资料来源:中华人民共和国民政部:《中国民政统计年鉴(2006)》,中国统计出版社 2006 年版,第 85——86 页。

4. 接受国际援助,加强国际合作

建国以来,我国政府在减灾救灾问题上本着自力更生的原则,对国际援助的认识在经历了一个漫长复杂的过程后,发生了一些变化。这一时期我国对待国际援助在政策上和理论上都有了初步的认同。产生这种变化的主要原因有两方面:一方面,1972 年第 26 届联合国大会决定恢复中华人民共和国在联合国大会中的合法席位,此后联合国救灾署一直在积极寻求机会,谋求与中国政府合作,共同致力于研究发展中国家减灾救灾的有效方法;另一方面,中国与其他国家关系的改善,70 年代先后我国逐步恢复了同美国和日本等资本主义国家的外交关系,这都为中国寻求并获得国际援助创造了良好条件。

1980年10月4日，民政部联合外经部和外交部等三部委向国务院递交了《外经部、民政部、外交部关于接受联合国救灾署援助的请示》，三部委认为：“鉴于发展中国家遭受严重自然灾害时要求救灾署组织救济较为普遍，属于各国人民相互支援的性质，我国已开始接受联合国援助，对救灾署的援助也可适当地争取。”三部委的这一意见得到了党中央国务院的批准，中国开始正式接受国际援助，但出于政治方面考虑，此时我国接受国际援助时还是十分谨慎的。1980年中国遭遇了几十年少有的北旱南涝，受灾情况极为严重，因此中国政府决定开始接受国外援助，这是中国第一次接受国际救灾援助。1987年5月13日，民政部、经贸部和外交部在1980年文件基础上又向国务院递交了《关于调整接受国际救灾援助方针问题的请示》，《请示》首先指出自1981年四川水灾后我国接受国际援助工作基本上处于停滞状态，为了改善国内对于国际援助的态度，三部委提出将中国接受国际救援的方针进行三方面调整：第一，要以国家为单位，有计划有组织地向国际社会提供我国有关灾害灾情和救灾工作的资料；第二，不能对国际援助一概而论，要有选择地积极争取国际救灾援助；第三，明确了接受救灾外援工作的具体分工。调整后的政策使中国改变了过去被动接受的态度，变得更加积极主动；同时明确了各单位在减灾救灾工作中的职责，使得接受外援的政策更加有序化规范化。中国政府对国际援助态度的明显转变始于1991年的华东水灾，这次水灾彻底改变了中国政府以往的思维定式，变被动为主动，第一次向全世界公开发出了紧急呼吁，要求国际社会向安徽、江苏两省灾区提供救灾援助。这是中国政府抛弃传统观念，第一次坦言接受外援，它标志着中国的救灾援助工作进入了一个新阶段，实现了从被动到主动的转变。

进入20世纪以来，特别是汶川地震之后的中国政府，对减灾救灾过程中国际援助的认识发生了可以说是翻天覆地的变化，实现了历史的突破。汶川地震中，我国政府积极引入国际救援，六支境外救援队伍在救灾救灾过程中起到了极大的援助作用，积极给予灾区救援，这六支队伍分别来自来中国香港、中国台湾、日本、韩国、俄罗斯、新加坡，这其中不乏资本主义国家，中国政府也能坦然接受其救援。除此之外，国际救援在救灾款的捐助上也占一定比例，截止2008年7月18日为止，外交部及中国各驻外使领馆、团共接收到外国政府、民间团体和个人救灾款17.11亿元人民币，这些救灾款保证了灾区居民生活可以更快的恢复正常。

5. 发挥国家军队的力量

救灾过程中，国家军队的大规模作战以及官民的有效合作都及时的将人员伤亡降低到最低点。在1991年淮河大水和1998年长江流域大水及松花江大水中人民军队都起到了至关重要的作用，抗洪精神直到现在还激励着我们。

6. 试行救灾保险制度

早在1984年，我国就开始了救灾保险制度的试行，山东省率先试行了灾害保险制度。当年6月6日民政部、中国人民保险公司转发了《山东省民政厅、中国人民保险公司山东省分公司关于积极开展农村保险工作的联合通知》，通知认为：“搞好农村各种保险业务，不只是保险公司的事，也是民政部门的事。是我们关心群众疾苦的一个方面，是救灾救济工作的一部分”，同时要求“在有条件的地方，切实把这一工作开展起来”。同年7月5日，民政部又转发了《浙江省民政厅关于诸暨县大力开展家财保险开创救灾工作新局面的调查报告》，肯定了浙江省诸暨县的做法，此后民政部开始在7个省的9个县进行农村救灾合作保险试点，1988年在此基础上扩大到27个省、自治区、直辖市的82个县，1989年进一步扩大到102个县，效果很好。

救灾保险制度以传统救灾项目（劳动力、农作物、耕畜、农房意外伤亡四大类）为险种，以取之于民、用之于民为原则，不以盈利而以保障灾民的基本生活和恢复生产为目的，并且改变了资金来源渠道，将原来国家拿钱救灾的单一渠道废除，并建立了国家、集体和个人共同集资的多重渠道，扩大了救济金来源，增强救灾的经济实力，使救灾体制更为有效。

与之前的救灾制度相比，这一时期新建立的救灾保险新体制具有明显的优越性，它是中国救灾改革的有效探索。首先，新救灾保险体制有助于克服旧救灾体制救灾救济单纯依赖国家的弊端，救灾经费由国家、集体和个人共同筹集，减少了国家负担。其次，是筹资渠道的扩大化有利于增强救灾的经济基础，拓宽了救灾资金的来源渠道。据推算在实行新制度后，全国15亿亩耕地、2亿多农户，即使每项按最低保率计算，一年也可以筹集到60亿元保险资金，而当时国家救灾款是10亿，这相当于国家救灾款的6倍。最后，使查灾、核灾工作更趋于准确科学。由于救灾保险受到经济赔偿责任的约束，理赔兑现需要准确的自然灾害损失为依据，这就能有效避免粗估冒算、贪污挪用、优亲厚友等现象。

7. 官方信息透明化，言论自由化

信息也是一种稀缺的资源，获取信息需要付出一定的成本，普通民众获取信息的途径有限，有益的信息具有明显的正外部性，可以减少经济主体的决策风险和失误。在灾害发生时，隐瞒信息会使市场处于混乱状态，逆向选择行为盛行。

唐山大地震时，政府基本对于地震信息对内部分报道，对外基本不报道。普通民众由于接收不到有效信息，一度造成社会性恐慌；2008 年的汶川地震，我国政府在第一时间向国内国际报道灾区情况，中央电视台等主流媒体也开设专栏，专门播报灾区情况，使普通民众能够接受较多的有效信息，既有效的避免了民众由于无知造成的恐慌，也为民众参与救灾提供了信息支持。

8. 对口援建

在重建过程中，我国政府提出了极具中国特色的“对口援建”模式。它是我国社会主义制度优越性的体现，集合全国力量重建汶川，这在国际上都是具有开创性的有效灾后重建手段，下文会具体分析这一模式。

9. 官员问责制

中国政府是在抗击“非典”的过程中引入官员问责制的。官员问责制是现代政治文明的重要内容，它是指政府及其官员的一切行为及其行为所引发的后果，都必须而且能够追究责任的制度，其实质是规范政府及其官员行使公共权力，使其行为可以真正达到为民所用的目的。在防灾减灾工作中引入官员问责制能够促使相关政府部门的工作人员严格按照规定的标准进行，面对灾害时，积极有效地做好组织、协调、疏散工作，与人民共患难，增强民众对政府的认同，对社会的关注。

10. 制定应急预案，加强应急演练

进入 20 世纪后，我国建立了国家突发公共事件预警信息发布系统，民众在系统发出信息后 10 分钟之内就可以接收到，最大限度地保障人民群众生命财产安全，为我国有效应对各类突发事件、提升各级政府应急管理水平提供强有力支撑。

在制定应急预案的前提下，还要加强应急演练，只有经过演练的预案才能有效地付诸实施。近年来，各种演练不断增多，汶川地震的灾后恢复文件中也多次提到要加强应急演练，仅 2008 年 5 月底到 12 月底，有关部委和地方政府举行的大型演练就达到 20 次之多，包括了防洪、防汛、地震、泥石流、海啸警报、矿难救援、海上搜救、气象综合服务等各种形式的应急演练。

(五)小结

本部分总结出了历史上中国各个阶段减灾救灾模式。古代时期，人类文明程度较低，生产力发展缓慢，在恶劣的自然环境中挣扎求生存，面对自然灾害往往只能被动接受；而在近现代时期，人类文明加速发展，人口财富迅速集聚，科技发展支撑起了人类与灾害的斗争。但有些方法却是古今通用的，如“以工代赈”，它在我国减灾救灾史上历史悠久，即使在我国现阶段，这一方法也是极为有效的。我国对待国际援助的态度，也是经历了反反复复的漫长阶段，总体来说，我们还是受大国思想影响，前期总认为我国是大国强国，不需要别国援助，随着时代的发展，人们逐渐认识到互助的重要性。

历史上的经验是中国模式的主要来源，通过对这一部分的梳理我们可以得到一些有效的减灾救灾方法，总结归入“中国模式”。

四、外国灾后重建和经济恢复的模式分析

什么是模式？与描述所走过的路经、道路不同，与总结历史经验教训也不完全相同，我们在这里所涉及的模式概念的内涵，是对成功的减灾之路的归纳与梳理、总结与提升。何为中国减灾(或灾后重建包括经济恢复)模式？是关于中国历史上特别是改革开放近 30 年来减灾防灾成功之路的理论解释。总结中国减灾模式，前提是认同我国改革开放以来取得的成功；中国减灾模式的基础是中华民族与自然灾害作斗争的历史、经验与文明的延续性；研究中国减灾模式的实践意义在于为现实提供经验、为比较提供知识、为未来提供指南；其理论意义在于为能够适时地提供新鲜知识，促进我国学界对本土人民与大自然抗争的历史和减灾文明的自觉认知，促进减灾防灾理论和国际话语系统的形成。同时，我们还注重研究其它国家的模式，以利我们学习和借鉴。

(一)美国减灾救灾模式

美国是一个气象灾害频发的国家，飓风、龙卷风、旱灾、洪涝灾害、雪灾等气象灾害造成的经济损失年均十亿美元以上，巨大的经济损失促使美国建立起了一套适合本国国情的减灾救灾体系，总体来说就是以软件重于硬件、平时重于灾时、地方重于

中央为基本理念。完善的减灾救灾系统使美国在遇到灾害时，政府能够迅速反应，以洛杉矶大地震为例，地震发生后仅2分种，洛杉矶警察厅的三架直升飞机就能飞往灾区进行空中灾情确认；震后4分钟洛杉矶市市长就命令开设紧急对策总部（EOC），6分钟后紧急对策总部就开始工作；地震后的12小时，洛杉矶市的FEMA现场总部成立，因此美国对于减灾救灾的研究具有极大的意义。

1. 法治救灾

美国是一个法治国家，在处理灾难事件方面已经形成了比较完善的法律体系，保证了灾难发生时有法可依，提高了救灾效果。

表10—3 美国减灾救灾类法律

发布年限	法案名称	颁布意义
1950	《灾害救助和紧急援助法》	第一部应对灾难事件的法律
1968	《全国洪水保险法》	将保险制度引入减灾救灾工作中，创立全国洪水保险计划
1976	《全国紧急状态法》	对紧急状态的宣布程序、实施过程、终止方式、紧急状态期限等作出了详细规定，同时该法授权总统在必要时有权力宣布紧急状态，对总统在宣布国家进入紧急状态后的权力也作了限制
1988	《罗伯特·斯坦福救灾与应急救助法》	为地方政府制定本地应急法规提供了依据，各州纷纷制定了与突发事件有关的处置法令
1992	《美国联邦紧急救助法案》	它是美国应急管理权威性法律，以法律形式定义了灾害紧急救援的基本原则、救助范围和形式、各部门的责任和义务，为防御灾害，提供了法律依据和保障
1997	《土壤和资源保护法》	从法律上为美国防御旱灾提供了依据
1998	《国家干旱政策法》	
2002	《国家干旱预防法》	
2004	《国家应急反应计划》(NRP)	进一步完善美国联邦应急法律体系

2. 地方自救

美国自然灾害应急管理体系，由联邦政府、州政府和地方政府三个层次组成，为国家—州政府—郡政府三级管理体制，应急救援一般采用属地原则和分级响应原则。

美国应急管理体制是以地方政府为节点，建立了扁平化应急网络应对灾害。从中央层面看，国土安全部(Department of Homeland Security, DHS)是最高层次的应急机构，国土安全部在全美设10个区域代表处，主要负责与地方应急机构的联络。各州一般都设立应急管理中心，负责制定州一级的应急管理和减灾规划，灾害发生地区所在的州是灾害行政管理对策的第一责任者，急救工作也主要是由它组织实施，保证救灾效果，同时州政府还要监督和指导地方应急机构开展工作。当救灾工作超出该州能力时，州长向总统提出救援请求，由联邦政府加以援助。地方政府也有相应的应急管理机构，主要负责处理是辖区范围内灾难事件，坚持属地管理，灾难发生时地方政府应急预案启动并享有决策权和处置权重大灾难事件可向州政府、联邦政府申请援助。

3. 灾后心理援助

美国国家心理卫生署在20世纪就开始关注受灾人群的社会心理反应。官方灾难心理服务始于70年代，1974年美国联邦应急管理局(FEM A)资助了第一个灾难危机干预项目，这一项目由美国心理卫生服务中心紧急服务及灾难救援项目组负责，旨在帮助受灾人群今早恢复心理健康。在历经多次地震、台风、旱涝等自然灾难后，美国国家灾难服务体系已日趋完善。

美国灾难心理服务组织由两方面构成，包括政府组织和一些非政府组织，其中政府组织负主要责任。政府组织包括联邦一级和州一级的心理卫生服务机构和心理卫生管理部门，他们的主要职责是为灾难受害人提供及时、短程的危机咨询服务，并尽快帮助其情绪恢复正常。非政府组织主要是一些非盈利的社会团体和学术组织，他们的主要职责是为灾区人民提供长期的心理帮助。

美国心理援助机构主要采用三种干预方法帮助灾民：减压(defusing)，由一名或者两名专业人员以个体或小组的形式，鼓励被干预对象在相互支持的良好氛围中释放压力，但不宜过于强烈或过深探索；危机干预(crisis intervention)是采用的一种一对一的干预方法来减轻受害者或救援工作者的极度痛苦情绪，也不涉及深层次的心理问题；分享报告(debriefing)较前两种干预方式更为正式，预先设置以讨论为主要形式帮助他们将自己有关灾难的经历从感受上升到更深一层的理解。通过这些方法对受灾群体进行心理干预，治疗心理问题，提高其心理健康水平。

4. 严格的救灾款使用监督制度

人们开始关注救灾款使用的监督工作是在1992年，当年美国救灾款使用爆出丑闻，即美国最著名的慈善机构之一联合劝募会总裁阿尔莫尼挪用捐款以权谋私。此后，美国政府和社会不断完善救灾款使用，现如今美国形成了个人机构自律和公共政府监管并重的灾款物使用监督机制。

首先，重视个人以及社会机构的自律。对美国慈善机构进行行业自律，每年进行行业评级，进行筹款回扣率排行，财务危机排行，价款囤积额度排行等等，将以上排名综合将慈善机构星级划分为四星到无星，这样一旦某个慈善机构信誉受到质疑，公众就可能抛弃这一机构而转投其他星级较高的机构。同时在机构内部加强自我监管，在资金的申请、拨付及运营费用的预算、核销等方面建立约束本组织和成员的标准规则等。美国慈善机构采用的运营模式与我国不同，他们采取公司化模式，董事会享有决策权，在这种情况下，人们树立起机构利益高于个人利益的意识，因此不会出现牺牲机构利益而为个人谋利的活动。在这种行业评级和社会监督力量的推动下，“暗箱作业”行为得到了有效遏制，救灾款使用透明度大大提高，保证了每一份救灾款都可以得到合理利用。

其次是加强政府监管。美国政府主要采用法律和行政两种手段对救灾款使用进行监管。法律方面制定《税务法》和《模范非营利组织法案》来约束慈善机构行为；行政方面建立专门机构对其进行管理，联邦政府国内税收署对其进行监管，2000年美国国会通过的《国内税务法》第6104款明确规定：包括慈善机构在内的所有组织每年都必须向国内税务署上报990表即年度财务报表，报表要求慈善机构将所有董事会成员有关的经济交易记录如实呈现，此外还特别要求上报其董事会收入最高的前5名成员名单、报酬最高的前5名合同商名单以及慈善机构用于筹款所花费的费用明细。除了联邦政府制定的政策之外，美国绝大部分州都对本州慈善机构做出相应规定，如规定慈善机构必须向州总检察院提交年度报告，包括机构现状和人员变动等情况，对触犯公共利益的慈善机构总检察院可以对其提起公诉，诉至以法律手段。

5. 高科技灾害预警系统

在上世纪60年代以前，美国主要是采取工程措施来防治自然灾害。工程措施虽有效但随着社会发展，其缺点也逐步显露出来，大量修建的防洪工程并未减少联邦政府的救灾负担，而非工程性措施如泛洪区灾害保险、防灾教育、泛洪区规划、防灾应急管理、气象水文预警预报和防御灾害法制建设等却能更有效地保证在灾害发生时减轻灾害损失，保护群众的生命财产安全。基于以上认识，美国政府在不断改善防灾工程措施的同时强调非工程措施的重要性，综合两者，采取工程措施和非工程措施相结合的方式强化防灾减灾。

建立灾害预警系统是美国减灾救灾非工程措施的核心。美国的气象灾害预警系统包括防灾法律体系、专用警报系统和洪水预警系统，洪水预警系统对于防洪减灾意义重大。联邦政府把全国按地区划分为13个流域，每个流域均建立洪水预警系统，且要求每个系统每天都要进行一次洪水预报，短期预报由国家海洋与大气管理局向社会发布，帮助群众做好实时防护；中长期预报则仅限于联邦政府内部公布，最长的洪水预报是3个月，帮助政府制定减灾防灾的政策策略。在预警过程中，重视科学技术的作用，利用先进的专业技术和现代信息技术，及时准确的预测洪水可能造成的灾害，减少灾害损失，并逐步建立“3S”洪水预警系统即以地理信息系统(GIS)、遥感系统(RS)、全球卫星定位系统(GPS)为核心。为防止飓风，国家飓风研究中心在飓风靠近美国本土时，出动数架专用飞机飞入飓风中并绕行其周围，投掷全球卫星定位仪，来充分掌握飓风的整体结构机器环境和动态，提前进行飓风预警。

6. 防灾减灾宣传教育

美国每年坚持投入一定资金对公众进行有关各种灾难预防、应急措施以及灾难后如何获得各方援助的宣传教育。美国政府认为只有当公众愿意同时也知道如何与救援人员合作时,应急救灾行动才会更为有效。现阶段,民众接受信息的主要途径还是电视电台,因此联邦政府法令要求每一个电台、电视台维持有效的后备电力和通讯设备及时准确的向公众宣布紧急消息,并必须定期测试这种能力。由于美国是个移民国家,法案还要求媒体用不同的语言广播紧急消息。互联网的发展提供了一种新的宣传方法即建立网站,美国已建立相关网站约700个。

学生在灾害发生时属于弱势群体,因此从小学到大学都设有专门的应急培训课程,通过测试者可获得资格证书。美国小学都安排有如何应付紧急情况的课程,并定期进行演练,同时老师还会要求孩子督促家长准备地震应急用品。如加利福尼亚州的中小学要求学生准备一个包括必要的药品、干粮以及家长和亲属的联系方式等地震应急包交给学校统一保管,以备不时之需。

7. 社会救济

美国在治灾过程中除了靠政府动员广泛的人力、物力和财力外,还有包括红十字会、教会、志愿者组织等大量的民间组织参与其中,这些组织在救灾及灾后恢复过程中充当政府主导力量的重要补充。除此之外,还建立辅助性的社区救援组织如社区危机反应团队,在灾难来临时开展自救和互救;建立民间社区灾难联防体系,开展以市民为主体的志愿者队伍建设和培训,美国志愿者组织在上世纪90年代初就达到100多个,广泛的社会基础使其被称为与政府、企业并列的第三大社会"独立部门"。

(二)英国减灾救灾模式

英国地处欧洲西部,得益于其特殊的地理、气候条件,英国少有巨灾,较为常见的自然灾害是洪灾,2007年夏,泰晤士河和塞文河水位暴涨,是英格兰中西部及威尔士大部60年来遭遇的最严重洪涝灾害,即使如此也未造成重大人员伤亡;1931年发生的里氏6.1级地震是英国史上最强烈的地震。虽然如此,英国还是建立起了一套以"系统救灾力"理念为指导的完善的减灾救灾体系。

1."金、银、铜"三级处置方式

从政府组织架构来看,英国政府一向严谨,减灾救灾也不例外,英国政府从中央到地方都有一整套的灾难事件处理系统,中央与地方分工明确,相互协作。中央政府的主要职能是负责应对全国性的重大突发公共事件和恐怖袭击。首相作为减灾救灾管理体制的最高行政官领导着一些相关机构共同抵御灾害。这些相关机构包括内阁紧急应变小组(COBR)、国民紧急事务委员会、国民紧急事务秘书处和各政府部门。其中COBR是最高协调决策机构,当需跨部门协同应对时,组织相关部门召开紧急会议,制定减灾救灾管理体制的战略性目标,及时形成应急决策。从地方层面来看,英国各地区都设有紧急规划机构,负责本地区的危机预警、制定有关计划和进行应急培训,"紧急规划长官"是地区机构首脑,他主要负责协调地方资源处理危机及向中央政府部门咨询和请求支援。总之,地方政府在突发事件处置后的恢复阶段起领导作用。

总体来说,英国灾难事件的处理原则以地方政府为主,实行属地管理,坚持"在地化原则"(localization),即减灾救灾的相关权利与义务应在地方公共权威那里达成高度统一,同时采取"金、银、铜"三级处置方式来治理灾难。三个层级职责分工各不相同,但是分工极为明确,应对灾害时,通过由上而下逐级下达命令的方式共同构成高效应急处置系统。金层级是由包括军方在内的应急处置相关政府部门代表组成,主要负责从战略层面对灾难事件进行总体控制,通过对事件的总体把握,召开会议制订目标和行动计划下达给银层级。银层级由灾害发生地相关部门负责人组成,主要负责战术层面的应急管理,当上层政策决定后,根据金层级下达的指示,将任务分配给铜层级。铜层级是命令的最终执行机构,按照银层级的命令,负责具体实施应急处置任务,直接支配应急资源。

2. 信息公开化,重视媒体作用

英国政府认为,面对重大突发事件,如果利用媒体及时公正的公开信息,恰当处理灾害事件可以安抚公众情绪,保持社会稳定;反之,如果信息公开渠道不畅通,信息的混乱、错误、拖延会在公众中造成非常不利的影响,引起恐慌。因此英国政府强调面对灾害时,政府部门应在第一时间联系媒体准确发布灾难事件信息,从一开始就掌握信息传播的主动权,保证社会稳定。

英国的新闻媒体非常发达,并具有很强的独立性与专业性,在灾害信息传达中发挥着重要作用。按照英国政府要求,突发事件中政府与媒体的协作是纳入应急反应计划内容的,面临重大灾害时,政府会任命受过专门训练的新闻官员负责媒体事务,跟进事件报道,并要求有关机构平时也必须作好准备，把配合媒体作为紧急灾害处置计划的一部分进行讨论和演习，防止出现意外情况；要求电话总机接线员等普通员工也要学会如何与媒体打交道；英国政府在利用媒体报道事件的同时，也注意通过广播、电视及时向公众提供应急防护信息和安全指导，实行灾前预防，这也有利于培养公众通过主流媒体获取帮助的习惯，增强媒体可信度。

3. 法制救灾

英国是老牌资本主义国家，经济发展较早，法律也比较健全，它是比较早就关注灾难治理方面法制建设的国家之一。早在1920年就制定了全球第一部灾害应急类法案，其后又不断完善，到如今，已经形成了比较完善的法律救灾系统。

表10－4　英国减灾救灾类法律

发布年限	法案名称	颁布意义
1920	《应急权力法案》	第一部灾害应急类法案
1948	《民防法案》	鼓励民众广泛参与减灾救灾
2004	《民事紧急状态法》	将已有的专门法律进行整合，重新构建了以该法案为中心的紧急状态法律体系，促使英国应急管理实现了巨大的转变
2005	《国内紧急状态法案执行规章草案》	进一步完善法制体系，规定英国各级政府及部门应组织制定各种紧急应变计划，具对于不同的紧急情况应有对应的措施、程序和职责分工

4. 鼓励非政府组织和民间团体组织

英国的民间志愿性公益慈善组织历史悠久，早在12世纪英国就出现了约500家

慈善组织。1601年英国政府颁布的《慈善法》，是世界上第一个有关民间公益组织的法律法规，它从国家法律的角度认同了慈善团体存在的合理性。1998年11月，经英国女王批准，时任首相托尼·布莱尔和全英慈善组织与政府合作委员会(NCVO)主席肯内斯·斯通，共同签署了《政府与志愿及社区组织合作框架协议》(COMPACT)，这也是世界上第一个政府与民间慈善团体签订的协议。随后，在中央政府影响下，由地方政府协会主席和全英慈善组织与政府合作委员会主席共同签署了一个地方版的COMPACT——《地方各级政府与志愿及社区组织合作框架协议》。这些协议为指导政府各部门及各级政府与民间公益组织之间的合作关系提供了理论依据，保证了这种合作的长久性。协议强调：政府应支持民间公益组织，同时确保其独立性，二者在制定公共政策、提供公共服务上应坚持协商协作原则，政府要保障各种不同类型的民间慈善公益组织在获得政府资助问题上是公平的，不存在组织歧视。浓厚的慈善文化氛围，使全社会都参与到公益慈善事业当中，慈善组织拥有的志愿者资源占慈善组织经常从业人数的37％。

5. 灾害保险制度

在英国，灾害保险是减轻政府财政压力的重要途径。在灾后恢复阶段，地方政府的花费部分主要是通过保险公司和地方融资机构支付，保险公司占主要部分，剩余部分才是从中央政府获得的。如2007年6、7月，英国保险人协会(ABI)为英国洪灾赔付额就高达30亿英镑，极大的减轻了中央政府在减灾救灾问题上的财政压力。

6. 灾前宣传教育

为普及减灾救灾常识，英国政府专门建立了普及防灾和安全知识的网站，网站主旨在于教育学生如何预防与回应灾难，在日常生活中也通过集体培训和灾难情景训练增强普通公众的危机意识和自救互救能力。英国内政部每年都要向全国每户居民寄送“紧急事故指南”，要求民众仔细阅读，帮助公众为紧急事故做好必要准备，同时政府还在全国各地每年举行多种紧急应变演习，保证灾害发生时社会生活可以有序进行。

(三)日本减灾救灾模式

日本位于世界三大地震带之一的环太平洋地震带，相较于其他国家，地震发生频次很高，世界上10％的地震发生在日本，6级以上的地震有20％发生在日本群岛附近，因此日本政府十分注重灾害管理，日本的应急防灾行政管理体制是“首相—地方

政府—第三部门—个人"四方面相互贯通的行政管理体系。2011年日本发生的大地震对其经济造成了严重破坏，但2012年2月，摄影师进入日本2011地震海啸重灾区岩手县与宫城县，拍摄了灾难发生时的标志性场景通过对图片前后对比，可以发现虽然重建时间仅为短短的2个月，日本的社会生产和居民生活已基本恢复至灾前，这进一步说明日本灾后重建模式是十分有效的，对于我国也有积极借鉴意义。

1. 优化政府防灾管理体制

日本在应对灾害的活动中积累了丰富的应急管理经验，与其他发达国家一样，日本在减灾救灾过程中也坚持从中央到地方的应急管理体系。从中央层面上来看，首相作为国家领导者，直接管理全国范围内的灾害危机，而地方政府之间通过缔结互助条约的方式实现互助合作，相互救济。在预防和处理紧急事态问题上，不单纯依赖政府，而是发挥政府、市场、第三部门各主体的能动作用，自上而下，保证三主体协调一致，使减灾救灾及时有效。3.11地震发生21分钟后，日本首相菅直人内阁迅速组织了抗震抗海啸行动，所有内阁成员已经到达紧急灾害对策本部，成立了"内阁危机管理中心"和"紧急灾害对策本部"，日本的在野党也宣布停止政治论战，配合执政党的就在救灾决策，日本全社会有序地进入到了救灾活动中。

2. 法制救灾

日本防灾立法起步很早，目前已形成完善的防灾减灾法律法规体系，共由52部法律构成，按照法律内容和性质分为基本法、灾害应急相关法、灾害管理组织法、灾害预防和防灾规划相关法以及灾后重建和恢复法等五大类，主要包括《灾害救助法》、《灾害对策基本法》、《大规模地震对策特别措置法》、《海岸法》、《河川法》等法律法规，保证在防灾救灾方面有法可依。1961年颁布的《灾害对策基本法》是日本最为重要的救灾法律，全面涉及防灾减灾救灾以及灾后重建工作中应注意的各项问题。日本还制定了一些应对突发事件的单行法，如《大规模地震对策特别措施法》《建筑基准法》《地震保险法》等。由于日本是一个多地震国家，因此日本政府也制定了一系列针对地震的法律如《大规模地震对策特别措置法》、《在地震防灾对策强化区域与地震对策紧急整备事业相关的国家财政上的特别措置法》，以及《地震防灾对策特别措置法》等。除了制定完善的法律，保证有法可依外，日本政府也坚持执法必严，一旦出现违法现象，即使并未造成损失，也要依法判刑，防患于未然。

3. 灾前预警系统

阪神地震以前，日本防震救灾的方针是"以防为主"，鉴于阪神地震的严重影响，现今日本政府理念已转变为"预防和应急管理并重"，重视灾情监测。日本气象厅24小时监测内陆及周边海域发生的地震，建立全球最密集的地震监测台网和烈度速报网络，一旦发生灾情，日本政府可以第一时间做出反应。180个地震观测站在全国以约60公里的间隔分布，600个烈度观测台以约20公里间隔布设。气象厅及地区的监测系统与这些观测网通过计算机网络连接，构成了地震观测数据联机实时处理体制。日本发挥技术领先优势，在城市市政管理和防灾体系中，运用地理信息系统(GIS)进行火灾、洪灾、地震、避难场所的管理，为防灾提供了技术支撑。除此之外，日本内阁府还专门建立灾害情报信息中心，利用卫星、固定摄像、远距离小型图象传送仪及飞船等现代科技手段，连通各个部门的灾害情报收集信息，完善灾前预警系统。

4. 全民防灾

日本防灾减灾宣传普及活动已经制度化和常态化。日本坚持"救灾从娃娃抓起"的幼儿防灾教育、灾情模拟演练等教育使普通民众可以理性面对灾害。除此之外，日本政府还定期举行防灾演练，在街巷设置防灾体验中心、防灾博物馆，提供生动逼真的现场教育，通过从小的教育和实际的接触，将自救和互助的观念形成一种文化，培养民众的自救和合作意识。

5. 建筑抗震

众所周知，日本建筑物的抗震性能在全球处于领先地位，日本建筑物抗震性能良好。直到如今我们提到日本的建筑物时，首先所想到的就是坚固，日本建筑物的高防震性是世界公认的，这要归功于修改后的《建筑基准法》。1996年开始，日本政府连续三次修改《建筑基准法》，法案将各类建筑的抗震基准提高到最高水准。按照法案要求，日本的建筑物除木结构住宅外，其他如商务楼要求能做到8级地震不倒，使用期限能超过100年，因此我们可以发现，日本地震后震区中央即使有建筑倒塌，也是整体伏倒而非单个建筑土崩瓦解式的垮塌，这极大的减少了人员伤亡，将灾害损失降到最小。

研究表明地震发生时，90%的死亡者都是被不抗震的住房夺去了生命，对比我国，唐山大地震人口伤亡惨重的重要原因之一就是建筑物抗震标准不高。唐山地区历史上没有记载发生过强烈地震，因此在建设中没有进行抗震设防，对地震没有设防，以致酿成大灾，在这方面我国确实应该向日本学习，完善居民楼建设标准。

6. 发展民间志愿者团体

志愿者组织是日本民间防灾救灾的一大特色，在地震多发县如爱知县、福井县、静冈县、京都府等地都设有“救灾志愿者中心”，这些救灾志愿者中心，有的为官民联合组织，有的则完全由民间机构负责，在发生灾害时，积极参与救灾抢险工作。1995 年日本大阪和神户地区发生里氏 7.3 级大地震后，民间志愿者积极参与救灾，他们在献血、募捐、服务灾民等方面发挥了无法替代的作用。

7. 心理援助

研究表明，重大灾难会给现场人员带来巨大的心理创伤，特别是老人和儿童，他们所受心理创伤更大，迫切需要精神上的安慰关怀。日本政府十分注重灾后的心理援助，一般情况下，当发生重大自然灾害时，消防人员、新闻记者和心理咨询人员是最先赶到现场的，消防人员负责主要救灾工作，新闻记者方便普通民众及早知道灾害信息，而心理咨询人员则是负责处理灾区居民的心理问题。在重建过程中，日本政府还会组织展开多项针对灾民的精神救助活动，比如以政府为单位定期派专家为灾害幸存者进行免费心理咨询，开展心理学知识讲座，定期走访老人和儿童，合理安排老龄户的日常生活并派援助员帮助老弱病残孕等弱势群体。

8. 完善的地震保险制度

地震给日本带来巨大损失的同时，也促进了日本地震保险制度的快速发展，日本是当今世界地震保险制度最发达的国家，日本政府主要采用由政府承担最后地震险赔付责任的制度，即保险公司将一份地震险保单出售给投保者后，还需到日本地震再保险株式会社购买全额地震再保险，以减小该保险公司的地震保险风险。

以居民户地震保险制度为构成主体的日式地震保险制度对我国地震保险制度的发展完善具有极大的指导意义。1964 年新潟 7.5 级地震造成的损失极大地引起了日本政府对建立地震保险制度的关注；1965 年保险委员会提交了关于地震保险的报告，后来对其进一步具体化；1966 年，日本官方先后颁布了《地震保险法》、《地震保险法实施法令》、《关于实施地震保险法的规定》等法律文件，标志着日本居民户地震保险制度正式建立。

日本的地震保险制度有以下特点。首先，保险覆盖范围广。地震险保险范围主要包括房屋及其动产，其中房屋是指全部或者部分用于居住的部分，动产主要包括家具、设施、衣物以及其他生活必需品，但是某些单价超过 30 万日元的资产如珊瑚、琥珀、珍珠、象牙、宝石、准宝石、诺贝尔奖牌、书法绘画作品、古董、艺术品等是不在被保险范围内的。其次，采用损失分级制度。根据震中损失程度把地震损失分成全损、半损和部分损失，对于不同损失制定了不同的保险赔付办法，损失严重的赔付较多。再次，采用多层再保险体制，分担地震保险风险。该体制通过三个合约把保险公司、再保险公司和政府三个不同主体集合在一起，并对各个主体之间的责任进行划分，日本政府充当了有限的直接责任人的角色，减轻了居民户地震保险中的道德风险和逆向选择问题，使居民户地震保险的风险分散化。最后，完善的法律制度为居民户地震保险制度成功运作提供了完善的法律保障，保证灾害保险有法可依，日本政府还适时根据变化了的实际情况对相关法律进行修订和完善。

(四)东南亚减灾救灾模式

北京时间 2004 年 12 月 26 日 8 时 58 分，印尼苏门答腊岛西北部近海发生 8.7 级地震，地震引发的巨大海啸，波及东南亚和南亚多国，造成约 30 万人死亡，主要受灾国家包括印尼、印度、泰国、斯里兰卡和马来西亚等国家。本节以此次地震海啸为切入点，分析概括东南亚发展中国家的减灾救灾模式。

印尼为海洋群岛国家，众多岛屿均处在地震带上，地震海啸灾害频发，受灾情况严重，也是这次地震海啸的最大受灾国，死亡人数高达 20 万，数百万人沦为难民，9 万多所房屋被毁坏，无家可归者在 50 万人以上，道路、供水系统、学校、医院和公共建筑等基础设施都被严重损坏。2006 年印度尼西亚日惹特区和中爪哇部分地区发生的里氏 5.9 级地震造成 5700 多人死亡，4 万多人受伤，数十万人无家可归的重大损失。灾害造成的损失如此之大，促使印尼政府开始重视减灾救灾问题，印尼减灾救灾模式也是在这一时期形成的。经历多次地震灾难的“万岛之国”，在灾害管理方面还存在一些不足，但也有许多值得国际社会借鉴的地方。

表 10—5　印尼海啸各受灾国死亡和失踪人数

	印尼	斯里兰卡	印度	马尔代夫	泰国	缅甸	马来西亚	东非
死亡人数	242347	30974	16389	82	5393	61	68	394
失踪人数		4698		26	3062	10	12	158

资料来源：联合国人道主义事务办公室，截止至 2005 年 2 月 11 日

1. 加强基础设施建设

印尼政府将灾后重建的重点放在了基础设施的恢复上面。印尼政府认为"交通是救援和重建中最重要的，必须首先得到恢复。"基础设施产业重建过程中采用民间投资为主，政府提供低额贷款的方式，帮助他们恢复生产，加强自身建设。在此思想的指导下，印尼政府将重建重点放在交通恢复、房屋建设上，资金分配也偏重于此。截至 2008 年 4 月底，在印尼亚齐和尼亚斯两地，2500 多公里的公路和 255 座桥梁恢复通车，全国范围内的 11 座机场和 18 个海港已经正常营运，新建了 10 万多所房屋，重建了 1649 个地区建筑和 934 所政府大楼。与其他发展中国家如秘鲁、伊朗、巴基斯坦一样，印尼地震后的重建比较缓慢，整个重建持续到 2009 年(共 5 年)，而且由于对于基础设施产业的过多投入，抢占了其他产业的重建资源，致使印尼经济长久都得不到恢复。

2001 年 1 月 26 日 08 时 46 分印度发生 7.9 级地震造成巨大人员伤亡的主要原因也是印度建筑工程质量低劣，在地震活跃区没有按照国家法律规定强制执行相关建筑法规，建筑物的低质量造成大量人员伤亡和财产损失。长期以来，当地政府贪污腐败，着眼于个人私利，对房屋建筑未实施有力的监督，放任建筑商偷工减料，没有建成合格的坚硬地基，建造了许多"豆腐渣"工程。此次地震之后，印度也开始注重建筑质量的提高，学习日本实施建筑防震。

2."多方基金"融资机制，积极寻求国际援助

2004 年，印尼亚齐地区因地震印发了大海啸以后，全球 60 多个国家和地区在灾后施行了国家大救援，印尼政府从国际社会获得了 78 亿美元的援助，通过与国际社会和民间团体的合作，印尼政府建立了"多方基金"融资机制，拓宽救灾款来源，确保高效统筹资金及时到位，为灾后重建提供了坚实的资金支持。

由于印尼官场腐败现象突出，官员贪污国际援助款项问题严重，因此外国对印尼的救灾行动应主要是派遣救援医疗队和紧急物资援助，直接为灾民服务。

3. 全民自救

为减少灾害损失，2007 年印尼政府发起了全国防灾减灾行动计划，在全国范围内大力推广以社区为单位的防灾救灾行动，宣传自防自救。由印尼社会事务部发起印尼政府组织召集一些具备一定技术知识志愿者组成"自然灾害志愿者"项目，发展全民自救，目前这个项目的志愿者已有两万人，他们的主要任务是向社区或乡村宣传防灾救灾意识和技能，并在地震等自然灾害发生时充当先遣队，及时参与抢险救灾。

由于印尼经济发展地区不平衡，很多经济欠发达的地区通信设施陈旧，发生灾难后无法及时得到政府援助。因此，印尼政府一方面加大宣传教育力度，帮助他们树立正确的防灾观念，另一方面大力鼓励社区自救，要求在灾难发生时成立救护组，及时疏散并合理安置难民，力求灾害发生时将损失降至最低。

4. 加强灾害预警系统建设

印尼拥有 129 座活火山，在火山活动和地壳变化的相互作用下，容易引发地震海啸，如亚齐地震引发海啸以及西爪哇和中爪哇地震引发海啸，因此印尼政府意识到加强监测和预报的重要性。印尼科学院评估认为，虽然海啸预警系统对预防地震作用有限，但在减少人员伤亡方面可以发挥巨大作用。亚齐海啸后，印尼计划在 2009 年初完成建立海啸预警系统，如今印尼已兴建 120 个海啸预警系统的目标，并在全国所有海岸线修建了 585 座预警塔。

5. 军警人员参与救灾

印尼政府通过亚齐海啸和日惹地震认识到军队和警察部队可以利用自身拥有设备和人力的优势紧急动员，参与救灾。印尼国防部长苏达索诺表示，"印尼计划其军事预算不仅集中在加强军队的战斗能力，而且要改善军队对自然灾害的反应能力"。日惹地震中总统直接下令军队警察投入救灾行动，接管物资的发放工作。为此，政府将拨出军事预算的 75%用于购买包括舰只和飞机等运输设备，以提高军队的救灾效率。泰国政府也在此次救灾过程中引入军队，军队主要负责搜索幸存者，特别是海滩上的游人。在 2011 年泰国水灾时，军队也起到了极大的作用。对于经济条件欠发达的国家和地区来说，发展军队救援不失为一条捷径。

需要注意的是，时至今日，印尼政府还没有一套完整的有效应对自然灾难的法规和应急机制，因

此，当灾害来临时从中央到地方各级政府就表现出惊惶失措，救援不及时和低效率。印度在2001年地震时也存在应急工作落后、迟缓的情况，救援不及时。同时存在渲染或夸大灾情的情况，以引起媒体和国际社会的关注并获得援助，这些都是东南亚和南亚发展中国家存在的问题。

(五)小结

本部分分析了以美国为代表的北美发达国家减灾救灾模式，以英国为代表的欧洲发达国家减灾救灾模式，以日本为打表的亚洲发达国家减灾救灾模式和以印尼为代表的东南亚发展中国家减灾救灾模式，总结归纳了他们在减灾救灾工作中的经验。

通过对比，我们可以发现，发达国家的减灾救灾模式存在着很多相同点，比如建立灾害预警系统，法制救灾，重视民间团体的作用和灾前的宣传教育等等，这些经验也表明上述方法在减灾救灾工作中确实可以起到积极作用。在这些发达国家中，防灾减灾救灾已经成为习惯化、常态化行为，即使在无灾年份，政府包括居民也会采取种种措施保证灾害来临时，损伤最小。英国基金组织如乐施会等俨然已经成为减灾救灾过程中的主要参与者，在一定程度上，地方政府都要赖其相助。

泰国、印度、菲律宾等南亚和东南亚国家的减灾救灾方法基本和印尼类似，减灾救灾模式还不成熟，存在诸多问题。政治制度不完善，救灾不及时问题十分严重，救灾款经常被挪用，泰国2011年水灾救援过程中也存在这类问题。由于经济条件不发达，多采用一些传统方式减灾救灾，信息的不通畅，也使得减灾救灾效果大打折扣。还有一些国家，为了寻得更多的国际援助，故意夸大灾情，骗取国际救灾款，抹黑了地区形象，是十分不可取的。

我国应以发展中国家存在的问题为鉴，修复完善自身问题，积极向发达国家学习，将灾害损失降至最低，灾后恢复效率提至最高。

五、“中国模式”的制度创新

1956年，毛泽东同志在《论十大关系》一文中首次提到了“中国之路”的问题；1982年，邓小平同志在党的十二大上正式提出了“中国之路”；本文所阐述的重大自然灾害后经济恢复的“中国模式”问题，实际上是基于“中国之路”问题的延伸和细化。笔者认为，“中国模式”不仅仅是单纯的描述历史道路，也不只是总结历史教训，而是基于以上两点的对成功之路的归纳总结，可以指导日后具体实践。自然灾害对我国经济的影响巨大，灾害过后的经济恢复及重建工作需要理论指导。

2008年汶川地震发生之日起至2009年9月30日，中央部委和省级单位都下达了一系列减灾救灾文件，共计2290件(见表10－6，)。

表10－6　汶川地震抗震救灾期间下发文件统计表

	中央	59个部委	31个省、自治区、直辖市
下发文件数量	28	666	1596
所占百分比(%)	1.22	29.08	69.70

在这些文件中，每份文件都强调了抗震救灾中应该注意的问题，即关键词，笔者将其进行了粗略统计，从中可以看出国家在灾后重建中的重点。具体统计数量见图10－3。通过对关键词的统计，我们可以看出国家灾后重建的侧重点。

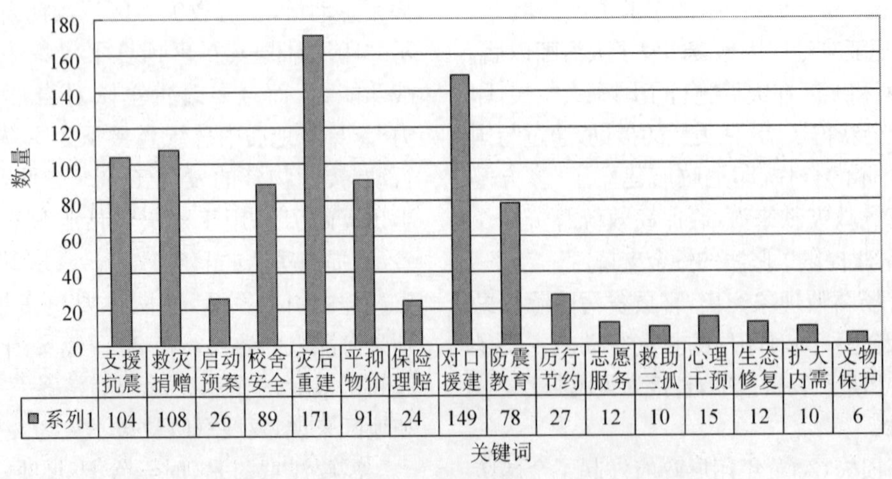

图10－3　汶川地震重建文件关键词统计

本文通过以上对于中国历史上减灾救灾以及国外减灾救灾模式的分析对比，以汶川地震为例，总结出了在重大自然灾害后，我国经济恢复的“中国模式”，具体包含以下几点。

(一)对口援建

对口援建不是一种新的制度，它是具有中国政治制度特色的一项重要政策，在促进民族地区平衡发展中贡献巨大。对口援建萌芽于20世纪50年代，当时中央政府依靠计划经济体制对各种资源进行全国性调配，采取帮扶措施；1979年中央中发(1979)52号文件中明确要求组织内地省、市，实施对口支援边境地区和少数民族地区，这是对口支援政策正式被提出和确定下来的开始；在汶川地震发生后，国务院办公厅下发了《汶川地震灾后恢复重建对口支援方案》的通知，要求举全国之力帮助灾区恢复重建，对口支援被应用到四川等地的灾后重建中，实现经济全面恢复。经过30年的发展，对口支援逐渐成熟，从一种暂时性的政策演化为一种半常规化的制度，范围和领域也不断向纵深发展，从单纯的经济上援助转向人才、教育、干部等多领域的援建。

在不断地探索过程中，我国形成了三种主要的对口支援模式，第一是援疆、援藏这样的对边疆地区常规性对口支援模式，第二是以西部大开发中的四大工程为代表的重大工程定向性对口支援模式，第三是以汶川特大地震灾后恢复重建为代表的对灾害损失严重地区救急性对对口援建模式。

对口援建的本质是社会主义制度优越性的体现，是社会主义政治制度下中央政府从宏观方面协调地方政府之间关系的一种有效地管理制度；其理论基础是邓小平提出的中西部地区协调发展的两个大局理论；前提是承认地方政府是单独的利益主体，是中央政府在税收政策之外的一种单向辅助型的财政转移支付模式，是各地方政府间人、财、物、知识、能力等资源的横向转移支付。

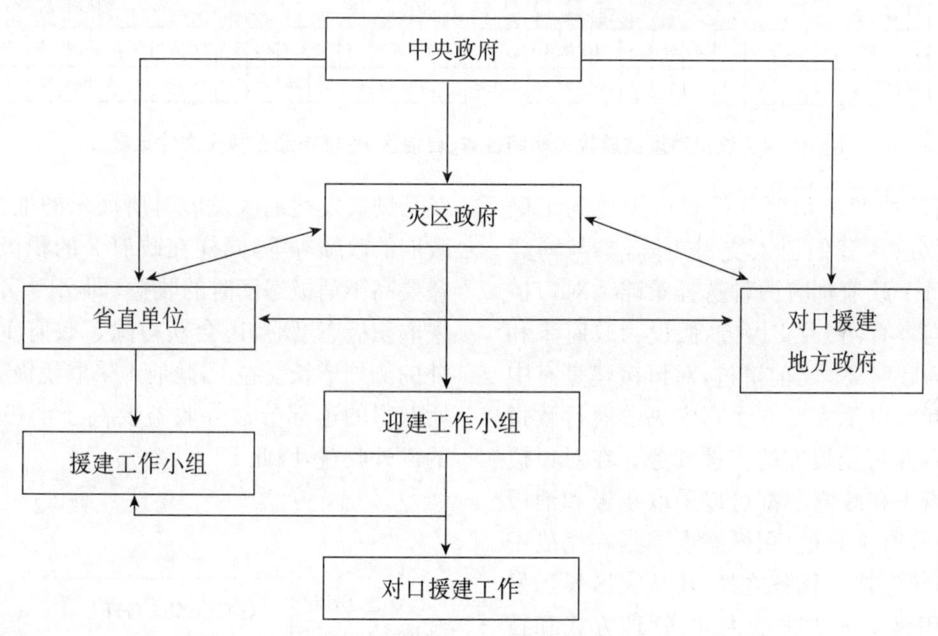

图10—3 对口援建组织体系图

汶川特大地震发生后，5月16日，民政部发出《关于请有关省级民政部门向灾区紧急提供救灾物资的通知》，在全国发动和组织开展对口支援捐赠活动，非灾区省份通过对口支援和社会捐赠等形式大力进行援助，协调全国11个省区市，向四川、甘肃灾区支援和调运100万床被子和100万件衣物。5月22日，民政部下发《关于对口支援四川汶川特大地震灾区的紧急通知》，进一步把支援任务扩大到21个省市，援建过程少到包括支援帐篷、衣被等救灾物资，大到协助灾区恢复重建，提供经济合作、技术指导等。具体援建分配是北京支援什邡市和甘肃省陇南市，上海支援都江堰市，天津支援茂县和甘肃省甘南市，广东支援汶川县，山东支援北川县，山西支援郫县，湖南支援彭州市，黑龙江支援温江区，辽宁支援安县，吉林支援平武县，内蒙古支援大邑县，河北支援崇州市，江苏支援绵竹市，河南支援江油市，福建支援理县，安徽支援松潘县，江西支援小金县，广西支援黑水县，浙江支援青川县，湖北支援汉源县，海南支援宝兴县，未承担对口支援任务的贵州、宁夏、西藏、青海、新疆等地区接收的捐赠款物重点用于支持陕西灾区灾民生活安排和恢复重建。2008 年 6 月 18 日，经党中央、国务院同意，颁布《汶川地震灾后恢复重建对口支援方案》，要求按照"一省帮一重灾县"原则，充分考虑支援方经济能力和受援方灾情程度，合理配置力量，建立灾后恢复重建对口支援机制。根据这一方案，北京、上海、山东、广东、浙江、江苏、河北、湖南、河南、福建、山西、安徽、江西、湖北、重庆、黑龙江、吉林、辽宁、天津等 19 个省市分别对口支援四川省 18 个重灾县(市)和甘肃、陕西严重受灾的县(市)。对口援建涉及全国 23 个省，从资金到人力，从技术到管理，几乎涉及各个领域。中央选择的 19 个援建单位与中央政府保持高度一致，这是中国特色社会主义制度集中力量办大事的体现，是地方利益服从全局利益的体现。

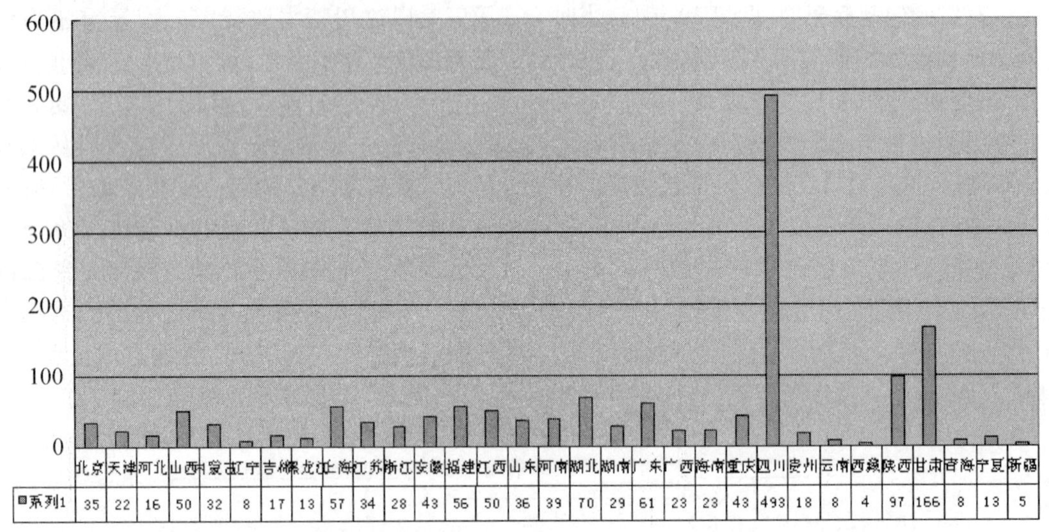

图 10—4　汶川地震抗震救灾期间各省、自治区、直辖市颁布救灾文件数量

下面我们以博弈论角度分析对口援建的正确性。为了方便分析，我们引入支付矩阵，参与博弈的两个政府，每个政府都有两种选择策略。对口援建过程中，参与者有两方：支援方，假设为政府 1 和受援方，假设为政府 2。之前讲过，对口援建是有中央下放到地方的，由于支援方受到中央政府行政指令限制，必须展开对受援方的支援任务。在对口援建过程中，政府 1 和政府 2 都可以采取积极和消极两种态度。对政府 1 来说，积极态度是指在完成中央下达的基本硬件建设任务之外，还从灾区长远发展角度考虑，积极引入先进的人才、管理方式和技术；消极态度则是单纯完成中央要求的对当地硬件设施的投入建设。政府 2 积极态度是除了配合政府 1 在当地的工作，还努力学习发达地区的先进管理理念，结合本地实际，制定适合本地长远发展的策略，如改善发展环境，引进外资，消极策略是仅仅依赖发达地区的支援，满足于现状的改善。

假设政府 1 援助资金为 G，援助过程中产生的其他成本费用为 C，政府 2 的态度决定了 C 会有 2 个不同值，政府 2 积极态度时成本为 C1 消极态度时为 C2，且 C1＜C2。在援建过程中，政府 1 可以获得一定的无形收益 Z，如国家对其的支持奖励政策，在帮助欠发达地区发展时所展示的地区文明，地方政府的政绩等等，同样在政府 2 的积极配合下的收益要高于消极态度时的收益，即 Z1＞Z2。当政府 2 采取积极态度时，还会获得除了政府 1 的援助资金外的额外增长受益 F，政府 1 采取积极态度时政府 2 所获得的这部分额外收益要高于消极态度状态下的额外收益，因此 F1＞F2。

		政府2	
		积极	消极
政府1	积极	-G-C1+Z1，G+F1	-G-C2+Z2，G
	消极	-G，G+F2	-G，G

图 10—5　对口支援阶段博弈的支付矩阵

经过博弈分析，我们可以发现，不管对于政府 1 还是政府 2，选择积极态度都是其占优策略，即双方同时采取积极策略时，达到博弈均衡状态。由此可见，对口援建是适合长期发展需要的正确策略，通过这一政策，可以实现地区双赢。

从发达国家经验来看，跨区域救灾协作机制有助于集中力量共同应对灾难，但实效期较短，从我国的情况来看，由于我国中央对地方控制力较强，对口援建是作为一项中央强制性政策下放到地方的，灾区是中央政府直接扶持援助的对象，而其他地方政府的援助实质上是对中央号召的一种响应或是一种行政安排。为了保证对口援建的长期效果，笔者认为应当促使地方政府之间能够主动结成对子，建立互帮互助机制或扶持机制，达成长期互助协议，引导对口支援由“政治动员式”向“制度激励性”转变和由“政策规范化”向“法律规范化”转变，变短期援助为长效合作。

(二)发展减灾产业

在一系列重大自然灾害面前，尤其是汶川地震以及青海玉树地震之后，中央政府认识到发展减灾产业的重要性，在以后的经济发展建设过程中，会调整产业布局，适当的像减灾产业投入更多的资金和政策支持，中国未来 10 年技术发展和资金投入部分将固定投入防灾减灾产业，将防灾减灾产业建设成我国社会主义市场经济的重要组成部分。

现如今我国以“科技减灾，安全社会”的理念为依托，引入一批具有竞争优势的产品及高新科技企业，提升防灾减灾产业化规模效益。党和国家领导人都十分重视减灾产业的发展。自然灾害发生时，往往会造成灾区大批房屋倒塌，而重建家园需要一个过程，因此会急需大量帐篷，假若没有帐篷，受灾群众就要露宿外面，难以安顿，他们的基本生活就难以得到保障。汶川地震中所需帐篷多是由浙江等帐篷生产企业比较集中的省份集中紧急赶制出来的，由于之前没有对这类减灾产品投入过多的资金，生产之时，就会面临原材料缺乏、劳动力缺乏、资金周转不灵、产品质量难以保障等问题，胡锦涛总书记在考察浙江生产企业时指出在保证数量的同时，要切实把好原材料关、生产工艺关、出厂检验关，严格杜绝质量问题。由于原本专业生产帐篷的企业有限，还有很多企业转投减灾物资生产，保证了减灾救灾工作能够顺利进行。

减灾产业不同于其它行业，它不应完全是纯市场行为，而且受政府政策影响和制约较多，一般这种类型企业应在政府扶植下发展，毕竟无灾少灾年份还是占大部分的。因此，在发展安全减灾产业化的同时应注意：安全减灾产业作为新兴产业，它的其发展需要政府扶持，要鼓励一流企业发展安全防灾产品并使之产业化、规模化，安全减灾产业在世界上被视为高科技产业，合理布局产业结构。虽然减灾产业不是纯市场行为，但在市场经济条件下，也应将这种公益行为在一定限度下逐步变为适当有偿服务。政府还要完善安全减灾的市场监督约束机制，优先采用高新技术和最佳实用技术，保证发展长期有效，避免重复建设。

(三)国家主导救灾，辅以社会救济

纵观我国减灾救灾史，可以发现即使在封建社会，我国的减灾救灾活动也是以中央政府为主，特别是建国初期，基本上减灾救灾就是中央任务，随着改革开放的发展，人民思想得到解放，传统减灾救灾模式的弊端也日益暴漏，因此从 1978 年开始，我国减灾救灾活动就呈现出一个新特点，即以国家主导救灾为主，辅以社会团体救济。实践证明，这种救灾方式是十分有效的。

根据索洛模型，当经济处于稳态时，$k=0$，即人均资本达到均衡值并维持不变，不考虑技术变化条件下，索罗模型稳态条件可以表示为：

$$F(K^*)=(n+\delta)K^*$$

如图 10—6 所示，A 点储蓄与资本广化相等，此时人均资本不再发生变化，经济达到稳定状态。

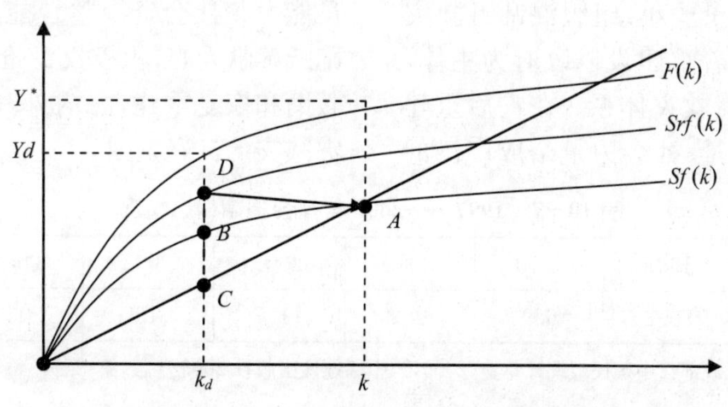

图 10—6　灾后经济恢复的索罗模型

自然灾害的发生对资本存量造成严重影响，使得资本存量下降，但对人员没．有造成较大的伤害，人均资本将下降。如果经济处于稳态的 A 点,灾害造成人均资本由 $k*$ 下降到 kd,稳态的国民收入受到自然灾害影响由 $y*$ 下降到 yd,原有稳态失衡。从图 10－6 看出,当人均资本下降到 kd 后,储蓄 $sf(k)$ 超过 kd 点所必需的投资,即 C 点 $(n+\sigma)k$ 值,超出的部分为 B、C 两点之间的距离,在这种情况下,资本积累加速形成,人均资本将不断增加,于是经济向右移动,逐渐靠近稳态均衡点 A 点。

在灾害恢复的过程中,由于资源被重新配置到恢复重建过程中,投资将大于灾害发生前的水平,这隐含着资本积累的储蓄率比灾前有所提高。如果储蓄率由灾前的 s 上升到恢复重建过程的 sr,且 $sr > s$,这将有利于加速恢复重建的过程。在这种情况下,储蓄曲线 $sf(k)$ 提高到 $srf(k)$,这将更加加速资本积累的进程,储蓄超过 kd 点所必需的投资,超出的部分为 D 与 C 两点之间的距离。然而,随着经济的逐渐恢复,重建投资将逐渐减小,恢复重建过程中的储蓄率 sr 将恢复到原来的正常水平 s,从而实现由 D 点到 A 点的恢复过程,恢复的速度缓慢的接近于零,人均资本恢复到灾前稳态水平 $k*$。因此在灾害的重建过程中,投入的资源越多,经济就会越快的恢复到灾前稳态水平。我国采用国家主导救灾,同时辅以社会救济的减灾救灾方法,可以使救灾投入资源最大化,能够在短时间内实现经济的高速恢复。

坚持国家在减灾救灾中的主导作用,灾难发生时,国家的强大号召力和主导力,可以使人力物力尽快投入减灾救灾中,社会团体和个人应该同时起到辅助作用。不管发达国家还是发展中国家,灾害发生时,最有力量的还是国家机器。“5·12”大地震发生后,我们感受到了政府在救灾中无处不在的身影,社会团体也进入灾区进行救助,并在其中发挥重大作用,但由于其力量弱小、组织混乱且救灾专业性不强,因此我们应着重建设以政府为主体,社会群体共同参与的多元救灾体系。在灾后重建的过程中,政府与民间力量、社会力量结成广泛的重建联盟,政府起组织枢纽作用,政府是组织者、协调者和标准的制定者和检查者,通过制定法律法规为社会救济提供规范、良好的制度和法制环境。通过法律政策让公众明白政府鼓励、倡导社会救济,并运用宣传资源将社会救济融入到社会主义文化建设中,将人道主义、人文关怀、中华民族仁爱美德与社会主义道德结合起来,统筹全社会力量共同参与,聚集和整合全社会的人力、物力和财力参与救灾,使救灾更为全面有效。

对于国家主导救灾,我国古来有之,而社会救济的引入则是近现代才开始的。我国对于社会救济的发扬,始于 1991 年华东水灾,水灾发生后,全社会都对灾民的困难情况、灾区的恢复重建等情况加以关注,也是在那时向受灾地区捐款捐物成为全体公民的慈善意识和自觉行为。汶川地震《总体规划》确定了一万亿元的灾后重建资金需求,中央财政按 30%左右的比例建立中央地震灾后恢复重建基金,其余大部分由对口援建资金以及地方政府财政资金构成,民间救济资金不涉入其中。具不完全统计,汶川地震捐款总数为 590.43 亿元,创史上最高,几乎每一个中国人都捐款帮助灾区。《时代》周刊形容汶川地震说:“震后千百万的中国人排起长队,捐出钱、食品和衣物;数万人请了假,离开他们的家人冲到灾区帮助他们的同胞;交通无比拥挤,政府不得不封锁道路让一些志愿者回去;几天之内,中国的私人企业捐出的资金超过 10 亿美元,而且还在增长。这种井喷式的支持是一个启示。在这次人道主义危机中,一种新的自我意识觉醒了,人们认识到了中国人的同情心和慷慨精神。整个民族突然间意识到,在 20 年的经济繁荣中,他们改变了多少,以及一些改变是如何朝好的方向发展的。”

经过十一五时期的建设,我国防灾减灾社会动员能力和社会资源整合能力明显增强。社会各界踊跃奉献爱心,积极投身抢险救援、生命救治、生活救助和恢复重建,海内外和衷共济,形成了合力防灾减灾的良好氛围。

表 10－7 1997——2005 年社会捐赠(款)情况 单位:亿元

年份	1997	1998	1999	2000	2001	2002	2003	2004	2005
社会救济	4.1	50.2	6.9	9.3	11.7	19	41	34	60.3

资料来源:中华人民共和国民政部:《中国民政统计年鉴(2006)》,中国统计出版社 2006 年版,第 12 页。

(四)减灾救灾与惠农扶贫相结合

1998 年诺贝尔经济学奖获得者阿玛蒂亚·森提出了交换权利理论,又称权利方法,主要用来分析贫困成因。自然灾害过后所造成的贫困是造成生态贫困的重要原因。生态贫困不同于一般意义上的贫困,产生生态贫困的地区,单纯救济不能帮助灾民彻底摆脱贫困,而会陷入贫困——灾荒——贫困的恶性循环中。

生态贫困作为一种特殊类型的贫困,同样适用于权利方法。森指出个人基础权利主要包括:以贸易为基础的权利;以生产为基础的权利;自己劳动的权利;继承和转移的权利,但在实际生活中可能会存在更为复杂的权利关系。以交换权利为基础的"交换权利映射"是除了一个人依赖的所有权(资源察赋)之外所面对的最主要影响因素。

资源禀赋是交换权利顺利实现的前提。重大自然灾害发生时,人们对于生存权的渴望是第一位的,无暇顾及其他;灾害发生后,人们对于财物的所有权下降,可以实现的交换权利映射也十分有限,因此在这种情况下,交换权利基本丧失,人在社会中获得生活必需品的数量和质量是十分有限的。如果一个人不具备避免可预防的死亡、非必然的发病,或逃避营养不良的能力,那么我们几乎认为这个人的权利已经以一种严重的方式遭受了剥夺,因此在减灾救灾过程中,首先要重视人的权利,保证权利是有效的,避免权利丧失,维持交换权利,是保证减灾救灾的重要手段。

贫困是和自然灾害密切联系在一起的。我国贫困人口分布具有地域性的特点,大多集中在中西部生态环境脆弱,自然灾害频发,少数民族积聚的地区,这些贫困地区,灾民抵抗自然灾害的能力比较弱,灾害发生的频率也高,结果旧伤未复,新的打击又接踵而至,抗灾防灾能力每况愈下,社会经济也遭到严重破坏,灾民越发贫穷。2011 年底我国将贫困线标准提升至 2300 元,相较于原来的 1196 元增加了将近一倍。贫困线标准的提升意味着,我国贫困人口总数将从 2600 万人升至 1.3 亿人,假若按照国际标准贫困线计算,我国贫困人口总数至少为 1.5 亿。

历史经验告诉我们,灾害对于贫困人口具有特别严重的影响,这种影响不单单表现在物质方面,与普通人群相比他们在精神上也要承受更多,因此脱贫也是减灾救灾以及灾后重建很关键并需长期关注的衡量标准。因此,要减少灾害或减轻灾害带来的损失,必须在做好救灾工作的同时帮助灾民摆脱贫困。将灾后重建工作与惠农扶贫工作相结合,可以达到一举两得的目的。

我国在灾后经济恢复过程中,就将减灾救灾与扶贫惠农相结合,取得了巨大成效。减灾具有消除贫困的长期效果,把扶贫开发,提高群众生活水平和减灾相结合,可以提高扶贫工作效益,加快扶贫工作步伐。减灾保证扶贫,扶贫推动减灾,减灾扶贫相结合,避免灾害与贫困的恶性循环。将减灾与扶贫开发相结合,形成一个减灾扶贫相结合的长效机制,是我国在减灾扶贫工作过程中取得的重大经验。

以汶川地震为例,根据政府发布的《汶川地震灾后恢复重建总体规划》资料显示,灾后重建规划区内 51 个县大多属于"老少边穷"地区,其中扶贫开发工作重点县 43 个(国家重点县 15 个,省定重点县 28 个),革命老区县 20 个,少数民族县 10 个;《规划》强调在重建过程中"要着眼长远,适应未来发展提高需要适度超前考虑,并与实施西部大开发战略,推进新型工业化、城镇化、新农村建设相结合,注重科技创新,推动结构调整和发展方向转变,努力提高灾区自我发展能力",并"加大对少数民族地区和贫困地区的扶持力度",将救灾与扶贫相结合;2008 年 6 月,国务院总理温家宝同志在陕西甘肃地区考察抗震救灾工作时,特别强调"要把恢复重建与扶贫工作结合起来,加大对受灾贫困地区的支持力度,从根本上改变贫困地区的生产生活条件,促进贫困地区经济社会发展"。

表 10—8　汶川地震灾区贫困县分布状况

	国家扶贫开发工作重点县	省级扶贫开发工作重点县	革命老县区	少数民族县	贫困村	贫困人口(万人)
四川	7	24	18	9	2516	94.4
甘肃	6	2		1	1811	96.0
陕西	2	2	2		507	27.8
总计	15	28	20	10	4834	218.2

在灾后重建过程中，也制定了一条以发展为导向的扶贫战略，主要包括：投资改善农村基础设施、服务、发展生产力，制定贫困多样衡量标准，关注贫困地区医疗卫生、水电供给、教育、就业等方面，实现可持续发展；制定针对贫困家庭的劳动力转移培训方案，如雇佣贫困家庭人口的企业得到一些政策性优待；制定提高贫困家庭收入的三农发展提案；开发适合特殊地区的经济项目。资金分配方面加大对于贫困地区的资金支出力度，截至 2009 年底，规划区已落实的贫困村灾后恢复重建资金共 34 亿，这不含国务院扶贫办组织开展的回复重建试点村资金具体分配见表 10－9。重建专项基金和对口援建资金是贫困村恢复重建资金的主要来源，这部分资金占总资金的 89.3%，除此之外还包括财政扶贫专项资金和社会捐赠资金等。重建过程中，贫困村重建项目一般为小型项目，主要包括村内基础设施建设，如村内道路、灌溉设施、供水供电设施等；村级相互扶助资金，灾区贫困村之间相互扶助；农户能力培训，主要为就业培训；农户“三改五建”等。

表 10－9　贫困村灾后恢复重建资金分配

	资金额度	所占百分比%
四川	22.7 亿	66.8
甘肃	8.5 亿	25.0
陕西	2.8 亿	8.2

资料来源：国务院扶贫办贫困村灾后重建工作办公室，数据截止到 2009 年底。

坚持理论指导实践，规划先行。在灾后经济恢复过程中，贫困村坚持以规划为指导，全面编制灾后恢复重建规划，减少重复建设，合理分配资金，鼓励农户全程参与，倡导农户投工投劳，共同完成重建工作。对多灾贫困县的重点扶持，不仅仅局限于资金，更要在技术上给予扶持。多灾贫困地区商品生产不发达，缺少资源、劳动力和资金是一方面的因素，最主要的是缺少人才，科学技术落后，信息不畅，使这些地方蕴涵的许多资源得不到开发，不能变成商品。所以，给予这些多灾贫困地区资金支持是必要的，但更重要的是要在人才、技术方面给予帮助和支持。城市中蕴藏着雄厚的科技力量，充分利用城市的这些优势，将其向农村辐射，支援多灾贫困地区发展商品生产，帮助多灾贫困地区利用本地资源办好经济实体，培训技术干部，提供技术情报和经济信息，开展技术咨询服务，实行技术承包等，对多灾贫困地区改变落后面貌和提高抗灾救灾能力具有重要意义。

(五)精神文化重建

心理危机服务始于 20 世纪 80 年代末开始，联合国调查文件表明，重大自然灾害后，心理障碍发生的概率一般为 10%至 20%。自然灾害不仅会造成人员伤亡，财产损失，还会对民众造成危害大且在短期内难以愈合的心理伤害与心理危机，因此灾后重视精神文化建设是十分有必要的，进行适当的心理援助对灾区人民来说也是十分有益的。

我国对灾后精神文化重建和心理援助问题的认识经历了比较长的时期。1994 年 12 月 8 日在新疆克拉玛依市友谊馆开始了我国第一次灾后心理干预；2002 年我国将精神卫生援助工作纳入救灾防灾和灾后重建体系当中，2003 年非典过后，我国又提出《干预预案大纲草案》，2004 年将其进一步修改完善；2008 年汶川地震后，5 月 15 日我国又颁布了《抗震救灾卫生防疫工作方案》，标志着我国心理援助的进一步完善。

灾后心理重建援助应包含五部分：心理危机援助，安全感建立，心理空间重构，社会支持系统重建（人际关系）和社会信任感加固。对于心理重建援助笔者认为应该分为两个部分：首先是加强群众灾害风险认知，借鉴发达国家，重视民众的灾前教育，帮助群众树立正确的生命价值观、公共安全观，做好公共安全自护技能的培养与预防文化的培养，增强灾区群众面对公众安全防护的应急能力；其次是建立群众核心价值认同，培养灾区群众自救、自助、自强的奋斗精神，把抗震救灾中形成的一些新的值得赞赏和弘扬的精神建设成一种新的文明来发扬，使文化重建得到更高层次的递进。

汶川地震三周，参与灾后精神援助队伍多达 50 多支，同时还伴有网站心理咨询，这标志着国家对于灾后精神文明重建和群众心理援助建设的认识已经上升到一个新的层次，在以后的灾后重建中我们也会以此为例，重视心理援助。

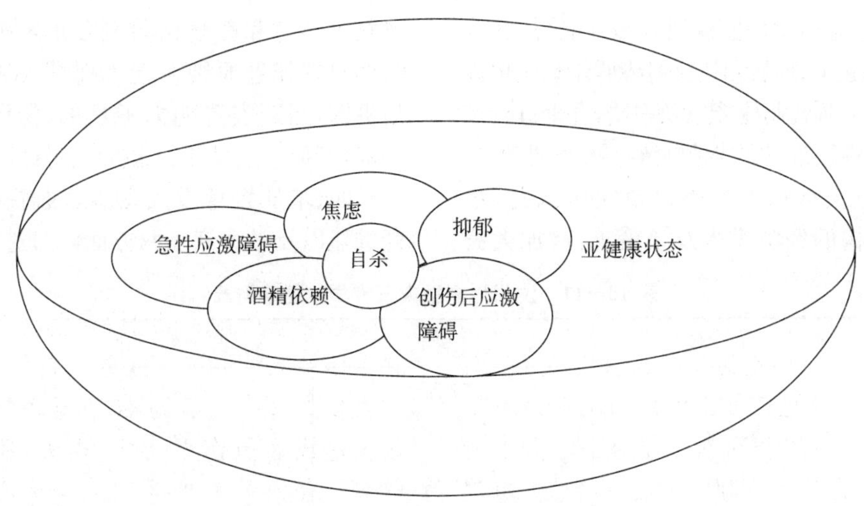

图 10—7　灾后灾民常见心理创伤

当然，我国对于灾后精神重建和心理援助问题还存在较多问题，比如缺乏统一的组织管理；对于灾后援助时间和援助方式的把握；缺乏专业人才。因此我国在以后的减灾救灾过程中应创新组织工作，确保灾区社会心理重建，积极借鉴美国、日本以及台湾的灾后心理重建经验，推动社会心理重建中的组织工作创新与管理创新。具体实施方法包括：制定相关法律法规，统一部署实施；培养专业人才，加强人员储备，除了培养专业的灾难心理服务专家和心理危机干预实施者外，笔者认为应加强志愿者储备。自然灾害的发生是不规律的偶然的，无灾或少灾年份储备大量心理研究人员是不一种资源的浪费，因此应该加强志愿者部分的建设，平时志愿者们从事自身工作，重大自然灾害发生时，充当起心理援助的角色，有利于社会资源的整合利用。

在精神文化重建过程中，我国还特别关注了老弱病残幼等弱势群体。这类人群面对灾害极为脆弱，具体体现在"三弱"：灾前预防灾害的能力弱，灾中自我防护的能力弱以及灾后自我恢复的能力弱。灾后重建及经济恢复过程中，对于弱势群体的关注，主要体现在普惠性政策的基础上，制定一些瞄准性政策。在《汶川地震灾后恢复重建总体规划》中，一方面制定了很多普惠性政策，这些政策具有普世性，关注了所有受灾群众，保障他们生存和发展的权利；另一方面，还专门就老幼病残孕人群体的特点做出了瞄准性的政策规划部署，另外部分国家专职部门也制定了一些合乎本部门职责要求的瞄准性政策，如全国妇联在汶川地震灾后制定了《关于妇联系统参与地震灾后重建对口支援的实施意见》，提出了"千村妇女重建家园计划"，帮助灾区妇女重建家园，为她们恢复正常的生产生活提供了有力支持。

表 10—10　《汶川地震灾后恢复重建总体规划》中的瞄准性政策

	规划原文	瞄准性政策的受益群体
1	第七章《公共服务》第一节教育和科研部分	儿童
2	第七章《公共服务》第二节医疗卫生	老人　妇女　儿童
3	第七章《公共服务》第三节文化体育	儿童
4	第七章《公共服务》第五节就业和社会保障	老人　儿童　残疾人
5	第十二章《精神家园》第一节心理康复	老人　儿童　残疾人
6	第十三章《政策实施》第七节援助政策	儿童　残疾人
7	第十三章《政策实施》第八节其他政策	老人　儿童　残疾人

弱势群体在灾后自我恢复能力上的欠缺，要求我们投入更多的政策支持，在资源分配问题上也应适当加大倾斜力度，我国在这一问题上的经验包括：

一、从经济，组织，社会等多维角度建立健全弱势群体抵御灾害以及应对风险机制,提升能力。

二、在就业问题上,加强和扶持弱势群体就业培训指导力度,通过提升其就业技能以及素质,合理进行产业规划,制定优惠性政策等方式帮助解决就业难题。

三、妥善安置灾区孤寡老人以及灾区孤儿,增加对社会福利机构的经济投入及政策支持,加大灾区农村养老和医疗保险制度的实施力度。各级民政部门按就近原则将老人孤儿妥善安置到社会福利机构,当地安置能力不足的,协调转至其他福利机构,发放一定的生活救助金,保障其基本生活。

四、增加教育投入,灾区教育振兴主要是从教育重建以及教育恢复两方面同时进行。

表 10—11　汶川地震重灾三省学校重建情况

	开工学校	竣工学校	开工率(%)	竣工率(%)
四川	2247 所	277 所	68.5	8.4
甘肃	283 所	39 所	33.4	4.6
陕西	552 所	253 所	96.2	44.1
总计	3082 所	569 所	65.6	12.1

资料来源:教育部发布汶川地震灾后学校恢复重建的进展情况截至 2009 年 5 月 4 日

灾后重建及经济恢复过程中对于关注弱势群体是我国恢复重建的重要成就及经验,这不仅有助于提高重建的效率,也体现了我国对于人权的重视以及社会主义的优越性。

(六)"以工代赈"等就业支持政策

灾后重建中大规模建设资金的进入,必然意味着灾区将形成大量新的就业机会,但灾区农民普遍文化素质不高,就业适应能力不强,必须实施有针对性的就业支持政策。通过加强定向定人的技能培训,全方位提供就业辅导,显著提高其就地就业的基本能力。本文重点分析以工代赈的就业支持政策。

以历史角度来看,以工代赈在我国减灾救灾史上实属源远流长,从封建时代开始,以工代赈就是主要的减灾救灾方法,"以工代赈"这一词最早出现在北宋时期,"不能自食者,得以受粟;能自食者得以籴粟;凡以工代赈者,借贷者,弃婴皆得其所"。到在明清时期,以工代赈已经成为主要的灾后重建手段,即使在军阀混战年代,以工代赈也是北洋政府的主要救灾手段,究其原因,不外是以工代赈在减灾救灾过程中可以起到多重作用。在国外"罗斯福新政"中"以工代赈"模式也被成功运用。

从 1984 年以来国家先后实施了 6 批规模较大的以工代赈计划:粮棉布以工代赈;中低档工业品以工代赈;工业品以工代赈;粮食以工代赈;江河治理以工代赈;国营贫困农场以工代赈。2005 年 12 月国家发展和改革委员会发布的《国家以工代赈管理办法》规定,"以工代赈,是指政府投资建设基础设施工程,受赈济者参加工程建设获得劳务报酬,以此取代直接救济的一种扶持政策。现阶段,以工代赈是一项农村扶贫政策。国家安排以工代赈投入建设农村小型基础设施工程,贫困农民参加以工代赈工程建设,获得劳务报酬,直接增加收入。"即国家以实物折款或现金形式投入受赈济地区实施基础设施建设,贫困农民参加劳动并获得报酬,从而取代直接赈济的一种扶持方式。

"以工代赈"模式具有"多重红利"效应,实施以工代赈可以同时达到三个目标:

第一,赈灾救济功能。通过组织赈济对象参加工程建设,使赈济对象得到必要的收入和最基本的生活保障,达到赈济的目的。与其他救济形式不同在于"以工代赈"模式要求灾民或贫困人口通过出工投劳来获得赈济,通过市场化方式组织灾民出工投劳获取报酬,解决灾民的生存问题,因此赈济对象必须有一定的劳动能力。无劳动能力者如鳏、寡、孤、独、残疾人等则只能通过民政或社会保障体系进行救济。

第二,在政策实施地区形成一批公共工程和基础设施,如中小型灌溉和供水工程、河道整治、农田水利、农村公路、基本农田建设、植树造林,以及城镇绿化和道路维护、普通房屋建筑等。这些行业多是以劳务投入为主的基础性、公益性工程,且对当地经济社会的发展长期发挥作用。

第三,可在一定程度上缓解灾区就业压力和农村劳动力剩余问题,形成保证灾区社会稳定的长效机制。以工代赈可以为灾区人民提供就业岗位,缓解失业现象,解决受灾群众的收入来源问题,形成灾区长效稳定的动力。

（七）大规模军队协同作战

党管军队，解放军成为主要抗灾救险力量是我国发挥政治优势减灾防灾的重要手段。在1998年抗洪抢险、2008年冰雪灾害、2008年汶川地震和玉树地震中，人民军队顽强的意志，良好的体力，严密的组织和超常的应急机动能力及远程投送能力，在救灾过程中所发挥的巨大威力举世震惊，中国军队分兵协作，有序投入，责任明确，保证了救灾效果。而西方国家军队实行的是国家化管理，没有国内救灾的职责和相关训练，军队组织协调能力差。事实证明，不管在战火纷飞的战争年代还是歌舞升平的太平盛世，人民军队始终保持着优良的传统，听从党的指挥，坚决服从命令，是人民军队始终坚守的行动准则；为民排忧解难，忠实履行宗旨，是人民军队始终保持的政治本色；压倒一切困难，敢于夺取胜利，是人民军队始终发扬的战斗作风。

汶川地震后，军队迅速启动应急预案。总参谋部下达开展抗震救灾工作的紧急指示，在全军范围内紧急调集兵力支援灾区。解放军和武警部队冒着风险，向汶川挺进，增援灾区。玉树地震当日，武警青海总队出动3000多名官兵前往玉树灾区救援，截至5月22日20时，军队和武警部队已投入抗震救灾兵力13.3万人，保证了物资输送和救援效果。

需要注意的是，曾有军方专家在《环球时报》撰文：中国军队的主要使命，是防御外敌入侵，认为“鉴于我国灾难频繁，如果每次都使用国家常备精锐部队，在当前中国国防安全形势一直比较严峻的情况下，并非长久之计”，专业的救援还是应该交给专业人士去做。但是结合印尼经验表明，在经济发展水平有限的情况下，引入军队参与救灾减灾，能在最大限度上减少人员伤亡，保证救灾效果，因此我国在相当长一段时期内可能还是会引入军队参与救灾。

（八）小结

汶川特大地震三年过去了，在这三年里，我们实现了灾区经济恢复及重建，灾后恢复重建工作取得举世瞩目成果，充分彰显社会主义制度优越性。本章综合第三章中国历史上的减灾救灾模式，得出了我国现如今在面对重大自然灾害后，经济恢复及重建过程中的“中国模式”，主要由八大部分组成，其内涵包括：“对口援建”为中国独创；发展减灾产业；减灾与扶贫相结合；坚持国家救灾主导型，国家救济与社会各方面捐助相结合；灾后重建不仅注重物质上的重建，特别注重精神上的心理援助和文化上的重建；“以工代赈”等就业支持政策；大规模军队协同作战；关注弱势群体救助等。以上八点都体现了社会主义制度的优越性，具体来说又分为以下三点：

1. 中央政府主导下的举国体制

中央政府主导是“中国模式”的最大特点，以我国国情而论，中央政府有着绝对权力，力量强大，在经济恢复和重建过程中，指挥地方政府。这与英国“金银铜”三级处置方式相似却又不同，在我国，地方政府必须绝对服从中央政府。

举国体制是保证抗震救灾高效率的前提，是“中国模式”的法宝，中央政府也强调举国体制体现了社会主义“集中力量办大事”和“一方有难，八方支援”的优越性。

“对口援建”是在中央政府的统一调配之下，将命令下达地方政府，地方政府按照中央指示援建灾区。产业调整也是作为一项国家经济政策实施的，地方政府只能在局部调整本部产业，前提还是要遵循中央统一安排。就业支持政策是国家宏观调控的主要政策，解决失业问题是宏观政策的主要任务。对于弱势群体的关注，也是中国社会主义制度下对于人权的尊重。

2008年奥运会之后，举国体制一直是学者们研究的热点，对举国体制的利弊分析也极为透彻，笔者认为，我国现阶段，在减灾救灾过程中坚持举国体制是利大于弊的。集合全国之力，在最短时间内建设灾区，完成灾后重建，帮助地区经济恢复，不管对国家还是对灾区亦或是对其他地区都是极为有利的，社会主义国家追求的是共同富裕，通过相互救助来实现是符合社会主义要求的。

2. 发展公众力量

公众是指除政府以外的组织和个人。自2000年以来，我国对于公众力量的认识越来越清楚，灾后重建除了政府主导，公众是否积极参与其中会影响到减灾效果。在发达国家，民间慈善团体在减灾救灾中所发挥的作用甚至可以媲美政府，因此“中国模式”有一个很重要的组成部分就是社会救济。在心理援助的过程中，也是志愿者等民间组织作为主要参与者的。

3. 党政一体化

这主要体现在军队参与救灾。我国历史上就存在军队参与救灾的情况，中华人民解放军成立之后，军队更是成为了减灾救灾的主力。在我国，是党指挥枪，军队绝对服从党的领导指挥，因此在发生重大自然灾害后，人民军队不畏艰难险阻，积极参与救灾。人民军队训练有素，使救灾可以达到事半功倍的效果。

六、“中国模式”的自我修复和完善

(一)防止“贵族式救灾”

2005年汶川地震灾后《光明日报》7月27日报道河南省政府召开的专门研究救灾工作的常务会议上，省长李成玉的一席话发人深思，他说：“有个别部门，买成箱的方便面、矿泉水去救灾，要知道，一瓶矿泉水能买二斤粮呀！救灾工作中的这种阔少爷作风实在应该刹住了，要把宝贵的资金用在群众真正需要的地方。”

结合对口援建，有的省市在援建过程中一味追求形象工程，短期满足当地居民的生活要求，而忽视了其长远利益，同样的一千万救灾款，可以用于修建豪华别墅，也可以用于基础设施建设，救灾款的行业分配问题是涉及灾区以后能否长远发展的重要问题，前文我们也提过，要将对口援建变为一项长期互助政策，援建过程中必须要防止贵族式的救灾，要摒弃形象工程，一切以灾区百姓为重。

重建住房保证灾民有家可归是灾后重建的首要工作，住房的价值最主要的是其实用价值方面。陕西省徐家坪的上坪村在汶川地震后，政府欲将其打造成灾后农村永久性住房的示范点。在这样一个贫困山区，加之地震的破坏，当地政府组织修建的安置示范点，房子却相当豪华，堪比城里的别墅，远远超出了当地农民的承受能力。再联想到有些地区在重建学校过程中，投入上千万建设豪华游泳馆，敢问这些重建是否真的有必要呢？

(二)完善信息透明制度，克服腐败问题

《自然灾害救助条例》于2010年9月1日起正式施行，《条例》特别强调统一的灾情收集处理系统和及时的信息披露是灾难治理的重要组成部分。在自然灾害的信息发布方面，要及时准确客观全面，保证在灾害发生的第一时间向社会发布简要信息，并根据灾害处置情况做好后续发布工作。信息不对称分为两方面，一方面是政府组织内部的信息不对称。由于行政组织内部职能等级不同，官员获取信息的方式、范围是不同的。下级官员面临大量事务信息，却难以获取宏观信息，做出的决策前瞻性差、预测性不足；上级官员掌握着大量宏观信息，却丢失了大量微观信息，做出的决策缺乏适应性。因此，中央与地方，部门与部门，上级与下属之间存在着严重的信息不对称，使政府决策、内部协调与执行都存在严重的信息障碍。另一方面是政府与民众信息不对称，民众可以接受的信息有限，在我国，信息发布形式主要有授权发布、组织报道、散发新闻稿、举行新闻发布会等，通过这些形式使公众及时准确的获得信息，防止小道消息传播，人为制造紧张混乱，不利于社会稳定。长期以来，由于技术手段的原因以及人们面对灾害时的恐慌心理，使信息往往不能够畅通地表达出来，但随着我国科技水平的发展，灾情信息平台的搭建，以及媒体对灾情及时准确的报道，这种情况逐步改善。如“5·12”大地震发生后，中央台、地方台及报纸、网络全天候对灾情的报道，就是中国灾情信息公开的一个成功案例，通过媒体报道使得灾区真实情况得到了反应，稳定了人民情绪，也有利于吸收国内国际救援。

人们常说，“信息公开是最好的防腐剂”。除了客观公正的披露灾情外，按照《政府信息公开条例》的规定，救灾款物的信息披露制度是我国现阶段建设的重点，把公开透明原则贯穿于救灾款物管理，主动公开救灾款物的来源、数量、种类和去向，自觉接受社会各界和新闻媒体的监督。救灾捐赠信息公开、透明是提升公众对救灾募捐信任度、提高救灾捐赠水平的重要工具和手段。当前，社会公众已不仅仅满足于救灾捐赠款物不被贪污、浪费、挪用等基本要求，还希望能更多地参与和了解捐赠款物的使用、发放等流程。目前我国救灾捐赠信息公开披露情况还存在一些问题。信息披露是有一定成本的，包括信息的搜集、处理、传输的成本以及对已披露信息的质询进行处理和答复的成本，救灾款达到使用者手中手续繁琐，受到成本、信息使用者等方面的压力，对于救灾捐赠的使用情况披露的较少，频率较低政府对救灾捐赠信息公开的监管不力。救灾捐赠款物的募集和使用过程涉及民政、税务、财政、审计等多个部门，由于各部门之间的职能交叉重叠，相互之间协调起来有一定的困难，因此，容易造成监管空白、多头监管的现象。

我国应着重从以下三方面提高信息公开度：首先，政府要加强救灾捐赠信息公开的立法，使救灾捐赠信息公开做到有法可依，并确保政策的有效执行。其次，积极发挥政府在信息披露中的积极作用。第三，建立完善的救灾捐赠信息披露体系。政府、各募捐受赠机构要建立健全捐赠登记统计、信

息披露等制度，做到捐赠全过程“阳光操作”。

（三）发展“家庭救灾模式”

在我国，组成社会的基本单元是“家庭”，而不是具有阶级或者利益归属的“个人”。“中国人最重的是家，每家有家谱，有族长，有户尊，有房长，有祠堂，有钱的还要设个义庄义学。”与世界上其他国家不同的是，我国的家庭不仅仅是一个基本的人伦单位，更是一个基本的经济单位。具体表现在，农村中一半以上的人口依然依靠家庭责任承包制生活；城市里工商局注册企业的90%以上都是家庭企业。

家庭是社会最为活跃的细胞，通过家庭，个人和社会得以联系在一起，家庭稳定是整个社会稳定的基础，尤其表现在自然灾害发生时。灾害发生的时候，能够在第一时间相互照顾的是家庭成员；灾害发生后，个人之见的相互救济也是以家庭成员为主，因此发展“家庭救灾模式”是十分必要的。

汶川地震发生之后，汶川县城与世隔绝了将近70个小时，国际社会普遍认为，地震发生后的72小时是救援的黄金时间，这一阶段主要任务就是抢救生命，自救互救是灾后减少人员伤亡最及时、最有效的方法。

对于我国来说，应向群众普及个人家庭应急自救的知识，借鉴日本的“救灾从娃娃抓起”的理念，防灾教育常规化，积极编写制定有关个人及家庭应急自救的各种指南及宣传材料，帮助家庭储备灾害应急包、应急箱、应急食品和药品，定期举行防护技能训练和演示，组织有关专家开展论坛，向人民群众宣传普及安全防护知识，增强应急避险和自救互救能力。还应注意的是教育对象要全面，对于偏远地区的村民、农民工、老年人等，也应通过广播电视、网络报刊、教育训练基地等平台，遍及山区、街道社区等偏远地区，广泛开展全民式的防灾教育。

虽然家庭自救作用不可忽视，但是家庭抗灾能力毕竟有限，因此在发展家庭自救的同时，也要着力于建设社会救济和家庭自救的双层减灾体系。

（四）完善灾害保险制度

2009年全年各类自然灾害共造成4.8亿人次受灾，2010年上半年，我国自然灾害以洪涝、干旱、低温冷冻和雪灾、地震、风雹、山体滑坡及泥石流为主，因灾直接经济损失2113.9亿元，建立科学完善的灾害保险制度已迫在眉睫。

自1984年救灾保险制度引入我国减灾救灾以来，我国的灾害保险制度发展一直十分缓慢，日本的灾害保险制度是世界上较为完善的制度，本文前面部分也详细论述了日本的灾害保险制度，对我国具有较大的借鉴意义。

首先根据地域特点不同，在我国不同省份应推行不同的灾害保险制度，中等富裕或富裕地区大力发展保险，而贫困地区还是应该以政府救助为主，建立需求层次不同、标准有别的社会救助保障体制；其次要完善保险类别，开发新险种，加大保险额度；再次，在农村地区推广保险业务，增大保险的覆盖面保证全民共同受益。

（五）实现救援制度化、常态化

在发达国家，减灾救灾理念已经深入到普通民众的生活之中，社会慈善组织活跃于民众视野之内。我国也应该向发达国家学习，将减灾救灾思想上升至国家安全战略，树立灾情就是国情的观念，即使在无灾年份，也做好受灾准备，保证灾害到来时，能在最短时间内实现经济恢复和重建。

鼓励民间公益组织结合自己组织专长和志愿者工作方面的经验，在全国开展组织志愿者协调、管理和培训服务，整合吸纳志愿者团体，将其规范化，减轻政府负担，渗入普通民众生活。

（六）小结

每一种制度都不是完美的，其自身会存在一定问题，“中国模式”也是如此，本章主要论述了“中国模式”存在的不足，还需自我修复和完善，这一部分主要对比第四章别国的减灾救灾模式，从中总结出问题，进一步完善“中国模式”。主要问题有五点：救灾过程中要防止“贵族式救灾”，给灾民真正需要的东西，不盲目建设，不攀比；完善信息透明制度，主要是防止腐败问题，重建款的使用必须公开，保证民众的知情权；发展“家庭救灾模式”，家庭自救在灾害伊始是最有效的救灾方式；完善灾害保险制度，这里可以学习日本；最后就是学习发达国家，将灾害问题上升至国家战略，使救灾制度化、常态化。

结　论

汶川震发生后，中央财经大学社会学系对公众对于政府所采取的抗震救灾行动满意度调查结果显示，民众的满意度高达98.6%，其中非常满意的比例占到63.1%，比较满意的占32.9%，一般满意的占2.6%，而且调查中没有任何负面的评价。这说明民众对于此次救灾史十分满意的，也是民众对“中国模式”的肯定。

通过以上分析，我们可以得出以下结论：

第一，"中国模式"是一种特殊而且出色的利益平衡形式，符合中国国情，符合中国社会发展道路，在以后的经济恢复重建过程中应以此为指导。

第二，"中国模式"尚有自我修复不足之处，不断完善和健全机制是我国以后发展的目标。

第三，中华文明是取经文明，而不是传教文明，"中国模式"能为国际社会提供救灾经验，特别是为发展中国家探索科学的减灾之路提供了经验。

参考文献

1. 谢永刚，张佳丹．我国当代救灾制度综述[J]．北京林业大学学报(社会科学版)，2006 (9).

2. 艾萌．日本阪神大地震灾后重建经验[J]．中国农村科技，2008(6)：54—57.

3. 肖元真，查建政，查路路．美日等多震国家如何应对灾难预防和灾后重建[N]．经济导刊，2008—07—01.

4. 张卫星．日本灾害对策体制的特点及其对我国的启示[J]．政府管理参考，2005(4)：9—18.

5. 王学栋，张玉平．自然灾害与政府应急管理：国外的经验及其借鉴[J]．科技管理研究，2005(11)：150—151.

6. 甘峰．日美两国危机管理比较研究—阪神大地震与洛杉矶大地震[J]．杭州大学学报，1996(6)：66—70.

7. 叶佳．日本专家谈灾后重建经验教训[N]．中国改革报，2008—07—10.

8. 成都市城市科学研究会．灾后恢复重建研究报告[J]．城市发展研究，2008(3)：26—30.

9. 李岚．孙中山的救荒思想[J]．安徽史学 2000(2)

10. 李学智．一九二三年中国人对日本震灾的赈救行动[J]．近代史研究 1998(3)

11. 李文海．晚清义赈的兴起与发展[J]．清史研究 1993(3)

12. 李文海．论近代中国灾荒史研究[J]．中国人民大学学报 1998(6)

13. 刘仰东．近代中国社会灾荒中的神崇拜现象[J]．世界宗教文化 1997(4)

14. 罗彩云、陈丽华．论经元善慈善思想的形成和发展[J]．株洲师范高等专科学校学报 2002(3)

15. 牛林豪．论民国社会救济中的传统因素[J]．株洲工学院学报第 19 卷第 5 期

16. 王承仁、胡克刚．试释孙中山的备荒救灾思想[J]．武汉大学学报 1991(5)

17. 夏明方．略论洋务派对传统灾异观的批判与利用[J]．中州学刊 2002(1)

18. 向祖荣．清末社会变革中的灾荒赈济[J]．天府新论 2004 年 12 月

19. 谢高潮．晚清荒政思想简议[J]．晋阳学刊 1997(1)

20. 张顺喜、杨守森．民国时期灾荒探析[J]．贵州文史丛刊 2004(4)

21. 邓云特．中国救荒史[M]．北京：生活·读书·新知三联书店，1958.

22. 周黎．略论我国历史上的救灾思想[J]．文史杂志 2000(6)

23. 周秋光．晚清时期的中国红十字会述论[J]．近代史研究 2000(3)

24. 国家减灾委员会办公室．中国减灾年鉴 [Z]．内部资料，2009.

25. 徐妍．灾荒与民生：考察陈炽经济思想的新视角[J]．清史研究 2001(2

26. 阎永增、池子华．近十年来中国近代灾荒史研究综述[J]．唐山师范学院学报 23 卷第一期 2001 年 1 月

27. 谢觉哉．谢觉哉文集[M]．北京：人民出版社，1989.

28. 董必武．董必武选集[M]．北京：人民出版社，1985.

29. 薄一波．若干重大决策与事件的回顾(下)[M]．北京：中共党史出版社，2008.

30. 曾国安．灾害保障学[M]．长沙：湖南人民出版社，1998.

31. 范宝俊主编．灾害管理文库(二，四，五，七)[Z]．北京：当代中国出版社，1999.

32. 江泽民．江泽民同志在庆祝中国共产党成立 80 周年大会上的讲话[Z]．北京：人民出版社，2001.

33. 胡锦涛．在全国抗震救灾总结表彰大会上的讲话[Z]．北京：人民出版社，2008.

34. 法律出版社法规中心．抗震救灾法律政策指引[Z]．北京：法律出版社，2008.

35. 靳尔刚，王振耀．国外救灾救助法规汇编[M]．北京：中国社会出版社，2004.5

36. 孟昭华，彭传荣．中国灾荒史(1949—1989)[M]．北京：水利电力出版社，1989.

37. 孙绍骋．中国救灾制度研究[M]. 北京：商务印书馆，2004.

38. 周秋光，曾桂林．中国慈善简史[M]. 北京：人民出版社，2006.

39. 孟昭华，王明寰．中国民政史稿[M]. 哈尔滨：黑龙江人民出版社，1986.

40. 时正新，朱勇．中国社会福利与社会进步报告[M]. 北京：社会科学文献出版社，1998.

41. 徐麟．中国慈善事业发展研究[M]. 北京：中国社会出版社，2005.

42. 康沛竹．中国共产党执政以来防灾救灾的思想与实践[M]. 北京：北京大学出版社，2005.

43. 曹应旺．周恩来与治水[M]. 北京：中央文献出版社，1991.

44. 王卫平．社会救助学[M]. 北京：群言出版社，2007.

45. 李本公，姜力．救灾救济[M]. 北京：中国社会出版社，1996.

46. 马宗晋．灾害学导论[M]. 长沙：湖南人民出版社，1998.

47. 郑功成．中国灾情论[M]. 长沙：湖南出版社，1994.

48. 郑功成．灾害经济学[M]. 长沙：湖南人民出版社，1998.

49. 张健民，宋俭．灾害历史学[M]. 长沙：湖南人民出版社，1998.

50. 马克思恩格斯选集[M]. 第 2 版，第 4 集：383.

51. 王子平．灾害社会学[M]. 长沙：湖南人民出版社，1998.

52. 赵兵．日本灾后重建的经验教训及对我国的启示[J]. 西南民族大学学报(人文社科版)，2008(9)：33－35.

53. 蒋积伟．新中国救灾工作社会化的历史考察[J]. 当代中国史研究，2010(11).

54. 民政部法规办公室．中华人民共和国民政法规大全[Z]. 北京：中国法制出版社，2002.

55. 民政部法规办公室．新编中华人民共和国民政法规汇编[Z]. 北京：中国社会出版社，2003.

56. 田书和．中国接受救灾外援历程[J]. 文史月刊，2008(8).

57. 唐少卿，聂华林．灾害与灾害损失评估[M]. 兰州：兰州大学出版社，1992.

58. 高建国．有关汶川地震灾害链的思考[J]. 科学对社会的影响，2008(6).

59. 积伟．1978 年以来中国救灾减灾工作研究[D]. 中共中央党校博士论文，2009.

60. 蒋李文海．近代中国灾荒纪年[M]. 长沙：湖南教育出版社，1990.

61. 民政部法规办公室．中华人民共和国民政工作文件汇编(1949－2004)[Z]. 北京：中国法制出版社，2005.

62. 田钊平．减灾防灾、政府责任与制度优化[J]. 西南民族大学学报(人文社科版)，2009(4).

63. Bates，F. l. The Social and Psychological Consequences of a Natural Disaster：A longitudinal Study of Hurricane Audrey. National Research Council Study No. 18. National Academy of Sciences，Washington，D. C. 1969.

64. Cochrane，H，C. Natural Hazards and Their Distributive Effects. Program on Technology，Environment and Man . Monograph Nor. NSF－RA－E－75－003. 1975.

65. Dacy，D. C. and H. Kunrenther. The Economics of Natural Disasters，Implications for Federal Policy. Free Press，New York. 1969.

66. A Ibarra－Bertrand，Political Economy of Large Natural Disasters：with Special Reference to Developing Countries，1993.

67. Haas，J. E. R. W Kates，and M. J. Bowden. Reconstruction Following Disasters，IT Press，Cambridge Massachusetts，1997.

68. Ellson. Measuring the Regional Economic Effects of Earthquakes and Earthquake Predictions [J]. Journal of Regional Science. 1984(4)：559－579.

69. Wright，J.，P. H. Rossi，S. R. Wright，and E. Weber－Burdin . After the Clean－up，Long－range Effects of Natural Disasters[J]，Sage Publications，Beverly Hills，California. 1979.

70. 美国国家科学基金会(NSF). 防洪减灾总报告[M]. 1980.

71. Friesema. Aftermath：Communities after Natural Disasters [M]. Beverly Hills：Sage Publications，1979：56－77.

72. Alexander . The Study of Natural Disasters，1977 — 1997[J]. Some reflections on a Changing fielding of know ledge. 1997.

73. Benson，Clay. Understanding the Economic and Financial Impacts of Natural Disasters [J]. 2004.

74. William J. Petak，Arthur A. Atkinson. 自然灾害风险评价与减灾政策 [M]. 1993.

75. Benson. The Economic Impact of Natural Disasters in Fi ji [M]. 1997.

76. Seluck. On the macroeconomic impact of the August 1999 earthquake in Turkey：a first assessment [M]. 2001.

77. Ramussen. Macroeconomic implications of natural disasters in the Caribbean [J]. 2004.

78. Freeman. Dealing with increased risk of natural disasters：Challenges and options[J]. 2003 年.

79. Skidmore，Toya. Do natural disasters promote long — run growth? [M]. 2002.

80. 阿玛蒂亚·森. 以自由看待发展[M]. 中国人民大学出版社. 任赜，于真(译)，2009 年 1 月，60—62.